Étude Sur La Vénalité Des Charges Et Fonctions Publiques Et Sur Celles Des Offices Ministériels, Depuis L'antiquité Romaine Jusqu'a Nos Jours, Précédée D'une Introduction Générale, Volume 2...

Paul Louis-Lucas

ÉTUDE

SUR

LA VÉNALITÉ DES CHARGES ET FONCTIONS PUBLIQUES

ET SUR CELLE DES OFFICES MINISTÉRIELS

DEPUIS L'ANTIQUITÉ ROMAINE JUSQU'A NOS JOURS

ÉTUDE

SUR

LA VÉNALITÉ DES CHARGES ET FONCTIONS PUBLIQU[

ET SUR CELLE DES OFFICES MINISTÉRIELS

DEPUIS L'ANTIQUITÉ ROMAINE JUSQU'A NOS JOURS

PRÉCÉDÉE D'UNE

INTRODUCTION GÉNÉRALE

PAR

Paul LOUIS-LUCAS

AVOCAT, DOCTEUR EN DROIT,
LAURÉAT DE LA FACULTÉ DE DROIT DE PARIS,
MEMBRE DE LA *Société de Législation comparée* ET DE LA *Société de l'Histoire de France.*

« Il faut éclairer l'histoire par les
« loix, et les loix par l'histoire. »
(Montesquieu, *De l'esprit des loix,*
liv. XXXI, chap. II *in fine.*)

TOME SECOND

ANCIEN DROIT FRANÇAIS — DROIT INTERMÉDIAIRE

PARIS

CHALLAMEL AINÉ | E. THORIN
5, RUE JACOB | 7, RUE DE MÉDICIS
Libraires-Éditeurs

1883

ANCIEN DROIT FRANÇAIS.

DE LA VÉNALITÉ

DES OFFICES DANS NOTRE ANCIEN DROIT.

> « ..... *Comme on ne peut ficher un gros clou en un ais*
> « *bien mince et bien sec, sans qu'il le fende bien avant : aussi*
> « *ne peut-on faire en France aucune ouverture d'argent,*
> « *qu'elle ne s'éclate incontinent en un grand desordre.* »
> (Loyseau, *Du droit des Offices*, liv. II, chap. VIII, n° 9.)

AVANT-PROPOS.

Une étude approfondie des offices dans notre ancien droit français demanderait un ouvrage spécial, et exigerait des développements beaucoup trop considérables pour que nous ayons jamais songé à nous livrer à cet immense travail. Outre que nos forces ne suffiraient pas à une aussi lourde tâche, il faut encore, surtout ici, nous garder d'un élan inconsidéré pour la science : quand on est aux prises avec des devanciers tels que Loyseau, le premier devoir est de s'incliner devant leur œuvre magistrale, à laquelle il ne manque que les compléments inévitablement imposés par les progrès ou les modifications de l'avenir (1).

---

(1) Nous partageons absolument le sentiment d'admiration que M. Laferrière professe pour Loyseau, qu'il appelle à très-juste titre « l'un des plus profonds jurisconsultes français et des esprits les plus indépendants de son époque » (*op. cit.* note 3 *in fine*,

Aussi bien, si, comme on l'a dit avec vérité, « l'étude du passé ..... est..... profitable lorsqu'à défaut d'exemples à suivre, elle nous montre, en nous apprenant à les éviter, les écueils contre lesquels d'autres sont venus se briser » (2); si, en d'autres termes, pour juger sainement des institutions de son époque, il faut regarder en arrière, afin d'approfondir celles qui les ont précédées, c'est principalement dans la matière de la vénalité des offices, qu'il convient d'avoir le moins à regretter d'être obligé de passer rapidement et sans trop insister : on a des guides très-sûrs à qui se fier, si l'on désire s'engager dans une route plus longue. Au demeurant, notre avis sur le très-faible contingent que les modernes puissent apporter à la théorie des offices dans notre ancien droit a été partagé par tous les auteurs qui, de nos jours, ont écrit sur ce sujet, puisqu'aucun d'eux ne s'est cru plus assuré de lui-même, qu'en mettant son entière confiance dans le traité de l'illustre Bailli de Châteaudun. Nous suivrons leur exemple, et, sans nous en cacher, nous demanderons à Loyseau de prêter une fois de plus, et à notre profit, son précieux concours (3).

---

infra, t. I, p. 326), et nous ne comprenons pas plus que lui que des auteurs, notamment Guyot et ses collaborateurs, dans le *Répertoire universel et raisonné de jurisprudence civile, criminelle, canonique et bénéficiale*, aient tenté de dénigrer son œuvre (*eod.*, p. 327, note).

(2) Extrait du discours de M. l'avocat général d'Herbelot, intitulé « *Barnabé Brisson, jurisconsulte et magistrat* », et prononcé à l'audience solennelle de rentrée de la Cour d'appel de Paris, le 3 novembre 1877. (Voy. *Gazette Trib.* des 5-6 nov., p. 1067, col. 2.)

(3) Indépendamment des nombreux ouvrages que nous aurons aussi l'occasion de citer d'une manière plus spéciale au cours de ce travail, nous avons encore mis à contribution la *Liste des Offices de France, ou Recueil de règlemens notables sur la célébration du service divin, juges et autres officiers royaux, avec prérogatives et institutions d'iceux*, par J. Chenu, de Bourges, 1620, in-4°; le livre II du *Traité de la Souveraineté du Roi*, de Lebret, Paris, 1632, in-4°; le *Traité des offices de judicature* de Borjon, Paris, 1682; *Les offices de France* de Joly; le *Recueil de jurisprudence* de Lacombe, mot OFFICE; les *Arrêtés* de de Lamoignon, titre *Des offices*; *Le Droit public, suite des Loix civiles dans leur ordre naturel*, de Domat, liv. II, t. 2 de l'éd. in-f° de ses œuvres de 1777, f°⁵ 108 et suiv.; le *Répertoire universel et raisonné de jurisprudence civile, criminelle, canonique et bénéficiale* de Guyot, mot OFFICE, t. 12, éd. de 1784, et son *Traité des droits, fonctions, franchises, etc.*, que M. Mignet (*Notices et portraits historiques et littéraires*, t. 1) présente à tort comme devant remplacer l'ouvrage de Loyseau; la *Collection de décisions nouvelles et de notions relatives à la jurisprudence actuelle*, éd. en 4 vol., 1771, de Denisart; le *Nouveau dict.*

Nous bornant au développement d'un sujet déterminé, nous nous contenterons de donner, avec une très-grande sobriété de détails, une idée générale de nos offices et de leur diversité dans notre ancienne France, et, nous attachant d'une façon particulière à leur vénalité, d'exposer, le plus succinctement possible, les diverses règles qui les régissaient.

Notre travail sera divisé en deux chapitres :

Le premier, réparti en deux paragraphes, aura pour but de rechercher comment s'introduisirent et se développèrent la vénalité et l'hérédité ;

Dans le second, nous indiquerons, par voie d'énumération, les diverses espèces d'offices royaux connus autrefois ; puis, les étudiant dans leur ensemble au seul point de vue du degré de leur patrimonialité, nous insisterons d'une manière prédominante sur les offices vénaux (4).

_____

cir. et canon. de dr. et de pratiq., au mot OFFICE, et le *Dict. de dr. canon. et de prat. bénéf.,* de Durand de Maillane, Lyon, 1787, aux mots BÉNÉFICE, OFFICE, RÉSIGNATION EN FAVEUR, etc.; le *Répertoire* de Dalloz, mot OFFICE, n°s 7 à 18 inclus, et 24 à 33 inclus, etc., ainsi que les ouvrages de nos auteurs modernes, dont nous dressons la liste en tête de notre *Droit actuel.* On pourra consulter également M. A. de Bast, *Les galeries du Palais de Justice de Paris,* 4 vol., *passim*; les *Origines judiciaires,* 1 vol., du même auteur; M. F. Béchard, *Droit municipal dans les temps modernes, passim*; M. Ch. Bataillard, *Mœurs judiciaires de la France,* pp. 7 à 67, et principalement M. Laferrière, *Essai sur l'histoire du dr. fr.,* 2e éd., 2 vol., *passim,* et notamment t. 1, pp. 326 et suiv.

(4) Nous croyons utile de faire, avant d'ouvrir notre premier chapitre, une remarque préliminaire : on ne devra pas s'étonner, si l'on se reporte au *Recueil* d'Isambert, auquel nous renverrons fréquemment, d'y trouver, dans les textes antérieurs à 1565, des ordonnances datées d'octobre, par exemple, *suivies* d'autres ordonnances datées de janvier *d'une seule et même année,* et qui devraient, celles de janvier, appartenir, ce semble, à l'année suivante. Cette anomalie n'est qu'apparente. Un souvenir historique en donne facilement l'explication : ce fut, en effet, l'ordonnance de Charles IX, du mois de janvier 1563, communément appelée ordonnance de Roussillon, quoique datée de Paris, parce qu'elle fut enregistrée avec une déclaration ampliative donnée à Roussillon le 9 août 1564, ce fut, disons-nous, l'ordonnance de janvier 1563 qui, par son article 39, voulut que, désormais, l'année commençât le premier jour de janvier. Cette réforme, cependant, n'eut lieu que le 1er janvier 1565. (Voy. Isambert, *Rec. gén. des anc. lois françaises,* t. 14, pp. 160, note 3, 169 et 173 et suiv.) On sait que, sous la première race de nos rois, l'année commençait le 1er mars, jour auquel se faisait la revue des troupes; sous les Carlovingiens, le jour de Noël, et sous les premiers Capétiens, le jour de Pâques. (Voy. Merlin, *Rép.,* mot ANNÉE, n° 1, et M. Laferrière, *op. cit.,* t. 1, p. 274, note 2.)

CHAPITRE I.

DE L'INTRODUCTION ET DU DÉVELOPPEMENT DE LA VÉNALITÉ ET DE L'HÉRÉDITÉ DES OFFICES DANS NOTRE ANCIEN DROIT

SOMMAIRE :

§. 1er. I Naissance de la vénalité ; ses extensions successives. II Résumé et notion sommaire des anciennes fonctions publiques. III Appréciation de leur vénalité. IV Des Ministres de justice. — § 2. Naissance de l'hérédité des offices. Consommation de leur patrimonialité.

1er. — I *Naissance de la vénalité ; ses extensions successives.*

Si les explications que nous avons fournies au sujet des *militiæ venales* ont été suffisamment précises, il sera facile d'en tirer à présent une conclusion générale : c'est que, malgré les *suffragia* et la création des milices vénales, la révocabilité des fonctions publiques avait toujours été admise à Rome. L'Empire romain avait, pendant de longs siècles d'existence, jeté de trop profondes racines, pour que l'esprit de ses dernières institutions ne se retrouvât pas dans le premier état du droit de notre ancienne France. C'est, en effet, ce qui se produisit : « .... Comme lors de l'establissement de ce Royaume, les conquerans François ne voulurent rien changer de ce qu'ils y trouverent estably sous la domination des Romains (1), nos Officiers ont été du commencement non temporels ny à vie, mais revocables à la volonté du Prince, ainsi qu'en l'Empire Romain étoient les Charges des Gouverneurs des Provinces..... » (2)

Ce n'est pas à dire toutefois que, tout en constatant ce fait,

---

(1) On sait que Théodoric, dont l'Édit (*Edictum Theodorici regis*) est le seul monument législatif parmi les lois barbares où il soit fait quelque allusion aux offices, voulut imposer aux Goths les institutions romaines, et Cassiodore nous apprend qu'on suivait, notamment pour les lettres de provision, la formule adoptée à Rome à l'égard des officiers de l'empire.

(2) Loyseau, *op. cit.*, liv. I, chap. III, n° 83. Voy. aussi n° 30.

Loyseau lui donne l'appui de son approbation. Il est même à noter que nos anciens jurisconsultes érigent en principe de droit public que tous les offices doivent être inamovibles. Et cependant, nul n'ignore à quel point ils se déclaraient adversaires de la vénalité (3), dont ils voyaient les abus, et qu'ils eurent le courage de poursuivre de leurs plus véhémentes critiques.

C'est ainsi que Dumoulin disait déjà : « *Nullus officiarius destituetur ab ejus officio et statu, neque alteri conferetur, nisi per mortem vacet, vel resignationem, vel forefacturam per judicem competentem, officiario audito, vel debite vocato, declaratam.* » (4)

Et plus tard, Loyseau (5) devait répéter à son tour : « Office n'est revocable de sa propre nature. _ ...... La propre nature de l'Office concedé en titre, c'est à dire donné purement et simplement en qualité d'Office, et non pas, ny en qualité de simple commission, ny à titre de precaire, au moyen de cette clause, *Tant qu'il nous plaira* (6), c'est d'être irrevocable pendant la durée qu'il doit avoir selon les loix de l'Estat : à sçavoir Pour durer pendant son temps prefix és Estats où les Offices sont temporels, selon l'opinion d'Aristote : et pour durer irrevocablement jusques à la mort de l'Officier, és Estats où ils sont perpetuels, et à vie, suivant l'opinion de Platon, au moins s'il n'intervient cause legitime pour en priver l'Officier, laquelle privation n'est pas destitution, mais forfaiture, comme je prouveray amplement au dernier Livre. »

« C'est pourquoy », ajoutait Loyseau (*eod.*, n°⁵ 106 et suiv.), « auparavant l'invention de la clause, *Tant qu'il nous plaira*, on bailloit seulement en garde, et non pas à titre d'Office, les Estats, qu'on ne vouloit pas conferer irrevocablement : témoin les trois diverses façons qui se trouvent dans les anciennes Ordonnances, de conferer les Prevostez, tantost à ferme, c'est à dire à certaine

---

(3) Voy., en particulier, le passage de Loyseau, cité au texte du présent paragraphe, *infra*, n° III *in init.*

(4) Dumoulin, *Stylus curiæ parlamenti*, part. III, tit. 46, § 9.

(5) *Op. cit.*, liv. I, chap. III, n° 105. Voy. aussi liv. V, chap. IV, n°⁵ 57 et 63 et suiv.

(6) Voy., sur cette clause, note 35 *in fine, infra.*

ferme et redevance annuelle (voy. p. 9, *infra*) : tantost en garde, c'est à dire, par commission revocable : tantost en titre d'Office, c'est à dire, à vie et irrevocablement : de sorte que les provisions en garde et en Office estoient diverses especes opposées l'une à l'autre, comme discourt fort bien M. Pasquier, au 4. Livre de ses Recherches, c. 14. Ce que je prouveray plus amplement au 5. liv.

« Mais l'Ordonnance de Loüis XI. a remis les Offices en leur propre nature, d'estre irrevocables, comme les Benefices, et a aboly tout à fait les provisions en garde, qui déja avoient été délaissées par l'invention de cette clause ordinaire *Tant qu'il nous plaira*, de laquelle aussi elle a retranché l'effet..... etc. » (Voy. note 35, *infra*.)

Le principe de l'inamovibilité ne triompha pourtant que dans la seconde moitié du xvᵉ siècle, puisqu'il ne reçut sa consécration définitive qu'en 1467 ; mais il faudrait se garder de croire que la doctrine primitive de la révocabilité absolue des fonctions publiques n'ait pas été entamée, en ce qui concerne du moins les grands offices, à une époque bien antérieure.

Dès le temps des rois de la première race, un passage de Grégoire de Tours (7), cité par M. Perriquet (8), nous prouve que la tradition romaine des *suffragia* n'avait pas disparu : « *Peonius vero hujus municipii comitatum regebat ; cumque ad renovandam actionem munera regi per filium transmisit.....* » (9)

Sous les rois de la seconde race, les grands offices commencèrent à devenir patrimoniaux. Nous voyons, en effet, en 877, le Capitulaire de Kiersy (ou Chiersi) concéder aux fils des comtes la continuation des pouvoirs exercés par leurs pères (10), et Charles-le-Chauve, par le même acte, reconnaître aux comtes, dans une certaine limite, le droit de disposer entre-vifs, au profit de leurs fils ou autres parents, de la dignité dont ils sont revêtus : « *Si aliquis ex Fidelibus nostris post obitum nostrum, Dei et nostro amore*

---

(7) *Hist.*, 4, 41.

(8) *Traité théoriq. et pratiq. de la propriété et de la transmission des offices minist.*, nº 15, pp. 20 et suiv.

(9) Voir, sur ce sujet, Montesquieu, *De l'Esprit des lois*, liv. XXXI, chap. i.

(10) Il est ici important de rappeler que la Diète de Kiersy fut convoquée et tenue

compunctus, seculo renuntiare voluerit, et filium vel talem pro-
pinquum habuerit qui reipublicæ prodesse valeat, suos honores,
prout meliùs voluerit, ei valeat placitare. » (Voy. Baluze, *loc. cit.*
note 10, f° 263, x.)

En ce qui touche les offices moins considérables, la vénalité ne
s'introduisit que pendant le Moyen-âge, par la mise en ferme des
prévôtés. Loyseau nous rapporte à ce sujet que deux de nos vieux
auteurs « Nicole Gilles et Gaguin disent, que ce fut le Roi Loüis XII.
qui pour s'acquiter des grandes debtes faites par Charles VIII.
son predecesseur, pour le recouvrement du Duché de Milan, et ne
voulant surcharger son peuple de Tailles ou emprunts, prit de l'argent des Offices, *dont il retira grandes pecunes*, dit Nicole Gilles.

« Ce qu'il fit à l'imitation des Venitiens, qui ayant dépensé plus
de cinq millions de ducats à la guerre, qu'ils avoient contre luy,

---

par Charles-le-Chauve, avant sa seconde expédition en Italie, dans le but de consolider
sa couronne. Désireux de faire entrer les grands du royaume dans ses vues, il songea
à réveiller leur ardeur très-engourdie; mais, pour les engager à passer les Alpes avec
lui, il n'était point de meilleur moyen que de leur faire des concessions. Elles consistèrent à conférer l'hérédité aux comtés et aux offices à la nomination du roi, ainsi
que cela résulte de ce passage célèbre du Capitulaire dont nous nous occupons, passage qui, d'ailleurs, n'édicte pas seulement, comme on va le voir, des règles en
faveur des comtes et des *vassi* royaux, mais aussi en faveur de l'arrière vassalité qui
s'était constituée et qu'il s'agissait de gagner : « *Si Comes* [*de isto regno*] *obierit,*
cujus filius nobiscum sit, filius noster cum cœteris fidelibus nostris ordinet de his
qui illi [*eidem Comiti*] *plus familiares et propinquiores fuerint, qui cum ministe-*
rialibus ipsius comitatûs et [*cum*] *Episcopo* [*in cujus parochia fuerit ipse comi-*
tatus] *ipsum comitatum prævideat* [ou *prævideant*] *usque dum nobis renuntietur*
[*ut filium illius' qui nobiscum erit, de honoribus illius honoremus*]. *Si autem*
filium parvulum habuerit, isdem [*filius ejus*] *cum ministerialibus ipsius comitatûs*
et [*cum*] *Episcopo in cujus parochia consistit eundem comitatum prævideat* [ou
prævideant] *donec* [*obitus præfati Comitis*] *ad nostram notitiam perveniat* [*et ipse*
filius ejus per nostram concessionem de illius honoribus honoretur. — Le droit du
fils ainsi établi, l'investiture n'était plus qu'une forme, et l'hérédité du comté était,
on peut le dire, reconnue.] *Si verò filium non habuerit, filius noster cum cœteris*
fidelibus nostris ordinet qui cum ministerialibus ipsius comitatûs et [*cum*] *Epis-*
copo [*proprio*] *ipsum comitatum prævideat donec jussio nostra inde fiat. Et pro*
hoc nullus irascatur, si eundem comitatum alteri cui nobis placuerit dederimus quàm
illi qui eum hactenus prævidit. Similiter et de vassallis nostris faciendum est.
Et volumus atque expressè jubemus ut tam Episcopi quàm Abbates, et Comites, seu
etiam cœteri Fideles nostri, [*hoc*] *hominibus suis similiter conservare studeant... »*
(Voy. Baluze, *Capitularia regum Francorum,* éd. in-f°, Paris, 1780, t. 2, f° 263, IX,
et f° 269 *in fine*, III, et suiv. Voy. aussi M. Lehuërou, *op. cit.* note 35 *infra*, t. 2,
pp. 602 *in fine* et suiv.) — Comp. Loyseau, *op. cit.*, liv. II, chap. i, n° 42 et suiv.

s'aviserent, pour remplir leur Tresor tout épuisé de vendre les Offices de leur Republique, dont l'histoire dit, qu'ils retirerent cent millions. De sorte que le Roy Loüis XII. les voyant si promptement relevez par cette invention, ne se peut empêcher de s'en aider, au prix que la necessité urgente l'y contraignoit : mais il n'en fit pas un revenu ordinaire, ainsi qu'à present, et si n'en usa qu'à l'égard des Offices de finance, et non de ceux de Judicature, comme ces Annalistes reconnoissent. » (11)

Du reste, dès le commencement du XIIIᵉ siècle, les offices inférieurs de justice étaient réputés vénaux. La justice, c'est-à-dire aussi bien la juridiction ou le droit de juger que l'ensemble des perceptions recueillies par les *justitiarii* (12), était, ainsi que les droits domaniaux, affermée ou vendue à des prévôts (*præpositi*). Prévôtés, vicomtés, châtellenies, viguieries, toutes dénominations ayant le même sens, et employées suivant les provinces, pour désigner les justices ordinaires et primitives des villes, furent, en effet, baillés à ferme presque partout (comp. *supra*, pp. 6 *in fine* et suiv., la citation de Loyseau), « sous pretexte d'affermer les droits domaniaux d'icelles », nous dit encore ce savant auteur, et il ajoute (13) : « Cet abus fut introduit par l'avarice des Ducs et Comtes, qui ayans rendu leurs Offices patrimoniaux, et les ayans convertis en Seigneuries, non seulement se déchargerent d'exercer eux-mêmes la Justice, mais aussi convertirent cet exercice, et les émoluments d'icelui en fermes patrimoniales. De sorte que cela se trouvant tout accoûtumé et établi, lors de la reünion des anciens Duchez et Comtez à la Couronne, nos Rois se laisserent emporter eux-mêmes à continuer cette mauvaise Coûtume. Et ainsi nous trouvons qu'elle avoit lieu auparavant le regne de S. Loüis, même en la ville capitale du Royaume, étant dés lors (comme parle Nicole Gilles) *la Prevôté de Paris reputée venale, ce que ce bon Roi corrigea.* »

---

(11) Loyseau, liv. III, chap. I, nᵒˢ 86 et 87. Voy. aussi les deux numéros suivants.

(12) Voy. Du Cange, *Glossar.*, vᵒ JUSTITIA, et M. Championnière, *Propriété des eaux courantes*, p. 119, nᵒ 65.

(13) *Op. cit.*, liv. III, chap. I, voy. nᵒˢ 67 et suiv. Voy. aussi Henrion de Pansey, *De l'Autorité judiciaire*, p. 158.

On sait que Louis IX plaça à la tête de cette prévôté un officier de son choix, Etienne Boileau (14), qui enraya le désordre que cet état de choses avait amené, et que deux passages de Gaguin et de la Chronique de Saint-Denis, rapportés par Loyseau, à la suite de la citation précédente, mettent particulièrement en relief : « *Per id tempus* », dit Gaguin, « *Præpositura Parisiensis venalis habebatur : unde fiebat, ut inopes premerentur, opulenti omnia licenter agerent, fures nullis pœnis afficerentur. Hanc venalitatem Rex prohibuit, constituto annuo stipendio ei qui Præfectus esset. Atque ita Stephanum Boilœum Præpositum instituit, qui id Officium adeptus, intra paucos dies statum civitatis longè tranquilliorem reddidit.* » Et la Chronique de Saint-Denis porte à son tour : « Que la Prevôté de Paris étoit si mal administrée (parce qu'elle étoit baillée à ferme à des Marchands) (15) que chacun citoyen se retiroit sur les territoires des hauts Justiciers Ecclesiastiques, et demeuroit la terre du Roi comme deserte : jusques à ce que ce bon Roi reprit la Justice, et la bailla en garde à un nommé Boileau. » (16)

Ce qui établit mieux que tout le reste ce baillage à ferme des prévôtés, attesté d'ailleurs par les documents les plus irrécusa-

---

(14) Etienne Boileau a, nul ne l'ignore, donné son nom aux règlements sur les arts et métiers de Paris, qui furent rédigés au xiii° siècle, et qui sont connus sous le nom de *Livre des mestiers* d'Etienne Boileau. Ils ont été publiés par M. Depping, Paris, 1827, 1 vol. in-4°. Il suffit de les parcourir pour voir que saint Louis vendait la plupart des métiers, et qu'il percevait en outre sur tous un impôt annuel de six sols parisis, appelé le hauban. C'était un moyen de battre monnaie, que François Ier, Henri II, et leurs successeurs exploitèrent en le développant, lorsqu'ils érigèrent en titre d'offices formés une foule de professions mécaniques, industrielles ou commerciales, en gratifièrent leurs favoris et soumirent tous les officiers au payement d'un droit annuel.

(15) En 1245 et en 1251, le scandale prit de telles proportions, que l'on vit plusieurs marchands s'associer pour prendre à ferme la prévôté de Paris et l'exploiter en commun. (Delamarre, *Traité de la Police*, liv. I, tit. 8, chap. 2, p. 120.) Une ordonnance de saint Louis, datée de 1256, et insérée dans les *Mémoires* de Joinville, en prescrivant « que quant plusieurs seroient compaignons en ung office, l'un la exerçast pour tous », nous apprend qu'en pareil cas, les associés remplissaient tous concurremment les fonctions achetées.

(16) Comp. le passage de Joinville, par nous cité au début de la note 203 de notre *Introduction générale*, t. 1, p. 177, et l'extrait de ses *Mémoires*, rapporté par M. Ch. Bataillard, *Du droit de propriété et de transmission des offices ministériels*, p. 31. Voy. également M. Ch. Desmaze, *Le Châtelet de Paris*, 2° éd., pp. 48 et suiv.

bles, c'est qu'on lit dans l'auteur des *Chroniques de Flandres*, que Philippe-le-Bel, poursuivant la canonisation de Louis IX auprès du pape Boniface VIII, éprouva un refus, parce qu'il fut trouvé qu'il avait mis les bailliages et prévôtés à ferme (17). Une ordonnance de décembre 1254 prouve, en effet, que les bailliages étaient affermés comme les autres revenus de la couronne. Son article 7 prescrit aux sénéchaux de jurer « *Quod etiam in venditionibus bailliarum, vel nostrorum reddituum partem non habebunt...* », et son article 24 défend aux fermiers de céder leur bail : « *Eos sane qui baillivias nostras tenuerint, aliis easdem revendere prohibemus...* » (18)

Ainsi qu'on a pu le remarquer, la vénalité d'alors consistait non pas dans la vente proprement dite, mais simplement dans la mise à ferme des offices (19), qui, d'ailleurs, il faut bien le dire, tout

---

(17) « Louis IX avoit mis ses bailliages et prevostez à ferme, dont plusieurs estoient deshéritez », dit Ragueau. « Et, pour ceste cause, le pape refusoit au roy Philippe-le-Bel d'élever à saint le corps du roy Louis IX. » (Voy. l'auteur des *Chroniques de Flandres*, *Glossaire du droit françois*, mot PRÉVÔSTÉ ; voir aussi Lebret, *Traité de la Souveraineté du Roi*, liv. II, chap. VIII.) Il ne faudrait cependant pas croire que cette mise en ferme des offices fût regardée comme un acte coupable aux yeux de tous les canonistes. Nous n'en voulons pour preuve qu'une lettre fort curieuse, adressée à la duchesse de Brabant par saint Thomas d'Aquin, qui déclare qu'un tel contrat, bien que ne constituant pas un acte de sage administration, n'a cependant rien d'illicite, en tant qu'il se rapporte uniquement à la puissance temporelle. Voici en quels termes très-expressifs saint Thomas répondit à la duchesse de Brabant, qui lui avait demandé en conseil de conscience, paraît-il, si elle pouvait vendre ses offices de judicature ; nous les reproduisons d'après Loyseau (*op. cit.*, liv. IV, chap. VII, n° 21) : « *Cum Baillivis et Officialibus vestris nihil committatis, nisi temporalis Officii potestatem, non video, quare non liceat vobis vendere Officia : dum tamen talibus vendatis, de quibus præsumi possit quod sint utiles ad hujusmodi Officia exercenda : et non tanto pretio vendatur Officium, quod recuperare non possint sine gravamine subditorum. Attamen talis venditio expediens omnino non videtur, cùm frequenter contingat, quod magis idonei sint pauperes, qui Officium tale emere non possint. Quin etiam si aliqui divites tales sint, tamen quia boni sunt, Officia non ambiunt, nec ad lucra inhiant. Et sic, quia Officia emunt ut plurimùm hi qui pejores sunt, et subditos opprimendo divites facti (juxta illud Job. Abundant tabernacula prædonum) magis expediens videtur ut bonos et idoneos ad Officia vestra liberaliter eligatis.* »

(18) Isambert, *Recueil général des anciennes lois françaises*, t. 1, pp. 268 et 271.

(19) Cette observation a son importance, car elle prémunit contre une erreur dans laquelle pourrait entraîner l'emploi très-fréquent dans les ordonnances et dans les auteurs de cette époque, des mots *vendere*, *emere*, *revendere* ; aucun d'eux n'a trait à la vente, à l'achat et à la revente des offices, mais bien à leur mise en ferme, à leur

en ne conférant, jusqu'à l'introduction de l'hérédité, qu'une jouissance temporaire analogue à l'usufruit, présentait autant d'inconvénients qu'une vente (20).

L'avantage que la royauté retirait de cette mise à ferme, pratiquée également par Philippe-le-Bel (21), Louis-le-Hutin (22) et le
roi Jean (23), n'en était pas moins réel; car il consistait dans la

---

prise à bail, et à la cession de ce bail. (Voy. Pasquier, *Les Recherches de la France*,
liv. IV, chap. xvii, et Loyseau, *op. cit.*, liv. III, chap. i, n° 76; comp. liv. II, chap. iii,
n° 6, et *infra*, chap. ii, sect. 1, § 2, texte et note 18.) On s'explique aisément l'usage
de ces termes, quand on réfléchit que ces baux étaient en réalité mélangés de vente,
puisque le prix en était payable d'avance. (Voy. texte *infer.*) — Nous ajouterons que
l'usage de donner les justices à bail demeura en vigueur dans plusieurs provinces
jusqu'à la fin du xv° siècle, époque à laquelle elles se vendirent (voy. Ragueau, *Glossaire*, mot PREVOST FERMIER, et les ordonnances qu'il cite), et chacun sait les
abus qui résultèrent de leur vénalité.

(20) Les juges prenant à bail le droit d'exploiter les plaideurs, il était naturel qu'ils
cherchassent à gagner sur leur ferme. De là les honteuses exactions dont se plaignent
à l'envi tous les auteurs du temps, et les nombreuses ordonnances rendues pour les
réprimer. (Voy., pour les détails, M. Bataillard, *op. cit.*, pp. 22 et suiv., et spécialement p. 36, note.)

(21) Voy. ordonnance du 23 mars 1302, art. 19 et 45; Isambert, t. 2, pp. 761 et 763,
et pp. 770 et 777.

(22) Merlin (*Rép.*, mot OFFICE, n° 1) rapporte à ce sujet que ce prince ayant suivi
les traces de son prédécesseur, « Les Etats de Picardie le supplièrent, en 1315, de ne
plus vendre les Offices de judicature, notamment les prévôtés, à moins que ce ne fût
pour trois ans seulement, après lesquels il serait informé de la conduite que les acquéreurs auraient tenue, pour les punir s'ils avaient prévariqué. Le roi répondit par une
charte datée de la même année, qu'il entendait continuer les ventes ; mais qu'au surplus
il ferait punir les prévarications qui se commettraient dans l'exercice des Offices, lorsqu'elles seraient reconnues et constatées. (Traité historique de la souveraineté du roi,
tome 2, page 485.) »

(23) Sous les règnes de Philippe-le-Long et du roi Jean, la vénalité des charges fit de
nouveaux progrès. Toutefois, durant la captivité de Jean à Londres, son fils aîné, le
dauphin Charles (plus tard Charles V), lieutenant général du royaume, porta, le
3 mars 1356, sur les représentations des États-Généraux, une ordonnance par l'article 8
de laquelle il prescrivit « que prevostés, tabellionnages, vicontés, clergies (greffes) et
autres offices appartenans au fait de justice, ne seront plus venduës doresenavant ne
baillées à ferme, maiz en garde, et par le conseil des gens des pays et du pays voisin..... » (Isambert, *op. cit.*, t. 4, p. 821.) Cette concession faite à l'opinion publique,
exprimée par l'organe des trois Etats, était une heureuse réforme, puisque celui à qui
un office était baillé en garde rendait compte de tout ce qu'il recevait. Malheureusement cette disposition ne fut pas observée pendant longtemps ; car, sous le Gouvernement provisoire même, des lettres du 4 septembre 1357, émanées du lieutenant-général,
portent que *les prévôtés, les greffes et les tabellionats seront mis à ferme en faveur
des personnes capables.* (Isambert, *eod.*, p. 861.) Lorsqu'après le honteux traité de
Brétigny, Jean revint d'Angleterre, il lui fallut bien, en échange de l'argent qu'il
demandait à ses sujets pour payer sa rançon, donner satisfaction au peuple sur

possibilité de toucher immédiatement les revenus de la justice de plusieurs années (24), et ces espèces de baux mélangés de vente (voy. *supra,* note 19), étant faits pour un temps assez long (voy. note 22), on conçoit qu'ils offraient un véritable appât pour la couronne, toujours en quête d'argent, la source des deniers disparaissant bien vite sous le nombre des besoins sans cesse croissants qui la tarissaient.

Une autre cause vint donner à la vénalité la forme qu'elle ne revêtit pas dès l'abord : ce fût la pratique suivie par l'Eglise à l'égard de ses bénéfices (25).

A l'origine, les charges ecclésiastiques étaient de pures fonctions que l'on rémunérait simplement par des pensions ou prébendes. Les évêques administraient les biens de l'Eglise. Au XIe siècle, sous le pontificat de Grégoire VII, les biens ecclésiastiques furent partagés entre ceux qui étaient investis des charges et dignités de l'Eglise, à titre, non pas de propriété, mais de jouissance : c'est cette jouissance qui prit le nom de bénéfice. Le bénéfice nous apparaît donc au début comme formant l'accessoire de la charge; mais il finit par être considéré comme le principal, et cette dénomination désigna désormais la charge ecclésiastique ou le titre spirituel lui-même auquel un revenu était attaché.

Or, l'usage des démissions *in favorem,* qui se faisaient au Pape sous forme de *procurationes ad resignandum,* s'introduisit dans les bénéfices, en ce sens que les bénéficiers furent autorisés à dé-

---

quelques points. Aussi, par l'un de ses premiers actes, le roi supprima-t-il le bail à ferme des offices de justice (Ordonn. de Compiègne, 5 déc. 1360, art. 3; Isambert, t. 5, p. 111); mais il faut ajouter qu'aussitôt qu'il eut un peu rétabli son autorité, il en revint aux errements du passé. (Ordonn. de Paris, du 2 fév. 1362; Isambert, *eod.,* pp. 136 *in fine* et suiv.)

(24) Le passage de saint Thomas d'Aquin, cité note 17, *supra,* nous a prouvé que, pour affirmer les offices, il fallait être riche et payer d'avance.

(25) Voy. sur les bénéfices et les offices ecclésiastiques : Loyseau, liv. I, chap. III, et liv. V, chap. VI; *Conférences ecclésiastiques du diocèse d'Angers sur les matières bénéficiales,* Paris, 1778; M. V. Bellet, *Offices et Officiers ministériels,* pp. 144 et suiv.

signer un successeur en faveur duquel ils se démettaient de leur titre (26).

C'est cette pratique bénéficiale qui passa dans celle des offices; celle-ci, d'ailleurs, ne s'en empara pas absolument. Il est plus exact de dire qu'elle ne fit que s'en inspirer; ce fut, en un mot, une imitation, non une copie. En effet, la pratique laïque se donna plus de liberté, et deux différences importantes la firent s'écarter des principes admis par l'Eglise.

La première, de beaucoup la plus notable, consistait en ce que, dans l'ordre ecclésiastique, les démissions devaient être purement gratuites, sous peine de simonie, d'après la doctrine de l'Eglise, enseignée notamment par saint Thomas (27). Au contraire, dans la pratique laïque, les officiers furent autorisés à se démettre à titre onéreux, ce qui était tout naturel : ayant acheté, ils devaient pouvoir revendre.

La seconde différence tenait à ce que, pour les bénéfices, la *resignatio in favorem* devait avoir lieu entre-vifs et non à cause de mort. Pour mieux assurer l'observation de cette prescription, on avait établi la célèbre règle des vingt jours (28), la résignation étant non avenue, si le résignant mourait dans les vingt jours qui

---

(26) Pour être valable, la résignation devait, d'une manière générale, être admise par le collateur, acceptée par le résignataire, n'être pas révoquée avant son admission par le Pape, être publiée, et, enfin, n'être pas suivie de la mort du résignant dans les vingt jours de sa date. (Voy., sur ce dernier point, *infra*, seconde différence.) — Consultez, sur tout ceci, le *Nouv. Dict. civ. et canon. de dr. et de prat.*, mot RÉSIGNATION en faveur, p. 783, et voy., au surplus, pour les détails, Denisart, mot RÉSIGNATAIRE.

(27) Il convient de lire à ce sujet divers passages fort curieux des *Provinciales* de Pascal, par lesquels on verra que la pratique de *la morale relâchée* était loin d'être d'accord avec la théorie pure. (Voy. Pascal, *Lettres écrites à un Provincial par un de ses amis*, 6e, 7e et 12e lettres, ainsi que la *Réfutation de la réponse des Jésuites à la douzième lettre; t. 1, pp. 94 et suiv., 108 in med., 230 et suiv, 255 in fine et suiv.*, de l'éd. de Paris de 1819.) — Consulter, sur la simonie, crime consistant à mettre en balance un bien temporel avec un bien spirituel, les *Conférences ecclésiastiques du diocèse d'Angers* précitées, pp. 327 et suiv.; le *Dict. de dr. canon. et de prat. bénéf.*, de Durand de Maillane, et Denisart, à ce mot. — Ajoutons simplement ici que la simonie constituait un véritable crime, même aux yeux de la loi civile. (Voy. l'art. 21 de l'ordonn. de mai 1579; Isambert, t. 14, p. 387.)

(28) Voy., sur cette dénomination, l'observation faite § 2, note 10, *infra*.

la suivaient (29). Ce principe passa bien, sans doute, dans la pratique laïque. Seulement on porta le délai à quarante jours (30).

Depuis saint Louis, l'histoire des offices nous offre le singulier spectacle des luttes continuelles de la couronne, partagée entre le désir de reprendre la faculté de choisir librement ses officiers, et la nécessité de pourvoir à ses besoins pécuniaires, sous le poids desquels elle finit par succomber. Bref, après avoir fait à la vénalité des concessions de plus en plus larges, elle l'établit d'une manière définitive.

Nous ne pouvons insister ici sur la foule d'ordonnances qui nous retracent les tiraillements de la monarchie, tantôt accordant la vente des charges, et tantôt la défendant; nous noterons seulement que les efforts employés à la combattre ne réussirent jamais à la faire disparaître : à peine prohibée, elle renaissait, sinon légale, tout au moins tolérée, et il faut avouer que le malheur des temps, et notamment le règne désastreux de Charles VI, dut contribuer à lui donner un puissant essor. Les tentatives de réformes de certains rois furent d'ailleurs stérilisées par des réformes en sens contraire de leurs successeurs. Ainsi, tandis que, par l'article 84 de son ordonnance d'avril 1450, Charles VII se déclare formelle-

(29) Voy. De Héricourt, *Lois ecclésiastiques*, 2ᵉ part., chap. 14, 27. — Cette règle était en vigueur au xviiiᵉ siècle, pour les charges vénales des Indes espagnoles, soumises, ainsi que tout ce qui se vendait, s'achetait ou s'échangeait dans le pays, à un impôt particulier appelé droit d'Alcavala. (Voy. Alexandre-Olivier Oexmelin, *Histoire des aventuriers flibustiers qui se sont signalés dans les Indes*, t. 2, pp. 400 et suiv.; Lyon, Benoit et Joseph Duplain père et fils, 1774.) « Le droit d'*Alcavala*,» y est-il dit, «... consiste en un certain impôt que l'on met sur tout ce qui se vend et s'achete dans le pays, même sur tout ce que l'on y échange, et sur tous les testaments ou dons mutuels; parce qu'ils sont réputés comme vente ou échange; enfin sur toutes les charges qui se vendent.

« Ces charges autrefois revenoient au Roi après la mort de ceux qui les exerçoient; mais à présent il leur permet de les resigner, pourvu que celui qui resigne vive vingt jours après la résignation; autrement la charge revient au Roi, en sorte qu'il en peut disposer en faveur de qui il lui plaît. La premiere fois que ces charges se résignent, celui qui en doit être pourvu est obligé de payer la moitié de la somme qu'a coûté la charge, et pour la seconde fois la troisiéme partie. Le tout va au profit du Roi. »

(30) Les différences les plus importantes qui séparaient la règle dite des vingt jours de celle des quarante jours seront indiquées plus bas. (Voy. § 2, note 11, *infra*.)

ment contre la vénalité (31), son fils Louis XI, ne respectant ni cette loi, ni l'exemple paternel, tire des offices le plus d'argent qu'il peut, emprunte de grosses sommes aux officiers, et destitue ceux qui refusent de lui prêter (32).

En 1467, il donna même une impulsion nouvelle à la vénalité, en proclamant, par sa célèbre ordonnance du 21 octobre, enregistrée au Parlement le 23 novembre suivant, le principe d'inamovibilité, ou, comme on disait jadis, de perpétuité des offices, confirmé par l'art. 15 d'une déclaration royale de Louis XIV, du 22 octobre 1648, enregistrée le 24, et par une réponse de Louis XV, du 4 (*alias* 8) avril 1759, à des remontrances présentées par le Parlement de Paris (33). Car, tant que les offices avaient été révocables à la volonté du prince, l'idée d'en disposer en faveur n'avait pu prendre une consistance sérieuse. L'achat d'un titre forcément précaire, puisqu'il était livré au caprice du collateur, ne devait induire personne dans la tentation de l'acquérir. Et, comme nous le lisons dans le nouveau DENISART (mot AMOVIBILITÉ, § II, n° 2) : « Aujourd'hui que la vénalité des offices est devenue une des plus grandes ressources des finances, l'intérêt du fisc se trouve ainsi lié à l'intérêt de l'Etat par une raison sensible : c'est que les choses n'ont de prix dans le commerce qu'autant qu'il y a sûreté pour ceux qui les acquièrent. » A côté de l'intérêt du fisc, mentionnons le respect

---

(31) Voy. Merlin, *Rép.*, mot OFFICE, n° 1, où l'art. 84, par nous visé, se trouve rapporté.

(32) On consultera avec fruit sur ce sujet les *Mémoires* de Philippe de Comines, le document le plus authentique, comme aussi le plus instructif, touchant les divers événements du règne de Louis XI. — Merlin, *loc. cit.*, fait avec raison observer que Mézeray commet une erreur en écrivant dans la vie de Louis XI, à l'époque de 1465, *que ce fut là le commencement de rendre les charges vénales.* Il y a en ceci une exagération évidente, que les détails précédents font apparaître clairement. Bien avant Louis XI, la vénalité était trouvée comme ressource au déficit du trésor. Ce qui est vrai, c'est que ce prince contribua pour une large part à en développer les germes; mais, à coup sûr, il n'en fut pas l'inventeur. (Comp. la note d'Eusèbe de Laurière, sur le n° III du titre III, liv. IV des *Institutes coutumières* de Loysel, édition Dupin et Laboulaye, t. 2, p. 27, n° 554.)

(33) Voy. Denisart (ancien), mot DESTITUTION d'Officiers, n° 1 et 2; Merlin, *Rép.*, mot DESTITUTION, n° III, et MM. Devilleneuve et Carette, *Lois ann.*, 1re série, p. 50, note 5. Comp. *infra*, chap. II, sect. 2, § 3 *in init.*, texte et note 4 *in init.*

de la propriété privée : étant propriétaires de leurs états, les officiers n'en peuvent pas plus être privés sans cause que de leurs autres biens, alors surtout que l'on songe qu'il y a encore d'autres droits, d'autres intérêts que les leurs ; nous avons nommé ceux de leurs familles et ceux de leurs créanciers. Aussi bien une destitution n'aurait-elle été qu'une confiscation. Ce fut l'honneur de notre ancien régime de s'être inspiré de tous ces principes de justice et d'équité. Et c'est pour cela que nous voyons les deux idées d'inamovibilité et de vénalité être considérées comme unies d'une façon indissoluble ; à ce point qu'on les fait dériver l'une de l'autre, puisque, d'après certains auteurs, c'est parce que les charges sont vénales qu'elles sont inamovibles, et que, suivant certains autres, c'est Louis XI qui, par son ordonnance du mois d'octobre 1467, a conféré aux offices un tel caractère qu'ils devaient nécessairement devenir des biens et être susceptibles de vente. La vénalité, dans tous les cas, ne doit pas affaiblir l'inamovibilité, et il n'est pas permis d'ôter à un officier sa charge, en la lui remboursant, pour la vendre ou la donner à un autre.

Dès avant Louis XI, Philippe-le-Bel était bien déjà entré dans la même voie, ainsi que nous le fait remarquer Loyseau : « Le premier Roy qui rendit en France les Officiers perpetuels, et non destituables, fut Philippe le Bel, qui en l'an 1302. après une recherche et reformation generale, destitua ceux qui avoient malversé, et confirma les autres en leurs Offices, ordonnant qu'ils ne pourroient être destituez. Mais à mon avis, » ajoute-t-il, « ce fut plûtost un privilege qu'il donna aux bons Officiers de son temps, en recompense de leur integrité, qu'une regle generale et perpetuelle pour l'avenir. » Puis il poursuit ainsi : « De fait, deux des plus accorts de ses successeurs ont heurté lourdement à cette pierre d'achoppement, et tous deux ont veu leur Estat en hazard, pour avoir trop hardiment destitué leurs Officiers. L'un est Charles V. dit le Sage, qui pendant la captivité du Roy Jean son pere, desappointa (par l'avis neanmoins des trois Estats) plusieurs des principaux Officiers du Royaume, dont il accreut fort le party du Roy de Navarre son ennemy, qui fut cause qu'incontinent après il les restablit tous : et pour ce faire alla exprés au Parlement, où il prononça luy même un Arrest, par lequel il déclara cette privation avoir été faite contre raison et justice, et comme telle, la cassa et annula (34).

« L'autre fut Loüis XI. lequel à son avenement changea la plûpart des principaux Officiers du Royaume, qui fut l'une des principales causes de cette memorable guerre civile, nommée *Bien-public* : ce qu'ayant bien reconnu, il ordonna en l'an 1467. que desormais les Officiers de France ne pourroient étre destituez sans forfaiture jugée (35). Même connoissant par experience la grande

---

(34) On sait qu'aux Etats généraux de 1356, des plaintes violentes s'étaient élevées, qui furent suivies de la révocation de vingt-deux conseillers du Parlement, de la Chambre dès comptes, des Enquêtes et des Requêtes de l'Hôtel ; tous furent privés de leurs offices comme indignes. (Ordonn. 3 mars 1356, art. 11 ; Isambert, t. 4, p. 822.) Mais, peu d'années après, le dauphin Charles revint sur cette ordonnance, par arrêt ou ordonnance de Paris, en date du 28 mai 1359, *portant rétablissement des officiers destitués à la réquisition des Etats-généraux.* (Isambert, t. 5, pp. 55 et suiv. — Voy. *eod.*, p. 54, la note 4 de MM. Decrusy et Isambert.)

(35) Ainsi fut vraiment fondée l'inamovibilité, fruit des repentirs de la royauté en présence des désordres entraînés par les destitutions. On en retrouve, du reste, les germes, dans notre histoire, dès la monarchie franque. On voit, en effet, sous les Mérovingiens, Chlotaire II jurer au maire Warnachaire que sa dignité lui sera conservée toute sa vie : « *Warnacharius in regno Burgundiæ substituitur majordomus, sacramento a Chlothario accepto, ne unquam vitæ suæ temporibus degradaretur.* » (Fredeg., *Chronic.*, 42. Voy. M. Lehuërou, *Hist. des institutions mérovingiennes et carolingiennes*, t. 1, p. 483.) Pareillement, un capitulaire de Charles-le-Chauve, de l'année 844, porte formellement : « ..... *volumus ut omnes fideles nostri certissimum teneant, neminem cujuslibet ordinis aut dignitatis deinceps, nostro inconvenienti libitu aut alterius calliditate vel injusta cupiditate, promerito honore debere privari, nisi justiciæ judicio et ratione atque æquitate dictante.* » (Isambert, t. 10, p. 541, note.) L'inamovibilité, toutefois, n'en existe pas moins réellement que depuis les fameuses *Lettres sur l'inamovibilité des offices de magistrature et autres*, émanées de Louis XI, et datées de Paris, 21 octobre 1467. Elles ont été lues, publiées et enregistrées à Paris, au Parlement, le 23 novembre, et à la Cour des monnaies, le 27 octobre. (Isambert, t. 10, pp. 541 et suiv.) Ce fut toujours à cette ordonnance que la royauté fit remonter le principe de l'inamovibilité, dans les actes officiels au moins. Avant cette époque, où dominait le principe de la révocabilité des offices, ce caractère résultait, non pas de la nature des offices (voy. p. 6, *supra*), mais de la clause *tant qu'il nous plaira*, que de Renusson a le tort de ne faire dater que de l'édit de 1493. (Voy. la note suivante.) Cette clause était d'ordinaire insérée dans les provisions et elle n'y fut conservée que par pure routine de chancellerie, depuis 1467, bien qu'elle n'eût plus dès lors de sens ; avant la réforme de Louis XI, elle avait pour effet de faire que la concession de l'office n'était pas une pure donation emportant aliénation de cet office, mais proprement une constitution de précaire ; car, de fait, l'office ainsi concédé se réglait en tout et par tout comme le précaire, puisqu'il n'était pas transmissible à l'héritier du concessionaire, et que de

utilité de cette sienne Ordonnance, et craignant qu'après son de-
cez elle ne fût non plus observée que celle de Philippe le Bel, il
s'avisa quinze ans aprés qu'elle fut faite, et étant au lict de la mort,
de la faire jurer par Charles VIII. son fils et successeur (36), luy re-
montrant (dit l'histoire) que l'observation d'icelle seroit une des
grandes assurances de son Estat : et non content de la luy avoir
fait jurer, il envoya tout à l'instant au Parlement l'acte de ce serment pour y être publié et enregistré. » (37)

A son avènement au trône, Charles VIII trouvant un grand
nombre de prévôtés affermées par les baillis et sénéchaux pour
le compte du roi, décida, par la célèbre ordonnance sur l'administration de la justice, qu'il rendit à Paris, en juillet 1493, qu'à
l'avenir, les prévôtés ne seraient plus baillées à ferme ; que désormais on n'affermerait plus à son profit que les amendes et les exploits, et que les fonctions de prévôts seraient exercées par des
gens instruits et bien famés, qui seraient élus par les officiers
des lieux (art. 65). L'article 68 de cette ordonnance étendit à toutes
les autres charges de judicature la proscription de la vénalité, et
obligea chaque récipiendaire à jurer qu'il n'avait rien donné ni
promis pour obtenir son office (38).

_____

même il ne prenait pas fin par la mort du concédant. (Voy., sur tout ceci, Loyseau,
liv. I, chap. iii, nᵒˢ 102, 103, 104, 108 et 109. Comp. liv. V, chap. iv, nᵒˢ 18 et 19.) —
Consulter l'étude de M. A. Desjardins, *L'inamovibilité de la Magistrature dans l'ancienne France*, publiée dans *La France judiciaire*, nᵒˢ de décembre 1880.

(36) Ce serment ne l'empêcha cependant pas d'en restreindre plus tard considérablement la portée; car, par édit de 1493, il voulut que les offices de finance fussent
tous conférés, non plus en titre d'office, mais par commission, afin qu'ils pussent être
révoqués comme par le passé. Telle fut même l'origine des commissions. (Voy. Loyseau, liv. I, chap. iii, nᵒ 101, et liv. III, chap. iii, nᵒ 42, et de Renusson, *Traité des
propres*, chap. v, sect. iv, nᵒ 17.) Ajoutons que, dès le règne suivant, sous Louis XII,
les offices de finance commencèrent à se vendre, et redevinrent inamovibles en devenant vénaux.

(37) Voy. sur tout ceci : Loyseau, liv. I, chap. iii, nᵒˢ 96 et suiv., et liv. III, chap. i,
nᵒ 60, et chap. iii, nᵒ 42; Philippe de Comines, *Mémoires*, liv. VI, chap. xi; René
Chopin, *De moribus Paris.*, liv. I, tit. i, nᵒ 34; de Renusson, *Traité des propres*,
chap. v, sect. iv, nᵒˢ 15 et 16; Basnage, sur l'art. 13 de la *Coutume de Normandie*;
Bodin, *Les six livres de la République*, chap. iv; *Nouveau Denisart*, mot AMOVIBI-
LITÉ; Merlin, *Rép.*, mot DESTITUTION, spécialement nᵒ iii.

(38) Isambert, t. 11, pp. 237 et 238. Avant cette ordonnance, l'affermement et le
commerce des offices, tous deux défendus par les lois, s'étaient rétablis en silence,

Nous arrivons ainsi au règne de Louis XII, c'est-à-dire à la veille du jour où la Royauté va appliquer sans détour aux offices, *mutatis mutandis*, les usages introduits par l'Eglise dans la pratique des bénéfices (39).

Ce prince commença par remettre en vigueur l'ordonnance

---

ainsi que le prouvent les cahiers des Etats généraux tenus à Tours en 1483, au commencement même du règne de Charles VIII. (Voir le chapitre *Justice*, art. 1, 14 et 24, dans le *Recueil* d'Isambert, *eod.*, pp. 50, 58 et 62. Voir aussi les belles paroles de Masselin, l'un des orateurs des Etats, *eod.*, p. 81.) Le roi répondit aux Etats que l'amodiation et la vénalité des offices étaient défendues par les ordonnances en vigueur et qu'il les ferait observer. (Voy. *Réponses faites par le Roi, eod.*, pp. 93 et 94, dernier alin.) Enfin, par l'art. 68 précité, il renouvela les prohibitions des lois anciennes. (Comp. Loyseau, liv. III, chap. I, nᵒˢ 62 et suiv.)

(39) Que si, dans la période que nous venons de parcourir jusqu'à Louis XII, nous n'avons pas eu l'occasion de parler des officiers que nous appelons aujourd'hui officiers ministériels, c'est qu'à vrai dire, il n'en existait pas. Non pas, sans doute, que les notaires, les huissiers et les sergents fussent inconnus : mais, investis qu'ils étaient d'attributions judiciaires, ils faisaient en réalité partie du personnel des cours ; en un mot, ils étaient *officiers*, et, à ce point de vue, la *lettre* des ordonnances prohibitives que nous avons indiquées leur était applicable. Une ordonnance de Philippe V, datée de février 1320, défend même formellement aux notaires du Châtelet de vendre leur siège. (Art. 9 ; Isambert, t. 3, p. 268.) Toutefois, il est extrêmement curieux de surprendre, pour ainsi dire, dans la première incertitude de sa formation, le germe d'une exception déjà faite alors en leur faveur. Les protocoles, ou registres sur lesquels les notaires écrivaient l'analyse et le sujet des actes qu'ils passaient (voy. Du Cange, *Glossar.*, vᵒ PROTOCOLLUM), étaient réputés leur propriété. La conséquence toute naturelle en fut qu'ils en pouvaient disposer au profit de leurs héritiers, de légataires ou de donataires. C'est ainsi que des lettres de Charles VI, datées de Paris, 9 janvier 1407 (Isambert, t. 7, pp. 167 et suiv.) portent *que les protocoles des notaires appartiendront, suivant la disposition du droit, à leurs héritiers, légataires ou donataires,* et c'est ainsi encore que, deux ans plus tard, d'autres lettres du 27 janvier 1409 (Isambert, *eod.*, p. 228) furent relatives au même objet. Il est même à noter que, lorsque Charles V, par lettres de Paris du 10 octobre 1370, ordonna que les registres et protocoles des tabellions royaux seraient, après leur mort, remis au roi, et le profit des expéditions réservé au domaine, il fut fait réserve expresse de la portion revenant aux héritiers (Isambert, t. 5, pp. 347 et suiv.), et que, pareillement, lorsque plus tard, par édit de Paris, du 1ᵉʳ déc. 1437, Charles VII enjoignit aux notaires du Châtelet de garder les registres de leurs actes et de les transmettre à leurs successeurs, ce fut encore en réservant formellement (*in fine*) les droits de ceux qui avaient fait lesdits registres, de leurs héritiers et ayants cause. (Isambert, t. 8, pp. 855 et suiv. Comp. l'édit de Chinon, du 26 juillet 1433 ; id., *eod.*, pp. 793 et suiv.) — Quant aux procureurs, il leur était loisible de vendre leur clientèle, leur pratique, leurs sacs de procédure et leurs places sur les bancs des grandes salles, où ils élisaient d'ordinaire résidence, jusqu'à ce que plusieurs arrêts du Parlement de Paris vinssent leur défendre de résigner leurs charges. (Voy. sur eux : Ordonn. du 16 juillet 1378, et Lettres du 19 nov. 1393 ; Isambert, t. 5, pp. 487 et suiv., et t. 6, pp. 742 et suiv., ainsi que les notes.) — Comp., sur ce qui précède, M. Bataillard, *Du droit de propriété et de transmission des offices minist.*, pp. 52 et suiv.

de Charles VIII dont nous venons de parler, et qui avait déjà souffert plusieurs atteintes. Ce fut l'objet de l'art. 40 des ordonnances *sur la réformation de la justice et l'utilité générale du royaume*, rendues à Blois, en mars 1498, en conséquence d'une assemblée de notables tenue en cette ville. Par cet article, défense expresse est faite de vendre ou acheter aucun office de judicature (40). Mais, à la suite des guerres d'Italie, harcelé par les embarras financiers, et voulant à tout prix se passer des Etats généraux, dont les représentants avaient fait preuve à Tours, en 1483, d'une énergie importune, la collation des offices à prix d'argent lui fournit le moyen de se procurer de grandes ressources. Il imagina d'anticiper sur l'avenir et d'aliéner à vie certaines fonctions : expédient ingénieux, qui permettait de toucher d'un seul coup le prix d'une longue jouissance, au lieu de percevoir en détail le fermage d'une ou de plusieurs années. De là les premières ventes d'offices de finance. Toutefois, il ne tarda pas à s'en repentir, et par sa déclaration de Rouen, du 20 ou du 21 octobre 1508, il révoqua la vénalité que lui-même avait introduite (41).

Guidé par le chancelier Duprat et sous l'influence des mêmes causes, François I⁻ᵉʳ rétablit de nouveau la vénalité ; mais, cette fois, il lui livra libre carrière et ne la contint par aucun frein. Créant des offices dans toutes les parties de l'administration (42), il les vendit à bureau ouvert, et permit même aux acquéreurs de les résigner, pourvu que les résignants survécussent quarante jours aux résignations, leurs offices devant, dans le cas inverse, retourner dans sa main. Ce fut à cet effet qu'il établit, en 1522, le *Bureau des parties casuelles* « pour servir de Boutique à cette nouvelle Marchandise », comme dit Loyseau (43) ; à sa tête, il plaça un

---

(40) Isambert, t. 11, p. 345.

(41) Isambert, t. 11, pp. 517 et suiv.; Loyseau, liv. III, chap. 1, n° 90.

(42) Voy. M. Bataillard, *op. cit.*, pp. 60 *in fine* et suiv.

(43) *Op. cit.*, liv. III, chap. 1, n° 91. « Bureau », ajoute-t-il (*eod.*, et n° 92), « qui n'étoit du commencement, que pour les Offices de finance, ainsi appellez, comme je croy, à cette occasion. Car les Offices de finance ne sont pas seulement ceux qui concernent les

trésorier des parties casuelles, charge jusqu'alors inconnue. Le
Parlement ne fut pas sans se récrier à bien des reprises et sans
refuser maintes fois l'enregistrement des édits portant création
de nouveaux offices. Mais le roi savait, par ses menaces, triompher de sa résistance, et faisait enregistrer de son *exprès commandement.*

Treize années plus tard, cependant, ce prince, pris sans doute
d'un remords tardif (44), rendait à Yz-sur-Tille, en octobre 1535,
sa grande ordonnance *sur l'administration de la justice en Provence,* dans le chapitre Ier (art. 2) de laquelle on retrouve toutes
les dispositions de l'article 68 de l'ordonnance de 1493 (45). Cela
ne signifie pas que la vénalité épargna les offices de judicature.
On n'a, pour se convaincre du contraire, qu'à jeter les yeux sur le
Traité de Loyseau, dans lequel on verra que, soit sous Fran-
çois Ier (46), soit sous ses successeurs, eux aussi devinrent sa proie,
non sans la vive opposition du Parlement, qui faisait toujours prêter
aux officiers, lors de leur réception, le serment prescrit par
les anciennes ordonnances et tiré d'une Constitution des empereurs Théodose et Valentinien dont nous nous sommes occupé (47),
de n'avoir acheté leur office directement ou indirectement; « en

---

finances du Roi, mais tous ceux qui sont conferez moyennant finance, c'est à dire, au
plus offrant : car *finer* est un vieil mot François, qui signifie payer le dernier denier. »
Denisart donnait au XVIIIe siècle la définition suivante des parties casuelles : « C'est »,
disait-il, « une espèce de caisse royale où se paye une redevance qu'on nomme *annuel, prêt,* et *paulette,* pour conserver la propriété des offices sujets à ces droits, à la
succession de ceux qui en sont titulaires. » (Voy. Denisart, mot PARTIES CASUELLES,
n° 1.)

(44) Voy. le passage de Lebret, cité par Merlin, *Rép.,* mot OFFICE, N° I.

(45) Isambert, t. 13, p. 425.

(46) « L'opprobre de la vénalité, dont *François I* et le chancelier *Duprat* avaient
malheureusement souillé la France, fut lavé par *Louis XV* et par les soins du chancelier *Meaupou,* second du nom », dit Voltaire. (*Histoire du Parlement de Paris,*
chap. LXIX, *in fine.*) Ce fut en 1552 que s'établit cet « énorme abus de la vénalité des
charges de judicature : les besoins de l'Etat, augmentés sans cesse par des prodiga-
lités de tout genre, avaient inspiré cette pensée immorale de battre monnaie avec les
offices, et d'attacher au domaine du roi une immense manufacture de charges et de
fonctions vénales. » (M. Laferrière, *op. cit.,* t. 1, p. 249 *in fine.*) — Comp. *infra,*
chap. II, sect. 2 *in init.,* note 11.)

(47) Const. 6, *Ad leg. Jul. repet.,* C. Just., IX, 27; voy. *Droit romain,* t. 1, pp. 351
et suiv.

quoy on entendoit taisiblement excepter le prêt entré aux
coffres du Roi, et sans fraude, que neanmoins la Cour, de peur de
l'authoriser ne vouloit être exprimé. » (48) On y verra également
qu'à l'époque où a paru la seconde édition de son ouvrage, c'est-
à-dire en 1610, le prix des offices de judicature était monté à un
taux exorbitant (comp. note 68, *infra*), et finalement que le Parlement, désespérant de voir l'abus réformé et voulant économiser
les parjures (49), abolit le serment dont il vient d'être question,
en l'an 1597, « peu aprés l'assemblée tenüe à Roüen, pour la reformation de la Justice. » (50)

Avec François Ier la vénalité fut vraiment fondée, et son fils
Henri II fut loin d'en arrêter l'essor; il la déchaîna, on peut le
dire, sans merci, et la laissa s'abattre sur une telle quantité d'offices, que son successeur François II se vit dans l'obligation d'en
supprimer un grand nombre par son édit de Romorantin, daté de

---

(48) « Un reste de pudeur avait survécu dans la forme », écrit M. Laferrière (*ubi
supra*, note 3); « les magistrats entrant au parlement prêtaient *le serment qu'ils n'a-
vaient pas acheté leurs offices*: et, pour échapper au remords ou à la honte du parjure, on supposait qu'en achetant leur charge ils avaient fait *un prêt à l'Etat* (ord.
d'octobre 1535, ch. i). Ce n'est qu'en 1597, à l'assemblée de Rouen, qu'on résolut d'abolir
ce parjure. (*Voir* Loyseau, *Offices*, liv. I, ch. iv.) » Loyseau (liv. III, chap. i, n° 93)
nous apprend en effet, d'une façon formelle, que la vénalité s'introduisit dans les
offices de judicature sous couleur de prêt : « ..... soit sous luy (sous François Ier), ou
ses successeurs, la venalité s'est glissée même à l'égard des Offices de judicature, qui
ont été mis en taxe aux Parties casuelles, non pas du commencement par forme de
vente, comme ceux de finance, mais par forme de prêt seulement; mais », ajoute-t-il
finement, « c'étoit un prêt à jamais rendre, et plûtôt une vente déguisée de ce nom :
aussi à la fin et de nôtre temps seulement, on a confondu és Parties casuelles de la
vente des Offices de finance avec ceux de judicature. » (Comp. *infra*, chap. ii, sect. 2,
§ 1, note 2.)

(49) Voy. le passage de Pasquier, cité à ce sujet par Merlin, *Rép.*, mot OFFICE, n° 1,
et qui est tiré du liv. IV, chap. XVII *in fine* de ses *Recherches*.

(50) Loyseau, *op. cit.*, liv. III, chap. i, n°⁹ 93 et suiv.; voir aussi liv. I, chap. iv,
n°⁹ 87 et suiv. C'est à Guillaume Joly que revient l'honneur d'avoir été la cause de
l'abolition du serment de non-achat. On sait qu'ayant traité de l'office de lieutenant
général de la connétablie, et ayant été admis au serment devant le Parlement de
Rouen, il eut la pudeur et la délicatesse de refuser de jurer qu'il n'avait pas acheté
sa charge. Ce refus donna lieu à Henri IV de faire arrêter dans l'assemblée des notables
tenue à Rouen, qu'on retrancherait cette partie de la formule. (Voy. Brillon, *Dict. des
arr.*, mot OFFICE, n° 109, et Guyot, *Rép.*, même mot, p. 316, col. 1 *in init.*, de l'éd.
de 1784.) — Consulter, sur la vente des offices de judicature, le chap. VII du liv. IV
de l'ouvrage de Loyseau. Voy. aussi, sur ce sujet, *passim*, le discours de M. l'avocat
général Loubers, cité dans notre *Droit romain*, chap. i, § 4, note 17 *in fine*, t. 1, p. 393.

mai 1560 (51). En cela, il se montra politique aussi prévoyant que diplomate délié, puisqu'il se réservait par là la faculté d'en faire à son tour commerce, quand les circonstances l'exigeraient.

Après ce roi, les Etats d'Orléans s'étant élevés avec la plus grande force contre la vénalité des offices, son frère et successeur Charles IX parut sensible à leurs représentations ; de là, l'art. 39 de son ordonnance du mois de janvier 1560, par lequel il disposa ainsi qu'il suit: « Avenant vacation d'offices en nos parlemens et cours souveraines, après la réduction faite à l'ancien nombre et état, voulons et entendons que l'ordonnance faite pour les élections soit gardée. Et quant aux siéges subalternes et inférieurs, nos officiers du siége où l'office sera vaquant, s'assembleront dedans trois jours et appellez les maire, échevins, conseillers et capitouls de la ville, éliront trois personnages qu'ils connoistront en leur conscience les plus suffisans et capables ; qu'ils nous nommeront et présenteront, pour à leur nomination pourvoir celui des trois qu'aviserons. » (52)

Ces dispositions, desquelles on peut rapprocher les articles 9 et 11 de l'ordonnance de Moulins (février 1566) (53), ne reçurent aucune exécution (54) ; car ce même prince autorisa lui-même,

---

(51) Isambert, t. 14, p. 30.

(52) Isambert, t. 14, p. 74.

(53) Isambert, *eod.*, p. 192.

(54) Il en faut dire autant de l'art. 31 de cette même ordonnance (Isambert, *loc. cit.*, p. 72) qui, rappelant une Constitution de Justinien, de nous connue (Const. 5, *Qui milit. poss.*, C., XII, 34 ; voy. *Droit rom.*, chap. II, § 2, 1re incompatibilité, t. 1, p. 482), édictait qu' « à l'avenir, nul de quelque qualité qu'il soit, ne pourra obtenir qu'un seul office. » Cette disposition, reproduite dans l'art. 267 de l'ordonnance de Blois, de mai 1579 (Isambert, *ubi supra*, p. 440), et au sujet de laquelle on discutait jadis pour savoir si elle s'appliquait à tous les offices ou seulement aux offices de judicature (voy. le renvoi de la note 87, *infra*), n'a pas eu non plus grand succès, si l'on en juge par la façon dont les choses se passaient sous Louis XIII, au siècle suivant, où, durant les années glorieuses aux dates immortelles qu'on appelle *Le Cid* ou *Horace*, *Polyeucte* ou *Cinna*, on voit Me Corneille, « licentié ès loix », pourvu par son père, qui les avait achetés pour lui, d'un sieur de Morgerets, de deux offices de judicature, celui « d'avocat du Roy ancien au siège des Eaux et Forêts », et celui de « premier avocat du Roy en l'Amirauté de France. » Il prêta serment en sa double qualité, à l'audience de la grand'chambre, le 16 février 1629. Il faut, au surplus, se hâter d'ajouter que la modicité des gages (320 livres pour les deux offices ; comp. note 96, *infra*) excusait un peu

peu de temps après, le commerce des offices, en accordant par son ordonnance *sur la transmission des offices*, datée de Paris, 12 novembre 1567 (55), à tous les officiers indistinctement, dont les offices se vendaient, la faculté de les résigner à personnes capables, moyennant un droit de mutation, c'est-à-dire en payant aux parties casuelles la finance à laquelle les résignations seraient taxées (56).

---

le cumul, auquel, du reste, le trésor, que l'on retrouve à chaque pas dans l'histoire de la vénalité, était grandement intéressé, puisque Pierre Corneille eut à lui payer 591 livres de droits de toutes sortes, c'est-à-dire près de deux années de gages, pour frais d'investiture. Il est vrai qu'à côté de ces gages il y avait, pour la charge des Eaux et Forêts, les épices des procès, les amendes, les recensements et procès-verbaux de tous genres, auxquels concourait le procureur du roi ou son avocat, et que l'Amirauté était la source de profits consistant en vacations, qu'on peut évaluer à douze sous par heure. Tout cela ne donnait pas encore par an de grosses rentes au poète, et l'on s'expliquera sans peine ses légendaires et historiques souliers troués, pour peu que l'on songe « qu'en réunissant le traitement fixe de 320 livres, les vacations et les épices, on arrive, sans exagération, à un produit annuel pour les deux charges, d'au moins 1,200 livres. » (Voy. le discours prononcé par M. l'avocat général Sergent, à l'audience de rentrée de la Cour d'appel de Poitiers, le 4 novembre 1878, *Les Poètes du Palais*, d'où sont extraits les détails qui précèdent; *Gaz. Trib.* du 16 nov., p. 1113, col. 4, *sub fin.*, et p. suiv., col. 1 *in init.*) Nous trouvons de même, au XVIIIe siècle, que les maigres émoluments de certains offices en entraînaient le cumul. (Voy. l'étude de M. Combier, président du trib. de Laon, *Un livre de raison laonnois*, 1er février 1774 à 1826, dans l'*Investigateur*, journal de la *Société des Etudes historiques*, N° de janvier-février 1880, pp. 26 à 35.)

(55) Isambert, t. 14, p. 225.

(56) A l'ordonnance de 1567 il faut joindre une déclaration de Paris, du 22 janvier 1568, et un édit du mois de juin de la même année. (Isambert, t. 14, pp. 226 et 227.) Par la déclaration du mois de janvier, les officiers établis dans le ressort du Parlement de Paris, à la condition de verser aux parties casuelles, dans un délai de deux mois, *le tiers denier* de la finance moyennant laquelle ils avaient acheté leurs charges, furent affranchis de la règle des quarante jours; ils évitaient ainsi la perte de la finance de leurs offices, et ils acquéraient, non-seulement pour eux, mais encore pour leurs veuves et leurs héritiers, le droit de la recouvrer de celui en faveur duquel ils résignaient. (Comp. *infra*, § 2, texte et note 7, IV.) Quant aux titulaires qui ne s'acquittèrent pas de ce tiers denier dans le délai fixé, ils ne purent acquérir le même droit de résignation en faveur, qu'en payant préalablement *la moitié* de la valeur de leurs offices; de plus, ils n'échappaient pas à la règle des quarante jours (voy. *supra*, pp. 14 et suiv., seconde différence, et *infra*, § 2), en ce sens que, s'ils mouraient dans les quarante jours de leur résignation, celle-ci étant présumée faite *in extremis*, en fraude du droit de retour dont le roi était sur le point de bénéficier, était non avenue, et la famille du défunt perdait, en pareil cas, la finance et l'office. L'édit du mois de juin suivant était conçu dans le même esprit; mais son application était beaucoup plus étendue, puisqu'il s'adressait à tous les officiers du royaume; de plus, il donna au versement de la somme demandée un caractère obligatoire. Il permit à tous possesseurs d'offices vénaux, à charge de payer au roi le droit de tiers denier, c'est-à-dire le tiers de la

Les Etats de Blois, toutefois, réclamèrent, sous son successeur, contre cette infraction à l'ordonnance d'Orléans, et Henri III se rendit à leurs remontrances par l'article 100 de la fameuse ordonnance de mai 1579 (57), qui, bien que datée de Paris, n'en porte pas moins, on le sait, le nom de ces Etats, parce qu'elle fut rendue sur les plaintes et doléances des Etats généraux assemblés en cette ville au mois de novembre 1576, relativement à la police générale du royaume (58).

Rien n'était plus positif contre la vénalité que cette disposition ; mais, portée dans des circonstances analogues à celles qui avaient présidé à l'avènement de l'art. 39 de l'ordonnance d'Orléans, elle eut un sort identique. C'est même à Henri III, selon Pasquier, que « la France doit le débordement général, en fait d'offices ; car il serait impossible de dire en combien de façons il fut, en cet endroit, ingénieux à la ruine de soi et de son Etat. » (59) Nous constaterons, en retraçant l'historique de l'hérédité des offices, toute la vérité de ces paroles. (Voy. *infra*, § 2.)

Henri IV entretint la vénalité des offices. Il la fixa même, ainsi

---

finance de leurs offices, de les résigner à leur gré à personnes capables, de les conserver à leurs veuves et enfants, donnant ainsi à leurs héritiers le pouvoir d'en disposer. Il prescrivait en outre que, si les officiers avaient délaissé leurs offices à leurs fils ou gendres, et que ceux-ci fussent prédécédés, ces officiers y rentreraient avec faculté itérative de les résigner sans payer aucune finance, et que, s'ils laissaient un fils mineur, il serait pourvu de l'office qui serait exercé par commis jusqu'à la majorité. Ajoutons que plusieurs édits successifs accordèrent de nouveaux délais pour payer la contribution du tiers denier, qui constituait un contrat aléatoire, fondé sur les chances de vie et de mort, par lequel le roi touchait par anticipation le tiers du prix, au lieu d'attendre le décès du titulaire pour revendre la charge devenue vacante. (Voy., sur tout ceci, de Renusson, *Traité des propres*, chap. v, sect. IV, n° 19, et M. Ch. Bataillard, *op. cit.*, p. 66.)

(57) Voir aussi les art. suiv.; Isambert, t. 14, pp. 405 et suiv.

(58) Une réaction du même genre s'était produite six ans auparavant, dans les Etats de Jeanne II d'Albret. On sait, en effet, que, durant son séjour dans le Béarn, en l'année 1570, elle convoqua à Pau les Etats généraux de son royaume, et soumit à leur approbation ses ordonnances ecclésiastiques et civiles, dont la publication eut lieu après leur sanction, le 26 novembre. Or, elle y défendait expressément la vénalité des offices. (Voy. la seconde partie du mémoire de M. le marquis A. de Rochambeau, sur *Antoine de Bourbon et Jehanne d'Albret*, publié par le *Bulletin de la Société archéologique, scientifique et littéraire du Vendômois*, t. XVII, 2° trimestre de 1878, pp. 158 et suiv.)

(59) Passage cité par Merlin, *Rép., loc. cit.*

que nous le verrons à propos de l'hérédité, par l'établissement du *droit annuel*, nommé aussi *Paulette*. Mais on lui doit du moins d'avoir fait abolir l'usage du ridicule serment imposé aux nouveaux pourvus, dont nous avons parlé plus haut. Ce fut l'œuvre d'un des articles arrêtés par l'assemblée des notables tenue à Rouen en 1596, article que, par arrêt solennel, le Parlement de Paris consacra, nous le savons, l'année suivante.

La vénalité se maintint sous les règnes de Louis XIII (60) et de Louis XIV (61), et, chose vraiment curieuse, ce dernier monarque trouva même le moyen de la développer encore, le jour où, financier plus inventif que ses prédécesseurs, il l'appliqua aux offices municipaux (62). Il y a plus : on imagina d'assimiler, quant à leur

---

(60) L'ordonnance de janvier 1629, vulgairement appelée, par ironie, *Code Michaud*, se prononçait formellement contre elle dans ses articles 190 et suiv. (Isambert, t. 16, pp. 278 et suiv.)

(61) Ce roi créa une grande quantité d'offices; « on en porte le nombre à quarante mille », dit M. Laferrière (*op. cit.*, t. 1, p. 332), qui cite à l'appui Lemontey.

(62) Sous Henri IV, ces fonctions étaient électives, et ne donnaient lieu à aucuns gages ni salaires. Il existait seulement dans chaque ville un receveur des deniers communs, et, dans un grand nombre de localités, un édit de 1581 érigea l'emploi de ce receveur en office royal. « Il y a encore un ancien Officiér en quelques Villes à sçavoir le Receveur des deniers communs, qui maintenant est erigé en titre d'Office Royal, par Edit de l'an 1581. par lequel il fut permis aux Villes de nommer trois Bourgeois au Roy, l'un desquels il pourvoiroit de cét Office, en luy payant finance. Puis trois ou quatre ans après il y eut declaration, par laquelle le Roy permit aux Villes de rembourser ces Receveurs, et faire administrer leurs deniers par les Officiers des Villes, ainsi qu'auparavant, ce que quelques Villes ont fait. » (Loyseau, *op. cit.*, liv. V, chap. VII, n° 30.) Ce fut au plus fort de la guerre d'Allemagne, « dont la dépense n'était couverte qu'à l'aide d'expédients financiers, parmi lesquels figurait la création d'offices vénaux », que « l'idée vint au gouvernement de s'emparer des magistratures urbaines et de tous les emplois à la nomination des villes, de les ériger en offices héréditaires, et de les vendre le plus cher possible, soit à des particuliers, soit aux villes elles-mêmes. » (Aug. Thierry, *op. et loc. inf. citt.* — Voy. édit de Versailles, août 1692, *portant création de maires et assesseurs en chaque ville et communauté du royaume, à l'exception de Paris et Lyon.* Joindre arrêt du conseil, Versailles, 5 décembre 1693, préamb.; édits de Versailles, août 1701, mars, mai et 19 août 1702, préamb., et décembre 1706. Isambert, *op. cit.*, t. 20, pp. 158 *in fine* et suiv., 203, 395 *in init.*, 408, 410 et suiv., 418, 492 et suiv.) L'expédient réussit; un grand nombre de villes, jalouses de leurs privilèges, se rendirent adjudicataires de la majeure partie des offices nouvellement créés qui, en ce cas, redevinrent électifs. Les Etats de Bourgogne rachetèrent, de leur côté, le droit de nommer aux offices municipaux. Le Pouvoir lui-même, loin de se montrer hostile au maintien ou au rétablissement de l'ancien état de choses, le favorisa, ainsi qu'on pourra le constater en lisant le préambule de l'édit de Fontainebleau, septembre 1714. (Isambert, *ubi supra*, pp. 637 et suiv.) A la mort de Louis XIV, les municipalités étaient, les unes électives, les autres per-

nature, les plus vils métiers aux offices, et d'établir ainsi un grand nombre de privilèges relatifs à des fonctions dont l'exercice n'avait rien de commun avec la puissance publique, et consistait uniquement dans le monopole de certaines professions industrielles ou commerciales (63). C'est ainsi que l'on vit des officiers

---

pétuelles, d'autres composées en partie d'offices dépendant de la communauté des citoyens, et d'offices possédés à titre de propriété privée. Les villes réclamèrent leurs franchises municipales. Louis XV les leur rendit, par édit de Paris, juin 1716. (Isambert, t. 21, pp. 117 et suiv.) Cet édit est fort curieux à consulter, en ce qu'il met sous nos yeux la liste des places que Louis XIV avait érigées en titre d'offices vénaux, héréditaires et inamovibles. (Joindre déclaration du 17 juillet 1717, et arrêt du conseil du 4 sept. suiv.; Isambert, eod., pp. 148 et 156.) Mais six ans plus tard, au milieu d'une crise formidable pour le trésor, tous les offices municipaux créés et mis en vente par Louis XIV, le furent derechef par le régent. (Edit de Versailles, août 1722; Isambert, eod., pp. 209 et suiv.) De nouveau supprimés par édit de Chantilly, de juillet 1724, ces offices furent rétablis par un édit de Fontainebleau, de novembre 1733. (Joindre déclaration de Versailles, 20 décembre suivant.) Supprimés encore par édit de Compiègne, d'août 1764 (joindre édit de Marly, mai 1765), l'édit de Fontainebleau, de novembre 1771, les rétablit pour la troisième fois d'une manière définitive. (Isambert, t. 21, pp. 275, 381, 382, et t. 22, pp. 405 et suiv., 434 et suiv., 539 et suiv. Comp. Denisart, mot OFFICES et OFFICIERS, n° 6.) On vit même la charge des gouverneurs de province érigée, elle aussi, en office vénal. — Voy. sur tout ce qui précède : Raynouard, *Hist. du dr. munic. en France*, t. 2, pp. 355 et suiv., 1829, in-8°; Aug. Thierry, *Essai sur l'histoire de la formation et des progrès du Tiers Etat*, 4° éd., Paris, 1866, pp. 276 et suiv.; Laferrière, *op. cit.*, t. 1, p. 332. — Sous Louis XIV, les grades militaires eux-mêmes n'échappèrent ni à la vénalité, ni à l'hérédité. (Voy., pour les officiers de la milice bourgeoise de Troyes, le mémoire sur *Le guet et la milice bourgeoise à Troyes*, communiqué par M. Babeau à la réunion des délégués des sociétés savantes tenue à la Sorbonne du 24 au 26 avril 1878.)

(63) « Non-seulement toute fonction, mais presque tout métier devint office », a écrit M. Thiercelin, dans son *Essai sur l'Histoire du Droit*, inséré dans le t. 1 du *Rép.* de Dalloz. Il ne fut pas jusqu'aux charges de perruquiers qui devinrent vénales, et payèrent à l'Etat des droits fort appréciables, puisque « les documents historiques portent à 22 millions les sommes qu'elles procurèrent au trésor. » (M. Laferrière, *op. cit.*, t. 1, p. 331 *in fine*.) Pothier fait observer avec raison, au sujet des *privilèges de perruquiers*, espèce de biens réputés immeubles de son temps à cause de leur ressemblance avec les offices, que ces privilèges, établis par le roi dans chaque ville, par suite des besoins de l'Etat, moyennant une certaine finance payée par les acquéreurs, véritables agents permanents de subsides pour le Trésor public en détresse, « ne sont pas des offices, puisqu'il n'y a aucune fonction publique qui y soit attachée », et il ajoute : « mais, quant à leur nature de biens, ils ressemblent aux offices, en ce que cette espèce de biens, de même que les offices, consiste dans une quittance de finance qui est dans le commerce, et qui donne à ceux qui en sont les propriétaires le droit de se faire recevoir, ou eux-mêmes, ou à leur place telle autre personne qu'ils jugeront à propos, maîtres perruquiers dans la ville où le privilège est établi, pourvu qu'ils aient les qualités requises, et qu'ils aient fait le temps d'apprentissage; et d'y exercer le métier à l'exclusion de tous autres. » (*Traité de la commu-*

jaugeurs de vins, compteurs de foin, regratiers vendeurs de sel, porteurs de chaux et toiseurs de pierres, tueurs et langayeurs de porcs, cordeurs de bois, contrôleurs de charbon, jaugeurs de cendres et gravelées, et d'autres officiers débardeurs de foin,

---

nauté, 1re partie, chap. II, § 2, no 95, *douzième règle*, éd. Bugnet, t. 7, p. 91; voir aussi *Introduction gén. aux coutumes*, chap. III, sect. 1re, art. II, no 57 *in fine*, t. 1, p. 19. Consulter également Merlin, *Rép.*, mots BIENS, § II, no II *in fine;* OFFICE, no XI, et PERRUQUIER.) Du reste, l'analogie de ces privilèges et autres semblables avec les offices proprement dits, dont ils différaient en ce que les titulaires n'avaient pas besoin de prendre de provisions du roi, et que par la simple justification de leur titre d'acquisition, ils étaient reçus au bureau de la communauté (édit de juillet 1746, enregistré au Parlement le 11 octobre suivant), leur fit, en pratique comme en doctrine, donner la dénomination d'offices, aussi fallacieuse en fait qu'inexacte en théorie, dénomination dont se servait Pothier lui-même pour les qualifier (voy. *Traité de la proc. civ.*, IVe partie, chap. II, sect. V, art. XV, § IV, no 685, t. 10, p. 310), et qui vint se refléter jusque dans les documents officiels et jusque dans la loi. C'est ainsi, d'une part, que l'on voit dans l'*Histoire parlementaire* (t. 8, p. 198) qu'une pétition des perruquiers sur leurs offices fut présentée à l'Assemblée Constituante au mois de décembre 1790; et c'est ainsi, d'autre part, que la loi des 2-17 mars 1791 supprima les prétendus offices des perruquiers-barbiers-baigneurs-étuvistes par son article 2. (Devill. et Car., *Lois ann.*, 1re série, p. 92.) — Il n'en est pas moins vrai, au fond, qu'on ne saurait sans erreur confondre les places de barbiers-perruquiers avec les offices. Denisart (mot PERRUQUIERS, nos 1 et 2) insiste avec raison sur ce point dans deux passages où nous allons d'ailleurs rencontrer la confirmation d'idées précédemment émises : « A Paris, et dans plusieurs autres villes du royaume, » écrit-il, « la profession de barbier-*perruquier* ne peut s'exercer que par ceux qui sont propriétaires ou locataires de ce qu'on nomme place de barbier-*perruquier*, que quelques personnes confondent mal-à-propos avec des offices.

« Les places de barbier-*perruquier* sont immeubles et héréditaires; et quoiqu'elles ne soient point des offices, mais seulement des maîtrises héréditaires et commerçables, elles sont susceptibles d'hypothèque, et se vendent par decret (voy. *infra*, chap. II, sect. 2, § 2, art. 2, note 368); mais les acquéreurs ne sont pas tenus d'obtenir des provisions, comme les titulaires d'offices (voy. *infra*, chap. II, sect. 2, § 1, art. 3, II). Les propriétaires ne sont d'ailleurs assujettis à aucune paulette ni annuel (voy. *infra*, § 2). La quittance de finance qui leur est délivrée, et les lettres de maîtrises qui pour la première sont expédiées et scellées du grand sceau, se transmettent à ceux qui succèdent ou qui acquièrent ces places; et l'enregistrement du titre de propriété sur les registres de la communauté tient lieu de réception (voy. *infra*, chap. II, sect. 2, § 1, art. 3, II). Voyez l'édit du mois de juillet 1746, registré au parlement le 11 octobre suivant, et celui du mois de mars 1673. » — Comp. sur la mise en commerce des corporations d'arts et métiers et sur l'érection de leurs titres en offices, le discours de M. l'avocat général Talon, *Les anciennes Corporations d'arts et métiers à Lyon*, prononcé à l'audience de rentrée de la Cour d'appel de Lyon, le 4 nov. 1878 (*Gaz. Trib.* du 20 nov., pp. 1125, col. 3, et suiv.). Voir aussi M. Eug. d'Auriac, conservateur sous-directeur adjoint à la Bibliothèque nationale, *La corporation des ménétriers et le roi des violons*, dans l'*Investigateur*, journal déjà cité de la *Société des Etudes historiques*, 1879, pp. 289 et suiv., et, sur l'office du Roi des violons, Isambert, t. 17, p. 401, note; quant à l'office de Roi et maître des ménestriers, il fut supprimé par édit de Versailles, de mars 1773. (Isambert, t. 22, p. 558, no 1041.)

jurés vendeurs visiteurs de porcs, visiteurs de chairs de porcs,
porteurs de charbon, mesureurs de charbon ; car il fallait trouver
de l'argent par quelque procédé que ce fût, et, à mesure que la
mine s'épuisait, on multipliait les filons déjà exploités; on divisait à l'infini les attributions, et l'on vendait à de nouveaux ama-
teurs ce que d'autres avaient acquis sous un autre nom ; on
changeait l'étiquette de la marchandise, et il se trouvait toujours
des niais ou des naïfs qui, aveuglés par la fureur de devenir
officiers, se laissaient prendre à ces amorces faciles tendues à
leur vanité (64).

------

(64) Voy., sur l'énumération qui précède, M. Ch. Bataillard, *Mœurs judic. de la
France*, p. 53, note 3. — Il suffit, pour demeurer convaincu que nous n'avançons rien
que l'histoire ne confirme, de se rappeler le mot resté célèbre du contrôleur général
Desmarets. Ayant proposé à Louis XIV, pour battre finance, de créer des offices d'une
parfaite inutilité, comme le roi lui demandait qui consentirait jamais à acheter de
pareilles charges : « Votre Majesté », lui répondit-il, « ignore une des plus belles prérogatives des rois de France, qui est que, lorsqu'un roi crée une charge, Dieu crée à
l'instant un sot pour l'acheter. » Les rois donnèrent tant de créations à faire à Dieu,
qu'à l'époque de la Révolution, il y avait 300.000 finances d'offices à rembourser, sans
compter les indemnités. (Voy. le rapport de M. Montesquiou à l'Assemblée nationale,
dans le *Moniteur* des 11 et 19 sept. 1791, et dans le Supplément du 30 sept.) Comp.
le début de la note 87, *infra*. — De son temps, Loyseau constatait déjà que l'ambition
poussait tellement aux offices, qu'elle avait engendré ce qu'il appelle spirituellement
l'*archomanie*, ou fureur d'offices (voy. liv. III, chap. i, nᵒˢ 9 et 10), et il disait notamment (*eod.*, nᵒˢ 10 *in fine* et 11), dans un passage qui corrobore absolument ce
que nous avons écrit : « ... plus il y a d'Offices, plus il y a de presse à en chercher.

« C'est pourquoy ayant été, du temps de nos peres, découvert une fois ce beau secret
de finance, de lever par le moyen des Offices une taille immense, et neanmoins insen-
sible, même volontaire et desirée, sur l'ambition et folie des aisez du Royaume, on
s'en sert tous les jours au besoin, et sans besoin. C'est une mane, qui ne manque jamais :
c'est un fonds sans fonds, c'est une source que puisant journellement on ne peut
épuiser. On a beau eriger des Offices sur le bruit d'une erection nouvelle, ils sont
retenus avant que l'Edict ne soit minuté. Que le Roy en fasse tant qu'il voudra, il trouvera toûjours à les debiter : car comme dit le Sage, *Le nombre des fols est infiny*, et
c'est maintenant un commun dire parmy nous, *Qu'il y a toûjours plus de fols que
d'Estats*. S'il y a jamais un Roy en France qui ait dessein de s'approprier tous les biens
de ses sujets, comme fit ce Roy d'Egypte en la chere année, il ne faut que créer force
Offices : chacun à l'envi portera sa bourse au Roy : qui n'aura argent, vendra sa terre,
qui n'aura assez de terre, se vendra soy-même, si on luy permet, et consentira d'estre
esclave, pour devenir Officier. Est-ce pas là une vraye folie, et une pure Archomanie ? »
Cette folle convoitise d'offices et d'états, que signalait bien antérieurement Philippe de
Cominès, véritable curée de limiers de toutes races et de tous rangs (voy. P.-L. Courier, *Mémoires, correspondance et opuscules inédits de Paul-Louis Courier*, 2 vol.,
Paris, 1828, lett. II, t. 1, p. 168), avait sa cause très-apparente dans la vanité et dans
l'ambition, qui furent les deux principaux stimulants de l'acquisition des charges
vénales; c'est qu'en effet, des milliers d'offices donnaient la noblesse, si bien qu'en 1789

Quant aux offices de judicature, ils n'échappèrent pas davantage à la contagion, et au XVII° siècle, tout ainsi que dans les siècles précédents, on voyait toujours le droit de rendre la justice « acheté à deniers comptants comme une métairie », selon l'heureuse comparaison de La Bruyère (65). Le prix en était même excessif, puisque l'office de conseiller au Présidial valait 2 ou 3.000 livres ; celui du président de ce tribunal, 10.000 livres ; celui du conseiller au Parlement, 40.000 livres, et celui de président au Parlement, trois ou quatre fois plus. Ces prix, d'ailleurs, n'étaient pas fixes, et leur taux, soumis à des variations de hausse et de baisse , suivait la fluctuation des affaires publiques. C'est ainsi que, sous Louis XIV, l'office de procureur du roi au Présidial de Lyon fut vendu 50.000 livres, et celui de procureur général au Parlement de Paris, 1.200.000 livres. (66)

Au XVIII° siècle, les choses n'avaient pas changé ; et, quand le Persan de Montesquieu, visitant un homme de robe, se prend à lui dire : « Monsieur, je n'ai point vu votre cabinet », le magistrat lui répond : « Je le crois ; car je n'en ai point. Quand je pris cette charge, j'eus besoin d'argent pour la payer ; je vendis ma bibliothèque ; et le libraire qui la prit, d'un nombre prodigieux de volumes, ne me laissa que mon livre de raison. » (67)

Ce n'est pas à dire toutefois que la royauté, tout en favorisant la vénalité, eût absolument renoncé à en entraver les progrès. L'excès

---

encore, quatre mille la conféraient. (Voy. *Hist. parlem.*, t. 4, p. 200, et comp. chap. II, sect. 2, § 1, art. 3, note 189.) Les clercs et les bourgeois trouvèrent dans cette source inépuisable de dignités publiques le moyen de faire rivaliser leur noblesse de robe avec la noblesse d'épée des grands et des seigneurs.

(65) *Discours sur Théophraste,* t. 1, p. 22 de ses *Œuvres,* publiées dans la collection des *Grands écrivains de la France,* sous la direction de M. Ad. Regnier, Paris, Hachette, 1865.

(66) Nous avons puisé ces chiffres dans l'ouvrage de M. Paul Lacroix (bibliophile Jacob), XVII° *siècle; Institutions, Usages et Costumes en France.* (Voy. la partie de l'ouvrage relative à la justice.) Comp. note 68, *infra.*

(67) Montesquieu, *Lettres persanes,* lettre LXVIII. — Comp. Edme Boursault (*Mots à la mode,* sc. 1) :

« Je sais combien d'argent vous coûte votre office,
« Et comment aujourd'hui s'exerce la justice. »

(Voy. *Théâtre de feu M. Boursault,* Paris, 1725, 3 vol. in-12.) — Comp. la note suiv.

où s'était porté le prix des offices de judicature (68), et les désordres qui en étaient résultés, déterminèrent Louis XIV à rendre à
Paris, en décembre 1665, un édit de fixation du prix des offices
des Cours supérieures, Parlement, Chambre des comptes, Grand
Conseil, Cours des aides et des monnaies, édit par lequel il fut
fait défense expresse d'augmenter le prix fixé « par traité volontaire, vente ou adjudication par décret, directement ou indirectement, en quelque sorte et manière que ce puisse être, et à peine,
en cas de contravention, d'être les résignataires déclarés incapables de tenir et exercer aucune charge de judicature, et en
outre de la perte entière du prix, qui sera porté moitié par le
résignant et l'autre par le résignataire, applicable à l'hôpital général..... » (69) Sans insister sur les péripéties de cet édit, confirmé
notamment par un autre de juillet 1669, et par une déclaration de
Saint-Germain-en-Laye, en date du 27 novembre 1671 (70), suspendu par édit de Versailles, du mois de décembre 1709 (71), et
remis en vigueur par un édit de septembre 1724 (72), nous ajouterons que Louis XV entreprit de proscrire définitivement les excès
de la vénalité. Il convient de mentionner d'une manière toute spéciale l'édit de Versailles, de février 1771, concernant l'évaluation
des offices (73). Etendant les prescriptions de l'édit de 1665 à tous

---

(68) Loyseau nous apprend (liv. III, chap. i, n° 3) que, de son temps, un office de
conseiller au Parlement se vendait 60.000 livres, et un office de président quatre fois
plus. Il convient de lire, au surplus (eod., n° 1 et suiv.), ce que ce jurisconsulte a
écrit sur la *cherté* des offices en général, cherté qui lui faisait dire (eod., n° 5 *in fine*) :
« Bref il n'y a point au monde de marchandise plus chere... »

(69) Isambert, t. 18, pp. 66 et suiv. — Cet édit fut rendu à la suite d'une grande
enquête ordonnée par Colbert au mois de mai précédent, dans le but d'avoir le relevé
général de tous les offices du royaume. (Voy., sur les résultats très-intéressants de
cette enquête, M. Alfred Neymarck, *Colbert et son temps*, t. 1, pp. 249 *in fine* et suiv.)

(70) Isambert, t. 18, p. 441.

(71) Isambert, t. 20, pp. 545 *in fine* et suiv. Cette suspension avait été établie pour
indemniser les officiers des Cours souveraines des sommes qu'ils avaient fournies au
roi. L'édit qui la contenait permettait aux propriétaires, à leurs veuves, à leurs héritiers, même à leurs simples ayants cause, de vendre leurs offices à tel prix que bon
leur semblerait.

(72) Voy. Merlin, *Rép.*, mot OFFICE, n° II.

(73) Isambert, t. 22, pp. 515 et suiv., et Guyot, *Rép.*, mot OFFICE. Voy., sur l'évaluation des offices, *infra*, § 2 *in fine*, 3° observation.

les offices, il en enjoignit une nouvelle évaluation (74). Ce qui doit surtout être noté, c'est qu'il laissait « aux propriétaires d'offices, la liberté d'en fixer eux-mêmes la valeur, en ordonnant en même temps que l'estimation qu'ils en feraient, en formerait désormais le prix, en sorte qu'en cas de suppression, ou dans le cas où le Roi en disposerait, vacation arrivant, ils ne pourraient prétendre du Roi ou de ceux qu'il aurait agréés, autre remboursement ni plus forte somme que celle à laquelle ladite fixation aurait été faite ; » (75) et l'édit ajoutait : « l'esprit de justice qui nous anime, nous a fait adopter ce parti d'autant plus volontiers, qu'il mettra les propriétaires des offices (qui quoique tombés de prix au-dessous de la finance payée en nos revenus casuels, doivent les droits sur le pied de cette même finance) à portée de les réduire proportion- nellement à leur valeur actuelle ; et qu'à l'égard des autres, dont les offices ont été portés dans le commerce au-dessus de leur finance, sur le pied seul de laquelle ils auroient pu être rembour- sés, nous leur assurerons, et à leurs successeurs, d'une manière stable et permanente, le prix de leur acquisition. Comme d'ailleurs notre intention est de supprimer, lorsque les circonstances nous le permettront, quantité d'offices qui ne doivent leur création qu'aux nécessités de l'Etat, et qui lui sont onéreux, nous pourrons par ce moyen, sans donner lieu à aucunes plaintes de la part des pro- priétaires ou titulaires d'offices, fixer à la fois et les droits aux- quels ils seront assujettis envers nous, et les sommes dont nous serons tenus envers eux, vacation arrivant de leursdits offices, ou dans le cas où ils viendraient à être supprimés..... »

La même année, Louis XV, par un édit du mois d'avril daté de Versailles, abolit la vénalité des offices dans le Parlement de Paris, y établit l'administration gratuite de la justice, et fixa d'une manière proportionnée à l'étendue de son ressort le nombre des

_____

(74) Comp., sur la fixation du prix des offices, chap. II, sect. 2, § 1, art. 3, I, 1° lettre C.

(75) Voy. *infra*, chap. II, sect. 2, § 1, art. 3.

officiers qui devaient le composer. Ce fut dans ce but qu'il supprima les offices y existant, et qu'il en créa de nouveaux qui, s'ils furent déclarés inamovibles comme les anciens, furent du moins accordés gratuitement et sans finance (76). Mais nul n'ignore que ce ne fut là qu'un des épisodes de la lutte du chancelier Maupeou contre le Parlement (77).

Aussi bien, ce changement dans l'état des choses ne fut-il que momentané, et, à son avènement au trône, Louis XVI, justifiant une fois de plus l'adage que tout ce qui est acte de passion n'a qu'un temps, rappela-t-il à leurs fonctions les magistrats exilés par son aïeul, et rétablit-il dans toute leur vigueur les principes de la vénalité des offices. Ce fut dans un lit de justice tenu le 12 novembre 1774 et dans lequel l'avocat général Séguier porta la parole en faveur de la vénalité (78), que Louis XVI fit enregistrer son édit *portant rétablissement des anciens officiers du Parlement de Paris* (79).

Telles furent les étapes successives que fournit la vénalité dans notre ancienne France jusqu'à la Révolution (80).

II. *Résumé et notion sommaire des anciennes fonctions publiques.*

Que si, maintenant, nous jetons un coup d'œil rétrospectif sur l'histoire des fonctions publiques sous le régime d'autrefois, voici,

---

(76) Isambert, t. 22, p. 522.

(77) Voy. M. Flammermont, *La réforme judiciaire du chancelier Maupeou*, dans les *Comptes-rendus de l'Acad. des sciences morales et polit.*, juillet-août 1880.

(78) Voy. le passage de son discours rapporté par Merlin, *Rép.*, mot OFFICE, n° 1.

(79) Isambert, t. 23, pp. 43 et suiv.

(80) Comme on peut à présent s'en rendre aisément compte, la vénalité des offices donna lieu à un nombre considérable d'ordonnances qui, ainsi que nous l'avons dit, l'ont successivement autorisée, défendue ou rétablie. On peut lire utilement, sur ces variations, les remarques du président Hénault sur la troisième race, dans son *Abrégé chronologique de l'histoire de France*. — Consulter également, sur la partie qui précède, l'excellente synthèse historique de la vénalité présentée par M. E. Garsonnet, dans son *Cours de procédure*, 1re partie, § XLVII, pp. 178 à 182. Voy. aussi, *passim*, le discours prononcé à l'audience solennelle de rentrée de la Cour de Paris, le 3 nov. 1874, par M. l'avocat général Hémar, sous le titre *Les élections au parlement*, Paris, 1874.

pensons-nous, comment on peut en présenter en quelques traits le résumé.

Lorsqu'on recherche quel était le caractère de ces fonctions, et que l'on se demande à quel titre elles étaient exercées et possédées, on ne tarde pas à apercevoir que, de même qu'aujourd'hui, les unes étaient amovibles, et les autres inamovibles. Les premières, révocables discrétionnairement, *ad nutum*, portaient le nom technique de *commissions*, et ne consistaient qu'en un simple mandat (81). Les autres, dont on ne pouvait être dépouillé qu'en vertu d'un jugement, la justice se substituant ici à l'arbitraire, s'appelaient *offices*, terme qui éveille l'idée de vénalité. Et de fait, autrefois, beaucoup d'offices devinrent vénaux, patrimoniaux. Mais il n'en était point ainsi pour tous, et qui disait office, ne disait pas par cela même vénalité. La vénalité ne fut qu'un accident des offices, un expédient souvent malheureux, dans lequel les besoins d'argent jetèrent trop fréquemment la royauté aux prises avec les nécessités financières. Elle n'était ni de leur essence, ni même de leur nature. Pour savoir, à présent, comment s'en établit l'usage, deux grandes périodes doivent être distinguées :

Al'époque franque, les Mérovingiens font quelquefois trafic des fonctions les plus importantes, comme de comtés, par exemple. Mais ce ne fut là qu'un abus, et non une institution.

A l'époque féodale, la Couronne vend des offices inférieurs, les greffes, les notariats. Il n'en était pas de même relativement aux fonctions d'un ordre supérieur, telles que les Prévôtés : toutefois, on les affermait. L'office du Prévôt, qui était chargé de la régie financière, de la perception des deniers royaux, était baillé à ferme au plus offrant. Il en fut ainsi, même pour la Prévôté de Paris, jusqu'au temps de Saint Louis.

Ce furent des difficultés financières, « les besoins de l'Etat », pour parler le langage de Louis XV, dans le préambule de son

---

(81) Voy., sur les commissions, Loyseau, liv. IV, chap. v.

Edit de février 1771, concernant l'évaluation des offices, qui conduisirent la Couronne à vendre les fonctions publiques. Qu'on le
remarque bien, cependant : l'office vendu par le Roi ne devenait
pas pour cela vénal et patrimonial pour l'officier, qui n'avait acheté
qu'un titre personnel et viager. Mais il dut arriver que les officiers
fussent admis à vendre ce qu'ils avaient acheté. Cette vénalité
s'établit sous Louis XII et François Iᵉʳ, par application et par imitation de ce qui avait lieu dans la pratique bénéficiale. Mais la
patrimonialité ne fut vraiment consommée qu'au début du dix-septième siècle, sous Henri IV, par l'édit de Paulet (12 déc. 1604), sur
lequel nous reviendrons, dans notre § 2, à propos de l'hérédité
des offices.

III. *Appréciation de leur vénalité.*

Il nous faut, à présent, examiner brièvement comment fut appréciée, dans l'ancien temps, la vénalité telle que nous venons
de la voir organisée, c'est-à-dire embrassant presque toutes les
fonctions publiques, et même étendue à un grand nombre de professions industrielles et commerciales.

Elle rencontra ses détracteurs dès le seizième siècle, dans
L'Hospital, dans Montaigne, dans Charron et dans Pasquier, et, au
commencement du dix-septième, elle trouva un adversaire décidé
et convaincu chez Loyseau, qui la considérait comme une véritable plaie sociale. A chaque page, pour ainsi dire, cet auteur
signale ses inconvénients et stigmatise ses abus (82), en soulignant à maintes reprises cette idée, que les hommes revêtus des
pouvoirs publics ayant acheté leurs charges, sont nécessairement
portés à en exagérer les profits (83). Il va même jusqu'à la
décréter d'institution contre raison : « ..... Je n'estime pas »,

---

(82) Ainsi que l'a fort bien écrit M. Bataillard (*Du dr. de propriété et de transm.
des off. minist.*, p. 71) : « Partout on trouve répandus à profusion les anathèmes
d'un moraliste indigné ou les sarcasmes d'un philosophe caustique. »

(83) *Op. cit.*; voy. notamment liv. III, chap. ɪ.

dit-il, « qu'il y ait rien en nôtre usage plus contraire à la raison, que le commerce et la venalité des Offices, qui prefere l'argent à la vertu en la chose du monde, où la vertu est plus à rechercher, et l'argent plus à rejetter. Car, si l'Officier merite sa charge, ce n'est pas raison qu'il l'achete : s'il ne la merite pas, il y a encore moins de raison de la luy vendre. Quelle apparence y a-t'il, que le particulier baille de l'argent pour choisir de bons serviteurs, et que le Public en prenne pour admettre au hazard de mauvais Officiers ? » (84)

Cependant, si les moralistes du xvie et du xviie siècles ont déploré les tristes fruits de la vénalité des charges, si « l'âme généreuse de l'Hospital en a souffert comme la raison de Montaigne, la droiture de Charron, le bon sens de Pasquier, la dignité de Loyseau..... appelant à son aide historiens, philosophes, orateurs et poètes pour flétrir une pratique si détestable » (85), ce n'est pas à dire qu'elle n'ait point compté de défenseurs parmi ceux-là mêmes qui la voyaient pratiquer journellement. Un passage célèbre de Montesquieu prouve que ce magistrat philosophe s'en déclarait partisan ; car, ayant posé cette question : « Convient-il que les charges soient vénales ? », il y répond de la sorte : « Elles ne doivent pas l'être dant les états despotiques, où il faut que les sujets soient placés ou déplacés dans un instant par le prince.

« Cette vénalité est bonne dans les états monarchiques ; parce qu'elle fait faire, comme un métier de famille, ce qu'on ne voudroit pas entreprendre pour la vertu ; qu'elle destine chacun à son devoir, et rend les ordres de l'état plus permanens. *Suidas* (Fragmens tirés des ambassades de Constantin Porphyrogénète) dit

---

(84) *Op. cit.*, Avant-Propos, n° 2 ; comp. aussi n°⁰ 1, 3 et 4.

(85) Paroles extraites du discours déjà cité de M. l'avocat général Loubers (*Gaz. Trib.* du 6 nov. 1879, p. 1083, col. 2). — Parmi les moralistes du xviie siècle qui faisaient de la non-vénalité des charges le principe d'un bon gouvernement, il ne faut pas oublier de mentionner le nom d'un des solitaires de Port-Royal, celui d'Arnauld d'Andilly. (Voy. son *Mémoire pour un souverain*, n° 7, dans M. Pierre Varin, *La vérité sur les Arnauld*, t. 1, p. 352, Paris, 1847.)

très-bien qu'Anastase avoit fait de l'empire une espèce d'aristo-
cratie, en vendant toutes les magistratures.

« *Platon* (Rép., liv. VIII) ne peut souffrir cette vénalité. « C'est,
dit-il, comme si, dans un navire, on faisoit quelqu'un pilote ou
matelot pour son argent. Seroit-il possible que la règle fût mauvaise dans quelqu'autre emploi que ce fût de la vie, et bonne
seulement pour conduire une république ? » Mais Platon parle
d'une république fondée sur la vertu , et nous parlons d'une
monarchie. Or, dans une monarchie où, quand les charges ne
se vendroient pas par un règlement public, l'indigence et l'avidité des courtisans les vendroient tout de même ; le hazard donnera
de meilleurs sujets que le choix du prince. Enfin, la manière de
s'avancer par les richesses inspire et entretient l'industrie (86) ;
chose dont cette espèce de gouvernement a grand besoin. » (87)

Pour nous, qui sommes assez éloigné de la vénalité, telle qu'elle
se pratiquait jadis, pour pouvoir porter sur elle un jugement im-
partial, nous nous permettrons, sans nous attarder à discuter le
bien ou le mal fondé des raisons avancées par ses critiques et par
ses adeptes, d'émettre sur elle une opinion intermédiaire, et de
reconnaître que tout ne fut pas vice dans le système d'autrefois.

Que la vénalité des offices ait produit des résultats très-fâcheux,
déplorables même, cela doit être mis hors de tout conteste. Le
principal inconvénient qu'elle engendra, fut, à nos yeux, d'avoir
conduit à multiplier les fonctions pour se créer des titres à
vendre (88), et nous savons que l'on en imagina qui étaient vrai-

---

(86) Montesquieu met ici en note : « Paresse de l'Espagne ; on y donne tous les
emplois. »

(87) Montesquieu, *De l'esprit des lois*, liv. V, chap. XIX, QUATRIÈME QUESTION. — Il
faut lire dans Merlin, *Rép.*, mot OFFICE, n° 1, la réfutation du passage qui vient d'être
cité, et que ce jurisconsulte, après l'avoir lui-même reproduit, fait suivre de cette
appréciation : « Telle a été, sur la vénalité des Offices, la doctrine d'un des plus grands
génies du 18ᵉ siècle ; mais il est facile de reconnaître qu'en ce point, comme en
beaucoup d'autres, le préjugé, l'esprit de corps et l'habitude l'ont éloigné des vrais
principes. »

(88) Loyseau (liv. III, chap. I, n° 8), en constatant ce fait, nous apprend qu'en cinquante ans on a érigé plus de cinquante mille offices, « et tantost », ajoute-t-il, « dans
les villes chaque honneste homme a son Office, comme chaque Moine dans les Clois-

ment superflus, parasites et ridicules (89). On alla même jusqu'à augmenter le nombre des titulaires sans accroître celui des charges, et jusqu'à dédoubler la même fonction en la rendant semestrielle ; d'autres offices furent faits alternatifs ; on en vit certains autres enfin qui étaient triennaux (90), et même quatriennaux (91). Ce n'est pas tout : on érigea en offices des métiers et des professions très-humbles. Les offices se multipliant perdirent leur prix ; aussi, pour vendre mieux cette denrée et en augmenter l'attrait, on y attacha des privilèges. — A tous ces points de vue, de beaucoup les plus saillants, il faut dire hardiment que la vénalité des offices vicia notre ancienne administration (92).

tres. » — Le nombre considérable des anciens offices amenait parfois des doutes sur la compatibilité de deux offices, par exemple, entre celui de procureur et celui de receveur des consignations ; entre celui de notaire et celui de procureur. Quelquefois, « par grâce spéciale », le roi levait une incompatibilité qui existait de fait et de droit. (Voy. *Observations pour la Communauté des Procureurs d'Amiens, Contre la Congrégation des Notaires de la même Ville, et Mémoire pour la Congrégation des Notaires Royaux de la Ville d'Amiens, Intimés et Défendeurs contre dix-neuf Procureurs non Notaires au Bailliage d'Amiens, Appelans et Demandeurs. En présence de quatre autres Procureurs non Notaires, Intervenans.* Ces observations et ce mémoire ont été imprimés à Paris en 1757, chez P. G. Simon, Imprimeur du Parlement, rue de la Harpe, à l'Hercule.) — Voy. d'ailleurs, sur l'incompatibilité des offices, *infra*, chap. II, sect. 2, § 3, art. 2.

(89) Il convient de lire, à cet égard, les harangues prononcées aux seconds Etats de Blois, en 1588, dans le *Recueil général des Etats tenus en France.* Voy. aussi Loyseau, liv. III, chap. I, n°s 97 et 98 ; comp. *eod.*, n° 5.

(90) C'est ainsi qu'un édit de Saint-Germain-en-Laye, du mois de décembre 1639, créa des offices de greffiers alternatifs et triennaux, dans toutes les juridictions du royaume. Une déclaration du 9 août 1640 les réunit d'ailleurs aux anciens offices de greffiers. (Isambert, t. 16, p. 524, et note 2. — Voy. aussi de Renusson, *Traité des propres,* chap. V, sect. IV, n° 25.)

(91) Nous faisons tout spécialement allusion ici aux offices de finance, qui étaient de tous les plus nombreux, et dont « quelques-uns comptaient jusqu'à quatre différents fonctionnaires qui exerçaient à tour de rôle, savoir : le titulaire, ancien et ordinaire ; l'alternatif, le triennal et le quatriennal. » (M. Joubleau, *Etudes sur Colbert,* t. 2, p. 357, cité par M. A. Neymarck, *Colbert et son temps,* t. 1, p. 250.) — Colbert, dont le plan était de réduire le nombre des offices, en remboursa un grand nombre, et notamment deux cent quinze charges de secrétaires du Roi. (Voy. M. Neymarck, *ubi supra*, et p. 40, 4°.)

(92) En ce qui concerne spécialement les offices de judicature et de finance, la vénalité eut pour résultat désastreux d'amener des exactions de tous genres. Qu'on se rappelle les paroles des députés aux Etats de Blois, en 1576 : « Les acheteurs d'offices sont volontiers revendeurs de justice. » (Voy. M. Bataillard, *op. cit.*, p. 67.)

Mais faut-il conclure de là qu'elle n'engendra que des abus ? Non, assurément. L'histoire protesterait contre une pareille assertion. En regard des désordres qu'elle entraîna, il convient de placer les quelques bons effets qu'elle produisit. En voici trois, notamment, que nous avons relevés, et qui tous nous paraissent d'une valeur indiscutable.

Le premier consista en ce qu'elle fit passer les offices au Tiers-Etat, entre les mains duquel se trouvait l'argent, et qui, prenant le goût et la passion de ces charges, s'en rendit souvent acheteur. Aussi bien, dans les Etats Généraux, est-ce surtout la noblesse qui s'érige avec le plus de véhémence contre l'indigne abus de la vénalité, que le Tiers-Etat, d'ailleurs, n'osa pas soutenir ouvertement (93).

En second lieu, elle eut l'incontestable avantage de soustraire la disposition des fonctions publiques aux intrigues, aux fluctuations, aux caprices et aux passions de la politique. C'est à ce point de vue que s'était placé le cardinal de Richelieu dans son testament politique, dont l'authenticité, malgré ce qu'a pu dire Voltaire, est maintenant reconnue : « ... Bien que la suppression de la vénalité et de l'hérédité des offices soit conforme à la raison et à toutes les constitutions du droit, » écrivait ce grand ministre, « si est-ce,

---

(93) Deux causes contribuèrent à écarter la noblesse des offices, qu'elle ne vit qu'avec dédain, au lieu de les ambitionner avec le pouvoir qui s'y attachait : d'une part, son aversion pour le travail et pour les occupations sérieuses; sa pauvreté, de l'autre. Ces deux causes ne furent pas simultanées, mais successives; et le malheur fut que le jour où, plus éclairés, les nobles comprenaient la faute que leurs ancêtres avaient commise en s'éloignant des offices, par suite de leur mépris pour l'étude, et en les abandonnant au Tiers-Etat, il n'était plus temps de la réparer, parce que, si les sentiments de la noblesse s'étaient épurés, ses finances s'étaient éclaircies et se trouvaient insuffisantes pour payer le prix élevé que les charges avaient atteint. (Voy. Aug. Thierry, *Essai sur l'histoire de la formation et des progrès du Tiers Etat*, chapp. IV et VII.) Leur vénalité, il faut tenir ce fait pour constant, a été fatale à l'influence politique de la noblesse, et a singulièrement contribué au développement du Tiers-Etat. C'est pourquoi, au sein des Etats Généraux, les députés de la noblesse avaient élevé de perpétuelles réclamations contre son institution, et avaient réclamé son abolition. — Comp. *infra*, § 2 *in fine*.

Il y aurait, selon nous, un beau livre à faire, qui prendrait pour titre : *De l'influence de la vénalité des charges sur le développement du Tiers-Etat*.

néanmoins, que les abus inévitables qui se commettraient en la distribution des charges, si dépendantes de la simple volonté des rois, en ce qu'elles dépendraient de la faveur et de l'artifice de ceux qui se trouveraient plus puissants auprès d'eux, rendent la façon par laquelle on y pourvoit maintenant plus tolérable que celle dont on s'est servi par le passé, à cause des grands inconvénients qui l'ont toujours accompagnée.... etc. » (94) Nous avons vu, au siècle suivant, Montesquieu se placer exactement au même point de vue.

Enfin, la vénalité, quelque irrationnelle qu'elle fût, eut pour résultat très-heureux d'affermir et d'engendrer peut-être (v. *supra*, p. 17) l'un des principes les plus salutaires de notre droit public : nous voulons dire l'inamovibilité, principe qui, proclamé en 1467, doit être considéré, en dépit des attaques récentes dont il vient d'être l'objet, comme une garantie absolue d'indépendance de la Magistrature, et, partant, comme la sauvegarde la plus tutélaire du justiciable (95). Il était, en effet, tout naturel qu'un magistrat

---

(94) Voy. le *Testam. polit. du Cardinal de Richelieu*, chap. IV, sect. 1, et le long extrait qui s'en trouve dans le *Rép.* de Dalloz, mot OFFICE, n° 18.

(95) Comp. M. l'avocat général Duliège, dans son discours de rentrée à la Cour de Bourges, le 3 novembre 1877, *Une cause célèbre sous Louis XIV*, dans la *Gaz. des Trib.* du 14 novembre, p. 1096, col. 2 *sub fin.* — A la fin de notre ancien droit, les publicistes, dont les idées triomphèrent auprès de l'Assemblée Constituante, se déclaraient, en général, contre l'inamovibilité. (Voy. Montesquieu, *Esprit des lois*, liv. XI, chap. 6 ; Rousseau, *Contrat social*, liv. IV, chap. 3, et Mably, *Du gouvernement de Pologne*, 1ʳᵉ partie, chap. 11, tous trois cités par M. A. Desjardins, *op. cit.*, dans *La France judic.*, n° du 16 déc. 1880, p. 94.) Son principe, devenu de nos jours, on peut le dire, européen, admis par presque tous les Etats monarchiques, peut-être aujourd'hui par tous, et qui se retrouve aussi dans plusieurs des Républiques du Nouveau-Monde, telles que celles des Etats-Unis (voy. M. Laboulaye, *op. inf. cit.*), du Mexique (voy. MM. José y Limantour et de Montluc, dans le *Bulletin de la Société de Législ. comparée*, 1876, p. 522), et de la Bolivie (Constitution du 15 février 1878), a été, chez nous, proclamé comme une nécessité notamment par Benjamin Constant, dans son *Esquisse de Constitution*. Plus récemment, la thèse de l'inamovibilité de la magistrature, exposée et soutenue avec une très-réelle autorité dans le journal *Le Temps* (nᵒˢ des 10 octobre, 23 novembre 1879, et 16 novembre 1880) et dans la *Gazette des Tribunaux* qui, dès le 5 avril 1879, c'est-à-dire au lendemain même du jour où M. Boysset saisissait la Chambre des députés de sa proposition de loi, n'a cessé de préconiser très-hautement, et avec grand'raison, le système actuellement en vigueur (voy. aussi *Le Droit*, n° du 15 septembre 1879), cette thèse, disons-nous, a été défendue, d'une manière à nos yeux décisive, par

qui avait payé sa charge, eût le droit de la conserver (96). On peut, sans avoir à redouter de démenti, affirmer que cette troisième conséquence, destinée à servir de tempérament à ce que l'autorité royale pouvait avoir d'absolu, puisque, par là, les officiers se virent soustraits à l'instabilité qui rend si précaires aujourd'hui cer-

---

MM. Laboulaye, *Histoire des Etats-Unis*, 6ᵉ éd., l. III, p. 496 ; E. Glasson, *Eléments du droit français*, t. 2, nᵒ 217, pp. 211 et suiv.; G. Pirard, *Inamovibilité de la magistrature et nécessité de la maintenir*, Paris, Marchal et Billard ; A. Desjardins, *op. cit.* note 35 *in fine*, *supra*, et *Etudes sur l'inamovib. de la magistr.*, Paris, Pedone-Lauriel, 1880 ; S. Berge, *De l'inamov. de la magistr.*, dans la *Rev. gén. du droit, de la législ. et de la jurispr.*, 1880, pp. 540 et suiv.; A. Vavasseur, *Essai sur la réforme judiciaire*, précédé d'une préface par M. Humbert, broch. in-8, Paris, E. Dentu ; *L'inamov. de la magistr.*, par un Magistrat, broch. anonyme in-8, Paris, G. Pedone-Lauriel ; Garsonnet, *Cours de procédure*, 1ʳᵉ partie, § LI, pp. 202 et suiv.; Bérenger, dans son rapport relatif au projet de loi sur la magistrature, par lui déposée sur le bureau du Sénat, et publié par la *Gazette des Trib.*, nᵒ du 5 mars 1881, et nᵒˢ suiv.; voy. aussi M. J. Boullaire, *L'Inamovibilité de la Magistrature*, dans la *Gaz. des Trib.* du 17 mars 1881, p. 271, coll. 1 et suiv. — Consulter encore, sur ce sujet, en sens divers : MM. Hello, *De l'inamov. des juges dans ses rapports avec le gouvernement républicain*, dans la *Revue de législ.* de 1848 ; L. Jousserandot, *Du pouvoir judiciaire et de son organisation en France*, Paris, Marescq ; Jules Favre, *De la réforme judiciaire*, Paris, Plon ; Robinet de Cléry, *La réorganisation judiciaire*, Paris, Cotillon ; P***, *A propos de quelques réformes judiciaires*, dans la *Revue critique de législ.*, 1877; Demombynes, *La réforme judiciaire*, dans la *Nouvelle Revue*, nᵒ du 1ᵉʳ octobre 1879; Dauphin, *Les réformes dans l'administration de la justice*, discours prononcé à l'audience solennelle de rentrée de la Cour d'appel de Paris, le 3 novembre 1880, et publié par la *Gazette des Trib.* du 4, SUPPL., pp. 1143 et suiv.; E. Perrot de Chézelles, *La magistrature sous la République*, Paris, Garnier frères ; G. Picot, *La réforme judiciaire en France*, Paris, Hachette, 1881 ; Martin-Sarzeaud, *Recherches historiq. sur l'inamov. de la magistr.*, Paris, Marchal, Billard et Cⁱᵉ, 1881. Il convient enfin de lire, sur l'inamovibilité de la magistrature, comment le préambule de l'ordonnance du 15 février 1815 en caractérise les avantages, et les magnifiques paroles par lesquelles Royer-Collard les a développées, dans les *Lois ann.* de MM. Devilleneuve et Carette, 1ʳᵉ série, p. 898, note 20, sous l'art. 58 de la Charte du 4 juin 1814, où se trouve posé, comme un principe absolu, la règle de cette inamovibilité. — Il est une remarque assez curieuse à faire : c'est que, dans notre histoire, le sort de l'inamovibilité de la magistrature semble avoir, jusqu'ici, été lié à celui de la vénalité. D'un côté, en effet, au moment où celle-ci disparaissait, la loi des 16-24 août 1790, tit. II, art. 4, déclarait que les juges seraient élus pour six ans. (Devill. et Car., *Lois ann.*, 1ʳᵉ série, p. 50 ; voir aussi art. 7, *eod.*) Et, d'un autre côté, lorsque les articles 41 et 68 de la Constitution de l'an VIII eurent rétabli l'inamovibilité (*Iid., eod.*, pp. 518 et 519), on vit aussitôt l'usage de céder les offices à clientèle être admis par la tolérance du Gouvernement et des tribunaux, jusqu'à ce que le législateur vînt l'autoriser, en transformant la coutume en loi. (Voy. *infra*, notre *Droit intermédiaire*, chap. IV.) On sait enfin qu'actuellement l'inamovibilité et la vénalité ne sont, ni l'une ni l'autre, à l'abri des passions politiques. (Voy. notre *Dr. interm.*, chap. I, note 31.)

(96) Comp. M. Thiercelin, *Essai sur l'hist. du droit*, dans le t. 1 du *Rép.* de Dalloz.

taines carrières dépendant de la haute administration, on peut affirmer que cette troisième conséquence suffirait, à elle seule, à faire accorder des circonstances très-atténuantes à la vénalité des offices de judicature, que l'on présente toujours, non sans raison, comme un des plus grands vices constitutifs de notre ancienne administration judiciaire (97), mais dont, trop souvent, on a exagéré l'importance.

Ce n'est, ainsi que nous l'avons dit, qu'au XVIe siècle que s'établit fermement cette vénalité. Auparavant, au XIVe et au XVe siècles, on pratiquait, en cas de vacance d'une fonction judiciaire, un mode d'élections faites par les compagnies judiciaires elles-mêmes. On y substitua ensuite un système de présentation de listes de candidats au Roi, ce qui permettait alors à la Couronne de faire personnellement son choix. Mais l'expérience ayant

---

(97) Consulter, d'une manière générale, sur le dérèglement causé par la vénalité des offices dans la justice : de Renusson, *Traité des propres,* chap. v, sect. IV, n° 2; voir aussi les n° 3 et 4. — Les deux autres vices les plus gros de l'ancienne organisation judiciaire étaient la multiplicité des degrés des juridictions ordinaires et les épices. Mais ici encore, gardons-nous bien d'exagérer. Sans doute, au-dessous de la justice royale il y avait bien la justice seigneuriale, qui parfois comprenait trois degrés (basse, moyenne et haute justice), de même que la justice royale (bailliages, sénéchaussées, prévôtés; présidiaux; parlements). Sans doute, il existait bien telle affaire qui ne pouvait arriver à un arrêt final qu'après avoir traversé les six degrés de juridiction. Mais tous ces échelons n'étaient pas toujours parcourus. Communément, il n'y avait que deux degrés de juridiction dans la justice seigneuriale. Quelquefois même, des affaires parvenaient directement et étaient portées *recta via* à la justice royale, et là encore, il pouvait arriver que, s'arrêtant, à raison de leur nature, au présidial, elles reçussent leur solution définitive après avoir simplement traversé deux degrés de juridiction. (Voy., sur la multiplicité des degrés de juridiction, Loyseau, *Discours de l'abus des justices de village,* et comp. M. Garsonnet, *op. cit.,* § XIII, note 11, p. 73.) — Quant aux épices, elles trouvent leur excuse, sinon leur légitimation, dans l'extrême modicité des gages des magistrats (ce que nous appelons aujourd'hui leur traitement), qui, à eux seuls, auraient été insuffisants (comp. note 54, *supra*), si l'on songe surtout au défaut très-fréquent de régularité dans leur paiement. Ces diverses causes donnèrent naissance aux épices, qui consistèrent d'abord dans de petits cadeaux en nature (dragées, fruits confits, confitures, etc.) offerts par le plaideur. Ils ne s'adressaient point d'ailleurs au juge, mais au rapporteur, chargé d'un travail à domicile, souvent long et fastidieux. Quant au magistrat, il devait gratuitement aux parties son travail d'audience. Mais on admit que celles-ci devaient rétribuer le travail des rapports. Le président de la compagnie réglait et taxait le montant des épices dues au rapporteur, en prenant en considération la longueur, les difficultés de son labeur. Dans certaines justices, il s'établit des règlements intérieurs sur ce point. (Voy., sur les épices des juges, Loyseau, *Du droit des Offices,* liv. I, chap. VIII, n° 29 et suiv., et Pasquier, *Les recherches de la France,* liv. II, chap. II.)

montré les inconvénients de ces deux pratiques, les abus qu'elles engendrèrent servirent à colorer la vénalité qui les remplaça. On commença par vendre les offices de création nouvelle; puis, plus tard, on admit la vente de la charge par l'officier lui-même (98). Ce fut, comme nous le verrons bientôt, sous l'influence d'un motif fiscal que se consomma, au début du XVIIᵉ siècle, la patrimonialité des offices, qui atteignit jusqu'aux charges de judicature. Toutefois, et c'est ici précisément qu'il convient d'éviter les exagérations, le premier venu ne pouvait pas ainsi devenir magistrat. D'abord, à certains hauts offices de magistrature, le Roi nommait par un choix personnel; c'est ce qui avait lieu notamment pour les charges de premier président, qui ne furent jamais ni vénales ni héréditaires (99). D'un autre côté, la vénalité n'excluait pas toute hiérarchie, tout avancement graduel. Il fallait commencer par remplir des offices inférieurs avant d'occuper des fonctions plus élevées; ce n'est qu'à cette condition que l'on montait. Par exemple, au Parlement, on devait être conseiller aux requêtes pendant un certain temps; on pouvait ensuite acheter un office de conseiller aux enquêtes, puis un office de conseiller en la Grand'chambre. Même après l'obtention des lettres de provision, on ne devenait pas non plus Magistrat, sans avoir été reçu par la Compagnie judiciaire dont on désirait faire partie. A cet effet, la personne du candidat était examinée. On se livrait à certaines vérifications, qui portaient avant tout sur la capacité légale du pourvu : on recherchait s'il remplissait les conditions d'aptitude, d'âge exigées par les ordonnances. La Compagnie procédait également à un examen moral, et se livrait en outre à un examen scientifique (100). Le pourvu avait dû obtenir des grades

_____

(98) Comp. *infra*, chap. II, sect. 2 *in init.*, texte et note 11.

(99) Voy. Jousse, *De l'administration de la justice civile*, Paris, 1771, t. 1, p. 161.

(100) Voy. le discours prononcé le 4 nov. 1879 à la Cour d'Aix, par M. l'avocat général Alphandéry, *Le Parlement de Provence au seizième siècle*. (*Gaz. Trib.* du 28 nov., p. 1159, coll. 1 et suiv., et spécialement col. 4, et p. 1160, col. 1.) Nous reviendrons du reste sur tous ces points, en nous occupant de la réception. (Voy. chap. II, sect. 2, § 1, art. 3, II *sub fin.*)

universitaires. Cependant ici, par suite d'une trop grande influence, la confiance cessa de s'attacher à l'examen des universités dont les grades, trop facilement conférés, finirent par perdre tout leur prestige, de sorte que les compagnies judiciaires contractèrent l'habitude de se livrer à un second examen scientifique ; mais il faut confesser qu'il ne resta pas plus sérieux que celui des universités. Quand on se présentait avec des lettres de provision obtenues au moyen d'un achat, on était ordinairement admis ; il fallait une ignorance grossière, ou une indignité scandaleuse, pour être écarté. Aussi D'Aguesseau étant chancelier exigea-t-il un examen préalable à l'obtention des lettres de provision : imposer l'agrément antérieur du candidat par la compagnie était assurément sauvegarder sa liberté d'appréciation ; mais c'était là un bien faible palliatif.

Terminons en ajoutant qu'il se fit à deux reprises, peu de temps avant la Révolution, des tentatives de réorganisation de notre système judiciaire. Nous savons déjà qu'en 1771, les Parlements se virent frappés politiquement ; à son coup d'Etat, le chancelier Maupeou voulut donner une couleur utile de réforme judiciaire qui ne réussit pas, les Parlements ayant été rappelés à l'avènement de Louis XVI (101). En 1788, ce Prince, dans une pensée toute différente, il est vrai, de celle qui avait inspiré son aïeul, fit également usage du droit de suppression ; mais c'était bien alors à l'amélioration des institutions déjà existantes que songeaient le roi et ses ministres. Quoi qu'il en soit, l'on connaît assez quelle fut l'impopularité de ce second essai de réforme, auquel se trouve intimement lié le nom de Lamoignon, pour qu'il soit utile d'insister davantage (102).

_____

(101) Voy. la date de rétablissement des différents Parlements, dans Isambert, note 3, sous l'édit de Fontainebleau de novembre 1774, t. 23, p. 43. Voy. aussi M. Flammermont, *La réforme judiciaire de Maupeou*, dans les *Séances et travaux de l'Acad. des sciences morales et politiques*, séances de juin-novembre 1880.

(102) Voy., sur le Parlement au xviiiᵉ siècle, M. L. Nigon de Berty, *La vie d'un conseiller au Parlement de Paris dans le dix-huitième siècle. Etude sur l'histoire de ce Parlement pendant le même siècle*, dans l'*Investigateur*, journal de la *Société des études historiques*, année 1877, pp. 1 et suiv.

IV. *Des Ministres de Justice.*

Nous ne saurions abandonner ce paragraphe, sans faire observer que jadis, et pour Loyseau, en particulier, les offices appelés aujourd'hui ministériels, sans cesser d'être regardés comme de véritables fonctions publiques, en ce qui concernait leur exercice, étaient cependant considérés comme se rapprochant, en un certain sens et à un certain point de vue, des professions industrielles. Aussi cet auteur était-il loin de s'élever contre leur vénalité, dans laquelle il ne trouvait même rien que de fort naturel (103). C'est ainsi qu'il écrit au début du chapitre qu'il consacre au *Droit des Offices de Judicature, purement Royaux* : « Or comme il y a deux sortes d'Officiers de la Justice, à sçavoir les Juges, ou Magistrats qui ont le commandement en icelle, et les ministres de justice qui leur obéissent, je n'entens point parler icy des Ministres, à sçavoir des Greffiers, Notaires, et Sergens, qui à cause de la vilité de leurs charges sont à bon droit mis au rang des Offices venaux. » (104) De même, nous lisons plus loin relativement aux ministres des justices seigneuriales : « ..... aux simples ministres de ces Justices, comme Notaires, Greffiers, et Sergens, leurs Offices sont de si petite importance, qu'on ne prend pas garde, s'ils (les seigneurs) les conferent, ou en titre d'Office, ou par commission, ou à ferme. Car étans mecaniques ils sont en commerce du tout licite, mesme sont patrimoniaux aux Seigneurs, comme il sera dit au chapitre suivant. » Mais il prenait soin d'ajouter immédiatement : « Et neanmoins, en quelque façon qu'ils soient conferez, leur charge est toûjours publique, pource qu'elle concerne le public, et que tout exercice de la Justice, quel qu'il soit, ne peut être autre que muni de l'autorité publique. C'est pourquoy l'acte du moindre Notaire, Greffier,

---

(103) Il se montrait de même partisan de l'hérédité des offices domaniaux des greffiers et des notaires (voy. liv. II, chap. III, n° 10), et allait jusqu'à la trouver désirable pour certains autres offices. (Voy. *eod.*, chap. VI, n°ˢ 41 et suiv.)

(104) Liv. IV, chap. VIII, n° 2; comp. liv. I, chap. IV, n° 34.

ou Sergent de village est aussi public, en ce qui est de leur pouvoir, que celuy des Officiers du Roy étans en semblable charge. » (105)

Nous venons d'assister aux développements successifs de la vénalité des offices. Il nous reste à indiquer comment naquit leur hérédité.

§ 2. — *Naissance de l'hérédité des offices. Consommation de leur patrimonialité par l'édit de Paulet.*

La patrimonialité des fonctions publiques, à laquelle on tendit du jour où leur vénalité eut été établie, ne fut réellement consommée dans notre ancien droit que de celui où leur fut conférée l'hérédité. Jusque-là, en effet, leurs titulaires en étaient moins propriétaires qu'usufruitiers (1), l'office vendu par la Couronne ne devenant pas pour cela, ainsi que nous l'avons dit, vénal et patrimonial pour l'officier, qui n'avait acheté qu'un titre personnel et viager. Ce titre mourait donc avec celui qui l'avait acquis, et faisait, par là même, évanouir cette sorte d'usufruit qu'il possédait

---

(105) Liv. V, chap. i, n° 50. — C'est bien à tort que certains auteurs modernes ont oublié ce passage et ont poussé la méprise jusqu'à écrire : « Les offices ministériels sont des entreprises industrielles et non des emplois publics. » (Voy., dans le t. 14 du *Recueil* d'Isambert, la fin de la note 3 de la p. 598.) Loyseau avait pris le plus grand soin de faire observer que ce qui distinguait avant tout l'office, c'était *la fonction publique*. Et comme il le disait fort exactement, séparant ainsi très-nettement l'ordre, qui était absolument inhérent à la personne, l'office, bien inhérent encore à la personne, mais non inséparable d'elle, et la seigneurie, qui « ne subsiste pas proprement en la personne, mais en un heritage, et est attribuée à la personne, non à cause d'elle, mais de l'heritage... » : « Mais la difference particuliere contenuë en nôtre definition d'entre l'Office et l'Ordre et la Seigneurie, est *la fonction publique*. Aussi cette fonction publique est la vraye propriété de l'Office, qui luy appartient, *omni, semper, et soli. Omni*, pource que tout l'Office, quelque petit qu'il soit, a quelque fonction publique : *semper*, pource qu'il l'a toûjours, *si non actu, saltem potentia*... » (Voy. liv. I, chap. i, n°° 106 et 107.) — C'est parce que l'office était considéré comme emportant avec lui délégation d'une partie de la puissance publique, que les aubains non naturalisés étaient incapables d'en tenir aucun. (Voy. Loysel, *Institutes coutumières*, liv. I, tit. i, LV, 73, et LVI, 74, éd. Laboulaye, t. 1, pp. 104 et 105.)

(1) Les simples offices « ne consistent qu'en un usufruict attaché à la personne du pourveu, et lequel ne peut passer en un autre, sans la provision du Roy sur sa resignation », disait Loyseau. (Liv. II, chap. VII, n° 44; voy. aussi liv. I, chap. II, n° 36, et liv. III, chap. III, n° 3, et *infra*, chap. II, sect. 2, § 1, art. 3 *in initio*, et *eod.*, II.)

sur l'office, et qui, lors de son extinction, allait se réunir à la nue-propriété, restée dans le domaine du Roi. En d'autres termes, de même que pour l'extinction de l'usufruit, la mort constituait le mode le plus ordinaire et le plus certain de la vacation des offices (2). Sans doute, les officiers obtinrent bien sans difficulté d'en assurer la survivance à leurs enfants et à leurs héritiers ; mais ces survivances gratuites furent révoquées par divers édits des 8 juillet 1521, 26 décembre 1541, et 4 septembre 1559 (3), de telle sorte que le droit à l'office demeura tout à fait personnel.

Il faut arriver jusqu'au commencement du xvii° siècle, pour rencontrer la concession générale faite aux offices de l'hérédité. Non pas, il est vrai, que, dès auparavant, on n'en trouve pas déjà les germes : il est même incontestable qu'après l'établissement définitif de la vénalité par François I⁰ʳ, les offices ne cessèrent pas de marcher vers l'hérédité. Mais ce fut à titre de concession spéciale seulement qu'on la vit octroyer jusqu'à Henri IV ; elle constitua, jusqu'à ce Roi, une pure faveur, sans jamais devenir le droit commun. C'est ainsi que François II, le fils et le successeur de Henri II, conserva, par un privilège particulier, en l'année 1559, aux veuves et enfants des huissiers, sergents et archers, tués dans l'exercice de leurs charges, l'office du titulaire décédé (4). « Ce qu'il me souvient avoir été pratiqué au Parlement seant à Paris, » ajoute Loyseau (5), « pendant les derniers troubles de la Ligue, à l'égard de touts les Officiers morts en guerre, dont M. Choppin a fait un ample discours sur la Coustume de Paris liv. I. tit. 11. nombre 35. Ce qu'aussi j'ay veu qu'on obtenoit quelquefois en particulier du

---

(2) Voy. *infra*, note 11 *in init.*, et, sur la matière de la vacation des offices par mort, Loyseau, liv. I, chap. xii.

(3) Isambert, t. 12, pp. 189 et 762, et t. 14, p. 8. Comp. note 23, *infra*. Voy., sur les diverses espèces de survivances, note 7, *infra*.

(4) Ce fut là un souvenir du droit romain : « *Si quis quocunque modo militans in bello moriatur, filius ejus, si unus sit, vel ex multis major natu, statim in locum ejus succedat, et easdem annonas accipiat, si pater usque ad biarchi duntaxat gradum pervenerit* », lit-on dans une Constitution. (Const. 3, *De fil. offic. militar.*, C. Just., XII, 48.)

(5) *Op. cit.*, liv. III, chap. x, n° 3. Comp. aussi n° 2, et liv. I, chap. xii, n° 38.

Roy, ou par merite, ou par faveur, lors qu'il tenoit en sa main ses parties casuelles, qu'après la mort d'un Officier le Roy par un brevet remettoit tout à fait l'Office à sa veuve et à ses enfans. » (6)

Pareillement, il existait quelques officiers qui, au bout d'un certain nombre d'années d'exercice, pouvaient librement résigner leurs offices, sans payer aucune finance, et sans être soumis à la règle des quarante jours. Un édit de 1572 avait notamment accordé ce droit aux secrétaires du Roi, après vingt ans de service. Ce privilège fut attribué, d'une manière générale, à tous les officiers de finance, qui payaient le tiers denier de la valeur de leurs offices, par les édits de 1568, 1574, 1576, 1577, et 1586, qualifiés, à raison de ce fait, *Edits de survivance* (7).

---

(6) Comp. chap. II, sect. 2, § 1, art. 6.

(7) Loyseau, liv. III, chap. III, n° 22, et chap. x, n°° 4 et 5; liv. I, chap. XII, n° 36. Comp. *supra*, § 1, note 56. — Loyseau (liv. I, chap. XII, n°° 37 et suiv.) distinguait quatre sortes de survivances, « ainsi appellées », dit-il ailleurs (liv. II, chap. x, n° 5), « parce qu'elles font comme survivre l'Office après la mort de l'Officier. » Il les désignait sous les dénominations de *simple survivance, survivance receuë, survivance jouyssante,* et *survivance en blanc.* Toutes quatre, notamment la survivance générale et en blanc, avaient pour but d'assurer la propriété de l'office, de telle sorte qu'il ne fût plus perdu par la mort du pourvu; cette dernière était, en cela, bien autrement avantageuse que la simple dispense des quarante jours, dont il sera question plus bas. (Voy. *infra*, note 11, 4°., p. 56.)

I. — La simple survivance résultait du fait de résigner l'office à une personne déterminée, pour le résignataire en jouir seulement dans le cas de survie au résignant, ou après sa démission volontaire, « qui est la naïfve et primitive invention des survivances, dont tous les autres sont dérivés. » Cette survivance se résumait en une donation de l'office à cause de mort, et ne pouvait, comme il vient d'être dit, avoir son effet qu'après la mort ou la démission volontaire du résignant, « demission, qu'il peut faire desormais quand il voudra, de sa propre volonté, et sans recourir plus au Prince, qui a déja admis sa resignation. Mais jusques à cette demission, ou jusques à la mort du resignant, le resignataire n'a pas droit en l'Office, mais seulement droit à l'Office, c'est à dire, une simple esperance : qui est faite caduque par son predeceds... » Il résultait de là, qu'après le décès du résignataire à survivance, le résignant recouvrait son entière liberté de disposer de son office, mais que, tant que ce résignataire vivait, il ne pouvait plus s'en démettre en faveur d'un autre. Enfin, cette survivance produisait ces deux autres résultats, d'empêcher, suivant l'effet commun à toutes les survivances, l'office de vaquer par la mort du résignant, et de mettre également obstacle à sa vacance par le décès du résignataire, puisque celui-ci n'avait point encore de droit en l'office.

II. — « Mais », dit Loyseau, « pource que de tout temps ces simples survivances, comme portans domages aux Parties Casuelles, ont été sujettes à être revoquées par le Roy : principalement elles avoient été concedées gratuitement, ainsi qu'il s'est fait par Edit de l'an 1541. et 1559...: ceux qui se veulent rendre plus asseurez de leurs survivances,

Enfin Henri III, après avoir octroyé la patrimonialité aux greffes,

et principalement les Officiers de Justice (dont lors de ces Edits les Offices n'étoient encore vendus si communément, ny par consequent les survivances d'iceux) font dés leur vivant recevoir et installer leurs resignataires à survivance, afin qu'ayant par ce moyen le titre, ordre et caractere d'Officiers, ils ne puissent plus être privez de leur droit *quia turpius ejicitur, quam non admittitur hospes*, et qu'avenant la mort du resignant, ou sa demission (qu'il peut faire en un instant, et de sa volonté privée, si tost qu'il est bruit de la revocation des survivances) il ne leur fallust plus d'autre ceremonie, pour avoir entierement l'Office, que d'en apprehender l'exercice librement, et de leur propre autorité, attendu leur propre installation precedante, qui est la seconde espece de survivance, que je nomme survivance receuë, et de fait és Etats de Blois art. 111. les survivances furent toutes revoquées, excepté celles, dont auroit été payé finance, *et les survivances déja receuës* (porte l'article) *encore qu'on n'en eust payé finance.* » (Voy. cet art. dans Isambert, t. 14, p. 409.) — Comme on le voit par cet exposé très-clair, cette seconde sorte de survivance s'analysait en un bénéfice pour le résignataire, désormais à l'abri des dangers d'une révocation de survivances. Mais à cela seulement se réduisait son effet. Notamment, elle ne conférait au résignataire aucun droit en l'office ; car, sinon, il en serait résulté que sa mort entraînant la vacance de l'office, celui-ci aurait été acquis au collateur, de telle sorte qu'il ne serait point revenu au résignant qui, par conséquent, n'aurait pas pu en disposer à nouveau. Ainsi donc, de même que dans le cas de simple survivance, après la mort du résignataire à condition de survivance reçue, le résignant recouvrait la libre disposition de l'office, mais, bien entendu, cette disposition ne pouvait plus s'exercer que par voie de résignation pure et simple, et non plus par voie de résignation à condition de survivance, par cette raison que la mort du résignataire en avait éteint la dispense et le privilège. Loyseau pensait même que, lorsque l'officier voulait derechef résigner son office, il devait payer une nouvelle finance, la première, « qui avoit été payée pour la dispense et grace de survivance », se trouvant consommée par la mort du résignataire reçu en survivance. Toutefois, le savant jurisconsulte ne se dissimulait pas que cette théorie prêtait le flanc à une objection très-grave : c'est que la première expédition, pour laquelle il avait été payé finance, contenait deux choses bien distinctes : l'admission de la résignation, d'une part, et la dispense de survivance, de l'autre ; « et supposé », disait-il, « que la condition de la survivance soit éteinte, si est-ce qu'il semble, que la faculté de resigner demeure, et que la premiere resignation n'ayant sorti effet, la finance payée pour icelle doit servir à une autre resignation, comme quand le pourveu par mort, ou le resignataire pur et simple n'a point été reçu en l'Office, on ne demande point de quart denier, pour changer ses lettres au profit d'un autre. » (Voy. *infra*, chap. II, sect. 2, § 1, art. 3, II, première exception à la perception de la taxe dite du quart denier, et note 174.) L'opinion de Loyseau, et avec elle les intérêts du fisc, pouvaient se défendre néanmoins assez facilement, pensons-nous, en considérant dans son ensemble la résignation à condition de survivance, comme formant une opération unique, rendue pour le tout aléatoire. En se plaçant à ce point de vue, n'était-il pas exact de dire qu'il y avait autant de logique à retenir la finance d'une résignation conditionnelle ayant manqué par suite de la défaillance de la condition, que la taxe d'une survivance anéantie par la même cause ?

Quoi qu'il en soit, ce qu'il est essentiel de noter, c'est que la provision de la survivance reçue ne contenait rien de plus que celle de la simple survivance, le résignant n'étant pas plus exclu de son droit par l'une que par l'autre. Au reste, la réception en survivance n'était, paraît-il, jamais permise que dans les résignations dites favorables, c'est-à-dire que dans celles qui avaient lieu entre père et fils, beau-père et gendre, oncle et neveu.

par édit de 1580 (8)*, conféra, peu de temps après, en 1583, l'héré-

---

Nous terminerons sur cette seconde sorte de survivance, par deux observations :

La première, c'est que la même condition de survivance qui se trouvait exprimée dans la provision, était forcément sous-entendue dans la réception, qui n'était, en effet, que l'exécution de la provision ; car il eût été absurde qu'on pût être reçu purement et simplement en un office auquel on n'avait droit que conditionnellement. Cependant, la condition dont nous parlons n'était pas répétée expressément dans la réception, parce que la réception d'un officier, constituant un acte légitime, ne comportait pas l'apposition d'une condition expresse ;

La seconde, c'est que, *pendente conditione*, l'officier reçu à survivance était officier honoraire, ayant le droit de se qualifier du titre de l'office. et prenant rang après ceux qui étaient en exercice. Il pouvait donc être comparé à ces *supernumerarii* du droit romain, dont nous avons parlé (voy. t. 1, *Dr. rom.*, chap. I, § 4, texte et note 72, p. 419), et « qui étoient receus és Milices, sous esperance d'avoir la première place ordinaire vacante, ce qui s'appelle à nous retenuë és Offices. et Reserve aux Benefices : il est vray qu'il y a cette difference entre la Retenuë et la Survivance, que la Retenuë se donne sans consentement des Officiers, en attendant que l'un deux viennent à mourir : et la Survivance se donne du consentement d'un Officier, qui resigne son Office à condition, que son resignataire n'en aura l'exercice qu'après sa mort..... » (Comp., sur la retenue, *infra* chap. II, sect. 2, § 1, note 124.)

III. — Ce que Loyseau, à qui appartient le passage qui précède, appelait *survivance jouyssante*, n'était autre chose que la permission expresse faite par les lettres de provision au résignant et au résignataire, d'exercer l'office concurremment, ou en l'absence l'un de l'autre, ce qui ne pouvait se présenter, on le conçoit, que pour les offices dans lesquels il n'y avait pas de lieutenant ou collègue ayant droit d'exercer en cas d'absence ou autre empêchement du résignant ; sinon, il va de soi que le lieutenant ou collègue aurait pu empêcher cette concurrence, comme lui portant préjudice. Cette troisième sorte, ou ce troisième degré de survivance, que l'on voit pratiquée dans les coadjutoreries de bénéfices, produisait ce résultat de faire résider solidairement le droit et l'exercice de l'office sur la tête de deux personnes, de telle sorte qu'il ne pouvait vaquer par la mort, la forfaiture ou la démission de l'une ni de l'autre, mais seulement du dernier survivant. Telle était, du moins, la survivance jouissante proprement dite ; car, à côté d'elle, il existait une autre espèce impropre de survivance jouissante : elle avait lieu lorsque le résignant à condition de survivance, quelle qu'elle fût, venait à délaisser, dans la suite, par une démission volontaire, l'exercice entier de l'office à son résignataire ; cette démission ne résultait, ordinairement, d'aucun acte nouveau, mais de l'abstention faite par le résignant de l'exercice de l'office laissé par lui entier au résignataire. Toutefois, bien qu'il parût ainsi se départir de la condition de survivance apposée dans sa résignation, qui devenait par là même pure et simple, bien que l'office semblât désormais appartenir d'une manière absolue au résignataire, ce qui eût entraîné la conséquence de le faire vaquer par sa mort, sans retour au résignant, Loyseau pensait que, notamment dans les cas de survivance reçue et de survivance jouissante proprement dite, dans les hypothèses, en d'autres termes, de résignations favorables, cette démission tacite ne devait s'entendre que de l'exercice, mais non du droit, du titre et de la propriété de l'office, pour la perte desquels il exigeait une démission expresse, en se fondant sur un arrêt du 7 juillet 1579, rapporté par Charondas. « Et de fait », ajoutait-il, « tous les Edits de survivance, qui seront ci après rapportez (édits de 1568, 1577 et 1586), portant que l'Officier qui a financé pour sa survivance, ayant résigné absolument son Office à son fils ou gendre, rentre en icelui après

* Voir note 8, page 53.

dité à presque tous les offices des forêts, « moyennant un petit

---

leur mort, qui est pourtant un privilege special à mon avis, attribué à telles resignations, afin d'attirer les Marchands, pource qu'on finançoit pour icelles le tiers de
la valeur de l'Office. C'est pourquoi, au cas que nous traitons, j'estime que s'il apparoissoit d'un acte de resignation ou demission pure et simple du droit du resignant,
(ce qui n'arrive gueres, et quand il y en auroit un, on le peut suprimer et charger
après sa mort) l'Office vaqueroit par la mort du resignataire. »

Loyseau ne se montrait pas si rigoureux lorsque la survivance était expédiée en
faveur d'un étranger, auquel le résignant aurait, par la suite, délaissé l'exercice de
l'office; il n'exigeait pas ici de démission expresse, étant « assez à presumer par le
seul quittement de l'exercice, » comme il le dit lui-même, « que le resignant s'est
departi de la condition de survivance, et qu'il a entendu faire le resignataire Seigneur
parfait et incommutable de l'Office, moyennant bon payement, qu'il en a receu de lui. Et
partant (joint que telles resignations ne sont favorables, comme sont celles de pere à
fils ou gendre, ou d'oncle à neveu) j'estimerois qu'après le quittement de l'exercice,
l'Office devroit vaquer par la mort du resignataire. » Il fallait toutefois dérober à cette
règle le cas où les lettres de provision portaient une *clause de regrès*, qui n'était
autre chose, pour Loyseau, qu' « une survivance renversée au profit du resignant », et
grâce à laquelle, après la mort du résignataire, le résignant devait rentrer en son premier droit. (Comp. liv. I, chap. xi, n° 67.) Cette clause, fort rare encore à l'époque de
Loyseau, dans la matière des offices (voy. chap. ii, sect. 2, § 1, art. 3, I, 2°, A, a), était,
au contraire, si fréquente dans la pratique bénéficiale de la Cour de Rome, qu'on en
était venu à y distinguer trois espèces de regrès : le *regrès* proprement dit, tel qu'il
vient d'être défini ; l'*ingrès*, qui avait lieu lorsque le résignant n'avait pas encore pris
possession du bénéfice, et que le Pape lui permettait néanmoins, au cas de prédécès
de son résignataire, d'en prendre possession en vertu de ses premières provisions ; et
enfin l'*accès*, qui se présentait alors que le Pape, voulant conférer le bénéfice à un
enfant qui n'était point encore en âge de le tenir, le conférait à son précepteur ou à
son parent, avec cette clause qu'aussitôt l'enfant arrivé à l'âge voulu, il jouirait désormais de ce bénéfice.

IV.— En ce qui concerne enfin la survivance en blanc, elle se distinguait des trois précédentes en ce que, au lieu de se faire au profit d'une personne déterminée et spécialement dénommée dans la résignation et dans les lettres de provision, elle était, ainsi
que son nom l'indique, générale et indéfinie ; elle était expédiée en blanc, ou donnée
par édit en termes généraux, sans que le résignant fût tenu de la concevoir sous le
nom et au profit d'une personne déterminée. Il y a plus : elle résidait en la propre
personne de l'officier, qui n'était nullement obligé de résigner son office de son vivant,
ni même de passer procuration en blanc pour le résigner. Elle emportait donc pour
ses héritiers la précieuse faculté de disposer de son office après sa mort. Elle apparaissait, de la sorte, comme beaucoup plus avantageuse que les trois autres, puisqu'elle rendait presque l'office héréditaire à l'égard de sa première mutation ; elle en
assurait, dans tous les cas, la propriété, de telle sorte qu'il ne pouvait plus vaquer par
la mort du pourvu, et que ses héritiers, à défaut de disposition de sa part, pouvaient
le résigner après sa mort.

Plusieurs édits célèbres continrent des survivances de ce dernier genre, notamment
ceux dont il est fait mention au texte, et qui furent appelés pour cette cause Edits de
survivance. Ils ne se bornaient pas à autoriser l'achat de cette survivance, en finançant
le tiers denier de la valeur de l'office; ils admettaient, en outre, dans les résignations
favorables faites à fils ou gendre, les trois clauses de regrès, d'ingrès et d'accès, de
sorte que si l'officier qui avait payé la taxe laissait un fils mineur, celui-ci n'en succédait pas moins à l'office, auquel il était reçu, lorsqu'il avait atteint l'âge voulu, et qui

supplément de finance », bien que ces offices n'aient jamais été domaniaux. Cette mesure faillit être étendue à tous les offices de finance. En effet, trois ans plus tard, un édit de 1586 les déclara tous héréditaires ; mais, sur les remontrances très-énergiques de la Chambre des Comptes, le roi suspendit cet édit, qu'il transforma, au mois de juillet, en un édit de survivance, lequel resta lui-même sans exécution (9).

Il convient, au demeurant, d'ajouter que, le plus souvent, les officiers, suivant en cela l'exemple des possesseurs de bénéfices ecclé-

---

était, dans l'intervalle, exercé par commission. Spécialement, par les deux édits de 1568, Charles IX permit aux officiers, qui lui paieraient promptement la taxe indiquée, de résigner leurs offices quand bon leur semblerait ; il autorisa même leurs héritiers à en disposer après leur mort, et ajouta que si ces officiers s'étaient démis de la jouissance de leurs offices, en faveur de leur fils ou de leur gendre, ils les recouvreraient en cas de prédécès de ceux-ci, « avec iterative faculté de les resigner, sans plus payer aucune finance. » Il décida enfin que si ces officiers laissaient un enfant mineur, il serait pourvu de leur office, qui serait exercé par commis pendant sa minorité. Ces dispositions, dues aux troubles de la religion, furent renouvelées en 1574, en 1576 et en 1586, sous l'influence de la même cause.

Ce fut également une survivance de cette quatrième espèce qu'accorda le fameux édit des quatre deniers pour livre, ou édit de survivance annuelle, plus connu sous le nom d'édit de Paulet, dont nous parlerons bientôt.

Ajoutons que l'usage des survivances n'était point inconnu en matière bénéficiale : seulement elles y portaient le nom de *coadjutoreries*. (Voy. Loyseau, liv. I, chap. II, n° 33.)

(8) Loyseau, liv. II, chap. VIII, n° 1. Cet auteur fait remarquer à bon droit (*eod.*, n° 2) « que l'heredité des Greffes estoit aucunement tolerable, parce qu'il y a presque trois cens ans qu'ils avoient esté compris parmy les droicts domaniaux, et baillez à ferme, comme les autres droicts et revenus ordinaires de la Couronne : et partant il n'y avoit gueres plus d'inconvenient de les aliener à faculté de rachat, que le domaine solide d'icelle. » On sait que par édit de 1597, Henri IV, assimilant les notariats aux greffes, décida qu'ils seraient également vendus aux plus offrants, avec faculté de rachat. Ce même édit réunit les offices de tabellions, notaires et garde-notes qui, auparavant, formaient des offices différents. (Voy. Loyseau, liv. II, chap. III, n° 11.) Ainsi donc, désormais, les acquéreurs obtinrent sur les greffes et les notariats un véritable droit de propriété, avec la faculté de faire exercer l'office par commis ou fermier, et de le transmettre à des successeurs de leur choix, sans agrément du souverain. (Comp. *infra*, chap. II, sect. 1, § 2.)

(9) Loyseau, liv. II, chap. VIII, n°s 3 et suiv., et *eod.*, chap. X, n° 10 ; Isambert, t. 14, p. 609 *in init.* Comp. *infra*, chap. II, sect. 1, § 3. Pendant les Etats de Blois, en 1588, le même roi, par un singulier revirement, songea à changer tous les offices en commissions, ou du moins à les faire annuels. « Dont les Officiers de France furent en telle alarme, » dit Loyseau (*loc. cit.*, chap. VIII, n° 7), « qu'ils firent un Deputé pour donner à entendre leurs raisons au Roy et aux Estats, qui fut Antoine de la Val, Capitaine du chasteau de Moulins, lequel depuis peu d'années a fait imprimer en son livre *Des desseins*, les harangues qu'il fit sur ce sujet. »

siastiques, s'efforçaient d'obtenir l'équivalent de l'hérédité en revendant leur office avant leur mort, après en avoir joui pendant
leur vie. Ce fut précisément afin de combattre cette tendance et
d'éviter les fraudes, que la Cour de Rome avait introduit la règle
des vingt jours (10), et que la pratique laïque avait imaginé celle
des quarante jours, dans le but purement fiscal de multiplier les
chances de retour à la Couronne, qui était le sort commun des
offices vacants par mort (11). Nous savons, de reste, que ce que

---

(10) Bien que telle soit la dénomination courante de la règle dont nous parlons, elle
n'est pas exempte d'un défaut de précision, capable d'engendrer une inexactitude. En
effet, si, sans doute, il exista bien, dans la pratique bénéficiale primitive, la règle *de
viginti diebus*, du moins fut-elle modifiée par le pape Boniface VIII, qui la restrei-
gnit au cas de maladie. Aussi était-elle appelée proprement, du temps de Loyseau,
la règle des malades résignants, *De infirmis resignantibus*. A l'époque de ce jurisconsulte, l'ancienne règle *de viginti diebus*, qui n'exigeait point que le résignant fût
malade, n'était plus observée, paraît-il, qu'à l'égard de l'indult des cardinaux. (Voy.
Loyseau, liv. I, chap. xii, n° 2.) — On peut voir dans Patru (plaidoyer 15) quelles
difficultés et quels scandales amenait cette règle des vingt jours, en matière bénéficiale.

(11) « Il n'y a point de plus ordinaire et plus certain moyen, comme de l'extinction
de l'usufruit, aussi de la vacation de l'Office, que la mort : moyen qu'on étend tellement, et és Offices, et és Benefices, qu'encore que lors d'icelle ils se trouvent avoir été
resignez, neanmoins ils ne laissent pas de vaquer par la mort du resignant, si la resignation n'est faite quarante jours auparavant és Offices et vingt jours és Benefices. »
(Loyseau, *ubi supra*, n° 1.) Cette règle des quarante jours n'ayant pas été, à l'origine,
observée à la rigueur par le Parlement à l'égard des offices de judicature, notamment
dans les cas de résignations dites favorables, comme de père à fils ou gendre, de frère
à frère, d'oncle à neveu, on en était venu à douter si elle avait lieu de s'appliquer à
ces offices. Par son article 10, l'édit de Rouen, de janvier 1597 (Isambert, t. 15, p. 123),
contrairement à la doctrine de plusieurs arrêts antérieurs, trancha la question dans le
sens de l'affirmative. (Voy. Loyseau, *eod.*, n° 4.) Postérieurement, pour couper court
à toute espèce de fraude, on eut recours au procédé ingénieux de ne plus sceller de
lettres de provision des offices, qui étaient « à la libre collation du Roy, sinon après
les 40. jours expirez », dit Loyseau ; « et faut qu'alors », poursuit-il, « il apparoisse à Monsieur le Chancelier, que le resignant soit encore en vie. » (*Eod.*, n° 5 ;
voy. aussi Bourjon, *Le droit commun de la France*, liv. II, tit. xi, 6ᵉ partie, chap. ii,
sect. 1, dist. 1, n° III.)

C'est ici le lieu de signaler les principales différences qui séparaient la règle *De infirmis resignantibus*, dite vulgairement *De viginti diebus*, de la règle des quarante
jours. Nous les grouperons sous les quatre chefs suivants :

1° Tout d'abord, la règle des vingt jours résultait d'une constitution expresse ; au
contraire, la règle des quarante jours n'était fondée sur aucun édit, sur aucune
ordonnance ; son observance dépendait de la condition qui, suivant le style de la grande
chancellerie de France, était « par exprès apposée és provisions des Offices faites sur
resignations, *Pourveu que le resignant vive quarante jours après la date des pre-
sentes*. De sorte que le Roy n'admet la resignation, que sous cette condition : comme
de verité, sans icelle les Offices deviendroient presque hereditaires étant bien aisé de

les besoins financiers avaient fait établir, l'argent versé à propos

---

signer une procuration pour resigner quand on est prest et asseuré de mourir... », selon la judicieuse observation de Loyseau (*eod.*, n° 3). — Cette première différence entraînait deux conséquences absolument opposées et qui étaient d'une importance capitale : dans la pratique bénéficiale, les vingt jours avaient lieu en toutes provisions du Pape expédiées sur résignation, encore qu'elles n'en fissent point mention ; à l'inverse, les quarante jours des offices n'étant imposés par aucun texte de loi, et ne procédant que de la clause apposée aux provisions, il en résultait que, si cette clause y était omise, la règle n'avait plus lieu d'être appliquée. C'est, en effet, ce qui résultait par *a contrario* de l'art. 10 de l'édit de Rouen, qui disait en propres termes : « Nosdictes cours souveraines garderont exactement la clause des quarante jours portez par les lettres de provision... » (Voy. Loyseau, *eod.*, n° 13 et 14.)

2° En second lieu, la règle bénéficiale, après sa modification du moins, ne s'appliquait qu'aux résignants malades seuls, ainsi que son titre l'indique. Au contraire, aucune distinction n'était faite pour l'application de la règle des quarante jours, suivant que les résignants étaient en état de maladie ou de santé. (Id., *eod.*, n° 8.)

3° Une troisième différence était contestée. Personne ne mettait en doute que les vingt jours des bénéfices devaient être francs, ainsi que Gomes et Dumoulin l'avaient avec raison établi sur la règle *De infirmis resignantibus*, qui était, en effet, ainsi conçue : « *Si resignans* POSTEA *intra viginti dies decesserit*, A DIE CONSENSUS *computandos.* » Les mots *postea* et *a die consensus* établissaient péremptoirement que le jour du consentement, non plus que celui de la résignation, ne devaient être comptés dans le délai. Du reste, comme le remarquait Loyseau, celui qui mourait à la dernière heure du vingtième jour décédait bien dans les vingt jours. Devait-on décider de même relativement aux quarante jours des offices ? Fallait-il admettre qu'ils devaient être francs ? Certains auteurs poussaient si loin l'esprit de fiscalité que, se fondant sur ce qui avait incontestablement lieu au sujet des vingt jours des bénéfices, ils adoptaient l'affirmative, et voulaient qu'on ne comprît dans les quarante jours ni celui de la provision, ni celui du décès ; opinion d'autant plus rigoureuse, pour le dire en passant, que, au lieu de les faire courir du jour du consentement, comme à Rome les vingt jours, on avait imaginé, toujours dans le but de multiplier les chances de vacations par mort, de ne les compter que du jour du paiement du quart denier, ou, ce qui revient au même, que de celui de la provision, puisqu'elle ne se datait jamais que du jour de la quittance de ce quart denier. (Loyseau, *eod.*, n° 6. Voy. aussi Denisart, mot PAULETTE, n° 8.) « Ce qui est certes bien rude », observe judicieusement Loyseau (*eod.*, n° 7), « és Offices de Gascogne, et autres Provinces eloignées de la Cour, esquelles il faut un long temps pour en apporter la procuration, puis la faire mettre en taxe, puis en poursuivre la moderation, s'il y échet : attendu même qu'aucunefois le Conseil des finances est long-temps sans s'assembler : principalément s'il vient à traverse quelque coureur de l'Office, qui en recule l'expedition, taschant de le faire vaquer par mort, à la ruine d'une pauvre vefve et orphelins, déja assez affligez de perdre leur pere, sans perdre son bien quand et quand. (Il y a, dans ces derniers mots, un souvenir frappant de la célèbre loi 6 pr., de Pomponius, *De jure dot.*, D., XXIII, 3.)

« Aussi y a-t'il quelque apparence, que ce qu'aux Benefices, on requiert vingt jours, est à cause de la distance des lieux pour recourir au Pape : à l'égard duquel seul, on tient que la regle *De infirmis* a lieu..... », ajoute-t-il.

Le jurisconsulte, auteur des lignes qui précèdent, estimait, au contraire, touchant la question qui nous occupe, que les quarante jours des offices ne devaient pas être francs. Il invoquait la clause même dont nous avons relaté la teneur au cours de la première différence, et qui était conçue tout autrement que la règle des vingt jours, formulée plus haut dans ses termes mêmes. « Or est-il que celuy qui decede le

pouvait le défaire, et que la vacation par mort fléchissait, avec la

---

40. jour peut être dit avoir vécu 40. jours, combien que non pas entiers..... attendu même la maxime de droit, que *in favorabilibus dies cœptus habetur pro completo...* « Qui plus est en matiere d'Off. c'est une regle particuliere, que *annus cœptus habetur pro completo, ex constit. D. Adriani. l. ad Rempub. D. De muner. et honor.* Et en tout cas, » ajoutait-il, « quand le fisque voudroit traitter à toute rigueur les pauvres vefves et orphelins affligez, il ne leur sçauroit pis faire que de compter ces 40. jours de moment à moment, comme regulierement le temps doit être compté, *l. 3. §. minorem. D. De minor.* Et en ce cas il faudroit considerer à quelle heure le paîement du quart denier auroit été fait, et à quelle heure le resignataire (lisez le résignant) seroit decedé : autrement ce seroit demander 41. jours, pour 40. jours. » (*Eod.,* n° 9 et suiv.)

4° Enfin, en quatrième lieu, tandis que le collateur de l'office pouvait dispenser tacitement son officier de la règle des quarante jours, en en omettant la clause dans la provision, et qu'il lui était *a fortiori* loisible d'en accorder dispense expresse, au contraire, une semblable dispense était impossible en ce qui concerne les bénéfices. Voici ce que nous dit à cet égard Loyseau (*eod.*, n° 15) : « Que si le collateur de l'Office en peut dispenser taisiblement (des 40 jours), obmettant la clause en la provision, à plus forte raison en peut-il dispenser par exprés : et ce non seulement en admettant la resignation, avec dispense des 40. jours, comme de tout temps il s'est pratiqué, lors qu'un malade resignoit, de faire taxer cette dispense parmy le quart denier de la resignation, et la faire precisément coucher dans les Lettres de provision : mais aussi il peut donner à part cette dispense ou privilege à son Officier, de n'être sujet à la clause des 40. jours, quand il voudra resigner : ce qui ne se peut pas faire aux Benefices, le droit commun y étant contraire, et que ne tombans en commerce, il seroit de mauvais exemple de les rendre comme hereditaires par telle dispense : raison qui n'a lieu és Offices, où telle dispense n'est point contre les bonnes mœurs, et ne tourne qu'à l'interest du seul collateur, auquel partant il peut bien renoncer. »

Avant l'édit de Paulet, les besoins d'argent mettant sans cesse la Couronne aux abois, n'avaient pas tardé à lui suggérer le moyen de trouver une nouvelle ressource dans la vente de la dispense des quarante jours. Une maladie grave menaçait-elle de compromettre la validité d'une résignation? On suppléait, par le paiement d'une taxe, au résultat désastreux d'un décès arrivant au cours du délai fatal, moyennant quoi l'office était déclaré ne pas vaquer par mort, de telle sorte que, par suite de l'achat de cette dispense, bien moins avantageux, néanmoins, que celui d'une survivance surtout générale et en blanc (voy. *supra,* note 7 *in init.*), on expédiait les provisions du résignataire, sans faire mention de la clause des quarante jours. (Voy. *supra,* 1re et 4e différences.) Toutefois, si le résignataire trouvait toujours son avantage dans cette combinaison, il n'en était pas de même à l'égard du résignant, qui, pour être atteint d'un mal jugé mortel, ne se croyait pas toujours obligé pour cela de ratifier l'arrêt porté sur sa maladie en y succombant. Aussi bien, dans le cas où il revenait à la santé, et où le délai sacramentel de survie se trouvait atteint ou même dépassé, il ne manquait pas de réclamer la restitution de la somme qu'il avait inutilement avancée à titre de taxe de dispense. Mais l'usage s'établit de ne jamais la rendre. (Loyseau, liv. II, chap. x, n° 24 et 27 *in fine.*) A cette coutume, rien de trop inique, à la vérité : « Car », comme dit Loyseau (n° 24 *in fine*), « c'étoit comme une composition faite avec le Roi, du hazard qui lui pouvoit échoir si la mort de l'Officier fust survenuë. » L'édit de 1604, en assurant, comme nous le verrons, à tous ceux qui profitaient de ses dispositions, les avantages d'une résignation parfaite, mit fin à ces achats de dispense, auxquels on se soumettait à la suite d'un calcul, aussi lugubre qu'odieux, des chances plus nombreuses de mort que de vie.

règle des quarante jours, devant le paiement d'une taxe (12).

Les choses en étaient là, lorsque Henri IV monta sur le trône. Ce roi, qui, quelques années après son avènement, paraissait disposé à renoncer sérieusement à la vénalité des emplois publics (13), introduisit, dans le régime des offices, une innovation capitale, par le fameux édit de Paulet, du 12 décembre 1604 (14), auquel Loyseau consacre, dans le livre II de son ouvrage, tout le chapitre x, qui ne comprend pas moins de 86 numéros (15). Il y débat toutes les questions que fit naître l'édit de 1604, pour l'application duquel une jurisprudence spéciale ne tarda pas à s'établir, et il y donne la solution de tous ces problèmes, jadis si importants pour fixer l'état des fortunes, mais qui sont aujourd'hui dénués d'intérêt pratique (16).

A cette époque, presque tous les offices étaient vénaux. Quant à l'hérédité, nous venons de voir qu'elle n'existait encore qu'à l'état d'exception pour les offices domaniaux, et qu'elle apparaissait imparfaite au profit des officiers qui avaient obtenu, acquis ou acheté des survivances.

L'édit de Paulet, ainsi nommé du nom même de l'auteur du projet, donna à tout titulaire d'un office de finance ou de judicature (17), la

---

(12) Voy. *supra,* notes 7 et 11 *in fine.*

(13) Sur les représentations de l'assemblée des notables, tenue à Rouen en 1597, il révoqua les survivances. Quelques-unes avaient été achetées par tiers denier, et les édits antérieurs les avaient respectées. Henri IV les comprit dans la règle générale, et convertit la somme versée au bureau des parties casuelles en une augmentation de gages au denier dix, c'est-à-dire en rente viagère. (Voy. déclaration du *dernier juin* 1598, dans les *Edits et ordonnances des Roys de France,* de Fontanon, Paris, 1611, t. 2, p. 574.)

(14) C'est sur un arrêt du Conseil du 7 décembre précédent que fut faite, en forme d'édit, la déclaration du roi dont nous parlons. — Voy. Fontanon, *op. et loc. citt.,* pp. 575 et suiv.

(15) Consulter également sur ce sujet : De Thou, *Histoire universelle,* liv. CXXXII, t. 14, p. 324, trad. franç., Londres, 1734 ; Bourjon, *Le droit commun de la France,* liv. II, tit. xi, 2ᵉ partie, chap. iii ; Denisart, mots OFFICES et OFFICIERS, nᵒˢ 13, 32 et suiv.; PARTIES CASUELLES, nᵒ 2, et PAULETTE; M. J. de Crozals, *L'hérédité des offices de judicature. — La Paulette,* dans la *Revue politique et littéraire,* nᵒ du 17 janvier 1880, pp. 677 et suiv. Voir aussi le *Journal* de l'Estoile; l'*Histoire de France* du Père Daniel, les *Notes* de Deréfuge, et enfin Henrion de Pansey, *De l'autorité judiciaire,* Introd., chap. 10.

(16) On se rendra aisément compte de la vérité de cette assertion après avoir lu la note 18, *infra.*

(17) C'était là une grande innovation ; car, dans les édits de survivance, ne se trouvaient nullement compris les offices de judicature. L'édit de Paulet les vise au con-

faculté de rendre son office en quelque sorte héréditaire, moyennant un droit annuel, destiné à ne produire d'effet que pour l'année (18).

---

traire d'une façon formelle; il est même dit expressément, dans son avant-propos, que c'est principalement pour les conseillers de la Grand'Chambre du Parlement et autres anciens officiers de judicature que l'édit est fait. Il faut toutefois ajouter que les postes les plus importants des offices de justice, qu'il ne convenait pas d'abandonner aux hasards d'une combinaison pécuniaire, furent exceptés des conditions communes, le roi se réservant d'y pourvoir. C'est notamment ce qui eut lieu pour les présidents à mort'er et gens du roi des Parlements. (Voy. Loyseau, liv. II, chap. x, n°° 19 et suiv., et de Renusson, *Traité des propres*, chap. v, sect. iv, n° 23, ainsi que l'arrêt du Conseil du 7 septembre 1604, cité par ce dernier auteur.) Grâce à ce palliatif, qui consistait à soustraire à l'application de l'édit les offices les plus importants, on arrivait à atténuer beaucoup les inconvénients qui en résultaient et qui regardaient principalement les offices de judicature. Les plus notables de ces inconvénients étaient de « frustrer le Roi du choix et élection des Officiers », comme dit Loyseau (*loc. sup. cit.*); de permettre à la puissance des officiers, en particulier de ceux de justice, qui se voyaient désormais assurés de perpétuer leurs offices dans leurs familles, de se développer dans des proportions trop considérables, et enfin au prix des charges d'atteindre des limites inquiétantes par suite de son taux exagérément élevé. — Au xviii° siècle, comme au xvii°, tous les officiers de judicature et de finance étaient loin d'être assujettis à la Paulette, les uns ayant été affranchis du droit annuel, les autres l'ayant racheté. C'est ainsi qu'en vertu des déclarations des 9 août 1722, 22 juillet 1731 et 3 décembre 1743, auxquelles on peut aussi joindre un arrêt du Conseil du 5 avril 1724, les présidents et conseillers des Cours supérieures, les présidents, maîtres, correcteurs et auditeurs des Chambres des comptes, les avocats, les procureurs généraux et les greffiers en chef desdites Cours et Chambres, les substituts du procureur général au Parlement de Paris, les intendants des finances et ceux du commerce, les maîtres des requêtes, les gardes du trésor royal et le trésorier des parties casuelles en étaient affranchis. C'est ainsi encore que les avocats et procureurs du roi aux requêtes de l'hôtel, et les notaires-secrétaires du roi près le Parlement de Paris en particulier, l'étaient également par l'art. 12 de la déclaration du 23 juillet 1758, à la charge néanmoins par les titulaires de ces offices de payer le droit de survivance, et un tiers en sus ou moitié dudit droit par augmentation, comme ils l'avaient payé depuis la déclaration du 9 août 1722. C'est ainsi enfin que l'art. 13 de la même déclaration exemptait tous les officiers des Pays-Bas, d'Artois, Flandres et Alsace, et que, par son art. 14, le roi entendait ne point assujettir au paiement du prêt annuel les offices créés héréditaires depuis 1722; ceux auxquels l'hérédité avait été attribuée par les déclarations des 3 décembre 1743 et 12 janvier 1745, ni ceux qui avaient été assujettis au rachat de ces droits par les édits du mois de février 1745. (Voy., sur tout ceci, la note finale sur la sect. v, chap. iii, 2° partie, tit. xi, liv. II du *Droit commun de la France*, de Bourjon, éd. in fol. de Paris, 1770, t. 1, f° 366, col. 2, et Denisart, mot PAULETTE, n°° 9 à 15 inclus.)

(18) Dans le grand nombre de points litigieux que souleva l'édit de 1604, nous en rencontrons un fort important, relatif à la manière de calculer l'année pendant laquelle étaient assurés les bénéfices qu'il créait au profit de ceux qui se conformaient à ses prescriptions. (Voy., sur cette question, Loyseau, liv. II, chap. x, n°° 49 et 50; voy. aussi Bourjon, *ubi supra*, sect. iii, n° xiv, et Denisart, mots OFFICES et OFFICIERS, n° 33, et PAULETTE, n° 5, cité note 41, *infra*.) Pour bien comprendre la difficulté à laquelle nous faisons allusion, il convient de ne pas perdre de vue que l'impôt considérable qui devait résulter de son application fut mis à ferme, et que le partisan qui l'afferma se substitua naturellement à tous les droits fiscaux de la Couronne. Non pas, il est vrai,

Ce droit, relativement léger, fut fixé à la soixantième partie du

---

que tout ce maniement de deniers ne dût, en dernière analyse, profiter au roi ; seule-ment, ce n'était plus à lui, mais au fermier de l'impôt que les officiers allaient désor-mais avoir affaire. De cette situation naquit une opposition, aussi fatale que logique, entre les intérêts du traitant et ceux des titulaires. Tandis, en effet, que l'intérêt de ces derniers était de s'assurer l'hérédité en se soumettant à l'édit, c'est-à-dire en payant exactement l'*annuel,* celui du partisan était diamétralement opposé ; car, que l'office vienne à vaquer par mort, il lui fera retour de droit, et il pourra disposer à son gré de ce capital considérable qui lui advient d'une façon si heureuse pour ses profits. De là à multiplier les obstacles pour retarder, pour empêcher même l'acquittement ponc-tuel du droit par l'officier si grandement intéressé à éviter tout retard, on conçoit sans peine que la cupidité dut y pousser le fermier, à qui la charge échappait, quand elle payait exactement les quatre deniers par livre, et auquel elle ne rapportait plus, en pareil cas, que l'impôt annuel, au lieu que l'office qui ne s'acquittait pas ou dont on gênait l'acquittement, pouvait, à chaque instant, lui revenir tout entier. C'est une lutte entre deux cupidités : rare occasion où l'on voit le débiteur se ruer au payement de l'impôt, et le fermier se dérober désespérément à ce rôle de percepteur », dit fort spirituellement M. de Crozals (*op. cit.*, p. 680, *col. sin.*).

Ces prémisses établies, et étant donné en outre que le paiement de la Paulette se pouvait faire du 1er janvier au 15 février, la controverse qui s'éleva, dès les premiers mois de l'application de l'édit, relativement au mode de computation de l'année durant laquelle la taxe du soixantième, « cette sorte de prime d'assurance pour la transmis-sion de la charge », comme l'appelle fort justement M. Laferrière (*op. cit.*, t. 1, p. 330), garantissait l'avenir de l'office, se conçoit aisément. La garantie durait-elle pendant une année comptée *de die ad diem*, ou seulement pendant l'année au cours de laquelle le paiement de la Paulette avait été effectué ? Les héritiers de l'officier soutenaient, avec toute apparence de raison, la première opinion. Mais Loyseau nous apprend que l'immense crédit des partisans, auxquels, il faut bien le reconnaître, les termes de l'édit paraissaient être favorables, fit triompher la seconde, et il fut établi que l'année de la Paulette se comptait du 1er janvier pour expirer le 31 décembre sui-vant ; de telle sorte que l'officier qui payait au 15 février n'assurait son office que pour dix mois et demi, et qu'un titulaire venant à décéder subitement le matin de ce jour funeste du nouvel an avant d'avoir eu le temps de payer son droit et de remplir chez un notaire les formalités de la résignation, ce n'était pas seulement la mort, mais très-souvent aussi la ruine qui, de concert, étaient entrées dans la maison du défunt ; car, l'annuel n'ayant pas été acquitté, ou son paiement n'ayant pas été renouvelé en temps opportun, la conséquence était la vacance de l'office et sa négociation au profit du traitant. Aussi les premiers jours de l'année, cette date terrible d'échéance sans merci, causaient-ils un véritable effarement parmi les officiers, effarement sur lequel Loyseau nous a laissé un passage des plus curieux : « Au commencement du mois de Janvier dernier 1608. », dit-il, « pendant les gelées, je m'advisay, étant à Paris, d'aller un soir chez le partisan du droit Annuel des Offices, pour conferer avec lui des questions de ce chapitre (*Des heredites imparfaites, notamment de l'Edict de Paulet*). Il étoit lors trop empêché. J'avois mal choisi le temps. Je trouvay là-dedans une grande troupe d'Officiers se pressans et poussans, à qui le premier lui bailleroit son argent : aucuns d'eux étoient encore bottez venans de dehors, qui ne s'étoient donné loisir de se debotter. Je remarquay qu'à mesure qu'ils étoient expediez, ils s'en alloient tout droit chez un Notaire assez proche, passer leur procuration pour resigner — (l'officier qui payait l'annuel passait, en effet, incontinent sa procuration en blanc pour résigner), — et me sembloit qu'ils feignoient de marcher sur la glace, crainte de faire un faux pas, tant ils avoient peur de mourir en chemin. Puis quand la nuict fut clause, le partisan

prix ou de la taxe de l'office, c'est-à-dire à quatre deniers pour livre,

ayant fermé son registre, j'entendis un grand murmure de ceux qui restoient à dépê-
cher, faisans instances qu'on reçeust leur argent, ne sçachans, disoient-ils, s'ils ne mour-
roient point cette même nuit. » (Liv. II, chap. x, n° 1 ; joindre n° 26.) Ce passage
est suivi, dans l'original, d'une digression dans laquelle Loyseau s'élève à une haute
philosophie religieuse. A son instar, nous recommanderons de la méditer à ceux de
nos lecteurs qui croient encore à Dieu et à la vie future.

Quelques officiers, toutefois, titulaires d'une charge leur rapportant à peine de quoi
les nourrir, malaisés ou pauvres, avares ou égoïstes, célibataires ou peu soucieux du
sort d'héritiers présomptifs éloignés, moins soucieux encore du remboursement de
leurs créanciers, montraient plus de tiédeur à assurer la sécurité de l'avenir de leur
office, comme prix de leur exactitude. Mais, si peu leur importait de payer l'annuel,
leurs héritiers et leurs créanciers, loin de partager leurs sentiments d'apathie, pouvaient
désirer se substituer à eux et disputer la proie au partisan, par l'acquittement, en leurs
lieu et place, de la Paulette, pour sauver à leur profit un office de valeur. Nouvelle
rivalité : le traitant ne pouvait ainsi abandonner ses intérêts sans les défendre, et
comme il se doutait bien que les héritiers ou les créanciers d'un titulaire endormi
n'hésiteraient pas à payer la taxe, même à son insu, il opposa à ce bon vouloir com-
promettant pour lui, à ces interventions gênantes, l'exigence impérieuse, pleine d'inconvénients et dont l'édit, d'ailleurs, ne disait mot, que le paiement fût fait par l'officier en personne, ou qu'il fût passé une procuration spéciale à cet effet, n'ignorant pas
que celle-ci serait aussi difficile à arracher à l'entêtement d'un vieillard que celui-là.
(Voy., sur les tracasseries des partisans envers les officiers, Loyseau, liv. II, chap. x,
n** 35 et suiv.)

Au xviii° siècle, quoiqu'il fût aussi vrai de dire à cette époque qu'auparavant, que
le paiement de l'annuel était volontaire, la doctrine comme la jurisprudence ne faisaient cependant aucun doute que les créanciers du titulaire, pour la conservation de
l'office qui était leur gage, pouvaient acquitter la Paulette sans le consentement, et
même contre la volonté de leur débiteur. C'est qu'en effet, sans cela, ils auraient été
constitués en perte par le fait de leur débiteur, ce qui était inadmissible, un officier
pouvant bien, faute de satisfaire à l'édit, se faire tort à lui-même, mais non à ses
créanciers, souvent plus intéressés que lui à la conservation de ses biens. L'équité
conduisait donc à leur accorder cette faculté, que l'usage, au surplus, rendait incontestable, tout créancier pouvant agir pour la conservation de son gage. Toutefois, la
prudence exigeait de la part du créancier de faire, avant d'acquitter ce droit, une
sommation au débiteur, et même de se faire autoriser par un jugement à le payer en
son acquit. (Voy. l'arrêt rendu par la Grand'Chambre du Parlement de Paris, le
22 février 1755. Cet arrêt, confirmatif d'une sentence du bailliage de Rheims, et analysé par Denisart, au mot PAULETTE, n° 18, a jugé, ainsi que le fait remarquer cet
auteur, que celui qui hypothéquait son office, contractait l'obligation de le conserver.
Il cite un arrêt semblable du 22 janvier 1738, publié dans le *Journal du Parlement
de Bretagne*, t. 2, chap. 50, et La Peyrère, lett. A, n° 66.) Ajoutons que tous les créanciers, indistinctement, jouissaient de cette faculté, même la caution qui avait aussi
grand intérêt à la conservation du gage. A raison de l'importance de l'office, qui composait souvent toute la fortune d'un débiteur (comp. *infra*, chap. ii, sect. 2, § 1,
note 244), la jurisprudence du Châtelet finit même par décider, bien qu'il y ait eu tout
d'abord difficulté à ce sujet, d'une part, que le créancier d'une rente constituée était
investi de ce droit, encore qu'il fût payé des arrérages, parce que l'office était le gage
du capital, à la conservation duquel il avait le plus grand intérêt, et, d'autre part, que
cette faculté appartenait également au simple créancier chirographaire, avant même
l'exigibilité de sa créance, toujours pour un motif identique.

et porta le nom de *la Paulette* (19) ou de *l'annuel*. Il n'était d'ailleurs pas obligatoire, chaque officier pouvant, à son gré, l'acquitter ou non tous les ans. Mais le paiement régulier aux revenus casuels de la somme ainsi déterminée produisait trois effets principaux, aussi importants qu'avantageux. D'une part, il faisait acquérir au titulaire le droit absolu de résignation et le soustrayait à l'empire de la règle des quarante jours (20) ; — d'un autre côté, il assurait le même droit à sa veuve et à ses enfants ou héritiers, en leur conservant l'office, s'il venait à mourir dans l'année (21) ; — de plus, enfin, il avait pour résultat d'abaisser le droit de résignation,

---

Lorsqu'un créancier avait ainsi payé l'annuel en l'acquit de son débiteur, il avait contre lui action pour s'en faire rembourser annuellement, attendu qu'il n'existait aucune raison pour différer ce remboursement ; et cette action avait lieu, encore que ce paiement de la Paulette venant à cesser, l'office n'aurait été perdu ni pour le débiteur, ni pour ses créanciers, par suite de ce que le titulaire l'ayant vendu, aurait survécu quarante jours à la résignation. Telle était, du moins, la dernière opinion sur ce point ; car, auparavant, on avait pensé que le créancier n'avait droit au remboursement que de la dernière année, ce qui était contraire à l'équité, étant donné que le paiement de la Paulette constituait un acte conservatoire de la part du créancier, par conséquent un acte de prudence et l'exercice d'un droit légitime, qu'un événement incertain ne pouvait lui rendre nuisible.

Nous verrons du reste, par la suite (chap. II, sect. 2, § 2, art. 2, SECONDE PÉRIODE, III), d'un côté, que le créancier dont les deniers avaient servi à payer l'annuel du dernier bail était seul privilégié, et, d'un autre côté, qu'un arrêt du 6 juillet 1772 permit formellement aux créanciers d'acquitter la Paulette au nom de leurs débiteurs. — Voy., sur tout ceci, Bourjon, *op. cit.*, liv. II, tit. XI, 2e partie, chap. III, sect. II, et Denisart, mot OFFICES et OFFICIERS, nos 34 et 35.

(19) Voy. *infra*, note 24.

(20) Voy. le préambule de l'édit de février 1771. (Isambert, t. 22, p. 515.) Voy. aussi Bourjon, *op. cit.*, liv. II, tit. XI, 6e partie, chap. II, sect. 1, dist. 1, nos II et III, et Denisart, mots OFFICES et OFFICIERS, nos 32 et 33, et PAULETTE, n° 8.

(21) C'est pourquoi cet édit était parfois appelé l'édit des femmes. Grâce à lui, en effet, elles conservaient l'office, qui était souvent le gage principal de leurs reprises. « Aucuns le nomment l'Edit des femmes, parce qu'il redonde principalement à leur utilité, entant qu'après la mort des maris les Offices leur sont conservez. » (Loyseau, liv. II, chap. X, n° 17. Voy. aussi liv. III, chap. IX, n° 47.) Comme l'édit de Paulet assurait la survivance de l'office pendant l'année, on le nommait encore quelquefois édit de survivance annuelle, ainsi que nous l'avons dit. (Voy. *supra*, note 7 *in fine*, et Loyseau, liv. I, chap. XII, n° 64, et liv. II, chap. X, n° 14.) — Ce privilège attaché au paiement de l'annuel d'empêcher l'office de vaquer par mort était empreint d'un caractère de réalité, puisqu'il profitait à la veuve et aux héritiers de l'officier décédé dans l'année du paiement. Il résultait de là qu'il profitait au résignataire, à supposer qu'il n'eût pas été consommé par la mort du vendeur. (Voy. Loyseau, liv. II, chap. X, nos 51, 52, 54 et suiv., et Bourjon, *loc. cit.* note 15, *supra*, sect. III, n° XIV, note.)

l'officier obtenant par là modération de moitié de la finance de sa résignation, réduite ainsi du quart au huitième denier (22).

Ajoutons qu'à la suite de cet édit, combinaison financière fort ingénieuse, en ce qu'elle ménageait aussi bien les intérêts du fisc que ceux des particuliers, et qui, ce qui n'était pas moins précieux, évitait les inconvénients des survivances (23), fut ordonnée,

(22) Voy. le préambule de l'édit de Versailles, de décembre 1709 (Isambert, t. 20, p. 545 in fine), et, sur la taxe dite du quart denier, infra, chap. II, sect. 2, § 1, art. 3. — Ce privilège du huitième denier, contrairement au précédent, était évidemment personnel et ne pouvait être transféré comme lui au résignataire, parce qu'il avait été consommé lors de la résignation à lui faite. (Voy. Loyseau, liv. II, chap. x, n°⁵ 51, 52 et 53, ainsi que la note précédente.)

(23) Bien que les survivances n'aient trait qu'à la première vacation de l'office, contrairement à l'hérédité qui, étant attribuée à perpétuité, faisait un préjudice perpétuel à la Couronne, il n'en est pas moins vrai qu'elles causaient aux rois successeurs de celui qui les avait établies, un certain dommage. Comme le dit M. Laferrière (op. cit., t. 1. p. 331, texte et note 3) : « Les rois quelquefois sentirent qu'en aliénant les fonctions avec survivance, ils diminuaient leur puissance souveraine; ils révoquèrent et rétablirent successivement les survivances : il y eut grande fluctuation d'édits. (Edits de révocation, 1568-1574-1598; édits de rétablissement, 1577-1579-1586.) » — D'un autre côté, elles autorisaient le regrès en cas de prédécès du fils ou du gendre du résignant, ce qui était contraire à la règle des résignations. Nous avons vu également que l'office conservé au fils mineur était exercé par commission, ce qui était contraire à la nature des offices. (Voy., sur ces deux derniers points, note 7, supra, III et IV.) — Mais là où elles prêtaient surtout le flanc à la critique, c'est que les acheteurs de ces survivances n'en étaient jamais pleinement assurés, en ce sens que le roi successeur n'était pas plus tenu de les entretenir, que le successeur au bénéfice n'était obligé de respecter les aliénations faites par son prédécesseur. (Comp. Loyseau, liv. I, chap. II, n° 51.) C'est ainsi qu'elles furent révoquées par divers édits de 1521, de 1541, de 1559, de 1577, et enfin par l'art. 111 de l'ordonnance de Blois de 1579, qui toutefois, par pure considération d'équité, fit une exception pour les survivances achetées (comp. p. 48, texte et note 3, et note 7, II, supra), qu'Henri IV, nous l'avons vu, note 13, supra, révoqua comme les autres, par édit de 1598, en convertissant leur finance en une augmentation de gages au denier dix. (Voy. Loyseau, liv. II, chap. x, n°⁵ 11 et suiv.) « Mais », ainsi que l'observe ce jurisconsulte (eod., n° 14), « nonobstant toutes ces revocations des Survivances, on n'a pas laissé de tendre toûjours à la conservation des Offices après la mort des pourveus. » De cette tendance sortit l'édit de Paulet, ce « chef-d'œuvre de la finance », comme l'appelait Bourjon (op. cit., liv. II, tit. XI, 2ᵉ partie, chap. II, sect. II, n° XI, note in fine, et chap. III, sect. 1, n° IV), édit qui eut l'avantage d'éviter les inconvénients des survivances qui viennent d'être relevés. — Ajoutons que, sous Louis XV, un grand nombre d'offices variaient entre eux par la distinction d'hérédité, de survivance et de casualité, parce que des édits et déclarations des mois de décembre 1743, janvier et février 1745, ayant entre autres admis plusieurs officiers à racheter le prêt et l'annuel avec attribution de l'hérédité ou de la survivance, comme la plupart ne s'étaient pas trouvés en état de satisfaire à ce rachat, une déclaration du 8 septembre 1752 les en avait déchargés, et avait déclaré que leurs offices demeureraient casuels comme auparavant. Il résulta de là que, parmi des offices de même

sous le ministère de Sully, en vue de son application, une évaluation générale de tous les offices, que l'on prit comme base de leur
valeur, et que le premier fermier et partisan de la finance et des
droits à percevoir, fut Charles Paulet, secrétaire et trésorier
de la chambre du roi, l'auteur même du projet consacré par
l'édit (24), dont l'effet le plus immédiat fut de faire monter la
valeur des charges dans des proportions considérables (25).

On le conçoit à présent : du moment que les titulaires purent
disposer de leurs offices à prix d'argent et à cause de mort; du
moment que, s'ils n'en avaient pas trafiqué de leur vivant, l'avantage leur fut assuré de les voir se transmettre à leurs héritiers
après leur décès, la patrimonialité des offices fut vraiment consommée.

---

nature et de même juridiction, il s'en trouvait qui étaient dispensés de l'annuel, et
d'autres qui y étaient sujets, ce qui jetait une grande confusion dans les revenus
casuels. A l'effet d'éviter cette confusion, et pour atteindre le but qu'il s'était proposé
par son édit de février 1771, ce roi révoqua toutes les hérédités et survivances, à quelque
titre qu'elles eussent été établies, sauf indemnité, au profit de ceux qui en jouissaient,
des finances qu'ils pouvaient avoir payées à cette fin, et il assujettit ainsi tous les
offices indistinctement à la même nature de droits; à l'exception toutefois des offices
du Conseil et de ceux des Cours et Conseils supérieurs, dispensés de l'annuel par
déclaration du 9 août 1722, et en faveur desquels, eu égard au peu de gages qui leur
étaient attribués et à l'importance de leurs fonctions, la même exemption fut continuée par l'édit de 1771. (Voy., sur ce que nous venons de dire, le préambule de l'édit
de 1771, dans Isambert, t. 22, pp. 517 et suiv., ainsi que l'art. 20 de cet édit, dans le
Rép. de Guyot, mot OFFICE.)

(24) Voy. Tallemant des Réaux, *Historiettes*, chap. CXI, t. 3, pp. 11 et 18, éd. de
Monmerqué et Paulin Paris, Paris, 1854-1858. — C'est pourquoi les quittances signées
de lui furent appelées vulgairement *paulettes*, et ce nom ne tarda pas, ainsi que nous
l'avons dit, à s'appliquer à l'impôt lui-même. Cette qualification de *la Paulette* ou *la
Palotte*, s'appliquait aussi à la dispense même des quarante jours octroyée par l'édit.
(Loyseau, liv. II, chap. VIII, n° 8.)

(25) Voy. Aug. Thierry, *op. cit.*, chap. VII, 4° éd., p. 163. — On voit, par là, que
l'application de l'édit ne profita pas seulement au partisan (voy. note 18, *supra*), mais
que les officiers eux-mêmes en tirèrent profit. En effet, quand on apprécia les conditions
nouvelles de garantie qui en découlaient, le prix des charges augmenta du tiers en
deux ans de temps. (Comp., dans Loyseau, liv. II, chap. X, les n°° 39, 42 et 64 *in fine*.)
Les créanciers, se ralliant à l'opinion générale pour juger de concert avec elle que
l'hérédité des offices était dorénavant assurée, n'hésitèrent pas à reculer les limites
de leur confiance, et ils permirent ainsi au crédit des titulaires de se développer avec
une rapidité surprenante. Loyseau, qui se laisse en cela prendre en flagrant délit
d'exagération, nous dit (liv. III, chap. I, n° 99) qu'il « est fort à remarquer..., ce qu'un
Moderne a remarqué du temps du feu Roi, que l'état de la Recepte des Parties casuelles

Il n'est pas difficile de comprendre que le système introduit par l'édit dont il vient d'être question, devait, étant appliqué sans restriction, soustraire immédiatement, et sans retour probable, à l'action royale, tous les offices susceptibles de devenir patrimoniaux. Les charges devenant avant tout des valeurs privées, leur caractère de délégation de la puissance publique s'effaçait devant leur caractère de patrimonialité. Aussi bien, pour ne pas dénaturer l'essence même de ces fonctions, fut-il jugé nécessaire de réserver au Roi le pouvoir de disposer de chaque office au moment de la vacance : on respectait de la sorte le premier des deux caractères signalés. Pour ne point porter ombrage au second, le Roi, usant du droit à lui reconnu, devait d'abord payer aux héritiers du titulaire le prix auquel l'office avait été taxé. De l'ensemble de ces données, il résultait ces deux conséquences : d'un côté, que l'office, considéré comme fonction publique, n'était pas irrévocablement aliéné ; mais, d'un autre côté, que la famille de l'officier pouvait du moins considérer comme lui étant décidément propre, la valeur vénale de la charge.

L'édit de 1604, quoique très-mal accueilli à son origine (26), répondait si parfaitement aux aspirations tant lointaines déjà des officiers, ainsi qu'aux besoins et aux tendances du moment, que chacun regarda dès lors l'hérédité comme un fait acquis, bien que, dans l'esprit de ses promoteurs, cette mesure fût loin d'être tenue pour définitive. L'impôt du soixantième n'avait, en effet, été établi, en principe, que comme un expédient purement temporaire ; mais ce provisoire était attendu depuis trop longtemps, et il réalisait trop bien les espérances des titulaires pour que ceux-ci, satisfaits désormais dans leurs intérêts, l'aient accueilli autrement que

és dix dernieres années de son regne, s'est monté à plus de soixante et dix millions » ; total qu'il n'est pas malaisé de rectifier promptement, puisque nous savons qu'en 1614 on évalua le produit de la taxe annuelle à 1.400.000 livres, chiffre énorme déjà. Or, si l'on veut connaitre approximativement la valeur vénale des offices du Royaume à cette époque, on n'a qu'à multiplier par 60 le nombre précédent, ce qui produit un capital de 84.000.000 de livres.

(26) Voy., à cet égard, les auteurs cités note 15, *supra*, et spécialement les *Mémoires* de l'Estoile.

comme une institution durable. Aussi le sursis de six années, qui fut accordé au début du règne de Louis XIII, produisit-il un effet tout contraire à celui qu'on en attendait; ce n'était qu'un simple renouvellement du provisoire; mais, loin d'accoutumer les esprits à l'idée d'un retrait prochain, il ne fit que donner « à cette pratique ce surcroît de force qui vient du seul fait de la durée. »(27) De telle sorte que les mesures mêmes destinées à préparer l'extinction de l'hérédité n'aboutirent qu'à la fortifier, en en consacrant la tradition.

Les Etats généraux de 1614 et de 1615 réitérèrent avec une grande énergie leurs protestations contre la vénalité et l'hérédité des offices ; mais, quelque puissant qu'ait été leur zèle, et si près qu'il fût d'amener la royauté à accorder la concession demandée, à ce point même qu'il ne fallut rien moins qu'une vigoureuse intervention du Parlement et de la Chambre des comptes pour empêcher le retrait de l'édit de 1604, ce zèle eût été plus louable, si les discours prononcés par la noblesse et le clergé pour obtenir l'abolition désirée, avaient eu plutôt en vue de réformer sérieusement des abus que d'inquiéter les représentants du Tiers-Etat, qui étaient alors pour la plupart magistrats (28).

Le principe de la Paulette et les résultats qu'elle avait produits venaient d'être trop violemment battus en brèche pour qu'on n'essayât pas de nouvelles tentatives propres à faire sombrer l'une et à entraîner les autres dans son naufrage. Aussi, quelques années plus tard, le même but fut-il poursuivi. Voici, en effet, dans quels termes les notables de Normandie, réunis en assemblée en 1617, à Rouen, réclamaient du roi, dans leur cahier de février 1618, la suppression de *l'annuel :* « Tous les ordres de votre royaume ont

---

(27) M. de Crozals, *op. et loc. citt.*, p. 631, col. sin. in init.

(28) Voy. Introd. du *Moniteur*, pp. 15 et suiv. Consulter aussi, relativement aux vœux émis par la noblesse contre l'édit de Paulet aux Etats généraux qui se rassemblèrent en 1614, sous la minorité de Louis XIII, Bazin, *Hist. de France sous Louis XIII*, t. 1, pp. 27 et suiv. — Comp. enfin *supra*, § 1, note 93.

demandé la révocation du droit annuel au moyen duquel il se fait une ignominieuse marchandise et nomination d'officiers, et est votre noblesse privée d'entrer aux charges de la république, ne les pouvant acheter un prix si déréglé (29), combien que vous et vos prédécesseurs lui aient promis de la préférer à tous autres. Ce droit annuel apporte un tel désordre que votre peuple est privé de justice, laquelle, au lieu de lui estre gratuitement et sincèrement administrée comme elle lui est due, est vendue bien chèrement, et sont plusieurs contraints d'abandonner leurs droits pour ne les pouvoir poursuivre sans leur totale ruine. Votre peuple vous supplie de vous ressouvenir de la promesse qu'avez faite aux estats généraux de supprimer ce droit annuel. Cela éternisera votre mémoire à jamais, en remettant en votre royaume la justice en son lustre et splendeur. »

La réponse du roi fut laconique ; elle se composait de ces cinq mots : « S. M. y a pourvu. » (30)

Et de fait, un arrêt du Conseil du 16 janvier précédent avait révoqué le droit annuel et la dispense des quarante jours, et avait ainsi ramené les offices au régime de la première partie du règne de Henri IV. Cet arrêt avait même des visées plus générales et plus larges, et ses inspirateurs ne voyaient en lui que le prélude d'une série de réformes, au terme desquelles devait se trouver la suppression même de la vénalité.

La patrimonialité, cependant, était déjà trop enracinée, et, dans tous les cas, elle était trop précieuse aux officiers, pour ne pas triompher des attaques dirigées contre elle et de la condamnation que l'opinion publique venait de lui faire encourir. Les scandales, du reste, qui accompagnèrent l'arrêt de 1618, servirent beaucoup sa cause et contribuèrent dans une vaste mesure à sa prompte résurrection. Moins de trente mois, en effet, s'étaient écoulés, que, le 10 juillet 1620, le rétablissement du droit annuel était

(29) Comp. § 1, note 93, *supra*.
(30) Isambert, t. 16, p. 116.

légalement proclamé (31), mais pour neuf années seulement (32), et
à des conditions plus dures qu'en 1604 (33). Si singulier que puisse,
au premier abord, sembler ce revirement de la législation, il
trouvera pourtant, croyons-nous, une facile justification auprès
de quiconque jugera les choses avec calme et impartialité ; car,
pour peu qu'on le considère en lui-même, et que l'on compare
entre eux les effets de la Paulette et ceux de sa suppression, on ne
tarde pas à apercevoir qu'il trouve sa cause dans le désir très-légitime d'abandonner de nouveau les pratiques vicieuses qu'avait
ramenées l'abrogation de l'édit de 1604 ; en cela, sans doute, il
est permis d'affirmer qu'il réalisait un véritable progrès, puisqu'il

---

(31) L'année 1620 fut favorable à l'hérédité ; car, déjà au mois de février, un édit de
Paris en portait attribution, moyennant finance, à plusieurs officiers, spécialement
aux courtiers, aux auneurs et mesureurs, aux vendeurs de poisson de mer, de bestial
à pied fourché, etc. (Isambert, t. 16, p. 139 in fine.)

(32) Ces renouvellements eurent lieu de neuf ans en neuf ans, jusque sous Louis XIV ;
le dernier de son règne fut fait par sa déclaration du 27 août 1701. On sait, en effet,
qu'en décembre 1709, ce roi rendit un édit concernant le rachat et l'amortissement de
l'annuel et du prêt. (Isambert, t. 20, pp. 545 et suiv. — Sur ce dernier terme, voy., in
fine de ce §, seconde observation, p. 70.) Mais, sous Louis XV, une déclaration de Versailles, du 9 août 1722, enregistrée le 5 septembre suivant, après des remontrances de
la Cour, sur lesquelles il fut envoyé des lettres de jussion (voy. Denisart, mot HOMME
au roi, n° 2, terme dont on trouvera l'explication note 41, infra), porta révocation de
la survivance attribuée par l'édit précédent, et rétablissement du droit annuel des
offices et charges. (Isambert, t. 21, p. 209.) Son renouvellement eut lieu jusqu'à la fin
du règne de ce roi comme auparavant, c'est-à-dire tous les neuf ans. C'est ce qui
résulte d'une déclaration qu'il donna à Compiègne le 23 juillet 1767, et par laquelle le
droit annuel accordé aux officiers de judicature, police et finance, fut continué pour
neuf années, qui devaient commencer le 1er janvier 1768 pour expirer le 31 décembre
1776. (Voy. Denisart, mot PAULETTE, n° 21.) De là la définition que Denisart (eod.,
n° 1) donnait à la Paulette : « On nomme paulette », disait-il, « un droit dont l'établissement se renouvelle ordinairement de neuf en neuf ans, que plusieurs officiers
de judicature et de finance payent aux parties casuelles du roi, avant le renouvellement de l'année, afin de conserver leurs offices à leurs héritiers. » (Comp. eod.,
n° 4, 5 et 6, et note 41, infra.) — Ajoutons que ce maintien du caractère précaire de la paulette fut, de la part de la Couronne, une mesure qui ne manquait pas
d'habileté ; elle se réservait ainsi un moyen d'action des plus puissants sur le monde
judiciaire. En limitant à une période de neuf années le droit annuel, besoin était, à
l'expiration de ce laps de temps, de demander et d'obtenir le renouvellement de cette
garantie officielle de l'hérédité ; car, en théorie, une fois écoulé le délai, les charges faisaient retour au roi sous la seule condition du rachat. Tout, dès lors, paraissait remis
en question, et la royauté sut, à plusieurs reprises, user adroitement de ces crises
pour amener à composition les magistrats récalcitrants.

(33) L'année suivante, en 1621, le tarif du soixantième fut rétabli, et ce taux ne fut
plus modifié, jusqu'au jour où, par l'art. 19 de son édit de 1771, Louis XV fixa au

constituait, sinon un lien absolu, à tout le moins un acheminement vers un système meilleur. Voici comment :

Pendant les deux années qui suivirent l'arrêt de 1618, on assista au spectacle scandaleux qui avait marqué, durant le cours du xv⁰ et du xvi⁰ siècles, la distribution des offices à l'intrigue, à la cupidité, à l'ambition, et leur attribution à toute cette foule de gens de cour, à tous ces courtisans, à tous ces favoris indignes, à tous ces récents parvenus, d'autant plus éhontés que la date de leur fortune était plus fraîche. L'hérédité appliquée aux offices de judicature avait, du moins, ce double avantage de conférer aux magistrats, dont l'office était la propriété, la plus haute indépendance, et de donner en même temps naissance à des familles de robe, dans lesquelles se maintenaient des traditions de science et d'honneur (34).

L'hérédité supprimée, ces qualités maîtresses, inséparables de l'office dont elles formaient les plus précieux ornements, n'étaient-elles pas menacées de disparaître, « le jour où la vacance d'une charge n'éveillait plus que la cupidité d'un ambitieux enrichi? On assista à ce déchaînement des passions, à ce triomphe de la complaisance, pendant les deux années de la suppression de la paulette. » (35) Et tel fut le motif pour lequel la patrimonialité, malgré les abus qu'elle engendra, et nonobstant toutes les critiques qu'elle s'attira, fut encore préférée, et trouva grâce devant la loi, à qui elle apparaissait comme un palliatif contre le mal, par les résultats heureux qu'elle produisait. Si bien que, lors de l'assemblée des notables de 1626, les inconvénients de cette pratique

---

centième denier la somme annuelle à verser par ceux qui voulaient se procurer les avantages de l'hérédité. Cet édit fut suivi d'un arrêt rendu au Conseil d'Etat du roi, le 6 juillet 1772, qui prescrivit non-seulement ce qui devait être observé dans la perception du centième denier, mais encore les règles à suivre relativement à divers autres objets concernant les offices et les revenus casuels. La sévérité des peines prononcées par cet arrêt, qui ne contenait pas moins de 48 articles, et par les lois antérieures, fut ultérieurement modérée par des lettres patentes du roi du 27 février 1780. On trouvera ces deux documents dans le *Répertoire* de Guyot, le premier au mot OFFICE, et le second à l'article ANNUEL.

(34) Comp. M. Henri Martin, *Hist. de France*, t. 8, pp. 23 et 24, éd. de 1857.

(35) M. de Crozals, *op. et loc. citt.*, p. 681, *col. sin.*, *sub fin.*

préoccupèrent moins le sentiment public, qu'elles ne le rendirent attentif à ses effets favorables. On ne fut pas, à la vérité, sans signaler de nouveau les *mangeries* des officiers de judicature et de finance ; on ne fut pas sans répéter que la valeur excessive des offices était le fondement de ce désordre, et que le peuple n'avait pas « tant intérêt à la vénalité ou à la paulette comme à l'oppression qu'il sent, à cause des exactions de plusieurs officiers de justice. » (36) Mais, en regard de ces plaintes, un « avis » adressé aux députés rappela les scandales qui s'étaient produits de 1618 à 1620, et montra bien à quel degré le rétablissement opéré en cette dernière année était une mesure réparatrice : « Sur la demande des Etats généraux derniers », y est-il dit, « la Paulette fut ôtée. Qu'en arriva-t-il ? Les premiers offices qui vaquèrent furent donnés à des valets de chambre et à des chevau-légers ; il y en eut parmi eux qui furent assez insolents pour enfoncer les portes d'un officier malade afin de voir s'il était déjà expiré. » (37)

Il nous est impossible, ce serait là une œuvre aussi fastidieuse qu'inutile, de suivre la législation des offices dans ses innombrables fluctuations. Elles agitèrent d'ailleurs beaucoup plutôt la surface, qu'elles n'influèrent sur le fond du droit, qui, jusqu'à la Révolution, demeura à peu près tel que l'avait laissé Henri IV. De telle sorte que si l'on recherche d'une manière générale quelles furent les phases diverses par lesquelles passèrent les offices dans notre ancien droit, elles sont on ne peut plus aisées à suivre et à résumer : avec Louis XI, la perpétuité ; avec Louis XII et François Ier, la vénalité ; avec Henri IV, l'hérédité ; telles sont les trois grandes étapes que nous présente l'histoire des offices d'autrefois. — Les trois observations suivantes suffiront, au surplus, à compléter les notions déjà acquises :

1° La première, c'est que le principe de l'hérédité se développa après l'édit de Paulet, et fut étendu à presque toutes les charges vénales de finance, de judicature ou autres, soit par des édits

---

(36) Voy. Introd. du *Moniteur*, p. 23.
(37) Ces paroles sont rapportées par M. de Crozals. *loc. sup. cit.*

spéciaux, soit par des dispositions générales (38) ; mais il était demeuré subordonné au paiement exact de la Paulette (39).·

2° Nous devons, en second lieu, faire remarquer que les renouvellements du droit annuel, cette espèce d'abonnement entre le Roi et ses officiers, limité, nous le rappelons, à une période de neuf ans, se firent sans difficulté jusqu'en l'année 1648, au premier janvier de laquelle expirait le terme du dernier. Le Trésor se trouvant alors dans une grande pénurie, le surintendant d'Emery imagina, comme une ressource, de n'accorder le renouvellement du droit annuel qu'à la charge par les officiers d'abandonner au Roi quatre années de leurs gages. Une disposition particulière affranchit les membres du Parlement de Paris de cette retenue (40). Cette contribution nouvelle, qui s'appela *le prêt*, fut à son tour l'objet de lois variables (41).

---

(38) Voy. édits et déclar. de février 1620, cités note 31 *supra*, juin 1627, 2 janvier 1630, 16 août 1657, mai 1661, 23 mars 1672, juillet 1690, août 1701, 4 mai 1703, etc. (Isambert, t. 16, pp. 204 et suiv., et p. 349; t. 17, pp. 356 et 401; t. 19, pp. 5 *in fine* et suiv.; t. 20, pp. 110, 395 *in init.*, et 432 *in fine* et suiv.) Sous Louis XIV, les offices de toute espèce furent déclarés héréditaires; c'est ainsi que les prévôts des maréchaux, les vice-baillis, les vice-sénéchaux, les lieutenants criminels, les archers et officiers dépendant de la maréchaussée, les chevaliers du guet, les maîtres de poste, les courriers, furent investis d'offices de ce genre. — Consulter, relativement au contenu de cette note, M. L. Lèques, *Histoire de la gendarmerie*, ouvrage couronné en 1874 par la *Société des études historiques*.

(39) Voy. édits de mai 1661 et d'août 1701, cités à la note précédente; joindre déclaration du 9 août 1722 et lettres patentes de Versailles, du 27 février 1780. (Isambert, t. 21, p. 209, et t. 26, pp. 275 et suiv.)

(40) Voy. M. de Saint-Aulaire, *Hist. de la Fronde*.

(41) Voy., en particulier, les deux déclarations de Paris des 13 mars et 15 août 1648, celle de Saint-Germain du 11 octobre suivant (Isambert, t. 17, pp. 68, 90 et 92), ainsi que l'édit de Versailles de décembre 1709, cité note 32, *supra*. — Il résulte de ce qui précède, que le droit de *paulette* se divisait en annuel et en prêt, ainsi que le fait observer Denisart, qui ajoute : « L'annuel se paye en différens termes, *sur le pied du soixantième de l'évaluation des offices; et le prêt à proportion, au sixième, si ce sont des offices de présidiaux, et au cinquième pour tous les offices qui y sont sujets.* Ce sont les termes mêmes de l'article premier de la déclaration du 25 juillet 1758, registrée le 28. Voyez aussi celle du 9 août 1722, registrée le 5 novembre suivant. »

« Il y a néanmoins cette différence entre les deux droits », poursuit-il, « que le premier se paye par tiers par chacune des trois premières années des neuf pour lesquelles sa majesté donne tous les neuf ans une déclaration particuliere, et que l'annuel ne se paye qu'à raison d'un neuvième chaque année. »

« Quand l'officier, revêtu d'un office sujet au prêt et à la *paulette*, décède sans avoir payé ce droit, qui doit toujours s'acquitter avant le premier janvier de chaque année (voy. note 18, *supra*), l'office devient vacant, et se taxe au profit du roi. »

3ᵉ Notons enfin que, pour déterminer les droits casuels dus au trésor du Roi, comme aussi pour préciser le taux auquel il serait tenu de rembourser les charges, dans le cas où il lui conviendrait de les supprimer (42), on procéda, à diverses époques, à l'évaluation des offices. Ces fixations faites par les édits servaient en outre de base aux traités de vente, en ce sens qu'il était, en prin-

---

« Il y a même cela de particulier », écrit-il enfin, « que si l'officier a laissé passer une des neuf années sans payer, on ne l'admet plus au payement, et que son office vaque au profit du roi, s'il en décéde pourvu. Cela est décidé par l'article 12 de la déclaration du 6 octobre 1638, et par une autre déclaration du 22 juillet 1731. » (Voy. Denisart, mot PAULETTE, nᵒˢ 3 à 7 inclus. Voy. aussi mot OFFICES et OFFICIERS, nᵒˢ 13 et 15 *in init.*)

C'est ici le lieu de faire observer que, quand le titulaire d'un office royal, sujet aux droits de prêt et d'annuel, décédait après avoir payé ces droits, ceux qui le représentaient devaient, dans les six mois de son décès, présenter au roi une personne sur la tête de laquelle le titre de l'office résidait fictivement, et sous le nom de laquelle on acquittait les droits de prêt et de Paulette dus à cause de l'office. Ce titulaire fictif portait une dénomination spéciale et s'appelait *homme au roi*.

La déclaration du 9 août 1722, par laquelle, nous l'avons vu (note 32, *supra*), le droit annuel fut rétabli, ordonna, entre autres choses, que, faute par les veuves, enfants, héritiers ou créanciers des officiers décédés après avoir payé le prêt et l'annuel pour leurs offices, de payer le huitième denier et de donner un *homme au roi* dans les six mois du décès desdits officiers, ils seraient tenus de payer le double droit dans les deux ans, après quoi ils ne pourraient plus être admis qu'en payant le triple droit.

Depuis cette déclaration, le rachat du prêt et de l'annuel fut ordonné et effectué pour plusieurs offices en 1743 et en 1744; mais, comme il en restait encore un certain nombre qui se trouvaient sujets aux mêmes droits, et qui, par conséquent, étaient susceptibles de tomber aux parties casuelles, c'est-à-dire d'être confisqués au profit du roi, faute de paiement de ces droits, et comme, d'un autre côté, la déclaration de 1722 ne prononçait pas de peine supérieure au triple droit contre ceux qui différaient plus de trois ans, un arrêt du Conseil, rendu le 12 septembre 1748, déclara *vacans*, au profit du roi, *tous* les offices des titulaires décédés *après avoir payé l'annuel, ou dont ils jouissoient à titre de survivance ou d'hérédité,...... faute par les veuves, enfans, créanciers, adjudicataires ou propriétaires, d'en avoir fait sceller les provisions dans l'espace de trente années, à compter du jour du décès desdits officiers.* (Voy. Denisart, mot HOMME AU ROI.)

(42) Vendeur d'offices, en tant que considéré comme propriétaire de la puissance publique, le roi se trouvait, par là même, de droit, garant des acheteurs. Il ne pouvait donc pas les déposséder au moyen d'une destitution. (Voy. Loyseau, liv. III, chap. II, nᵒˢ 15 et suiv., et *infra*, chap. II, sect. 2, § 1, art. 1; voy. aussi l'art. 2.) Le seul pouvoir qui lui restait était de supprimer l'office, en remboursant sa finance. (Voy. chap. II, sect. 2, § 1, art. 1 *in fine*, et surtout *eod.*, § 3, art. 3.) — Dans le cas de *forfaiture jugée*, l'office était réputé vacant; toutefois, le titulaire n'en conservait pas moins sa « seigneurie », c'est-à-dire ce qu'il y avait en lui de vénal; il n'en perdait que ce qui concernait la puissance publique, c'est-à-dire que l'exercice de la charge, et, avec cet exercice, sa qualité d'officier. (Loyseau, liv. I, chap. XIII, spécialement nᵒˢ 1 et 32. Voy. *infra*, chap. II, sect. 2, § 3, art. 1.)

cipe, défendu de rien stipuler au delà (43) ; si bien que, quand un
traité contenait des fraudes à cet égard, des conséquences fort
graves pouvaient en résulter pour les parties (44).

Nous venons de parcourir d'une façon sommaire, à la vérité,
mais suffisante au fond, les étapes successives que fournirent la
vénalité et l'hérédité des offices royaux (45). Nous devons ,

---

(43) Comp. *supra*, § 1, pp. 31 *in fine* et suiv., et *infra*, chap. II, sect. 2, § 1, art. 3, I,
1°, C, et II *in init.* — L'édit de Versailles de décembre 1709, dont nous avons déjà parlé
à plusieurs reprises, nous montre clairement que telle était bien la règle, puisqu'il lui
apporte une exception en levant la fixation des offices et en permettant aux titulaires
de les vendre à tel prix que bon leur semblerait. (Isambert, t. 20, p. 546, *post med.*)

(44) Consulter, sur ces évaluations, les édits, déclar. et arr. du Conseil suiv. : 6 octobre 1638 ; décembre 1665 ; mars et août 1669 ; 18 octobre 1678 ; février 1771 ; 30 déc.
1774 ; 31 oct. 1775, et 4 janv. 1777. (Isambert, t. 18, pp. 66 et suiv., 205, 325 et suiv.;
t. 19, p. 180 ; t. 22, p. 515 et suiv.; t. 23, pp. 119 et 247, et t. 24, p. 325 *in init.*; Guyot,
Rép., mots OFFICE et DOUAI.) Voy. aussi les passages auxquels nous renvoyons au
début de la note précédente.

(45) Comp., sur la manière d'envisager la propriété des offices dans notre ancien droit,
M. Laferrière, *op. cit.*, t. 1, pp. 326 et suiv., et 332 *in fine* et suiv., et M. Perriquet,
op. cit., nᵒˢ 45 et suiv., pp. 52 et suiv. Il convient de noter ici, avec le premier de ces
auteurs (*loc. cit.*, p. 332) que « le système des offices vénaux et héréditaires alla jusqu'à
envelopper les offices sans finance et les charges amovibles, par le moyen des *brevets
de retenue*. Les offices sans finance et les charges amovibles ne changeaient presque
jamais de mains, sans que le nouveau pourvu payât une somme à son prédécesseur.
Un brevet autorisait le fonctionnaire à retenir cette somme soit en partie, soit en
totalité, sur celui en faveur de qui il se démettait par la suite ; ainsi on rendait vénal
ce qui paraissait accordé à la confiance, et héréditaire ce qui, de sa nature, n'était
pas même à vie. (*Histoire parlementaire*, t. VIII, p. 65.) » Merlin (*Rép.*, mot BREVET
D'ASSURANCE OU DE RETENUE) nous donne, du brevet de retenue, la définition suivante :
« C'est un acte par lequel le roi assure une certaine somme à la personne qui y est
nommée, laquelle doit être payée par celui qui possédera une telle charge ou un tel
gouvernement après la mort ou la démission du titulaire actuel. » (Comp. le passage
de Lebrun, cité par le même jurisconsulte, *eod.*, mot LÉGITIME, sect. VIII, § III, art. II,
nᵒ XXI, vers le milieu.) En d'autres termes, les brevets de retenue étaient une gratification accordée par la Couronne aux possesseurs de certains offices qui, ayant été
pourvus gratuitement, ne pouvaient invoquer le droit de résigner en faveur. Ce qui les
caractérisait, c'est qu'ils étaient concédés non pas au futur successeur d'un officier
comme la retenue (voy. *supra*, note 7, II *in fine*), mais bien à l'officier lui-même, qui
acquérait par là, sans avoir rien déboursé, la faculté d'obtenir un jour l'équivalent
d'un prix de résignation. Ce bénéfice se réalisait à son profit par l'obligation imposée
par le roi au nouveau titulaire, lorsqu'il disposait de la charge devenue vacante, de
payer soit à son prédécesseur, soit à sa veuve, à ses enfants ou à ses plus proches
héritiers, une somme d'argent dont lui-même arbitrait le montant. Mais on comprend
que le successeur ne consentait à accepter la condition imposée à sa provision, que
moyennant la promesse d'un avantage semblable en sa faveur. Il résultait de cette
combinaison une vénalité spéciale pour l'office, qui différait de la vénalité ordinaire,
en ce qu'aucun prix n'avait été versé aux parties casuelles. — Ainsi qu'on a pu le
remarquer, les brevets de retenue ne laissaient pas de présenter beaucoup d'analogie

maintenant, nous plaçant exclusivement au point de vue de leur patrimonialité, en indiquer les variétés diverses, en dresser, pour ainsi dire, le catalogue, la carte générale, et examiner à grands traits la constitution intime de chacun d'eux. Cette étude n'offre pas seulement l'attrait d'un incontestable intérêt, mais elle nous paraît présenter en outre un tel degré d'importance, qu'à nos yeux, quiconque ne l'a pas entreprise, et n'a pas bien présent à l'esprit le tableau que nous allons tenter d'esquisser, ne peut pas plus se flatter de connaître les offices de notre ancien droit, et de saisir les régimes très-différents auxquels ils se trouvaient soumis, qu'un historien ne pourrait se vanter de connaître exactement les divisions de notre ancienne France, s'il n'en possédait pas la géographie.

---

avec les milices de l'empire romain, puisque, comme elles, ils résultaient d'une concession gratuite, et que, de même que le *casus militiæ*, le montant de la somme à payer par le nouvel officier était connu et déterminé à l'avance. Il y a plus : il existe des points d'une similitude frappante entre ces brevets et la condition de nos offices ministériels, telle qu'elle résulte de la loi des 28 avril - 4 mai 1816. (Voy., sur tout ceci, MM. Durand, *op. cit.*, n° 81, pp. 85 et suiv., et Perriquet, *op. cit.*, n° 63, p. 69.) Ajoutons que le brevet de retenue étant une chose purement mobilière, entrait dans la communauté, qu'il eût été accordé par le roi avant ou durant le mariage. (Voy. de Renusson, *Traité des propres*, chap. v, sect. iv, n° 45 *in fine;* voy. aussi l'observation de Sérieux, *in init.*, sur ce n°.) — Consulter encore, sur les brevets de retenue, Bourjon, *op. cit.*, liv. II, tit. xi, 4° partie, chap. i, sect. iii, n°° vii à xviii inclus, et Denisart, à ce mot.

CHAPITRE II.

DES OFFICES ENVISAGÉS AU POINT DE VUE DU DEGRÉ DE LEUR PATRIMONIALITÉ (1).

SOMMAIRE :
Section 1. Des offices héréditaires. — Section 2. Des offices vénaux.

Les offices royaux de notre ancien droit, considérés relativement à l'intensité de leur caractère patrimonial, formaient une véritable hiérarchie composée de trois degrés, et se répartissaient, en suivant, avec Loyseau, l'échelle descendante, en offices héréditaires, qui étaient entièrement dans le commerce, en offices simplement vénaux, qui n'étaient dans le commerce qu'à demi, « à sçavoir au commerce des contrats, et non des successions », et en offices non vénaux, qui n'étaient pas du tout dans le commerce au moins licite. Ce sont les deux premières de ces trois branches qui vont nous fournir la matière des deux sections de ce chapitre, comprenant chacune certaines subdivisions, dont nous devrons présenter, dans des paragraphes spéciaux, un rapide aperçu. Avant d'en aborder l'examen, il convient d'ajouter, avec le même jurisconsulte, que les offices appartenant au droit public et politique, pour bien discerner quels étaient ceux qui étaient héréditaires, vénaux et non vénaux, il était souvent besoin « d'avoir recours à la division politique des Offices de France, par laquelle ils sont divisez en Offices de gouvernement, de Justice, et de finance. Division qui comprend », ajoutait-il, « tous nos Offices et commissions sans exception, referant les Offices de la maison du Roy à ceux du gouvernement. » (2)

_____

(1) Voy. d'une manière générale, sur la propriété et l'hérédité des offices, Loyseau, liv. II, chap. i.

(2) Voy., sur tout ce qui précède, Loyseau, liv. I, chap. i, nᵒˢ 114 à 118 inclus.

Cela dit, reprenons successivement l'étude des deux premières des trois grandes espèces ci-dessus indiquées, et montrons, pour l'une et l'autre, jusqu'à quel point il était vrai de dire que les offices qui rentraient dans chacune d'elles tombaient dans le commerce.

SECTION I.

DES OFFICES HÉRÉDITAIRES (1).

SOMMAIRE :

§ 1er. Des offices féodaux. — § 2. Des offices domaniaux. — § 3. Des offices héréditaires par privilège.

Il y avait trois sortes d'offices héréditaires, savoir : les offices féodaux, les offices domaniaux, et enfin les offices héréditaires par privilège, ainsi nommés par opposition aux deux classes précédentes d'offices , dits offices héréditaires par nature (2). « Neanmoins en France », dit Loyseau (3), « on a trouvé trois inventions pour attribuer aux particuliers la proprieté des Offices : l'une, par infeodation des Justices : l'autre par l'alienation à faculté de rachat d'aucuns offices domaniaux, c'est à dire, desquels l'exercice avoit accoustumé d'ancienneté, tant devant, que depuis l'erection des parties Casuelles, d'être baillé à ferme au profit de la Couronne, comme les autres droicts domaniaux d'icelle : et la troisième, par la pure volonté du Roy, qui sans y apporter ces ceremonies, a voulu attribuer ce privilege à certains Offices, qu'ils ne vaqueroient point par mort, mais seroient hereditaires, de même à peu prés qu'étoient la pluspart des Milices Romaines. »

§ 1er. — Des offices féodaux.

Les offices féodaux furent imaginés par les ducs et les comtes, dont les inférieurs suivirent l'exemple. Les ducs et les comtes

---

(1) Voy., sur ce sujet, Loyseau, liv. II.
(2) Voy. Loyseau, liv. III, chap. iv. n° 48.
(3) Liv. II, chap. i, n° 42.

qui, primitivement, n'étaient que de simples officiers, mais qui cumulaient l'exercice des armes, de la justice et des finances dans les provinces et dans les villes, trouvèrent moyen d'annexer et de rendre accessoires leurs offices à leurs fiefs, c'est-à-dire aux droits seigneuriaux qui, dès l'origine, dépendaient de leurs offices, de même que les seigneuries et revenus temporels dépendaient des bénéfices. Ils rendirent ainsi leurs offices héréditaires et même patrimoniaux tout à fait, comme étaient les fiefs (4).

Cette première espèce d'offices héréditaires avait, à l'époque de Loyseau, presque entièrement perdu le nom et la nature d'office, et avait « degeneré en une autre espece de Dignité », appelée *seigneurie* (5). Il existait, toutefois, encore de son temps, quelques offices féodaux qui n'étaient pas complètement devenus seigneuries, mais étaient demeurés offices et fiefs tout ensemble (6).

Pour bien comprendre la distinction qui va suivre, il est essentiel de se rappeler ce que l'on entendait autrefois par les trois termes d'*office*, de *fief* et de *seigneurie*. Or, d'après Loyseau (7), l'*office* consistait dans le simple exercice de la puissance publique; le *fief*, dans la pleine propriété et jouissance de quelque chose qu'on tenait d'autrui, à charge de l'assister en guerre; la *seigneurie* enfin, dans la simple propriété de la puissance publique, qui était inhérente à un fief (8). Cette notion posée facilitera l'intelligence des quelques détails qui nous restent à fournir sur les offices féodaux.

A l'époque où fut écrit le *Droit des Offices*, il restait deux sortes de ces offices féodaux « c'est à dire d'Offices annexez aux fiefs, ou bien d'Offices et fiefs tout ensemble, ausquels, parmy la feo-

---

(4) Loyseau, *eod.*, n° 43.

(5) Loyseau a écrit, sur les seigneuries, tout un traité qui se trouve à la suite du *Droit des Offices*, dans l'édition de Lyon de 1701.

(6) Voy. Loyseau, *ubi supra*, n° 46. — C'est à eux qu'il consacre le chapitre II de son livre II.

(7) Chap. II, n° 14.

(8) Voy. *Traité des Seigneuries*, chap. IV. — Loyseau (*ubi supra*, n° 15) tirait de ce qui précède la conséquence que les seigneurs n'étaient pas officiers. « D'où il s'ensuit

dalité est encore demeuré l'exercice personnel de la fonction publique. » (9) Il y avait :

α. — D'une part, les offices seigneuriaux, c'est-à-dire ceux qui étaient offices et seigneuries tout ensemble ;

β. — D'autre part, les simples offices féodaux, c'est-à-dire ceux qui étaient offices et simples fiefs ensemble.

La seigneurie comprenait en soi le fief ; mais elle était plus qu'un simple fief, parce que c'était un fief auquel était adjointe la propriété de la puissance publique ; que si, non-seulement la propriété, mais en outre l'exercice de la puissance publique était adjoint au fief, on se trouvait alors en présence d'un office seigneurial. Par conséquent, l'office seigneurial exigeait la réunion de trois éléments, savoir : le fief, l'office et la seigneurie. Il se distinguait par là du simple office féodal, qui, lui, ne possédait que les deux premières qualités, nous voulons dire celle d'office et celle de fief, moins la seigneurie, parce qu'il n'avait pas, comme l'autre, la propriété de la puissance publique.

α. — Loyseau comptait « pour le moins » deux classes d'offices seigneuriaux, à la tête desquels il plaçait, d'un côté le Roi, de l'autre, les Pairs de France (10).

Que le Roi fût parfaitement officier, cela ne pouvait guère être révoqué en doute, puisqu'il avait le parfait exercice de la toute-puissance publique ; qu'il fût, de même, parfaitement seigneur, cela était tout aussi certain, puisqu'il possédait en perfection la propriété de cette toute-puissance publique. — En ce qui touche

---

que ces principaux vassaux du Royaume, ayans laissé aux Officiers par eux instituez l'exercice de la puissance publique, et ayans joints à leurs fiefs la simple proprieté d'icelle par eux usurpée, d'Officiers qu'ils estoient anciennement sont devenus Seigneurs, et ont tellement perdu la qualité d'Officiers, qu'ils ne la peuvent plus avoir, et ne seroient point admis aujour d'huy à faire eux-mesmes l'exercice de la charge, dont la simple prôprieté leur appartient : de sorte qu'ils ont esté metamorphosez en cette troisiéme espece de Dignité, quottée au premier livre, qui s'appelle *Seigneurie*..... » (Comp. *eod.*, n° 17.)

(9) Loyseau, *eod.*, n° 18 et suiv.

(10) *Eod.*, n° 21 et suiv., 43 et suiv.

les Pairs de France, ils étaient pareillement officiers et seigneurs tout ensemble, et quant au titre et quant à la nature de leur dignité : quant au titre, puisqu'ils portaient à la fois celui de Pairs, qui était un titre d'office, et celui de duc ou de comte, qui étaient des titres de seigneuries, et qui leur appartenaient de droit, toute pairie étant Duché ou Comté ; quant à la nature de leur dignité, parce qu'ils devaient hommage au Roi comme seigneurs, et serment au Parlement comme officiers, au moins s'ils voulaient faire l'exercice de leur pairie. Leur double qualité d'officiers et de seigneurs ressortait encore du caractère même de cet exercice, qui était personnel, à l'instar de celui d'un office, et qui, pas plus que la puissance des seigneuries, ne pouvait être commis (11). « Mais la raison est », ajoutait Loyseau (12), « que l'Office et la fonction des Pairs est distincte et separée de leur Seigneurie, et au titre, et en la nature : ce qui n'est és Seigneuries Souveraines, où l'une et l'autre est meslée et unie ensemble. » (13)

5. — Pour ce qui est des simples offices féodaux, qui n'étaient point seigneuries, n'ayant aucune justice annexée, il n'en existait plus d'autres en France, à la connaissance de ce jurisconsulte, que les sergenteries fleffées ; d'après le Grand Coutumier, il devait y en avoir quatre au Châtelet de Paris (14) ; on les appelait anciennement, paraît-il, sergenteries foraines, dénomination qui leur venait, d'après le même auteur, de ce que leur principale charge consistait à faire la saisie des fiefs habituellement situés hors la ville ; « et de fait », poursuit-il, « les Sergens fleffez pretendent que c'est à eux, et non aux autres Sergens de faire ces saisies. Quoy

---

(11) Loyseau (*eod.*, n° 44) le réduisait à deux actes principaux : « L'un, que c'est eux qui investissent le Roy de son Royaume, et lui baillent les ornemens Royaux lors de la solennité de son Sacre et Couronnement. L'autre, que c'est à eux de juger, avec sa Majesté, les differends des vassaux du Royaume, selon les anciennes loix des fiefs, etc..... »

(12) *Eod.*, n° 43.

(13) Consulter aussi, sur la nature des Pairies, le 38° plaidoyer de d'Aguesseau, dans ses *Œuvres*, éd. des libraires associés, t. 3, pp. 643 et suiv.

(14) Voy. M. Ch. Desmaze, *Le Châtelet de Paris*, 2° éd., p. 202 *in fine*.

qu'il en soit, les commissions du prevost de Paris contiennent ordinairement cette addresse, *Au premier nostre Sergent à cheval, fieffé, ou à verge.* » (15)

§ 2. — *Des offices domaniaux.*

Ce fut le fameux édit de Moulins, de février 1566, *sur l'inaliéna-
bilité du domaine de la Couronne,* vulgairement appelé *l'ordonnance du domaine,* par lequel défense fut faite d'inféoder à l'avenir, soit les héritages, soit les autres droits du domaine, qui
donna naissance à cette seconde espèce d'offices, qu'on vendit héréditairement avec faculté perpétuelle de rachat, « tout ainsi que
le Domaine solide de la Couronne. » (16) Il ouvrit, en effet, pour
aliéner le domaine, une autre voie, celle de sa vente « à deniers
comptans » à faculté de rachat perpétuel, « pour la nécessité de la
guerre, après lettres patentes pour ce décernées et publiées » dans
les Parlements (art. 1) (17); « ..... et déja par cette nouvelle invention, presque tout le Domaine de France ayant été aliéné en moins
de 30. ans, on commença en l'an 1580. seulement à mettre la main
à certains Offices domaniaux, c'est à dire, desquels de tout temps
le revenu étoit reputé faire partie du Domaine et revenu ordinaire de la Couronne, et desquels l'exercice étoit baillé à ferme,
et le fermage receu par les Receveurs du Domaine, et non par les

---

(15) *Eod.,* n°s 48 et suiv. — Voy., pour de plus amples détails sur les offices féo -
daux, le *Répertoire* de Guyot, à ce mot.

(16) Cette faculté de rachat constituait un des caractères distinctifs et typiques des
offices domaniaux. Que si, en effet, un office ordinaire pouvait bien, sans doute, être
supprimé par le roi, nous verrons, du moins, que l'obligation de garantie dont était
tenu le collateur, s'opposait à ce qu'il pût le racheter, c'est-à-dire le reprendre pour
sa valeur primitive, et à ce qu'il pût offrir à son acquéreur ou même à l'ayant cause
de cet acquéreur, la finance versée aux parties casuelles. Tout au contraire, dans les
offices domaniaux, la faculté perpétuelle de rachat était de l'essence même du contrat,
et était nécessaire à sa validité. Lors donc qu'elle n'y était point exprimée, elle s'y
trouvait forcément sous-entendue. Quant au prix de rachat, il était égal à celui de la
vente, et non pas à la valeur de l'office au temps où il s'effectuait. (Voy. Loyseau,
liv. II, chap. III, n°s 22 et suiv.; Louet et Brodeau, lett. D, n° 63; Bourjon, *Le droit
commun de la France,* liv. II, tit. XI, 2e partie, chap. I, sect. I, n° v.)

(17) Isambert, t. 14, p. 186.

Tresoriers des Parties Casuelles, (qui ont accoustumé de recevoir la finance provenant des purs Offices) ny par autres Receveurs des deniers extraordinaires. » (18)

Ces offices domaniaux comprenaient les greffes et les charges qui en avaient été autrefois démembrées, comme les notariats (19),

(18) Loyseau, liv. II, chap. i, n° 44. *Junge eod.*, chap. viii, n°ˢ 1 et 2, et comp. *supra*, chap. i, § 2, note 8.

(19) Voy. Pasquier, *Les recherches de la France*, liv. IV, chap. xiv. Primitivement, les juges se servaient de leurs *Clercs domestiques* pour greffiers et pour notaires, les deux charges se trouvant alors confondues en une seule appelée *Clergie* dans les anciennes ordonnances. Philippe-le-Bel fut le premier roi qui « voulut commettre luy-même aux Clergies ou notariats. Et quinze ans après, Philippe le Long declara par son Ordonnance, que les *Escritures* (qui sont les mêmes Offices de Greffiers et Notaires appellez en droict *Scribatus*) *et Seaux étoient de son domaine, et partant qu'ils seroient doresnavant vendus par enchere à bonnes gens et convenables* », ainsi que nous l'apprend Loyseau. (*Eod.*, chap. iii, n°ˢ 4 et 5, et chap. v. Voy. aussi de Renusson, *Traité des propres*, chap. v, sect. iv, n° 13.) Il convient de rappeler ici, avec le premier de ces deux jurisconsultes (*eod.*, chap. iii, n° 6), une observation déjà faite (chap. i, § 1er, note 19, *supra*), à savoir que, dans toutes les anciennes ordonnances, qui parlent de la vente des offices, « cette vente ne signifie pas une adjudication à une fois payer », telle qu'on la pratiquait de son temps; ce terme avait pour véritable sens celui de « simple bail à ferme au plus offrant et dernier encherisseur. » Il en était alors de la ferme des offices domaniaux comme des autres fermes du domaine. Cette remarque apparaît dans tout son jour, à présent que nous savons que la vente du domaine à faculté de rachat pour la nécessité des guerres, n'a été autorisée que par l'ordonnance du domaine de 1566. — Depuis l'ordonnance de Philippe V, à laquelle nous venons de faire allusion, et qui date de l'an 1319, les greffes, les notariats et les sceaux ont presque toujours été baillés à ferme, comme droits domaniaux, et non pas conférés à titre d'offices. Cet usage fut si fréquemment répété, « que la ferme des Greffes, Notariats, Seaux, amendes, et autres menus emolumens de la Justice, attira enfin à soy l'Office de Juge és Prevostez, Chastellenies, et petits Bailliages Royaux : de sorte, que le tout fut long-temps baillé à ferme ensemblement..... » Ce fut Charles VIII qui, par ordonnance de 1493, sépara l'office de juge d'avec le greffe et autres émoluments de la justice, « ordonnant que desormais il seroit conferé à titre d'Office, et que le Greffe et émolumens de la Justice seroient baillez à ferme, ainsi qu'auparavant, afin que le Roy en peust tirer du revenu : car il n'en tiroit point encore lors des Offices. » Cette mise à ferme des greffes eut à subir des vicissitudes diverses, sur lesquelles nous n'avons point à insister. Contentons-nous de mentionner qu'en l'année 1580, Henri III réunit les greffes à son domaine, et ordonna, par le même édit, qu'ils seraient vendus à faculté de rachat, « tout ainsi que l'autre Domaine de la Couronne, en qualité neanmoins d'Offices hereditaires. »

Quant aux Notariats « et Tabellionez », ce ne fut que sous Henri IV, en l'an 1597, qu'ils devinrent héréditaires; « pourquoy faire les Offices de Tabellions, Notaires et Garde-notes, qui avoient coûtume d'estre Offices differens (en aucuns lieux, comme il sera dit au Chapitre 5.) furent par le même Edit joints ensemble, et ce fait ont été vendus au plus offrant à faculté de rachat, ainsi que les Greffes. » — Nous avons déjà eu l'occasion de dire (chap. i, § 1er, note 103, p. 46) que Loyseau, à qui sont empruntés les passages précédents, était loin de blâmer l'hérédité des greffes et des nota-

les places de clercs, les sceaux (20), les recettes des consignations (21), « et encore quelques nouveaux Séaux, ou marques qu'on
a forgées à *l'instar* de ceux de la Justice, pour marquer et con-
troler certaines Marchandises » ; au nombre de ces derniers, on
peut citer, par exemple, ceux des jaugeurs, marqueurs et mesureurs de vins, de marqueurs d'ouvrages de soie, de contrôleurs
des cuirs et des draps, de revendeurs de sel à petite mesure, appelés regratiers (22).

Pothier, qui, dans tous les passages où il s'occupe des offices, a

---

riats. « Et à la verité », écrit-il, « il semble que cette invention n'est pas du tout sans
raison, parce que par le moyen de l'heredité de ces Offices, il y a plus d'asseurance de
la foy publique, et du bien d'un chacun en particulier, dont les Greffes et les Notaires
sont comme gardiens et depositaires : et sur tout, parce que par leur continuation en une
même famille, leurs minutes sont plus seurement gardées, plus aisées à trouver, et moins
sujettes à être ou égarées ou diverties. Ce que Cassiodore Livre 12. *Var. epist.* 21 nous
apprend avoir été considéré dés son temps. *Scriba*, dit-il, *ad paterna transit officia,
ut incorrupte sit veritas custodita. Nam sicut diligens genitor servat, quod otiosus
successor inveniat : sic arbiter artium Princeps nullum patitur propria utilitate
fraudari, imo tantæ rei jugum præcipimus esse custodem.* » (Voy., sur tout ce qui
précède, Loyseau, *eod.*, n°⁸ 7 à 11 inclus. Joindre aussi le chap. v. Consulter également de Renusson, *Traité des propres*, chap. v, sect. iv, n°⁸ 18 *in fine*, 19, 21, 30.)

(20) Les sceaux des justices royales qui, depuis l'édit de Philippe-le-Long, n'avaient
pas cessé d'être baillés à ferme, de même que les amendes et les autres émoluments
de ces justices, furent, au mois de juin 1568, convertis en offices de Gardes des Sceaux,
par un édit de Charles IX, qui créa cette fonction dans chaque juridiction du royaume,
excepté dans les chancelleries des Parlements et des sièges présidiaux. (Isambert,
t. 14, p. 227 *in fine*.) Ils furent derechef réunis au domaine, ainsi que les greffes, en
1580, et vendus comme eux à faculté de rachat, en qualité d'offices héréditaires.
Depuis cette époque, furent institués plusieurs autres offices du même genre de scel-
leurs ou marqueurs, qui étaient également héréditaires et domaniaux, ainsi qu'il est
dit dans la suite du texte. (Voy. Loyseau, *eod.*, chap. iii, n°⁸ 12 et 13, et chap. iv.)

(21) Les recettes des consignations furent démembrées des greffes et érigées en titre
de purs offices par un édit d'Henri III, daté de Paris, juin 1578. (Isambert, t. 14,
pp. 344 et suiv.) Elles furent réunies au domaine sous le règne suivant, en 1595, puis
revendues à faculté de rachat. (Voy. Loyseau, *eod.*, chap. iii, n° 14, et chap. vi.)

(22) Voy. Loyseau, liv. II, chap. i, n° 44 ; chap. iii, n° 3, et chap. iv, n°⁸ 73 à 76 inclus.
Comp. chap. viii, n° 24, et *infra*, texte et note 68. — Loyseau consacre le chapitre iii de
son livre II aux offices domaniaux en général ; dans les trois chapitres suivants, à chacun
desquels nous avons eu le soin de renvoyer au cours de ces quatre dernières notes, au
fur et à mesure que l'occasion s'en présentait, ce jurisconsulte s'occupe des sceaux
(chap. iv), des greffiers, des tabellions et de leurs clercs (chap. v), et enfin des
gardes-registres, des receveurs des consignations, des bancs et de la pratique des
procureurs (chap. vi). Le chap. vii, le seul qui doive nous arrêter, est réservé au
droit qui régissait les offices domaniaux. On pourra également consulter sur eux *Le
droit commun de la France*, de Bourjon, liv. II, tit. xi, 2ᵉ partie, chap. i, et le *Dict.
des arrêts*, de Brillon, mot OFFICES DOMANIAUX.

toujours le plus grand soin d'en distinguer trois espèces, les purs personnels, ou ceux « qui sont en la pleine disposition du roi », les vénaux ou héréditaires, et les domaniaux (23), nous donne de ces derniers trois définitions (24), qui, si on les combine, peuvent se ramener à l'idée suivante : on entendait par là des droits du domaine , auxquels était attachée une fonction publique, comme celle de greffier, droits qui se trouvaient dans le commerce, parce qu'ils avaient été engagés moyennant une certaine finance payée au roi (25), à la charge, pour le propriétaire engagiste et ses successeurs, d'exercer par eux-mêmes, s'ils en étaient capables, et en se faisant recevoir dans l'office, la fonction publique qui en dépendait, et qui était productive de certains profits pécuniaires, ou, sinon, de la faire remplir par un commis qu'ils faisaient recevoir, et à qui ils donnaient l'office à ferme, ou qui, suivant l'expression de Pothier, leur en comptait de clerc à maître.

Comme il est aisé de le comprendre à présent, ces offices étaient, à beaucoup près, ceux dont la vénalité et l'hérédité offraient le caractère le plus absolu.

Ils présentèrent, jusqu'à la Révolution, un cachet tout particulier, qu'il est de la plus haute importance de mettre très-soigneusement en relief, pour donner de la notion qui précède une pleine intelligence : c'est, comme l'écrit Loyseau (26), «la clef de cette matiere. »

De ce qui vient d'être dit, il résulte que, à l'exemple des offices féodaux, qui avaient la double nature d'office et de fief, les offices domaniaux réunissaient en eux le double caractère d'office et de domaine aliéné, « parce que la fonction personnelle, en laquelle ils

---

(23) Voy. à la suite de l'édition de ses *Œuvres* qu'en a donnée M. Bugnet, les renvois de la *Table générale des matières*, dressée par M. J. Sirey, au mot OFFICE, pp. 110 et suiv. — Comp. note 85, *infra*.

(24) Voy. *Introd. génér. aux coutumes*, chap. III, sect. 1, art. II, n° 57; *Traité de la communauté*, 1re partie, chap. II, sect. 1, art. 1, § 2, n° 94, et *Traité des personnes et des choses*, seconde partie, § II, n° 267; éd. Bugnet, t. 1, p. 19 ; t. 7, p. 91, et t. 9, p. 98.

(25) Sur l'emploi du mot *engagement* en cette matière, voy. *infra*, sect. 2, § 1er, note 25.

(26) Liv. II, chap. VII, n° 1.

consistent formellement, leur conserve le nom et l'estre d'Office, et d'ailleurs ils consistent materiellement en certains droicts du Roy, qui sont alienez aux particuliers à faculté perpetuelle de rachat, sous ce specieux titre d'Office, tant desiré en ce siecle : c'est pourquoy je les appelle *Offices Domaniaux*, (ainsi qu'un Edict moderne fait en l'an 1596 pour la revente des Offices de Receveurs des Decimes) à cause qu'ils sont Offices en la forme, et domaine en la matiere : Offices à l'égard de leur fonction publique, Domaines à l'égard de leur revenu et proprieté. » (27)

Mais, tandis que, en ce qui concerne les offices féodaux, le roi ni les pairs de France ne pouvaient séparer leur office de leur seigneurie, en en commettant l'exercice entier, au contraire, les deux caractères des offices domaniaux, loin d'être indivisibles, étaient parfaitement séparables, en ce sens que l'exercice entier de ces offices pouvait être distrait de leur propriété par bail à ferme ou autrement (28). En pareil cas, le véritable officier était le fermier, par exemple, de l'office domanial ; c'était entre ses mains que résidait désormais la fonction publique, si bien qu'il lui était, pour cette raison, nécessaire d'être reçu et de prêter solennellement serment en justice, après information de vie et mœurs; car c'était la réception et non la provision de l'office qui faisait l'officier (29). Aussi n'était-ce qu'après la réception solennelle, qui attribuait le pouvoir, le rang, l'honneur, et qu'après le serment prêté, que l'officier pouvait se prévaloir de l'exercice public de la fonction. En un mot, la personne commise gratuitement ou le fermier avait et devait avoir toutes les qualités d'un vrai officier. « Et de fait », comme le remarque Loyseau, « du temps que les Greffes du Roy etoient baillés à ferme, au profit de sa Majesté, il n'y avoit

---

(27) Loyseau, liv. II, chap. iii, n° 1.

(28) Voy. les passages de Pothier cités note 24, *supra*, et *Traité du contrat de louage*, 1re partie, chap. ii, sect. 1, art. ii, n° 9 *in fine*, éd. Bugnet, t. 4, p. 7.

(29) Loyseau, liv. II, chap. vii, n° 2 ; Pothier, *Traité de la communauté*, ive partie, chap. i, sect. ii, art. vii, § iii, n° 671, éd. Bugnet, t. 7, p. 344 *in init.*; Merlin, *Rép.*, mot HYPOTHÈQUE, sect. 1, § iii, n° v. Voy. aussi *infra*, p. 88, texte et note 39, et sect. 2, § 1er, texte et note 172.

autre Greffier que le fermier du Greffe, et on ne doutoit point qu'il ne fust vrai Officier : ce qui a encore lieu és Greffes des Seigneurs, qui ordinairement les baillent à ferme. » Quant à l'acquéreur, il restait simplement seigneur ou propriétaire de l'office baillé à ferme, « tout ainsi qu'auparavant estoit le Roy, au droict duquel cet acquereur est subrogé, et tout ainsi que l'acquereur d'un domaine solide. » (30)

Comme on le voit, la distinction, dans les offices domaniaux, de l'office, d'une part, et du domaine, de l'autre, était fort loin d'être indifférente, puisque la conséquence immédiate qui en résultait, était, nous ne saurions trop le répéter, que le domaine pouvait appartenir à une personne et l'office être exercé par une autre, soit à titre de commis, soit à titre de fermier (31). Aussi bien, il était de pratique courante de considérer une femme ou un mineur, ou même plusieurs femmes ou plusieurs mineurs ensemble, comme capables d'acquérir et de posséder un greffe, ce qui, assurément, eût été inadmissible, si, dans l'office domanial, la qualité d'office avait été inséparable de celle de domaine, une femme, non plus qu'un mineur, ou plusieurs personnes réunies ne pouvant posséder un office proprement dit. « Aussi voyons-nous maintenant », dit finement Loyseau, « qu'il y a des Seigneurs, et bien autres personnes de qualité, qui possedent des Greffes, lesquels pour rien ne voudroient être qualifiez Greffiers, ny faire l'Office de Greffier. » (32)

A supposer que l'acquéreur d'un office domanial, par exemple d'un greffe, s'y fût fait recevoir, et qu'il l'exerçât personnellement,

---

(30) Voy., sur tout ceci, Loyseau, *eod.*, n° 2, et chap. VII, n°° 1 et suiv.

(31) Voy. Loyseau, liv. I, chap. V, n° 65.

(32) Liv. II, chap. VII, n° 4 ; *junge* n°° 6 et 9, et comp. l'arrêt de 1254, cité par le même auteur (*eod.*, chap. III, n° 15), d'après Chopin, sur la coutume de Paris. Voy. aussi de Renusson, *Traité des propres*, chap. V, sect. IV, n°° 30 et 40 ; Lebrun, *Traité de la communauté*, liv. I, chap. V, sect. II, dist. 1, n° 58 ; Bourjon, *Le droit commun de la France*, liv. II, tit. XI, 2° partie, chap. I, sect. II, n°° VIII et IX ; Pothier, *Traité de la communauté*, *loc. cit.* note 29, *supra*, n° 673, et Merlin, *Rép.*, mots HYPOTHÈQUE, sect. 1, § III, n° V, et RÉCOMPENSE, sect. 1, § VI, n° V *in fine.*

les deux qualités de greffier et de propriétaire du greffe se réunissaient alors sur sa tête. Il possédait, en effet, le titre de propriétaire, en vertu de son achat, et celui d'officier, en vertu de sa réception. Si donc il baillait ensuite son greffe à ferme, le fermier, bien que reçu en justice, selon la condition toujours indispensable, et quoique devenu ainsi véritable officier, ne devait cependant pas ici se qualifier simplement greffier, ce titre résidant en celui qui était propriétaire du greffe, parce que celui-ci, bien que ne l'exerçant pas actuellement, en avait cependant les honneurs, lorsque, comme dans notre hypothèse, il y avait été reçu officier. En pareil cas, le fermier devait se qualifier commis au greffe, ou greffier commis, ou exerçant le greffe, le propriétaire portant le titre de greffier chef. Mais quand ce dernier n'était pas officier, le fermier pouvait se qualifier greffier, aucun autre que lui ne possédant alors cette qualité (33).

Cependant, une exception au principe qui vient d'être posé, touchant la possibilité de séparer l'exercice des offices domaniaux de leur propriété, était faite en ce qui concerne les greffes des Cours souveraines, dont l'exercice ne pouvait pas être séparé de l'office, auxquels il fallait que le propriétaire se fît recevoir lui-même, et dont il devait exercer la charge en personne (34).

Puisque les offices domaniaux avaient la double qualité d'offices et de domaine aliéné, et que la règle générale qui les régissait et les gouvernait était que l'exercice pouvait être séparé de leur propriété, il fallait, lorsqu'on en étudiait la nature, avoir soin de ne jamais perdre de vue leur double caractère, et de discerner sans cesse ce qui concernait leur exercice, d'avec ce qui touchait leur domaine et propriété, de façon à faire une application distributive des principes relatifs à l'un ou à l'autre, c'est-à-dire de suivre, eu égard à l'exercice de l'office domanial, les règles applicables aux offices, et celles au contraire applicables à l'autre

---

(33) Tel était, du moins, le sentiment de Loyseau, *ubi supra*, chap. VII, n° 5.
(34) Voy. Loyseau, *eod.*, n°° 7 et 8.

domaine aliéné, relativement à leur propriété. Guidé par ce procédé très-sûr de distinction, on arrivait assez facilement à résoudre les difficultés que la pratique soulevait ; il n'en subsistait, à vrai dire, qu'une seule qui fût réellement sérieuse : c'était celle de savoir, lorsqu'on se trouvait en présence d'une question relative à un office domanial, si elle se rapportait à son exercice ou à sa propriété. Voici, à ce sujet, quelles étaient les principales questions qui se rencontraient.

Tout d'abord, les lettres de provision (35) étaient-elles ici nécessaires ? La solution de ce premier point ne sera pas malaisée à donner, pour peu que l'on se rappelle que les lettres de provision concernaient proprement la seigneurie ou propriété de l'office (36). Cela étant, il ne faut pas hésiter à répondre qu'elles étaient inutiles soit à l'égard de l'acquéreur de l'office domanial, auquel son titre d'acquisition suffisait, attendu qu'aucune provision n'était requise pour jouir d'un autre domaine aliéné, soit à l'égard du fermier ou commis, par cette raison qu'il n'avait aucun droit de propriété sur l'office par lui exercé ; de telle sorte que le fermier de l'office domanial en jouissait en vertu de son bail, et le second acquéreur, en vertu du titre du premier et de l'achat qu'il en avait fait de lui. Ajoutons, toutefois, que le premier acquéreur de l'office domanial en prenait lettres de provision du Roi ; mais c'était moins là des lettres de provision d'office que des lettres de confirmation de son adjudication, semblables à celles

---

(35) Les lettres de provision étaient l'investiture accordée par le roi, moyennant certaine finance. A chaque mutation, la provision était nécessaire ; c'était elle, en effet, qui donnait droit en l'office, qui conférait un *jus in re*, et qui faisait entrer l'office dans les biens du pourvu, auquel elle attribuait un droit exclusif. Pour ce qui est du droit du collateur, ou du roi en cette qualité, il se trouvait consommé et éteint par la première provision qu'il en avait concédé. Quant à la résignation de l'officier en faveur d'un tiers, elle ne lui donnait qu'un simple droit à l'office, *jus ad rem*, sans le lui transférer de pleine autorité ; elle ne faisait que le remettre au collateur, au roi, à telle condition qu'il était tenu de le conférer au résignataire ou acquéreur. (Voy. Loyseau, liv. II, chap. i, n° 36.) Tels étaient les principes généraux sur lesquels nous aurons à revenir avec plus de détail dans l'art. 3 du § 1er de notre section 2, et qui, comme nous allons le voir, ne recevaient point d'application en ce qui concerne les offices domaniaux.

(36) Voy. Loyseau, liv. I, chap. iii.

que les acquéreurs du domaine solide avaient coutume de prendre, et qui étaient confirmatives de la vente à eux faite par les commissaires. Notons aussi que, si on pouvait être propriétaire et posséder des offices domaniaux, sans obtenir des provisions du Roi (37), et s'il suffisait d'obtenir des lettres de ratification, néanmoins, ceux qui les exerçaient en qualité de commis, ou comme fermiers, devaient prendre des commissions en la Grande Chancellerie, deux mois après la date de leurs baux ou commissions, à peine de faux contre les commis ou fermiers, et de mille livres d'amende contre les propriétaires. C'est ce qu'avait ordonné un arrêt du Conseil du 25 septembre 1718, et un autre arrêt du Conseil du 29 mars 1719 a fixé ce qui devait être payé pour ces sortes de commissions (38).

Mais n'oublions pas qu'il en était tout autrement au sujet de la réception, par ce motif très-simple qu'elle concernait, non plus la propriété, mais l'exercice de l'office domanial : aussi était-elle toujours indispensable à celui qui voulait l'exercer, qu'il en fût propriétaire ou simple commis ; car c'était elle qui donnait la qualité d'officier, et conférait la puissance publique ; partant, elle n'était pas nécessaire au propriétaire qui ne voulait pas exercer en personne son office (39).

Relativement à cet exercice de l'office domanial, une question importante avait lieu de se poser, lorsqu'il était détaché, et pour ainsi dire démembré de la propriété : c'était celle de savoir si le propriétaire de l'office était civilement responsable de la faute de son fermier. Loyseau, qui examine à fond ce sujet (40), soutenait

---

(37) Les lettres de provision ne furent ici nécessaires à aucune époque de notre ancien droit. Aussi, la solution qui vient d'être donnée, vraie du temps de Loyseau (liv. II, chap. VII, nos 10 et suiv.), ne l'était pas moins à l'époque de Pothier. (Voy. *Traité de la procédure civile*, IVe partie, chap. II, sect. V, art. XV, § 1, n° 676 éd. Bugnet, t. 10, p. 307.)

(38) Voy. Denisart, mot OFFICES et OFFICIERS, n° 14.

(39) Loyseau, *eod.*, nos 2, 3 et 12; voy. aussi *supra*, p. 84, texte et note 29. Il résultait de là que l'office domanial n'imprimait point à son propriétaire la qualité d'officier. (Voy. Denisart, *ubi supra*, n° 12.)

(40) *Eod.*, nos 13 à 17 inclus.

la négative, et c'était, croyons-nous, avec raison. En effet, il n'en était pas d'un fermier comme d'un clerc ou d'un simple commis, de la faute duquel il n'est pas douteux que le titulaire eût été civilement tenu ; une différence considérable séparait l'un de l'autre, et elle consistait en ce que le fermier était véritablement officier, tandis que le clerc ou le simple commis ne l'était point, alors même qu'il avait fait serment en justice, ainsi que le prévoient expressément les ordonnances de Louis XII, rendues à Blois en mars 1498, en conséquence d'une assemblée de notables réunie en cette ville, sur la réformation de la justice et l'utilité générale du Royaume (voy. art. 69 et 130) (41). Pour avoir le titre d'officier, nous savons que la réception en justice avait été nécessaire : or, l'admission du candidat donnait à supposer que sa capacité

---

(41) Ces deux articles sont ainsi conçus : « Art. 69. Quant aux notaires et greffiers des cours ou bancs de nos jurisdictions, lesquels prennent les greffes ou notairies desdites cours à ferme, avons ordonné et ordonnons que d'oresnavant ne sera reçu aucun notaire, à mettre à prix lesdites notairies ou greffes desdites cours et jurisdictions, ne icelles exercer comme dernier encherisseur, s'il n'est trouvé ydoine et suffisant, bien renommé et exprimenté en icelles choses, et au cas que ledit dernier encherisseur ne sera trouvé ydoine suffisant pour l'exercer, il payera la folle enchere, ou sera mis par les officiers de ladite cour, homme suffisant et ydoine à exercer ledit greffe ou notairies, aux perils et fortunes dudit dernier encherisseur, lequel sera tenu exercer ledit office en sa personne, sans y pouvoir commettre autre s'il n'estoit en cas de urgente nécessité, auquel cas il pourra commettre autre personne ydoine et suffisant, approuvé par l'autorité de la cour où sera exercé ledit greffe, etc..... » — « Art. 130. Nous défendons à nosdits greffiers, qu'ils ne signent rien des expéditions et appointemens qu'ils ne soient contenus en leur registre, et qu'ils n'ayent qu'un clerc qui signe en leur absence et outre qu'ils n'ayent aucuns clercs de quoi ils ne veulent respondre, et qu'ils ne soient experts en pratique, bien famez et renommez, et ayant fait le serment à justice. » (Isambert, t. 11, pp. 353 et 369 in fine et suiv.) — Ces deux dispositions ne mettent nul obstacle à la solution que nous indiquons, touchant la non responsabilité du propriétaire de l'office domanial, en cas de faute de son fermier; car, se trouvant antérieures à l'hérédité des offices domaniaux qu'ils visent, les clercs ou commis dont il y est question n'étaient pas officiers, comme les fermiers qui nous occupent, mais bien simples commis. Aussi n'était-il pas besoin pour eux, comme pour ces derniers, d'être reçus solennellement en justice après information de vie et mœurs ; et, ainsi que le remarque fort bien Loyseau (loc. cit., n° 15) : « Mais seulement cette Ordonnance dit qu'ils auront serment à Justice, qui n'est qu'un simple serment pour les obliger en conscience à bien faire, mais non pas pour leur donner l'ordre et caractere d'Officiers, qui n'est attribué que par une reception solemnelle... » Concluons donc qu'en rendant responsables les officiers des fautes de leurs clercs, même ayant fait serment en justice, les articles précités de l'ordonnance de 1498 ne font que confirmer l'assertion que nous avons émise sur ce point.

avait été jugée suffisante; sinon, la formalité dont nous parlons
eût été dénuée de sens. Dès lors, l'exercice public de la charge
qu'il faisait valoir, si l'on peut ainsi parler, ne devait être garanti
que par lui. Cette solution comportait cependant une exception,
en ce qui concerne les offices comptables, comme ceux des receveurs des consignations, ou des décimes : ici, « s'il n'y avoit autre
qui eust baillé caution que le proprietaire, il s'ensuivroit qu'en
consequence de l'indemnité promise au public, il seroit toûjours
tenu de la restitution des deniers de sa Charge receus par son
Commis. »

Ajoutons, au surplus, que, dans tous les offices indistinctement,
aussi bien dans les domaniaux que dans les autres, la charge répondait des dommages-intérêts dus aux particuliers par suite de
la faute ou de la malversation du commis ou fermier (42).

Les offices dont nous nous occupons, consistant en un droit domanial, et ce droit n'étant jamais sans maître, il en résulte qu'ils
n'étaient soumis à aucune des causes ordinaires ou irrégulières
de vacation qui, ainsi que nous le verrons plus tard (sect. 2, § 3),
atteignaient les autres offices, parce que l'idée de vacance implique l'absence de maître, ce qui ne pouvait avoir lieu qu'à l'é-
gard des simples offices. Par suite, en cas de mort de l'acquéreur
d'un office domanial, celui-ci ne vaquait point, mais passait à ses
héritiers, suivant la condition même de l'aliénation. De même, à
la différence des simples offices, les offices domaniaux ne vaquaient point par résignation, parce que leurs propriétaires pouvaient, directement et de leur propre droit, les transférer à d'autres par un contrat quelconque, comme un bien patrimonial, sans
qu'ils eussent besoin de les faire passer par les mains du collateur,
ni d'obtenir son agrément à cet effet. En ce qui touche les simples offices, au contraire, il fallait les quitter et en faire remise au
collateur pour les faire passer, par son intermédiaire, en la puissance du résignataire. (Voy. note 35, *supra*.) De là cette consé-

_____

(42) Loyseau, *loc. cit.*, n° 17.

quence, que l'aliénation d'un office domanial n'entraînait le paiement d'aucune finance au roi, par cette raison que ce que l'on
payait pour la résignation d'un simple office, c'était précisément
la dispense ou permission de résigner, c'est-à-dire de transférer
l'usufruit de l'office à un autre (43); or, ici, nous venons de voir
qu'il n'y avait à demander aucune dispense ou permission. Il faut
même aller plus loin, et dire qu'il n'était dû au roi ni rachat, ni
lods et ventes pour la revente d'un office domanial, « parce que,
alienation que le Roy en a faite, à faculté de rachat, est une
espece de Contract, toute differente de l'infeodation, ou acensive-
ment, et qui n'emporte ny rachats, ny ventes, comme font le fief et
le cens de leur propre nature : que si le Roy eust voulu avoir tels
droicts aux mutations de ces Offices Domaniaux, il les devoit
aliener à cette charge expresse, ce qu'il n'a pas fait. »

Pareillement, ces offices ne vaquaient point par forfaiture ; ils
se perdaient seulement par confiscation, comme les biens patrimoniaux. Mais, hâtons-nous d'ajouter qu'en cas de forfaiture, le
propriétaire et le fermier pouvaient être privés de leur exercice,
et en être déclarés incapables. Quant à la propriété même, nous
le répétons, elle demeurait intacte, à moins que, vu la gravité de
la faute commise, la sentence du juge n'eût *expressément* enlevé
l'office à son propriétaire (44).

---

(43) « Les offices domaniaux », dit de Renusson (*Traité des propres,* chap. v, sect. iv,
n° 24), « ne sont point sujets à la Paulette, et ne vaquent point aux Parties casuelles,
parce qu'ils sont vendus par le Roi à faculté de rachat perpétuel, avec pouvoir à ceux
qui les ont achetés d'en disposer sans payer aucune finance, sans dispense des quarante jours, et sans obtenir permission du Roi ; mais ils sont sujets à revente. » —
Sur la dispense des quarante jours, Bourjon, de son côté, s'exprimait ainsi : « Cette
qualité de véritable immeuble et de portion de domaine engagé, sembleroit les exempter (les offices domaniaux) de la nécessité de survivre quarante jours à leur résignation ; cependant ces offices dépendans du domaine du roi, y sont sujets comme les
autres offices ; c'est juste charge qui doit être répartie sur tous offices..... Mais
es greffes en chef des cours souveraines en sont exempts ; c'est privilége, et par conséquent droit, qu'on ne peut tirer à conséquence. » (*Le droit commun de la France,*
liv. II, tit. xi, 2° partie, chap. i, sect. ii, n°° vi et vii.) Quoi qu'il en soit de ce passage
de Bourjon, le principe exprimé au texte n'en est pas moins absolument certain.

(44) Voy., sur tout ceci, Loyseau, *eod.,* n°° 18 à 20 inclus. Joindre aussi les trois
n°° suivants, relatifs à certaines difficultés qui se présentaient en cas de confiscation,
et dont nous n'avons pas à nous occuper.

A côté des trois causes normales de vacation dont la mention précède, il existait trois autres cas de vacations dites irrégulières, savoir : le défaut d'exercer pendant cinq ans ou prescription, d'après un édit de Charles VII, du 27 mai 1446 (45), l'incompatibilité et la suppression. Or, les offices domaniaux ne se trouvaient sujets à aucune d'elles. Que, d'abord, ils n'aient point vaqué par défaut d'exercer, cela est tout naturel, puisque, leur exercice pouvant être abandonné à un commis, à supposer que le propriétaire fût en demeure de les exercer ou d'y présenter un commis, le juge ordinaire pouvait suppléer sa négligence. Mais, prenons garde que si la prescription de cinq ans n'avait pas lieu en ces offices, cela ne signifiait nullement qu'ils ne fussent pas prescriptibles : seulement, ils ne l'étaient que par le même temps que les héritages. — Quant à l'incompatibilité, rien que de fort simple à concevoir qu'elle ne fût pas applicable ici, parce qu'elle ne concernait que l'exercice et non pas la propriété de l'office domanial; elle ne pouvait donc pas entraîner sa perte, puisque l'exercice pouvait être séparé de la propriété. — Enfin, en ce qui touche la suppression, il est clair qu'elle ne pouvait atteindre les offices domaniaux, puisque le roi en avait aliéné la propriété; il ne pouvait donc pas les supprimer, sans les avoir préalablement rachetés.

De l'ensemble de ces données, une conclusion générale se dégage sans peine : c'est que, mis à part le cas de confiscation, l'office domanial ne se perdait que par le remboursement actuel (46), qui ne se pratiquait que pour le revendre plus cher. Au demeurant, afin de donner quelque durée aux contrats passés par la Couronne, et d'assurer quelque stabilité à la propriété de ces offices qu'il eût été incommode de voir changer de mains de jour en jour, ils n'étaient revendus que dans deux cas, soit par une revente générale, qui se faisait en vertu d'un édit, lorsque le roi y attachait quelque

---

(45) Isambert, t. 9, pp. 145 et suiv.

(46) Les offices domaniaux n'ayant été aliénés qu'à faculté perpétuelle de rachat, le Roi pouvait les racheter pour le prix qu'il en avait antérieurement retiré. C'est ce que Richelieu proposa en 1626.

nouveau droit, la nécessité de la revente apparaissant alors comme conséquence de cette accession, soit par tiercement, c'est-à-dire en cas d'une enchère du tiers du prix, mise sur l'office : c'était alors ici une revente accompagnée de certaines formalités, qui se pratiquait entre particuliers, et sans nouvel édit, mais en vertu de l'ancien règlement du domaine aliéné (47).

Nous terminerons notre aperçu sur cette seconde espèce d'offices héréditaires, en indiquant que les offices domaniaux, sans être expressément qualifiés immeubles par tous nos anciens jurisconsultes, étaient du moins réputés tels, suivant le propre langage de Loyseau et de Pothier (48) ; et la raison que donnait de cette façon de s'exprimer le premier de ces savants auteurs était la suivante : « Toutefois », dit-il, « parce que ce n'est pas une parfaite et incommutable seigneurie, aussi que ce domaine n'est pas solide, on ne peut dire que ces Offices soient parfaitement immeubles, mais seulement qu'ils sont reputez tels. »

D'une manière générale, nous pouvons dire que notre ancien droit avait, d'une façon à peu près absolue, consommé l'assimilation de l'office domanial à un immeuble ordinaire.

C'est ainsi qu'il avait suite par hypothèque, « jusques à l'actuel

(47) Voy., sur tout ceci, Loyseau, eod., nᵒˢ 24 et suiv. — Les règles qui viennent d'être énoncées avaient trait à la revente du domaine royal. Que si, au lieu du Roi, nous supposons que ce fût un seigneur qui ait vendu héréditairement, à faculté de rachat, un greffe ou un notariat dépendant de sa justice, ce qu'il ne pouvait faire licitement sans cette faculté, et par voie d'aliénation définitive (voy. Loyseau, liv. II, chap. III, nᵒˢ 16 et suiv.), il pouvait rembourser l'acheteur quand bon lui semblait, soit de ses propres deniers, soit de ceux d'un autre particulier auquel il revendait l'office, au même prix ou à un prix plus élevé ou même moindre; le seigneur pouvait même, au lieu de faire le rachat en son nom, en céder la faculté à un tiers, mais toujours sous pareille faculté de rachat ; et dans ce cas, c'était le tiers acquéreur qui rachetait l'office sous son propre nom, en vertu de la cession opérée à son profit. En effet, à la différence du retrait lignager, le retrait conventionnel aussi bien que le retrait féodal étaient cessibles. Un semblable transport était possible de la part de celui qui avait la libre administration de son bien. (Voy. Loyseau, eod., chap. VII, nᵒˢ 32 et suiv.)

(48) Loyseau, liv. II, chap. VII, nᵒ 35, et liv. III, chap. IV, nᵒ 48; Pothier, locc. citt., note 24, supra. — D'une manière plus tranchée, Lebrun disait : « ... les offices domaniaux sont immeubles en tous cas. » (Voy. Traité des successions, liv. III, chap. VI, sect. III, nᵒ 46 in init.) Voy. aussi, sur ce point, Bourjon, op. cit., liv. II, tit. XI, 2ᵉ partie, chap. I, sect. 1, nᵒ 1, et sect. II, nᵒ VI; Denisart, mot OFFICES et OFFICIERS, nᵒ 12, et Merlin, Rép., mot BIENS, § II, nᵒ II in fine.

remboursement du Roy,..... soit contre le tiers acquereur, bien qu'il ait provision, soit pour l'ordre d'hypotheque, sur les deniers du decret d'iceluy..... » (49)

C'est ainsi encore que l'office domanial pouvait être vendu par décret, et que la saisie réelle pratiquée sur lui se faisait de la même manière que pour les autres immeubles, ce qui revient à dire que les formalités spéciales du décret des autres offices n'étaient point ici nécessaires, et que n'était pas applicable la procédure suivie pour en opérer la saisie réelle (50).

Pareillement, en ce qui concerne la communauté, l'office domanial était régi par les règles établies pour les immeubles (51). De là, les quatre conséquences suivantes (52) :

a. Lorsqu'un office de ce genre appartenait à l'un des deux futurs époux avant le mariage, il n'entrait point en communauté;

b. Si, au cours de l'union conjugale, [il venait à être racheté, les deniers du rachat faisaient, au profit de son ancien propriétaire, l'objet d'une reprise préciputaire sur la communauté dans laquelle ils étaient tombés (53);

---

(49) Telle était, du moins, l'opinion de Loyseau et de Chopin cité par ce jurisconsulte, qui invoquait son autorité, opinion qu'un arrêt du 3 mai 1603, rendu au rapport de Le Prêtre, et par lui relaté (cent. 2, chap. IX), avait confirmée. La question, en effet, avait d'abord donné prise à la controverse et avait engendré trois systèmes. Loyseau la discute très-longuement (liv. II, chap. VII, n⁰ˢ 36 et suiv.) avec sa science et sa clarté habituelles, et il conclut en ces termes (n° 45) : « Concluons donc, que l'hypotheque des Offices domaniaux passe au tiers detempteur, bien qu'il ait lettres de provision du Roy, et qu'enfin elle dure jusques au rachat et remboursement actuel du prix d'iceux. » (*Junge* n° 49, et liv. III, chap. V, n° 46. Comp. aussi, sur ce sujet, de Renusson, *Traité des propres*, chap. V, sect. IV, n⁰ˢ 31, 92 et 93; l'observation de Sérieux, à la suite de ce dernier numéro, dans l'éd. in-f° de 1760; voy. enfin *eod.*, n° 116; Bourjon, *op. cit.*, liv. II, tit. XI, 3ᵉ partie, chap. VI, sect. 1, note sur le n° III ; Denisart, *loc. cit.*, n° 12, et Merlin, *Rép.*, mot HYPOTHÈQUE, *loc. cit.*) — Il ne sera pas sans importance, au point de vue de la clarté, de faire remarquer ici que Loyseau considère constamment ce que nous appelons aujourd'hui le droit de suite et le droit de préférence, comme deux effets de ce qu'il nomme *la suite par hypothèque.* (Voy. pour les détails, *infra*, sect. 2, § 2, art. 2, II.)

(50) Voy. Loyseau, liv. II, chap. VII, n⁰ˢ 47 in *fine*, 48 et 49, et Pothier, *loc. cit.* note 37, *supra.*

(51) Denisart, *loc. cit.*

(52) Voy. sur elles Loyseau, *eod.*, n⁰ˢ 55 à 57 inclus. Voy. aussi de Renusson, *Traité des propres*, chap. V, sect. IV, n° 34, et Lebrun, *Traité de la communauté*, liv. I, chap. V, sect. 1, dist. IV, n° 1.

(53) Qu'arrivait-il, lorsque l'office domanial, dont le mari était titulaire au jour du

c. Si, durant le mariage, le mari ou la femme avait volontairement vendu à un tiers l'office domanial propre à l'un d'eux, sans

---

mariage, et qui lui était par conséquent propre, venait à être supprimé et rétabli au
cours de l'association conjugale, par une nouvelle adjudication faite au mari ? Deve-
nait-il conquêt de la communauté, ou restait-il propre au mari ? Nous verrons que la
même question se posait relativement aux offices vénaux, et qu'elle était tranchée
sans conteste en ce sens que l'office vénal propre au mari étant supprimé, puis rétabli
moyennant une taxe par lui payée, ne lui en restait pas moins propre. (Voy. *infra*,
sect. 2, § 2, note 31.) En ce qui concerne, au contraire, les offices domaniaux, il y avait
controverse. Une première opinion soutenait que le droit du mari étant une fois éteint,
ne pouvait plus revivre, et que la nouvelle adjudication faisait de son ancien office
un conquêt de communauté. La raison de la différence entre les offices domaniaux et
les charges vénales, disait-on, « est que les domaniaux sont créés et conférés sous une
faculté perpetuelle de rachat, qu'ainsi la suppression, moyennant rachat, se fait en
vertu d'une cause ancienne et inhérente, et n'est point l'effet d'une puissance extraordinaire, comme la suppression des autres Offices que le Roi a une fois rendus perpetuels. » Et on invoquait, à l'appui, un arrêt du 4 mars 1662 (*alias* 1652), rapporté dans le
Journal des Audiences, t. 1, liv. VII, chap. iv. (Voy., en ce sens, de Renusson, *op. et
loc. citt.*, n° 46 à 50 inclus.) — Avec plus de raison, pensons-nous, Lebrun enseignait
que, dès qu'un mari avait été pourvu avant son mariage d'un office soit vénal, soit
domanial, quelque suppression qui en arrivât, pourvu qu'il fût rétabli avant que le
titulaire eût reçu le remboursement de sa finance, l'office ne cessait pas d'être propre
de communauté. « En effet », disait-il, « le mari, qui n'a pas encore reçu son remboursement, a toujours droit sur l'Office, et n'en est point valablement évincé ; et quand on
lui adjuge de nouveau son Office, et qu'on lui tient compte de son ancienne finance,
il est vrai de dire que la suppression se convertit en taxe. Quelque peu considérable
que soit son ancienne finance par rapport au prix de sa nouvelle adjudication, elle
suffit pour conserver à la Charge la qualité de propre : c'est une tête qui reste du trou-
peau, qui empêche qu'il ne soit réputé péri. §. *Si grex, 18, Instit. de legat.* parce que
tandis qu'il a eu droit à la Charge, tandis qu'il n'en a pas été entièrement remboursé,
il a toujours sujet d'esperer de rentrer, en payant une nouvelle taxe ; puisque c'est
même une condition de son engagement, que le retrait ne s'en peut faire, sans un
remboursement actuel de finance. La dépossession de l'Officier, la liquidation et la fixation de la finance, l'assignation même d'un fonds particulier, ne font point perdre à
l'Officier ce droit qu'il a sur sa Charge, qui est *jus in re*, et non pas *jus ad rem*, fondé
sur un engagement qui conserve sa propriété jusqu'au remboursement. Quand il vient
donc à être de nouveau Adjudicataire de l'Office, de la finance duquel il n'avoit pas été
remboursé, il ne fait autre chose que payer un supplément de prix ; mais il reste toujours Propriétaire, en vertu de son premier titre. » — Il n'était d'ailleurs pas exact de
dire que le droit du mari fût éteint ; car son droit était un droit de propriété, lequel
subsiste tant qu'il reste la moindre particule de substance en la chose sur laquelle il
porte ; or, la substance de la charge était entière, et, comme ajoutait Lebrun, si on
en faisait une espèce de refonte, c'était toujours du même métal, et le droit de l'ancien engagiste non remboursé, loin de s'éteindre, se fortifiait même par la nouvelle
adjudication. — D'un autre côté, l'intérêt des familles privées militait en faveur de
cette seconde doctrine ; car, d'après la première théorie, l'office domanial qui était
propre de communauté, et qu'on avait peut-être stipulé tel dans le contrat de mariage,
serait devenu tout à coup un conquêt par une revente qu'on savait n'être, au fond,
qu'une véritable taxe ; ancien propre de succession, il serait subitement devenu un
acquêt, au préjudice des héritiers de la ligne. Voilà pourquoi il devait suffire, dans

stipulation de remploi, et sans qu'il eût été remployé pendant la communauté, les mêmes règles spéciales aux autres immeubles auraient dû recevoir application. Or, l'art. 232 de la coutume de Paris disposait à cet égard de la manière suivante : « Si durant le mariage est vendu aucun heritage ou rente propre, appartenant à l'un ou à l'autre des conjoincts par mariage, ou si ladite rente est rachetée, le prix de la vente, ou rachapt, est repris sur les biens de la Communauté (54), au profit de celuy auquel appartenoit l'heritage, ou rente, encore qu'en vendant n'eust esté convenu de remploy, ou recompense, et qu'il n'y ait eu aucune declaration sur ce faicte. »

d. Aux termes de l'article 220 de cette même coutume, les conjoints étant communs en biens meubles et conquêts immeubles « du jour des espousailles et benediction nuptiale », il n'est pas douteux que la femme n'ait eu part à l'office domanial acquis pendant la communauté, comme à un autre conquêt. Et ce qu'il y a de fort remarquable, c'est que, à raison même de la nature et du caractère particulier de cette sorte d'office, ce n'était pas

---

notre hypothèse, de rendre à la communauté, par le remboursement du mi-denier, ce qu'elle avait fourni du sien pour la nouvelle adjudication. — Quant à l'arrêt de 1662, il n'y avait aucun argument à en tirer : car il avait été rendu dans des circonstances toutes particulières, et le titulaire, dans l'espèce, n'avait plus de droit sur sa charge. — Ajoutons que le sentiment de Lebrun devait être d'autant plus accepté, et il était d'autant meilleur de décider qu'un droit antérieur au mariage faisait de l'office un propre de communauté, qu'on déjouait ainsi une fraude possible, à laquelle pouvait conduire la doctrine de l'arrêt précité, et qui aurait consisté, dans le cas même d'un remboursement antérieur au rétablissement de l'office, en ce que le mari, sentant un profit considérable dans la nouvelle adjudication, aurait pu feindre de recevoir sa finance, avant de se rendre adjudicataire, dans le but d'avantager sa femme au détriment de ses propres héritiers, fraude que rendait plus redoutable encore la pratique suivie au moins à l'occasion des conversions des rentes sur la Ville, de donner au trésor royal, sans rien toucher, un acquit, qui passait pour argent comptant sur le prix d'une nouvelle adjudication. (Voy., sur cette question, Lebrun, *Traité de la communauté,* liv. I, chap. v, sect. ii, dist. 1, n°⁸ 69 et 70. Comp. Loyseau, *loc. cit.,* n°⁸ 53 et 54, et *infra,* sect. 2, § 2, note 31.)

(54) « Et si les biens de la Communauté ne suffisent pas, sur les biens du mari », disait Eusèbe de Laurière dans une des savantes notes dont il a enrichi son excellente édition du *Texte des Coutumes de la Prévôté et Vicomté de Paris,* Paris, 1777, t. 2, p. 219. — Nous reproduirons le texte des articles de cette coutume que nous aurons à citer, d'après cette édition, ainsi que d'après celle qu'en a publiée M. Ch. Giraud, à la suite de son *Précis de l'ancien droit coutumier français,* 2ᵉ éd., Paris, 1875.

seulement à une partie du prix que la femme avait droit, comme
cela aurait eu lieu pour un office à vie, inhérent par essence à la personne du mari, mais bien à une partie du *corps et de la propriété
de l'office*, ainsi que disait Loyseau. Ce point est d'une importance capitale à noter ; car, advenant la dissolution de la communauté par le prédécès de la femme, il en résultait deux déductions
notables : d'une part, c'est que le droit ordinairement reconnu au
mari de conserver son office à charge d'indemnité, était refusé
au propriétaire d'un office domanial, moins attaché à la personne
que les autres offices (55), et, d'autre part, c'est que c'était l'héritier aux immeubles de la femme, et non du tout son héritier aux
meubles, qui recueillait la moitié de l'office domanial. C'est ce
que décidait la coutume réformée de Bretagne (56), dont les articles
212 et 425 voulaient que le domaine du Roi, vendu à faculté de
rachat, et même les offices domaniaux, qu'ils qualifiaient d'*offices
venaux, acquis à condition de rachat perpetuel* (voy. *infra*, note
69), fussent partagés comme immeubles, tant en communauté
qu'en succession, encore que peu après la dissolution du mariage
ou l'échéance de la succession, le domaine ou l'office domanial
fût racheté par le Roi.

_____

(55) Voy. de Renusson, *Traité des propres*, chap. v, sect. iv, n° 40 ; Lebrun, *Traité
de la communauté entre mari et femme*, liv. I, chap. v, sect. ii, dist. 1, n° 58, et
Pothier, *Traité de la communauté*, iv° partie, chap. i, sect. ii, art. vii, § iii, n° 673, éd.
Bugnet, t. 7, p. 344. — Lebrun accordait seulement au mari titulaire d'un office domanial, lorsque les héritiers de la femme en demandaient la vente, la faculté de le conserver par droit de préférence, en l'estimant non pas au prix qu'il avait coûté, mais
bien au prix de la valeur présente. Que si aucune des parties ne demandait la vente
de l'office, ou si les héritiers de la femme entendaient conserver la part de propriété
qui leur revenait sur lui, il devait rester en commun, pour les émoluments faire l'objet
d'une répartition également commune, sous la déduction, toutefois, d'une certaine
somme à fixer suivant l'arbitrage des intéressés et qui était prélevée par le mari titulaire pour son exercice. (Pothier, *eod.*) — Bourjon, dans son *Droit commun de la
France* (liv. II, tit. xi, 3° partie, chap. i, sect. iv, dist. iv, n° xxxiii), se prononçait, mais à
tort, suivant nous, en sens contraire des trois auteurs cités au début de cette note, et
il accordait au mari pourvu d'un office domanial le même droit d'option que celui qui
était concédé par la jurisprudence, lors de la dissolution de la communauté, au mari
titulaire d'un office vénal. (Voy. *infra*, sect. 2, § 2, art. 1, i, 2°, 1° cas.)

(56) La réforme de cette coutume est de quatre ans postérieure à celle de la coutume de Paris. (Loyseau, *ubi supra*, n° 43.) Voy. également, dans le sens indiqué au
texte, un arrêt du 8 juin 1602, analysé par de Renusson, *op. et loc. citt.* à la note
précédente.

Loyseau pensait pareillement que l'office domanial entrait en douaire coutumier. La question, toutefois, était fort douteuse, à son époque du moins, parce que la plupart des coutumes n'y assujettissaient que les héritages, terme qui, selon la commune acception, signifiait et comprenait seulement l'immeuble corporel et solide (57), « et non pas distinctement tous les immeubles, et encore moins les choses reputées immeubles (58) : même », ajoute-t-il, « on a autrefois douté, s'il avoit lieu au domaine solide aliené à faculté de rachat. Toutefois, puis qu'on tient à present communément qu'il y a lieu és rentes constituées, comme Bacquet a écrit au chapitre 15. *Des droicts de Justice*, lesquelles sont moins immeubles, et plus subjectes à un prompt racquit, que les Offices domaniaux,... j'estime à plus forte raison, qu'il doit avoir lieu és Offices domaniaux. » Ce jurisconsulte, allant plus loin que Bacquet, pensait, contrairement à son opinion, que la femme avait même douaire sur les deniers du rachat de l'office domanial, opéré au cours du mariage. Il convenait d'en dire autant, d'après Bourjon, en cas de vente de l'office domanial pendant la durée de l'union conjugale (59).

En ce qui touche le retrait lignager, Loyseau était également d'avis qu'on y devait soumettre les offices domaniaux, sinon dans les coutumes qui, comme celles de Paris et d'Anjou, ne l'admettaient que relativement aux héritages, à tout le moins dans celles qui, comme la coutume de Poitou et celle de Sens (art. 32), par exemple, portaient expressément qu'il avait lieu en toutes choses réputées immeubles. Cependant, telle n'était pas l'opinion dominante, et l'on tenait généralement que les offices en question

---

(57) Voy. Gui Coquille, *Commentaires sur les coutumes du Nivernais*, titre des douaires, et Loyseau, *ubi supra*, n° 62.

(58) Voy., par exemple, l'art. 248 de la Coutume de Paris.

(59) Voy. Loyseau, *eod.*, n°° 58 et suiv., et, dans le même sens : de Renusson, *ubi supra*, n° 55, et *Traité du Douaire*, chap. III, n° 53; Bourjon, *Le droit commun de la France*, liv. II, tit. XI, 3° partie, chap. II, sect. II, n°° III à VI inclus. — Comp. *infra*, sect. 2, § 2, note 128.

n'étaient point sujets à ce retrait, et cela parce qu'ils n'étaient pas proprement et tout à fait immeubles (60).

Enfin, une dernière preuve de l'assimilation des offices domaniaux aux héritages se rencontre dans la matière des successions, dans lesquelles on suivait ici les mêmes règles que relativement aux immeubles. C'est ce que nous avons déjà eu l'occasion d'indiquer d'une manière transitoire quant au partage; « et quant au rapport », dit Loyseau, « il ne faut douter qu'ils n'y soient sujets, ou à moins prendre. En quoy », ajoute-t-il, « il n'y a aucune difficulté pour le regard de leur estimation, parce qu'elle est certaine, tout ainsi que celle des rentes constituées, sçavoir le prix de l'alienation : de sorte que c'est une grande commodité au fils, de n'estre tenu de rapporter que ce prix, parce qu'il advient ordinairement que les Offices domaniaux pourroient estre vendus davantage. » (61)

§ 3. — *Des offices héréditaires par privilège.*

Notre ancien droit distinguait deux grandes sortes d'offices héréditaires par privilège (62) : aux uns l'hérédité avait été obligatoirement concédée, mais cela du moins d'une façon complète et absolue ; les autres ne se virent pas imposer ce bénéfice, mais ils ne le reçurent qu'à titre conditionnel ou qu'en certains cas seulement. Des offices qui se trouvaient dans la première situation, on disait qu'ils jouissaient d'une hérédité parfaite ; quant à ceux qui faisaient partie de la seconde catégorie, ils ne possédaient, suivant le langage technique, qu'une hérédité imparfaite ; ces derniers, dont nous n'avons pas à nous occuper, parce qu'ils nous sont déjà connus, se divisaient en deux classes : ils comprenaient, d'un côté, tous les offices auxquels était octroyé le

---

(60) Loyseau, *eod.*, nᵒˢ 61 et suiv. Voy. aussi Basnage, sur l'art. 452 de la Coutume de Normandie ; Denisart, mot RETRAIT LIGNAGER, nᵒ 10, et Pothier, *Traité des retraits*, 1ʳᵉ partie, chap. III, art. 1, nᵒ 40, t. 3, p. 272.

(61) *Eod.*, nᵒ 64. Voy. aussi Argou, *Inst. au Dr. Franç.*, t. 1, liv. II, chap. XXVIII, et Lebrun, *Traité des successions*, liv. III, chap. VI, sect. III, nᵒ 41 *in init.*

(62) Loyseau, liv. II, chap. VIII, nᵒ 17.

privilège de survivance, soit qu'il eût été acheté, soit qu'il eût été
acquis par le service de vingt ans, ainsi que l'avait établi, nous le
savons, un édit de 1572 au profit des secrétaires du Roi, et, d'un
autre côté, tous les offices de ceux qui, profitant de l'édit de Paulet,
acquittaient annuellement les quatre deniers pour livre.

Attachons-nous donc à présenter les traits principaux qui
caractérisaient les hérédités parfaites.

Et, tout d'abord, quelle est la date de l'origine de ces offices
complètement héréditaires, et, en même temps, quels étaient-ils ?

Ce fut trois ans après l'invention des offices domaniaux, par
conséquent en l'an 1583, que le roi Henri III imagina de faire
héréditaires certains offices qui, jusque-là, n'avaient jamais été
domaniaux ni baillés à ferme, mais avaient toujours été conférés
à titre d'offices formés. Sous couleur que les forêts du Roi étaient
du domaine de la Couronne, ce monarque, « bon Prince certes
autant qu'il en fut jamais, mais trop facile et trop indulgent aux
partisans », dit Loyseau, « se laissa persuader à donner le privilege
d'heredité, moyennant un petit supplément de finance, à la pluspart des Officiers des forests, sçavoir est aux Gruyers, Verdiers,
Forestiers, Chastelains, Segrayers, Gardes-Marteaux, Maistres,
Sergens des eaux et forests, bien que ces Offices n'ayent jamais
esté domaniaux, et que par l'Edict de cette heredité, ils ne soient
point unis ny incorporez au Domaine. De sorte, que de tous les
Offices des forests, il ne reste que ceux des Maistres, et leurs Lieute-
nans et Procureurs du Roy, qui ne soient hereditaires. » (63) Bien

---

(63) Voy. Loyseau, liv. III, chap. VIII, n° 3, et, sur les différents officiers des bois,
eaux et forêts cités par cet auteur dans son énumération, le *Glossaire de Droit François* d'Eusèbe de Laurière, Paris, 1704, in-4°. Voy. aussi l'édit d'août 1669, portant
règlement général pour les eaux et forêts. (Isambert, t. 18, pp. 219 et suiv.) Nous
ferons simplement remarquer, relativement aux offices de Garde-Marteau, qu'ils ont
été démembrés des greffes des juridictions des eaux et forêts, et que, bien qu'ayant été
créés héréditaires et non sujets à revente, on ne laissait cependant pas de les considérer comme domaniaux à plusieurs points de vue. C'est ainsi, notamment, qu'un
arrêt du 22 juin 1608 jugea que la donation d'un office de ce genre était nulle, faute
d'avoir été insinuée. (Voy. de Renusson, *Traité des propres*, chap. V, sect. IV, n° 77,
84 et 95, et comp. *infra*, sect. 2, § 1er, note 199.)

que cette hérédité eût été imposée, elle n'en constituait pas moins un véritable privilège ; c'est ce que le même jurisconsulte avait déjà fait observer avant le passage qui vient d'être cité, en écrivant (64): « ..... les droicts desquels Offices ne furent point..... unis et incorporez à la Couronne (à raison même de ce qu'ils n'avaient jamais été domaniaux ; voy. *supra*), ainsi que les Greffes, Notariats et Seaux y avoient été reünis, lors qu'ils furent faits Offices hereditaires, ny aussi ne furent point revendus aux plus offrans à faculté perpetuelle de rachat, ainsi que les Offices domaniaux : mais n'y eut autre ceremonie en l'attribution qui leur fut faite de l'heredité , sinon que le Roy ordonna par son Edict que les pourveus de ces Offices luy payeroient certaine finance, pour joüir du Benefice d'icelle : d'où il s'ensuit que cette heredité n'est qu'un Benefice et privilege, qui leur fut concedé. »

Quoique les offices des forêts fussent les principaux offices héréditaires par privilège, ils ne furent cependant pas les seuls. En effet, par un édit du mois de janvier 1603, vérifié au mois de février suivant à la Cour des Aides , un certain droit de sept deniers pour minot de sel, attribué aux officiers des gabelles par deux édits de 1594 et de 1595, fut rendu héréditaire, moyennant un supplément de finance, au paiement duquel ces officiers se refusèrent d'abord, mais que des arrêts du Conseil, de l'an 1604, les contraignirent d'acquitter (65). Enfin, doivent être encore rangés au nombre des offices dont nous parlons, ceux des chauffe-cire de chancellerie (66), comparés à plusieurs reprises par Cujas aux *adjutores quæstoris* du droit romain (67).

Malgré la ressemblance considérable qui paraît, au premier abord, exister entre les offices héréditaires par privilège dont

---

(64) Liv. II, chap. i, n° 45.

(65) Voy. Loyseau, liv. II, chap. viii, n° 18.

(66) Loyseau, *eod.*, n° 19 et suiv.

(67) Voy., par ex. : *Ad L.* 52 § 2, *De act. empt. et vend.*, D., XIX, 1; *Ad LL.* 1, 2, 3, 4 et 5, *De collat.*, C. Just., VI, 20; *Ad L. ult.* (27), *De pignor. et hypoth.*, *eod.*, VIII, 14; *Opp.*, t. 3, col. 600, et t. 7, coll. 1031 et 1380.

nous traitons, et les offices domaniaux, ce serait une grave erreur de les confondre. Leur nature était, en effet, absolument différente, et les règles qui gouvernaient les uns étaient fort loin d'être identiques au droit qui régissait les autres.

Deux différences de la plus haute importance, la première tenant au fond même des choses, la seconde à leur forme, permettaient de distinguer avec précision ces deux espèces d'offices héréditaires.

a. — Envisagés dans leur nature, tout d'abord, nous savons que les offices domaniaux avaient un droit domanial séparé d'avec l'office (68). Tout au contraire, les offices héréditaires par privilège étaient des offices dans lesquels l'exercice prévalait, et qui ne consistaient point en un droit domanial, qu'on ait jamais eu coutume de bailler à ferme au profit du Roi, ni en aucun droit nouveau ressemblant aux anciens droits domaniaux.

b. — D'un autre côté, nous avons vu que les offices domaniaux faisaient l'objet d'une adjudication à faculté de rachat au plus offrant et dernier enchérisseur, et qu'ils étaient possédés en vertu de cette adjudication, comme un domaine (69). Rien de semblable, en ce qui concerne les offices héréditaires par privilège : après avoir été primitivement conférés par la Couronne comme purs offices à vie, ils se virent ensuite attribuer le privilège de l'hérédité moyennant finance. Aussi, contrairement à ce qu'il en était pour les offices domaniaux, étaient-ils toujours possédés en vertu de lettres de provision qu'il fallait obtenir à chaque mutation nouvelle, de même que pour les offices à vie.

De ces deux différences de fond et de forme, résultait ce que

---

(68) Il convient d'ajouter que ce droit domanial pouvait être baillé à ferme par le Roi, s'il préférait ne pas vendre les offices en question à faculté de rachat. C'est ainsi qu'au temps de Loyseau, il y avait de nouveaux offices domaniaux, dont les droits et émoluments n'avaient jamais encore été réputés domaniaux ; mais ils ressemblaient aux droits domaniaux et avaient été inventés à leur instar. Tels étaient, par exemple, les greffes des justices extraordinaires, les marques des cuirs, les jaugeages, et autres du même genre.

(69) Telle est la raison de la qualification que nous leur avons vu donner, p. 97 *sub fin., supra,* par la Coutume de Bretagne réformée.

Loyseau appelait à juste titre « la difference specifique des uns et des autres », et de laquelle dépendait « toute la diversité de leur droict. » Elle consistait en ce que, tandis que les offices domaniaux réunissaient les deux natures d'office et de domaine tout ensemble, cette dernière même y prévalant, et servant de base et comme de régulateur dans toutes les questions touchant le commerce de ces offices, réglementé par conséquent en tout et partout comme l'étaient le droit et le commerce du domaine solide aliéné, qui était presque régi comme les héritages, à l'inverse, les offices héréditaires par privilège n'avaient d'autre nature que leur ancienne et primitive nature d'office, et, par conséquent, mis à part le privilège d'hérédité et les résultats qui en découlaient, ils étaient soumis, d'une manière générale et en principe, aux mêmes règles que les offices à vie, « n'estant de la nature du privilege, de changer la nature de la chose, mais seulement les qualitez, et encore en cela seulement, qui dépend du privilege, non plus que de l'exception de changer la regle és cas non exceptez. » (70)

Concluons des observations précédentes, que ce qui différenciait, au fond, les offices héréditaires par privilège des offices simplement vénaux, c'est qu'ils jouissaient de l'hérédité absolue, tandis que les autres, pris en masse, n'avaient qu'une hérédité conditionnelle et subordonnée au paiement de la Paulette. Mais, ainsi que nous venons de le faire remarquer, le droit de ces offices héréditaires, que Loyseau (71) comparait non sans raison aux milices du droit romain, dont certaines étaient également héréditaires par privilège « et non pas par nature, et de droict commun, comme il est dit en la loy 11. *C. De prox. sacr. scrin.* en la loy derniere *C. De pignorib.* et en la Nov. 53. ch. 5. » (72), le droit de

---

(70) Voy., sur tout ce qui précède, Loyseau, liv. II, chap. VIII, n°s 24, 25 et 26, et comp. le début de notre section 2, *infra.*

(71) *Eod.*, n° 27; voy. aussi n° 44.

(72) Voy. t. 1, *Dr. rom.*, chap. III, § 1er, et § 3, sect. 1. — Il ne s'agit, au texte, que d'une comparaison et non d'une complète analogie, parce que plusieurs différences notables séparèrent les milices héréditaires romaines des offices héréditaires par privilège de

ces offices héréditaires, disons-nous, n'en était pas moins à peu près celui des offices vénaux (73), et nullement celui des offices domaniaux, dont la nature était, on peut l'affirmer, absolument opposée.

Esquissons donc à grands traits les différences les plus apparentes qui les séparaient, et montrons, par un rapide parallèle, en quoi le droit des uns et des autres était « quasi du tout contraire », comme le répète Loyseau à plusieurs reprises (74). Or, on peut ramener à cinq principaux, les points de dissemblance qui existaient entre eux (75).

1° Le premier nous est déjà connu : c'est que les lettres de provision, approbatives de la résignation, étaient toujours nécessaires dans les offices héréditaires par privilège, tandis qu'elles ne l'étaient pas dans les offices domaniaux, parce qu'en effet ceux-ci étaient possédés en vertu de l'adjudication qui en avait

---

notre ancien droit. En effet, rappelons-nous que, si les *militiæ* du droit romain ne se perdaient pas tout à fait par la mort de leurs titulaires, à tout le moins ne se conservaient-elles pas non plus tout à fait, comme nos anciens offices héréditaires; car, à supposer que l'héritier du défunt fût capable de succéder à sa milice, il fallait qu'il fournît quelques deniers d'entrée, qui étaient ordinairement versés, non pas au fisc, nous nous en souvenons, mais à la communauté de la compagnie; que si c'était un étranger qui y était admis, il lui fallait, outre cette finance due à la compagnie, payer encore quelque argent aux héritiers. (Loyseau, *eod.*, n° 31; voir aussi, *passim*, les numéros suivants, jusques et y compris le n° 44.) Rien de semblable n'existait dans la transmission des offices héréditaires par privilège (voy. t. 1, *Dr. rom.*, chap. III, § 3, sect. 1, note 5, p. 597), et la raison est maintenant bien facile à saisir : elle tient à ce que ces offices, contrairement aux milices héréditaires romaines, jouissaient du bénéfice de l'hérédité, non pas par le bienfait du Prince, mais en vertu de la finance payée par les pourvus qui avaient consenti à les acheter à plus haut prix, à cause précisément de leur condition favorable; d'où cette conséquence que ce privilège d'hérédité ayant été acquis des deniers du défunt, appartenait à sa succession, et se trouvait, par suite, affecté à ses créanciers, tandis qu'à Rome, nous avons vu que le *casus militiæ* réservé aux héritiers, et d'où, pour le dire en passant, il est possible, suivant Loyseau (*eod.*, n° 34), que le nom de *parties casuelles* ait été tiré, n'était affecté par préférence qu'à certains créanciers déterminés. (Voy. Loyseau, *eod.*, n° 43 et 40, et liv. III, chap. x, n° 35 et 36; au t. 1, notre *Droit rom.*, chap. III, § 2, sect. 1, art. 2, et § 3. sect. 1, et *infra*, sect. 2, § 1er, art. 6, 1°.)

(73) On se rendra, d'ici peu, très-aisément compte de cette restriction, en lisant les différences qui vont être signalées entre les offices héréditaires par privilège, et les offices domaniaux.

(74) *Eod.*, n° 24 et 44.

(75) Voy., sur ce sujet, Loyseau, *eod.*, n° 45 à 63 inclus.

été faite à faculté de rachat, au lieu que les lettres de provision
constituaient le seul titre de ceux-là, puisqu'on ne les adjugeait
pas. De là cette conséquence fort importante, que, contrairement à ce qui avait lieu pour les offices domaniaux, en toutes mutations ou subrogations des offices héréditaires par privilège, il
en fallait payer au Roi la finance, vulgairement appelée *quart
denier*, qui remplaçait le droit d'entrée payé par le successeur du
titulaire défunt d'une milice héréditaire romaine. Pour qu'il en
fût autrement, il était indispensable que l'édit qui conférait l'hérédité eût, par un second privilège que n'emportait nullement le
premier, et qui en était absolument distinct, affranchi de ce droit
les offices par lui rendus héréditaires.

2° En second lieu, ces offices n'avaient pas, comme les offices
domaniaux, les deux natures distinctes et actuellement séparables
d'office et de domaine aliéné ; mais ils constituaient de simples
offices, inhérents, selon la nature commune des offices, à la personne du pourvu, tout ainsi que les milices héréditaires du droit
romain (76). Des conséquences diverses découlaient de ces deux
idées, d'une part que les offices dont nous parlons étaient de
simples offices, et, d'autre part, qu'ils étaient inhérents à la personne.

α. — D'un côté, les offices héréditaires par privilège n'étant toujours, malgré leur qualité, que de simples offices, il en résultait
qu'ils ne passaient pas directement, comme les autres biens, et
comme tous les offices domaniaux, de la personne du défunt à
celle de l'héritier, par une continuation de propriété. Leur hérédité
consistait simplement en ce qu'ils n'étaient pas entièrement per-
dus par la mort du pourvu, comme les offices non héréditaires,
en ce sens que la faculté d'en disposer était conservée à ses
héritiers, mais dans les mêmes limites où le titulaire pouvait
exercer de son vivant ce droit sur un office non héréditaire ; ce
qui signifie que cette faculté ne leur conférait pas le pouvoir d'en

---

(76) L. 3 § 7, fr. Ulp., *De minor. XXV ann.*, D., IV, 4.

disposer de plein droit, c'est-à-dire de leur propre autorité, en faveur d'une tierce personne, mais seulement celui de les résigner et de les remettre en la disposition du Roi, pour en pourvoir celui au profit de qui ils en avaient disposé ; de là, la nécessité du paiement de la finance pour l'admission de cette résignation, et pour bailler les lettres de provision au résignataire.

β. — D'un autre côté, puisque ces offices étaient inhérents à la personne, il s'ensuivait que, si l'héritier était capable d'exercer lui-même l'office du défunt, encore fallait-il que cet office fût appliqué à sa personne par la provision du Roi, sans laquelle il n'y aurait pas été plus reçu qu'en un pur office, et que le pourvu devait s'y faire recevoir lui-même, et exercer personnellement. Par conséquent, les offices de ce genre ne pouvaient appartenir qu'à une personne capable de les exercer, ce qui en excluait toutes les femmes, et tous les hommes incapables ; par conséquent encore, leur exercice ne pouvait pas être abandonné à un commis ou fermier ; par conséquent enfin, ils ne pouvaient pas être divisés, ni appartenir à plusieurs héritiers ou à plusieurs associés.

3° Une troisième différence était relative aux vacations. Si les offices domaniaux n'étaient pas susceptibles de vaquer jamais, il en était tout autrement des offices héréditaires par privilège, qui se trouvaient sujets à toutes les causes régulières ou irrégulières de vacation auxquelles étaient soumis les purs offices (77), sauf, bien entendu, la vacation par mort, qui encore se résolvait, comme nous venons de le voir, en une vacation par résignation, puisqu'après la mort du pourvu, l'office devait être remis et résigné au Roi, pour en pourvoir soit l'héritier, soit celui en faveur duquel il en avait disposé. Ce n'était là, toutefois, ainsi que l'observe Loyseau, « qu'une demie et imparfaite vacation. » Car, si, par la

---

(77) Il était cependant un cas de vacation forcée pour les offices domaniaux, auquel ne se trouvaient pas soumis, de leur propre nature, les offices héréditaires par privilège : c'était celui de remboursement. Cependant, leurs titulaires, comme ceux des autres offices, pouvaient être remboursés dans l'hypothèse d'une suppression faite *utilitatis publicæ causa*. (Voy. Loyseau, *locc. citt.*, n° 54.)

résignation, l'office revenait bien, sans doute, en la disposition du collateur, du moins cette disposition n'était-elle pas libre de sa part, mais forcée. De là, la grande différence entre cette espèce de vacation et la vacation par mort, qui faisait revenir l'office en la *libre* disposition du collateur, et qui, pour ce motif, était une vacation parfaite, comme celle résultant de la forfaiture, à laquelle nos offices restaient soumis.

4° Si les offices que nous étudions étaient, comme les offices domaniaux, réputés immeubles incorporels déjà par Loyseau, du moins leur caractère immobilier n'avait-il pas, si l'on peut ainsi s'exprimer, la même énergie, la même puissance que dans ces derniers, qui consistaient en un domaine perpétuel.

z. — C'est ainsi qu'ils n'avaient pas suite par hypothèque, en ce sens que le droit hypothécaire ne pouvait plus les atteindre dès que le résignataire était pourvu (78). Mais, en revanche, l'hypothèque qui les grevait donnait lieu au droit de préférence, en ce sens que, s'ils étaient vendus par décret sur l'obligé, le prix n'en était pas distribué par déconfiture, c'est-à-dire au marc le franc, comme nous verrons que cela fut pratiqué d'abord pour les offices vénaux. (Voy. *infra*, sect. 2, § 2, art. 2.) On peut donc dire, au point de vue hypothécaire, que les offices héréditaires par privilège occupaient une situation intermédiaire entre les offices domaniaux et les offices vénaux. Comment expliquer maintenant ce régime mixte, qui entraînait la dualité de solutions signalée? Il tenait à ce que, dans le cas où l'office était résigné, l'hypothèque se trouvait purgée par la résignation faite entre les mains du Roi, et par la provision donnée par le Prince au résignataire, lequel, désormais, tenait son droit *non a résignante, sed a collatore,* selon la formule usitée en

---

(78) C'est ce qu'avait décidé un arrêt du 11 mars 1606, relativement à l'office héréditaire par privilège de Gruyer de la forêt de Rets. Il est cité par Loyseau (liv. II, chap. VII, n° 36; comp. n° 41, et *eod.*, chap. VIII, n° 3 et 57. Voy. aussi liv. III, chap. V, n° 46.) Citons également un arrêt du 8 février 1608, rapporté, comme le précédent, par Le Prêtre, cent. I, chap. LXXVII, un autre du 24 mars suivant, rapporté au nombre des arrêts célèbres du Parlement, à la fin du *Recueil* de Le Prêtre, et enfin un arrêt du 14 juin 1614. De Renusson, qui mentionne tous ces arrêts dans son *Traité des propres,* tranchait la question dans le même sens. (Voy. chap. V, sect. IV, n° 95 et 96.)

matière bénéficiale. « Aussi que ce seroit une absurdité », ajoutait Loyseau (79), « mesme un prejudice au public, que ces Offices demeurassent éternellement chargez d'hypotheque, en sorte qu'un resignataire ne s'en peust asseurer que par un decret. » Ces raisons cessaient, au contraire, lorsque l'office était décrété sur l'obligé, et rien ici ne mettait obstacle à l'exercice du droit de préférence.

D'une manière générale, il fallait appliquer, en ce qui concerne la saisie et le décret des offices héréditaires par privilège, les mêmes règles que nous indiquerons au sujet des simples offices vénaux, sauf, ainsi qu'il vient d'être dit, que la distribution des deniers du décret ne se fit jamais ici par déconfiture, c'est-à-dire par contribution, mais selon l'ordre des hypothèques.

β. — C'étaient, de même encore, les principes admis pour les offices vénaux et qui seront exposés dans la section suivante, qui s'appliquaient à nos offices, à l'égard de la communauté, du douaire et du retrait lignager qui n'avait pas lieu ici, même dans les coutumes qui y soumettaient les choses réputées immeubles, parce que, dans ces offices, l'acheteur tenait son droit *a Rege potius quam a resignante*.

γ. — En ce qui touche les successions, la question était fort douteuse de savoir si les offices héréditaires par privilège devaient être traités comme biens mobiliers ou immobiliers. Quoique la première solution pût se défendre, en observant que ce n'était pas l'office en soi qui tombait en succession ou en partage, mais seulement la faculté de le vendre et d'en tirer un profit pécuniaire, Loyseau adoptait néanmoins la seconde, bien qu'avec une sorte de regret, en raison du droit d'hérédité qui s'y trouvait attaché et qui, les distinguant ainsi des purs offices, les rapprochait plus à ses yeux des biens immeubles, et aussi en considération de ce que la propriété des offices s'établissait peu à peu, et tendait à s'implanter de plus en plus.

5° Enfin, relativement au rapport, si le fils pourvu d'un de ces

---

(79) Liv. II, chap. viii, n° 59.

offices par la résignation de son père voulait rapporter l'estimation, ce même jurisconsulte pensait qu'elle ne devait pas être faite, comme pour les offices domaniaux, sur le pied de la finance payée pour l'office, les offices dont nous nous occupons n'étant pas, comme les autres, sujets à un rachat perpétuel, et n'ayant pas, comme eux, leur prix certain, mais appartenant, ainsi que les vrais offices à vie, *optimo jure* aux pourvus, qui les revendaient d'habitude à un taux beaucoup plus élevé que leur finance ; dès lors, c'eût été un avantage considérable pour l'enfant résignataire de ne rapporter que cette finance. Toutefois, ajoutait-il, bien que l'estimation de l'office a vie dût être faite sur le pied de sa valeur à l'époque de sa résignation par le père, et non à celle du partage et du rapport, par ce motif que, dès la résignation, le péril et le profit de l'office casuel tournaient au détriment ou à l'avantage du résignataire, il fallait prendre le contrepied de cette règle pour les offices héréditaires par privilège qui n'étaient point, en effet, casuels ni périssables par mort, et qui, par conséquent, à ce point de vue, devaient suivre la règle qui gouvernait le rapport des autres biens immobiliers, laquelle était contenue dans l'article 305 de la Coutume de Paris, article conçu dans le sens indiqué. En principe, l'estimation ne comprenait que la simple procuration de l'office, et non l'office tout expédié, par cette raison que, si le rapport se fût fait en espèce, c'est-à-dire en nature, il n'y aurait eu que la procuration qui seule eût tourné au profit commun. Cependant, si le père avait fourni à son fils l'office tout expédié, celui-ci aurait dû rapporter encore le droit de résignation et les frais de l'expédition payés par le père.

Tels furent les offices héréditaires par privilège à l'époque de Loyseau, et il faut bien reconnaître avec lui que leur apparition n'était pas sans tomber sous le coup de trois griefs considérables, au point de vue de la méconnaissance tant des intérêts publics que des intérêts privés (80).

---

(80) Voy., sur ce sujet, Loyseau, liv. II, chap. VIII, nᵒˢ 10 à 17.

Le principal reproche que leur adressait ce savant auteur était puisé dans une raison d'Etat suffisante, à ses yeux, pour ne pas le faire hésiter à qualifier ces offices, d'offices contre raison (81). Le Prince n'étant qu'usufruitier des droits de sa Couronne, c'était, disait-il à bon droit, « un très-mauvais ménage » de sa part que d'aliéner les offices, parce que, par cette vente attributive d'hérédité parfaite et perpétuelle, il privait lui-même et ses successeurs de la distribution des charges publiques, ce qu'il ne lui était pas loisible de faire.

Aussi bien, regardait-il les acheteurs de semblables offices comme étant fort loin d'avoir fait une acquisition qui fût à l'abri de toute atteinte, en ce sens que tous les privilèges se trouvant révoqués par la mort du Prince qui les avait concédés, les rois successeurs pouvaient les priver de leur hérédité, sans même leur restituer la finance par eux payée pour se la voir octroyer, si elle n'avait pas tourné au profit de l'Etat; et cela, parce que, tout d'abord, il était inadmissible qu'un roi pût causer un préjudice, indéfini surtout, aux droits de ses successeurs, et, en second lieu, parce qu'il ne l'aurait pas moins été que l'Etat se trouvât absolument dépouillé de la collation des offices, ce qui serait arrivé, si le privilège d'hérédité eût été perpétuel. Ces deux motifs n'existaient plus, au contraire, en ce qui concerne les offices domaniaux, puisque, d'une part, leur aliénation n'était pas incommutable et que la faculté de rachat l'empêchait de constituer une expropriation parfaite d'un droit de la Couronne, et que, d'autre part, leur vente s'était effectuée conformément aux lois, dans le but de pourvoir aux nécessités d'Etat, suivant les prévisions formelles de l'ordonnance de 1566. Cette vente liait, par là même, les rois successeurs, si elle avait

---

(81) « Or je puis dire qu'il n'a jamais esté donné d'avis plus déraisonnable, et plus pernicieux, que de rendre les Offices de France hereditaires tout à fait. » (*Ubi supra,* n° 10.) « Mais cette critique tombe », disait Bourjon, « lorsqu'on considere que c'étoit la voie la plus prompte et la moins onéreuse pour parvenir au bien public, et arrêter des armes injustes que Louis XII, François I, et Henri II ont eu à repousser. » (*Le Droit commun de la France,* liv. II, tit. xi, chap. ii, sect. ii, n° viii, note.) Nous n'en persistons pas moins, malgré cette observation, à donner la préférence à l'opinion de Loyseau. La suite du texte en fournira le motif.

été faite dans ces conditions. C'est pourquoi il était prudent aux acquéreurs d'offices domaniaux de veiller à ce que leurs deniers fussent utilement employés aux nécessités de l'Etat.

Un troisième et dernier reproche découlait tout naturellement des deux précédents. Le principe d'hérédité n'étant ni utile à l'Etat ni assuré aux titulaires, il n'était guère conforme à la justice de contraindre les officiers à financer malgré eux pour obtenir ce bénéfice. Cette pratique était, de plus, incompatible avec l'idée même du contrat, tout contrat devant être volontaire, et elle jurait également avec la nature du privilège, qu'on faisait acheter à qui pouvait n'en pas vouloir (82).

Observons que ces trois inconvénients notables des offices héréditaires par privilège furent très-habilement évités par l'édit de Paulet qui, ménageant à la fois les droits des particuliers et ceux de la Couronne, protégeait ces deux intérêts au moyen d'une conciliation très-adroite. En effet : le paiement des quatre deniers pour livre était, en premier lieu, laissé à l'entière volonté et à la libre faculté des officiers ; d'un autre côté, la Paulette étant annuelle, d'une part, le privilège qu'elle procurait ne durait qu'un an, et, d'autre part, les officiers n'avaient pas à craindre de changement dans l'état de choses établi, en un aussi court espace de temps ; enfin l'édit de Paulet ne causait aucun préjudice aux Rois successeurs, parce que, de même qu'il était en la faculté des officiers de ne pas demander le privilège chaque année, de même il était en celle du Roi de ne point le donner.

Ajoutons, en dernier lieu, que, bien avant 1789, les offices héréditaires par privilège étaient confondus avec les offices vénaux. Pothier nous en fournit la preuve, en ne distinguant que deux

---

(82) Cela nous explique pourquoi Loyseau nous dit (*loc. cit.*, n° 14) que jamais on n'a vu les édits d'attribution de cette hérédité vérifiés par le Parlement, mais qu'ils l'étaient « par le Roy mesme seant en iceluy », ainsi que cela eut lieu pour l'édit de l'hérédité des offices des forêts, et qu'il arrivait même qu'ils ne le fussent point du tout, mais que la levée de la finance fût faite sur les officiers, en vertu d'arrêts du Conseil privé, comme, par exemple, cela fut pratiqué en 1663 pour l'attribution de l'hérédité des sept deniers aux officiers des gabelles.

espèces d'offices aptes au commerce : les offices domaniaux et les offices vénaux ou héréditaires. (Voy. pp. 82 *in fine* et suiv.) Il ne fait allusion à ceux dont nous venons de nous occuper, qu'en ajoutant que certains offices vénaux ont été exemptés du droit annuel (83).

Cependant Merlin (84) nous paraît beaucoup plus méthodique et d'une exactitude historique incontestablement plus sévère, partant d'une doctrine plus sûre, en séparant d'une façon très-nette les deux classes d'offices en question. Toutefois, la division qu'il établit, en répartissant les offices en quatre catégories, savoir : les offices domaniaux, les offices qui tombent aux parties casuelles (ce sont les offices appelés vénaux par Loyseau), les offices héréditaires (ce sont ceux dont nous venons de nous occuper), et les offices de la maison du Roi (nommés par Loyseau, offices tout à fait non vénaux), cette division, disons-nous, n'est pas non plus à l'abri de toute critique, en tant qu'elle est moins complète, et d'un classement beaucoup moins serré que celle de Loyseau, dont, pour ces diverses raisons, nous préférons suivre la marche (85).

Cette observation finale nous fait aboutir au terme du premier des trois grands genres d'offices par nous signalés. Abordons maintenant le second, au sujet duquel force nous sera, tout en insistant davantage, de ne présenter que les principes essentiels, sous peine de nous attarder trop longtemps.

---

(83) *Traité des personnes et des choses*, loc. cit., note 24, *supra*.

(84) *Rép.*, mot HYPOTHÈQUE, sect. 1, § III, n° v.

(85) Nous n'en aurions jamais fini s'il nous fallait énumérer les diverses classifications que firent des offices nos anciens jurisconsultes ; chacun, on peut le dire, avait la sienne à part. C'est ainsi, pour en fournir une preuve de plus, que Bourjon divisait les offices en quatre sortes, savoir : les domaniaux, les anciens offices vénaux héréditaires, les offices de judicature, et les offices de commensaux de la maison du roi. (Voy. *Le Droit commun de la France*, liv. II, tit. XI, 1re partie, chap. I, n° l.) — Voy. encore : Domat, *Le droit public*, liv. II, tit. 1 ; Denisart, mot OFFICE, n° 12 et suiv., et *supra*, pp. 82 *in fine* et suiv., texte et note 23.

SECTION 2.

DES OFFICES VÉNAUX.

SOMMAIRE :

Le premier point sur lequel il convienne ici de bien s'entendre, c'est celui de la qualification même donnée aux offices dont nous abordons l'étude. Ce serait une erreur de croire que leur dénomination implique qu'ils étaient les seuls offices qui, sans être héréditaires, pouvaient être vendus. Non : « ..... nous appellons Offices venaux », écrit Loyseau, « ceux-là desquels la vente ne repugne pas formellement à la Justice, et droite raison, bien qu'il fût plus honorable de ne les point vendre..... » Si l'on préfère, on peut dire, comme le fait un peu plus loin le même jurisconsulte : « ..... les Offices venaux sont ceux qui par approbation publique de la loy, c'est à dire de nos Ordonnances, peuvent être vendus, non seulement à l'égard du public (car le public ne peut faire de regle, ny être tiré à exemple, pour le particulier, parce que souvent il se dispense de la loy) mais aussi pour les particuliers, sans qu'il y ait aucune Ordonnance, qui y repugne. » (1)

Ce qui caractérisait donc les offices vénaux, c'était la *légitimité* de la vente qu'on en pratiquait, ou encore, si l'on aime mieux,

---

(1) Voy. Loyseau, liv. III, chap. II, nos 4 et 5.

leur « aptitude licite à la venalité. » (2) Par là se trouve expliquée
notre observation initiale, et écartée la méprise que nous signa-
lions, et que Loyseau vient de nous faire très-clairement apparaître ; il résulte, en effet, du second passage cité que certains
offices, quoique non vénaux , étaient cependant vendus , mais
leur vente ne constituait plus alors qu'un abus, et, loin de s'appuyer sur le droit, allait directement contre le droit. « ..... les
Offices non venaux sont ceux, desquels la vente n'est permise par
aucune Ordonnance publique, bien que le Roi par la dispense, qu'il
se donne à soy même, les vende publiquement, et les particuliers
en cachette et par dissimulation et tolerance. » (3)

Si les offices vénaux se séparaient des non vénaux par le
caractère licite de la vente qui était faite des premiers, et par le
trafic abusif que l'on pratiquait des autres (4), ils ne se distin-
guaient pas moins des offices héréditaires par privilège, dont le
droit, avons-nous dit avec insistance, était absolument contraire à
celui des offices domaniaux (5), ceux-ci étant héréditaires par

---

(2) Id., *eod.*, n° 5.

(3) Id., *eod.*, n° 5. — Voy. aussi liv. IV, chap. i, n° 3.

(4) C'était là le seul procédé de distinction possible pour tous ceux qui, comme
Loyseau, déclaraient la vénalité contre raison. Il leur était, en effet, difficile, ainsi
qu'il le dit lui-même, de distinguer « par raison », avec de semblables prémisses, les
deux classes d'offices en question : car, si l'on comprend par vénal ou *vendible* une
aptitude ou disposition absolument licite à être vendu, et si, partant de là, on veut
entendre par vénaux les seuls offices qui pouvaient être vendus licitement, il semble
que, selon les bonnes mœurs et la droite raison, il n'aurait point dû y avoir d'offices
vénaux. Que si, au contraire, on entend par offices vénaux tous ceux qui se vendaient
en réalité, il fallait dire que tous les offices étaient vénaux. « De sorte qu'ayant égard
à ce qui se doit faire, nuls Offices ne sont venaux, et ayant égard à ce qui se fait,
tous Offices sont venaux. » Mais ce n'était à aucun de ces deux points de vue philoso-
phiques qu'il se fallait placer, pour déclarer tels offices vénaux, et tels autres non
vénaux, et nous savons comment, au point de vue juridique et légal, on distinguait les uns des autres. (Voy., sur tout ceci, Loyseau, liv. III, chap. ii, n°s 3
et suiv.)

(5) Voy. *supra*, pp. 101 *in fine* et suiv. — On pourra consulter, sur les différences qui
existaient entre les offices domaniaux et les offices vénaux, Denisart, mots OFFICES et
OFFICIERS, n°s 12 à 15 inclus, ainsi que Duplessis et Brodeau sur Louet, aux passages
auxquels il renvoie dans son n° 16. Ces différences ressortiront du reste avec évidence
des développements successifs que nous allons présenter au sujet de cette seconde
sorte d'offices, comparés aux quelques détails que nous avons fournis à propos de la
première.

nature, tandis que ceux-là n'étaient tels que « par privilege contre leur nature, non autrement que ceux qui ont privilege d'avoir leur survivance acquise, ou par certain laps de temps, ou moyennant finance une fois payée, ou par le payement du droit annuel, suivant le nouvel Edit, ont ce même privilege de ne vaquer par mort, mais être perpetuellement transferez aux heritiers des pourveus. » (6)

On conçoit à présent combien étaient irréguliers ces offices héréditaires par privilège. En effet, le privilège ne changeant la nature de la chose que dans la même mesure ou une exception modifie la règle à laquelle elle fait brèche, c'est-à-dire la laissant absolument intacte en dehors du domaine qui lui est strictement assigné, il en résulte que ces offices, nonobstant leur privilège d'hérédité, n'en conservaient pas moins leur vraie et ancienne nature d'offices vénaux, et n'en demeuraient pas moins une espèce d'offices vénaux. De là cette conséquence que ce n'était pas l'office en soi qui, grâce au privilège dont nous parlons, était conservé aux héritiers du pourvu ; ce nétait point sa *seigneurie*, consistant dans le titre et dans la provision ; ce n'était pas davantage la possession, consistant en la qualité d'officier et en l'exercice actuel de l'office. Ce qui était transmis à l'héritier, c'était uniquement la faculté de vendre l'office, ou bien de le prendre lui-même pour le prix qu'il en tirerait d'un tiers. Mais il fallait toujours qu'il en obtînt provision du Roi, et qu'il s'y fît ensuite recevoir, s'il en était capable. Concluons donc de tout ceci que, par le privilège d'hérédité , il n'était transféré à l'héritier du pourvu qu'un simple droit *à l'office*, mais pas le moindre droit *en l'office* (7).

Voilà en quoi les offices héréditaires par privilège différaient des offices vénaux.

Connaissant maintenant ce que l'on entendait par cette dénomination, il nous reste à nous demander ce qu'elle comprenait,

---

(6) Loyseau, *eod.*, n° 1.

(7) Voy. Loyseau, *eod.*, n° 2, et comp. *infra*, § 1er, art. 6. La distinction du droit *à l'office* et du droit *en l'office* sera expliquée ci-dessous, § 1er, art. 3, II.

en d'autres termes, quels étaient les offices vénaux proprement dits, c'est-à-dire ceux dont la vente était licite, tant de la part du Roi que de la part des particuliers. Les notions que nous venons d'acquérir nous permettent de dire en un seul mot, qu'étaient seuls vraiment vénaux les offices déclarés ou reconnus tels explicitement ou implicitement par les ordonnances. Or, figuraient dans cette catégorie les offices des finances du Roi, ou offices de finance (8), et ceux des ministres de justice (9), tels que greffiers et notaires non héréditaires, sergents et autres semblables (10).

Ce ne fut que par abus que les offices de judicature rentrèrent plus tard dans cette classe, où ils étaient depuis longtemps déjà compris à la fin de notre ancien droit (11).

_____

(8) On entendait proprement par office de finance, celui auquel n'étaient attachées que des fonctions de finance, comme étaient, par exemple, les fonctions des receveurs généraux des finances, des receveurs des tailles et autres trésoriers, receveurs et payeurs des deniers royaux ou publics. A côté de ces offices purement de finance, il en existait quelques autres dont les fonctions se trouvaient mêlées de justice et de finance : tels étaient ceux des Chambres des Comptes, des Cours des Aides, des Bureaux des finances, des Elections, des Greniers à sel. (Voy. Domat, *Le droit public*, liv. II, tit. 1, sect. 1, n°s 15, 18 et 19, et Guyot, *Rép.*, mot OFFICE DE FINANCE.)

(9) On dit quelquefois que les offices *de justice* étaient vénaux ; ce n'est pas là une erreur ; seulement il faut bien prendre garde que cette expression n'était nullement relative, dans la rigueur des principes primitifs, aux offices des magistrats, mais concernait simplement ceux des *ministres de justice*, des officiers ministériels, pour parler le langage moderne. Voilà pourquoi, dans le but d'éviter une équivoque, c'est cette dernière locution que nous avons employée au texte. Nous aurons l'occasion de mentionner plus tard que, quant aux offices des magistrats, ils étaient, à parler strictement, non vénaux, du moins à l'égard des particuliers. (Voy. notre *Transition de l'Anc. dr. au Dr. interméd.*, texte et note 3.) Contentons-nous, pour le moment, d'indiquer qu'ils portaient d'ailleurs un autre nom dans le dialecte de Loyseau : « ..... je les appelle Offices de judicature, c'est-à-dire Offices de Juges, ou Magistrats de Justice, et non pas Offices de Justice : pource qu'il y a plusieurs Offices de Justice, qui sont du nombre des Offices venaux, sçavoir tous les Ministres de Justice, comme Greffiers, Notaires, Sergens, et autres semblables..... » (Liv. IV, chap. VII, n° 3.) — Comp. toutefois *infra*, texte et note 11.

(10) Voy. Loyseau, liv. III, chap. II, n°s 6 et suiv., et liv. IV, chap. I, n° 7.

(11) L'état de choses tel que nous venons de le constater ci-dessus, texte et note 9, ne tarda pas, en effet, à changer sous l'influence d'une pratique abusive, et, dès le milieu du XVIIe siècle, les plus célèbres jurisconsultes, frappés sans doute de ce fait, attesté déjà par Loyseau (liv. IV, chap. I, n° 8), que la vente en était notoirement tolérée entre les particuliers, se montraient moins scrupuleux et plus hardis que lui, et n'hésitaient pas à compter les offices de judicature, bien qu'ils ne fussent pas alors susceptibles de vente publique et forcée sur décret (voy. Loyseau, *eod.*, n° 9), — et qu'ils ne dussent d'ailleurs jamais le devenir à proprement parler, — parmi les

Préalablement à l'examen des principes généraux qui régissaient les offices vénaux, nous ferons observer qu'ils furent le type dont les autres offices ont continuellement tendu à se rapprocher, si bien que les nuances qui existaient à l'origine entre les uns et les autres allèrent s'effaçant de plus en plus.

Nous indiquerons d'abord quels furent les modes d'acquisition des offices dont nous abordons l'étude ; puis nous les envisagerons dans les différents rôles de droit qu'ils étaient appelés à jouer sur la scène juridique, et, après avoir ainsi assisté à leur naissance et aux diverses phases de leur existence, nous nous demanderons enfin quelles étaient leurs causes de vacation.

Ces trois grands points feront l'objet d'autant de paragraphes distincts, qui tous comporteront nécessairement certaines subdivisions.

§ 1er. — Des modes d'acquisition des offices vénaux.

Il est aisé de comprendre que la propriété d'un office n'appar-

---

offices vénaux. (Voy., par exemple : De Buridan, sur les art. 16, n° 8, et 323, n° 4, de la Coutume de Reims ; Basnage, sur l'art. 514, *in initio*, de celle de Normandie ; De Renusson, *Traité des propres*, chap. v, sect. iv, n°s 17, 18, 22, 28, 41, 59, 88, 89, 90 et 103 ; Domat, *Le droit public*, liv. II, tit. 1, sect. 1, n° xiii, et la note détaillée; Lebrun, *Traité de la communauté*, liv. I, chap. v, sect. 1, dist. iv, n° 2, et sect. ii, dist. 1, n° 52 ; *Traité des successions*, liv. III, chap. vi, sect. iii, n° 46.) Il résulte de là que, dans le dernier état de notre ancien droit, les offices vénaux comprenaient non-seulement les offices vénaux primitifs ou proprement dits, ou purs offices vénaux, mais encore les offices de judicature ou offices vénaux par abus. (Comp. *supra*, chap. i, § 1er, p. 44 *in init.*) Rien n'est, à cet égard, plus caractéristique, pour montrer la progression de la vénalité, en ce qui concerne ces dernières charges, que le contraste frappant qui existe entre Loyseau et Pothier. Tandis, en effet, que le premier rangeait les offices de judicature dans la classe des offices non vénaux (voy. liv. IV, chap. i, n° 7), et n'en traitait que dans son livre IV (chapp. vii et viii) consacré à ces offices, le second les faisait figurer sans distinction dans la classe des offices vénaux, assertion dont fera pleinement foi la lecture des divers passages de ce jurisconsulte, auxquels nous aurons l'occasion de renvoyer dans le cours de cette seconde section. Il suffirait, au surplus, pour se convaincre dès maintenant de la vérité de ce que nous avançons, de lire sa première note sur l'art. 485 de la Coutume d'Orléans, dans ses *Œuvres*, éd. Bugnet, t. I, p. 725 *in fine*. — Voy. aussi Bourjon, *Le droit commun de la France*, liv. II, tit. xi, 1re partie, chap. ii, n° ii, et chap. iii, n° iv ; 2e partie, chap. ii ; Merlin, *Rép.*, mot BIENS, § ii, n° ii, et *infra*, § 2, art. 2, SECONDE PÉRIODE, *in init.*, et note 371, et *Transition de l'Anc. dr. au Dr. interméd.*, note 3. Comp. enfin le passage de M. Laferrière, cité *supra*, chap. i, § 1er, note 46, p. 22.

tenait pas, par le seul fait de sa création, à celui qui en était investi ; l'officier n'en retirait d'autre avantage nécessaire et direct que celui de l'inamovibilité, considérée par les jurisconsultes comme constituant un caractère essentiel de l'office, et législativement consacrée, ainsi que nous l'avons vu, par l'ordonnance de 1467. (Voy. chap. I, § 1er, I, pp. 6 et suiv. et 17.)

Mais on comptait jusqu'à sept moyens pour acquérir la propriété des offices ; c'étaient :

1° La vente par le Roi aux parties casuelles ;

2° La concession par le Roi à titre gratuit ;

3° La composition et la résignation ;

4° L'échange ;

5° La transmission à titre gratuit par le titulaire ;

6° La succession ;

7° La prescription.

Reprenons-les tour à tour, en réservant à chacun d'eux un article spécial.

Article 1er. — *De la vente par le Roi.*

Cette vente se fit publiquement au plus offrant et dernier enchérisseur au bureau des parties casuelles depuis François Ier (1). A ce sujet, il faut avoir grand soin de ne point restreindre le trafic dont nous parlons, aux seuls offices vénaux proprement dits ; car il s'étendait à tous les offices qui entraient aux parties casuelles ; par conséquent, aux offices de judicature qui, bien que non

_____

(1) Voy. chap. I, § 1er, p. 21. — Avant de procéder à l'adjudication, on taxait les offices au Conseil des finances du roi, et cette taxe était insérée au rôle ou registre des parties casuelles, qui se trouvait au bureau de ces parties, c'est-à-dire dans un lieu public, où quiconque pouvait venir le consulter ; cette taxe y devait demeurer quinze jours entiers, passés lesquels l'office était adjugé par Messieurs du Conseil des finances au plus offrant. A l'instar de ce qui avait lieu dans les adjudications judiciaires, où l'adjudicataire qui ne payait pas comptant devait donner caution, le dernier enchérisseur de l'office devait justifier de sa capacité : sa probité était vérifiée par une information de vie et mœurs ; son âge, par l'exhibition du registre de son baptême ; sa science, par un examen ; enfin les officiers comptables devaient fournir caution pour ce qui concernait leur solvabilité. (Voy. Loyseau, liv. III, chap. II, nos 13 et 14, et comp. *infra*, art. 3, II.)

vénaux, en principe du moins, à l'égard des particuliers, avaient fini par le devenir publiquement et licitement à l'égard du Roi (2). En un mot, la vente par le Roi comprenait tous les offices entrant aux parties casuelles (3).

La vente d'un office par le Roi étant une véritable vente, une vente judiciaire et publique, et une adjudication au plus offrant et dernier enchérisseur (4), il en résulte qu'elle devait produire tous les effets ordinaires du contrat de vente, et, en particulier, l'obligation de garantie. De là cette conséquence, que celui qui avait vendu l'office, non plus que son héritier ou successeur, ne pouvait pas en évincer l'acheteur, par application de la fameuse règle : *Quem de evictione tenet actio, eumdem agentem repellit exceptio.* Par suite, le Roi vendeur étant, de droit, garant de l'officier acquéreur, il s'ensuivait que tout officier qui avait acheté son office n'en pouvait pas être destitué pendant sa vie, et que l'office vendu ne devait pas être enlevé par le Prince à l'acheteur, encore qu'il lui voulût rendre le prix qu'il en avait touché. La vente étant, par essence, un contrat de bonne foi, l'intérêt du vendeur à revenir sur le contrat, quelque réel et quelque considérable qu'il fût, et, par exemple, parce que l'office avait subi une grande augmentation de valeur, cet intérêt devait, sans contredit, plier devant le droit de l'acheteur; et, de même que si, depuis son acquisition, le prix de l'office avait baissé, ce dernier n'aurait pas été recevable à le vouloir rendre au Roi pour ravoir son argent, de même le vendeur ne pouvait pas être fondé, dans

---

(2) Dans le principe, nous le savons, il n'y avait ni vente absolue au plus offrant, ni concession proprement dite à titre gratuit des offices de judicature ; c'était par forme de prêt que la Couronne en tirait argent. Mais tantôt il y avait là *un prêt à jamais rendre* ; tantôt, au contraire, les officiers qui avaient des amis en Cour trouvaient moyen de se le faire rembourser. (Voy. Loyseau, liv. III, chap. II, n° 10, et liv. V, chap. v, n° 9. Comp. *supra*, chap. I, § 1er, note 48, p. 23.) Finalement, de ce prêt qui n'était qu'une « vaine couverture de la pudeur publique », selon l'expression de Loyseau (1er passage précité), on en vint à vendre les offices de judicature comme ceux de finance.

(3) Voy. Loyseau, liv. III, chap. II, n° 9.

(4) Elle se distinguait par là des *suffragia* ou argent versé par les officiers entre les mains des empereurs romains, en retour des charges dont ceux-ci les gratifiaient. (Voy. Loyseau, *eod.*, n°s 11 et suiv.)

l'hypothèse inverse d'une hausse, à le redemander en restituant
son déboursé. A côté de cette raison toute de droit, on pouvait
invoquer en outre cette double considération, d'une part, que le
Roi étant le dépositaire de la justice et de la foi publique, il devait,
plus que tous autres, observer le respect des contrats, et, d'autre
part, que la vente d'un office méritait de se voir assurer plus de
stabilité qu'aucune autre vente, «parce que l'Office estant attaché
à la personne, et en iceluy consistant sa vocation, sa condition,
mesme son estat, et comme son estre, il ne lui peut estre osté
sans incommodité particuliere. » (5)

Telle était même la puissance et la portée de cette obligation
de garantie, qu'elle pouvait être invoquée non pas seulement par
le premier acheteur, qui avait acquis l'office immédiatement du
Roi, mais aussi par tous ses résignataires qui se trouvaient en ses
lieu et place par suite d'une succession médiate ou immédiate.
En effet, la règle admise en matière bénéficiale que : *Resignatarius non habet jus a resignante, sed a collatore* (6), ne s'appliquait pas, à ce point de vue du moins, aux résignations que le collateur était, comme ici, et contrairement à ce qui avait lieu au sujet
des bénéfices, où dominait le principe que *omnis resignatio est ex
gratia*, forcé et tenu d'admettre (nous verrons en quel sens,
lorsque, dans notre article 3, nous traiterons des rapports des
officiers avec le collateur), et cela, par ce motif que l'officier
devait pouvoir revendre ce qu'il avait acheté. Ce principe posé,
il en résultait par *a fortiori*, qu'une fois admis à l'office, le résignataire n'en pouvait plus être ensuite privé. Aussi n'était-il pas
douteux qu'il fût le vrai successeur de son résignant, et que tout
le droit que celui-ci avait en l'office lui était absolument transféré
par l'application que lui en avait faite le collateur ; il était, par là
même, hors de conteste, que le résignataire ne devait pas être
remboursé de la finance déboursée par son résignant : car,

---

(5) Voy., sur tout ce qui précède, Loyseau, *loc. cit.*, nᵒˢ 15 et suiv.

(6) Le sens exact de cette maxime sera expliqué, lorsque nous nous occuperons, dans
notre article 3, des rapports des officiers avec le collateur. (Voy. nᵒ ɪɪ.)

possédant tout le droit de ce dernier, on ne le pouvait pas plus que lui évincer de l'office.

Il y aurait même eu, d'habitude, plus d'inconvénients à rembourser le résignataire que le résignant premier acheteur. En effet, si l'on avait remboursé ce dernier, en lui rendant tout l'argent qu'il avait versé aux parties casuelles pour acquérir son office, on l'aurait bien par là, sans contredit, empêché de gagner, mais du moins ne l'aurait-on pas mis en perte ; il aurait été privé d'un *lucrum* possible, sans subir de *damnum*. « Mais il arrive ordinairement que celuy, qui a acheté son Office d'un particulier, n'a pas quittance de finance fournie au Roy, la moitié dautant que son Office luy couste, à cause de la soudaine hausse, qui est survenuë aux Offices depuis peu : de sorte que si on ne luy rembourse que cette finance, il est en danger d'estre ruiné. » (7)

Il pouvait cependant arriver que l'intérêt public, toujours préférable à l'intérêt particulier (8), contraignît le Roi à supprimer quelques offices inutiles et dommageables. En pareil cas, il lui était loisible de procéder à cette suppression aussi juste que favorable, et de destituer les titulaires, mais, bien entendu, en leur remboursant le prix de leurs charges (9).

Pareillement, il se pouvait faire que des nécessités urgentes d'Etat poussassent la Couronne à démembrer les offices existants, pour en ériger d'autres, ou à leur attribuer de nouveaux droits, moyennant finance. Dans ces deux hypothèses, il n'était que juste de rendre les officiers « francs et quittes », dans la mesure du possible.

Aussi bien, au cas de démembrement, Loyseau proposait-il d'augmenter leurs gages ou droits à la juste valeur annuelle de ce que les nouvelles érections leur faisaient perdre, à moins cependant qu'ils ne préférassent recevoir leur remboursement, ce dont

---

(7) Voy. Loyseau, *eod.*, n° 19 et 20.

(8) « *Utilitas publica præferenda est privatorum contractibus* », disaient avec raison Dioclétien et Maximien. (Const. 3, *De primip.*, C. Just., XII, 63.)

(9) Voy. *supra*, chap. i, § 2, p. 71, note 42, et *infra*, pp. 126 *in fine* et suiv., et § 3, art. 3.

ils devaient avoir le choix. De même, si on leur demandait de
l'argent pour quelque attribution nouvelle, ce jurisconsulte était
d'avis de leur laisser le choix ou d'en payer la taxe, ou de quitter
leur office, et d'en recevoir alors le remboursement de celui qui
leur succédait (10).

Article 2. — *De la concession par le Roi à titre gratuit.*

Un office, soit de judicature, soit de finance, pouvait faire, de la
part de la Couronne, l'objet d'une concession gratuite, qui était
considérée comme une sorte de donation. Dans cette hypothèse,
aussi bien que dans le cas de vente aux parties casuelles, le Roi devait garantie au donataire, et ne pouvait le destituer en lui rendant
la juste valeur de l'office donné. En effet, la concession devait être
irrévocable, et il n'était point admissible que le Roi vînt réclamer
pour son estimation l'office dont il avait gratifié tel officier déterminé. La qualité du donateur et la nature de la chose donnée
s'opposaient plus particulièrement d'ailleurs à toute idée de
retrait (11). Il y a plus : le successeur du Prince qui avait gratuitement pourvu l'officier, ne le pouvait pas davantage destituer ;
car, en vertu de l'ordonnance de Louis XI de 1467, tous offices
ayant été faits perpétuels, c'est-à-dire à vie, le successeur du
Prince dont l'officier tenait sa collation ne le pouvait pas destituer,
que l'office eût été vendu ou donné, qu'il fût vénal ou non
vénal (12). « D'où dépend la raison precise, pourquoy tout Office
Royal ne peut estre revoqué par le successeur du Roy, qui l'a
conferé, à sçavoir que la collation de l'Office est un fruict et une
obvention casuelle, comme disent les Canonistes, que *Bene-*
ficiorum collatio est in fructu : de sorte que quand la vacance, qui
donne ouverture à ce droit et à ce fruit de collation, est écheuë

---

(10) Voy. Loyseau, *eod.*, nᵒˢ 21 et suiv.
(11) Loyseau, *eod.*, nᵒ 24.
(12) Id., *eod.*, nᵒ 25.

pendant la vie d'un collateur, il luy est ameubly, et acquis à toujiours, pour en disposer irrevocablement et incommutablement, puisque la nature des Offices de France, comme des Benefices, est d'estre à vie et irrevocable : et faut que le successeur attende une autre vacance, pour avoir une autre fois ce mesme droict. » (13)

Article 3. — *De la composition et de la résignation en faveur.*

La faculté pour les officiers de disposer à titre onéreux des offices qu'ils avaient acquis à prix d'argent, n'était que l'exercice très-légitime d'un droit consacré par la justice des siècles, les lois de toutes les nations permettant de revendre ce qu'on a acheté (14). Le mode d'acquisition le plus fréquent et le plus naturel des offices vénaux était donc la vente.

Et cependant, cette disposition constituait-elle bien en réalité une véritable vente ? Ce qui permet de se poser une pareille question, c'est que, pour peu que l'on parcoure les anciennes ordonnances, on demeure frappé de ce fait qu'elles évitent, comme à dessein, l'emploi des mots *vendre, céder, transmettre*, auxquels elles substituent les expressions de *résigner en faveur, présenter des successeurs*. Chose vraiment digne de remarque : au temps où la Royauté ne tirait de l'argent des offices que par exception, elle ne craignait pas de donner le nom de vente à ce qui n'était qu'un bail à ferme (v. ch. I, §1er, I), et, depuis l'époque où elle en pratiquait la vente publiquement et ouvertement, ses ordonnances paraissent s'interdire de l'appeler par son nom, et elles lui préfèrent les dénominations de composition (15) et de résignation en faveur (16).

---

(13) Id., *eod.*, n° 26.

(14) Voy. Loyseau. liv. II, chap. I, n°ˢ 35 et 36.

(15) « Car ainsi », dit Loyseau (liv. I, chap. II, n° 20), « la vente de l'Office est appellée particulierement en Justice, soit pource que la Justice ne veut avoüer et auctoriser tout ouvertement la pure vente des Offices : soit pource que le premier usage d'icelle estoit une maniere de gratification ou composition à petit prix, et non pas une vente exacte et au plus offrant comme celle d'à present..... » — Comp. p. 124 texte et note 17, *infra*.

(16) Ce terme a emprunté son origine au droit canonique. On entendait jadis par

Cette terminologie très-voulue avait sa raison d'être, qui ne doit par être cherchée dans un pur effet du hasard ; elle tient à une cause infiniment plus profonde. On pourrait alléguer d'abord que, la vénalité étant odieuse à beaucoup, on trouvait, par cet artifice de langage, le moyen facile et quelque peu grossier, d'éviter un terme qui sonnait mal aux oreilles d'un grand nombre ; de déguiser, par une expression moins brutale, la rudesse de la réalité des faits, et, pour employer une de ces métaphores familières à la plume de nos anciens jurisconsultes, « de modérer, par la douceur du mot, l'amertume de la chose. » (17) Mais ce qu'il faut mettre surtout en relief,

_____

résignation, toute restitution des lettres de provision faite au collateur par le démissionnaire. Après que la vénalité se fut introduite, les résignations furent presque toutes achetées, ou, suivant la formule technique du temps, *en faveur*. Dès lors, le mot *résignation* signifia *résignation en faveur*, et l'on désigna plus spécialement en pratique la résignation pure et simple sous le nom de *démission*. En matière d'offices, la résignation simple était opposée à celle qui était faite à condition de survivance, de telle sorte que quand nos anciennes ordonnances parlaient de la résignation simple des offices, elles étaient toujours interprétées comme se référant à celle qui était faite en faveur d'autrui, mais qui était faite purement et sans condition de survivance, et non pas à la pure démission, ou, selon le langage de Loyseau, qui consacre à la résignation des offices le chap. xi de son livre I, au *quittement* et *abandonnement* absolu des offices. La résignation en faveur se distinguait, en la forme, d'une pure démission ou quittement de l'office, par l'insertion de la clause : *En faveur d'un tel, et non autrement*, indiquant clairement l'intention, de la part du résignant, de la tenir pour non avenue, si le résignataire n'était pas nommé, d'en subordonner, en d'autres termes, les effets à la réalisation de la condition en vue de laquelle elle avait eu lieu. Si donc le résignataire n'acceptait pas, ou n'était pas capable de l'office, le résignant demeurait en son premier droit ; car, son intention n'ayant été autre que de transférer l'office à son résignataire, si la résignation ne pouvait sortir son plein et entier effet, elle était considérée comme non avenue ; si bien que le résignant retenait son office, et le rang d'icelui, sans qu'il lui fût besoin de nouvelle provision ni réception. A supposer même que la résignation ait été faite « pour cause de permutation à un autre office », dont le résignant ait été par la suite évincé, il serait rentré en son premier office sans nouvelle provision ni réception : il aurait même gardé son ancien rang, encore bien que le résignataire y aurait été reçu. (Voy., sur tout ce qui précède, Loyseau, *loc. cit.*, nᵒˢ 1, 8, 27 à 34.) — Ainsi que le dit excellemment Bourjon (*op. cit.*, liv. II, tit. xi, 6ᵉ partie, chap. ii, sect. ii, nᵒ xi) : « Si la résignation est pure et simple, non en faveur d'un tiers, c'est démission, non résignation qui remet l'office entre les mains du collateur pour en disposer à son gré : dans la pureté de la règle, toute résignation devroit opérer vacance absolue, mais le commerce des offices étant autorisé, et la résignation se faisant toujours en faveur d'un tiers, elle n'opere qu'une vacance conditionnelle, pour avoir lieu en cas et lorsque la résignation sera admise ; et par conséquent n'opere pas vacance absolue. »

(17) Cette phrase est textuellement tirée d'un passage de d'Olive, l'un des adversaires les plus décidés de la vénalité des offices, de judicature surtout, cité par Merlin,

c'est qu'il importait de ne pas laisser oublier qu'un officier ne pouvait, de son autorité privée, faire passer son *titre* sur la tête d'une autre personne, et qu'il lui fallait, de toute nécessité, s'en démettre entre les mains du Roi, qui, seul, avait le pouvoir d'en investir le nouveau titulaire (18). Nous touchons ici à une distinction capitale sur laquelle il convient d'être absolument fixé.

Pour bien la comprendre, il est essentiel de savoir ce que l'on entendait juridiquement par office. Voici, à cet égard, la définition même qu'en donnait très-exactement Loyseau (19) : «... le vray Office, que nos Ordonnances appellent *Office formé*, est un droit incorporel, creé et erigé par Edit, ou du moins par une coûtume ancienne qui a force de loy : erigé dis-je avec une aptitude, même une necessité perpetuelle de passer de personne en autre, par le choix du collateur : en la personne duquel neanmoins il ne peut resider. »

Ainsi donc, l'office était tout à la fois, par sa nature, un droit et une fonction. Rappelons, toutefois, que si, comme nous avons eu le soin de le faire observer, l'office était inamovible par sa nature, il n'était point vénal au même titre (20) ; seulement, il avait pu le devenir, et c'est en cette qualité que nous le considérons actuellement. Mais remarquons-le : du caractère de vénalité dont nous supposons l'office empreint, il ne faudrait nullement conclure qu'il était la propriété de l'officier au même titre qu'un meuble et qu'un immeuble. Et la raison en est fort simple : c'est qu'une fonction publique ne peut pas faire l'objet d'une appropriation privée, partant, d'un véritable droit de propriété; d'où cette conséquence que le droit dont il s'agissait ici, intermédiaire entre la propriété et l'usage, devait être considéré comme un usufruit. Voilà, d'une ma-

---

Rép., mot OFFICE, n° VIII, vers le milieu. — Comp. également ce que nous dit Loyseau au sujet de l'emploi du mot composition, *loc. cit.* note 15, *supra*.

(18) Voy., à ce sujet, l'observation faite *infra*, note 44.

(19) Liv. V, chap. IV, n° 17.

(20) Voy. chap. I, § 1ᵉʳ, I *in init.*, pp. 5 et suiv., et II, p. 35 ; voy. aussi Bourjon, *Le droit commun de la France*, liv. II, tit. XI, 1ʳᵉ partie, chap. II, et 2ᵉ partie, chap. II, sect. 1.

nière précise, en quoi consistait, à vrai dire, la propriété d'un
office ; et telle est bien, en effet, la notion que nous en donne
Loyseau, lorsqu'il écrit (21) : «..... és Offices, dautant que la
parfaite Seigneurie n'y peut eschoir, mais seulement une Seigneurie imparfaite et à vie, approchant aucunement du droit de
l'usufruitier, ou même de l'usager, selon du Molin, avoir droit en
iceux, est en avoir cette Seigneurie imparfaite, qui même à parler
proprement, n'est par qualifiée du nom de Seigneurie, mais en pratique est appellée *titre*, et celuy qui l'a, est appellé *titulaire* de
l'Office..... Car bien que proprement le titre d'iceux, soit la provision en soi, neantmoins par une metonimie on appelle titre *ab
affectu*, cette Seigneurie impropre de l'Office....., causée par la
provision : d'où s'ensuit, que c'est la provision qui la produit entierement. »

Qu'était-ce donc que le *titre ?* C'était le droit d'exercer les fonctions publiques attachées à l'office. Or, on le comprend d'après ce
qui précède, au Roi et au Roi seul il appartenait de le conférer.
Ce ne pouvait donc pas être ce titre, dont l'officier avait le droit de
trafiquer ; car, par essence même, il était absolument hors du
commerce. Il semble, dès lors, que son droit de disposition sur l'office n'était qu'apparent et se réduisait, en réalité, à néant. Ce droit
de disposition n'en existait cependant pas moins ; seulement, il
n'était point absolu. C'est qu'en effet, en regard de ce premier élément dont il vient d'être question, l'office en comprenait un autre, et,
à côté du *titre*, qui restait à la disposition du collateur et ne pouvait être tenu que de la Couronne, venait se placer la *finance* qui,
elle, était bien réellement dans le commerce. De là cette sorte de
maxime courante, que les offices vénaux n'étaient dans le commerce que pour la finance et non pour le titre (22).

Qu'entendait-on par cette finance ? C'était la somme versée
aux parties casuelles, et, par conséquent, la créance acquise sur

---

(21) Liv. I, chap. ii, n°ˢ 36 et 37.
(22) Voy., en particulier, Merlin, *Rép.*, mot HYPOTHÈQUE, sect. 1, § iii, n° v.

le Roi moyennant le prix versé aux parties casuelles. C'est cette créance que vendait seulement l'officier qui disposait de sa charge, et c'est la valeur qu'elle comprenait, dont l'Etat se trouvait débiteur envers l'officier, le jour où son office était supprimé, par exemple. (Voy. *infra*, § 3, art. 3 *sub fin.*) Que comprenait, à présent, cette créance? Primitivement, ce fut la restitution du prix versé à l'Etat pour l'acquisition de l'office. Mais les variations de la monnaie, l'avilissement dans lequel elle tomba successivement, auraient eu pour résultat de rendre la créance dont nous parlons presque illusoire. Ajoutez à cette considération que la valeur vénale des offices s'étant, en très-peu de temps, accrue dans une proportion considérable, ce premier système aurait eu pour conséquence d'amener presque toujours, au grand préjudice des titulaires, une différence en moins entre le remboursement de la finance et le prix d'achat de leurs charges. Aussi bien, dès le commencement du XVIIe siècle, on sentit la nécessité d'adopter une base nouvelle, et l'on admit que la finance consisterait dans la valeur réelle de l'office. Nous rappellerons, à ce sujet, que, pour déterminer cette valeur, la Couronne fit de temps en temps, jusque vers le déclin de notre ancien droit, des évaluations d'offices ; système qui, pour laisser le champ libre à l'arbitraire, n'en fut pas moins pratiqué jusqu'à la fin du XVIIIe siècle, époque à laquelle fut inventée une autre combinaison ingénieuse. L'Edit de février 1771, dont il a été question ci-dessus (23), donna aux officiers le droit d'évaluer eux-mêmes leurs offices, et c'est ici le lieu de noter que l'officier avait intérêt à ne pas donner une évaluation trop forte, pour ne pas aggraver le taux de la Paulette, comme aussi à ne pas tomber dans l'excès contraire d'un tarif trop faible, afin de n'être pas remboursé, en cas de suppression, sur le pied de cette estimation insuffisante.

Quoi qu'il en soit, nous constatons que les offices vénaux comprenaient deux éléments essentiels et parfaitement distincts : le titre

---

(23) Chap. I, § 1er, I *in fine*, pp. 32 *in fine* et suiv. ; voy. aussi § 2 *in fine*, 3e obs., p. 71.

et la finance. Cette doctrine s'accuse très-nettement dans les derniers auteurs de notre ancien droit, et Pothier, notamment, formule la distinction de la manière la plus précise. « Observez », dit-il précisément à propos des offices vénaux (24), « que l'on considère deux choses dans ces offices : 1° le droit d'exercer une certaine fonction publique, que l'office donne à la personne qui y est reçue ; 2° la finance attachée à l'office. Le droit d'exercer la fonction publique, n'est pas ce qui est dans le commerce, et sur quoi tombe la question.

« La *finance de l'office* consiste dans une somme d'argent qui a été payée au roi pour les besoins de l'Etat, lors de la création de l'office, et dont il a été expédié, par le garde du trésor royal, une quittance qu'on appelle *quittance de finance d'office*.

« A cette finance est attaché le droit qu'a celui qui l'a payée, ou qui est à ses droits, de se présenter (ou une autre personne en sa place) au roi, pour être pourvu de l'office. »

Cette même théorie, que des esprits éminents ont parfois été tentés de critiquer de nos jours « comme plus subtile que vraie » (25), et de laquelle découlait cette conséquence remarquable que telle personne déterminée, incapable du titre de l'office, pouvait néan-

---

(24) *Traité de la communauté*, 1re partie, chap. II, sect. 1re, art. 1er, § II, n° 92 ; éd. Bugnet, t. 7, p. 90.

(25) Voy. le rapport de M. le président Laborie devant la ch. civ. de la Cour de cassation. (D. P. 54, 1, 170.) Cette critique n'est pas fondée, croyons-nous avec M. Perriquet (*op. cit.*, n° 51, p. 59) ; car la distinction sur laquelle nous venons d'insister, avait pour but, lorsque, par suite de l'acquisition de l'hérédité aux offices, le droit des officiers revêtit toutes les apparences d'une véritable propriété, de maintenir et de proclamer le droit conservé par la Couronne, de reprendre la libre faculté de nommer aux emplois, moyennant le remboursement aux titulaires de la valeur de leurs charges. Ce qui nous paraît l'impliquer avec évidence, c'est la terminologie même des ordonnances qui, après l'introduction de la vénalité, évitent l'emploi du mot *vente* pour désigner un contrat qui en avait tous les caractères, alors qu'antérieurement elles qualifiaient de la sorte la simple mise en ferme, et qui appellent plus tard *engagement* la vente à faculté de rachat des offices domaniaux. (Voy. *supra*, sect. 1, texte et note 25, p. 83.) Que conclure logiquement de ce rejet systématique des mots *vendre, céder, transmettre*, relativement aux offices vénaux, sinon que nos rois voulaient que leurs officiers n'oubliassent pas qu'ils n'étaient point autorisés à faire passer leurs charges à autrui directement et de leur propre autorité, comme s'il se fût agi d'un bien ordinaire ?

moins être propriétaire de la charge, parce qu'elle n'était pas incapable d'avoir le droit de finance de l'office (26), cette même théorie, disons-nous, Pothier la consacre ailleurs avec plus de développements, dans deux passages au moins, de la façon la plus tranchée et la plus positive (27), et, après lui, Merlin (28) ne se montra pas moins explicite (29).

---

(26) Pothier est encore formel sur ce point : « Un office vénal », dit-il, « peut-il être dû à une femme ? — Oui ; car, quoiqu'elle soit incapable du titre de l'office, elle n'est pas incapable d'avoir le droit de finance de l'office ; et c'est cette finance, plutôt que le titre, qui est dans le commerce, et qui est l'objet de l'obligation. » (*Traité des obligations*, 1re partie, chap. I, sect. IV, § II, n° 135 ; éd. Bugnet, t. 2, pp. 64 *in fine* et suiv. — Comp. *infra*, note 206, et § 2, art. 1er, I, 1°.) Or, nous le savons, et c'est le même jurisconsulte qui nous le dit : « Toutes les choses qui sont dans le commerce, peuvent être l'objet des obligations. » (*Eod.*, n° 131 *in init*., p. 61 *in fine*. Comp. art. 1128, C. civ.) — Observons, en passant, que la décision donnée par Po- thier s'applique aujourd'hui à l'égard des veuves et héritiers des officiers ministériels auxquels l'art. 91 de la loi du 28 avril 1816 a donné le droit de présenter leur successeur à l'agrément du chef du Pouvoir exécutif. (Voy. M. Bugnet, *loc. cit.*, p. 65, note.)

(27) Voy. *Introd. génér. aux coutumes*, chap. III, sect. 1, art. II, n° 57, et *Traité des personnes et des choses*, seconde partie, § II, n° 267 ; éd. cit., t. 1, p. 18, et t. 9, p. 98 ; voy. aussi le premier passage cité à la note précédente.

(28) *Rép.*, mot OFFICE, n° II.

(29) Avec les deux éléments, le titre, d'une part, la finance, d'autre part, dont se composait l'office, il faut se garder d'en confondre un troisième, qui en était absolu- ment distinct, et qui, pour exister parfois à côté d'eux, n'en présentait pas moins une nature toute différente : nous voulons parler de ce que l'on nommait la *pratique*, la- quelle était, d'ordinaire, annexée aux offices de notaires, de procureurs et d'huissiers. On appelait ainsi, suivant la définition de Pothier, « toutes les dettes actives de l'étude, c'est-à-dire les créances de notaire, pour raison des actes qu'il a passés ; celles de procureur, pour raison des instances qu'il a poursuivies. » (*Traité de la communauté, ubi supra*, n° 93, p. 91.) Cette pratique pouvait, de droit commun, et sauf restriction pour les pratiques de procureurs au Parlement de Paris, depuis l'arrêt de ce Parlement du 10 juin 1763, homologuant une délibération de la communauté des procureurs, être vendue, soit conjointement avec l'office, soit séparément, par le titulaire, sa veuve ou ses héritiers. Ce qui distinguait encore la pratique de l'office, c'est que la pratique était meuble, et était généralement régie par les règles établies pour les meubles. C'est ainsi, notamment, qu'elle entrait en communauté au même titre que les biens mobiliers, et qu'elle pouvait être saisie séparément de l'office et comme un meuble ordinaire. Ajoutons enfin qu'elle était sujette au rapport. — Voy. sur ces diverses propositions : Dumoulin, sur la coutume de Paris, § 11, n° 1 ; Chopin, *De morib. Paris.*, lib. I, tit. 1, n° 38 ; Carondas, sur l'art. 89 de la coutume de Paris ; Louet, *Recueil d'arrêts*, lett. P, n° 5 ; Brodeau, *Notes sur les arrêts de Louet, eod.* ; Loyseau, liv. II, chap. VI, n° 21 ; Abraham de La Peyrère, *Décisions sommaires du palais et Arrêts de la cour du parlement de Bordeaux, illustrés de notes et d'arrêts de la cour du parlement de Grenoble*, lett. M, décis. 22 ; De Renusson, *Traité des propres*, chap. V, sect. IV, n° 64, et chap. VI, sect. III, n°s 6 à 10 inclus, et Sérieux, sur le n° 6, dans l'éd. in-f° de 1760 ; Lebrun, *Traité de la communauté*, liv. I, chap. V,

L'exposé qui précède était nécessaire pour permettre de bien
saisir les caractères exacts de la transmission à titre onéreux

---

sect. 1, dist. IV, n°ˢ 7 à 15 inclus ; Pierre Lemaistre, *La Coutume de Paris rédigée
dans l'ordre naturel de la disposition de ses articles*, tit. III, chap. I ; Brillon, *Dictionnaire des Arrêts*, ou *Jurisprudence universelle des parlements et autres tribunaux*, mot PRATIQUE ; Bourjon, *Le droit commun de la France*, liv. II, tit. XI,
3ᵉ partie, chap. I, sect. III ; Pothier, *loc. sup. cit.* ; Denisart, mots OFFICES et OFFICIERS,
n° 84 ; Merlin, *Rép.*, mots : BIENS, § II, n° II *in fine*; LEGS, sect. IV, § III, n° XVIII ; PRA-
TIQUE, et PROCUREUR AD LITES, n° XIV, et enfin MM. Bellet, *op. cit.*, pp. 201 et suiv.,
et Perriquet, *op. cit.*, n°ˢ 52, 53, 80, 105, 126 et 127. — Comp. d'ailleurs *infra*, notes 41,
107 et 276, et § 2, texte et note 13, et note 370.

Le caractère immobilier de l'office vénal avait, au contraire, dans le dernier état de
notre ancien droit, fini par l'emporter sur le caractère mobilier qui lui avait été primitivement reconnu. Il y eut, à cet égard, beaucoup de tâtonnements parmi les jurisconsultes, et l'on peut compter, sur ce point, jusqu'à trois étapes successives dans la
jurisprudence d'autrefois, étapes sur lesquelles il nous est impossible ici d'insister.
Contentons-nous d'indiquer que l'office fut d'abord considéré comme meuble. Au
temps de Loyseau, c'est-à-dire au commencement du dix-septième siècle, la jurisprudence adoptait un moyen terme, et ne déclarait pas, d'une manière absolue, les offices
soit meubles, soit immeubles ; voilà pourquoi cet auteur, qui consacre à cette question
de laborieux et de savants développements (voy. liv. III, chap. IV), regardait les offices
vénaux comme constituant « une tierce espèce de biens, metoyenne entre les meubles
et les immeubles. » (Avant-Propos, n° 10. Comp. de Buridan, en son *Commentaire
sur l'art. 16 de la Coutume de Reims*, n° 6.) Et il faut avouer que ce système était
bien, à la vérité, en harmonie avec l'art. 95 de la Coutume de Paris, et avec l'art. 485
de la Coutume d'Orléans, qui, bien que déclarant immeubles les offices, leur avaient
néanmoins laissé quelque chose qui tenait de la nature des meubles, en disposant
que, lorsqu'ils étaient vendus par décret, le prix devait en être distribué au sou la
livre, comme celui des biens meubles. (Voy. *infra*, § 2, art. 2, PREMIÈRE PÉRIODE.)
Enfin, à l'époque de Pothier, la jurisprudence s'était introduite par degrés « de les
déclarer immeubles », doctrine que l'édit du mois de février 1683 avait définitivement
consacrée (voy. *infra*, § 2, art. 2, SECONDE PÉRIODE); si bien que le même jurisconsulte,
après avoir écrit : « Il semblerait que les offices, surtout ceux de la seconde espèce
(c'est-à-dire les vénaux), ne consistant que dans la finance qui y est attachée, qui est
quelque chose de mobilier, ils devraient être réputés meubles. Néanmoins les offices
ayant fait une partie considérable de la fortune des particuliers, la jurisprudence s'est
introduite de les réputer immeubles : elle ne s'est introduite que par degrés ; les offices
n'ayant été réputés immeubles d'abord, que quant à certains effets, ensuite quant à
d'autres », put ajouter en terminant : « Aujourd'hui ils ne diffèrent plus des autres
immeubles. » (Voy. *Traité des personnes et des choses*, *loc. cit. in fine*, p. 99. Joindre :
Introd. gén. aux cout., *ubi supra*, et *Traité de la communauté*, *loc. cit.*, n°ˢ 91, 92
et 93.) Il va même jusqu'à leur donner la qualification d'*héritages*. (Voy. *Introd. au
tit. de la communauté*, chap. VI, § VII, n° 132, t. 1, p. 252.) — Consulter, sur cette question
générale : Louet et Brodeau, lett. O, n° 5; Le Prêtre, cent. 1, chap. LXXVII, et cent. 2,
chap. IX; de Renusson, *Traité des propres*, chap. V, sect. IV, n°ˢ 1 et suiv., *passim*;
Ricard, sur l'art. 5 de la Coutume de Paris ; Eusèbe de Laurière, Observation initiale sur le titre III de la même Coutume, éd. de Paris, 1777, t. 1, p. 220; Basnage,
sur l'art. 514 de celle de Normandie ; Raviot, sur les Arrêts de Perrier, quest. 144,
n° 8; Boniface, cité par Merlin, dans un passage que nous rapportons de cet auteur,

des offices vénaux, qui se résument tous dans ce principe capital,
que le droit de disposition du titulaire d'un office de ce genre n'était

---

infra, note 245; Bourjon, *Le droit commun de la France*, liv. II, tit. XI, 1ʳᵉ partie,
chap. I, n° VI; Denisart, mots MINEURS, n° 55, OFFICES et OFFICIERS, n° 17, 18, 19 et
30 (ce dernier numéro est rapporté ci-dessous, § 2, note 376 *in fine*); voir aussi les
n° 62 *in init.*, et 84; Merlin, *Rép.*, mots BIENS, § II, n° II; HYPOTHÈQUE, sect. 1, § III,
n° V, et OFFICE, n° XI et XIII; M. Perriquet, *op. cit.*, n° 53, pp. 60 et suiv.
La nature immobilière des offices vénaux une fois admise, il devait en résulter
pour eux, dans un avenir plus ou moins proche, l'attribution de la qualité de propres.
Si cette conséquence, il est vrai, n'était pas admise par Loyseau, elle triompha sans
conteste dès la fin du dix-septième siècle, et, au dix-huitième, Lebrun, Pierre Lemaistre,
Bourjon et Pothier n'hésitent pas à traiter les offices vénaux d'une *espèce de propres
fictifs*. (Voy. *infra*, art. 6, 1°, texte et note 225. Voir aussi *eod.*, la suite du texte.)
Guyot (*Rép.*, mot OFFICE) va plus loin encore, et il écrit : « Les Offices sont réputés
immeubles, tant par rapport à la communauté, que pour les successions et dispositions; ils sont susceptibles de la qualité de propres réels et de propres fictifs. » (Voy.
aussi, dans le même auteur, l'article PROPRE.)
Il faut bien reconnaître, cependant, que le caractère immobilier de l'office vénal ne
résultait nullement de sa nature, pas plus que sa qualité de propre, et il est incontestable qu'au point de vue juridique, une semblable manière de voir ne supporte
pas l'analyse. (Voy. la partie de l'ouvrage de Loyseau, à laquelle nous renvoyons au
cours de cette note, et les passages du même jurisconsulte, cités également sous
forme de renvoi, *infra*, note 223.) Tous nos anciens jurisconsultes, de l'époque
même où les offices vénaux étaient définitivement considérés comme immeubles incorporels et fictifs et comme propres fictifs, répètent à l'envi et avec raison, que ces
biens sont meubles de leur nature. (Voy., à titre d'exemples : Lebrun, *Traité de la
communauté*, liv. I, chap. V, sect. 1, dist. IV, n° 4 *in init.*, 5 et 6; Bourjon, *ubi supra*,
et le passage précité de Pothier.) Si on leur avait attribué la double qualité que nous
savons, ce n'était que par suite de deux considérations sociales d'une puissance considérable dans l'ancien temps, mais sans valeur aucune en droit pur : d'une part, l'importance très-notable de ces sortes de biens (voy. *infra*, note 244); de l'autre, et
comme conséquence, le besoin ou le désir de les maintenir et de les conserver dans les
familles. Et tel est, notamment, le motif pour lequel les auteurs et la jurisprudence,
ainsi que nous aurons à le constater plus loin (note 225, et *eod.*, la suite du texte),
déclaraient les offices vénaux susceptibles, comme les offices domaniaux, de devenir
propres de succession, et d'être, par conséquent, affectés, de même que les héritages
et les rentes, à la ligne d'où ils étaient venus, conformément à la règle : *paterna
paternis*. (Voy. Ricard, *Traité des donations entre-vifs et testamentaires*, IIIᵉ partie,
chap. X, sect. 1, n° 1424 à 1426 inclus; Basnage, sur les art. 338 et 514 *in fine* de la
Coutume de Normandie; De Renusson, *Traité des propres*, chap. V, sect. IV, n° 67 à
71 inclus; Lebrun, *Traité des successions*, liv. II, chap. I, sect. 1, n° 88, et sect. III,
n° 37; liv. III, chap. VI, sect. III, n° 46; *Traité de la communauté*, liv. I, chap. V,
sect. 1, dist. IV, n° 1; Bourjon, *op. cit.*, liv. II, tit. XI, 3ᵉ partie, chap. III, sect. III, n° XIV
à XVIII inclus; et les arrêts des 14 mars 1633, 31 mars 1636, confirmatif d'une sentence
rendue par le bailli de Blois le 21 mars 1634, et 15 décembre 1653, ce dernier, le plus
important de tous, rapporté dans le *Journal des Audiences*, t. 1, liv. VII, chap. XXVIII.
— Voy. d'ailleurs *infra*. — Consulter également les *Arrêtés* de de Lamoignon, titre
des offices, art. 19; Duplessis, cité par Bourjon; Pierre Lemaistre, *La Coutume de
Paris rédigée dans l'ordre naturel de la disposition de ses articles*, tit. III, chap. II,

nullement absolu, mais se réduisait à la faculté de se démettre en
faveur, c'est-à-dire de présenter un successeur avec lequel il

---

p. 129; Denisart, mot OFFICES et OFFICIERS, nᵒˢ 17, 19, 20 et 21; Pothier, *Traité des propres*, sect. 1, art. 1, § III, nᵒ 10, éd. Bugnet, t. 8, p. 538, et Merlin, *Rép.*, mots OFFICE, nᵒ XI, et PROPRE, § 1, nᵒ 1.)

Ce n'est pas à dire, cependant, que jamais et dans aucun cas, les offices vénaux, recouvrant leur nature propre, n'étaient pas réputés meubles. C'est spécialement ce qui arrivait dans les cinq ordres d'hypothèses suivantes, dont nous retrouverons un bon nombre par la suite :

1ᵉ Ils étaient meubles par rapport à la vente qui s'en faisait, en ce sens que, comme nous le verrons, elle n'était pas sujette à restitution pour lésion d'outre-moitié de juste prix, ni même pour cause de minorité, d'après certains jurisconsultes (voy. *infra*, I, 2ᵒ, A, *c*, pp. 159 et suiv.) ;

2ᵉ Suivant l'opinion commune des auteurs antérieurs à l'ordonnance de 1731, ils étaient également réputés meubles quant à la formalité de l'insinuation (voy. *infra*, note 199);

3ᵉ Pareillement, ils avaient cette qualité d'une manière constante quant au retrait lignager (voy. *infra*, § 2, art. 1ᵉʳ, v);

4ᵉ En se plaçant à un certain point de vue, Lebrun les considérait encore comme meubles, relativement au douaire coutumier, auquel ils n'étaient sujets que subsidiairement (voy. *infra*, § 2, art. 1ᵉʳ, II);

5ᵉ Enfin, étant meubles de leur propre nature, le même jurisconsulte estimait qu'ils devaient être réputés tels dans tous les cas où la loi ni l'usage ne les déclaraient pas immeubles. — Voy., sur ces cinq points, Lebrun, *Traité de la communauté*, liv. I, chap. v, sect. 1, dist. IV, nᵒˢ 4 et 5, et *Traité des successions*, liv. III, chap. VI, sect. III, nᵒ 42.

Ajoutons qu'un grand nombre d'auteurs, tout en reconnaissant, du reste, avec la jurisprudence, telle qu'elle a été indiquée plus haut, que les offices de finance et de judicature qui, disaient-ils, sont tantôt meubles et tantôt immeubles, étaient immeubles dans les successions et y étaient susceptibles de la qualité de propres, un grand nombre d'auteurs, disons-nous, tenaient encore les offices vénaux pour meubles à un sixième point de vue, en ce sens qu'ils les considéraient comme tels par rapport à la disposition. Cette opinion ne laissait pas d'avoir une importance considérable, puisqu'il en résultait que le titulaire ne se trouvait pas, à son office propre, soumis à la réserve coutumière des propres, fixée, on le sait, aux quatre quints par l'article 292 de la Coutume de Paris, qui contenait la prohibition de disposer au delà du quint des héritages propres par testament et ordonnance de dernière volonté, par donation à cause de mort, par conséquent. Il pouvait donc, d'après cette théorie, disposer par ces modes de la totalité de sa charge, comme nous verrons plus tard (art. 5, A *in fine*) qu'il le pouvait incontestablement par donation entre-vifs. (Voy. en ce sens : Duplessis, *Traité des dr. incorp.*, et ses deux annotateurs Berroyer et Laurière, tit. IV, chap. IV; Lebrun, *Traité de la commun.*, liv. I, chap. v, sect. 1, dist. IV, nᵒ 4-1ᵒ; comp. *Traité des successions*, liv. II, chap. I, sect. 1, nᵒ 88, et liv. III, chap. VI, sect. III, nᵒ 46; Sérieux, sur le nᵒ 73, sect. IV, chap. v, du *Traité des propres* de de Renusson, éd. in-fol. de 1760.) Mais la doctrine contraire, qui considérait les offices vénaux comme de véritables propres de disposition, et décidait, en conséquence, que les quatre quints d'un office propre étaient indisponibles, finit par l'emporter. (Voy. en ce second sens : de Renusson, *Traité des propres*, chap. v, sect. IV, nᵒˢ 72 et 73; Ricard, *Traité des donations entre-vifs et testamentaires*, IIIᵉ partie, chap. x, sect. 1, nᵒˢ 1424 à 1428 inclus; Bergier, en sa note sur ce dernier numéro, dans l'éd. in-fol. de

débattait auparavant les conditions de sa démission. Il est, par là, facile de constater, sous forme de conclusion, que les anciens

---

1783 [comp. cependant Ricard, sur l'art. 95 de la Coutume de Paris]; Bourjon, *op. cit.*, liv. II, tit. XI, 3e partie, chap. III, sect. III, nos XIX et XX, et enfin Denisart, mots OFFICES et OFFICIERS, nos 17, et 19 à 26 inclus.) Quant à la jurisprudence, après s'être formellement prononcée dans le sens de la première théorie, notamment par les trois arrêts des 13 mai 1653, 6 sept. suivant, et 14 janvier 1655, elle l'abandonna dans un arrêt du 11 mars 1682, conforme à un arrêt fort antérieur du 31 juillet 1617, pour y revenir le 7 (*alias* 4) mai 1692; mais, bientôt après, elle la déserta de nouveau, et cette fois d'une manière définitive, en faisant prédominer, en fin de compte, le second système. Sa dernière expression, qui était de considérer les offices vénaux comme des propres de disposition, au même titre que les offices domaniaux, s'affirma, en particulier, par les quatre arrêts des 7 (*alias* 9) juillet 1693, 9 février (*alias* septembre) 1709, 5 mars 1714 et 17 avril 1731; ce dernier arrêt, confirmatif d'une sentence des requêtes du 6 juillet 1730, fut rendu en la Grand'Chambre du Parlement de Paris, sur les conclusions conformes de l'avocat général Talon. Cette jurisprudence était, à nos yeux, de beaucoup préférable à la première; car, d'un côté, il y avait une véritable antinomie à reconnaître la qualité de propres aux offices vénaux en matière de communauté et de succession, à les affecter à la ligne d'où ils étaient venus, de même que les héritages, et à la leur refuser par rapport à la disposition, et surtout à regarder à la fois les offices comme propres de succession et comme acquêts de disposition, les motifs étant évidemment les mêmes pour leur attribuer le premier de ces deux caractères dans tous ces cas (voy. *supra*); d'autre part, faire de l'office vénal un propre de disposition, était beaucoup plus conforme aux idées économiques du temps, et se trouvait en complète harmonie avec l'esprit général de l'édit de février 1683, que nous étudierons plus tard, dans l'art. 2 de notre § 2. — Indépendamment des auteurs auxquels nous avons renvoyé au cours de cette discussion, on pourra consulter encore les observations d'Espiard et de l'éditeur du *Traité des successions* de Lebrun, sur les passages précités de ce traité, et, relativement aux fluctuations de la jurisprudence, Brillon, *Dict. des Arr.*, mot OFFICE, no 88, et le *Journal des Audiences*, t. 5, liv. VIII, chap. 11.

De l'ensemble de ces données, tirons cette conclusion générale, que la doctrine de Loyseau demeura la seule vraiment exacte jusqu'à la fin de notre ancien droit, en ce sens que les offices vénaux, tout en tendant de plus en plus à être assimilés aux héritages, ne furent jamais déclarés *in rem*, d'une manière générale et absolue, meubles ou immeubles, mais qu'on leur attribuait le caractère mobilier ou immobilier alternativement et *secundum subjectam materiam*. Nous répétons, toutefois, que le caractère immobilier tendit de jour en jour à prévaloir sur l'autre. (Comp. de Renusson, *Traité des propres*, chap. V, sect. IV, no 84.) Nous en trouverons bien des preuves chemin faisant. (Voy. notamment, *infra*, notes 225 et 245, et § 2, art. 1er, I, 1o et 2o, II, V, et art. 2.)

Deux remarques finales montreront combien la jurisprudence allait loin dans l'attribution du caractère immobilier qu'elle reconnaissait aux offices vénaux.

α. La première, c'est que, comme nous aurons à l'indiquer plus tard (§ 2, note 376, dernier alinéa), le droit de lever un office aux parties casuelles avait même été jugé un droit immobilier par arrêt du 6 septembre 1762; « mais », observait Merlin (*Rép.*, mot BIENS,. *loc. cit.*), « depuis l'arrêt du conseil de 1771, concernant le centième denier de l'évaluation des offices, on pourrait juger différemment; cependant la faveur qu'on a coutume de faire aux héritiers en leur remettant une partie de la finance de l'office, participe de la préférence qu'ils avaient avant cet arrêt. »

officiers étaient loin d'avoir sur leurs charges la même liberté d'action que sur un bien ordinaire.

Ce qui, du reste, accuserait et démontrerait au besoin cette différence essentielle entre la propriété des offices vénaux et la propriété des autres choses, ce sont les formes mêmes de la transmission. Que l'on suppose qu'il s'agisse de la vente d'un cheval ou d'un champ : un seul acte suffira pour en transférer la propriété à l'acheteur. Si l'on fait maintenant varier l'hypothèse, et que l'on suppose qu'un officier ait voulu transmettre son office vénal à telle personne déterminée, on voit alors se produire un changement considérable. Un seul acte n'était plus suffisant ; on en exigeait deux : un pour la finance, qu'on appelait spécialement contrat de vente ou traité, et techniquement *composition ;* l'autre pour le titre, qu'on désignait sous le nom de *procuration ad resignandum.* Le premier était passé entre l'officier vendeur et son futur successeur ; on y réglait le prix et les autres conditions, moyennant lesquels l'un donnait ou s'obligeait de donner sa démission au profit de l'autre ; dans le second, le résignant donnait pouvoir (procuration) de remettre (résigner) (30) l'office dont il était pourvu entre les mains du Roi collateur et du chancelier ou garde des sceaux, pour en disposer *en faveur* de la personne qui y était désignée, c'est-à-dire

β. La seconde, c'est qu'un arrêt du Parlement de Paris, du 8 mars 1736, rapporté dans le *Rec. de Jurisp. civ.* de Lacombe, mot OFFICE, sect. 2, n° 3, a été jusqu'à décider — doctrine aussi abusive qu'insoutenable en thèse générale — que la finance d'un office supprimé, non encore remboursée, était immobilière, en statuant que cette finance n'entrait pas dans une donation d'effets mobiliers. (Voy. l'observation de Sérieux sur le n° 51, sect. IV, chap. V, du *Traité des propres* de de Renusson, et Merlin, *ubi supra.*)

(30) Tel est le sens propre du mot résigner. C'est ainsi que le maréchal de Marillac, après avoir, selon l'usage, entendu une première fois, à genoux, la lecture de son arrêt de condamnation, s'écria, en baisant la croix à l'Hôtel de Ville : « Mon Dieu, je vous *résigne* mon âme ; mon corps est sacrifié. » (Voy. le discours de rentrée, *Le Procès du maréchal de Marillac,* prononcé le 4 nov. 1878 à la Cour de Dijon, par M. le proc. gén. Boissard ; *Gaz. Trib.,* 11 et 12 nov., p. 1097, col. 4.) — Sur les mots *résigner* et *résignation,* voy. Loyseau, liv. I, chap. XI, n°° 1 et suiv. — La résignation n'était donc autre chose, de la part du titulaire, que la *remise* de tout son droit entre les mains du roi, ou, si l'on préfère, qu'un consentement de l'officier, donné à la Couronne, de disposer de la charge au profit d'un tiers, consentement sans lequel le collateur n'aurait pu lui ôter son office pour le donner à un autre. (Voy. Loyseau, liv. III, chap. V, n°° 48 et 60 *in fine.*)

du résignataire (31) : de là la locution de *résignation en faveur*.

Ces deux actes étaient fort loin d'avoir une importance égale, ou, pour mieux dire, l'obligation de les faire intervenir n'avait pas, à beaucoup près, la même intensité; et cela se conçoit aisément.

En effet, si, d'un côté, l'on veut bien réfléchir que le collateur n'avait pas à rechercher, en principe au moins, si la démission avait lieu à titre gratuit ou à titre onéreux, si l'on n'oublie pas, d'un autre côté, qu'en recevant la somme représentative du prix de l'office, versée aux parties casuelles, il avait pris envers l'acquéreur l'engagement de ne point disposer de l'office sans son consentement (voy. note 30, *supra*), et que, partant de là, du moment où ce consentement était donné sous forme de procuration *ad resignandum*, la transmission devait avoir lieu, on en conclura sans peine que le traité n'était pas d'une absolue nécessité, et qu'il pouvait être suppléé par la procuration *ad resignandum*, celle-ci valant résignation et en produisant tous les effets : usage excellent, dont le résultat était d'éviter la multiplicité des actes (32).

Mais, en revanche, la conclusion sera toute différente en ce qui concerne cette procuration. Car, puisque c'était du Roi seul que les officiers tenaient leur titre, il en résultait tout natu-

---

(31) Comp. Merlin, *Rép.*, mot OFFICE, n° III : « La procuration *ad resignandum* était un acte par lequel le pourvu ou titulaire d'un Office donnait pouvoir de le résigner ou remettre entre les mains du roi et de M. le chancelier ou garde-des-sceaux de France, pour en disposer en faveur de la personne qui y était désignée. » — Comp. Denisart, mot PROCURATION *ad resignandum*, n° 1.

(32) Il résulte de là que le contrât de vente d'un office n'était uniquement nécessaire que pour régler le temps et la manière dont le paiement du prix devait se faire. (Voy. Bourjon, *op. et loc. inf. citt.*, et 6ᵉ partie, chap. II, sect. II, n° X.) Cependant, si le résignataire qui, sur la seule procuration et sans contrat, avait obtenu des provisions et s'était fait recevoir, ne rapportait pas de quittance du prix, il en était réputé débiteur. (Voy. Merlin, *loc. cit.* à la note suivante.) « Cette présomption », nous dit Bourjon, « est fondée sur la vénalité des offices et sur la facilité que les officiers ont de passer une procuration *ad resignandum*; mais elle cesserait si la procuration étoit passée par un pere en faveur de l'un de ses enfans; le fils ne seroit pas présumé débiteur, parce que dans ce cas la transmission du droit à l'office n'est pas regardée comme un acte de commerce, mais comme un avancement d'hoirie; ainsi, en ce cas, l'enfant seroit sujet à rapport du prix de l'office; l'égalité le nécessite. » (Voy. Bourjon, *Le droit commun de la France*, liv. II, tit. XI, 2ᵉ partie, chap. V, sect. I, n° IV, et comp. *infra*, art. 6, 2°.)

rellement que le collation n'était possible qu'autant que l'office
était retourné à sa source, par conséquent, alors seulement que
le titulaire avait remis sa démission entre les mains du collateur.
Par là même, jamais la procuration en question ne pouvait être
suppléée par le contrat de vente, et elle apparaissait, par la force
des choses, comme étant toujours et inéluctablement indispensable (33). « Le titulaire d'un *office* venal peut le vendre », disait
Denisart : « mais le contrat de vente ne suffit pas seul pour transporter l'*office* à l'acquéreur ; il faut que le vendeur ou ses repré-
sentans donnent une procuration *ad resignandum*, par laquelle
ils déclarent présenter au roi et à monseigneur le chancelier,
garde des sceaux de France, la personne d'un tel pour être pourvu
et revêtu de tel *office*, etc. Sans cette procuration, l'*office* ne seroit
pas transmis à l'acquéreur ; il ne pourroit pas même obtenir de
provisions. » (34) La procuration *ad resignandum* était donc la
véritable base de la vente de tout office vénal. C'est qu'en effet, on
ne peut pas concevoir qu'on ait le droit de vendre ce dont on n'a
pas une vraie propriété ; or, nous ne saurions trop répéter que nul
titulaire n'était vraiment propriétaire de l'office qui, par conséquent,
devait d'abord retourner et remonter à son origine pour passer
d'une main dans une autre. Si bien qu'à défaut de cette procuration, le contrat n'aurait engendré qu'une action en dommages-
intérêts en faveur de l'acquéreur de l'office contre le vendeur qui
aurait refusé de donner la procuration *ad resignandum* (voy. *infra*,
I, 2°, A, *a*, pp. 140 et suiv.), puisque, sans elle et sans son admission,
il ne pouvait y avoir de vraie transmission, la propriété de tout office
résidant dans la personne du Roi, et le droit du titulaire se réduisant,
comme nous l'avons vu (pp. 125 et suiv.), à un usufruit limité à sa
personne. Par là se trouvait confirmée la nécessité de la procuration qui avait sa racine dans la nature même de l'office, ainsi
que le disait Bourjon. Concluons de ces données, que ce n'était

---

(33) Voy., sur tout ce qui précède, Merlin, *Rép.*, mot OFFICE, n° III.
(34) Voy. Denisart, mots OFFICES et OFFICIERS, n° 40.

que par la remise de l'office entre les mains du collateur, sous la condition de le conférer à une autre personne désignée, que l'office était transféré, condition qui ne s'entendait toujours que « sous et avec le bon plaisir du roi » , comme disait encore le même auteur (35).

Si l'on cherche, maintenant, à déduire une conséquence générale des idées qui viennent d'être émises, elle sera bien facile à tirer : c'est que la transmission d'un office vénal constituait en réalité un acte à double face, ou, si l'on aime mieux, une opération mixte, suivant le point de vue auquel on se plaçait. Dans les rapports du résignant et du résignataire, on se trouvait en présence d'une véritable vente, dans laquelle, par conséquent, on rencontrait les trois éléments essentiels à ce contrat (*consensus*, *res* et *pretium*), et qui, pareillement, imposait à chacune des parties des obligations distinctes ; que si, à présent, ou envisageait les rapports des officiers avec le collateur, la convention revêtait simplement le caractère d'une démission, d'une résignation en faveur (36). Parcourons rapidement ces deux ordres de rapports.

I. — DES RAPPORTS DU RÉSIGNANT ET DU RÉSIGNATAIRE.

Nous avons à nous demander successivement quels étaient les éléments essentiels à la cession, et quelles étaient les obligations respectives des parties ; nous ajouterons ensuite quelques mots, relativement aux clauses accessoires au contrat, et aux causes de résolution de la cession.

---

(35) Voy. Bourjon, *ubi supra*, n° i. — Conformément à ce qui est dit au texte, cet auteur enseignait (n° ii) que la procuration *ad resignandum* suffisait pour la transmission du droit à l'office d'une personne à une autre, sans qu'il fût besoin d'un contrat de vente de l'office, lorsque cette procuration était suivie de provisions nouvelles obtenues sur icelle ; mais il prenait soin d'ajouter : « sauf l'effet de la procuration donnée par un fils à son pere, pour un office acquis par ce dernier. » — « Le fils de famille», poursuivait-il, « ne peut disposer de son office, lorsque pour la conservation de l'office son pere a retiré de lui une procuration pour le resigner ; arrêt du 14 mars 1636, rapporté par Bardet, tom. 2, liv. 5, ch. 14. Ce qui, ménageant l'intérêt public, conserve encore l'intérêt particulier. »

(36) Voy., sur tout ce qui précède, M. Durand, *op. cit.*, pp. 108 et suiv.

1°. *Des éléments essentiels à la cession.*

Ainsi que nous venons de le dire, ils étaient au nombre de trois, qui étaient de l'essence même du traité, et en l'absence desquels le contrat ne pouvait pas se former : c'étaient le consentement des parties, la chose vendue et le prix.

A. — *Du consentement des parties.* — Nous n'avons, ici, rien de particulier à noter ; comme dans toute convention, le consentement devait exister, être librement donné, et émaner d'une personne capable ; d'où il suit que le dol, la violence, l'incapacité étaient autant de causes d'annulabilité du contrat.

B. — *De la chose vendue.* — Les détails qui précèdent nous dispensent d'insister sur le point de savoir quel était l'objet de la convention ; qu'il nous suffise de rappeler que la chose vendue n'était pas l'office considéré en lui-même, c'est-à-dire le droit d'exercer une fonction publique, mais bien la finance de l'office.

C. — *Du prix.* — C'est ici surtout que se justifie l'adage qu'il ne faut pas s'en fier aux apparences ; la réalité fait, en toutes choses de ce monde, une loi très-stricte de compter avec elle. Il semble bien, au premier abord, que, l'objet de la cession étant la finance de l'office, le prix dû au résignant par le résignataire devait être exactement de la somme versée aux parties casuelles. Ce raisonnement serait des plus justes, si l'amour du gain n'était là qui vînt nous avertir qu'il doit être modifié. Les officiers se montrèrent plus exigeants. Ils ne se contentèrent pas de ne rien perdre, en vendant au même prix que celui qu'ils avaient donné pour se faire pourvoir ; ils voulurent encore réaliser un bénéfice, et il faut avouer que l'*archomanie* dont parle Loyseau dut les encourager singulièrement à tirer le plus d'argent possible de leurs successeurs (37). Ils ne purent d'ailleurs pas très-longtemps donner libre

---

(37) Il faut reconnaître que, de la part de certains titulaires, le désir de vendre à haut prix n'avait rien en soi que de très-légitime. Nous voulons parler spécialement des ministres de justice et des agents et courtiers de commerce, qui avaient souvent acheté un titre nu, et laissaient ensuite à leurs successeurs un office fréquenté par une

carrière à leur avidité, car le prix des offices ne resta entièrement abandonné à la fixation arbitraire des intéressés, que jusque dans la seconde moitié du XVIIᵉ siècle, époque à laquelle l'augmentation toujours croissante du prix courant des offices, attirant l'attention de la Royauté, plusieurs ordonnances furent rendues dans le but de réprimer les prétentions des titulaires (38). C'est ainsi que nous avons déjà signalé un édit du mois de décembre 1665, qui portait fixation du prix des offices des Cours souveraines avec défense expresse de le dépasser dans les ventes (39).

Un autre édit de 1669 étendit à tous les offices de judicature cette même mesure, que plusieurs arrêts de règlement appliquèrent ensuite aux offices des ministres de justice (40). Enfin' l'édit de Versailles, de février 1771, fit une mesure générale de la

nombreuse clientèle. On ne pouvait, en bonne justice, les blâmer de demander un prix qui fût en rapport avec une valeur qui était leur œuvre personnelle, et dont, grâce à leur intelligence, à leur activité, à leur travail, à leur habile direction des affaires, ils pouvaient se dire les propres créateurs.

(38) Comme l'exprime très-bien Merlin (*Rép.*, mot OFFICE, nº II) : « Le roi n'accordait le titre qu'à celui qui se présentait avec la preuve qu'il avait acquis la finance, ou du moins qu'il avait le consentement de celui à qui elle appartenait. Mais ce n'était pas à dire pour cela que les propriétaires de la finance pussent gêner ou empêcher la concession du titre, en imposant à un sujet agréé par le roi, des conditions trop dures. Une pareille faculté eût été de la plus dangereuse conséquence, et le législateur avait eu soin de la prévenir par des règlemens exprès. »

(39) Voy. *supra*, pp. 31 et suiv., et pp. 71 et suiv.

(40) Voy. notamment les deux arrêts du 7 déc. 1691, et du 8 août 1714. (Isambert, t. 20, p. 629. Voy. encore Denisart, mot CONTRE-LETTRE, nº 4, 2º ; Merlin, *Rép.*, mots CONTRE-LETTRE, nº VII, 1º, et OFFICE, nº II.) Les premières ordonnances relatives à la fixation du prix des offices avaient échoué contre la résistance des officiers, qui trouvèrent dans les contre-lettres un moyen d'en éluder les prescriptions. (Voy., à ce sujet, les observations présentées en 1714 au Parlement de Paris, lors de l'arrêt précité.) Ce fut alors que la royauté désirant sévir, l'arrêt de règlement du 7 déc. 1691 prononça la nullité de toutes les conventions dans lesquelles les parties stipulaient, soit ouvertement, soit clandestinement, le paiement d'un prix trop élevé. Mais cet arrêt fut fort mal observé, et, en 1714, le Parlement de Paris était obligé, conformément aux conclusions de l'avocat général Joly de Fleury, d'en rendre un nouveau, fixant le prix des charges de procureur et de leurs pratiques. (Voy., pour la vente des offices et pratiques de procureurs, l'arrêt de 1763, cité *supra*, au début de la note 29, et rapporté dans Merlin, *Rép.*, mot PROCUREUR AD LITES, nº XIV.) — Il paraît que l'usage constant des notaires au Châtelet de Paris était de ne souffrir, dans aucun contrat de vente d'un office, un prix supérieur à celui de la finance, et de donner connaissance à ceux qui auraient voulu le stipuler, des lois du royaume qui s'y opposaient. (Voy. Guyot, *Rép.*, mot OFFICE, t. 12, p. 319, col. 1, note, 3ᵉ alin., éd. de 1784.)

fixation du prix des offices, mesure qui ne laissa pas, on le sait, que de subir des péripéties aussi nombreuses que variées. Cet édit fut confirmé par un arrêt du Conseil du 6 juillet 1772, et par deux édits d'octobre 1781 et de janvier 1782, portant création d'offices de receveurs généraux et particuliers (41).

2°. Des obligations respectives des parties.

La vente d'un office donnait naissance à divers engagements, tant de la part du vendeur que de la part de l'acquéreur ; de là deux ordres distincts d'obligations, qu'il nous faut passer en revue.

A.— *Obligations du résignant.*—Toutes se résument dans cette idée qu'il devait exécuter le contrat. Or, cette exécution, pour être complète, faisait peser sur lui la triple obligation de faire la délivrance de l'objet vendu, de garantir le résignataire contre toute éviction, et d'entretenir la vente. Reprenons tour à tour chacune de ces trois branches de l'obligation générale que contractait le résignant par un traité d'office.

a. — *De la délivrance.* — Elle apparaissait comme une suite naturelle de la convention dont elle était l'exécution. Elle consistait dans le transport de l'office cédé en la possession du résignataire. Mais il est clair que les règles suivies dans les matières ordinaires ne recevaient point ici d'application. Aussi bien, le cédant s'acquittait-il de son obligation, en remettant au cessionnaire les pièces nécessaires pour arriver à l'obtention et à l'expédition des lettres de provision, et spécialement en lui

---

(41) Voy. Merlin, *Rép.*, mot OFFICE, n° II. — A côté de la restriction générale dont il vient d'être question, il en existait une autre du même genre, comme nous venons de le voir dans la note précédente, spéciale aux offices à pratique, et en particulier aux offices et pratiques de procureurs. (Voir l'arrêt précité de 1714.) Notons ici qu'un procureur pouvait vendre sa charge à son fils, moyennant un prix inférieur à sa valeur, mais qu'il ne pouvait faire de même à l'égard de sa pratique. (Voy. arrêt du 28 mai 1621, cité par de Renusson, *Traité des propres*, chap. v, sect. IV, n° 64; voy. aussi Brodeau sur Louet, lett. E, somm. 2, n° 8, et comp. *infra*, note 276.) — D'autres restrictions furent encore apportées à la vente des pratiques dans laquelle des abus s'étaient introduits; nous renverrons sur ce point ceux qui désireraient les connaître, aux auteurs cités note 29, *supra*; voy. aussi *infra*, § 2, note 13.

fournissant une procuration *ad resignandum* (42). Venait-il à s'y refuser ? L'acquéreur, en vertu de son contrat, pouvait le faire condamner à la fournir, et le jugement déclarer qu'il en tiendrait lieu (43). Il pouvait, dans tous les cas, ainsi que nous l'avons dit (*supra*, p. 136), obtenir contre lui une condamnation à des dommages et intérêts. Mais, comme nous allons le voir dans un instant, cette première obligation du vendeur était fort imparfaite ; car il dépendait de lui de la réduire à néant, puisque, s'il était pourvu de l'office qu'il aliénait, il pouvait éluder l'effet de la condamnation ou même la prévenir, en exerçant le *regrès*.

La procuration dont nous venons de parler devait être donnée par acte spécial et authentique, c'est-à-dire passé et reçu par un notaire ; peu importait d'ailleurs que ce notaire fût un notaire royal, ou simplement seigneurial (44). Ajoutons qu'elle n'était plus valable après un an de date ; toute procuration *surannée* demeurait sans effet (45), « parce que », dit Henrys (46), « par l'intervalle qui s'est écoulé, la volonté du résignant est présumée changer,

_____

(42) Voy. Loyseau, liv. I, chap. II, n° 49, et Bourjon, *op. cit.*, liv. II, tit. XI, 2ᵉ partie, chap. VI, sect. I, n° I.

(43) Voy. Brodeau sur Louet, lett. D, somm. 63, p. 362 ; Brillon, *op. cit.*, t. 4, mot OFFICE, n° 86, et Merlin, *Rép.*, mot OFFICE, n° VI.

(44) Voy., sur ce sujet et sur les diverses questions qui s'y rattachent, Loyseau, liv. I, chap. XI, n°ˢ 37 à 52. Comp. Denisart, mot PROCURATION *ad resignandum*, n° 6. — Avec la forme de la procuration à résigner, il faut prendre garde de ne point confondre la forme de la résignation elle-même. Celle-ci ne pouvait être faite ni devant une personne privée, ni même devant un juge ou un notaire. Elle devait être faite directement entre les mains du collateur ; car lui seul avait le droit de pourvoir à l'office. Aussi cette obligation était-elle, cela se conçoit, de rigueur, et son inobservation aurait-elle entraîné cet effet tout naturel que la résignation n'aurait servi de rien, et que l'office serait toujours demeuré au résignant. (Voy. Loyseau, *ubi supra*, n° 34 ; voy. aussi les deux numéros suiv., et *supra*, p. 125 *in init.*) — Ainsi que l'exprimait fort bien Bourjon [*op. cit.*, liv. II, tit. XI, 6ᵉ partie, chap. II, sect. II, n°ˢ VIII et IX] : « La résignation fait incontestablement vacance, mais la résignation doit toujours être faite ès mains du roi : à lui seul appartient la collation des offices royaux ; c'est par cette résignation qu'ils retournent à leur source... Cela a lieu, quoiqu'elle soit faite en faveur d'une tierce personne ; cette personne ne pouvant tenir l'office que de la collation du roi. »

(45) Voy. Loyseau, liv. I, chap. XI, n°ˢ 52 et 53, et Denisart, mot PROCURATION *ad resignandum*, n° 2 : « Ces *procurations* », dit ce dernier auteur, « sont sujettes à surannation. »

(46) Liv. II, quest. 77.

suivant la doctrine de nos interprètes sur la loi *peregre*, *ff.* (47)
de acq. poss. » (L. 44, fr. Papin., D., XLI, 2.) — Loyseau donnait
de la règle un motif identique : «..... c'est pource que », écrivait-il,
« *aliquando voluntas præsumitur mutata ex longinquitate temporis*, disent les Docteurs sur la Loy *Peregre*. D. *De acquir.
possess.* en matiere de resignation d'Office ou benefice, qui n'est
point presumée se faire sans grand sujet, dit le Chapitre *Super
hæc*, *hoc tit.* la volonté semble repugnante à l'intention de
l'homme, *cap. Quia verisimile. De præsumpt.* combien que
regulierement és autres matieres la volonté soit presumée durer
jusques à la mort, comme tient du Molin. » (48)

---

(47) Puisque l'occasion s'en présente, nous tenterons de donner ici de l'emploi de
ces deux lettres, comme synonymes très-fréquents de la lettre D., pour indiquer un
renvoi au Digeste, une explication qui nous est tout à fait personnelle, en ce sens du
moins que nous ne l'avons trouvée nulle part. Nous avons simplement lu, et même
entendu professer par un de nos maîtres regrettés, que l'on ignorait comment ce signe *ff.*
pouvait bien signifier *Digeste*. Nous conjecturons, quant à nous, que le motif en doit
être cherché dans une raison d'analogie épigraphique. Chacun sait qu'en épigraphie le
pluriel s'indique par le redoublement de la dernière lettre. C'est ainsi qu'on rencontre,
à maintes reprises, COSS. pour désigner deux ou plusieurs consuls. Partant de cette
observation de fait, et ne perdant pas de vue que le Digeste n'est pas autre chose qu'un
recueil formé par la réunion de nombreux fragments d'ouvrages des jurisconsultes,
nous pensons que la coutume a très-bien pu s'introduire de prendre indifféremment
le contenu pour le contenant, et qu'alors, au lieu de renvoyer à une loi du Digeste, D.,
on prit l'habitude de renvoyer à une loi faisant partie des *fragmenta* dont il se compose,
ce qu'on exprime par abréviation au moyen des lettres *ff.*, tout comme, lorsqu'on renvoie
à plusieurs lois d'un même titre, on écrit *LL...* — Exacte ou fausse, cette explication
nous a paru, dans tous les cas, assez rationnelle pour nous permettre, à tout hasard,
de la livrer à la critique.

(48) Loyseau, *ubi supra*, n° 54. Ce jurisconsulte (*eod.*, n°⁵ 55 et suiv.) dérobait cependant trois cas au principe qui vient d'être énoncé : « Toutefois en ce sur-an des procurations à resigner les Offices, il y a trois exceptions notables..... », disait-il. La
première avait lieu si le collateur de l'office avait baillé sa provision sur une procuration surannée ; à son égard, la procuration ne laissait pas d'être bonne, pourvu que
le résignant ne s'en plaignt point, par cette raison qu'ayant pu la rejeter et la refuser, il se devait imputer de l'avoir admise volontairement ; cette admission volontaire
couvrait, en ce qui la concernait, la nullité de la résignation ; « autrement le résignataire seroit trompé pource que si on lui eust refusé son expedition, à l'occasion de ce
sur-an, il luy eust été facile de tirer une procuration recente pendant la vie de son
resignant. » En second lieu, la procuration surannée était encore bonne à ses yeux,
lorsqu'elle était de la nature de celles qui n'étaient point révocables, c'est-à-dire si
elle avait été faite en vertu d'un contrat ou d'une convention précédente ; en pareille
hypothèse, disait-il, « le resignant ne s'en peut plaindre de sa part, si une fois elle
est admise par le collateur : car ne pouvant être revoquée par une expresse revocation,
moins le peut-elle être par une taisible et presumée : même si le collateur refusoit

Cette explication a certainement dû contribuer au développement de la bizarre théorie du *regrès*, grâce à laquelle le résignant avait la faculté, si bon lui semblait, de révoquer la procuration qu'il avait donnée, et, en faisant ainsi résoudre la vente, de détruire un contrat qui, étant le produit d'une convention, se trouvait, en même temps que son œuvre, l'œuvre d'une volonté étrangère (49).

Le regrès (de *regressus*, retour en arrière ; *regredi*, revenir sur ses pas), le regrès était la faculté de rentrer dans un office qu'on avait résigné, en révoquant la procuration *ad resignandum* et le traité par lequel on s'était obligé de la donner, aussi longtemps que cette procuration n'avait point été suivie de collation et de réception. « On nomme *regrès* », lisons-nous dans Denisart, « la faculté que le vendeur, pourvu d'un office royal, a de révoquer la procuration *ad resignandum* qu'il en a passée en faveur de l'acquéreur.

« L'effet de cette révocation est de conserver l'office au titulaire, sans qu'il soit besoin de nouvelles provisions, et d'annuler toutes les conventions relatives à la vente ou à la résignation qui en avait été passée.

« Ainsi », ajoute-t-il, « il n'en est pas de la vente des offices,

d'admettre cette procuration, le resignant pourroit être contraint en ce cas d'en passer une autre, comme cela étant de la suite et exécution necessaire de la convention precedente. » La troisième exception, ajoutait-il enfin, « est, que s'il apparoissoit et se prouvoit, que le resignant eust perseveré en sa première volonté, lors la provision expediée au resignataire, ou même que par après il l'eust approuvée, alors ni lui, ni autre ne s'en pourroit plaindre, pource que cessant la raison, la regle cesse : or est-il que la presomption de la mutation de volonté, resultant du sur-an, est renversée par la preuve du contraire..... » De ces trois dérogations, la seconde, fondée par Loyseau sur l'irrévocabilité de la résignation faite en vertu de contrat (*eod.*, nᵒˢ 58 et 59), disparut du jour où l'on admit le *regrès*, dont nous allons nous occuper incontinent.

(49) Voy. sur ce sujet : Le Bret, *Décisions notables*, liv. I, décis. 2; Bardet, liv. I, chapp. 98 et 110, et liv. VIII, chap. 28 ; Basnage, sur l'art. 514 de la Coutume de Normandie ; Henrys, t. 1, liv. II, quest. 68, et t. 2, liv. II, quest. 35 ; Bouguier, lett. R, nᵒ 13 ; Brillon, *Dict. des arr.*, mots OFFICE, nᵒˢ 93 et suiv., et REGRÈS ; Boniface, t. 3, liv. III, tit. I, chap. 10, pour le Parlement de Provence ; La Peyrère, au mot OFFICE, pour le Parlement de Bordeaux ; Maynard, liv. I, chap. 67 ; Bourjon, *Le Droit commun de la France*, liv. II, tit. XI, 2ᵉ partie, chap. VII ; Denisart, mot REGRÈS en matiere d'Office, nᵒ 4, et Merlin, mot OFFICE, nᵒ X. Voy. aussi Papon et Soefve, ainsi que De Rennsson, Sérieux et Lebrun, *opp. et locc. inf. citt.*

comme des autres biens qui sont dans le commerce, puisque dans les autres contrats, le vendeur doit livrer ce qu'il a vendu; au lieu que quand il s'agit d'office, il peut conserver la chose vendue en exerçant le *regrès*, même après les provisions scellées, pourvû que l'acquéreur ne soit pas encore reçu. » (50) — Il résultait spécialement de la reconnaissance de cette faculté au titulaire, cette conséquence fort remarquable, qu'un officier qui avait résigné était toujours regardé comme titulaire, même pour évoquer de son chef, parce qu'ayant la voie du regrès, il n'était pas totalement dépouillé de son office (51).

Emprunté à la matière des bénéfices ecclésiastiques, au sujet desquels il fut introduit dans l'Eglise par une décrétale de Boniface VIII (52), l'usage du regrès ne fut point d'abord reconnu aux propriétaires d'offices ; c'est à peine si la pratique commençait à le connaître à l'époque de Loyseau ; ce jurisconsulte, en effet, considérait la résignation comme absolument irrévocable, toutes les fois qu'elle était faite en vertu d'un contrat, à l'irrévocabilité duquel elle participait; et il n'hésitait pas à dire : « ... il n'arrive gueres qu'on resigne, sinon en vertu d'une convention precedente : auquel cas la resignation est irrevocable, tout ainsi que le contract, en execution duquel elle est faite... » (53) Il ne reconnaissait la révocabilité de la résignation, que quand celle-ci était gratuite, et qu'autant qu'elle n'avait point encore été admise par le collateur (54). Mais, moins d'un demi-siècle plus tard, le

---

(50) Voy. Denisart, mot REGRÉS en matiere d'Office, n°s 1, 2 et 3. Comp. mots OFFICES et OFFICIERS, n° 100.

(51) C'est ce que jugea un arrêt du Parlement de Bordeaux, rendu le 11 août 1698. (Voy. Denisart, mot REGRÉS en matiere d'Office, n° 12.) — Comp. la fin du 1er alinéa de la page 146, *infra.*

(52) Voy., sur le regrès en matière bénéficiale, Bouhier, *Dissertation sur le regrès en matière bénéficiale*, 1726, in-4°, et Denisart, mot REGRÉS en Matière Bénéficiale.

(53) Voy. Loyseau, *ubi supra*, n° 59. Comp. la note 48, *supra*. Nous rappellerons que ce que ce jurisconsulte désignait sous le nom de regrès était « une survivance renversée au profit du resignant. » (Voy. chap. I, § 2, note 7, III *in fine*, p. 52.)

(54) *Eod.*, n° 60 ; voy. aussi les n^os suivants, et liv. IV, chap. VIII, n° 36. Comp. *infra*, art. 5, A, et § 2, note 371, et enfin ci-dessous, note 77, où l'on verra que Bourjon se prononçait dans le même sens que Loyseau sur les points qui viennent d'être signalés.

regrès, qui avait fini par se glisser dans la pratique, sous l'influence de la jurisprudence des Parlements et de celui de Paris en particulier (55), le regrès, disons-nous, était en pleine vigueur, et il avait si bien pénétré dans les mœurs, que Bourjon nous apprend, au XVIIIe siècle, qu'il formait de son temps le droit commun de la France (56).

Pour exercer ce droit vraiment exorbitant, la plupart des praticiens pensaient qu'il suffisait au résignant de faire signifier la révocation de sa procuration *ad resignandum* au résignataire, et de former opposition à la réception de celui-ci ; « mais », faisait observer Denisart, « quand les provisions ne sont pas scellées, le *regrès* s'exerce d'une maniere plus certaine, en formant opposition au titre de l'office. » Ainsi donc, les lettres de provision étaient-elles déjà délivrées ? Le résignant qui voulait exercer le regrès s'opposait à la réception du résignataire. Que si elles ne l'étaient pas encore, il lui suffisait, si bon lui semblait, de former opposition au titre de l'office (57).

---

(55) Voy., en particulier, l'arrêt du 22 janvier 1659, prononcé par le premier président de Lamoignon en la Grand'Chambre du Parlement de Paris, rapporté dans le *Journal des Audiences*, t. 2, liv. 2, chap. 4, et analysé par de Renusson, *op. et loc. citt.* note 71, *infra*, n°s 75 et 76, et Denisart, dans un passage que nous citerons plus bas, note 61, 3e alinéa, p. 147.

(56) Voy. Bourjon, *op. cit.*, liv. II, tit. XI, 2e partie, chap. VII, sect. I, n° 1, note *in fine*. Ce n'est qu'au XVIIIe siècle que le regrès avait reçu son plein et entier développement. Deux arrêts, rapportés par Bardet, liv. I, l'un du 30 mai 1622, l'autre du 30 janvier 1623, nous prouvent, en effet, qu'il n'avait anciennement lieu que pour les charges de judicature. Mais, à la fin de notre ancien droit, on l'admettait sans difficulté pour les offices de procureurs (voy. *infra*, note 61, 4e alinéa), de greffiers, d'huissiers (voy. *infra*, note 65 *in init.*), de notaires, etc. C'est ce que nous apprend Denisart (mot REGRÈS en matiere d'Office, n° 5), qui ajoute : « Bourjon dit même qu'il est d'usage au Châtelet de l'admettre lorsqu'il s'agit d'offices domaniaux, et même d'offices sur les ports de Paris. Je n'y ai jamais vu agiter la question relativement à ces derniers offices. » (Voy., en effet, Bourjon, *op. et loc. sup. citt.*, sect. II, n°s VII et VIII ; voy. aussi les trois n[os] suivants de Denisart.) Nous ignorons, quant à nous, quelle était la jurisprudence du Châtelet, en ce qui concerne l'admission du regrès eu égard aux offices domaniaux ; mais ce que nous pouvons du moins affirmer, c'est que, d'après Lebrun, que Bourjon (*eod.*, note sur le n° VII) a bien tort de citer comme partageant son opinion, et d'après Merlin, le regrès, en thèse générale, n'avait pas lieu pour les offices domaniaux. (Voy. Lebrun, *Traité de la communauté*, liv. I, chap. V, sect. II, dist. I, n°s 58 et 59, et Merlin, *Rép.*, mot OFFICE, n° X.)

(57) Voy., sur les oppositions au titre des offices, *infra*, § 2, art. 2, SECONDE PÉRIODE, II, Appendice.

Mais ce qu'il est essentiel de bien observer, c'est qu'il n'était pas forclos, faute de s'être rendu opposant au titre, et qu'il pouvait encore intenter son action en regrès après la délivrance des lettres de provision, en formant opposition à la réception du résignataire (58). Notons enfin que, si le regrès était admis, non-seulement le résignant conservait son office, mais encore le même rang qu'il tenait au jour de sa résignation, par la raison qu'il n'avait pas été dépossédé (59).

Si les procurations *ad resignandum* des offices étaient ainsi révocables, il semble, tout au moins, qu'il faille nous empresser d'ajouter avec Denisart que, « comme il n'est pas permis de préjudicier à quelqu'un par inconstance ou par caprice », celui qui révoquait une semblable procuration devait être condamné « aux dommages-intérêts du résignataire, acquéreur. » (60) N'était-ce pas là, en effet, un principe de toute justice et un palliatif de toute équité ? C'est bien ici toutefois le cas de paraphraser le fabuliste, et de dire qu'il ne faut pas juger des choses sur l'apparence. La vérité est que le regrès, par lui-même, ne donnait lieu à aucuns dommages-intérêts ; qu'il ne pouvait en être dû qu'à raison du préjudice que son exercice faisait souffrir au résignataire, et qu'enfin, à défaut de préjudice, il ne mettait à la charge du résignant que l'obligation de rembourser à l'acheteur les frais et loyaux coûts, obligation dans laquelle seule venaient, en pareille hypothèse, se résumer les dommages-intérêts, dont

---

(58) « Pour intenter le regrès il n'est pas nécessaire que le vendeur soit opposant au titre ; il lui suffit, pour ce, de l'exercice de son action ; en effet, il lui suffit d'intenter l'action dans le tems marqué, c'est-à-dire, avant la réception de l'acquéreur », nous dit Bourjon (*op. cit.*, liv. II, tit. XI, 2ª partie, chap. VII, sect. II, n° IV). A ce passage, il convient de joindre également celui que nous citerons plus bas de ce même jurisconsulte. (Voy. pp. 152 *in fine* et suiv. Voy. aussi la fin du passage de Denisart, cité ci-dessus, p. 144.) Contrairement à la théorie indiquée, théorie qui se trouvait en complète harmonie avec la doctrine des arrêts (voy. *infra*, note 61, second et quatrième alinéas), Sérieux prétendait que l'officier qui voulait agir en regrès, devait intenter son action avant que l'acquéreur eût fait sceller ses provisions. (Voy. *infra*, *eod.*, second alinéa.)

(59) Comp. *supra*, texte et note 51. — Voy., sur les idées précédemment émises, Denisart, mot REGRÈS en matière d'Office, n° 4.

(60) Voy. Denisart, mots OFFICES et OFFICIERS, n° 41.

la fixation, comme on le voit, se réduisait, en cette matière, à une pure question de fait (61).

---

(61) Cette formule nous a paru être la seule capable de rendre un compte vraiment exact de la doctrine des auteurs et des arrêts de la jurisprudence, touchant les dommages-intérêts, dus en cas d'exercice de l'action en regrès. On en jugera sans peine, pour peu que l'on pèse les passages suivants, que nous avons, à dessein, empruntés aux derniers jurisconsultes de notre ancien droit. D'un côté, Bourjon (*op. cit.*, liv. II, tit. XI, 2ᵉ partie, chap. VII, sect. II, nᵒˢ 4 à 6 inclus) s'exprimait en ces termes : « ..... l'exercice du *regrès* donne lieu à des dommages et intérêts en faveur de l'acquéreur, qui ne doit pas perdre, par l'inexécution de l'engagement contracté par le vendeur; voilà le principe général..... et ce dédommagement est d'une souveraine équité, il est du bien public de le relever de son inconstance; mais on ne le fait qu'en l'obligeant de rendre à l'acquéreur les dépenses que cette inconstance lui rend inutiles. — Ces dommages et intérêts embrassent toutes les dépenses que l'acquéreur a faites à l'occasion de l'acquisition de l'office; il est juste de le rendre quant à ce indemne. Voyez l'arrêt rapporté par Bardet, tom. 2, liv. 8, ch. 28. — Il n'y pas lieu à ce dédommagement lorsque la vente de l'office est faite du père au fils; le respect que le dernier doit à la volonté de l'autre y est un obstacle invincible, la volonté de l'un, principalement sur un tel fait, devant être le guide de la conduite de l'autre. — D'étranger à étranger, les dommages et intérêts ne sont point adjugés *in pœnam, sed ad ressarciendum damnum*; cependant par l'arrêt du mois de juillet 1704, rapporté dans le sixieme volume du journal des audiences, liv. 4, ch. 21, page 480, l'acquéreur d'un office contre lequel le regrès avait été adjugé, a été débouté de sa demande en dommages intérêts; apparemment qu'il n'y avoit eu pour ce, aucuns faux frais ni dommages : les circonstances du fait dans ces sortes de contestations (ainsi qu'on l'a déja observé) fondent la décision. »

D'un autre côté, l'annotateur de de Renusson, le célèbre avocat Sérieux, nous dit (*loc. cit.* note 72, *infra*) : « Il faut que l'Officier qui veut intenter cette action qu'on appelle action en regrès, le fasse avant que l'acquéreur ait fait sceller ses provisions (la doctrine de Sérieux, nous le rappelons, n'est pas, sur ce point, conforme à l'opinion générale; voy. *supra*, texte et note 58) ; mais s'il prévient et dirige son action avant le sceau des provisions de son acquéreur, on le maintient dans son office, nonobstant la vente, en payant quelques dommages-intérêts à l'acquéreur. Quand le vendeur actionne en regrès son acquéreur dans les vingt-quatre heures, il n'y a d'autres dommages-intérêts que le coût du contrat de vente et des provisions, s'il y en a. » — C'est ainsi, pour le dire en passant, et comme Denisart va nous le répéter, que l'arrêt du 22 janvier 1659, cité note 55, *supra*, en déclarant le contrat de vente résolu sur l'action en regrès intentée par le résignant, condamna simplement ce dernier à rembourser à son résignataire déjà pourvu, mais non encore reçu, les frais des lettres de provision, ainsi qu'à restituer le prix perçu avec intérêts du jour du paiement, sans dépens. (Voy. de Renusson, *op. et loc. citt.* note 71, *infra*, nᵒ 76.)

Nous lisons enfin dans Denisart (mot REGRÈS en matiere d'Office, nᵒˢ 14 et 15) : « Il n'est point dû de dommages et intérêts à l'acquéreur d'un office, lorsque le titulaire en exerce le *regrès*, mais seulement le remboursement de ce que l'acquéreur peut avoir payé ou dépensé. C'est ce qui a été jugé en faveur de M. Broussel, conseiller en la cour, par l'arrêt du 22 janvier 1659, qu'on trouve au second volume du journal des audiences, tome 2, livre 2, chapitre 4, et par un arrêt rendu sur les conclusions de M. l'avocat général Portail, le 21 juillet 1704, lors duquel ce magistrat posa pour maxime, que le *regrès* étoit toujours inhérent au contrat. » (Comp. *infra*, p. 148, texte et note 64.)

Ajoutons que si la jurisprudence, fondant le regrès sur un motif d'intérêt public, le considérait comme favorable (voy. le passage de Denisart cité note 64, *infra*), à la condition qu'il ne déguisât pas une fraude (62), et qu'il constituât une opération vraiment sérieuse et dictée par le désir réel de la part de l'ancien titulaire de conserver sa charge (63), et si elle tirait de là ces deux conséquences notables, que, d'une part, il pouvait être exercé même par celui qui avait renoncé à en user (64), et que, d'autre part, il

---

[« Il vient d'être dit qu'il n'étoit point dû de dommages-intérêts à l'acquéreur d'un office lorsque le titulaire en exerçoit le *regrès ;* cependant ce principe vrai en lui-même, peut être sujet à des exceptions. En effet un arrêt du mois de juillet 1769, rendu conformément aux conclusions de M. Séguier, avocat général, a accordé des dommages-intérêts au résignataire sur qui le *regrès* étoit exercé..... Dans cette espèce, il s'agissoit d'un office de procureur au bailliage d'Amiens. Le résignataire, admis sur information de vie et mœurs (voy. *infra*, 11) avoit déja fait ses visites, et il lui avoit été indiqué jour pour sa réception ; cependant l'arrêt, en jugeant que le *regrès* en matiere d'office pouvoit être exercé jusqu'au moment de l'installation du résignataire, a condamné le titulaire exerçant le *regrès* en 200 livres de dommages-intérêts envers l'acquéreur de l'office et aux dépens. Mais ce même titulaire, ainsi rentré dans son office, l'ayant revendu le 7 novembre suivant, ce second contrat de vente a été déclaré nul et abusif par un autre arrêt du samedi 10 mars 1770..... Le motif de l'arrêt a été que, le *regrès* étant fondé sur la faveur que mérite l'officier qui desire conserver son office, il n'est plus digne d'une faveur de cette nature, lorsque son inconstance ou un esprit intéressé le porte peu de temps après à revendre son office ; aussi l'arrêt du 10 mars 1770, a-t-il ordonné l'exécution de la première vente, et la réception de l'officier, premier acquéreur, sur les informations de vie et de mœurs déja faites, et sur les provisions qu'il avoit obtenues. M. Barentin, avocat général, dont les conclusions furent suivies, fait connoltre que le second contrat étoit frauduleux.] » (Comp. *infra*, texte et note 62.)

(62) « Cette faveur cesseroit », ainsi que le faisait très-exactement observer Denisart (mot REGRÈS en matiere d'Office, n° 13 *in fine*), « et le *regrès* ne seroit pas admissible, s'il n'étoit exercé que pour priver un premier acquéreur, et lui faire préférer un second, parce qu'alors il ne seroit plus exercé pour conserver l'office au titulaire. » (Comp. la note précédente, 4° alinéa.)

(63) La fin du passage que nous empruntons au recueil de Denisart dans notre note 65 ci-dessous, et la lecture de l'arrêt de 1770 auquel nous renvoyons immédiatement après cette citation, mettront notre proposition en pleine lumière.

(64) Voy. Brillon, *Dict. des arr.*, mot OFFICE, t. 4, p. 772, n° 94, et comp. *supra*, note 61, 3° alinéa. — « Un officier ne peut pas, par un acte contenant promesse de vendre son office, renoncer au regrès, ni stipuler une peine, en cas qu'il l'exerce », nous dit l'annotateur de Bourjon (*op. cit.*, liv. II, tit. XI, 2° partie, chap. VII, sect. II, note sur le n° V, éd. de 1770, t. 1, f° 373, col. 1 *in init.*); et il poursuit ainsi : « On a débouté l'acquéreur de la demande en payement de la peine, et on a réduit ses dommages intérêts *ad legitimum modum*, par arrêt rendu en la seconde chambre des enquêtes, le 2 septembre 1710. » (Comp., sur la validité de la stipulation d'une peine, à défaut d'exécution d'un traité de vente d'un office, Bourjon, *eod.*, chap. VI, sect. I, n° 11; pour

avait lieu même dans le cas d'une adjudication par décret (65), à tout le moins l'action en regrès était-elle une faculté essentiellement personnelle au résignant, et ne passait-elle jamais aux héritiers de celui qui pouvait l'exercer, lors bien que le titulaire aurait de son vivant manifesté l'intention de rentrer dans son office, ou qu'il eût même déjà agi dans ce but. En d'autres termes, cette action n'aurait pas même été transmise aux héritiers, si le titulaire, vendeur d'un office, après avoir formé sa demande en regrès, était décédé avant le jugement, parce que, des héritiers ne pouvant pas succéder au droit d'exercer un office, il était naturel de les exclure aussi de l'action en regrès, qui n'était qu'une faculté attachée à l'exercice, et qui n'était accordée qu'à cette fin, de le perpétuer dans la même personne (66).

---

cet auteur, la validité de cette stipulation dépendait des circonstances.) — Denisart (*loc. cit.* à la note précédente) écrivait de son côté : « La cour a jugé (par arrêt rendu en la seconde chambre des enquêtes, le 2 septembre 1710), qu'on ne pouvoit renoncer au *regrès* directement ni indirectement par le contrat de vente d'un office. Le motif de cet arrêt est, que le *regrès* est favorable ; parce qu'il est de l'intérêt public de conserver les anciens officiers autant qu'ils peuvent et veulent continuer leurs fonctions, attendu qu'on leur suppose plus de capacité et d'expérience que dans les nouveaux acquéreurs qui s'y présentent. »

(65) Voy., à ce sujet, un arrêt du 10 juin 1656, rapporté par Soefve, t. 2, cent. 1, chap. 33, éd. de 1700, qui admit un huissier aux requêtes du Palais, à rembourser le prix de l'adjudication, trois jours après qu'elle fut faite (voy. *infra*, note 111). Consultez aussi Denisart, mot REGRÉS en matiere d'Office, n° 9 et 10. Comp. la fin du passage de Bourjon cité *infra*, p. 153, avant-dernier alinéa. — Mentionnons encore que, si l'exercice du regrès était permis à la suite d'une adjudication par décret, on exigeait du moins de l'ancien titulaire qu'il consignât le prix de l'adjudication, et qu'il satisfît aux conditions de l'enchère ; il était, en outre, obligé d'acquitter le montant des dettes pour lesquelles l'office avait été saisi, et de rapporter une main-levée des créanciers opposants. Nous lisons, à ce propos, dans Denisart (*ubi supra*, n° 11) : « Pour que le *regrès*, qui en général suppose une vente faite volontairement, puisse être admis dans le cas d'une adjudication par decret forcé, il faut..... que le titulaire consigne le prix entier de l'adjudication ; qu'il acquitte toutes les causes de la saisie-réelle ; qu'il rapporte une main-levée définitive de tous les créanciers opposans, sans aucunes réserves de leur part ; enfin, qu'il y ait lieu de présumer que le titulaire, rentré dans son office, ne sera point, pour ainsi dire, saisi réellement le lendemain et derechef de la part d'autres créanciers, à l'égard desquels, et pour se procurer la main-levée des anciennes oppositions, il auroit contracté de nouvelles obligations et accordé de nouveaux priviléges. » (Consulter, sur ce point, un très-important arrêt du 1er juin 1770, rendu conformément aux conclusions de l'avocat général Séguier, et dont l'espèce se trouve rapportée tout au long à la suite de ce passage.)

(66) Voy. Sérieux, *loc. cit.* note 72, *infra*, et Denisart, mot REGRÉS en matiere d'Office, n° 16.

De ce que cette action était essentiellement inhérente à la personne du résignant, tirons enfin cette autre déduction, que l'acheteur non plus ne pouvait pas s'en prévaloir (67).

Même réduit à ces termes, il faut avouer, avec Merlin (68), que le regrès était injustifiable en droit, et que son exercice était absolument inconciliable avec l'idée de cession. En effet, qu'est-ce que la cession d'un office ? Une vente. Or, toute vente est un contrat synallagmatique parfait, dans lequel, par conséquent, l'obligation de chacune des parties a pour cause l'obligation de l'autre. Il est donc pour le moins singulier de voir l'un des deux intéressés, pris d'un repentir tardif, pouvoir impunément se dérober à l'exécution de ses engagements, d'autant plus que, comme il vient d'être dit, on déniait à l'acquéreur le droit de se désister du contrat. Cependant, il pouvait y avoir un intérêt égal à celui du vendeur. Supposez que ce dernier ait trouvé qu'il avait cédé à trop bon compte : il lui était loisible de se rétracter. Supposez au contraire que l'acquéreur se soit aperçu qu'il avait imprudemment promis un prix trop élevé, on le forçait à respecter la loi de la convention.

Pourquoi donc le lien de l'obligation n'était-il pas aussi étroit pour l'un que pour l'autre ? Pourquoi avoir ainsi rendu le contrat boiteux ? Est-ce donc que, en matière d'offices, la cession ne devait pas être soumise, comme la vente en toute autre matière, à l'adage : *contractus claudicare non debent ?*

La réponse n'est pas facile. Aussi les raisons invoquées pour justifier en droit l'usage du regrès sont-elles d'une faiblesse remarquable. On a d'abord, paraphrasant la règle de Bartole, mis en avant sa fameuse maxime que *Nemo potest præcise cogi ad factum,* et l'on a dit : un vendeur n'est pas obligé de délivrer précisément la chose vendue, parce que c'est un fait, et que nul ne peut être contraint à faire. — La confusion est éclatante entre

---

(67) Voy. Merlin, *Rép.*, mot OFFICE, n° IV, et ci-dessous, le passage de Bourjon, cité p. 153, 2ᵉ alinéa, et enfin *infra*, B *in init.*, texte et note 108.

(68) *Ubi supra*, n° x.

deux genres de faits absolument distincts. Que le principe *Nemo potest*..... s'applique bien aux obligations dont l'exécution forcée assujettirait la personne du débiteur à quelque acte physique et corporel auquel on ne pourrait pas le contraindre sans attenter à sa liberté naturelle, à un *merum factum*, pour parler le langage des anciens jurisconsultes, cela va sans difficulté aucune. Mais est-ce que les faits dont l'ensemble constitue les obligations du vendeur sont des *mera facta* ? Nullement, puisqu'ils consistent plutôt à donner qu'à agir, et que le débiteur peut être précisément contraint à leur exécution, sans qu'aucune atteinte soit portée à sa personne ou à sa liberté, attendu qu'il suffit, pour cela, d'une simple ordonnance de justice, envoyant l'acheteur en possession du bien qu'il a acquis.

Sans doute, on a souvent produit cet argument, que le bien public exigeait que les anciens officiers conservassent leurs charges, et que l'intérêt général devait l'emporter sur le droit privé. (Voy. p. 148 *in init.*) En se plaçant même à ce point de vue, qui ne laisse pas cependant que d'être ici fort contestable, était-ce une raison pour ne pas reconnaître que le regrès, quelque désirable qu'il fût en législation, n'existait pas dans le droit, et qu'en admettre l'exercice, c'était, non plus appliquer la loi, mais la faire ?

Il est bien vrai que l'article 18 du tarif du contrôle, en date du 29 septembre 1722, fixait le droit qui devait être payé pour le regrès, et que, d'après l'article 2 de la déclaration du 29 avril 1738, il pouvait être formé opposition au titre des offices « par ceux qui *auraient* obtenu et fait signifier des lettres de restitution contre le traité de vente d'un office, ou qui *auraient* formé une demande pour rentrer à titre de regrès, ou autrement, dans un office par eux vendu. » (69) — Voilà, certes, deux dispositions qui auraient donné au regrès une existence légale, si réellement elles l'avaient

---

(69) Voy., sur la matière des oppositions au titre des offices, *infra*, § 2, art. 2, SECONDE PÉRIODE, II, Appendice.

autorisé. Mais Merlin (70) a démontré péremptoirement que les deux règlements précités n'établissaient en aucune façon la légitimité de l'usage du regrès, et que la seule chose qu'on pût en inférer, c'est que le regrès avait lieu de fait, et qu'il était admis dans la pratique.

Aussi ne s'étonnera-t-on pas de voir que, si cette faculté était autorisée par la jurisprudence, elle tombait du moins sous les critiques de la doctrine, à peu près unanime à la réprouver, et qu'après avoir été condamnée par Loyseau, elle le fut, tour à tour, par de Renusson (71), Sérieux (72) et Henrys (73). Seul, Bourjon donne son assentiment à la jurisprudence, qu'il lui est d'ailleurs impossible de justifier. Pour ce jurisconsulte, le vendeur d'un office dont il est pourvu, peut faire résilier le contrat de vente, et il a cette faculté jusqu'à la réception de l'acquéreur (voy. pp. 143 et suiv., *supra*); c'était là, à ses yeux, un droit particulier aux offices, que l'avantage public fondait, et qui devait l'emporter sur le droit de l'acquéreur ; suivant lui, dès lors, le contrat n'était obligatoire que pour ce dernier. « Ce droit est fondé », ajoutait-il, « sur ce qu'il est de l'intérêt public que les offices soient exercés par des personnes expérimehtées ; intérêt public auquel celui du particulier doit céder ; telle est la base de ce droit qui rend un vendeur qui s'offre à continuer de servir le public,

---

(70) *Loc. cit.* note 68, *supra.*

(71) *Traité des propres*, chap. v, sect. iv, n°⁵ 74, 75 et 76.

(72) Voy. l'addition faite par cet auteur à la suite des n°⁵ précités du *Traité des propres* de de Renusson. — Ce n'est pas à dire que Sérieux, tout en critiquant le regrès au point de vue théorique, ne l'admettait pas pratiquement. Mais le motif qu'il invoquait pour en légitimer l'emploi, était singulièrement loin d'être satisfaisant. « Quoique cet usage paroisse contraire aux regles », écrit-il immédiatement après le passage cité *supra*, note 61, second alinéa, « il est néanmoins très-équitable ; car il seroit bien dur de réduire à une vie privée un homme qui a été elevé dans les fonctions de la Magistrature. Voyez Argou, *Inst. au Droit François*, liv. 3. chap. 23. à la fin. » Un double grief peut être formulé contre cette prétendue explication : c'est, d'une part, qu'elle a le tort de n'être nullement juridique, et, d'un autre côté, alors même qu'elle le serait, qu'elle n'en présenterait pas moins encore l'inconvénient de ne légitimer l'exercice du regrès, que pour les seuls offices de judicature, et non pour tous les autres. (Voy. note 56, *supra.*)

(73) Liv. II, quest. 67, t. 1, f° 544, éd. in-f° de 1772.

préférable à l'acheteur, jusques à ce que ce dernier ait été reçu dans l'office, ce qui rend une simple promesse de vendre un tel objet inefficace.

« De là il s'ensuit qu'une promesse de vendre un office n'est pas obligatoire ; arrêt du 4 février 1625, rapporté par Bardet, tom. I, liv. 2, ch. 31 : ce qui s'entend de la part du vendeur, car elle est obligatoire de la part de l'acquéreur, ainsi qu'il a été jugé par l'arrêt du 3 mai 1653, rapporté par Soëfve, tom. I, cent. 4, ch. 33 (74) : à quoi on peut joindre l'arrêt de Bosc, de 1694, rapporté dans le cinquieme volume du journal des audiences, qui a jugé, par rapport à un immeuble réel, que la promesse de le vendre étoit obligatoire ; cependant la vente étant un contrat sinnallagmatique, pourquoi l'un des contractans sera-t-il engagé lorsque l'autre ne l'est pas ? mais telle est la nature d'une telle vente (75).

« Il y a fin de non-recevoir contre le regrès », poursuivait-il enfin, « lorsque l'acquéreur est reçu : la réception consomme tout et ne laisse plus de voie à la déposition de l'officier reçu ; mais il a lieu en faveur de l'ancien officier en toute mutation, telle qu'elle soit (76), pourvu qu'il n'y ait pas réception.

« Le regrès a lieu en donation d'office comme en vente, et ce jusqu'à ce que le donataire ait été reçu ; voyez Lapeyrere, let. 0, décision 20, aux additions, pag. 285 ; cependant la donation paroît avoir quelque chose de plus favorable que la vente ; mais cette faveur doit céder à l'avantage public, sauf le dédommagement du donataire. » (77)

---

(74) Voy. *supra*, p. 150 *in init.*, texte et note 67, et les renvois de cette note.

(75) Ce dernier membre de phrase justifie pleinement notre assertion, à savoir qu'il est impossible à Bourjon de donner au système de la jurisprudence la moindre base juridique.

(76) Voy. *supra*, p. 149, texte et note 65.

(77) Voy. Bourjon, *op. cit.*, liv. II, tit. xi, 2ᵉ partie, chap. vii, sect. i. Cette théorie de Bourjon sur le regrès, étant donnée surtout l'extension qu'il en faisait en l'appliquant même aux offices domaniaux (voy. note 56, *supra*), a d'autant plus lieu d'étonner, qu'il avait précédemment posé en règle, conformément à la doctrine de Loyseau, sur l'autorité duquel il s'appuyait, que la procuration *ad resignandum*, faite en vertu d'un

b. — *De la garantie* (78). — Une observation préalable est ici nécessaire. C'est que l'obligation de garantir la vente étant une conséquence de son exécution, elle était subordonnée à cette exécution ; elle ne pouvait donc naître que si le résignant n'était pas rentré dans la possession de son office au moyen du regrès, puisque, par l'exercice de cette faculté, il se dispensait précisément d'exécuter le contrat.

Pour bien comprendre le fondement de l'obligation de garantie, en matière de cession d'offices vénaux, il faut partir de ce principe, que la vente d'un office de ce genre opérait succession et transmission du droit du résignant en la personne du résignataire, par l'application que lui en faisait le collateur. De là, cette conséquence que si, à la vérité, c'était bien de ce dernier que le résignataire tenait son titre, encore ce collateur ne pouvait-il jamais lui conférer plus de droit que le résignant n'en avait. C'est pourquoi, après la vente de l'office, il fallait que la tradition, qui s'en faisait au moyen de la résignation, fût telle que, à l'appui de cette résignation, le résignataire acheteur pût obtenir une provision valable et suffisante pour acquérir la *seigneurie*, ou titre de l'office à lui vendu, sans qu'il en pût être évincé par suite d'un vice de ladite résignation : car, sinon, la vente n'aurait pas sorti effet, et il y aurait eu lieu à garantie. En d'autres termes, le résignant, en disposant de son office, s'obligeait implicitement, réserve faite d'une manifestation de volonté contraire, à lever tous les obstacles qui pourraient empêcher le cessionnaire d'exercer librement ses fonctions.

Tel était le principe qui servait de base à l'obligation de

---

contrat de vente, liait, en principe, celui qui l'avait donnée, encore que les noms du procureur et du résignataire fussent en blanc, se bornant à ajouter qu'elle était révocable jusqu'à la réception du résignataire, lorsqu'elle était purement gratuite, la réception pouvant seule, ici, consommer une telle disposition. (Voy. *eod.*, chap. v, sect. i, n° iii, et *supra*, p. 144, texte et notes 53 et 54, ainsi que les renvois de cette seconde note.)

(78) Voy., sur la garantie, Loyseau, liv. III, chap. ii, n°° 29 et suiv.; Bardet, t. 1, liv. I, chap. 98 ; Bourjon, *op. cit.*, liv. II, tit. xi, 2° partie, chap. vi, sect. i, n°° iii et suiv., et Merlin, *Rép.*, mot OFFICE, n° vii.

garantie (79). Or, cette obligation générale engendrait plusieurs engagements particuliers assez étendus. L'action en garantie était, en effet, recevable de droit, c'est-à-dire lors bien qu'il n'y aurait eu aucune stipulation à cet égard, dans les quatre ordres de cas suivants :

α. Quand, lors de la vente, l'office n'existait pas, ou, suivant le langage de Loyseau, « n'étoit point en être », soit qu'il n'eût pas été érigé du tout et n'eût jamais été créé (comp., sur ce point, note 118, *infra*), soit qu'il ne l'eût pas été valablement, soit qu'il ne constituât pas un vrai office résignable (80), ou bien quand, à l'époque de la convention, il n'existait plus, soit qu'il eût été supprimé auparavant, ou qu'il se trouvât d'ores et déjà autrement

---

(79) Il était cependant de maxime courante à l'époque de Loyseau, *qu'en offices il n'y a point de garantie*. (Loyseau, *loc. cit.*, n° 32. Comp. n° 29, 40 *in fine* et 54.) Signifiait-elle donc qu'il n'y avait point lieu à garantie en ce qui concernait les offices vénaux? Nullement ; et voici, à cet égard, ce qu'écrivait ce grand jurisconsulte (*loc. cit.*, n° 32 et 33) : « ..... ce qu'on dit, *qu'en Offices il n'y a point de garantie*, est d'autant que l'acheteur ou resignataire d'un Office n'est sujet à en être évincé par hypotheque ou autrement, comme d'un heritage : ou bien il peut être, que ce vieil *quolibet* de pratique est venu en usage du temps que les Officiers étoient destituables, et signifioit que le destitué n'avoit recours contre celuy qui luy avoit vendu l'Office : comme encore aujourd'huy, pour ce qui concerne le fait du Roy, comme s'il supprime un Office, ou s'il donne des compagnons, ou diminuë les droits, il n'y a point de garantie (voy. *infer.*, p. 159, texte et note 91), mais hors cela, tant s'en faut que la garantie n'ait point de lieu és Offices venaux, qu'au contraire elle y a plus de lieu, qu'és ventes des choses temporelles. Car bien qu'en icelles il n'y ait que deux points ou causes de garantie, à sçavoir que la chose appartienne au vendeur, et qu'elle soit franche d'hypotheques : si est-ce qu'és choses incorporelles il y a encore un autre point de garantie, qui est le plus important et difficile, à sçavoir que la chose incorporelle, qui ne se voit point, soit et subsiste. Voila donc trois points de garantie en l'Office. Qu'il soit et subsiste, qu'il appartienne au vendeur, et qu'il ne soit point saisi pour ses dettes. Et ces trois points ont lieu, encore même qu'il n'y ait aucune stipulation de garantie, *l. Non dubitatur. C. De eviction.* (Const. 6, C. Just., VIII, 45) comme il arrive souvent, en matiere d'Offices, que sans en passer aucun contrat, ou compromis, le resignant baille sa procuration au resignataire, en recevant le prix de la vente de son Office. »

(80) Nous faisons ici allusion au cas où une commission, qui était révocable et non résignable (voy. Loysel, *Instit. cout.*, liv. IV, tit. iii, n° iii, éd. cit., t. 2, p. 27, n° 554, et Loyseau, liv. IV, chap. v), avait été vendu pour un vrai office qui, lui, était perpétuel et transmissible par résignation. Une pareille vente était susceptible de donner lieu à garantie, par exemple lorsque l'acheteur ne pouvait pas faire admettre la résignation, ou lorsque la nature de la charge vendue ne pouvait pas être connue de lui, et qu'il y avait eu juste erreur de sa part, ou enfin lorsque le vendeur avait agi par dol ou par réticence frauduleuse. (Voy., sur ce sujet assez compliqué, Loyseau, *loc. cit.*, n° 43 et suiv.)

éteint. Car, dans toutes ces hypothèses, l'office ou bien n'était pas, ou bien ne subsistait plus, et la première condition pour la validité d'une vente, c'est, comme dit Pomponius (81), que la chose vendue soit *in rerum natura.* Toutefois, si l'objet du contrat avait été, non l'office lui-même, mais l'espérance en l'office, c'est-à-dire un droit incertain, l'obligation du résignant aurait cessé. Et c'est ce qui se présentait fréquemment, paraît-il, quand, après la suppression d'un office, l'officier supprimé vendait l'espérance de son rétablissement. Il y avait une exception du même genre dans le cas où l'office avait été expressément vendu tel qu'il était, ainsi que dans celui où l'acheteur l'avait pris à ses risques, périls et fortunes, ou bien sans garantie. L'effet de ces clauses était, suivant Loyseau, d'exempter le vendeur de la restitution du prix, aussi bien que des dommages-intérêts (82) ;

β. Lorsque le résignataire était menacé d'une éviction totale ou même partielle ; car l'office, de même que toute chose vendue, devait appartenir au vendeur. Et l'on peut dire d'une manière générale, et poser en règle, que toutes les fois que l'acheteur d'un office pouvait être troublé ou inquiété par le fait du résignant, garantie lui était due (83). D'où il suit que le résignant devait faire cesser en faveur de l'acquéreur toutes les prétentions de ceux qui auraient ou voulu revendiquer l'office comme leur propre bien, ou y demander part à titre de copropriété (84).

---

(81) L. I, *De hered. vel act. vendit.*, D., xviii, 4.

(82) Voy. *loc. cit.*, n⁰ˢ 34 à 43 ; *junge* n° 50. — C'était là, selon lui, un des sens de la maxime dont il a été question note 79, *supra.* Loyseau tempérait toutefois la rigueur de son principe par une double exception. Il estimait d'abord que le résignant devait rendre les deniers quand il n'y avait point d'espérance probable en l'office acheté sous les clauses qui viennent d'être énoncées, « parce qu'en toute vente », disait-il, « *si non res, saltem spes subesse debet, quæ sit loco mercis,* qui est une partie essentielle à la vente : autrement ce seroit une circonvention, plutot qu'une vendition. » Il donnait une solution identique, lorsqu'il y avait eu dans le marché quelque dol, ou même quelque réticence frauduleuse, comme si le cédant ayant découvert que son office allait être supprimé, l'avait vendu à tous risques à un acquéreur qui ne s'en était point méfié.

(83) Voy. Loyseau, *eod.*, n° 53.

(84) Nous verrons plus tard (§ 2, art. 2, seconde période, ii, Appendice), comment ceux qui alléguaient sur l'office quelque droit de propriété, parvenaient à assurer la garantie de leurs droits.

Quelle était, en pareil cas, la durée de l'action en garantie ?
Selon certains auteurs, le cédant était, après la réception du
résignataire, à l'abri de tout recours. Loyseau estimait, au contraire, avec beaucoup plus de raison, pensons-nous, que la
durée de l'action était de cinq ans, et que ce délai courait du
jour de la réception du résignataire. C'était, en effet, par ce laps
de temps que l'on prescrivait la propriété d'un office, en vertu
d'une ordonnance de Charles VII, de 1446, ainsi que nous le
verrons d'ici peu (art. 7, *infra*). Or, tant que cette période n'était
pas révolue, l'officier était exposé à l'action en revendication
du véritable propriétaire (85);

γ. Si, avant l'admission de la résignation et l'expédition des
provisions, l'office était saisi pour ses dettes; si le cédant négligeait de faire lever les oppositions formées au sceau des provisions par ses créanciers, ou si, les lettres de provision ayant été
scellées à la charge de ces oppositions, le cessionnaire avait été
constitué en perte par suite de l'obligation où il se serait trouvé
de désintéresser les opposants au delà de son prix d'achat, auquel cas le résignant devait rembourser à l'acquéreur le montant
des dettes par lui acquittées en sus de son prix d'acquisition (86);

δ. Toutes les fois que, par suite d'un vice de la résignation,
l'acquéreur ne pouvait pas se faire pourvoir de l'office, et que,
par là même, la procuration lui demeurait inutile (87); dans
cette hypothèse, le vendeur devait rendre le prix par lui reçu.

---

(85) Voy. Loyseau, *loc. cit.*, n° 52.

(86) Plus loin, nous constaterons que si, sans doute, le droit des opposants au sceau
n'allait pas au delà du prix de la résignation, il pouvait néanmoins arriver que le résignataire éprouvât un préjudice, par suite des oppositions formées. C'est ce qui se
présentait, lorsqu'ayant payé comptant une partie du prix à son vendeur, les causes
des oppositions dont s'agit excédaient ce qui restait entre ses mains ; car alors, ayant
mal payé à son résignant cette portion de sa dette, il était tenu de la représenter jusqu'à concurrence du montant desdites oppositions ; et c'est précisément ici qu'un
recours lui était ouvert à ses risques et périls contre son vendeur. (Voy. *infra*, § 2,
art. 2, SECONDE PÉRIODE, II, B, 1°.) *A fortiori* en aurait-il été de même, s'il avait été
obligé de payer deux fois la totalité de son prix, par suite d'un premier versement intégral imprudemment fait par lui entre les mains de son vendeur, au mépris des
oppositions.

(87) Il fallait que ce fût par la cause indiquée au texte, que le résignataire ne pût

Si telle était l'étendue de l'obligation de garantie, telle en était aussi la mesure (88).

Ainsi, dans aucun cas, le cédant ne répondait des événements postérieurs au contrat, à la double condition, bien entendu, que ce ne fût pas son fait qui y ait donné lieu, et qu'il n'eût pas promis de les garantir (89). Ce n'était là, du reste, qu'une conséquence du principe général en vertu duquel, après la vente, la chose est aux risques de l'acheteur, et, si elle vient à périr ou à se détériorer sans la faute ni le fait du vendeur, et par cas fortuit ou force majeure, c'est pour l'acheteur que la perte ou la détérioration se produisent. Il résultait de là, que le résignant n'était nullement garant du fait

---

pas entrer en possession de l'office : « car si l'obstacle était venu de toute autre cause », dit Merlin (loc. cit.), « l'acheteur n'aurait pas pu répéter son prix ; et s'il ne l'avait pas encore payé, il pouvait y être contraint. C'est ce qu'a jugé un arrêt du parlement de Normandie, du 19 décembre 1669, rapporté par Basnage sur l'art. 514 de la coutume de cette province. » Voy., d'ailleurs, infer.

(88) Denisart (mots OFFICES et OFFICIERS, n° 43) résumait ainsi cette obligation : « La vente des offices engendre les mêmes actions et les mêmes garanties que celle des autres immeubles ; ainsi le vendeur d'un office est tenu d'apporter main-levée de toutes les oppositions qui peuvent survenir ou au titre ou au sceau ; en un mot, il doit faire cesser toutes les demandes de ceux qui prétendent droit à l'office. »

(89) Voy. Pocquet de Livonière, en ses Règles du droit français, p. 566 ; Bardet, loc. cit. note 78, supra, et Bourjon, loc. ibid. dict., n° v. Voy. aussi Basnage, sur l'art. 514 de la Coutume de Normandie, et le passage de Merlin cité à la note 87, supra. — La double restriction au principe indiqué, montre combien il serait inexact de poser en thèse générale et absolue, que jamais le résignant n'était responsable de la perte de l'office survenue, même par des événements de force majeure, postérieurement au traité. C'est ainsi, notamment, que sa responsabilité était engagée, si, faute par lui d'avoir acquitté le droit annuel pour le temps qui avait précédé la résignation, l'office venait à retomber dans les parties casuelles par suite de sa mort dans les quarante jours ; car c'était son fait qui avait amené la vacation. Un arrêt du Conseil, du 6 juillet 1772, contenait une disposition expresse en ce sens, disposition qui n'était, d'ailleurs, que la reproduction de la doctrine incontestable admise du temps de Loyseau. (Loc. cit., n° 48 à 52 ; voy. aussi Bourjon, Le Droit commun de la France, liv. II, tit. xi, 2° partie, chap. iii, sect. iv, n° xix.) L'art. 21 de l'arrêt indiqué portait, en effet : « Voulant prévenir les contestations qui pourraient s'élever, lorsqu'un résignant qui n'aurait pas payé le centième denier, viendrait à décéder sans avoir survécu quarante jours à sa résignation, pour savoir si la perte du droit de résignation et de l'Office doit être à la charge de ses représentants, ou à celle du résignataire, sa majesté ordonne et entend qu'elle ne puisse être à la charge du résignataire, et qu'il ait son recours en garantie contre ses vendeurs ou leurs ayant-cause, tant pour le droit de résignation que pour le prix principal de l'Office, s'il a payé, à moins qu'il n'y ait clause expresse du contraire dans son contrat ou autre titre d'acquisition ; et sans toutefois qu'il puisse, sous prétexte dudit recours, prétendre aucuns dommages et intérêts par forme d'indemnité ou autrement. »

du prince, et que, par conséquent, le cessionnaire n'avait aucune réclamation à élever si, depuis le traité, les prérogatives attachées à l'office par lui acquis étaient amoindries ; si le Roi lui donnait des compagnons, ou s'il diminuait les droits de l'office (90), « marchandise de soy hazardeuse », comme disait Loyseau, ou même si l'office était supprimé (91). D'où nous tirons ces deux conséquences : d'une part, que le résignataire évincé de l'office par suppression, moyennant remboursement (92), non-seulement ne pouvait réclamer contre le résignant ni de dommages-intérêts, ni la restitution du prix de vente, mais en outre qu'il n'était pas, en principe, admis à agir contre lui, pour le forcer à lui tenir compte de ce qu'il lui avait payé de plus que la finance dont il était remboursé, et, d'un autre côté, que si ce résignataire devait encore à son cédant quelque reste du prix de l'office, il était tenu de le lui payer intégralement après la suppression (93).

c. — *Obligation d'entretenir la vente.* — Cette obligation qui, comme son nom même l'indique, consistait à maintenir et à respecter le contrat, souffrait, ainsi que les deux précédentes, une exception dans le cas de l'exercice du regrès. Mais, si on laisse de côté cette faculté bizarre et exorbitante du droit commun, on voit que l'obligation dont nous parlons était tellement de rigueur pour le

---

(90) Bourjon, *loc. cit.* note 78, n° vi:

(91) La jurisprudence était constante sur ce point. (Voy. arrêt du Parlement de Dijon, du 6 juillet 1668, cité dans le recueil de Perrier et Raviot, t. 2, p. 400, et arrêt de la Grand'Chambre du Parlement de Paris, du 26 mai 1742, analysé par Denisart, mots OFFICES et OFFICIERS, n° 44, et par Merlin, *loc. cit.* — Voy. aussi Bourjon, *op. cit.,* liv. II, tit. xi, 2° partie, chap. vi, sect. 1, n° vii. — Comp. Loyseau, *loc. cit.,* n° 32, et 54 à 59 inclus.) Par *a fortiori* de ce que nous décidons en cas de suppression, il faut admettre que le résignataire aurait été mal venu à se plaindre de ce que l'office rapportait moins qu'il ne le supposait ; car c'était à lui à se rendre compte de sa qualité, et, de plus, il est à présumer qu'il l'avait acquis à meilleur compte. De même, le vendeur devant seulement garantir que l'office subsistait, qu'il lui appartenait, et qu'il n'était point saisi pour ses dettes, il n'aurait pu être inquiété pour une taxe qui, au moment de la vente, eût été établie sur son office par un édit du Roi, et sur laquelle, cependant, il aurait gardé le silence dans le contrat. (Voy. deux arrêts du Parlement de Provence, l'un du 30 juin 1642, rapporté dans le recueil de Boniface, t. 2, liv. IV, tit. 1, chap. 12; l'autre du 6 juin 1780, analysé par Merlin, *loc. cit.,* n° viii *in fine.*)

(92) Voy. *infra,* § 3, art. 3.

(93) Voy. Loyseau, *locc. citt.* note 91, *supra.*

résignant, qu'il ne pouvait pas, au moins lorsqu'il était majeur, la
faire cesser, même par la restitution en entier pour cause de lésion
d'outre-moitié. Loyseau nous en indique parfaitement les motifs :
« Et certes », dit-il (94), « il semble » qu'en vente d'offices purement
vénaux, la rescision pour lésion d'outre-moitié du juste prix n'a
pas lieu ; « tant parce que le juste prix des Offices est incertain,
sujet à changement continuel, comme consistant du tout en l'opinion et affection, mesme en la folie des hommes, ainsi que le
prix des pierres precieuses : aussi que le droict du resignataire et
acheteur ne dépend pas du tout du marché, qu'il a fait avec son
resignant, mais dépend principalement du collateur (95). Joint
qu'il n'est pas à propos, pour le bien public, que les Offices chan-
gent si facilement de maistre, que les autres biens... » Cette doctrine fut acceptée sans difficulté par tous les jurisconsultes du
XVIIe et du XVIIIe siècles, au moins lorsque les parties étaient l'une
et l'autre majeures (96), et elle fut toujours suivie par la jurisprudence (97).

La question, toutefois, était fort loin d'être résolue avec la même
unanimité quand la vente était faite par un mineur. Après avoir posé
comme principe general qu'on ne peut pas faire rescinder la vente
d'un office pour cause de lésion, et en avoir donné les motifs sur
le fondement desquels il s'appuie également pour décider que « la

---

(94) Liv. III, chap. II, n° 28.

(95) Comp. le passage de d'Olive, cité note 103, *infra*.

(96) Elle était notamment enseignée par Ferrière (*Dict. de droit et de pratique*, mot LÉSION), par Brillon (*op. cit.*, mot LÉSION-VENTE D'OFFICE), par Gueret sur Leprêtre (cent. I, chap. 12), par La Peyrère (lett. O, n° 35), par d'Olive (liv. I, chap. 30), par Lebrun (*Traité de la communauté*, liv. I, chap. V, sect. I, dist. IV, n° 4, 4°), par Bourjon (*Le Droit commun de la France*, liv. II, tit. XI, 2e partie, chap. VI, sect. III, n° XIV), par Bouchel (*Trésor du droit français*, t. 2, p. 529), par Rousseau de La-combe (*Jurisprudence civile*, mot RESTITUTION EN ENTIER, sect. 3, n° 14), et, d'une manière générale, par tous les auteurs qui avaient traité cette matière. (Voy. Merlin, *Rép.*, mot OFFICE, n° VIII.) Cependant Raviot (sur les arrêts de Perrier, quest. 144, n° 8) admettait la rescision pour cause de lésion énorme, lors même qu'elle était soufferte par un majeur.

(97) Voy., en particulier, un arrêt du Parlement de Provence, du 19 juin 1632, cité par Duperrier (t. 2, p. 458, éd. de 1721), et un arrêt de la Grand'Chambre du Parlement de Paris, du 2 mai 1709, cité dans une note de Maillart, commentateur de la Coutume d'Artois, insérée dans le *Dictionnaire* de Brillon (mot OFFICE, n° 43). — La jurispru-

restitution en entier *ex capite doli, metus, vis et minoris œtatis*, sont moins favorables, et plus difficiles à obtenir és Offices, qu'és autres ventes », Loyseau (*loc. cit.*) poursuit ainsi : « Neanmoins depuis la premiere impression de ce livre, il s'est donné un Arrest en la grand Chambre le 21. Aoust 1610. entre le curateur de Loüis Anceau, et M. Mathurin Sauvageau, par lequel on pretend le contraire avoir esté jugé en consequence d'un autre Arrest du 23. Fevrier 1596. touchant l'Office d'Avocat du Roy à Clermont, rapporté par Carondas en ses observations du droict François. Mais aprés avoir veu ces Arrests, j'estime qu'ils sont plûtost fondez sur le dol, ou sur la minorité de ceux à qui les Offices appartenoient, que sur lesion d'outre moitié : de sorte que je persiste, nonobstant iceux, en ma premiere opinion. » Il est permis d'induire de ce passage que ce jurisconsulte admettait, suivant l'opinion d'Antoine Mornac (98), le moyen tiré de la lésion, lorsque la cession procédait du fait d'un mineur. Bourjon pense comme Loyseau, sur le fondement que la lésion ouvre la restitution en entier aux mineurs, dans tous les cas qui n'en sont pas exceptés par la loi, et qu'il n'y a point d'exception particulière pour la vente des offices ; il exige, toutefois, que, *par l'acte même, la lésion soit évidente* (99). Pareillement, Raviot, à qui nous avons vu (note 96 *in fine, supra*) admettre la rescision pour cause de lésion énorme, alors même que c'était un majeur qui en était victime, se déclarait, à plus forte raison, partisan de cette doctrine, lorsqu'il s'agissait d'un mineur (100). Enfin Denisart enseignait la même théorie (101).*

---

dence adoptait même cette solution relativement aux offices domaniaux, ainsi qu'on pourra le voir, en se reportant à un arrêt rendu à Douai, le 20 juillet 1773, et analysé par Merlin (*loc. sup. cit.*). Bourjon (*loc. cit.* à la note 96, *supra*, n° xv) se prononçait également en ce sens : « Cela auroit lieu », disait-il, « même dans le cas que la vente seroit d'un office domanial et faite par un majeur ; la qualité de domanial n'empêchant pas l'incertitude du prix..... Telle est la jurisprudence..... »

(98) Sur la loi 2, *De rescind. vendit.*, C. Just., IV, 44, dans ses *Observationes in XXI priores libros Digestorum et in IV priores libros Codicis, ad usum fori gallici.*

(99) Voy. Bourjon, *loc. cit.* note 96, *supra*, n° xvi.

(100) Cet auteur se montrait si favorable à ce qu'il appelait *le privilège de la minorité*, qu'il avait commencé par admettre qu'un mineur était restituable, lorsqu'il

* Voir la note 101 à la page 162.

Mais, en regard de ces autorités, il était d'autres auteurs qui se prononçaient en sens contraire. C'est ainsi que l'annotateur de La Peyrère qui, lui, n'avait émis que des doutes sans rien décider sur la question, constate que, d'après l'usage suivi dans le ressort du Parlement de Bordeaux, la minorité n'était d'aucune considération en vente d'office. Telle était aussi, nous dit Boniface, l'auteur des *Arrêts notables du Parlement de Provence*, la jurisprudence du Parlement de Grenoble (102). Pareillement, d'Olive n'admet pas plus le moyen de lésion dans la bouche d'un mineur que dans celle d'un majeur (103), et cet antagoniste convaincu de la vénalité des offices, de judicature surtout, confirme son opinion en citant (liv. I, chap. 30) un arrêt du Parlement

---

avait acheté trop chèrement un office ; et il cite, à l'appui, un arrêt du Parlement de Bourgogne, du 7 décembre 1691. (Voy. *loc. sup. cit.*) Mais, dans ses additions (t. 1, p. 30), il professe une autre opinion : « L'arrêt que nous avons rapporté », dit-il, « et par lequel un mineur a été restitué contre l'acquisition d'un Office, n'eut pour motif que la lésion considérable que le mineur souffrait, ce qui faisait présumer un dol de la part du vendeur ; autrement, le mineur n'est pas restituable en pareil cas : plusieurs arrêts qui sont dans les auteurs, et qui furent cités à l'audience, l'ont ainsi jugé, quand même, depuis la vente, l'Office aurait diminué. »

Il est, en effet, bien certain que, sans des circonstances tout à fait spéciales, le moyen de lésion articulé par l'acquéreur n'aurait pas été écouté ; « car si », dit Merlin (*loc. sup. cit., sub fin.*),' « dans les choses ordinaires, un acheteur n'est pas admis à faire rescinder son achat pour lésion d'outre-moitié, à bien plus forte raison devait-il en être de même dans les Offices.

« On ne peut rien de plus précis là-dessus », ajoute-t-il, « que l'arrêt rendu au parlement d'Aix, le 6 juin 1780..... »

(101) Après avoir constaté que les mineurs revêtus d'offices, avec dispense d'âge, étaient réputés majeurs pour ce qui concernait l'exercice de leurs charges (voy. *infra*, note 180), ce jurisconsulte ajoutait : « Cependant un *mineur* seroit restituable, s'il étoit lésé dans l'acquisition d'un office ; parce que ce n'est pas l'acquisition, mais la réception qui forme l'officier. (Voy. *infra*, texte et note 172.) [Or, dans ce cas, le pourvu étant *mineur*, et lésé, la loi doit venir à son secours.] » (Voy. Denisart, mot MINEURS, n° 22.)

(102) Voy. Lebrun, *Traité de la commun.*, liv. I, chap. v, sect. i, dist. IV, n° 4, 4°, et sect. II, dist i, n° 55.

(103) « ..... Quoique la lésion et la minorité soient des remèdes communs desquels on se sert pour la résolution des ventes », écrit-il, « toutefois, en fait d'Offices, nous ne les recevons pas, estimant à bon droit que le prix n'est pas considérable en une chose qui par le bon ordre, n'en devrait point recevoir d'autre que celui de la vertu; et que le bas âge de celui qui vend, ne peut aussi entrer en considération, parce que ce n'est pas de la main du vendeur que l'officier tient l'Office, mais bien de celle du prince, qui, seul en son royaume, a la distribution des honneurs et des dignités. » (Comp. le passage de Loyseau, cité p. 160, *supra*.)

de Toulouse, du 31 juillet 1628, rendu après partage (104). Enfin, Soulage joint son suffrage à celui de ce magistrat (105), dont Lebrun partageait également le sentiment (106).

Quoi qu'il en soit de ce débat entre nos anciens jurisconsultes, débat que nous ne pouvons que signaler, sans insister davantage, sa mention épuise ce que nous avions à dire relativement aux obligations du résignant (107).

B. — *Obligation du résignataire.* — La principale obligation de l'acheteur d'un office vénal était de payer, au terme fixé, le prix convenu par le traité. Il ne pouvait, d'aucune ma-

---

(104) On peut y joindre un autre arrêt conforme du Parlement de Paris, de l'année 1586, cité par Mornac (*loc. cit.* note 98), qui se prononçait, nous le savons, en sens contraire, et enfin un arrêt du mois de novembre 1644, qui a jugé également que ni la minorité, ni la lésion, n'étaient à considérer en matière d'achat ou de vente d'office. Ce dernier arrêt est rapporté par Brillon (*Dict. des arrêts*, mot OFFICE), ainsi que celui cité au texte.

(105) Voy. ses observations sur le recueil de d'Olive, imprimées à Toulouse en 1784, p. 81, en prenant bien garde aux citations qui s'y trouvent et qui sónt fausses, ainsi qu'aux contradictions qu'on relève dans le passage que nous visons, quand on le rapproche de ce qui est dit p. 82. (Voy. Merlin, *Rép.*, mot OFFICE, n° VIII, *in med.*)

(106) Voy. *Traité de la communauté*, liv. I, chap. v, sect. i, dist. iv, n° 4, 4°.

(107) A supposer que l'office appartînt à un mineur, Merlin (*ubi supra*, n° IX) se demandait si ce mineur était obligé d'entretenir la vente de l'office, lorsqu'elle était faite sur un simple avis de parents, sans autorisation du juge. « Il y a », se borne-t-il à dire, « dans le journal des audiences, un arrêt du parlement de Paris, du 24 février 1626, qui a jugé pour l'affirmative, mais dans un cas où l'Office avait été vendu deux fois plus que le père du mineur l'avait acheté.

« Soefve », ajoute-t-il, « tome 2, cent. 3, chap. 41, en rapporte un autre de la même cour, du 24 février 1665, qui a confirmé la vente d'un Office faite par une mère tutrice de son fils, sans avis de parens. »

Il n'en est pas moins vrai qu'en principe les formalités prescrites pour l'aliénation volontaire des biens des mineurs, par un ancien règlement de 1573, et par un autre arrêt de règlement rendu sur les conclusions de l'avocat général Talon, le 9 avril 1630, n'étaient pas seulement nécessaires pour la vente de leurs immeubles réels, mais qu'il fallait également les observer, lorsqu'il s'agissait de la vente de leurs immeubles fictifs, tels que les offices. Denisart est formel sur ce point. (Voy. mot MINEURS, n° 55 ; voy. aussi les n° 38, 40 et suiv., et comp. *infra*, § 2, note 376, dernier alinéa.) Cet auteur ajoutait seulement (*eod.*, n° 56) : « Il seroit cependant dangereux d'exiger rigoureusement qu'un tuteur suivît ces régles, quand il s'agit de la vente d'un office de procureur, de notaire, ou d'une autre charge à laquelle il y a une pratique attachée (Voy. *supra*, note 29.) La pratique dépériroit pendant le cours de la procédure ; et en différer ou retarder la vente, ce seroit faire tort aux *mineurs*. Pour remédier à cet inconvénient, l'usage est à Paris d'autoriser les tuteurs, par un avis de parens homologué, à vendre volontairement ces sortes d'offices : on les y autorise même souvent

nière, en éluder l'accomplissement, et, par suite, il lui était impossible de s'en dégager par le résiliement qu'il aurait voulu exercer ; car c'était uniquement en faveur du cédant, nous le rappelons, que le regrès avait été introduit. Non pas, sans doute, que les cessionnaires n'aient, de leur côté, prétendu à l'exercice de la même faculté ; mais ce fut toujours en vain ; la jurisprudence repoussa constamment toutes les tentatives de ce genre (108).

Il y a même plus : bien que le mineur ne fût pas réputé majeur par la seule qualité d'officier (109), sauf toutefois pour ce qui regardait l'exercice de sa charge (voy. note 180, *infra*), si toutefois il avait acheté un office, et que, depuis, il l'eût exercé en majorité, il n'était point restituable, et demeurait tenu du prix envers son résignant (110).

Ajoutons cependant que, faute de paiement, on pouvait faire déclarer le contrat nul (111), et que, dans tous les cas, le résignant avait, pour garantir sa créance, un privilège sur l'office, qui lui permettait de se faire payer sur le prix par préférence aux autres créanciers du résignataire, et qui, comme nous le verrons, était entouré d'une faveur toute spéciale (112).

---

avant l'inventaire commencé, en ajoutant que la vente ne pourra attribuer aucune qualité aux vendeurs. »

(108) Voy. un arrêt du Parlement de Paris, du 3 mai 1653, rapporté dans Soefve, t. 1, cent. 4, chap. 33, et un arrêt du Parlement de Flandre, du 29 février 1750, analysé par Merlin, *loc. cit.*, n° IV. Voy. aussi Sérieux, *ubi supra*, et enfin ci-dessus, p. 150 *in init.*, texte et note 67, et le passage de Bourjon cité p. 153, second alinéa.

(109) Voy. Basnage, sur l'art. 592 de la Coutume de Normandie.

(110) C'est ce que décidèrent un arrêt du Parlement de Provence, rapporté par Boniface, l. IV, t. 8, c. 2, et un arrêt du 12 février 1669, dont l'espèce est indiquée par Basnage, *ubi supra*.

(111) Ç'est ce que jugea l'arrêt déjà cité (note 65, *supra*) du 10 juin 1656, rapporté dans Soefve, t. 2, cent. 1, chap. 33 ; l'office d'un huissier de la Cour ayant été saisi et adjugé à la barre de la Cour, faute de paiement de 12.000 livres restant du prix de l'acquisition, la partie saisie fut reçue à y rentrer, en payant les causes de la saisie réelle. (Voy. Sérieux, *ubi supra*.)

(112) Voy. *infra*, § 2, notes 223 *in fine* et 356.

3°. *Des clauses accessoires au contrat.*

Les données que nous avons acquises chemin faisant nous autorisent à glisser rapidement sur ce sujet. Il est clair que le résignant ne pouvait pas insérer dans le traité une clause expresse de résolution. La raison bien simple en était dans cet adage de nous connu que *resignatarius jus non habet a resignante, sed a collatore.* Puisque c'était, non pas du résignant, mais bien du collateur que le résignataire tenait son titre, il s'ensuivait que, quand les lettres de provision avaient été scellées et délivrées, il n'eût pas été compréhensible que, sans l'intervention du chef du Pouvoir, l'ancien titulaire ait pu, en revenant sur le contrat particulier qu'il avait passé avec son successeur, le briser, et défaire ainsi ce que le Prince avait fait, c'est-à-dire enlever au résignataire un droit qu'il ne lui avait point conféré. Comme l'exprime fort exactement M. Durand (113) : « ..... le résignant ne faisait que préparer la voie au résignataire... Dès que l'ancien titulaire avait donné une procuration *ad resignandum*, son droit était épuisé. La convention, par suite, acquérait un caractère irrévocable ; jamais l'office ne pouvait rentrer dans ses mains par une conséquence du contrat. »

Il résultait notamment de ce principe, que la transmission de l'office ne devait pas être accompagnée de la clause de réméré ou de rachat.

Telles sont, en résumé, les règles diverses qui gouvernaient la vente des offices vénaux. Mais, comme nous avons eu occasion de le répéter, le cédant n'investissait nullement le cessionnaire. Nous devons donc rechercher à présent quel droit lui conférait exactement la résignation par rapport à l'office. Pour le bien comprendre, il nous faut examiner les rapports des officiers et du collateur.

---

(113) *Op. cit.*, n° 125, p. 129.

II. — DES RAPPORTS DÈS OFFICIERS AVEC LE COLLATEUR.

On commettrait une singulière méprise si, prenant à la lettre les mots *vénalité* et *vente*, on croyait que les édits de Louis XII et de François Ier avaient fait des offices une propriété laissée à la libre disposition des titulaires. Il est, en effet, indispensable de ne pas perdre de vue que les offices constituent, avant tout, une délégation de la puissance publique, caractère essentiel qui s'y rencontre à quelque époque de notre législation que l'on se place. De là cette conséquence capitale, que les Rois, tout en permettant aux officiers, moyennant la finance qui leur était versée, d'intervenir dans la collation des charges, ne s'étaient pas, pour cela, dépouillés complètement de leur droit souverain. Non : chacun avait à jouer un rôle, et, dans les droits respectifs et parallèles qui appartenaient à l'un et à l'autre, il régnait une complète indépendance, bien que ces droits se servissent pourtant de complément mutuel : à l'officier, il appartenait de désigner son successeur ; au Prince, de lui conférer le titre ; au premier, revenait la présentation ; au second, l'investiture (114). En d'autres termes, les effets de la vénalité étaient restreints à la finance, c'est-à-dire à cette créance sur le Roi, représentative des deniers qui avaient été originairement versés dans le trésor public par le premier acquéreur de l'office. « Mais le titre de l'Office, c'est-à-dire, le droit d'exercer les fonctions publiques qui y étaient attachées », dit fort bien Merlin (115), « n'était point du tout dans le commerce ; le roi ne le conférait jamais qu'à vie ; et le décès ou la démission du titulaire le faisait toujours rentrer de plein droit dans la main du prince, qui en disposait à son gré. » Que si, cependant, le

---

(114) Ce droit de nomination aux offices fut toujours très-fermement revendiqué par la Couronne. (Voy., en particulier, le préambule de l'édit de février 1771, dans Isambert, t. 22, p. 515, et l'art. 17 de l'arrêt du Conseil, du 6 juillet 1772, rapporté par Merlin, *Rép.*, mot OFFICE, n° II *in fine*.)

(115) *Rép.*, mot OFFICE, n° II.

trafic de la finance demeurait frappé de stérilité en l'absence de la collation du titre, et si, à ce point de vue, les droits du cédant et celui du collateur apparaissaient comme absolument distincts et indépendants l'un de l'autre, il n'en est pas moins vrai que, nonobstant cette différence essentielle dans un office vénal entre la finance et le titre, il était de toute nécessité qu'on fût propriétaire réel ou présumé de l'une pour obtenir l'autre, et que le Roi n'accordait le titre qu'à celui qui se présentait avec la preuve qu'il avait acquis la finance, ou du moins qu'il avait le consentement de celui à qui elle appartenait. Voilà en quoi ces deux droits se montrent tout à la fois séparés et inséparables ; chacun a son domaine propre, bien que l'un ne soit que le corollaire de l'autre.

Il faut, toutefois, se garder ici d'exagérer, et de poser en règle absolue que le choix du Prince était nécessairement engagé par la désignation qui lui était faite ; car, sinon, le droit réservé au collateur n'eût été qu'un vain mot. Voici, notamment, comment se manifestait sa réalité :

Tout d'abord, aussi longtemps que le Roi n'y donnait pas son agrément, la convention particulière, intervenue entre le résignant et le résignataire, ne produisait aucun effet. C'était tout naturel : il n'avait livré au commerce que la finance de l'office, conservant le titre par devers lui. Cela revient à dire que, s'il avait promis, en aliénant la finance à titre onéreux, d'accepter les présentations qui lui seraient faites, c'était à la condition sous-entendue et avec la réserve tacite qu'elles ne nuiraient pas à l'intérêt général, dont il était constitué le gardien suprême, et que les successeurs présentés offriraient des garanties suffisantes de capacité et de moralité. Il exerçait, par conséquent, un droit de contrôle sur les traités. De cette conséquence nous avons déjà signalé une application à propos du prix de la composition (voy. *supra*, I, 1°, C, pp. 138 et suiv.) ; si ce prix lui semblait trop élevé, il refusait de délivrer les lettres de provision de l'office ; il y a plus : il fixait lui-même le taux de la résignation. Nous aurons d'ici peu à indiquer une autre application, touchant l'agrément de la présentation. (Voy. *infra*, pp. 173 et suiv.)

En second lieu, le droit du Roi était loin d'être épuisé lorsqu'il avait agréé le candidat présenté ; il lui restait encore le triple pouvoir de priver le titulaire de son office, dans le cas où celui-ci se rendait indigne de continuer l'exercice de ses fonctions; d'opérer des suppressions, et enfin de créer de nouveaux offices, le tout, suivant les exigences et les besoins de l'utilité publique.

Ce sont là les diverses prérogatives qui demeuraient aux mains de la royauté, en regard de la faculté de résignation en faveur, par elle accordée et reconnue aux officiers (116).

Il ne nous sera pas, à présent, malaisé de déterminer quel était le droit précis que conféraient ces derniers relativement à leurs offices, lorsqu'ils usaient de cette faculté. Ce n'était assurément pas un droit de propriété qu'ils transmettaient, puisque de la finance seulement ils étaient propriétaires. C'était simplement un acheminement à ce droit, c'est-à-dire un droit de créance, un *jus ad rem*, un droit *à l'office*.

Il faut, en effet, nous dit Loyseau, « distinguer specifiquement quatre divers degrez de droit, qu'on peut acquerir successivement en iceux; scavoir est, le droit à l'Office, le droit en l'Office, l'ordre et caractere d'Officier et la possession actuelle de l'Office. Le droit à l'Office ne consiste qu'en une simple esperance, ou action personnelle, pour y parvenir, et s'acquiert par la composition, la resignation (117), et la retenuë. Le droit en l'Office est la Seigneurie de l'Office qui en termes de pratique s'appelle le *titre* (comp. *supra*, p. 126), et s'acquiert par la provision (118). L'ordre et ca-

_____

(116) Voy., sur tout ce qui précède, M. Durand, *op. cit.*, n° 150, pp. 158 et suiv.

(117) Comp. Denisart, mot PROCURATION *ad resignandum*, n° 3 : « La *procuration ad resignandum* ne donne au résignataire qu'un droit à la chose, *jus ad rem*, et non pas un droit en la chose, *jus in re.* »

(118) « Les *provisions d'office* », lisons-nous dans Denisart, à ce mot, « sont les patentes, les lettres de chancellerie obtenues du roi, à l'effet de posséder une charge de judicature, de finance ou autres, et sans lesquelles patentes on ne peut pas être reçu auxdites charges. » — Il était absolument interdit d'exercer aucun office royal sur matricules ou simples commissions, sans lettres de provision du Roi, scellées du

ractere d'Officier est l'application de l'Office à la personne du pourveu, qui se fait par la reception. Finalement la possession, c'est l'exercice actuel de l'Office, qui s'obtient par l'installation. » (119)

Ainsi donc, les offices n'étant pas en la pleine disposition des vendeurs, l'unique effet de la composition et de la résignation était de donner au résignataire droit *à l'office*, c'est-à-dire une simple espérance, un droit purement éventuel, un droit à la chose, et non un droit en la chose, un *jus ad rem*, et non du tout un *jus in re*. On peut, par là même, définir le droit *à l'office*, la créance née de la composition et de la résignation, ou de cette dernière seulement, suivant les hypothèses, au profit de celui qui voulait devenir officier (120).

De ce que celui qui, après avoir composé de l'office et en avoir payé le prix, avait retiré de son vendeur une procuration irrévocable pour le résigner en sa faveur, voire même un acte exprès de résignation, n'avait point encore de droit en l'office, jusqu'à ce que la résignation eût été admise par le collateur, et la provision expédiée à son profit; de ce que, par suite, l'office demeurait jusque-là *in bonis* du résignant, il résultait ces deux conséquences notables, d'une part, que l'office pouvait, jusqu'à cette époque, être saisi pour les dettes du résignant, ainsi que le décidait l'article 95 de la Coutume de Paris (121), et, d'autre part, qu'il pou-

---

grand sceau. (Voy., sur ce terme, *infra*, § 2, note 309.) C'est ce qu'avaient formellement défendu des édits des mois de juin 1653, de mars et avril 1664, une déclaration du mois de décembre 1665, et des arrêts du Conseil des 15 juin 1666, 18 février 1667, 20 décembre 1669, 3 juin 1671, 25 septembre 1718 et 11 novembre 1724, dont la jurisprudence était suivie par les Parlements, ainsi que le prouve en particulier un arrêt de règlement du Parlement de Rouen, en date du 29 août 1746. — Il ne suffisait même pas de présenter des provisions ; il fallait, en outre, que l'office, pour lequel elles étaient accordées, eût été créé ; faute de quoi, des poursuites auraient pu être dirigées contre le pourvu, pour les rapporter, ainsi que cela résulte d'un arrêt très-remarquable du Conseil d'Etat, en date du 1er février 1762, auquel il convient de joindre un arrêt du 27 janvier 1769. — Voy., sur tout ceci, Denisart, mots OFFICES ET OFFICIERS, n°s 94 à 98 inclus, et NOTAIRES, n° 143.

(119) Loyseau, liv. I, chap. II, n°s 8 à 12 inclus. Voy. aussi Bourjon, *op. cit.*, liv. II, tit. XI, 2e partie, chap. V, sect. II.

(120) Voy. Loyseau, *ubi supra*, n°s 13 et suiv.

(121) Nous verrons, en nous occupant des droits des créanciers sur l'office vénal de

vait par lui-même être résigné à un autre, s'il prévenait « par effet » son premier résignataire (122). « Donc la raison est », dit Loyseau, qui nous donne de la sorte le résumé très-bref des explications précédentes (123), « que la resignation n'est pas une tradition de l'Office, qui en puisse transferer la proprieté : attendu que les Offices ne sont pas en la libre disposition des pourveus pour les pouvoir directement et immediatement transporter à autrui ; mais faut qu'ils passent auparavant par les mains du collateur, duquel leur disposition dépend principalement : estant la premiere regle du droit Canon, que le Benefice ne peut être obtenu sans institution Canonique : regle qui a lieu és Offices par identité de raison. »

Nous avons ajouté que la retenue n'engendrait également que droit *à l'office*, à l'instar de la composition et de la résignation. Le motif en est bien simple : la retenue n'était, en effet, autre chose que la provision donnée par le collateur de l'office non encore vacant (124). Or, il est clair que la provision ne suffisait

---

leur débiteur, que cet article a été abrogé, et en quel sens il l'a été, par un édit du mois de février 1683. (Voy. *infra*, § 2, art. 2.)

(122) Voy. Loyseau, *loc. cit.*, n° 21.

(123) *Eod.*, n° 22.

(124) Ainsi que nous l'avons vu plus haut (chap. i, § 2, note 7, ii *in fine*, p. 51), la retenue était une sorte de survivance accordée à une personne, pour le cas de prédécès d'un officier, mais sans son consentement, ce qui la différenciait de la survivance proprement dite. Emprunté à la matière des bénéfices, où elles portaient le nom de *réserves*, l'usage des retenues tomba de bonne heure en désuétude, parce que les offices se vendant presque tous, et le Roi se trouvant obligé d'en admettre la résignation, la retenue qu'il aurait pu accorder n'aurait plus, on le conçoit, produit aucun effet. Ajoutons, du reste, que la retenue n'imposait pas absolument au même collateur qui l'avait donnée, l'obligation de bailler sa provision, lorsque la vacation de l'office était survenue. « Car », comme dit Loyseau (*loc. cit.*, n° 25), « il y a bien de la difference entre promettre et tenir : et est vray de dire, que la retenuë n'est pas une collation de l'Office, mais une simple promesse de le conferer, lors qu'il sera vacant : ce n'est pas une donation, mais une pollicitation, qui de droit n'est pas obligatoire regulierement. » Aussi bien, à la difference de la composition et de la résignation qui, comme nous le verrons d'ici peu (p. 187), engendraient une action personnelle tant contre le vendeur que contre le collateur, la retenue, ne liant nullement le collateur qui pouvait changer de volonté et conférer l'office à un autre, lors de sa vacation, n'en produisait-elle aucune. (Voy. Loyseau, *eod.*, n° 50.) Notons enfin que les ordonnances de France défendaient, sous des peines sévères, l'impétration des offices avant leur vacation, et la déclaraient même nulle. (Voy., sur ce sujet, dans Loyseau, *eod.*, les n° 26 à 33 inclus.)

pas plus sans résignation, que la résignation ne suffisait elle-même sans provision : « pource qu'auparavant que le collateur en puisse disposer (des offices) à pur et à plein, il faut qu'ils soient vacans : autrement tant qu'ils sont remplis, son droit n'est point ouvert : aussi qu'il n'est raisonnable de mettre un nouveau titulaire en l'Office qui est legitimement rempli de la personne d'un autre. » (125)

Que si, comme nous venons de le démontrer, le traité intervenu entre le titulaire et celui qui se proposait de lui succéder était, *per se*, impuissant à opérer la transmission de la charge, et ne conférait qu'un simple droit *à l'office*, la conclusion générale qui se dégage de là, c'est que, pour que le résignataire pût acquérir un droit définitif, la nécessité s'imposait d'un recours au collateur, et c'est précisément ici que le rôle du Roi se manifestait, complétant, par l'investiture du titre sollicité, l'œuvre que le résignant avait ébauchée, et réalisant ainsi le but que les parties avaient voulu atteindre. De cette façon, le droit privé et le droit public nous apparaissent comme ayant eu chacun leur sphère d'action parfaitement délimitée ; de l'exercice du premier par le résignant, nous venons de voir résulter un droit *à l'office* ; de l'exercice de l'autre par le représentant de l'autorité suprême, et par lui seul, pourra découler un droit *en l'office*, différent du précédent, comme le droit réel diffère du droit personnel.

Le titulaire devait donc présenter son successeur à l'agrément du souverain, ou, pour parler un langage plus technique, lui donner le pouvoir de résigner l'office à son profit. De telle sorte que le droit en l'office, c'est-à-dire sa seigneurie ou propriété (126), naissait seulement de la provision pure et simple du collateur (127), provision que Loyseau appelle, par une mé-

---

(125) Loyseau, *eod.*, n° 23; voy. aussi le n° suivant, et comp. le passage du même jurisconsulte, cité au début de la page suivante. Voy. enfin Bourjon, *Le droit commun de la France*, liv. II, tit. XI, 1re partie, chap. V, n° 1.

(126) Le sens de ces mots a été expliqué ci-dessus. (Voy. pp. 125 *in fine*, et suiv.)

(127) Voy. Loyseau, *ubi supra*, n° 34 et suiv.

taphore aussi juste qu'expressive, « la porte de l'Office. » (128)
Comme le dit ailleurs ce jurisconsulte (129) : « La vente d'un
Office ne sert de rien, sans la resignation, ny la resignation, sans
l'admission d'icelle, qui est la provision. Car l'Office, non plus
que le Benefice, ne peut pas par un commerce du tout libre,
être transferé directement et immediatement de personne à
autre, par vente ou autre transport, accompagné de tradition, ou
acte équipolent, ainsi que les autres biens soit corporels, ou
incorporels, mais faut qu'il passe par les mains du collateur, sans
la provision duquel nul Office ny benefice ne peut être possedé. » (130)

------

(128) Liv. I, chap. iii, n° 1.

(129) Liv. III, chap. iii, n° 1.

(130) Recherchant, immédiatement après ce passage, quel est le véritable motif du
principe qui vient d'être posé, le même jurisconsulte ajoute (n°° 2 et 3; voy. aussi les
n°° suiv.) : « Dont la raison est claire, à l'égard des Benefices, à sçavoir qu'ils ne
tombent point en commerce, mais à l'égard des Offices, et principalement des venaux,
elle est un peu obscure. Car ce n'est pas comme il pourroit sembler d'abord, parce que
la puissance publique, qui est en l'Office, ne peut être deferée par un particulier :
attendu que c'est la reception, et non pas la provision, qui attribuât à l'Officier la
puissance publique, ainsi qu'il a été dit au premier livre : et de fait, nous voyons que
les Offices hereditaires peuvent être transferez d'une personne à autre, sans lettres de
provision.

« Donc la vraye raison est à cause que l'Office est une espece d'usufruit, comme il
a été prouvé au premier livre, encore plus inherent à la personne, que le vray usufruit, et dont la proprieté reside au Prince, ou autre collateur, ou du moins à son Estat
ou Seigneurie. Par consequent, comme le vray usufruit ne peut être transferé d'une
personne à autre, sans la permission du proprietaire, en sorte que desormais il soit
mesuré à la vie du cessionnaire, aussi l'Office ne peut changer de main, sans la provision du collateur. »

Que cette façon d'expliquer la nécessité des lettres de provision ne répugne pas en
elle-même à la nature du droit en l'office, considéré comme une sorte d'usufruit de la
fonction (voy. supra, pp. 125 in fine et suiv.), nous le reconnaissons sans peine ; mais,
ce qu'on voudra bien nous accorder, c'est qu'elle est, à tout le moins, fort exagérée, et,
partant, que sa justesse est très-contestable. Loyseau n'est pas, d'ailleurs, sans admettre, dans plusieurs passages, que l'idée de puissance entre pour quelque chose
dans l'obligation de recourir au Roi pour devenir officier, et, par conséquent, que la
puissance publique résulte de la provision. C'est ce que prouve, d'une manière spéciale,
la lecture d'un passage de cet auteur, absolument formel en ce sens, et d'autant plus
probant, qu'il y répond, par avance, à l'objection que nous venons de lui voir tirer de
ce fait, que certains offices pouvaient être transférés directement de particulier à particulier, sans lettres de provision. (Voy. liv. I, chap. iii, n°° 21 et 22.) Et quant à la
réception, nous pouvons dire hardiment qu'elle conférait beaucoup moins la puissance
publique, qu'elle n'en autorisait simplement l'exercice de la part de l'officier reçu. En
veut-on la preuve ? Loyseau lui-même va se charger de nous la fournir. Lorsqu'il

Mais le collateur était-il obligé d'accueillir la présentation, et de pourvoir celui qui, quel qu'il fût, lui remettait une procuration à résigner, donnée en sa faveur ? Loyseau répondait, à cet égard, dans les termes suivants (131) : «..... le Roi et tout autre collateur, ayant vendu un Office, ne peut par puissance ordinaire en refuser par aprés la resignation faite à temps opportun, et en personne capable. Ce qui a lieu non seulement aux Offices absolument venaux, mais aussi aux Offices de judicature et autres qui ne sont reputez venaux, qu'à l'égard du Prince : lequel toutefois les ayant vendus, les a luy même mis en commerce, sinon public et licite entre particuliers, au moins tolerable, et dont il ne les peut reprendre ny empêcher sans trop de rigueur, *quia quæ emeris, vendere gentium jus est*, dit Seneque : et comme disoit Alexandre Severe, *Necesse est, ut qui emit vendat. Erubesco eum hominem*

---

parle des officiers des seigneurs, il ne manque pas de revendiquer pour le Roi, le droit de leur délivrer les provisions, parce que « cette mystique énergie, et signalée puissance ne peut estre attribuée en bonne Jurisprudence par autre que par le Roy, de la Majesté duquel procede la puissance des Magistrats..... » (Liv. V, chap. i, n° 32.) Est-ce donc que la réception en justice leur était moins nécessaire qu'aux officiers royaux? Nullement, puisqu'après leur en avoir fait une obligation stricte, il poursuit en disant : « ..... plusieurs Juges de Seigneurs faillent lourdement, se contentans la pluspart de leurs lettres de provision..... » (*Eod.*, chap. ii, n°° 79 et 80. Voy. aussi Bourjon, *op. cit.*, liv. II, tit. xi, 4° partie, chap. iii, sect. ii, n° xiii.) — Au demeurant, il n'est pas douteux que la puissance publique ne découle de la provision, même aux yeux des jurisconsultes le plus justement célèbres de notre ancien droit. Pour nous borner à un exemple bien saillant, nous citerons une phrase de Pothier, dans laquelle il dégage très-nettement le caractère vrai de la provision et de la réception : « Le roi », dit-il, « ..... accorde les provisions de l'office à la personne qui lui est présentée, sous la condition qu'elle sera jugée capable par la cour ou juridiction à qui elles sont adressées, et qui en ce cas doit recevoir le pourvu dans son office. » (*Introd. gén. aux Coutumes*, n° 57 ; voy. aussi *Traité de la communauté*, n° 92, et *Traité des personnes et des choses*, n° 267 ; éd. Bugnet, t. 1, p. 18; t. 7, p. 90, et t. 9, p. 98.) Voilà la vérité : la réception est à la provision, ce que celle-ci est à la résignation ; et, de même que la provision est une sanction et une confirmation de la résignation, de même aussi la réception n'est autre chose qu'une sanction et une confirmation de la provision. Comme le dit Pothier : le Roi pourvoit sous condition de réception. Mais cette réception ayant eu lieu, la condition suspensive était réalisée, de telle sorte que la puissance publique qui, jusque-là, n'existait qu'à l'état latent, allait pouvoir se manifester dans toute sa réalité, par l'exercice actif que la réception mettait désormais à même d'en faire, l'officier jugé capable.

(131) Liv. III, chap. iii, n°° 10 à 12 inclus.

punire, qui emit et vendit ; et un Poëte moderne (c'est-à-dire du XVI° siècle) a dit :

Emerat ille prius, vendere jure potest (132).

Mais quand il seroit inutile de les revendre, si est-ce qu'on ne pourroit frustrer l'acheteur d'en gratifier, ou ses enfans, ou ses parens, ou ses amis, lors qu'il ne les voudroit plus exercer puis qu'ils sont siens, par le moyen de son argent. Consideré qu'étant aujourd'huy sinon un droit, au moins une erreur établi parmi nous de revendre ces Offices entre particuliers ; celui qui les achete du Roi s'attend de les revendre selon l'usage ordinaire, et ne se defie pas qu'on l'en empêche par une rigueur extraordinaire : que s'il s'en fût defié, il est à croire qu'il ne les eût pas achetez si cher du Roi..... Aussi cette faculté de resigner a été toûjours permise depuis que la venalité des Offices a été introduite, même étoit autrefois pratiquée de telle sorte, que la resignation étoit admise gratuitement, et sans payer aucune finance, bien qu'il n'y eût aucune Ordonnance qui y obligeât le Roi, mais cette seule raison du droit des gens, et de la loy naturelle du commerce, que tout acheteur peut revendre ce qu'il a acheté. » (133)

Le droit de revendre se trouvant ainsi motivé, est bien loin de revêtir un caractère tellement absolu, qu'il nous apparaisse comme ayant nécessairement comporté, de la part du titulaire, le dange-

---

(132) Voy. encore, dans le même ordre d'idées, les trois passages de Martial, de Cicéron et de César, cités par le même auteur (liv. V, chap. III, n° 11), et par M. Perriquet (*op. cit.*, n° 77, p. 77).

(133) Loyseau (*eod.*, n° 13) dérobait toutefois, avec toute raison, certains offices, à la théorie de l'obligation pour le collateur d'accepter, en principe, la résignation. C'est qu'en effet, les mêmes motifs qui lui servaient de base, ne se rencontraient plus ici. Nous faisons allusion aux offices qui avaient été gratuitement conférés. Il est clair qu'en ce qui les concernait, la résignation pouvait être refusée, par ce motif presque naïf que, n'ayant point été vendus, ils n'avaient point été mis dans le commerce. En outre, « le collateur ayant liberalement élû l'industrie, ou bien choisi la personne de l'Officier », n'était pas tenu « d'en admettre une autre en son lieu. » C'est, au surplus, ce que décidait, relativement à ces offices, l'art. 110 de l'ordonnance de Blois de 1579. Pareillement, l'art. 272 nous fournit l'exemple de certains offices non résignables, par la raison qu'ils n'entraient point aux parties casuelles du Roi. (Voy. ces deux art. dans le recueil d'Isambert, t. 14, pp. 408 *in fine* et 441.)

reux pouvoir d'imposer à la Couronne le premier venu pour successeur. De telle sorte qu'à la question posée il est vraiment impossible de faire une réponse absolue. Elle devait, évidemment, recevoir une solution affirmative dans tous les cas où il n'existait aucun motif particulier de rejeter la résignation. Mais, incontestablement aussi, c'était une solution négative qu'il convenait de donner, et il fallait dire que le Pouvoir n'était point lié, dans les hypothèses contraires, ainsi que cela aurait eu lieu, par exemple, si le candidat indiqué n'avait pas rempli les conditions d'idonéité exigées, ou si, comme nous l'avons vu, la démission avait été déterminée par la promesse d'un prix trop élevé. Toute cette doctrine, un peu douteuse peut-être au xvii° siècle, se dégage, au xviii°, avec la netteté la plus parfaite, d'un passage très-explicite de Pothier, dans lequel nous lisons : « Le roi n'est pas néanmoins astreint à accorder des provisions à la personne qui lui est présentée, et il n'est pas même obligé d'alléguer les raisons qu'il a de les refuser (134); mais, lorsqu'il n'a aucune raison de refus, il accorde les provisions de l'office à la personne qui lui est présentée, sous la condition qu'elle sera jugée capable par la cour ou juridiction à qui elles sont adressées, et qui en ce cas doit recevoir le pourvu dans son office. » (135)

Lorsque le collateur admettait la résignation, le droit du résignataire, jusqu'alors éventuel, se transformait en un droit désormais acquis, droit *en l'office*, véritable droit réel qui lui conférait, ainsi qu'il a été dit, la seigneurie de l'office; si bien que nul autre que le pourvu ne s'en pouvait qualifier seigneur. En effet, le collateur, qui n'en pouvait percevoir ni les fruits

---

(134) Dans le cas de refus, le collateur pouvait prendre de ces deux partis l'un : ou bien renvoyer la procuration *ad resignandum*, en réservant alors tous ses droits au résignant (voy. la note suivante), ou bien nommer un sujet de son choix, auquel il imposait l'obligation d'indemniser le titulaire.

(135) *Introd. génér. aux Coutumes, ubi supra.* Voy. aussi *Traité de la Communauté* (loc. sup. cit.), passage conçu en termes à peu près identiques à celui qui vient d'être rapporté, et dans lequel l'éminent jurisconsulte réserve formellement au propriétaire de l'office, en cas de refus du candidat désigné, le droit de présenter une autre personne. Voy., enfin, *Traité des personnes et des choses*, loc. cit.

ni les revenus, et qui, même, ne se pouvait pas conférer l'office
à lui-même, était absolument incapable de son titre et de
sa seigneurie. Son seul pouvoir sur l'office se réduisait à le
conférer quand il était vacant, puisque, tant qu'il était rempli,
il n'était point en sa disposition. Et encore venons-nous de voir
que cette collation n'était pas toujours libre entre ses mains :
elle ne le devenait que lorsque l'office venait à vaquer tout à
fait, comme par la mort, la forfaiture, la résignation absolue de
l'ancien pourvu ; mais elle était contrainte (nous savons en
quel sens), toutes les fois que la vacation était le résultat d'une
résignation faite à la charge de conférer l'office au résignataire
désigné (136).

Des développements qui précèdent, se déduit tout naturellement cette conséquence, qu'il y aurait une exagération manifeste à prendre au pied de la lettre le brocard si courant en
matière bénéficiale : *Resignatarius non habet jus in beneficio a
resignante, sed a collatore.* Il y aurait une méprise égale à dire
qu'un officier pouvait, par sa seule volonté et à son gré, se
donner un successeur de son choix, et que du collateur seul
le résignataire tenait son droit. La vérité réside tout entière
dans la distinction par nous établie entre le *jus ad rem*, ou droit
à l'office, et le *jus in re,* ou droit *en l'office*. Son droit, le résignataire le tenait à la fois et du résignant et du collateur ; mais,
tandis que, de ses rapports avec le premier ne résultait qu'un
droit purement personnel, de ses rapports avec le second seulement, naissait un droit réel. Ce n'est donc que relativement à
la seigneurie de l'office, que la maxime peut être acceptée en
toute confiance (137), et encore est-il certains offices auxquels
elle demeurait complètement étrangère, par cette raison péremptoire qu'il n'y était point question de provision (138).

---

(136) Voy. Loyseau, liv. I, chap. ii, nᵒˢ 38 et 39.
(137) Voy. Loyseau, *eod.*, nᵒ 40.
(138) Nous visons spécialement ici les offices de perruquiers et autres semblables,
dont il a été question ci-dessus. (Voy. chap. i, § 1ᵉʳ, note 63, p. 28.)

C'est ici le lieu de mentionner, au sujet de la résignation des offices vénaux, le droit fiscal à la perception duquel donnaient naissance son admission et la délivrance des lettres de provision.

Ce n'était pas, en effet, sans bourse délier au profit du trésor, que la transmission s'effectuait, et, par suite, que les lettres de provision étaient expédiées. Le Roi n'admettait, en règle, la résignation que moyennant finance, bien que cependant il ne pût pas légitimement la refuser. Cette taxe, qui paraîtra très-injuste dans son principe, et contraire à la loi du commerce (139) à quiconque se souviendra que les officiers puisaient la faculté de résigner en faveur dans la finance qu'ils versaient aux parties casuelles (140), cette taxe qui, d'ailleurs, fut loin d'exister de tout temps, avait eu pour cause, comme l'introduction de la vénalité elle-même, des besoins d'Etat. Loyseau nous dit à cet égard (141) : «... sur la nouvelle introduction de la venalité des Offices, ce point, que le Roi fût tenu d'admettre les resignations, n'étant vuidé par aucune ordonnance (bien qu'en effet il ne les refusât, non plus que le Pape celles des Benefices) et comme en matiere d'Edits fiscaux, c'est assez d'avoir un pretexte, notamment lors que le Roi est pressé de necessité, le Roi Charles IX. au fort des guerres civiles de la Religion, imposa ce nouveau subside sur ses Offices, par Edit de 1567. portant que *tous Officiers tant des finances, qu'autres, dont les Offices avoient été vendables* (c'est le mot de l'Edit) *seroient reçûs à resigner iceux à personnes capables, en payant aux parties casuelles la finance à quoi leurs resignations seroient taxées.* Et parce que

---

(139) Voy. Loyseau, liv. III, chap. iii, n° 29.

(140) C'est bien en cela que résidait l'iniquité de cette sorte de droit de mutation. Et, en effet, la concession d'un office à titre onéreux étant une véritable vente, le collateur s'obligeait tacitement, par la nature même du contrat, à en admettre la résignation. Imposer par conséquent aux officiers, ainsi que le faisait le Roi, dont l'exemple fut naturellement suivi par les seigneurs, l'obligation de verser entre ses mains une certaine somme d'argent à chaque mutation, c'était, en réalité, vendre une seconde fois ce qu'il avait déjà vendu une première, c'est-à-dire vendre ce qui ne lui appartenait plus. — Comp. M. E. Durand, *op. cit.*, n° 170, pp. 182 et suiv.

(141) Liv. III, chap. iii, n°s 14 et 15.

cet Edit, qui ne parloit que des Offices vendables, ne sembloit assez formel pour les Offices de Judicature, il y eut un autre Edit fait par exprés pour iceux en 1569 qui permit de les resigner, comme ceux des finances, en payant la taxe. De sorte que comme les guerres d'Italie ont été cause de la vente des Offices, les guerres civiles ont causé la vente des resignations. » Après avoir fait observer que l'Edit de 1567 déclarait que cette taxe était imposée « pour employer aux guerres de la Religion, et partant que les Princes possedans le domaine de la Couronne, ne la *pourraient* prendre sur les Offices, dont ils *avaient* la nomination », le même jurisconsulte ajoute : « Toutefois à present que cette loy est établie, et que cette condition est imposée publiquement aux Offices Royaux, elle est desormais juste, et on ne s'en peut plaindre : mais faut que ceux qui les achetent, fassent leur compte avant que de s'y engager, qu'ils ne les pourront resigner, s'ils n'en achetent la permission. » (142) Puis il essaye, immédiatement après, de légitimer cet impôt, en faisant observer que la transmission des héritages donnait lieu à quelque argent de mutation, et en faisant remarquer d'ailleurs qu'il était depuis longtemps en usage dans les bénéfices ecclésiastiques (143).

Quoique cette taxe des résignations fût désignée vulgairement, dans notre ancien droit, sous le nom de *quart denier* (144), bien est-il que cette qualification n'est point exacte ; on ne saurait donc en conclure que le droit en question s'élevait au quart de la juste valeur de l'office. Jamais, jusqu'au temps où vivait Loyseau, le Conseil des finances ne taxa les résignations au quart denier de la juste valeur des offices, ni même au douzième denier. Et encore, sous le règne de Henri IV, où les taxes des parties casuelles étaient doublées du prix des anciennes, avant l'Edit de Paulet, on taxait volontiers, dans les

---

(142) Voy. *eod.*, nos 16 et 17.

(143) Voy. *cod.*, nos 18 et 19.

(144) Elle porta aussi la dénomination de *marc d'or*. (Voy. Denisart, mot MARC d'or et d'argent.)

offices de finance, la résignation d'un office à une année de gages (145), « ou deux tout au plus, à l'égard de ceux qui n'avoient aucun suport au Conseil. » En ce qui touche les offices de judicature, qui ne procuraient que des gages modiques, « on ne taxa jamais la resignation plus haut, que le dix ou douziéme denier du prix des offices. » Aussi bien cet auteur estimait-il qu'il fallait entendre, par les mots *quart denier*, le quart du quart, c'est-à-dire le seizième de la valeur de l'office (146).

Dans trois cas, cependant, la résignation des offices était admise sans payer aucune finance.

a. — Le premier était celui où le nouveau pourvu résignait avant sa réception, soit qu'il n'ait pu, soit qu'il n'ait voulu se faire recevoir (147). La dispense de la taxe pouvait, en pareille hypothèse, s'expliquer de deux manières. On pouvait dire, d'un côté, que le paiement du droit se trouvant nul, faute de cause, la répétition serait autorisée *quasi causa non secuta*. Mais, en fait, comme il était toujours nécessaire que le nouveau résignataire payât une somme égale, on ne répétait point celle qui avait été déboursée ; elle servait pour ce second résignataire qui, par conséquent, n'avait pas à en acquitter d'autre. En d'autres termes, le retrait des deniers versés n'avait pas lieu ; ils restaient aux parties casuelles et tournaient à la décharge du second résignataire ; seulement cette dispense n'était que fictive, en ce sens que, nous

---

(145) Il en était de même du droit de mutation des héritages, qui ne dépassait jamais l'année du revenu. (Voy. Loyseau, *eod.*, n° 29.)

(146) Voy., sur tout ceci, Loyseau, *eod.*, n° 20 à 29 inclus. Postérieurement à Loyseau, le droit de marc d'or subit différentes péripéties, sur lesquelles nous n'avons point à insister. Nous nous bornerons à mentionner un édit du 1er décembre 1770, enregistré à l'audience de France le 5 du même mois, qui déterminait le droit de marc d'or qui serait perçu à l'avenir. Ce droit était notamment fixé au quarantième de la finance des offices de finance. (Voy. Denisart, *ubi supra*, n° 11.)

(147) Comp. *infra*, note 174, p. 190. Nous verrons plus tard, en nous occupant des droits des créanciers sur l'office vénal de leur débiteur (§ 2, art. 2, 1re PÉRIODE, II, A *in fine*), résulter une très-importante conséquence de la résignation du père en faveur de son fils, de la charge dont il avait été pourvu, mais dans laquelle il n'avait pas encore été reçu. Elle est relative au maintien des droits grevant l'office au profit du résignant originaire en faveur du père.

n'en faisons pas de doute, le second résignataire en remettait le montant au premier.

On pouvait, à cette explication, préférer la suivante, et dire que la permission de résigner, acquise moyennant le quart denier, était indéfinie et sans expression de certaine personne, de même qu'elle était indéfiniment taxée par le Conseil sans nommer le résignataire ; de telle sorte que ce que l'on achetait, c'était la permission de résigner l'office à qui on voulait, et non pas à telle personne spécialement déterminée. Par suite, si la première résignation ne sortait point effet, il en résultait que cette permission n'était pas consommée, mais qu'elle pouvait servir à la résignation qui se réaliserait ultérieurement avec un résultat effectif.

Cette première exemption de la finance de résignation n'était toutefois accordée, qu'autant qu'il ne s'était pas écoulé plus de six mois entre les deux résignations successives (148).

L'application de cette exception avait lieu communément lorsqu'un officier atteint de maladie qui l'empêchait d'exercer ses fonctions résignait son office à un ami, pour, en cas de mort, le conserver à sa veuve et à ses enfants, qui, l'ayant ensuite vendu à loisir, en faisaient pourvoir l'acheteur, « en vertu de la même

---

(148) Voy. Loyseau, *eod.*, n** 30 et 31. Au n° 32, ce jurisconsulte applique et justifie en ces termes cette première dérogation : « Ce qui s'observe par une grande equité, soit que le premier resignant vive encore, auquel cas il n'y a nulle difficulté, parce qu'on n'y peut imaginer aucune vacation ni fraude, et ne faut que supprimer et rompre les provisions du premier resignataire, soit que le premier resignant soit decedé, auquel cas il semble à la rigueur qu'il faille avoir une seconde resignation du premier resignataire en la personne duquel l'Office a été conservé, qui autrement eût vaqué par la mort de son resignant, et neanmoins parce que la permission de resigner estant une fois achetée *est in rem*, et est comme un droit acquis à l'Office, elle ne perit point avec la personne, mais passe au premier resignataire, qui peut transmettre son droit à un autre avant qu'être receu, ce qui ne s'appelle pas resignation, mais simplement demission. Et de verité cet usage est fort équitable, que comme en la pluspart des Coûtumes le Seigneur n'a qu'un rachat de deux mutations avenuës en une même année, aussi le Roy n'a qu'une finance des deux resignations, dont il n'y a qu'une qui ait eu effet de faire un Officier. Ce qui est encore plus raisonnable en l'Office qu'au fief : parce que l'acheteur du fief est fait Seigneur delors qu'il luy est vendu, ou du moins delors qu'il en veut prendre possession après son contract passé, mais le pourveu de l'Office n'est point Officier jusques à ce qu'il ait esté receu. »

finance payée lors de la resignation admise du decedé. » Que si le résignant recouvrait la santé, il reprenait son office, et rentrait même en son premier droit et en son premier rang, sans qu'il lui fût besoin de nouvelle provision ni de nouvelle réception (149).

Il pouvait se faire que le résignataire confident « d'un pauvre Officier pressé de maladie mortelle », usant de perfidie, se fît recevoir actuellement en l'office. En ce cas, nous dit Loyseau (150), « il n'y a nulle difficulté qu'aparoissant de la confidence, le resignant ou ses heritiers ne se puissent justement opposer à sa reception, et le faire condamner par corps à raporter ses provisions, et à fournir sa procuration en blanc, pour resigner derechef luy-mesme, si besoin estoit (151). Mesme s'il s'estoit trop hasté de se faire recevoir, et qu'à cette cause il fallût un second quart-denier, il seroit tenu de le payer et tous autres dépens, dommages et interêts encourus à l'occasion de sa perfidie. Comme il fut jugé par l'Arrest, pour Michel Secretaire du Roy. Et a encore esté jugé cette année en l'audiance. En quoy il n'y a nulle difficulté, car puis que mesme aux Benefices où la confidence est étroitement prohibée (152), cela se juge ainsi, au moins au Privé et grand Conseil, témoin de l'Arrest du Curé des Innocens, il doit à plus forte raison avoir lieu aux Offices, où la confidence n'est aucunement illicite. » C'est par ce procédé ingénieux de contrainte, que notre ancien droit avait raison de la

---

(149) Voy. Loyseau, *eod.*, n° 33. (Comp. *supra*, note 16, p. 124.) Cet auteur (*eod.*, n° 34) ajoute toutefois cette restriction : « ..... mais aussi s'il vient à resigner une autre fois après avoir repris l'exercice, il faut qu'il paye nouvelle finance, au moins s'il resigne long-temps après, qui estoit un cas d'amy, avant le party de Paulet : mais à present il seroit mal-aisé, à mon avis, de s'en sauver. »

(150) *Eod.*, n° 35.

(151) Comp. *infra*, § 2, texte et note 344.

(152) Le Concile de Bâle, les Constitutions des papes Pie IV, Pie V, et Sixte V, l'article 2 de l'ordonnance de Blois, l'édit du mois de septembre 1610, et plusieurs autres réglements prononçaient contre les confidentiaires les peines de l'excommunication et de privation de bénéfice. — Voy., sur la confidence en matière bénéficiale, Denisart, à ce mot.

mauvaise foi du résignataire confident, quand il se montrait
indigne de la confiance qu'on avait mise en lui (153).

---

(153) Les détails qui précèdent touchant l'application de la première exception
apportée à la perception de la taxe du quart denier nous prouvent que, dans notre
ancien droit, le résignataire pouvait, en vertu de certaines circonstances particulières,
exercer temporairement l'office sans en avoir la propriété. Le contrat spécial qui intervenait alors entre lui et le seigneur de l'office, et qui rappelait le contrat de fiducie
(*contracta fiducia*) du droit romain, portait le nom technique de *confidence*, et le
tiers avec qui il était passé s'appelait, soit *résignataire confident*, soit *confidentiaire*
ou *intérimaire*. La confidence, empruntée à la pratique bénéficiale, fut introduite
pour éviter la perte de l'office en cas de décès du pourvu, et son utilité pratique se
manifestait surtout lorsque les offices n'étaient point héréditaires. L'hypothèse indiquée
au texte en fournit la preuve, en nous donnant l'exemple d'un de ces prête-nom,
chargé de l'exercice de l'office à titre provisoire. Nous lisons de même, dans un autre
passage de Loyseau (liv. III, chap. x, n° 9) : « ... il arrive souvent, qu'un Officier
pressé de maladie, et ne trouvant promptement à qui vendre son Office au prix qu'il
desireroit, le resigne confidemment à un amy, qu'il en fait pourvoir par sa resignation,
moyennant une contre-promesse qu'il retire de luy remettre, ou à ses heritiers, toutefois et quantes qu'il en sera requis. Ce qui est fort favorable en matiere d'Offices,
puisque même és Benefices, où les confidences sont étroitement prohibées, cette pac-
tion a été quelquefois maintenuë en haine de la déloyauté et trahison du confidentiaire
perfide. — Pareillement il arrive quelquefois entre les principaux financiers », poursuit-il (*eod.*, n° 10), « que pour plusieurs considerations, qu'entendent mieux ceux qui
sont de leur cabale, ils font pourvoir leurs parens, leurs Commis, ou autres confidens,
à certains Offices qui leur appartiennent, des quels ils prennent leur asseurance, ce
qui sera doresnavant plus frequent que jamais, à cause de la Paulette. » Quel était,
en pareille occurrence, le véritable caractère de l'intérimaire pourvu ! Le même jurisconsulte nous l'apprend ailleurs en ces termes : « ..... quand un homme ayant acheté
un Office le met sous le nom de son amy, qu'il fait pourvoir d'iceluy, en ce cas le
pourveu n'est pas effectivement seigneur de l'Office, mais en est simple titulaire *et fiduciarius possessor*, que nous disons en matiere de benefices *confidenciaire*. » Ce qui
revenait à dire que l'office, ou plutôt son estimation, continuait d'appartenir au résignant « quant au proffit et au peril, augmentation et diminution. » (Voy. Loyseau,
liv. III, chap. ix, n° 43.) Le confidentiaire, dont les créanciers, pour le dire en passant,
ne pouvaient saisir l'office (Brillon, *Dict. des arrêts*, t. 4, mot OFFICE, p. 712, n° 2), le
confidentiaire n'en était pas moins ici titulaire et officier, de telle sorte que le résignant ou ses héritiers, lorsqu'ils voulaient reprendre l'office, ne pouvaient invoquer
que sa propre promesse ; mais hâtons-nous d'ajouter qu'ils n'étaient point, par là,
dépourvus de protection, puisque la promesse de résigner admettait l'exécution forcée,
et que, d'ailleurs, comme nous le verrons plus tard, le résignant à confidence pouvait,
en cas de perfidie du résignataire confident, s'opposer au titre de l'office. (Voy. le
renvoi de la note 151, *supra*.) — Ajoutons que la confidence ne bornait pas son champ
d'application à l'espèce que nous venons de signaler. Pothier nous atteste que l'on en
faisait encore usage en d'autres circonstances : « Le droit d'exercer la fonction publique, avec tous les honneurs et les prérogatives qui en dépendent, réside toujours
dans la personne ; mais la finance attachée à l'office ne lui appartient pas toujours ;
car celui à qui elle appartient ne se fait pas toujours recevoir dans l'office, et y fait
quelquefois recevoir un autre, par exemple, lorsque le propriétaire, à qui on veut conserver l'office, n'est pas en âge d'être pourvu. » (*Traité des personnes et des choses*,
n° 267 ; éd. Bugnet, t. 9, p. 99 *in init.*)

b. — Le second cas dans lequel la taxe dite du quart denier n'était pas exigée, se présentait quand le résignant levait et achetait aux parties casuelles un office incompatible avec celui dont il était d'ores et déjà pourvu. « Car alors il ne doit rien de la resignation de ce premier Office, qu'il est contraint de resigner à cause de l'achat du second, au moins ne doit il qu'à proportion de ce que le premier Office est de plus grand prix que le nouveau : autrement le Roi auroit, comme on dit, d'un sac deux moutures. Pour donc s'exemter de payer cette finance, la pratique est de presenter requeste au Conseil, afin d'obtenir permission de resigner l'ancien office sans payer finance. Mesme le temps passé l'Officier ayant obtenu cette permission, avoit un an pour chercher marchand. Toutefois si sans demander cette permission il laissoit passer cette fraîche memoire de l'Office acheté du Roy, taschant à retenir tous les deux ensemble, il seroit desormais malaisé d'obtenir icelle. » (154)

c. — Enfin, le droit dont nous nous occupons ne se percevait pas sur l'échange des charges dont la valeur était à peu près égale (155).

Rappelons que quelquefois, au lieu de dispenser de la taxe des résignations, on se bornait à en réduire le montant. C'est ainsi que le paiement du droit annuel, comme nous l'avons fait observer en ses lieu et place (156), faisait descendre le marc d'or du quart au huitième denier.

A côté de la taxe dont il vient d'être question, les offices étaient encore assujettis à un autre droit, connu sous le nom de *droit de confirmation*, et levé à l'avènement de chaque Roi. Cette autre sorte de finance était perçue « à chaque mutation du Roi, pour obtenir du nouveau Roi nouvelles provisions des Offices : comme si celles du predecesseur ne servoient plus de rien aprés

---

(154) Loyseau, liv. III, chap. iii, n° 36.
(155) Voy. Loyseau, *eod.*, n° 37.
(156) Chap. i, § 2, pp. 61 *in fine* et suiv.

sa mort (157). Ce qui est encore plus éloigné de la raison »,
ajoutait Loyseau (158), « que la finance de la resignation, étant
certain, comme il a esté prouvé au chapitre precedent, qu'aprés
la mort du Roy, il n'est non plus besoin aux Officiers de lettres
de confirmation, qu'aux Beneficiers aprés la mort du collateur,
d'autant que ce qui leur a une fois esté concedé pour leur vie,
ne leur peut plus estre osté. Aussi qu'entre les trois genres de
vacation specifiées par l'Ordonnance de Louis XI. (de 1467) celuy
de la mutation de Roy n'y est point : au contraire cette Ordonnance est faite principalement pour l'exclure, comme il a esté
traité au dixiéme chapitre du premier livre (159).

« Toutesfois pource qu'auparavant cette Ordonnance, les Officiers, étans lors destituables, avoient accoûtumé, pour s'asseurer
de leurs Offices, d'en demander la confirmation au nouveau Roy,
afin que les tenans desormais de luy, il n'eût pas tant d'occasions de les revoquer : comme aussi les Rois ne destituoient
gueres les Officiers pourvûs par eux-mêmes (160)... Et parce
qu'en France le fisque ne démord et ne quitte jamais un droit
qu'il a eu autrefois, et d'ailleurs qu'il ne faut qu'un leger pretexte, pour maintenir toûjours ce qui a une fois apporté du
profit, depuis que les Offices ont été vendus, on a estimé que
comme on tiroit argent de la provision d'iceux, aussi on en
pourroit demander de la confirmation : bien qu'elle ne servît plus
de rien aprés l'Ordonnance de Louys XI. » (161)

Ajoutons que l'usage des confirmations fut notamment pratiqué par Louis XII et par Henri II, et qu'il fut finalement autorisé sous Charles IX par les Etats d'Orléans. Ce droit devint dès
lors un impôt ordinaire levé par chaque Roi, « une fois en sa vie

---

(157) Loyseau, liv. III, chap. iii, n° 38.
(158) *Eod.*, n°ˢ 39 et 40.
(159) Voy. n°ˢ 51 et suiv., et *infra*, § 3, note 4.
(160) Voy. *infra*, § 3, note 4 *in fine.*
(161) Voy. *infra*, *eod.* — Il convient d'ajouter à ces passages les huit numéros suivants (41 à 48), qui terminent le chap. iii du liv. III, et qui sont pleins d'intérêt, à
plus d'un titre.

sur ses officiers. » (162) Loyseau (163), laissant à dessein de côté la question de savoir si son origine était bien fondée, en justifiait l'existence en disant : « ... il est certain que le Roi a pû justement imposer cette loy publique, et cette Charge à ses Offices, à condition de laquelle il les a par aprés conferez, et les Officiers les ont achetez de sa Majesté. »

Si la délivrance des lettres de provision ne s'effectuait pas sans finance, à tout le moins, le droit qu'elles conféraient au pourvu était-il absolument stable. Celui qui avait une fois obtenu droit en l'office au moyen d'une provision pure et valable, ne le pouvait désormais perdre sans son fait, de telle sorte qu'il ne pouvait plus être conféré à un autre à son préjudice. En effet, l'office n'étant plus vacant, « mais remply de sa personne », il ne se trouvait plus en la disposition du collateur, jusqu'à ce qu'il survînt une autre vacation, attendu que le droit à lui déféré par la précédente vacation était épuisé, consommé et éteint par la première provision qu'il en avait concédée. De là cette conséquence fort importante, qu'entre deux pourvus d'un même office, le premier pourvu était préférable au premier reçu, pour peu que la priorité de l'une des deux provisions pût apparaître (164).

---

(162) Voy. *infra, loc. cit.*

(163) *Loc. cit.*, n° 48.

(164) « Lorsqu'il se trouve deux contrats de vente d'un même office », disait Bourjon, « le premier pourvu, indépendamment de la date de son acquisition, est préféré ; la provision accordée par le roi est le vrai titre : fondement inébranlable de cette préférence juste, qui naît de l'objet, et de ce qui caractérise sa propriété. » Et le même jurisconsulte fournissait de ce principe ces trois raisons : d'une part, que l'office n'était plus vacant ; d'autre part, qu'il n'était plus en la disposition du collateur, jusqu'à ce qu'il survînt une nouvelle vacance ; et enfin, que le pourvu n'en pouvait plus être dépouillé que par son fait. Seulement, en pareille hypothèse, il va de soi que celui qui avait acquis l'office, et dont le contrat ne recevait pas d'exécution, avait une action en dommages-intérêts contre son vendeur, qui était toujours garant de son fait. (Voy. ce que nous avons dit au sujet de la garantie, *supra*, pp. 154 et suiv.)

Que si l'on suppose maintenant qu'il n'y ait pas eu de contrat, mais que deux procurations *ad resignandum* successives aient simplement été passées au profit de deux résignataires différents, alors celui en faveur duquel la seconde procuration aurait été donnée se serait trouvé préférable à celui qui aurait rapporté la première, parce qu'une telle procuration était toujours révocable, pourvu, bien entendu, qu'elle n'ait pas encore reçu exécution par suite de la délivrance des lettres de provision ; car cette exécution, comme on vient de le voir, l'aurait rendue préférable à l'autre. (Voy. Henrys, t. 2,

C'était là un principe qui ne comportait pas d'exception (165).

Maintenant que nous connaissons ce que l'on entendait par droit *en l'office* et de quelle manière il était engendré, un dernier point nous reste à indiquer. Il est relatif aux effets que produisait la seigneurie résultant de la provision valable de l'office. Or ces effets étaient au nombre de six, dont voici l'énumération pure et simple ; ils consistaient :

Le premier, en ce que l'office était rempli de droit, et que, par là même, il n'était plus vacant ;

Le second, en ce que la propriété de l'office était désormais irrévocable, mis à part les offices sujets à destitution, et sous réserve également de ce qui a été dit ci-dessus au sujet du regrès (pp. 143 et suiv.) ;

Le troisième, en ce que le pourvu pouvait dorénavant « vendiquer et debattre l'Office par action réelle contre tout détenteur ou autre y pretendant droict » ;

Le quatrième, en ce qu'il en pouvait disposer et le résigner, s'il était résignable, comme presque tous l'étaient déjà à l'époque de Loyseau ;

---

liv. 2, chap. 35.) — Voy., sur tout ce qui précède, Bourjon, *Le droit commun de la France*, liv. II, tit. xi, 2ᵉ partie, chap. vi, sect. ii, nᵒˢ viii, ix et x. Au nᵒ xii, cet auteur ajoutait : « Comme la révocation de la vente n'est admise que par la faveur de l'officier, si un second acquéreur d'office avoit été obligé d'indemniser le premier, en ce cas étant instruit du droit du premier, ce premier lui seroit préférable ; c'est la suite de sa soumission. (Henrys, tom. 2, liv. 2, ch. 35.) »

(165) Il y a plus : cette règle s'appliquait non-seulement aux pures provisions des offices ou bénéfices vacants, mais aussi aux retenues ou réserves des non vacants. Il y avait, toutefois, sur ce point, cette différence entre les pures provisions et les réserves ou retenues, que le pourvu de l'office ou bénéfice vacant ne pouvait, par aucun moyen, perdre le droit qu'une pure provision lui avait fait acquérir sur lui, tandis que la réserve ou retenue pouvait être révoquée, « soit par revocation expresse, soit par la prelation d'un autre en l'Office ou benefice reservé, comme quand lors de la vacation un autre en est pourvu par le Pape, ou par le Roy, au préjudice de celuy qui en avoit la reserve ou retenuë, pource que le Pape et le Roy ne se peuvent lier les mains *in jure quærendo, sed tantùm in quæsito :* ou bien quand auparavant la vacation, quelqu'un obtient une autre Reserve ou Retenuë : avec clause de preference à toutes autres, etc..... De sorte que le droict en l'Office ou benefice qui est autrement appellé *jus quæsitum*, ne peut estre osté, mais seulement le droict à l'Office ou benefice, qu'on appelle le *jus quærendum*. » — Voy., surtout ceci, Loyseau, liv. I, chap. ii, nᵒˢ 52 à 59 inclus, et liv. III, chap. v, nᵒ 48.

Le cinquième, en ce qu'il en pouvait percevoir les gages *jure dominii*. — Les gages des offices achetés, notamment de ceux de finance, couraient, en effet, du jour de la provision ; les autres droits de l'office ne couraient, au contraire, que du jour de l'exercice commencé (166) ;

Le sixième, enfin, en ce que la provision opérait par elle-même purge de tous les privilèges et hypothèques dont l'office pouvait être grevé (167).

Ainsi que l'on peut à présent s'en rendre compte par ce rapide aperçu, les effets du droit *en l'office* étaient autrement étendus et importants que ceux du simple droit *à l'office*, qui ne pouvait produire d'action ni réelle, ni possessoire, pour le disputer et prétendre, l'action réelle n'appartenant qu'à celui qui a un droit réel en la chose, et l'action possessoire qu'à celui qui en est possesseur. C'est tout au plus s'il produisait une action personnelle, en ce sens que, d'un côté, la composition ou vente engendrait une action de ce genre contre le vendeur, à l'effet de lui faire fournir une résignation valable, et que, d'autre part, la résignation en engendrait une analogue contre le collateur, tendant à la lui faire admettre et à bailler des lettres de provision conformes à cette résignation, à supposer l'office résignable. Effet bien fragile à la vérité, si l'on songe que plusieurs circonstances pouvaient anéantir ce droit à la chose, comme si, par exemple, le vendeur venait à décéder, « ou forfaire son Office », ou même à le résigner à quelque autre acheteur qui en ait obtenu la provision, ou encore si un créancier venait « à la traverse » saisir l'office (168).

Quelque puissants que fussent les effets de la provision (169), il

---

(166) Voy., à propos de ces différents effets, Loyseau, liv. I, chap. II, n° 60, et *infra*, texte et note 191.

(167) Ce point sera développé en détail dans l'art. 2 de notre second paragraphe.

(168) Voy., sur ce qui précède, Loyseau, liv. I, chap. II, n°⁵ 48 et 49.

(169) Nous n'avons pu, on le conçoit, entrer dans tous les détails que comporterait le développement du vaste sujet de la provision des offices. Ici, comme sur bien d'autres points, nous renverrons à Loyseau, qui ne consacre pas à cette matière moins de cent dix numéros, dans le chap. III de son liv. I.

ne suffisait cependant pas d'avoir obtenu le *droit en l'office*, pour être officier. Cette qualité ne résultait que de la réception (170). « Or », dit Loyseau (171), « dautant que les Offices emportent puissance publique, ce n'est pas assez d'en avoir la Seigneurie privée, mais il faut aprés une approbation publique, avoir la concession et application de cette puissance publique qui ne peut pas être faite par un Seigneur particulier, lequel ne l'ayant pas luy même, ne la peut transferer à autruy. Or pour le regard du Roy, bien que par sa provision il la pût bien conceder s'il vouloit, neantmoins luy même s'en exclud par la teneur de ses lettres de provision, par lesquelles il renvoye le pourveu aux Juges superieurs pour éprouver sa capacité, laquelle à la verité il arrive rarement que sa Majesté puisse connoistre, notamment en un Royaume de si grande étendüe que celuy de France. De sorte qu'à bon droit cet ordre y est establi, qu'aprés la provision, il faut encore passer par la reception solennelle ; qui est celle qui (aprés l'épreuve de la capacité du pourveu) luy transfere la puissance publique, l'Ordre et le charactere d'Officier.

« Comme donc la provision met l'Office entre les mains du pourveu, aussi la reception le joint et applique directement à sa personne, celle-là le fait Seigneur de l'Office, et celle-cy le fait Officier : celle-là luy en attribuë le droit et la disposition, celle-ci l'effet et l'exercice : celle-là le titre et Seigneurie, celle-cy la qualité et le rang. »

Ainsi que le fait observer ailleurs le même jurisconsulte, la réception était encore plus nécessaire que la provision, « pource qu'on peut bien être Officier sans provision, mais non sans reception, et que c'est la reception qui fait l'Officier, c'est à dire qui attribuë au pourveu l'Ordre et le caractere d'Officier, au lieu que la provision n'attribuë que le titre ou Seigneurie imparfaite de l'Office. » (172)

---

(170) Voy., sur la réception, Loyseau, liv. I, chap. IV; Denisart, mot RÉCEPTION, et Guyot, *Rép.*, même mot.

(171) Liv. I, chap. II, nᵒˢ 41 et 42.

(172) Voy. Loyseau, liv. I, chap. IV, nᵒ 1. Voy. aussi Pothier, *Traité des personnes*

Il résultait de là cette conséquence fort importante, que l'office, en principe du moins, ne vaquait pas par la mort du résignataire avant qu'il y eût été reçu, parce que, jusqu'à la réception, l'office reposait toujours sur la tête du résignant ; la vacance, en effet, n'était que conditionnelle, en ce sens qu'elle se trouvait subordonnée à la condition que la résignation serait admise ; or, la condition n'étant pas accomplie, il ne pouvait y avoir vacance de l'office, qui était toujours resté rempli (173). Cependant, dans le cas où, par négligence, le résignataire avait différé plus d'un an sa réception, sa mort entraînait vacance de l'office, et, par conséquent, perte de son prix pour sa succession (174).

---

et des choses, n° 267, éd. Bugnet, t. 9, pp. 98 *in fine* et suiv., et Denisart, mots MINEURS, n° 22, cité note 101, *supra; OFFICES et OFFICIERS*, n° 42, et RÉCEPTION, n°° 12 et 13, dans lesquels sont analysés deux arrêts des 13 juin 1735 et 7 février 1738, absolument typiques sur la nécessité de la réception pour obtenir la qualité d'officier. Comp. *supra*, section 1, § 2, p. 84, texte et note 29.

(173) Voy. note 16, *supra*.

(174) Si, dans le but de sauver l'office quand le résignataire mourait quarante jours après la résignation, époque à partir de laquelle il semblait cependant bien que la charge aurait dû vaquer par sa mort, puisque, postérieurement à ces quarante jours, il en était fait seigneur incommutable, si on avait admis que, de même que la donation ne vaut rien quand elle n'est pas acceptée par le donataire (voy. *infra*, art. 5, A, texte et note 198), de même la résignation des offices ne subsistait qu'après l'acceptation, la logique, tirant de là un *a contrario* très-simple, aurait pu amener à penser, au premier abord, que, si le seul défaut d'acceptation empêchait la vacation de l'office par la mort du résignataire après les quarante jours, il devait s'ensuivre qu'il vaquait par sa mort, toutes les fois qu'on pouvait faire clairement apparaître que ce résignataire avait fait quelque acte d'acceptation ou approbation de la résignation, comme s'il « eust passé par contract, ou compromis de la composition, ou que luy-même eust payé le quart denier, ou présenté Requeste afin d'être receu, qui sont tous actes suffisants, pour induire qu'il a accepté la resignation et provision à luy faite », ainsi que l'exprimait Loyseau. Dès lors, en effet, que le résignataire avait accepté la provision à lui faite sur la résignation, il est certain que le résignant était dépouillé de tout le droit qu'il avait en l'office qui, partant, ne pouvait plus vaquer par sa mort après les quarante jours. Que si une semblable conclusion était exacte relativement aux bénéfices qui, une fois les vingt jours expirés et la résignation acceptée, vaquaient désormais par la mort du résignataire, elle cessait de l'être quant aux offices qui, comme nous le formulons au texte, ne pouvaient vaquer par la mort du résignataire tant qu'ils n'étaient pas appliqués, si l'on peut ainsi dire, attachés et incorporés à sa personne par sa réception. Si donc il décédait avant, le droit qu'il avait ou à l'office ou en l'office était transféré à ses héritiers, qui en pouvaient disposer, même sans payer nouvelle finance, principalement en ce qui concernait les offices qui entraient aux parties casuelles. Ils pouvaient, par conséquent, vendre l'office en vertu de la procuration *ad resignandum* donnée par le vendeur qui avait reçu le prix de sa résignation. — La raison de la différence

La réception avait plus spécialement trait à la constatation des qualités requises de l'officier (175). Elle consistait en deux

tenait à ce que les offices se séparaient des bénéfices à ces deux points de vue : d'un côté, en matière bénéficiale, la réception était inconnue, de telle sorte qu'aussitôt qu'on était pourvu, on devenait bénéficier; et, d'autre part, les bénéfices ne tombaient pas en commerce comme les offices. Aussi bien, en pratique, si le pourvu d'un bénéfice en voulait disposer avant d'en avoir pris possession, il fallait que ce fût par la voie de la résignation, tandis que, pour les offices, c'était chose notoire que, quand un pourvu rapportait et représentait ses lettres tout entières et sans acte de réception endossé, notamment lorsqu'elles étaient de fraîche date, on ne lui demandait pas de quart denier pour pourvoir un autre en ses lieu et place (voy. *supra*, p. 179, *a*), ni même de procuration *ad resignandum ;* mais on appelait cela changer de provisions, et, de fait, on rompait les premières, et on scellait les autres de même teneur : il n'y avait rien de changé que le nom du pourvu. — Ajoutons que, lorsque celui qui avait levé un office aux parties casuelles était décédé avant de s'y être fait recevoir, ses héritiers pouvaient revendre l'office à un autre qui même en était pourvu sans payer le quart denier. « Il est bien vrai », disait à cet égard Loyseau, « qu'il y a une raison particulière en celuy qui a acheté tout fraîchement l'Office du Roi, lequel auroit, comme on dit, l'argent et le drap, si avant que l'achepteur y eût été reçû, il lui revenoit par sa mort, et il y a apparence qu'en tout cas ses heritiers pourroient intenter la condition *causâ datâ, causâ non secutâ*, pour r'avoir leur argent, au lieu de quoy on leur permet de revendre l'Office. Mais si le Roi avoit donné gratuitement l'Office à un homme qui decederoit avant qu'y être reçû, il ne seroit pas raisonnable que ses heritiers le vendissent par aprés : pource que quand lui-même vivroit encore, il ne le pourroit vendre ny resigner, que par grace du Roi, comme il sera dit au 3. Livre.

« Mais bien qu'il y ait plus de difficulté en la resignation admise, où le Roi n'a eu que la taxe d'icelle, neanmoins », ajoutait-il, « puisque aujourd'hui les Offices sont *Omnia in bonis*, je n'en resoudrai par cette proposition, que sous un bon Prince la cause du fisque doit être reputée mauvaise à l'égard des pauvres heritiers de celui qui a acheté son Office, et qui n'en a point jouy principalement si le resignataire n'a point été en demeure, et negligent de s'y faire recevoir. » (Voy., sur tout ce qui précède, Loyseau, liv. I, chap. XII, nos 17 à 26 inclus; voy. aussi Brillon, *Dict. des arrêts*, t. 4, mot OFFICE, p. 773, n° 97.)

Ce n'est pas à dire, toutefois, que le resignataire pouvait reculer indéfiniment la date de sa présentation à fin de réception, et que le pourvu non reçu conservait à perpétuité l'avantage de ne pas voir l'office se perdre par sa mort. Si, sans doute, la règle *De publicandis resignationibus*, suivant laquelle, en matière bénéficiale, si le résignataire n'avait pas publié ses provisions dans les six mois, le bénéfice vaquait désormais par la mort du résignant, si cette règle, disons-nous, ne s'observait pas pour les offices séculiers, même en la Cour de Rome, et ne devait pas recevoir d'application, notamment aux offices entrant aux parties casuelles, Loyseau, et, après lui, Bourjon, n'en estimaient pas moins que si le résignataire gardait ses lettres un an entier sans se présenter pour être reçu, et ne donnait de sa négligence aucune excuse valable, ces lettres devaient devenir nulles en vertu de la règle du sur-an, notoirement pratiquée en toutes lettres de chancellerie (voy. *supra*, p. 141 *in fine*), et que, par conséquent, si le résignant décédait postérieurement, l'office était en danger de vaquer par sa mort, si on n'y prenait garde. (Voy., sur ce dernier point, Loyseau, *eod.*, nos 27 à 30 inclus). — Comp., sur tout ce qui précède, Bourjon, *op. cit.*, liv. II, tit. XI, 6e partie, chap. II, sect. I, dist. II, nos VI et VII.

(175) Parmi ces qualités, il en est une qui mérite d'être relevée d'une manière par-

points, savoir : en l'inquisition de la capacité du pourvu de l'office (176), qui était comme la confirmation de sa provision (177), et en la prestation de serment, qui en était comme l'exécution (178). ·

En ce qui concerne l'inquisition des officiers, elle portait sur trois éléments : sur les mœurs, qui étaient vérifiées par l'information, faite à la requête du procureur du Roi dans le lieu où le pourvu avait résidé pendant les cinq dernières années ; — sur l'âge, qui était particulièrement prescrit par les ordonnances « presque à chacun Office » (179), et dont la preuve était faite par le registre baptistaire, avec l'attestation des plus proches parents du pourvu, nommés à cette fin par le procureur du Roi, et entendus

---

ticulière : l'orthodoxie à la foi catholique, apostolique et romaine. Notre ancien droit avait, en effet, à l'instar du droit romain du Bas-Empire, qu'il eut bien tort de prendre ici comme modèle, fait de l'hérésie une cause d'incapacité absolue. (Voy. *Droit rom.*, chap. II, § 2, t. 1, p. 479.) Dès l'année 1567, des lettres-patentes de Charles IX portaient : « Nul ne sera reçu dans un office de judicature, sans information de vie et de mœurs, et s'il n'est de la religion catholique. » A la fin du siècle suivant, l'art. 13 de la déclaration du 13 décembre 1698, enregistrée au Parlement le 20 du même mois, portait également que l'une des conditions de la réception consistait dans la présentation de l'attestation du curé de la paroisse du domicile du récipiendaire ou des vicaires « de l'exercice de la religion catholique, apostolique et romaine. » (Voy. Denisart, mots OFFICES et OFFICIERS, n° 102, et RÉCEPTION, n° 14.) Ajoutons que, dans le dernier état de notre ancienne jurisprudence, il fut érigé en principe (nous allions dire en dogme), que tout hérétique était incapable de devenir ou de rester officier royal. Ce fut là, à n'en pas douter, un des effets de la révocation de l'Edit de Nantes, révocation que nous regardons comme l'un des plus grands malheurs de notre patrie. (Voy. M. A. Desjardins, *L'inamovibilité de la magistrature dans l'ancienne France*, dans *La France judiciaire*, n° du 1er décembre 1880, 1re partie, p. 58 *in medio*.)

(176) Nous avons déjà touché incidemment à ce premier point, dans le n° III du § 1er de notre chap. I. (Voy. p. 44.) Outre les passages de Loyseau auxquels nous renverrons, on pourra consulter, sur ce sujet, Bourjon, *Le droit commun de la France*, liv. II, tit. XI, 1re partie, chap. IV.

(177) Nos anciens jurisconsultes tiraient de là cette déduction notable que la réception du pourvu couvrait toute incapacité précédente du titulaire; de telle sorte qu'il n'y avait plus à tenir compte que de son incapacité postérieure. Ajoutons que, dans le cas où l'officier se montrait inhabile, ou devenait incapable, s'il ne voulait, de son bon gré, résigner son office, on lui prescrivait un temps dans lequel on le condamnait à résigner, et, faute de ce faire, l'office était déclaré vacant et impétrable. C'était là le seul cas où il pouvait échoir vacation par incapacité. (Voy. Loyseau, liv. I, chap. XIII, n° 12.)

(178) Voy. Loyseau, liv. I, chap. IV, n° 2.

(179) D'une manière générale, on doit poser en règle que, pour être reçu dans un office royal, il fallait être âgé au moins de vingt-cinq ans. (Voy. Denisart, mot AGE, n°s 24 et suiv., et Guyot, mots AGE et OFFICE.)

d'office par le juge, aux termes de l'art. 109 de l'Ordonnance de
Blois (180) ; — enfin sur la suffisance, qui était de deux sortes :
doctrinale pour les officiers de justice (181), en ce sens qu'ils
étaient soumis à un examen scientifique public (182), et pécuniaire
pour les financiers comptables, de la solvabilité desquels on
s'enquérait et qui étaient astreints à fournir caution (183).

Sans nous arrêter davantage sur ce sujet, nous noterons simplement que, dans le principe, on n'avait pas coutume de procéder à
l'information de la vie et des mœurs des officiers ni de les examiner.
C'est, en effet, ce qui résultait de l'insertion, dans les lettres d'of-

---

(180) Isambert, t. 14, p. 408. — La condition d'âge n'était pas d'une rigueur telle, que
la dispense n'en pût être accordée. (Voy. Loyseau, *eod.*, n°ˢ 26 et suiv.) Toutes les dis-
penses d'âge qui s'accordaient relativement aux offices devaient être expédiées séparément des provisions, et signées en commandement. (Voy. la Déclaration du 30 décembre 1679, dans Néron, ii, 157, et Denisart, mot AGE, n° 31.) Notons, à ce propos,
que, quand un mineur était revêtu d'un office avec dispense d'âge, si, sans doute, il
n'était pas tenu pour majeur par sa seule qualité d'officier (voy. *supra*, p. 164, texte
et note 109), à tout le moins était-il réputé tel pour ce qui concernait l'exercice de sa
charge, si bien qu'il ne pouvait se faire restituer contre les engagements qui résultaient de cet exercice ; mais, nous le répétons, il n'était réputé majeur que quant à
ce, et ne cessait pas d'être tenu pour mineur, relativement à ses affaires privées. (Voy.
un arrêt du 22 juin 1693 ; Brodeau sur Louet, lett. M, n° 1 ; Chopin, t. 3, et Denisart,
mots MINEURS, n° 21, et OFFICIERS, n° 3. Comp. d'Olive, *Questions notables de droit*,
liv. 4, chap. 15, et Brodeau sur Louet, au mot GREFFIERS, n°ˢ 9 et 10.)
(181) Cette expression, nous le rappelons, ne comprenait pas seulement les juges,
mais aussi les ministres de justice, tels que les greffiers et les notaires (comp. *supra*, ch. 1,
§ 1ᵉʳ, iv, p. 46), et même ceux qui, parmi ces ministres de justice, n'étaient pas réputés vrais officiers, tels, par exemple, que les procureurs.
(182) Tous les juges de la justice ordinaire, ou officiers de longue robe, sans exception, devaient être examinés tant sur le droit romain que sur les ordonnances, la
pratique et l'ordre judiciaire. (Voy. le discours auquel nous renvoyons chap. 1, § 1ᵉʳ,
p. 44, note 100.) Quant aux juges non lettrés et de courte robe, comme étaient
presque tous ceux des justices extraordinaires, tels que les maîtres des eaux et forêts,
les élus et grenetiers, leur examen ne portait que sur les ordonnances, et sur la pratique et l'ordre judiciaire (examen commun à tous les juges), mais non sur le droit
romain. — Nous devons noter ici une grande différence qui séparait l'information de
vie et mœurs de l'examen scientifique dont il vient d'être question ; elle consistait en
ce que, tandis que celle-là devait être réitérée autant de fois qu'on changeait d'office,
celui-ci, au contraire, n'était point renouvelé, « pource que », dit Loyseau (liv. I, chap. iv,
n° 43), « les mœurs de l'homme sont plus sujetes à se changer, que la science à s'oublier. » Il y avait, cependant, quelques cas où l'examen se réitérait, comme l'orsqu'un
officier voulait se faire recevoir à un office nouveau, pour lequel on requérait un examen différent ou plus rigoureux que pour le premier. (Ordonnance de 1548.)
(183) Voy., sur tout ceci, Loyseau, *loc. cit.*, n°ˢ 10 à 66 inclus, et Denisart, mot
RÉCEPTION, n°ˢ 4 à 11 inclus, 14 à 17 inclus, et 26 à 28 inclus.

fices primitives, de la clause *Que le Roy est suffisamment informé de la capacité de l'Officier.* Mais, depuis l'introduction de la vénalité des offices, tant entre les particuliers, qu'à l'égard du fisc, ceux-ci ne se trouvant plus désormais conférés par le choix du Prince, mais adjugés aux plus offrants et derniers enchérisseurs, l'information de la capacité devint, on le conçoit, une véritable nécessité, l'adjudication pouvant être faite au profit d'incapables. Cependant, la plus ancienne ordonnance touchant l'information de vie et mœurs est postérieure de vingt-quatre ans à l'érection des parties casuelles, puisqu'elle date de 1546 ; et encore, « en l'année suivante 1547. fut faite une declaration, que ceux qui auparavant cette premiere Ordonnance avoient été receus à la mode ancienne, sans information ny examen, et qui avoient bien exercé leurs Offices, continueroient leur exercice, sans y être sujets. » Quoi qu'il en soit, l'information des mœurs et de la capacité du pourvu devint depuis lors la règle. Remarquons, toutefois, que, même après l'époque où les offices furent conférés non plus par le choix, comme primitivement, mais au plus offrant, les lettres de provision n'en continuèrent pas moins de contenir toujours par pure routine, et pendant longtemps encore, mention de la clause ancienne sus-énoncée. Mais elle était alors superflue ; car on ne laissait pas d'informer des mœurs et de la capacité du pourvu ; de telle sorte que c'est bien le cas de dire avec Loyseau : « Et voila comme en France nous sommes plus curieux de retenir les vaines coûtumes et formalitez inutiles de l'antiquité, que de garder les bonnes loix. » (184)

---

(184) Voy., sur ce qui précède, Loyseau, liv. I, chap. III, nᵒˢ 58, 73, 74, 109 et 110. — Un passage du *Traité des propres* de de Renusson qui, ainsi qu'il nous l'apprend lui-même à plusieurs reprises, écrivait sous le règne de Louis XIV (*op. cit.*, chap. V, sect. IV, nᵒˢ 4 *sub fin.* et 26), nous montre que, de son temps encore, la clause dont il vient d'être question figurait dans les provisions. « ... Il y a », dit-il, « une... clause qui se mettoit dans les Provisions, et qui s'y met encore aujourdhui, le Roi suffisamment informé de la capacité de celui qui se fait pourvoir » ; et il ajoute : « on peut dire que cette clause est bien..... superfluë : car les Offices ne sont point conferez par choix, mais au plus offrant, et à celui qui en donne le plus ; on garde bien encore quelque forme d'examen à la reception des Officiers, mais tout le monde sçait la facilité avec laquelle ils sont reçûs. » (*Op. et loc. citt.*, nᵒ 17. Comp. nᵒ 22 *in fine.*)

Quant au serment (185), qui constituait la principale cérémonie de la réception, il attribuait et accomplissait en l'officier l'ordre, le grade et le caractère de son office, et lui conférait la puissance publique.

Il devait être prêté en audience publique, et était revêtu d'un caractère solennel. Ajoutons qu'il comprit d'abord deux chefs : le premier résultait de ce que le juge jurait n'avoir rien baillé, ni promis, directement ou indirectement, pour parvenir à son office ; ce premier chef, nous nous en souvenons, ne fut supprimé qu'en 1597 (186) ; l'autre était *de garder les Ordonnances (jurare in leges) et au surplus faire bonne et briève Justice* : « car és cas non decidez par les Ordonnances et autre droit François, tout Juge peut juger *uti æquius melius videtur...* », comme disait Loyseau (187).

Nous savons à présent en quoi consistait la réception. Demandons-nous maintenant quels en étaient les effets. On peut les résumer d'un mot, en disant qu'elle produisait la puissance publique, l'honneur (qui comprenait le titre et le rang) (188), et enfin les privilèges dépendant de l'office. Il résultait de là, que *l'officier* pouvait désormais dresser des procès-verbaux, faisant preuve et jouissant de l'authenticité, en tant que constituant des écritures publiques, bien qu'il ne fût pas encore installé en son office, et même que son installation se trouvât empêchée ; qu'il pouvait également se qualifier du titre de son office, et des épithètes d'honneur y attribuées, et finalement qu'il acquérait son rang et les immunités appartenant à sa charge (189). Disons enfin que la

---

(185) Voy., sur ce sujet, Loyseau, liv. I, chap. iv, n°⁵ 67 à 92.

(186) Voy. chap. i, § 1ᵉʳ, I, pp. 23 et 27.

(187) *Loc. cit.*, n° 90.

(188) Loyseau (liv. I, chap. vii, n° 35) estimait que, quand il s'agissait d'un office sujet à installation publique, le rang de l'officier ne se comptait « que du tems de cette installation. »

(189) Voy. Loyseau, liv. I, chap. ii, n°⁵ 61 et 62, et ch. iv, n° 94. — Sur le pouvoir des officiers, l'honneur que procuraient les offices à leurs titulaires, les privilèges qui découlaient de leur exercice, voy., dans le même auteur, *eod.*, chapp. vi, vii et ix, et liv. IV, chap. iii, ainsi que les renvois de la Table des matières de son *Traité des*

réception du résignataire mettait, désormais, obstacle à l'exercice du regrès par le résignant. (Voy. *supra*, pp. 143 et suiv.)

---

ordres, et simples dignités, aux mots NOBLESSE, OFFICIERS et OFFICES; voy. aussi, sur le second et le troisième de ces sujets, Bourjon, *op. cit.*, liv. II, tit. XI, 1re partie, chap. VI, nos I et II; 2e partie, chap. VI, sect. IV, nos XIX à XXI inclus, et la note à la suite de ce dernier numéro, et 5e partie, chap. II. Consulter également Domat, *Le droit public*, liv. II, tit. II, et Guyot, *Rép.*, mot NOBLESSE. Comp., enfin, Loysel, *Inst. coutum.*, liv. I, tit. I, IX, no 27, éd. Dupin et Laboulaye, t. 1, p. 42, et la note d'Eusèbe de Laurière sur les mots *Ou pourvus d'offices nobles*, pp. 43 *in fine* et suiv., et Denisart, mots NOBLES, NOBLESSE, *passim*, et OFFICES et OFFICIERS, nos 81 et 82. — Au point de vue des privilèges et des honneurs qui y étaient attachés, et qui, en servant d'appâts à la vanité publique, produisirent cet engouement extraordinaire pour les charges, de judicature surtout, beaucoup moins recherchées à raison des profits qu'elles produisaient, — puisqu'on vendait jusqu'à 700.000 francs des charges dont on retirait à peine trois pour cent, — qu'à cause des honneurs qu'elles donnaient (voy. M. Glasson, *Éléments du dr. fr.*, t. 2, No 216 *in fine*, p. 211), les offices pouvaient être répartis en quatre catégories :

1o Les uns, en effet, conféraient la haute noblesse; c'est ainsi que les grands officiers de la Couronne, les chefs d'office de la maison du Roi, tous les grands officiers du Conseil privé du Roi, et, par conséquent, les présidents des Cours souveraines qui en faisaient partie, les gouverneurs et les lieutenants du Roi dans les provinces, étaient, par leurs offices, faits chevaliers, eux et leurs descendants, et que celui qui avait possédé une charge de cette nature, toute abstraction faite de temps, et qui, par là, avait eu droit de s'intituler chevalier, ne pouvait cesser de l'être, si ce n'est par forfaiture; il pouvait toujours prendre ce titre, parce que les grands offices donnaient un *ordre* permanent et ineffaçable (voy. *infra*);

2o D'autres offices donnaient la noblesse simple et de race à ceux qui en étaient pourvus; telles étaient, par exemple, les charges de conseillers au Parlement; celles du Grand Conseil et de la Cour des Aides; celles, enfin, de maîtres et d'auditeurs des comptes, et de conseiller en la Cour des monnaies. Cette noblesse différait de la précédente en ce qu'elle ne passait aux descendants que lorsque l'officier était mort en possession de sa charge, ou ne l'avait résignée qu'après vingt ans de possession et de service; dans ces deux hypothèses, c'était alors une vraie noblesse qui affectait le sang et la descendance. Il résultait de là que la succession du titulaire ennobli par son office se partageait noblement. Mais, s'il l'avait résigné avant vingt ans de service, non-seulement ses descendants n'étaient pas ennoblis, mais lui-même ne jouissait pas des privilèges attribués à la noblesse (voy. *infra, in fine* de cette note);

3o Il existait une troisième catégorie d'offices qui donnaient la noblesse impropre, en ce qu'elle était personnelle, et non transmissible aux descendants; ces offices — et certaines fonctions militaires étaient dans le même cas — ne donnaient que la prééminence de la noblesse, sans conférer la noblesse même. C'est en vertu de cette noblesse impropre que les officiers commensaux de la maison du Roi, par exemple, précédaient les juges non royaux, ainsi que l'avait décidé un arrêt du Grand Conseil du 31 janvier 1699, rapporté par Augeard, t. 1, p. 161, et qu'ils avaient la préséance sur les marguilliers, en vertu d'un autre arrêt du Grand Conseil, du 9 janvier 1727, rendu contre les marguilliers de Corbeil, et rapporté par le même auteur, en son tome 2. (Voy., sur les commensaux, un édit du mois d'août 1705, et Denisart, à ce mot.) Cette noblesse impropre étant inhérente à l'officier, sa succession ne se partageait pas noblement ;

4o Enfin, certains offices, sans conférer la noblesse improprement dite et imparfaite,

Ce n'était cependant pas encore assez pour l'officier d'avoir été reçu en justice. Car la réception, pour faire de lui une personne publique ayant toute la puissance qui dépendait de son office, ne lui attribuait pas néanmoins la possession actuelle de cet office, qui n'avait rien de commun avec la seigneurie ni avec la qualité d'officier. Elle lui donnait seulement la possession de droit, et la permission d'appréhender celle de fait, qui était la vraie et parfaite possession, puisque l'officier était « envoyé en l'exercice de sa charge. » Aussi bien, après avoir parcouru les trois premiers degrés de droit que l'on pouvait jadis avoir sur un

---

donnaient à ceux qui en étaient revêtus une partie des immunités et exemptions dont jouissaient les nobles. Elles leur étaient accordées, non pas tant par honneur que pour supplément de gages, et afin de les mettre plus en état de faire leur service ; elles ne formaient, par conséquent, pas une noblesse même impropre. C'est ainsi que les menus officiers de la maison du Roi étaient exemptés de la taille, de la tutelle et de la curatelle (arrêt du Conseil d'Etat du 20 mars 1730), du syndicat et de la collecte des tailles. (Voy., d'ailleurs, sur les privilèges des officiers commensaux de la maison du Roi, les lettres-patentes du 30 juillet 1726, enregistrées en la Cour des Aides le 26 novembre suivant, auxquelles il convient de joindre une déclaration antérieure, du 22 août 1725, en vertu de laquelle les officiers de la maison de la Reine jouissaient de tous les privilèges accordés aux officiers de la maison du Roi.)

Par la vente de l'office, le résignant, en principe, ne jouissait plus des préséances et des prérogatives qui dépendaient de la charge ; car la vente l'en avait dépouillé. On doit même dire, d'une manière plus générale, que tous les privilèges dont il vient d'être parlé cessaient par la résignation de l'officier, parce que c'était à l'exercice de l'office auquel ils étaient inhérents, et dont ils étaient inséparables, qu'ils se trouvaient attachés. La cessation de cet exercice les faisait donc régulièrement disparaître. — Les offices de judicature n'échappaient pas à la rigueur de cette règle ; et si, après la vente de son office, le magistrat était toujours honoré, cet honneur était gratuit et tout de bienséance, et non de nécessité, par cette raison qu'il était principalement attaché au mandat qui lui était confié, et que la vente par lui consentie avait fait cesser. Il n'en était donc pas de même de ces privilèges que de la noblesse qui donnait un ordre permanent, puisque, comme nous l'avons vu plus haut, relativement aux grands offices, le vendeur, nonobstant la vente, continuait de jouir des titres honorifiques qui emportaient un certain ordre, et qu'en conséquence, celui qui avait possédé un office donnant la qualité de chevalier ou celle d'écuyer pouvait continuer à se qualifier ainsi, malgré la vente. (Voy. *supra*, 1°.) Ajoutons, toutefois, que, si l'officier avait obtenu des lettres de vétérance, lesquelles ne s'accordaient, dans l'usage ordinaire, et sauf des considérations particulières dans lesquelles ce délai était réduit, ainsi qu'un édit de Fontainebleau, du mois d'octobre 1704, en fournit un exemple (Isambert, t. 20, p. 456, n° 1923), qu'après vingt ans de service, il conservait, sinon les profits de sa charge (voy. note 191, *infra*), du moins les préséances et les prérogatives dont il a été question, et qu'il continuait à en jouir. Il convient, au surplus, d'observer, par rapport aux vétérances des offices de judicature, que l'édit d'août 1669, sur la fixation du prix de ces offices, l'âge et la capacité des officiers, portait que les Cours ne pourraient

office vénal, lui en fallait-il franchir un quatrième, et lui était-il
nécessaire après la composition et la résignation, la provision et
la réception, d'être installé, c'est-à-dire de prendre possession de
son office. Il fallait, en effet, une appréhension corporelle pour
acquérir la vraie possession des offices, aussi bien que de toute
autre chose, et cette appréhension ou occupation corporelle se
faisait ici, comme pour les autres droits incorporels, par l'usage
et par l'exercice de l'office. Il résultait de là, que le commencement de l'exercice des offices était leur prise de possession, qui
s'appelait précisément du nom technique d'*installation*, « pource

donner entrée et séance, ni voix délibérative aux officiers qui se seraient démis de
leurs charges, après avoir servi vingt ans, ni les faire jouir des privilèges et droits
dont jouissaient les vétérans, sous quelque titre et qualité que ce pût être, sans qu'il
leur fût apparu des lettres du Roi à cet effet, à peine de nullité. Le même édit enjoi-
gnait à tous officiers qui auraient été reçus vétérans ou honoraires sans lettres du
Roi, de se retirer dans six mois par devers lui, pour leur être pourvu, sinon, et à
faute de ce, les déclarait privés de l'entrée des compagnies, et déchus des privilèges
attribués à leurs charges. (Isambert, t. 18, pp. 326 *in fine* et suiv.)

Notons également un arrêt du Conseil, du 28 avril 1739, qui prescrivit que les officiers qui auraient été revêtus d'offices dont la vétérance était acquise par l'exercice
de vingt années, ne seraient réputés vétérans, et ne jouiraient des privilèges attribués
auxdits offices, qu'après avoir exercé le même office pendant vingt années, *sans pouvoir
cumuler l'exercice de plusieurs offices, pour acquérir la vétérance, et jouir des priviléges attribués auxdits offices.* — Quant à la vétérance des officiers de la maison du
Roi, elle ne s'accordait qu'après vingt-cinq ans d'exercice, et elle présentait cette
particularité de s'acquérir par la possession successive d'offices différents, pourvu
qu'ils aient été *dans un même genre de service sans interruption.* (Voy., à ce sujet,
les déclarations des 11 juillet 1678 et 22 mars 1726, cette dernière, enregistrée à la
Cour des Aides le 2 juillet suivant.) — Voy., sur tout ceci, Denisart, mots HONORAIRES
(Conseillers et Officiers); OFFICES et OFFICIERS, n° 30, et VÉTÉRANS, et comp. *Droit
romain*, ch. I, § 3, note 42, t. 1, p. 383.

Remarquons, enfin, que la veuve du titulaire ennobli par son office était noble, la
qualité de son mari réfléchissant sur elle, mais qu'elle ne conservait cette noblesse
que tant qu'elle restait veuve; le convol à de secondes noces la lui faisait perdre. (Cf.
Const. 10, *De nupt.*, C. Just., v, 4, et *Dr. rom.*, chap. I, § 4, texte et note 40, t. 1, p. 403.)
Elle jouissait pareillement, pendant sa viduité, des exemptions et privilèges attachés
à l'office dont son mari était pourvu. (Voy. la Déclaration du Roi, du 22 mars 1726, et
Denisart, mot COMMENSAUX, n°° 6 et 7. Voy. aussi le même auteur, au mot OFFICES et
OFFICIERS, n° 64.) Mais, si son mari résignait avant vingt ans, elle ne jouissait plus
alors ni de la noblesse, ni des exemptions, puisque son mari lui-même n'en jouissait
pas en pareil cas après la résignation (voy. *supra*, 2°), et qu'elle ne pouvait avoir
qu'une émanation de ses droits. Cela n'avait cependant pas lieu relativement aux
grands offices, qui conféraient la qualité de chevalier, parce que c'était là un ordre
permanent, qui assurait la noblesse à la veuve, dès que son mari avait été en possession d'un tel office. (Voy. *supra*, 1°.)

qu'és Offices de Judicature et quelques autres, on met et installe solemnellement l'Officier en son siege et place de l'auditoire, ainsi qu'il sera dit au 4. chap. mais és Offices de la gendarmerie et finance, l'Officier receu n'a besoin de cette installation solemnelle, mais peut de son authorité privée commencer l'exercice de son Office sans aucune solemnité. »

Jusqu'à l'installation, ou du moins jusqu'à ce que le nouvel officier se fût présenté au lieu de son exercice pour être installé, son résignant, bien qu'il n'eût plus aucun droit de propriété ou de possession en l'office, pouvait cependant, *utilitatis publicæ causa*, en continuer l'exercice, en vertu du caractère d'officier qui lui demeurait (190).

Quant aux effets de l'installation, ils étaient au nombre de trois, et consistaient dans l'attribution à l'officier des profits provenant de l'exercice (191), dans la possession publique de l'office, ce qui

---

(190) Voy., sur tout ceci, Loyseau, liv. I, chap. II, n°s 46 et 47, et chap. IV, n°s 92 à 97 inclus.

(191) La jouissance d'un office vénal consistait en deux points, qu'il convient de distinguer essentiellement l'un de l'autre, et qui étaient, d'en faire l'exercice, et d'en recevoir le revenu ou les émoluments. (Voy. Loyseau, liv. III, chap. VII, n° 10.) Nous devons relever ici, relativement à ces derniers, que ce fut un des graves inconvénients engendrés par la vénalité, que, mis à part les honneurs, l'on recherchait en général les offices qui en étaient entachés — et ils étaient nombreux — plutôt pour les émoluments que leur vénalité y avait fait joindre, que par le zèle d'être utile à l'intérêt public. Quoi qu'il en soit, ces fruits ou émoluments, à la perception desquels donnait lieu le droit de jouir de l'office, étaient de deux sortes : les gages et les salaires. Les gages étaient comme les fruits naturels qui appartenaient au propriétaire de l'office, en vertu du droit de propriété qu'il avait de sa charge; c'était là ce qui les différenciait des salaires ou profits. Ces gages étaient payés par l'Etat, et, ainsi que nous l'avons vu (p. 187 *in init.*, *supra*), ils couraient, au profit de l'officier, du jour de ses provisions ; que s'ils lui appartenaient dès ce moment, cela tenait à ce qu'ils représentaient le produit de la finance qui était entrée dans les coffres du Roi. Il résultait de là que, *stricto jure*, ils cessaient de courir en sa faveur dès l'instant de son décès. Néanmoins, sa veuve et ses héritiers en jouissaient pendant le temps qui leur était accordé pour vendre l'office ; il y a plus : ils avaient même, pendant ce délai, la jouissance du produit de la bourse commune, dans les communautés dans lesquelles il y en avait une établie. C'est ce qui fut jugé au parc-civil, sur la plaidoirie de Bourjon, relativement à un office de greffier de l'écritoire. Mais, après l'expiration de ce temps, ils ne profitaient plus ni des gages ni du produit de la bourse commune. — Quant aux salaires, ils formaient une espèce de fruits civils ou *industriaux*, comme on disait jadis ; perçus sur les particuliers, ils étaient dus à l'officier, en récompense de son travail, dont il n'était que juste qu'il tirât un profit. D'où la conséquence, qu'ils ne pouvaient lui appartenir que par suite d'un exercice actuel,

engendrait la possibilité de le prescrire (voy. *infra*, art. 7), et
enfin, dans l'octroi de toutes les actions propres à lui assurer la
conservation des droits de son office, notamment de l'action en
complainte contre ceux qui l'auraient troublé dans la possession
de sa charge, et dans celle des droits qui y étaient attachés (192).

————————

cessant lequel, la jouissance dont nous parlons n'aurait plus constitué qu'un abus.
Par là même, l'officier n'avait part dans les salaires et émoluments casuels, que du
jour de sa réception, puisqu'ils étaient une suite de l'exercice, dont ils étaient inséparables ; aussi bien, ce principe aurait-il été appliqué, encore que la communauté dans
laquelle l'officier était entré, eût fait bourse commune ; cette circonstance n'aurait
rien changé à la règle, et cela parce que la communauté de la bourse étant une suite
de celle du travail, il ne devait avoir part dans l'une, qu'en partageant l'autre. Sans
insister davantage sur ce sujet, sur lequel nous nous bornerons à renvoyer aux longs
et savants développements que Loyseau lui consacre au chapitre VIII de son livre I,
dont on devra rapprocher, en ce qui concerne l'exercice des offices, le chapitre V du
même livre, nous noterons simplement que si, dans la rigueur des principes, nul
officier n'aurait dû avoir tout ensemble les gages et les salaires qui semblaient, en
effet, incompatibles, les uns tenant lieu des autres, puisque tous deux concouraient au
même but de le récompenser de son travail, l'usage avait néanmoins prévalu d'en
permettre le cumul ; « mais c'est plus indulgence que vrai droit », disait Bourjon.
Quelques officiers cependant, tels que ceux de gouvernement, ceux de police et ceux
de finance, n'avaient aucun salaire, s'il ne leur était attribué par le Roi, et, par conséquent, ce qu'ils auraient exigé au delà, eût été concussion. — Rappelons enfin, qu'outre
les gages et les salaires, il existait certains offices auxquels étaient attachés des privilèges. (Voy. *supra*, p. 194, texte et note 189.) — Consulter, sur tout ce qui précède,
Bourjon, *op. cit.*, liv. II, tit. XI, 5e partie, chap. I, sect. I, II et III, nos I à IX inclus. —
Sur la saisie des émoluments de l'office, et relativement à l'influence produite sur ces
émoluments par la saisie réelle de l'office, voy. *infra*, § 2, art. 2, PREMIÈRE PÉRIODE,
III *in med.*, et IV *in init.*; SECONDE PÉRIODE, I, note 290.

(192) Voy. Loyseau, liv. I, chap. II, no 63, et Bourjon, *Le droit comm. de la France*,
liv. II, tit. XI, 2e partie, chap. VI, sect. IV, nos XVII et XVIII. — Dumoulin niait l'admission de la complainte en matière d'offices dont la possession, suivant lui, ne pouvait
être réclamée par cette voie, l'officier n'étant, disait-il, ni propriétaire ni possesseur
de la justice, mais seulement simple administrateur, et n'étant pas, d'ailleurs, usufruitier de son office, mais simple usager, n'en pouvant user qu'en propre personne. (Voy.
Dumoulin, sur l'art. 1 de la Coutume de Paris, glos. 5, no 59.) Loyseau répondait que,
sans doute, il était vrai de dire que, quand il était uniquement question des droits de
la justice, l'officier ne pouvait pas former complainte à leur occasion ; mais que,
lorsque l'objet direct de l'action était le droit de l'office, il n'y avait pas plus de « répugnance » à admettre qu'il en pût plaider possessoirement, qu'à confesser qu'il pouvait être possesseur de l'office ; et au surplus, ajoutait-il en invoquant l'autorité de
Bodin (*République*, liv. III, chap. 5), l'officier n'en était pas simple usager *jure ser-
vitutis*, mais propriétaire et possesseur, selon la nature et condition de l'office. Enfin,
usufruit et office faisaient deux, et quant à la nécessité d'exercer en personne, elle
tenait, non pas à ce que l'officier n'avait qu'un droit d'usage sur son office, mais bien
à la nature particulière des offices, dont les fonctions étaient publiques, « pour lesquelles executer la personne des Officiers est choisie, approuvée et preposée particulierement par les Magistrats publics superieurs. » Du reste, le pourvu d'un bénéfice

Les quatre degrés de droit que nous venons de passer en revue, sont ceux qui naissaient de la résignation pure et simple. Or, nous rappelons ici pour mémoire, que les offices pouvaient être grevés de droits conditionnels qui résultaient des quatre espèces de survivances dont nous avons parlé plus haut (193).

Nous terminons, par là même, ce que nous avions à dire au sujet du troisième mode d'acquisition des offices vénaux, mode au développement et à l'analyse duquel nous devions plus spécialement nous attacher. — Aussi les autres nous retiendront-ils beaucoup moins longtemps, et cela pour deux causes : la première, parce

---

ayant la complainte, pourquoi, étant donné surtout que l'officier avait plus de droit en son office, que le bénéficier en son bénéfice, et quant à la seigneurie et quant à la possession, pourquoi aurait-on mis plus de difficulté à l'accorder à l'officier ? De fait, cette action fut admise en notre matière, par un arrêt rendu aux grands jours de Moulins, en 1540, et rapporté par Rebuffe, et, après lui, par Choppin. Cependant, l'opinion de Dumoulin compta encore des partisans (voy. Brodeau, sur la Coutume de Paris, p. 95, et Bacquet, *Des droits de justice*, chap. 17, n° 8) ; mais, au xviiie siècle, elle était entièrement rejetée. (Voy. Maïchin, *Commentaires sur la Coutume de Saint-Jean d'Angely*, 2e éd., Saintes, 1708, pp. 233 in fine et suiv., et Bourjon, *loc. sup. cit.*, n° xviii, note.) — Au demeurant, un officier ne pouvait pas intenter complainte contre le Roi, ou autre collateur de son office, qui en était comme le seigneur direct, au nom duquel il le possédait et l'exerçait, et contre lequel, partant, il ne pouvait pas rétorquer sa possession. La possession de l'office ne pouvait donc être réclamée par la voie de la complainte que contre les particuliers, qui auraient élevé des prétentions relativement à l'office. — Ajoutons, en terminant, que les juges de la complainte et de tous autres procès intentés « pour raison du titre et droict pretendu en tous Offices Royaux »; étaient les Maltres des Requêtes de l'Hôtel du Roi, qui siégeaient à Paris. (Ordonnances de 1539 et de 1583.) C'était, du reste, là, presque l'unique attribution de leur justice. L'appel de leurs sentences était porté devant le Parlement de Paris. Enfin, leur juridiction spéciale n'attirait à elle que les litiges qui avaient trait d'une manière directe et précise au titre et au droit prétendu sur les offices, et non les causes relatives à leur exercice, au rang, ou autres droits en dépendant. Elle ne s'étendait pas davantage aux règlements d'entre les officiers ; pareillement, la connaissance des procès touchant le compromis ou la composition des offices, ressortissait à la justice ordinaire (arrêt du 21 février 1584), d'autant plus qu'il n'y était point question du titre ou du droit acquis sur les offices. Il y a mieux : la plupart des procès concernant directement le titre des offices se vidaient « ou au Conseil privé par le moyen des oppositions qui se *formaient* au sceau à l'expedition des provisions : ou aux Cours souveraines, à cause de celles qui *reformaient* incidemment à la reception des Officiers : même le Conseil d'Estat », ajoutait Loyseau, « en connoist bien souvent après la reception, comme si les Estats estoient une matiere d'Estat. » (Voy., sur tout ceci, Loyseau, *ubi supra*, n° 64 à 76 inclus, et liv. II, chap. i, n° 28 et suiv., et comp., sur la compétence du Conseil, relativement aux oppositions au titre des offices, *infra*, § 2, art. 2, ii, Appendice, *in fine*, 1re observation finale.)

(193) Voy. chap. i, § 2, note 7, pp. 49 et suiv.

qu'ils présentent un intérêt bien moindre que celui-ci ; la seconde, parce que les notions déjà acquises en faciliteront l'intelligence.

ARTICLE 4. — *De l'échange.*

Nous n'avons qu'un mot à dire sur ce mode d'acquisition : c'est qu'il ne constituait qu'une espèce particulière de résignation, qui était subordonnée, quant à ses effets, à l'obtention de la provision. Nous n'avons donc rien à ajouter à ce qui a déjà été dit sur ce sujet. Nous rappellerons simplement que certaines règles spéciales témoignent de la faveur avec laquelle était considérée cette résignation (194). C'est ainsi qu'en cas d'éviction de l'un des copermutants, celui-ci rentrait dans la propriété de son premier office, et cela de plein droit, c'est-à-dire sans provision ni réception nouvelles (195).

De même encore, nous avons remarqué qu'au point de vue fiscal, le Roi n'avait coutume de prendre aucune finance sur l'échange des charges dont la valeur était à peu près égale (196).

ARTICLE 5. — *De la transmission à titre gratuit par le titulaire.*

Malgré le silence à peu près complet gardé par nos vieux auteurs sur les dispositions des offices à titre gratuit, le principe n'en est pas contestable, par cette raison que les officiers se trouvant propriétaires de leurs charges, pouvaient, par là même, en disposer à leur volonté, soit moyennant finance, soit sans compensation. Quant au quasi-mutisme de nos anciens jurisconsultes, d'autant plus caractéristique qu'ils ont consacré de longs développements à la transmission des offices à titre onéreux, il s'explique aisément par cette considération que ce mode d'acquisition, surtout lorsqu'il se réalisait par voie de donation faite notamment en faveur d'un étranger, ne devait pas être très-fréquent en pratique. Quoi qu'il en soit, son existence

---

(194) Elle était également très-favorablement traitée en matière bénéficiale. (Voy. Loyseau, liv. I, chap. x, n° 22.)

(195) Voy. *supra*, note 16 *in fine*, p. 124.

(196) Voy. *supra*, art. 3, p. 183, c.

était légitime, et le titulaire pouvait donner à sa libéralité deux
formes différentes : celle d'une donation , s'il consentait à se
dépouiller de son vivant ; celle d'un testament, s'il préférait conserver son titre jusqu'à sa mort.

A. — *De la transmission des offices vénaux à titre gratuit, par acte entre vifs. Des donations d'offices.*

L'ancien droit, empruntant à la législation romaine la division
des donations, reconnaissait, comme elle, les donations entre vifs
et les donations à cause de mort. De ces dernières, nous ne nous
occuperons pas spécialement, parce que, pouvant se faire, et se
faisant assez souvent sous condition résolutoire, la nature particulière des offices dut les rendre beaucoup plus rares que les
autres. Nous rappellerons simplement que , lorsqu'un titulaire
donnait, à cause de mort, la charge dont il était investi, il fallait,
si l'office lui était propre, qu'il ne dépassât pas le quint de ses
propres, aux termes de l'art. 292 de la Coutume de Paris (197).

En ce qui concerne la donation entre vifs d'un office, elle avait
les mêmes caractères, revêtait les mêmes formes, et produisait les
mêmes effets que si on l'eût appliquée à tout autre bien. C'est
ainsi qu'elle était, en principe, irrévocable ; qu'elle pouvait être
faite à titre rémunératoire ou à titre purement gratuit, à terme
ou sous condition suspensive, avec ou sans charges ; qu'elle
devait être faite par acte authentique ; qu'elle était soumise à la
formalité de l'acceptation (198), et qu'elle devait, enfin, sauf

---

(197) Voy. *supra*, note 29, pp. 132 et suiv., et comp. *infra*, pp. 206 *in fine* et suiv.

(198) Que la donation entre vifs d'un office fût sujette à l'acceptation comme les
autres donations, c'est ce qui ne saurait être révoqué en doute, l'acceptation étant de
l'essence même de la donation. Il convient, toutefois, d'ajouter ici deux observations,
qui ne sont pas sans importance. La première, c'est que la nature spéciale de l'objet
donné amenait cette particularité que, quand une semblable donation était consommée,
c'est-à-dire lorsque le donataire avait obtenu des provisions, le défaut d'acceptation
n'était plus d'aucune considération, parce que le nouveau titulaire tenait alors tout son
droit de ses provisions, qui lui étaient, désormais, suffisantes, abstraction faite de son
premier titre. Ce n'était donc que tant qu'il n'y avait pas de provisions, que le défaut
d'acceptation viciait une telle donation, vice qui était effacé par leur obtention, les
offices sortant de la main du Roi, de laquelle tous leurs possesseurs les tenaient.

quand elle était faite par contrat de mariage, en ligne directe, être insinuée sur un registre tenu au greffe du bailliage ou sénéchaussée royale du domicile du donateur ; le tout, conformément aux prescriptions de l'ordonnance de Versailles, de février 1731 (199).

La donation pouvait résulter soit d'un contrat régulier, soit de la simple remise faite par le titulaire, *animo donandi*, d'une procuration *ad resignandum*. Mais, tandis que, lorsque cette procuration était remise en exécution d'un contrat régulier, elle participait à son irrévocabilité, nous rappelons qu'elle offrait, dans le cas contraire, cette particularité de pouvoir être révoquée jusqu'à la provision. Car, ainsi que le disait Loyseau, « la procuration n'est rien, tant qu'elle soit effectuée. » (200) Nous rappelons éga-

---

(Voy. Bourjon, *op. cit.*, liv. II, tit. xi, 3° partie, chap. iv, sect. i, n° 1.) — Notre seconde remarque, c'est que, si la donation de l'office était faite par contrat de mariage, la présence des parties rendait inutile la formalité de l'acceptation. (Voy. un arrêt du 14 juillet 1588 ; Bouchel, mot DONATION ; les *Arrêtés* du Président de Lamoignon, et la note mise à la suite du n° précité de Bourjon.)

(199) Isambert, t. 21, pp. 345 et suiv. — Avant l'ordonnance de 1731, les auteurs réputaient plutôt les offices vénaux meubles, relativement à l'insinuation, en ce sens qu'ils ne pensaient pas que la donation entre vifs d'un office vénal dût être insinuée, à peine de nullité. Sans doute, de Renusson (*Traité des propres*, chap. v, sect. iv, n° 84) considérait bien cette formalité comme étant de rigueur, lorsque le donateur voulait demeurer revêtu pendant sa vie de l'office donné, et continuer d'en faire les fonctions, « par le moyen d'une clause de retention d'usufruit » ; mais il donnait une décision contraire dans l'hypothèse inverse, et, de son côté, Lebrun (*Traité de la communauté*, liv. I, chap. v, sect. i, dist. iv, n° 4, 2°) estimait d'une manière générale que les offices vénaux devaient être réputés meubles quant à cette formalité ; « car on ne dira point », écrivait-il, « que la donation d'un office soit nulle faute d'insinuation. » — Comp. *supra*, note 29, p. 132, 2°, et, relativement aux offices domaniaux, sect. 1, § 3, note 63. — Mais Bourjon disait à son tour, et cela est conforme à l'opinion par nous émise : « Une telle donation est sujette comme les autres donations à l'insinuation à peine de nullité; cependant étant consommée », ajoutait-il, « son défaut ne paroît pas pouvoir faire plus d'impression que celui de l'acceptation. » (Voy. la note précédente.) D'après le même auteur, lorsque l'office était domanial, l'insinuation de sa donation devait être faite au lieu de son exercice, « tel office ayant vraiment une telle assiette » ; mais il estimait, suivant ce qui est dit au texte, que, si l'office était non domanial, il suffisait que l'insinuation fût faite au domicile du donateur, une telle charge n'ayant aucune assiette par elle-même, et étant censée attachée, lors de la donation, à la personne du donateur. (Voy. Bourjon, *loc. cit.* à la note précédente, n°° ii, iii et iv, et comp. *infra*, § 2, art. 1°°, ii, 1° observation, texte et note 142.) — Comp., pour la publication et l'insinuation de la substitution d'un office vénal, *infra*, p. 208.

(200) Loyseau, liv. I, chap. xi, n°° 58 à 60 inclus, et liv. IV, chap. viii, n° 36. Comp. *supra*, note 48, pp. 142 et suiv.; p. 144; notes 77 et 164, pp. 153 et 185, et *infra*, § 2, note 371.

lement que, d'après Bourjon, le regrès avait lieu en donation
d'office comme en vente, jusqu'à la réception du donataire (201).

Relativement aux causes de révocation, elles étaient, d'une
manière générale, celles du droit commun. Mais la sentence qui
déclarait la donation révoquée était bien loin de produire ici ses
effets normaux. D'habitude, lorsqu'une donation était révoquée,
soit pour inexécution des charges, soit pour cause d'ingratitude
ou de survenance d'enfant, c'était l'objet donné lui-même qui
faisait retour au patrimoine du donateur. Lorsqu'à l'inverse
l'objet de la donation était un office, le donataire ne pouvait
jamais être contraint qu'à tenir compte au donateur de dommages-intérêts, équivalents au préjudice qu'il éprouvait par suite de
l'inexécution des conditions, dans le premier cas, et, dans les
deux autres, équivalents à la valeur de l'office. Cette dérogation
fort notable aux principes ordinaires était commandée par cette
idée, qu'il était impossible au donateur de reprendre un titre qu'il
n'avait pas conféré ; c'était, en effet, dans les lettres de provision
délivrées en conséquence de la donation, que le bénéficiaire
puisait son droit ; il le tenait du collateur, *a collatore*, et non du
précédent titulaire, *non a resignante*.

Le résultat que nous venons de signaler était le même, lorsque
la donation se trouvait révoquée, après l'obtention par le donataire de ses lettres de provision, comme faite par le donateur
en fraude des droits de ses créanciers ; ce qui revient à
dire que le pourvu conservait l'office, mais sous l'obligation
d'en payer la valeur aux créanciers au moment de la révocation.
Il ne faut cependant pas exagérer, et l'on doit, ici comme ailleurs, concilier les principes du droit avec les exigences de la
justice. Si l'on suppose, en effet, que la donation avait été faite
cum onere , et que les conditions onéreuses insérées dans le
contrat par le donateur avaient reçu leur accomplissement, le
donataire devait être autorisé à en prélever le montant sur le

---

(201) Voy. p. 153 *sub fin.*, *supra.*

prix de l'estimation. De même, l'équité voulait, lorsque la donation était à titre rémunératoire, que l'annulation ne fût prononcée
que jusqu'à concurrence de ce qui excédait la somme pour
laquelle le donataire aurait eu action en justice contre son bien-
faiteur (202).

Terminons, en remarquant, d'un côté, que la donation d'un
office était sujette à la légitime des enfants du donateur, la légitime se prenant sur tout, et nul bien n'en étant exempt, de telle
sorte que la réception du donataire ne l'en aurait pas affranchi,
puisqu'elle avait sa racine dans la libéralité même qui lui servait
de fondement (203), et, d'autre part, que l'office vénal, quoique
propre dans la personne du titulaire, n'était pas ici plus sujet aux
réserves coutumières que les autres biens propres; en un mot,
que s'il se trouvait, comme eux, frappé d'indisponibilité jusqu'à
concurrence des quatre quints par rapport aux ordonnances de
dernière volonté, comme eux aussi il était parfaitement disponible pour le tout par donation entre vifs (204).

B. — *De la transmission des offices vénaux à titre gratuit, par acte de dernière volonté.*

Il est vraisemblable, *a priori*, que cette seconde forme de
libéralité dut être préférée à la précédente, non pas seulement
à cause du caractère de révocabilité absolue du testament dans
lequel elle était contenue, mais aussi parce qu'elle n'entraînait pas
comme conséquence la dépossession immédiate du titulaire, qui
ne disposait, au profit du bénéficiaire, que pour le temps où il
ne pourrait plus personnellement exercer ses fonctions. Or, deux
moyens étaient mis à son service pour disposer de cette façon
à titre gratuit de son office vénal : c'étaient le legs, d'une

---

(202) Voy., sur tout ceci, M. Durand, *op. cit.*, n°ˢ 130 et 131, pp. 134 et suiv., et
comp., relativement à cette dernière observation, *infra*, art. 6, 2° *in fine*, p. 235 *in
init.* Comp., sur l'action révocatoire, Loyseau, liv. II, chap. x, n°ˢ 81 et suiv.

(203) Voy. Bourjon, *loc. sup. cit.*, sect. II, n°ˢ v et vi, et comp. *infra*, notes 245
pp. 222 et 228 et suiv.

(204) Voy. Bourjon, note sur le n° vi du passage cité à la note précédente, et comp.
supra, note 29 *sub fin.*, p. 132.

part (205), et la substitution fidéicommissaire, de l'autre. Aucun d'eux ne nous retiendra longtemps.

1°. *Du legs des offices vénaux.*

Le legs d'un office mettait à la charge de l'héritier du testateur l'obligation d'en faire la délivrance, qui consistait, de sa part, dans la présentation du légataire à l'agrément du Roi. Par conséquent, de même que le titulaire qui disposait entre vifs, son héritier devait fournir une procuration *ad resignandum*. En cas de refus, le légataire recourait au juge, dont la sentence tenait lieu de procuration (206).

Ajoutons que, dans l'hypothèse où la délivrance des lettres de provision était arrêtée par des oppositions au sceau faites par des créanciers, soit qu'il existât des créanciers privilégiés sur l'office, ou que les autres biens du disposant ne fussent pas suffisants pour satisfaire les créanciers ordinaires, le légataire ne devenait officier qu'après le paiement de toutes les créances.

Rappelons enfin, comme nous l'avons fait au sujet des donations à cause de mort (207), que le testateur ne pouvait valable-

---

(205) Nous n'entendons nullement dire que le legs d'un office, fait par son titulaire à un successeur de son choix, procédait toujours d'un pur esprit de libéralité de sa part. Pour impliquer, le plus souvent, une idée de gratification absolue, il n'en résulte pas pour cela que ce mode de transmission fût nécessairement et exclusivement à titre gratuit. C'est ainsi qu'il pouvait arriver, et qu'il dut se présenter fréquemment, qu'un testateur léguât son office, moyennant le paiement, par le légataire, de la somme représentative de la finance déboursée par le titulaire, lors de l'achat qu'il en avait fait. A cette combinaison, ses héritiers et son légataire lui-même trouvaient leur avantage respectif : les premiers, en ce que le legs n'était pas pour eux une perte sèche de la charge ; le second, en ce qu'il pouvait se faire que, lors du décès, la finance de l'office fût plus élevée que celle déboursée lors de son acquisition et dont il était constitué débiteur, auquel cas il bénéficiait encore de la différence. C'est ce qui se présenta dans une espèce que l'on trouvera rapportée *in extenso* dans Denisart, mot REMBOURSEMENT DE RENTES, n° 56.

(206) Lorsque le legs était fait à une personne incapable, sinon d'avoir le droit de finance de l'office, du moins d'exercer un office quelconque et d'en acquérir le titre, par exemple, à une femme ou à un mineur, la délivrance de l'objet légué étant impossible, c'était l'estimation qui en était due, comme cela avait lieu en droit romain pour le *legatum* d'une *militia venalis*. (Voy. Merlin, *Rép.*, mot LEGS, sect. III, § I, n° VI, et comp. *Droit romain*, chap. III, § 2, sect. 2, art. 2, t. 1, pp. 573 et suiv. Voy. aussi *supra*, note 26, et *infra*, § 2, art. 1ᵉʳ, I, 1°.)

(207) Voy. *supra*, p. 202.

ment léguer son office propre, qu'en respectant la réserve des quatre quints de l'art. 292 de la Coutume de Paris (208).

2°. *De la substitution fidéicommissaire* (209).

Que le titulaire d'un office vénal ait pu faire de sa charge l'objet d'une transmission testamentaire par voie de substitution (210), c'est ce que l'article 3 du titre premier de l'ordonnance du mois d'août 1747 (211) vint consacrer législativement en ces termes : « Les offices et les rentes constituées à prix d'argent ou autrement, pourront être chargés de substitution, soit dans les pays où les biens de ladite qualité sont réputés immeubles, soit dans ceux où ils sont regardés comme meubles ; et en cas de vente, suppression, ou réunion desdits offices, ou de rachat desdites rentes, il sera fait emploi du prix desdits offices, porté par le contrat de vente, ou qui aura été par nous fixé, ou du principal desdites rentes, en cas de remboursement : le tout suivant les règles qui seront prescrites dans le titre second de la présente ordonnance. » Complétant, en effet, cette disposition, l'article 13 du titre II ajoutait : « Le grevé de substitution sera...... tenu de faire emploi des deniers qu'il pourra recevoir, soit du recouvrement des effets actifs, soit de la vente des offices, ou en conséquence de la liquidation qui en aura été faite en cas de suppression ou de réunion suivant ce qui est porté par l'article 3 du titre Iᵉʳ, soit du remboursement des rentes comprises dans la substitution, et ce, dans trois mois au plus tard après qu'il aura reçu lesdits deniers, lequel emploi sera

---

(208) Voy. *supra*, note 29, pp. 132 et suiv.

(209) Voy., sur ce sujet, Denisart, mots OFFICES et OFFICIERS, n° 92, et Pothier, *Traité des substitutions*, sect. IV, art. II, § IV, n° 151, éd. Buguet, t. 8, p. 504.

(210) Les observations présentées au début de cet article (p. 201) et en tête de la transmission par acte de dernière volonté (p. 205), expliqueront suffisamment pourquoi il n'est ici question que de substitution fidéicommissaire contenue dans un testament, bien qu'elle pût se faire aussi par acte de donation entre vifs. Pothier constate d'ailleurs formellement (*op. cit.*, sect. I, art. I, n° 7, p. 457) que les substitutions de ce genre se faisaient le plus communément par testament.

(211) Isambert, t. 22, pp. 193 et suiv.

fait ainsi qu'il a été ci-dessus réglé, et en présence des personnes mentionnées auxdits articles 4 et 5, lesquelles pourront faire à cet effet toutes les diligences nécessaires. »

En ce qui touche la publication et l'enregistrement ou insinuation de la substitution, lorsque c'était un office qui s'en trouvait grevé, l'art. 22 du même titre second portait : « Lorsque la substitution comprendra..... des offices, elle sera publiée et enregistrée dans les siéges de la qualité ci-dessus marquée (par les trois articles précédents) (212), tant du lieu..... dans lequel se fait l'exercice desdits offices (213), que du lieu du domicile de l'auteur de la substitution. » (214) Relativement au délai dans lequel la publication et l'enregistrement de la substitution devaient être faits, et aux conséquences qui résultaient de son observation ou de son inobservation, nous nous bornerons à renvoyer aux articles 27 et suivants.

Nous nous contenterons de faire une observation commune au legs et à la substitution fidéicommissaire. C'est que, de même que le testateur pouvait léguer non-seulement son propre office, mais encore celui de son héritier, et même l'office d'autrui, il pouvait aussi, par substitution particulière, charger le grevé de restituer non pas seulement l'office qui lui était laissé par testament, mais encore son propre office, ou même l'office d'autrui, à la condition, toutefois, que la charge à lui imposée ne dépassât pas le bénéfice qu'il retirait de la disposition (215).

A peine est-il besoin de faire remarquer que le titulaire d'un office vénal aurait pu en disposer aussi par voie de substitution vulgaire ou directe, et, par conséquent, par voie de substitution

---

(212) Il résultait de ces trois articles, 19, 20 et 21, que la publication et l'enregistrement des substitutions devaient être faits au bailliage, sénéchaussée ou autre siège royal ressortissant nûment en les Cours de Parlement ou Conseils supérieurs.

(213) « Les offices », dit Pothier (*eod.*, sect. i, art. iv, § iii, n° 30, p. 463), « les offices sont censés avoir une situation au lieu où s'en fait l'exercice; c'est pourquoi les publications et insinuations doivent, pour raison des offices, se faire au bailliage du lieu. »

(214) Comp., pour l'insinuation de la donation d'un office, *supra*, pp. 202 *in fine* et suiv., texte et note 199.

(215) Comp. Pothier, *op. cit.*, sect. iv, art. ii, § iv, n° 152, p. 505.

dite *compendiaire*, c'est-à-dire comprenant à la fois une substitution vulgaire et une substitution fidéicommissaire, comme cela aurait eu lieu, s'il avait dit : « Je lègue mon office à Pierre, et je lui substitue Paul. » Notons enfin que sa substitution vulgaire ou fidéicommissaire pouvait être simple ou graduelle (216).

Article 6. — *De la succession aux offices vénaux.*

Les offices vénaux constituant une espèce d'offices différente des offices héréditaires, il semble, au premier abord, que parler de leur acquisition par voie de succession, constitue un véritable non-sens. Car, comment un office non héréditaire pouvait-il entrer en succession, puisqu'en thèse générale, tout office de ce genre retournait, par la mort de son titulaire, dans la main du Roi, sa transmission héréditaire étant contraire à sa propre nature ? « Mais la reponse prompte, que bien qu'il n'y entre ny regulierement, ny proprement, si est-ce qu'il y a plusieurs cas particuliers, ausquels l'Office ne se perd pas par la mort du pourveu, mais est conservé à ses heritiers, au moins quant à la faculté d'en disposer, ou d'en obtenir provision par l'un d'eux : et partant cette faculté tombe en succession, et on en peut coter plus de dix, ou douze cas. » (217)

C'est ainsi que nous avons signalé, chemin faisant, une ordonnance de François II, de l'an 1559, grâce à laquelle les offices des huissiers, sergents et archers tués en exerçant leurs charges, furent conservés à leurs veuves et enfants, par analogie de ce qu'avait décidé, en droit Romain, une Constitution impériale ; c'est ainsi encore que nous avons rapporté un passage de Loyseau dans lequel l'auteur des cinq livres des offices nous apprend que cette faveur fut pratiquée « au Parlement seant à Paris, pendant les derniers troubles de la Ligue, à l'égard de touts les Officiers

---

(216) Voy. Pothier, *op. cit.*, ARTICLE PRÉLIMINAIRE, n° 1 à 5 inclus, pp. 455 et suiv.

(217) Loyseau. liv. III, chap. x, n° 1. Voy. aussi, sur ce sujet, Bourjon, *op. cit.*, liv. II, tit. xi, 6ᵉ partie, chap. ii, sect. i, dist. i, n° i à v inclus.

morts en guerre », et « qu'on obtenoit quelquefois en particulier du Roy, ou par merite, ou par faveur, lors qu'il tenoit en sa main ses parties casuelles, qu'après la mort d'un Officier le Roy par un brevet remettoit tout à fait l'Office à sa veuve et à ses enfans. » Nous allons voir d'ici peu à quel titre ces divers privilégiés recueillaient dans ces différents cas.

Nous savons de même que les secrétaires du Roi gagnaient leur survivance par vingt ans de service, en vertu d'un édit de Charles IX, de l'an 1572, et qu'ils pouvaient librement résigner leurs offices, sans payer finance, et sans être sujets à la règle des quarante jours, privilège qui fut attribué généralement à tous les officiers de finance, qui payaient le tiers denier de la valeur de leurs offices, par les édits de survivance de 1568, 1576 et 1586.

Nous savons enfin que, grâce à la pratique des survivances, au système de l'édit de Paulet, à la création des offices héréditaires par privilège sous Henri III, en 1583, la vacation par mort des offices qui n'étaient pas, à l'origine, susceptibles de transmission par décès, finit par ne plus opérer d'une façon absolue (218).

Ce n'est pas tout : en dehors des privilèges que nous venons de rappeler, il était encore d'autres circonstances de nous déjà connues, dans lesquelles l'office était conservé après la mort du pourvu et tombait en succession : qu'il nous suffise de mentionner que ce résultat se produisait en cas de confidence, et lorsque les financiers faisaient pourvoir leurs parents, leurs commis ou autres confidents, à certains offices qui leur appartenaient (219). Pareillement, il arrivait souvent que deux personnes s'associaient pour acheter en commun un office de valeur à certaines conditions convenues entre elles (220). En un mot, toutes les fois que l'office appartenait pour le tout ou pour partie à celui qui n'en était pas pourvu, on conçoit aisément que, ne se perdant pas par sa mort, il était transféré à ses héritiers. Ajoutons enfin que le

(218) Voy., sur tout ceci, le § 2 de notre chap. i, pp. 47 et suiv.
(219) Voy. *supra*, note 153, p. 182.
(220) Voy. *infra*, § 2, art. 1er, iii.

droit de la femme mariée qui, ainsi que nous l'indiquerons par la suite d'une manière plus précise (221), avait moitié en la seigneurie de l'office acheté au cours de la communauté, ne se perdait pas par son décès, mais qu'il passait à ses héritiers, «même d'héritier en héritier. » (222)

Puisque, dans toutes ces hypothèses, l'office vénal, quoique non héréditaire, échappait à la vacation par mort, il n'est pas, comme on le voit à présent, hors de propos de parler de son acquisition par succession.

L'office, comme tous ses autres biens, faisant, dans ces différentes circonstances, partie de la succession *ab intestat* de son propriétaire, il en résulte qu'il se trouvait compris dans la masse partageable, si celui-ci mourait dans l'exercice de ses fonctions, et qu'il était soumis à l'obligation du rapport si, durant sa vie, il en avait gratifié l'un de ses héritiers. Envisageons tour à tour ces deux conséquences de notre théorie.

1°. *Du partage des offices vénaux entre cohéritiers.*

Etant donné que certaines de nos anciennes coutumes reconnaissaient deux classes distinctes d'héritiers : les héritiers aux meubles, d'une part, et les héritiers aux immeubles, d'autre part, comme cela avait lieu en Anjou, en Poitou, en Touraine et dans le Maine, le premier point à déterminer est celui de savoir quel était le caractère attribué à l'office dans la masse partageable.

A cet égard, il convient de distinguer deux périodes.

Pendant fort longtemps, l'office ayant été plutôt considéré comme meuble, il en résulta qu'il figurait dans le lot des héritiers *mobiliaires*, et telle était la doctrine très-nette de Loyseau, qui l'appuyait sur des raisonnements d'une exactitude juridique aussi parfaite que frappante (223). Mais la nature immobilière des

---

(221) Voy. § 2, art. 1er, 1, 2°.

(222) Voy., sur tout ce qui précède, Loyseau, liv. III, chap. x, n°° 2 à 12 inclus. Voy. aussi liv. I, chap. xii, n°° 32 à 36 inclus.

(223) Liv. III, chap. x, n°° 13 à 19 inclus ; voy. aussi les n°° 29, 37 à 39 inclus, 41 et

offices prévalut par la suite, à cause de leur importance toujours croissante (224), et ils finirent même par devenir susceptibles de la qualité de propres (225). Tel fut, sur ce point, le dernier état de notre ancien droit.

Du moment que les offices vénaux furent ainsi susceptibles de la qualité de propres, il en résulta, au point de vue successoral, plusieurs conséquences fort importantes, dont voici les quatre principales :

α. — C'est d'abord que lorsqu'un office de ce genre avait passé du père au fils par voie de donation ou de succession, cet office

---

suiv., et Lebrun, *Traité de la communauté,* liv. I, chap. v, sect. i, dist. iv, n° 6. Comp. *supra,* note 29.

(224) Voy. Basnage, sur l'art. 338 de la Coutume de Normandie ; voy. aussi le même auteur, sur l'art. 367 de cette Coutume.

(225) Au xvii° siècle, Loyseau atteste formellement (*ubi supra,* n° 13) que les offices, à supposer que le doute existât sur leur nature mobilière, ne pouvaient, du moins, jamais être considérés que comme acquêts, et, par conséquent, n'allaient jamais à l'héritier des propres. La question de savoir si l'office appartiendra à l'héritier mobiliaire ou aux immobiliaires « ne peut pas », dit-il, « échoir és Coustumes de deça (les quatre que nous citons au texte), où les immeubles et les acquests vont toujours ensemble ; et partant si on doute que l'office soit meuble, au moins on ne peut nier qu'il ne soit acquest, par conséquent il ne va jamais à l'héritier des propres. » Moins d'un siècle après, les choses avaient bien changé, et la qualification d'immeubles propres fictifs était admise sans difficulté ; les écrivains de la fin du xvii° siècle, tels que Ricard, de Renusson, Basnage, et ceux du xviii° siècle, tels que Lebrun, Pierre Lemaistre, Bourjon, Denisart et Pothier, présentent ce point comme incontestable. (Voy. Ricard, *Traité des donat. entre vifs et testam.,* iii° partie, chap. x, sect. i, n° 1424 à 1426 inclus ; de Renusson, *Traité des propres,* chap. v, sect. iv, n° 67 à 71 inclus ; Basnage, sur les art. 338 et 514 *in fine* de la Coutume de Normandie ; Lebrun, *Traité des success.,* liv. II, chap. i, sect. i, n° 88, et sect. iii, n° 37 ; liv. III, chap. vi, sect. iii, n° 46, et *Traité de la communauté,* liv. I, chap. v, sect. i, dist. iv, n° 1 ; P. Lemaistre, *La Coutume de Paris rédigée dans l'ordre naturel de la disposition de ses articles,* tit. iii, chap. 2, p. 129 ; Bourjon, *op. cit.,* liv. II, tit. xi, 3° partie, chap. iii, sect. iii ; Denisart, mots OFFICES et OFFICIERS, n° 17, 19, 20 et 21 ; Pothier, *Traité des propres,* sect. i, art. i, § iii, n° 10, éd. Bugnet, t. 6, p. 538. Voy. aussi *Les arrêtés* de de Lamoignon, titre des Offices, art. 19 ; Duplessis, cité par Bourjon, et Merlin, *Rép.,* mots OFFICE, n° xi, et PROPRE, § i, n° i. — Comp. *supra,* note 29.) — Ajoutons, du reste, que le principe d'après lequel les offices vénaux étaient susceptibles de la qualité de propres de succession, ne constituait qu'un principe général et non pas absolu. C'est ainsi que, dans le ressort de la Coutume du duché de Bourgogne, qui s'était toujours déclaré contraire à la vénalité, et dont les villes avaient, nous l'avons vu, racheté leurs offices municipaux, les offices n'avaient pas la qualité de propres, et qu'ils étaient réputés meubles dans les successions. (Voy. *supra,* chap. i, § 1er, note 62, p. 27, et Denisart, *op. cit.,* mots OFFICES et OFFICIERS, n° 17.) Comp., en ce qui concerne la communauté, *infra,* § 2, note 12 *in init.*

se trouvant dans l'hérédité du fils, était propre paternel, et, comme tel, appartenait aux héritiers paternels, conformément à la règle *paterna paternis*, alors même que le fils héritier, prévenu par la mort, n'aurait pas encore pu s'y faire recevoir; car, dès là qu'il laissait la charge dans sa succession, qu'il y fût reçu ou non, elle n'en constituait pas moins toujours un bien héréditaire, qualité que le défaut de réception n'effaçait pas, si l'héritier mourait avant d'en avoir trafiqué (226);

β. — C'est, en second lieu, que l'office vénal, provenu de l'aïeul, était propre ancien ou avitain, d'où la conséquence que la règle *avitina avitinis* devait ici recevoir son application;

γ. — C'est ensuite que, si l'office avait été recueilli par un héritier collatéral, cet office était propre dans la ligne collatérale, comme dans l'autre;

δ. — C'est enfin que, si un mineur avait recueilli un office vénal à titre d'héritier, et que, pendant sa minorité, cet office eût été vendu, les deniers provenant de la vente lui auraient été propres, les biens des mineurs ne pouvant, pendant leur minorité, changer de nature, suivant la disposition de l'art. 94 de la Coutume de Paris. En un mot, le prix de l'office propre vendu pour le mineur était représentatif de cet office, et de la conséquence précédente il résultait que ce principe avait lieu même pour la part dans ce prix qu'un enfant mineur aurait recueillie comme héritier de son frère (227).

Ceci posé, il faut nous demander quel était, exactement, l'objet de la transmission. On pourrait être tenté de croire que c'était l'office même. Il n'en était cependant rien, et ce qui passait du titulaire décédé à ses héritiers, ce n'était et ce ne pouvait être que la faculté de résigner *in favorem*, en vertu de ce principe

---

(226) Voy. l'arrêt du 15 décembre 1653, cité *supra*, note 29, p. 131 *sub fin.*, et rapporté dans le *Journal des Audiences*, t. 1, liv. VII, chap. XXVIII.

(227) Voy., sur ces diverses propositions, Bourjon, *loc. cit.* note 225, *supra*, nᵒˢ XIV à XVIII inclus, et Duplessis, cité par cet auteur; voy. aussi Denisart, mots OFFICES et OFFICIERS, nᵒ 19.

élémentaire, qu'un ayant cause ne peut avoir plus de droit que
son auteur, dont l'unique prérogative se bornait à présenter son
successeur. Par suite, ce qui faisait partie de la succession,
c'était ce droit seulement, ou, si l'on préfère, le bénéfice qu'il
était possible d'en retirer en le mettant en mouvement. Ainsi
donc, le droit acquis par l'héritier n'était nullement un *jus in re*,
c'est-à-dire la propriété ou seigneurie de l'office, telle qu'elle
appartenait au résignataire après la délivrance des lettres de
provision, mais bien un droit absolument analogue à ce *jus ad
rem* produit par la résignation non encore suivie de provision.
« ...... Ce n'est pas proprement l'Office en soy qui tombe en succession », écrivait Loyseau (228), « mais la commodité d'iceluy
(comme le droit parle en matiere d'usufruit), c'est à dire la faculté
d'en disposer, de sorte que cette commodité qui chet en succession, a une disposition presque necessaire à vendre l'Office,
attendu qu'il ne peut être possedé par tous les heritiers ensemble,
ny être divisé entre eux. »

A supposer qu'il n'y eût qu'un seul héritier, et qu'il voulût
exercer l'office, il pouvait demander à en être pourvu, s'il était
capable de le remplir ; dans le cas contraire, c'est-à-dire si sa
volonté ou sa capacité, et à plus forte raison si ces deux éléments
réunis faisaient défaut, il lui restait la faculté de disposer de son droit
en faveur d'une tierce personne. — En cas de pluralité d'ayants
cause, deux hypothèses pouvaient encore se présenter: si, tout
d'abord, ils étaient tous d'accord pour disposer de l'office en
faveur de l'un d'eux ou d'un étranger, les choses suivaient leur
cours régulier; que si, au contraire, ils ne pouvaient s'entendre au
sujet de la disposition de l'office, on avait alors recours à la licitation (229). Mais, si l'on écarte cette circonstance particulière, on
peut dire d'une façon générale que les héritiers exerçaient le
droit de présenter un successeur, de la même manière et dans la

---

(228) *Eod.*, n° 15; voy. aussi les n° 18, 29 et 38.
(229) Brodeau, *Sur la Coutume de Paris*, p. 69.

même forme, sous les mêmes conditions et avec les mêmes formalités que le titulaire lui-même résignant en faveur, en ce sens qu'on exigeait une procuration *ad resignandum*, sans distinguer d'ailleurs si les ayants cause de l'officier présentaient l'un d'eux comme successeur au défunt, ou si le candidat désigné était un étranger.

Nous aurions à peine besoin de mentionner que les héritiers étaient libres d'user ou non du droit de présentation, si de l'exercice qu'ils en faisaient ne découlait pas une conséquence capitale qu'il est utile de relever : c'est que, par-là même, ils faisaient nécessairement, en principe, acte d'héritiers, et s'obligeaient ainsi, comme tels, au paiement de toutes les dettes héréditaires. Mais ici se présente une question fort grave : celle de savoir si ce principe était absolu, ou, en d'autres termes, si les enfants pouvaient succéder à l'office de leur père, sans faire acte d'héritiers, c'est-à-dire sans être tenus du paiement de l'intégralité des dettes héréditaires. Ne pouvait-il pas arriver que, comme nous l'avons constaté dans le dernier état du droit romain, la faculté de présenter un successeur fût considérée comme attachée uniquement au droit du sang, et que, par suite, les héritiers pussent l'exercer sans s'obliger envers les créanciers de la succession (230)?

Lorsque l'office était conservé à la veuve et aux enfants en récompense de la mort de l'officier, ou en considération de son mérite personnel, soit par édit général, soit par concession spéciale, ou brevet du Prince, Loyseau estimait que, dans ces deux cas, il ne leur était pas déféré par droit de communauté ou de succession, mais par la seule concession de la loi, ou libéralité particulière du Roi, qui avait voulu rémunérer son officier dans la personne de sa veuve et de ses enfants, non pas en tant qu'héri-

---

(230) Voy. *Droit romain*, chap. iii, § 3, sect. 1, t. 1, pp. 594 et suiv., et Loyseau, *loc. cit.*, n° 20 à 28 inclus.

tiers, mais en tant qu'enfants d'un père mort pour le public, ou qui avait bien mérité de son Prince en se signalant d'une autre manière à sa reconnaissance.

Deux conséquences d'une importance considérable résultaient de ce point de vue :

α. — La première, c'est que l'office provenant de la concession de la loi ou de la Couronne, concession sans laquelle il eût été, de droit commun, perdu par la mort du titulaire, les termes dans lesquels elle était faite devaient être ponctuellement suivis ; de telle sorte que l'édit de 1559, attribuant expressément l'office à la veuve et aux enfants des sergents et archers tués en acte de service, d'une part, la veuve devait y avoir droit pour moitié, lors bien que d'ailleurs l'office n'aurait pas fait partie de la communauté, *utpote in solatium et subsidium viri amissi*, et, d'autre part, les enfants pour l'autre moitié, partageable également entre eux, *utpote inter conjunctos re et verbis ;* si bien que, pour ceux qui, comme Loyseau, regardaient l'office comme un bien mobilier, il n'y aurait pas eu à prendre en considération les coutumes attribuant la succession mobilière à l'aîné. Il en aurait été de même, en cas de concession particulière par brevet du Roi, en ce sens que, si le Prince avait remis l'office à la veuve seule, elle l'aurait eu tout entier, et que, s'il l'avait remis au fils aîné seul, il l'aurait eu aussi entièrement et sans rapport.

β. — La seconde conséquence, c'est que, en disposant de cet office, la veuve ne faisait pas plus acte de femme commune que les enfants ne faisaient acte d'héritiers, et, par là même, ne se chargeaient des dettes du défunt ; « même supposé », ajoutait Loyseau, « que la veuve n'est tenuë des debtes, que jusques à la concurrence de sa part en la communauté, ou que les enfans soient heritiers par benefice d'inventaire, le prix de l'Office n'y doit estre compté, mais ils en jouïssent *jure sanguinis, et citra jus et nomen hœredis* ainsi que le droit dispose *de lucris nuptialibus matris*, et comme nous pratiquons és reparations adjugées sur celuy qui auroit tué le pere. Et de cela M. Choppin sur la

Coustume de Paris nous rapporte deux Arrests, l'un du 12. Avril 1593. l'autre du 29. Janvier 1574. » (231)

Au XVIII⁰ siècle, Bourjon enseignait de même que le droit re-

---

(231) Cette manière de voir n'était pas adoptée par tous les contemporains de Loyseau, et certains auteurs soutenaient que, dans le cas de l'édit de 1559, l'office devait demeurer affecté aux créanciers. En effet, disaient-ils en invoquant la législation romaine, cet édit est fondé sur la fiction du droit que ceux qui sont morts pour le public sont encore tenus pour vivants. (Voy. L. 18, fr. Ulp., *De excusat.*, D., XXVII, 1; L. 14 pr., fr. Modest., *De vacat. et excusat. mun., eod.*, L, 5; pr., *in fine, De excusat. tut. vel curat.*, Inst., I, 25.) Ayant sa raison d'être dans les mérites du père, qui est encore présumé vivre, il n'est pas raisonnable de donner plus de privilège aux enfants que n'en aurait leur auteur lui-même, s'il était réellement encore en vie; or, s'il en était ainsi, l'office pourrait être saisi sur lui, et décrété pour ses dettes. — Il n'était pas malaisé de réfuter la subtilité spécieuse de ce raisonnement, et l'on pouvait répondre que l'édit, cela était certain, n'avait pas été fait pour avantager les créanciers, et pour empêcher que, par la mort de leur débiteur, ils vissent s'évanouir, conformément au droit commun, le pouvoir qu'ils avaient de saisir l'office. Son véritable mobile était de pourvoir *aux pauvres enfants orphelins,* comme on disait jadis, et de les dédommager, *parte in qua,* si l'on peut ainsi parler, de la perte de leur père, tué au service du Roi ou du public, afin qu'ils ne perdissent pas « le corps et les biens tout ensemble. » Aussi est-il à remarquer que l'édit en question ne réservait pas l'office aux héritiers collatéraux, mais uniquement à la veuve et aux enfants. Puis donc qu'à leur défaut, et en présence seulement de collatéraux, l'office aurait été perdu tout à fait, tant pour eux que pour les créanciers, était-il possible d'admettre que la veuve et les enfants, en faveur desquels seuls il était conservé, pussent en être frustrés par des créanciers? Et d'ailleurs, ce système pouvait, lui aussi, faire appel au droit romain, et cela d'une façon beaucoup plus probante que la doctrine adverse. Est-ce que le § 1er du chap. v de la Novelle LIII ne décidait pas de même expressément, au sujet de toutes les milices qui avaient le privilège d'être héréditaires, que la veuve et les enfants du défunt pourvu viendraient à l'exclusion de ses créanciers, qu'ils succéderaient à la milice, non pas comme à un bien paternel, mais en vertu d'un bienfait de l'empereur, et que, par conséquent, ils la recueilleraient sans être héritiers du titulaire décédé? (Voy. le renvoi de la note précédente.)

Mais cette solution s'appliquait-elle à tous les créanciers indistinctement, et spécialement, le créancier privilégié qui avait résigné l'office, ou qui avait prêté son argent pour l'acheter, ne pouvait-il pas, du moins, le saisir sur la veuve et les enfants, comme le pouvait, en droit romain, le bailleur de fonds pour l'acquisition d'une *militia venalis*? (Voy. *Dr. romain,* chap. III, § 2, sect. 1, art. 2, t. 1, pp. 534 et suiv.) Un arrêt du 12 juillet 1582, cité par Choppin (sur le titre *De connubiali societate* de la Coutume d'Anjou), déclara le créancier privilégié dont nous parlons préférable sur l'office sauvé grâce à l'édit de 1559, par cette raison, sans doute, que cet édit ayant empêché l'office de vaquer par la mort de son titulaire, le privilège de la dette y était demeuré attaché. La même décision n'aurait pu être étendue, soutiendrons-nous avec Loyseau, au don particulier que le Roi aurait fait à la veuve et aux enfants; car, dans l'hypothèse d'une concession spéciale faite après le décès du pourvu, l'office avait bien réellement vaqué, et avait fait retour au Roi, *optimo jure,* par la mort de l'officier; par conséquent, le privilège du créancier était absolument éteint, et la libéralité du Roi, qui n'était pas faite en sa faveur, n'avait pu avoir pour effet de le ressusciter.

connu à la veuve et aux enfants de l'officier mort en perte d'office,
d'être préférés aux étrangers à lever l'office aux parties casuelles
pour la somme à laquelle il avait été taxé, préférence qui appartenait
pour moitié à la veuve, et pour l'autre moitié aux enfants, que ce
droit, disons-nous, leur était attribué par suite de leur seule qualité naturelle de veuve et d'enfants, indépendamment des qualités
civiles de commune et d'héritiers. C'était là une grâce attachée à
leur personne, abstraction faite de leur qualité (232). Il ajoutait que,
lorsqu'ils avaient exercé cette préférence, ils disposaient de l'office
à leur gré ; tel était, en effet, le résultat naturel qu'elle amenait,
ainsi que celui que produisait le droit qu'elle leur donnait dans
l'office ; enfin, dans ce même cas, les créanciers n'avaient rien à
prétendre ni sur l'office, ni sur son prix, ni même sur le bénéfice
que la veuve ou les enfants pouvaient réaliser, par la raison que
cette préférence était attachée à leurs personnes ; « c'est cession
conditionnelle du droit du roi », comme il le disait lui-même, « et
les parties casuelles produisent, quant à ce, le même effet que
le sceau des provisions (233) : nulles autres personnes que celles
auxquelles la grace est faite, n'en peuvent donc profiter. » (234)

Le même jurisconsulte, invoquant l'autorité de Le Maître, disait
également comme Loyseau que, lorsque le Roi faisait don de
l'office tombé dans ses parties casuelles, au profit de la veuve ou
des enfants du titulaire mort en perte d'office, ou au profit des
uns et des autres conjointement, pour fixer, relativement au partage d'une telle donation, les portions auxquelles la veuve et les
enfants avaient droit de prétendre, il fallait scrupuleusement
suivre les termes du brevet, loi qui s'imposait à tous les intéressés, et dont aucun ne pouvait s'écarter. Ainsi, la donation était-
elle faite conjointement à la veuve et aux enfants : elle se parta-

---

(232) Voy. un arrêt du 22 décembre 1654, rapporté dans le *Journal des Audiences*,
t. 1, liv. VIII, chap. IV.

(233) Voy. *infra*, § 2, texte et notes 375 et 376.

(234) Voy., sur tout ceci, Bourjon, *Le droit commun de la France*, liv. II, tit. XI,
2e partie, chap. III, sect. V.

geait par moitié entre eux (235). Le don, au contraire, n'était-il fait qu'à la veuve : elle seule en profitait. Pareillement, l'aîné seul en recueillait le bénéfice, lorsqu'il ne s'adressait qu'à lui (236).

Il convient, au surplus, de répéter, relativement à cette donation, au point de vue de l'effet libératoire opéré par les parties casuelles, ce qui vient d'être dit touchant la préférence de la veuve et des enfants : en un mot, ici, comme dans le cas précédent, l'office, dans leur personne, était affranchi de toute hypothèque, puisque les parties casuelles avaient le privilège du sceau; « c'est vraie libéralité », écrivait Bourjon, « qui ne peut opérer que sur ceux, sur lesquels il a plu à sa majesté de la répandre.

« En effet, ces créanciers ne peuvent avoir plus de droit que leur débiteur, et par le vrai droit des offices, tout office retourne au collateur par la mort du titulaire, si lui ou ses créanciers pour lui (237) n'ont satisfait à la charge, sur laquelle il a plu au roi d'accorder la dispense de la survie des quarante jours; cela n'étant pas, il y a perte totale, et la transmission du droit acquis au roi ne peut militer qu'en faveur de ceux qu'il a gratifiés : de-là il s'ensuit que l'office en ce cas, retournant à sa source par une cause ancienne et par une suite même de la nature de la collation, il y retourne libre et passe tel dans la main de la veuve et des enfans qui le reçoivent de celle du roi. » (238)

Mais telles étaient les seules dérogations à la règle générale d'après laquelle c'était nécessairement se porter héritier que

<hr/>

(235) Duplessis, dans son *Traité des droits incorporels*, estimait que, si l'office était un propre du mari, et que la gratification en eût été faite à la veuve, et en son nom, elle ne devait rien avoir, étant censée n'avoir agi que *nomine procuratoris*. Mais Bourjon, qui rapporte cette opinion (*loc. cit.* à la note suiv., n° IV, note), la repoussait en disant : « je crois que la lettre du don est plus décisive que ce moyen : ... en effet, quel autre guide sur cela pourroit-on prendre que cette lettre? c'est elle alors qui est le seul titre, et les autres sont absolument anéantis. »

(236) Voy. Bourjon, *loc. cit.* note 234, *supra*, chap. IV, n°º III, IV et V, et comp. *supra*, pp. 215 et suiv.

(237) Voy. *supra*, chap. I, § 2, note 18, dernier alinéa, p. 61, et *infra*, § 2, art. 2, SECONDE PÉRIODE, III *in fine*.

(238) Voy. Bourjon, *loc. cit.* note 234, *supra*, n°º I et II, et comp. les passages auxquels renvoie la note 233, *supra*.

d'user du droit de présentation à l'office de son auteur défunt ; et, dans tous les autres cas signalés au début de cet article,
où l'office vénal échappait à la vacation par mort, qu'il fût conservé par une survivance quelconque, par l'édit de Paulet, par le
privilège d'hérédité, ou grâce à une confidence ou à une association, la rigueur du principe reprenait son empire (239). Et la
raison en était fort simple : c'est que, dans ces différentes hypothèses, l'hérédité n'avait plus, comme au cas des exceptions que
nous venons d'étudier, sa source dans la reconnaissance ou dans
la pure libéralité du Prince ; la cause de la transmission était, ou
bien le versement de deniers dans la caisse des parties casuelles,
grâce auquel l'office était entré dans le patrimoine du pourvu, qui en
avait acquis l'hérédité *ex substantia sua*, et fait ainsi tomber dans
sa succession la commodité qui en revenait ; ou bien, — comme
cela avait lieu quand l'office appartenait à un autre qu'à celui qui
en avait le titre, et quand il était conservé après la mort de l'officier sous le nom de son ami, auquel il avait résigné confidemment — l'absence de la qualité de pourvu et le défaut de titre
chez le propriétaire de l'office (240). De telle sorte que la charge
ayant ici, dans le patrimoine du défunt, identiquement le même

_____

(239) Voy. Loyseau, *eod.*, n°⁵ 29 et suiv., et Basnage, *Traité des hypothèques*, 1ʳ⁰
partie, chap. XIII *sub fin.* — Il va toutefois sans dire, ainsi que le fait observer Loyseau au n° 31, que, quand en conséquence d'une survivance, soit générale, soit particulière, l'officier résignait son office à son fils, ou à un autre de ses héritiers présomptifs, celui en faveur duquel la résignation avait eu lieu pouvait, après sa mort, garder
l'office sans faire acte d'héritier, par ce motif qu'un étranger aurait pu, tout comme
ces personnes, être le bénéficiaire de cette résignation ; de telle sorte que le fils, par
exemple, pouvait dire ici qu'il ne tenait pas tant son office de son père que du Roi, et
que, s'il le tenait de son père, c'était en vertu d'un don entre vifs, et non par droit
successif. Mais encore fallait-il qu'il apparût que cette résignation avait été actuellement faite et exécutée du vivant du père, et non en blanc ou autrement en fraude des
créanciers : car, en ce dernier cas, ceux-ci auraient été recevables à demander au
résignataire le prix de l'office, ou bien à exiger de lui, par l'action révocatoire, qu'il
la remît dans la succession, à leur profit.

(240) Il est vrai qu'aucune des deux raisons indiquées pour justifier l'application du
principe posé ne pouvait être adaptée au cas des survivances accordées après vingt ans
de service aux secrétaires du Roi, puisqu'elles étaient acquises *labore et merito*, c'est-
à-dire par la continuation de l'exercice des fonctions, et non par argent. La règle, cependant, n'en fléchissait pas pour cela, parce que l'effet de ces survivances et le droit qui
en résultait n'étaient point limités à la seule faveur des enfants par les édits qui les

caractère que tout autre bien, il en résultait qu'on n'y pouvait succéder, sans accepter l'hérédité (241).

De là, ces deux conséquences : d'une part, que l'héritier était
tenu de toutes les dettes de la succession (242), et, d'autre part,
que le partage, en cas de pluralité d'héritiers, devait se faire,
comme s'il se fût agi de partager la somme d'argent à provenir de
la vente de l'office, et de la même manière qu'on opérait la répartition des deniers entre tous les intéressés indistinctement, lorsque la charge était déjà sortie de la masse commune à l'époque du
partage; et cela, toujours par cette même raison, que l'objet de la
transmission héréditaire n'était pas l'office en lui-même, qui n'aurait pu se partager, ni être communiqué aux mineurs, aux femmes,
non plus qu'aux hommes majeurs incapables de l'exercer, mais
bien le droit de le vendre, et d'en tirer un profit pécuniaire.

---

avaient attribuées; par suite, ce droit étant une fois acquis et mis dans les biens du
pourvu, les créanciers auxquels ces biens étaient affectés n'en pouvaient être frustrés.
Voilà pourquoi nous avons parlé au texte de l'office conservé par une survivance *quelconque*. — En ce qui concerne les survivances générales des trois édits de 1568, de
1576 et de 1586, au motif indiqué de leur achat venait s'en joindre un autre : c'est
qu'elles étaient déférées en blanc, et qu'elles ne requéraient pas que l'officier, durant
sa vie, affectât son office à une personne déterminée.

(241) Les offices conservés par confidence ne pouvaient pas non plus être acquis par
succession, sans faire acte d'héritier, et les enfants ou autres héritiers présomptifs
du défunt ne pouvaient avoir droit à l'office ainsi tombé en succession, ou à son prix,
qu'en qualité d'héritiers. « Car ils n'y peuvent avoir droit par la retrocession du confidentiaire, qui luy-même en effet n'y avoit rien. Et posé », ajoute Loyseau (*loc. cit.*,
n° 40), « que cette confidence fût un fideicommis en leur faveur, si est-ce que toûjours
les creanciers sont preferables au fideicommissaire. Et quand même il apparoîtroit
par écrit, que le fideicommis fût fait par un don entre-vifs, si est-ce qu'étant fait par
un homme insolvable et prest à mourir, il seroit sujet à l'action revocatoire, principalement étant fait à un heritier presomptif. » Cependant, cet auteur (*eod.*) apportait
ici une petite dérogation à ce qui avait lieu dans tous les autres cas où l'office tombait
en succession, et où, en l'acquérant par cette voie, on faisait acte d'héritier. Il n'estimait pas qu'on dût tenir cette rigueur à l'héritier présomptif, que, pour avoir participé
au prix de l'office avant sa renonciation à la succession, il fût réputé avoir, par là,
fait acte d'héritier, « pource que », disait-il, « prendre un don ou fideicommis n'est pas
apprehender aussi que par la resignation effectuée du vivant du defunt l'Office étoit
distrait de sa succession, mais il quitte pour rendre le prix de l'Office aux creanciers. »

(242) C'était là, nous le rappelons, en ce qui concernait les offices héréditaires par
privilège, une notable différence avec les milices héréditaires du droit romain. (Voy.
supra, sect. 1, note 72, p. 104.)

2°. *Du rapport des offices vénaux à la succession du titulaire donateur ou testateur* (243).

Lorsque, de son vivant, un officier s'était démis de son titre en faveur de l'un de ses héritiers, ou qu'il avait fait, de son office, par une clause de son testament, l'objet d'un legs à son profit, le donataire ou le légataire devait tenir compte à ses cohéritiers de l'avantage qui lui avait été fait. Cette obligation du rapport, toute de justice et d'équité, puisque, comme le remarquait Bourjon, et comme l'ont remarqué avec lui tous nos anciens auteurs, les offices constituaient, en général, la portion la plus considérable de la fortune des familles (244), cette obligation, destinée à rétablir l'équilibre dans le lotissement de chacun des intéressés, avait été acceptée par notre ancien droit, et son principe y avait été admis, comme le principe de la *collatio* des *militiœ venales* avait été adopté dans le droit romain du Bas-Empire (245). Il se trouvait

---

(243) Voy., sur ce sujet, Loyseau, liv. III, chap. x, n°ˢ 46 à 60 inclus.

(244) Voy. Bourjon, *Le droit commun de la France,* liv. II, tit. xi, 2° partie, chap. iii, sect. ii, n° x, note, et 3° partie, chap. iii, sect. i, n° ii. Voy. aussi de Renusson, *Traité des propres,* chap. v, sect. iv, n°ˢ 1, 4 *in fine,* 29, 61, 72, 95 ; comp. *eod.,* n°ˢ 35 *sub fin.,* 67, 68 et 70 ; *Traité du douaire,* chap. iii, n°ˢ 54 et 63 ; Basnage, sur les art. 329, 338, 367, 399 et 514 de la Coutume de Normandie, et *Traité des hypothèques,* 1ʳᵉ partie, chap. x *in fine* ; Maichin, *Commentaires sur la Coutume de Saint-Jean d'Angely,* 2° éd., Saintes, 1708, p. 232 *in fine* ; Lebrun, *Traité des successions,* liv. II, chap. i, sect. i, n° 88 ; Sérieux, dans sa première observation sur le n° 58, sect. iv, chap. v du *Traité des propres* de de Renusson ; Denisart, mots OFFICES et OFFICIERS, n° 17 ; Merlin, *Rép.,* mot OFFICE, n° xi, *passim.* C'est même à cause de leur importance patrimoniale, Pothier nous l'a fait observer, qu'on leur reconnut le caractère d'immeubles et de propres. (Voy. *supra,* note 29.) — Les anciens édits prenaient aussi souvent pour base la considération dont il est parlé au texte. (Voy., par ex., les motifs de l'édit de juin 1568 ; le préambule de l'édit de décembre 1665 ; la fin du préambule de l'édit de février 1683, et le préambule de l'édit de février 1771 ; Isambert, t. 14, p. 227, note 3 ; t. 18, p. 67 ; t. 19, p. 417, et t. 22, p. 515.)

(245) Voy. *Droit romain,* chap. iii, § 3, sect. 2, t. 1, pp. 600 et suiv. Nous lisons, à ce sujet, dans Merlin (*Rép.,* mot RAPPORT A SUCCESSION, § iii, n° xviii *in init.,* et 1°) : « On a vu à l'article *Légitime,* que les offices de judicature ou de finances s'imputent toujours dans la portion légitimaire. (Voy., en effet, *Rép.,* mot LÉGITIME, sect. viii, § ii, et spécialement, art. i, Question i, n° xiv, et surtout, même section, § iii, art. ii, n° xxi, et art. iii, n° i, 2°. Voy. aussi Lebrun, *Traité des successions,* liv. ii, chap. iii, sect. ix, n°ˢ 12 et 15, et comp. *supra,* p. 205, texte et note 203, et *infra,* note 271, pp. 228 et suiv.)...

« 1° On ne doute plus, depuis long-temps, que les offices de judicature et de finances ne soient sujets à ce droit (de rapport).

« Il est vrai (dit Boniface, tome 3, liv. 3, tit. i, chap. 9) qu'aux termes d'une déclaration

même inscrit en termes formels dans plusieurs coutumes, et particulièrement dans la Coutume de Laon (art. 96), et dans celle de Reims (art. 323) (246).

Mais une différence profonde séparait le rapport de l'office vénal de celui des autres biens. Elle consistait en ce que l'art. 305 de la Coutume de Paris, qui exigeait le rapport en espèce, c'est-à-dire en nature, ne recevait pas ici son application. Ce que le successible avantagé par son ascendant devait seulement à ses cohéritiers, c'était l'estimation de l'office (247). Nos anciens auteurs justifiaient cette dérogation au droit commun, soit en disant, comme le faisait Loyseau (248), que l'office était attaché à la personne et qu'il ne se pouvait diviser et partager, ainsi que les autres biens, entre les ayants cause du *de cujus ;* soit en alléguant, comme le faisait Pothier (249), qui répétait ici le motif par lui donné

---

du 15 mai 1583, enregistrée au parlement de Provence, le 2 juillet suivant, les pourvus des offices de judicature, par résignation, vacance ou autrement, n'étaient pas tenus d'en rapporter, précompter ni rabattre la valeur, en partageant avec leurs collatéraux. Mais, continue le même auteur, depuis l'établissement du droit annuel, les offices ont été jugés immeubles et sujets au Rapport. Il y en a un arrêt du parlement de Provence lui-même, du 4 mars 1604. »

« Tel est aussi le langage de tous les jurisconsultes », ajoute Merlin ; « et s'il s'élève encore des contestations sur cette matière, ce n'est point le Rapport en soi, mais la manière de le faire, qui en est l'objet. (V. ci-après, § 8.) »

D'anciens arrêts avaient, en effet, excepté de l'obligation du rapport les offices de judicature. On cite, notamment, en ce sens, l'arrêt Favier, prononcé en robes rouges le 7 janvier 1582 ; mais cette jurisprudence tenait à ce que ces offices n'étaient pas encore dans le commerce ; aussi, depuis qu'ils furent devenus vénaux, ils ont été déclarés rapportables tout ainsi que les offices de finance et que les offices domaniaux. (Voy. de Renusson, *Traité des propres,* chap. v, sect. iv, n° 59.)

(246) Voy. les n°s 4, 5 et 7 du Commentaire de de Buridan sur ce dernier article.

(247) Voy. un arrêt du 14 avril 1603, rendu au sujet d'un office de commissaire au Châtelet, et rapporté par Mornac, dans un passage cité par Eusèbe de Laurière, en ses notes sur l'art. 305 de la Coutume de Paris, t. 3, p. 22 de l'édition de 1777, et par Bouchel, dans sa *Bibliothèque civile,* mot RAPPORT. Voy. aussi un arrêt du 4 février 1614, cité, comme le précédent, par de Renusson (*ubi supra*, n° 60), et un arrêt du 22 mai 1663, rapporté dans le *Dictionnaire* de Laville, n° 8162, et cité par Merlin avec celui de 1614 (*Rép.*, mot RAPPORT A SUCCESSION, § VIII, n° XI *in init.*); cet arrêt, infirmatif d'une sentence du bailliage d'Amiens, décide que c'est à une estimation qu'il faut recourir, même pour un office de procureur.

(248) *Loc. sup. cit.,* n° 47.

(249) *Traité des successions,* chap. iv, art. II, § VII *sub fin.,* éd. Bugnet, t. 8, p. 175 ; nous citons le passage, auquel nous faisons ici allusion, *infra,* note 265, pp. 225 *in fine* et suiv. — Voy. aussi Brodeau sur Louet, lettre R, somm. 3, et Eusèbe de Laurière, *loc. sup. cit.*, p. 23.

dans tous les cas analogues, qu'il y aurait de l'indécence à déposséder un officier et à le dépouiller d'un titre d'où il tirait son rang et son état dans la société (250); soit en ajoutant avec Merlin (251), qui donnait de l'exception une explication identique, que le fait de dépouiller l'officier causerait souvent un dommage considérable à l'intérêt public; soit enfin en observant avec l'auteur du *Droit commun de la France*, que la variété du prix des offices, variété qui faisait que la charge devait « courir aux risques » de celui qui en avait voulu être titulaire, excluait le rapport en nature et fondait celui du prix (252). On pouvait, d'ailleurs, ajouter à ces considérations, que les cohéritiers du titulaire n'avaient aucun intérêt au rapport en nature, et qu'il leur suffisait que le donataire ou le légataire leur fît raison de la valeur estimative de l'office.

Si tous nos vieux auteurs s'accordaient sur ce terrain, et décidaient unanimement que le rapport de l'office ne se faisait point en essence et espèce, mais ne portait que sur l'estimation (253), l'harmonie cessait entre eux, lorsqu'il s'agissait de déterminer comment se faisait l'évaluation, ou, pour mieux dire, à quelle époque on devait se placer pour estimer l'office rapportable. Trois opinions s'étaient fait jour sur cette question.

Dans un premier système, soutenu par Alexandre (254) et par Garsias (255), et appuyé par quelques arrêts (256), c'était au moment du partage qu'il convenait de s'attacher, conformément à la disposition de l'article 305 de la Coutume de Paris.

---

(250) Comp. Argou, *Inst. au Droit Franç.*, t. 1, liv. 2, chap. 28.

(251) *Rép.*, mot RAPPORT A SUCCESSION, § VIII, n° XI *in init.*; voy. aussi *eod.*, mot OFFICE, n° XIV.

(252) Voy. Bourjon, *op. cit.*, liv. II, tit. XI, 3ᵉ partie, chap. III, sect. I, nᵒˢ I à IV inclus. Voy. aussi Duplessis, cité par cet auteur.

(253) Parmi eux, il en était pour qui ce principe s'élevait à la hauteur d'un axiôme, et qui l'exprimaient sans juger que ce fût la peine de l'expliquer. (Voy. notamment de Buridan, sur l'art. 323 de la Coutume de Reims, n° 4, et Denisart, mots OFFICES et OFFICIERS, n° 85, et RAPPORT, n° 86.)

(254) Sur la loi *Illud*, au Code, *De collat.* (Const. 20, C. Just., VI, 20.)

(255) *Tractatus de expensis et meliorationibus*, cap. 4, n° 14.

(256) Voy. un arrêt du Parlement de Bretagne, du 20 octobre 1554, rapporté par Dufail, liv. I, chap. 64, et un arrêt du Parlement de Rouen, du 20 décembre 1599.

D'après une seconde doctrine, qui invoquait l'autorité des lois romaines relatives à la collation des *militiœ venales* (257), et qui tendait à introduire dans la jurisprudence française les règles applicables au rapport des milices vénales sous le Bas-Empire (258), on devait se reporter à l'époque du décès du disposant, c'est-à-dire de l'ouverture de la succession (259). Mais Loyseau (260) avait eu facilement raison de cette fausse théorie, en démontrant que le rapport n'avait pas la même base dans notre ancien droit, que la *collatio bonorum* en droit romain.

Enfin, la plupart des auteurs, et Loyseau entre autres, soutenaient que les offices vénaux n'étaient soumis au rapport, que relativement à leur valeur ou prix courant au temps de la donation qui en avait été faite, c'est-à-dire au jour de la résignation gratuite.

La majorité de nos anciens interprètes s'était ralliée à cette manière de voir, qu'avaient adoptée notamment, au xviie siècle, le premier Président de Lamoignon (261), de Renusson (262), Basnage (263) et Argou (264), et, au xviiie, Lebrun, Bourjon et Pothier (265). C'est également en ce sens que se prononçait, en

---

rapporté par Bérault, sur la Coutume de Normandie, art. 434. Nous verrons, note 266, *infra*, que ce dernier Parlement réforma sa jurisprudence au siècle suivant.

(257) Const. 30 § 2, *De inoff. testam.*, C. Just., iii, 28, et Const. 20, *De collat.*, précitée.

(258) Voy. le renvoi de la note 245 *in init.*, *supra*.

(259) Comp. un arrêt du Parlement de Paris, du 15 mai 1649, rapporté au *Journal des Audiences*, qui décide qu'on devait prendre un certain milieu entre la valeur du temps de la donation et celle du temps du partage.

(260) *Loc. cit.*, n°s 48 et suiv.

(261) Il la reproduit dans ses *Arrêtés*, titre des offices, art. 17.

(262) *Op. et loc. citt.*, n° 63 *in fine*.

(263) Voy. le Commentaire de cet auteur, et les arrêts qu'il cite, sur l'art. 434 de la Coutume de Normandie.

(264) *Loc. sup. cit.*, note 250. — Parmi les nombreux auteurs du xviie siècle qui s'étaient rangés au sentiment de Loyseau, il convient encore de mentionner Brodeau sur Louet (lett. E, chap. 2, n° 4); Duplessis, cité par Bourjon (*loc. cit.* à la note suiv.), et La Peyrère (lett. R, décis. 20).

(265) Voy. Lebrun, *Traité des successions*, liv. III, chap. vi, sect. iii, n° 42; Bourjon, *op. cit.*, liv. II, tit. xi, 3e partie, chap. iii, sect. ii, dist. ii, § i, n° vii, et Pothier, *Traité des successions*, *loc. sup. cit.*, note 249. Voici, notamment, comment s'exprimait ce dernier jurisconsulte : « L'enfant donataire d'un office ou d'immeuble, n'est

général, la jurisprudence de nos Parlements, dès le début du xvii° siècle (266).

Reste maintenant à nous demander comment on établissait le bien fondé de cette interprétation. Loyseau (267) lui donnait pour fondement les deux motifs suivants :

Tout d'abord, disait-il, l'office tombe aux risques du donataire, du jour de la délivrance des lettres de provision : « ..... l'Office qui est perissable par mort, est un peril, et par consequent au profit du fils, deslors qu'il en est pourvû ; comme donc s'il diminuoit du prix par aprés, même s'il se perdoit tout à fait, ce seroit au dommage du fils : aussi s'il augmente de prix, il est bien raisonnable que ce soit à son profit. »

En second lieu, ajoutait-il, « il se pratique notoirement en matiere des choses qui se consomment par l'usage, comme des meubles perissables, qu'il en faut rapporter l'estimation au temps du don, ce qui doit avoir lieu à plus forte raison aux Offices, qui se consomment et usent tous les jours , ainsi que la vie du pourvû. »

Nous terminerons cet exposé par trois observations :

1° La première, c'est que le donataire d'un office n'étant point

---

point obligé à rapporter en essence et espèce les choses qui lui ont été données, mais seulement à rapporter la somme qu'elles valaient lorsqu'elles lui ont été données, et la somme qui lui a été donnée pour s'y faire recevoir ; la raison de différence par rapport aux offices est tirée de l'indécence qu'il y aurait à déposséder un officier, s'il était obligé au rapport de son office en essence et espèce. » Voy. aussi le passage de Duplessis, rapporté par Denisart, mot OFFICES et OFFICIERS, n° 86 ; Bergier, en sa note sur le n° 1428 du *Traité des donat. entre vifs et testam.* de Ricard, iii° partie, chap. x, sect. i ; Denisart, mot RAPPORT, n° 86 et 89, et Merlin, *Rép.*, mot RAPPORT A SUCCESSION, *loc. cit.*, et mot LÉGITIME, sect. viii, § iii, art. iii, n° i, 2°.

(266) Voy. l'arrêt du 14 avril 1603, cité note 247, *supra.* Consulter aussi un arrêt du 5 août 1631, rapporté par Auzanet, sur l'art. 304 de la Coutume de Paris, et un autre du 31 août 1696, inséré dans le *Journal des Audiences.* Il convient de joindre à ces décisions un arrêt du Parlement de Bordeaux du 4 mai 1664, rapporté par La Peyrère, lettre L, n° 21 ; un arrêt du Parlement d'Aix, du 23 juin 1667, rapporté dans le recueil de Boniface, t. 3, liv. 2, tit. 1, chap. 5 ; et enfin trois arrêts du Parlement de Rouen, du 25 février 1669, de février 1679, et du 7 mars de la même année, cités par Basnage, sur l'art. 434 de la Coutume de Normandie. Tous ces documents judiciaires sont mentionnés par Merlin, *Rép.*, mot RAPPORT A SUCCESSION, *loc. cit.* ; voy. aussi mot LÉGITIME, sect. viii, § iii, art. iii, n° i, 2°. — Voy. enfin Soëfve, t. 1, cent. 3, chap. 13.

(267) *Loc. cit.*, n° 56.

débiteur d'un rapport en essence, c'est-à-dire en nature, mais d'un rapport en estimation, égale au prix de la charge au temps de la donation, il en résultait, comme conséquence générale, que l'office était aux risques non pas de la succession, mais bien du bénéficiaire avantagé (268), et, comme conséquences subsidiaires :

α — Que, suivant l'usage du Châtelet, si l'office avait diminué de valeur depuis la donation, l'héritier donataire ne pouvait le rapporter en espèce, pour se dispenser d'en rapporter le prix; principalement, lorsqu'il avait été pourvu étant majeur, ou qu'ayant été pourvu mineur, le rapport ne se faisait qu'après les dix ans qui suivaient sa majorité (269) ;

β — Que, quand bien même le souverain eût ordonné la suppression de l'office donné sur la tête du fils avant la mort du père, le donataire n'en aurait pas moins dû le rapport du prix, calculé sur le pied de la valeur estimative de l'office supprimé au jour de la résignation gratuite, si du moins, comme dans le cas de diminution de prix, il avait été pourvu majeur, ou qu'ayant été pourvu mineur, le partage ne se faisait pas dans les dix ans de sa majorité ; car sinon, en cas de diminution ou de suppression de l'office appartenant à un héritier pourvu étant mineur, celui-ci,

_____

(268) C'était du reste une maxime, en matière d'offices vénaux, que, dès qu'ils reposaient sur la tête de l'officier qui, étant majeur, les avait acceptés purement et simplement, et non pas à la charge de ne courir aucun risque, ils étaient à ses risques, périls et fortunes. (Voy. de Renusson, *op. et loc. citt.*, n°ᵉ 62 et 63; Basnage, sur l'art. 434 de la Coutume de Normandie, et Lebrun, *Traité de la communauté*, liv. I, chap. v, sect. II, dist. I, n° 55.) Voy. aussi le passage de Denisart, cité à la fin de cette première observation, p. 229. — Dans le cas où l'office n'avait été accepté par l'héritier présomptif que sous la condition de ne courir aucun risque, celui-ci n'était point alors tenu d'en rapporter la valeur; il ne rapportait que le titre qu'il remettait dans la masse de la succession lors du partage, et dont on disposait à profit commun. (Voy. de Renusson, *cod.*, n° 62.)

(269) Voy. de Renusson, *op. et loc. citt.*, n° 62; Lebrun, *Traité des successions*, liv. III, chap. VI, sect. III, n° 42 *in fine*; voy. aussi *Traité de la communauté*, liv. I, chap. v, sect. II, dist. I, n° 55; Bourjon, *loc. cit.* note 265, *supra*, n° VIII, et Duplessis, par lui cité. — C'est le cas de rappeler ici que l'ex-mineur n'avait que dix années, à compter du jour de sa majorité, pour se pourvoir par la voie de lettres de rescision contre les actes passés durant sa minorité. (Voy. l'art. 46 de l'ordonnance de Louis XII, de juin 1510, et l'art. 134 de celle de François Iᵉʳ, de Villers-Cotterets, août 1539; Isambert, t. 11, pp. 595 *in fine* et suiv., et t. 12, p. 628 *in init.*; voy. aussi les notes de Dumoulin et de Bourdin sur l'article précité de la dernière ordonnance.)

quand le partage se faisait dans les dix ans de sa majorité, ne supportait la perte ni de la diminution ni de la suppression; il pouvait, en effet, remettre ses provisions dans la masse héréditaire, de telle sorte que la perte était alors commune à lui et à ses cohéritiers. Mais, si l'on écarte cette hypothèse, les choses se passaient ainsi qu'il vient d'être dit (270);

γ — A plus forte raison, que le donataire ne pouvait pas obliger ses cohéritiers à lui faire état des taxes qu'il avait été contraint de payer pour son office avant l'ouverture de la succession (271);

---

(270) Voy. un arrêt du 2 décembre 1610, rapporté par Ricard et par Fortin, sur l'art. 306 de la Coutume de Paris. Quelques jurisconsultes voulaient, cependant, contrairement à cette décision, que, lorsque l'office périssait par la suppression qui en était prononcée par le Prince, l'héritier fût dispensé d'en rapporter la valeur. Cette opinion pouvait s'autoriser d'un fragment de Paul, dans lequel ce jurisconsulte nous dit que, d'après la majorité des auteurs, au sentiment desquels il adhère, le fils émancipé était déchargé de l'obligation de rapporter l'objet du don qui avait péri sans son dol et sans sa faute. (L. 2 § 2, *De collat.*, D., XXXVII, 6. Voy. *Dr. rom.*, chap. III, § 3, sect. 2, texte α et note 46, t. 1, p. 614.) Mais elle ne devait pas prévaloir, et cela parce que d'abord le donataire profitant des chances d'augmentation (voy. *infer.*, δ). devait, par une juste réciprocité, voir peser sur lui les risques de perte, et que, d'ailleurs, sachant que l'office vénal dont il avait été gratifié, était sujet à suppression, il n'avait qu'à s'imputer à lui-même, de ne point avoir pris ses précautions, en stipulant que, si cette hypothèse venait à se réaliser, il ne serait pas soumis au rapport de l'estimation. (Voy. *supra*, note 268.) Aussi le principe indiqué au texte était-il unanimement admis dès la fin du xviie siècle. (Voy. notamment de Renusson, *op. et loc. citt.*, no 62, et Lebrun, *Traité de la communauté*, liv. I, chap. v, sect. II, dist. I, no 55, et surtout *Traité des successions*, liv. III, chap. VI, sect. III, nos 43 et 44.)

(271) Par *a fortiori* de la règle précédente, il est incontestable que, lorsque le fils donataire rapportait à la succession de son père le prix d'un office que celui-ci lui avait donné en mariage, ses cohéritiers ne lui devaient tenir aucun compte des taxes par lui payées avant la mort du père, et sans le paiement desquelles l'office aurait été supprimé. En effet, puisqu'il aurait supporté la perte de l'office, à plus forte raison devait-il aussi en supporter les taxes, dont la charge se trouvait d'ailleurs compensée par la jouissance même de l'office. Partant de là, nous ajouterons que si, faute d'acquitter la taxe, l'office avait été supprimé, il n'en aurait pas moins été obligé de rapporter le prix, eu égard au temps de la donation. (Voy. Lebrun, *Traité des success.*, loc. cit., no 45.) Par là même, si, faute d'acquitter la Paulette, l'office était tombé aux parties casuelles par la mort du fils donataire, les petits-enfants, venant à la succession de leur grand-père donateur, auraient été tenus du rapport de sa valeur, à l'époque de la donation. (Voy. Guy-Coquille, sur les art. 10 et 11 du chap. XXVII, DES DONATIONS, de la Coutume de Nivernais, et Lebrun, *eod., in fine.*) Mais si la perte par cas fortuit de l'office donné n'en laissait pas moins subsister l'obligation du rapport, il n'en résultait nullement que cet office dût, en ce cas, être imputé sur la légitime. (Comp. *supra*, p. 205, texte et note 203, et p. 222, note 245.) Car, si l'on pouvait bien conclure de la légitime au rapport, on ne pouvait pas argumenter de celui-ci à celle-là; et, comme nous avons vu Justinien l'exprimer avec beaucoup d'exactitude.

δ — Mais, à l'inverse, que le successible avantagé ne devait pas compte à ses cohéritiers de l'augmentation de valeur survenue dans son office postérieurement à la donation, et que lui seul profitait de cet accroissement.

En un mot, et pour nous résumer sur ce point, nous dirons avec Denisart (272) : « Si l'office donné par le pere est supprimé depuis la donation, le fils ne laisse pas d'être obligé d'en rapporter le prix à la succession de son pere ; parce que, dès que l'officier est pourvu, il est chargé de l'événement (bon ou mauvais) de l'office ; et comme il ne rapporte point le profit, s'il y en a, on ne lui tient point compte non plus de toutes les pertes qu'il peut souffrir. »

2° Nous ferons observer, en second lieu, que la règle qui fixait au temps de la donation l'époque à laquelle on devait s'attacher pour apprécier la valeur de l'office sujet à rapport, admettait une exception, dans l'hypothèse où le père en avait fait lui-même l'estimation par l'acte, et avait donné son office à son fils pour le prix qu'il lui avait coûté, lors bien que, depuis, il eût augmenté de valeur et qu'il se trouvât d'un plus grand prix à l'époque de la donation. «..... L'on doit s'en tenir à l'estimation du pere », disait Lebrun, « pourvu qu'elle soit conforme au prix que sa charge lui avoit autrefois coûté, ou qu'elle soit au-dessus : car les arrêts, et principalement celui du 4 février 1614, appellé *l'Arrêt de Tambonneau*, rapporté par Fortin, sur l'art. 305 de la coutume de Paris, ont jugé qu'un pere pouvoit donner sa charge à son

---

si tout ce qui s'imputait sur la légitime était bien, sans doute, rapportable, la réciproque n'était pas vraie, en ce sens que tout ce qui devait être rapporté, ne devait pas être imputé sur la légitime. (Voy. *Dr. rom.*, chap. III, § 3, sect. 2, t. 1, p. 604, note 22.) Nous rencontrons ici une application de cette idée. En effet, si l'office vénal donné à un fils par son père était perdu par quelque cas fortuit, comme si le donataire était mort sans payer le droit annuel, la charge, bien que rapportable par les petits-enfants, ainsi que nous venons de le dire, n'aurait pas pu être imputée sur la légitime par eux demandée sur les biens de l'aïeul donateur, parce que la légitime devait « être remplie en corps héréditaire lors de la succession du pere, *repletionem autem fieri ex ipsa substantia patris* », selon les propres expressions de Basnage. (Voy. Loyseau, liv. IV, chap. VI, n° 31 et 38, et Basnage, sur l'art. 235 de la Coutume de Normandie, dans ses *Œuvres*, éd. in-f° de Rouen, 1778, t. 1, f° 348, col. 2 *in fine*, et suiv.)

(272) Mot RAPPORT, n° 90.

fils, pour le prix qu'elle lui avoit coûté. » (273) Pothier disait de même, et il prenait soin d'ajouter : « ..... on tolère ces petits avantages, pour donner lieu aux pères de maintenir le nom de leur famille..... » (274) Et, tirant immédiatement les déductions logiques du motif qui avait fait admettre la dérogation, il poursuivait ainsi : « Il suit de la raison que nous venons de rapporter, que cette décision ne doit avoir lieu que pour les charges de judicature propres à conserver l'honneur du nom du défunt (275); un père ne pourrait donc pas donner de même à son fils un office de procureur ou de receveur des tailles, pour le prix qu'il lui

---

(273) Voy. *Traité des successions*, liv. III, chap. VI, sect. III, n° 42. Voy. aussi le passage de cet auteur cité par Merlin, *Rép.*, mot LÉGITIME, sect. VIII, § II, art. I, quest. I, n° XIV; De Renusson, *Traité des propres*, chap. V, sect. IV, n° 61; Basnage, sur l'art. 434 de la Coutume de Normandie, et Denisart, mot RAPPORT, n° 88; comp. Argou, *op. et loc. sup. citt.* Ce dernier jurisconsulte, dans le cas où un père avait donné à son fils la charge dont il était pourvu, établissait une distinction : si l'office n'a rien coûté au père, disait-il, ou s'il l'a acheté à très-bon marché, il le peut donner à son fils pour un prix moindre que sa véritable valeur, pourvu qu'il ne soit pas au-dessous de celui que le père en a payé ; et le fils ne sera obligé de rapporter que cette estimation. Ce qui a été introduit favorablement, ajoutait-il, afin de faciliter aux enfants les moyens de soutenir l'éclat de leur famille, dans un cas où le père ne diminue rien de son ancien patrimoine. Si, au contraire, poursuivait-il, le père a acheté l'office beaucoup plus qu'il ne vaut, lorsqu'il le donne à son fils, il peut bien l'estimer au-dessous de ce qu'il lui en a coûté, mais non pas au-dessus de sa juste valeur, par la raison que le père, en ce cas, ne peut plus gratifier son fils sans diminuer le bien qu'il avait avant l'acquisition de la charge, et que, d'un autre côté, il n'est pas juste que le fils paye la charge à son père, un prix supérieur à celui qu'il aurait payé à un étranger. — Enfin Bourjon enseignait, comme Lebrun, que, lorsque la donation de l'office passant du père au fils, contenait estimation ou fixation du prix de la charge donnée, le fils donataire n'avait à rapporter que le prix fixé, encore qu'il fût au-dessous de la valeur de l'office au temps du don, le père pouvant fixer le rapport à effectuer par la suite, à la somme pour laquelle lui-même avait acheté l'office, et cela par cette double raison, disait-il, que « les offices n'ont pas une valeur vraiment réelle et intrinsèque », et que « la transmission des offices de la personne des pères dans celle des enfans est très-favorable. » Mais, de même encore que Lebrun, il apportait au principe posé cette limitation toute naturelle, que le père ne pouvait pas estimer l'office au-dessous de ce qu'il l'avait acheté lui-même ; « autrement », disait-il, « cette faveur dégénéreroit en contravention formelle à la loi. » (Voy. Bourjon, *op. cit.*, liv. II, tit. XI, 3ᵉ partie, chap. III, sect. II, dist. II, § II, nᵒˢ IX, X et XII. Voy. aussi Duplessis, cité par cet auteur, et par Denisart, mot OFFICES ET OFFICIERS, n° 86.) — Comp., relativement aux avantages indirects, *infra*, pp. 233 et suiv.

(274) Voy. Pothier, *Traité des successions*, *loc. cit.*, p. 176. Comp., à la note précédente, le motif donné par Argou.

(275) C'est ce que proposait déjà de décider Bourjon, *loc. cit.* note 273 *in fins*, *supra*, note sur le n° IX.

aurait coûté, s'il valait davantage au temps de la donation (276).

« Par la même raison, si le fils à qui le père a donné un office augmenté de prix pour le prix qu'il lui a coûté, ne s'y fait pas recevoir et le revend incontinent, il doit rapporter le prix qu'il valait lors de la donation, et pour lequel il l'a revendu. » (277)

Le sentiment de Lebrun était identique dans ces deux cas, où l'on faisait retour au principe général (278).

Si maintenant l'on suppose que, pour gratifier le père, l'office avait été partie vendu, partie donné, soit à lui, soit à son fils, « comme c'étoit l'ancienne façon de pourvoir les Officiers par gratification, c'est à dire pour une finance bien modique, et

---

(276) Ce que dit ici Pothier de l'office de procureur, doit être étendu à la pratique qui pouvait y être annexée. De Renusson (*Traité des propres*, chap. v, sect. iv, n° 64) nous dit à ce sujet : « A l'égard de la pratique des Procureurs, qui consiste particulièrement en avances faites pour les Parties, c'est une chose distincte et séparée de l'office ; il n'est pas au pouvoir d'un Procureur d'en gratifier un de ses enfans, un de ses héritiers, au préjudice des autres, ni de l'estimer à moindre somme qu'elle ne vaut ; et si un pere avoit voulu gratifier un de ses enfans pour une somme moindre qu'elle ne vaut, les autres enfans seront reçûs à la faire valoir davantage, ou à faire trouver enchérisseurs. Une pratique de Procureur ne dépend pas du fait du Prince, ce n'est pas une chose qui soit sujette à plusieurs changémens ; l'on ne court pas de risque comme pour un office qui n'a rien de certain, qui peut être taxé et supprimé. Cela a ainsi été jugé au rapport de M. le Meusnier, par Arrêt du 28. Mai 1621. par lequel la Cour, sans avoir égard au testament de Florent le Verrier, Procureur au Parlement, qui avoit délaissé à son fils la pratique de Procureur pour 3000. livres, à laquelle il l'avoit estimée, et pour laquelle il lui en avoit fait vente, ordonna qu'il en rapporteroit la juste valeur. » — Comp. *supra*, note 41, p. 140. Voy. aussi, sur la pratique, ci-dessus, note 29, pp. 129 et suiv., et *infra*, § 2, note 13, pp. 245 et suiv.

(277) Comp. Bourjon, *loc. cit.* note 273 *in fine*, *supra*, note sur le n° x, et Denisart, mot OFFICES et OFFICIERS, n° 87.

(278) Voici comment il s'exprimait dans son *Traité des successions*, liv. III, chap. vi, sect. iii, n° 42 : « Que si », disait-il, « le fils ne se faisoit pas recevoir à l'office, qu'il en disposât aussi-tôt qu'il lui auroit été donné par le pere pour le prix qu'il lui avoit coûté, l'on croit communément qu'il seroit obligé de rapporter le prix de la nouvelle vente, parce que l'on ne permet aux peres d'avantager ainsi leurs fils sur le prix de leurs charges, que pour leur donner lieu de maintenir le nom de la famille ; c'est pourquoi ce passe-droit n'a lieu que pour les charges de judicature, et non pas, par exemple, pour un simple office de procureur. » A la fin du même n°, il faisait observer qu'en ce qui concernait les offices vénaux héréditaires, le père n'avait pas cette faculté de les donner à son fils pour un moindre prix que leur juste valeur, sans qu'on lui en tînt compte dans le partage. Denisart disait également sur ce dernier point : « A l'égard des offices venaux héréditaires, le pere ne peut les donner à son fils pour un moindre prix que leur juste valeur ; et s'il l'a fait, le fils est obligé d'en tenir compte dans le partage. » (Voy. mot RAPPORT, n° 91.)

beaucoup moindre que la juste valeur de l'Office », Loyseau (279)
pensait, puisque le rapport avait été introduit « pour garder l'égalité entre les enfans, *l. 1. D. .De collat. bon.* », et que le mérite
ou industrie du père, qui avait « moyenné cette gratification »,
devait profiter également à tous les enfants, qu'il était équitable
en ce cas de rapporter le juste prix de l'office. « Ce qui est sans
difficulté », ajoutait-il, « quand l'Office venal a été tout-à-fait donné
au pere ; c'est à dire quand en sa faveur son fils en a été gratuitement pourvû, ainsi que Garsias a prouvé en ce chap. 4.
nombr. 14. et *Io. Faber* le tient sur cette loy *Sed si plures* § *In
arrogato. D. De vulg. et pupil. substit.* » (280) Les idées s'étaient
modifiées sur ce point au siècle d'après, ainsi que le prouve
l'extrait suivant de Merlin : « On prétend néanmoins », dit-il
immédiatement à la suite du passage cité note 245, *supra* (pp. 222
et suiv.), « que le père peut, même dans la coutume de Paris,
donner à son fils, sans charge de Rapport, un office de judicature
qu'il tient de la pure libéralité du roi. » Avant lui, Lebrun avait
déjà écrit dans son *Traité des successions* (281) : « Que si le roi
a donné l'office au pere en pur don, en ce cas, il semble que le
pere le peut donner aù fils de la même sorte, sans qu'il soit
obligé de rapporter ce que le pere tenoit de la libéralité du roi,
pourvu qu'il le lui donne avec cette condition. Et c'est l'espece
de l'arrêt de Favier, rapporté dans M. le Prestre [sous la date du
mois de septembre 1582, *aliàs* 1558].

« Quelques-uns tiennent néanmoins, qu'en ce cas, le pere ne
peut pas donner le total, sans que le fils soit obligé à quelque
rapport, mais qu'il peut l'estimer beaucoup au-dessous de sa juste
valeur ; et c'est l'opinion la plus réguliere. » — Duplessis et
Bourjon se prononçaient formellement en ce dernier sens (282).

---

(279) *Loc. cit.*, n° 59.

(280) L. 10 § 6, fr. Ulp., XXVIII, 6.

(281) Liv. III, chap. VI, sect. III, n° 42.

(282) Voy. la fin du passage de Duplessis cité par Denisart, mot OFFICES ET OFFICIERS.
n° 86, et Bourjon, *loc. cit.* note 273 *in fine, supra,* note sur le n° X, et n° XIII.

Ce qui ressort, dans tous les cas, avec netteté de ces décisions, c'est que l'idée de rapport n'était pas exclue de l'hypothèse que nous venons de prévoir. Seulement, on lui donna une rigueur et une intensité plus ou moins grandes suivant les époques.

Que décider relativement aux avantages indirects proprement dits, pouvant résulter de la donation d'un office ? L'enfant avantagé en devait-il le rapport ? Nous n'hésitons pas à répondre affirmativement, au moins en thèse générale, et l'on comprendra sans peine, par ce qui précède, que telle ait été la doctrine très-expresse de Loyseau, qui la poussait même jusqu'à ses dernières conséquences. C'est ainsi qu'après avoir posé en règle que, d'après lui, l'office donné au père en tout ou partie, et dont il avait ensuite gratifié son fils, était rapportable à sa juste valeur, il poursuivait en disant (283) : « Comme à plus forte raison il n'y a point de difficulté, que si le pere a apprecié à trop bas prix à son fils ou gendre, l'Office qu'il leur a luy-même resigné, encore que cette appreciation soit faite par contract de mariage, et sous cette clause, qu'autrement le mariage n'eût été fait, neanmoins l'Office doit être rapporté selon sa juste estimation, pource que c'est apparemment un avantage indirect qui est prohibé par nos Coûtumes : et ainsi le resout M. Chopin sur sa Coûtume d'Anjou *tit. De collat. bonor.* 284) contre l'opinion du vulgaire, qui pense que ce soit le seul moyen que peut avoir un pere de gratifier son fils, principalement à l'égard de l'Office de Judicature qu'il luy resigne. Neanmoins », ajoutait-il ingénument, « c'est la verité

(283) *Loc. cit.*, n° 60.

(284) Nous avons vu *supra* (pp. 229 et suiv., texte et note 273) Lebrun et Bourjon décider également avec raison que, si le père donnant à son fils l'office dont il se trouvait revêtu, pouvait bien l'estimer au-dessous de sa valeur réelle au temps du don, à tout le moins ne pouvait-il pas en fixer le prix à un taux inférieur à la somme pour laquelle lui-même l'avait acheté. Le second de ces auteurs, tirant de cette limitation sa conséquence logique et forcée, déclarait (*loc. cit.* à la note précitée, n° xi) que si, par la donation, il y avait eu estimation de l'office au-dessous de son prix d'achat par le père donateur, une telle estimation, dégénérant en un avantage indirect, n'était plus à considérer, et toute la faveur qu'on accordait alors au fils donataire se réduisait à une option : il avait, en effet, le choix de rapporter ou bien la valeur de la charge au temps de la donation, ou bien la somme pour laquelle le père l'avait achetée.

qu'entre gens paisibles en tous ces Cas on n'a pas accoûtumé d'entrer en cette recherche, si l'estimation de l'Office n'est notoirement trop basse, eu égard toujours au temps de la resignation, et ne faut pas dedire pour peu de chose le pere commun, duquel la loy a dit, que *pietas paterna consilium pro liberis capit.* »

3° Remarquons enfin que, de ce qui précède, découle une conséquence évidente. Puisqu'en effet, nous venons de voir que l'office résigné gratuitement au fils par le père était soumis au rapport, il en faut, par *a fortiori*, décider autant au sujet de l'office acheté par le père ou autre ascendant de ses propres deniers pour en faire pourvoir son fils ou autre descendant, comme aussi de la somme par lui fournie à son enfant, par exemple, pour acquérir une charge qui ne lui aurait jamais appartenu personnellement. Telle était même l'hypothèse spéciale visée par l'article 323 de la Coutume de Reims. En pareille occurrence, toutefois, ce n'aurait pas été l'estimation de l'office, c'est-à-dire sa juste valeur lors de l'achat, qui eût été rapportable, et qui eût été remise dans la succession du père, puisque cet office n'avait jamais figuré dans son patrimoine, mais bien la somme d'argent qui en était sortie, les deniers d'achat, en un mot, ainsi que les frais de réception, si le père les avait payés pour son fils (285). « Car à bien entendre », disait Loyseau, « l'Office n'a point de juste valeur, mais son prix consiste en la fantaisie, et ce qu'il se vend et s'achete, est presumé son juste prix : et quand on y en voudroit imaginer un autre, si par hazard on en a eu bon marché, ce bon hazard doit être pour le fils, qui s'est trouvé capable de tenir l'Office ; que s'il a trop coûté, puis qu'il l'a accepté, il en a approuvé l'achapt : et qui croira que le pere ait en cela trahy son fils, et fait bon marché de sa bourse, puis que la loy presume que la pieté paternelle prend bon conseil pour son enfant? » (286)

_____

(285) Il résultait de là, que le profit ou la perte survenue depuis que le titulaire était pourvu, regardait seulement le donataire et non ses cohéritiers. (Voy. Denisart, mot RAPPORT, n° 87.)

(286) Voy., sur cette dernière observation, Loyseau, *loc. cit.*, n°s 57 et 58 ; Argou.

Notons, en terminant, que, quand la donation avait un caractère rémunératoire, la jurisprudence restreignait, avec raison, l'obligation du donataire, à l'excédant de la somme pour laquelle il aurait eu action en justice (287).

Article 7. — *De la prescription des offices vénaux* (288).

Ce dernier mode d'acquisition des offices vénaux, qui n'est ni le moins curieux, ni le moins étrange, au point de vue de nos idées modernes, résulte d'une ordonnance, « unique en son espece », rendue par Charles VII, à Razilly, près Chinon, le 27 mai 1446, et connue sous le titre d'*Edit général, portant que ceux qui auront tenu leurs offices pendant cinq ans, ne pourront les perdre.* Nous en extrayons simplement le dispositif, qui est ainsi conçu :

« ..... ordonnons et déclairons par ces présentes et par édict général, de nostre certaine science, pleine puissance et autorité royal,

« Que tous noz officiers, qui depuis ledit an mil quatre cens dix-huit ont joy paisiblement de leursdiz offices par le temps et terme de cinq ans continuelz sans interrupcion, et sans ce que à cause d'iceulx, on leur ait fait question ou demande durant ledit terme, ne les avoir sur ce mis en procès, que doresenavant ilz joyront et demoureront en leursdiz estaz et offices, sans ce que en iceulx on leur puisse faire, mettre ou donner aucun empeschement par vertu desdiz dons par nous faiz à autres qui ne s'en seront aidiez dedans ledit temps de cinq ans, ne autrement, en quelque manière que ce soit.

---

op. et loc. sup. citt.; Lebrun, *Traité des successions,* liv. III, chap. VI, sect. III, n° 42 ; La Peyrère, lett. R, décis. 20 et 21 ; Bourjon, *op. cit.,* liv. II, tit. XI, 3° partie, chap. III, sect. II, dist. I, n°ˢ V et VI. Voy. aussi Duplessis, cité par ce dernier auteur, et par Denisart, mot OFFICES et OFFICIERS, n° 86, ainsi que l'arrêt du 30 août 1696, que Bourjon mentionne également. Comp. enfln Denisart, mot RAPPORT, n°ˢ 23 et 24 in init., et Pothier, *Traité des successions, loc. cit. in fine,* p. 176.

(287) Voy. M. Durand, *op. cit.,* n° 148 *in fine,* p. 157, et comp. *supra,* art. 5, A *in fine,* pp. 204 *in fine* et suiv.

(288) Voy., sur ce sujet, Loyseau, liv. I, chap. X, n°ˢ 8 à 23 inclus ; voy. aussi *eod.,* chap. XII, n°ˢ 28 et 31.

« Et oultre et d'abondant, voulons et ordonnons et nous plaist que tous ceulx qui par leur faulte, négligence, ou autrement, ne se seront aidiez des dons par nous à eulx faiz desdiz offices, dedans lesdiz cinq ans, ou sur ce n'auroient encommencé procès, soient entièrement forcluz et déboutez de leursdiz dons, et des droiz qu'ils pourroient avoir èsdiz offices, lesquelx nous en avons au cas dessusdit, privez, forcluz et déboutez, privons, forcluons et déboutons, et leursdiz dons par nous à eulx ainsy faiz avons revocquez, cassez et aboliz, révoquons, cassons et abolissons, et mettons du tout au néant par ces présentes. » (289)

Ainsi donc, aux termes mêmes de cette ordonnance, les offices se prescrivaient par cinq ans. Il n'est pas étonnant, suivant la remarque de Loyseau (290), qu'elle requît concurremment « et la jouïssance de la part du prescrivant, et la cessation de partie adverse, de s'aider de son don », c'est-à-dire qu'elle exigeât tout à la fois, pour que la prescription fût utile, cinq ans de possession de la part du prescrivant, et, pendant le même laps de temps, le non-exercice de celui à qui la possession quinquennale était opposée. « Car », dit-il, « au temps qu'elle fut faite, les Offices n'estoient pas encore perpetuels, mais étoient destituables à volonté : desorte que la longue jouïssance ne pouvoit pas empescher, que le Roy ne destituât ses Officiers, et ne donnât leurs Offices à d'autres ; toutefois il faloit, que le don fût plus recent, que de cinq ans. Mais à present », ajoute-t-il (291), « que les Offices sont perpetuels et non revocables (depuis 1467, nous le rappelons), la seule jouïssance de l'Officier pendant cinq ans, suffît, sans que la cessation de partie adverse soit requise concurremment : encore voit-on rarement arriver cette prescription : pource qu'il n'échet pas souvent, que celui qui pretend droit en l'Office, en laisse si long temps jouyr celui auquel il n'appartient pas. » (292)

---

(289) Isambert, t. 9, p. 146.
(290) Liv. I, chap. x, n° 10.
(291) *Eod.*, n° 11.
(292) En matière bénéficiale, il suffisait de trois ans de possession paisible. Pourquoi

Que si la possession du prescrivant fut, par la suite, considérée comme suffisante, à tout le moins convient-il d'ajouter que le seul défaut d'exercice d'un officier, contrairement à ce qu'il en était dans le droit romain pour les *militiæ venales* des *domestici* (293), ne lui faisait jamais perdre sa charge (294). Et c'est ce qu'il est aisé de démontrer. Quel était, en effet, le point de départ du délai de cinq ans ? Ce n'était pas le jour de la provision de l'officier, mais bien celui de sa possession, et cela pour deux raisons : d'une part, l'édit requérait expressément la jouissance continuelle et sans interruption ; d'un autre côté, c'est une règle de droit commun, que *sine possessione, non currit præscriptio*. Et tel est, précisément, le motif pour lequel, quand bien même un officier aurait été dix ans sans exercer son office, si cependant un tiers ne l'avait pas possédé pendant cinq ans continus, il ne le perdait pas (295).

Nous avons vu plus haut que la possession actuelle de l'office ne s'acquérait que par l'installation (296). Cela étant, la prescription dont nous parlons commençait-elle à courir dès le jour de la réception, ou seulement du jour de l'installation, pour les offices du moins où elle était requise, et, pour les autres, de celui où l'officier était actuellement entré en exercice ? Loyseau pensait qu'elle devait commencer dès le jour de la réception, qui donnait à l'offi-

---

donc l'ordonnance de 1446 se montrait-elle plus rigoureuse pour la prescription des offices, étant donné que leur possession et leur exercice étaient beaucoup plus notoires et publics, et qu'en outre, leur exercice devait, plus que celui des bénéfices, être fait en propre personne ! Loyseau (*eod.*, n° 12 et 13) nous en donne l'explication : « aussi cette Ordonnance fut faite pendant les troubles des Anglois, de sorte qu'attendu que le decret *De pacificis possessoribus* (voy. *eod.*, *super.*, n° 9 *in fine*) excepte discretement le temps d'hostilité, ce n'est de merveille, qu'elle requist lors un temps plus long : mais aussi il est à croire, que le temps d'hostilité n'en doit être defalqué, si l'hostilité n'étoit telle, qu'elle empêchât les autres prescriptions entre toutes, comme il se pratique de celle de nos derniers troubles de France, et non des precedens, sinon entre ceux de divers partis. »

(293) Voy. *Dr. rom.*, chap. II, § 3, sect. 2, II, *a*, pp. 493 *in fine* et suiv.

(294) La raison de la différence est facile à saisir : elle réside dans cette idée, qu'en droit romain, il ne s'agissait nullement de *prescription*, mais bien de *destitution*. Or, il est évident que la possession de la charge par un tiers est chose tout à fait indifférente dans ce second cas, pour l'application de la peine.

(295) Voy. Loyseau, *eod.*, n° 14 et 15.

(296) Voy. *supra*, pp. 196 et suiv.

cier le grade et le caractère d'officier, qui l'investissait, et l'envoyait « en l'exercice de l'office », qui lui en donnait, en d'autres termes, la possession civile, sinon encore la possession réelle et actuelle ; « et ma raison est », disait-il, « que la seule possession civile, sans la corporelle, suffit pour la prescription, et pour tous autres effets civils, *l. Possessio. D. de acquir. poss.* » (297) Mais, remarquons-le bien avec le même jurisconsulte : les cinq ans, d'après l'ordonnance, devant être continus et sans interruption, il en résultait que si, dans l'intervalle de la réception à l'installation, la partie adverse avait exercé actuellement l'office, la prescription ne se serait plus alors comptée que du jour où l'officier aurait repris l'exercice actuel (298).

Disons maintenant un mot de la jonction ou cumul des possessions (299). Le prescrivant pouvait-il, pour accomplir les cinq ans, joindre à la sienne et la cumuler avec elle, la possession de son prédécesseur en l'office ? La négative paraît, au premier abord, résulter de ce fait que les offices ne passaient pas directement et immédiatement d'une personne à une autre, comme les autres biens, mais que, par l'effet de la mort, de la résignation, et de toute autre vacation, ils revenaient au collateur par lequel ils étaient transmis au nouvel officier ; il semble donc qu'ils commençaient par être réunis et consolidés à la propriété, puis que, quand le collateur les conférait à un nouveau titulaire, c'était comme un usufruit nouveau qu'il créait en une nouvelle personne. Et c'est assurément là ce qui avait lieu dans le cas de vacation par mort ou par forfaiture, parce qu'en effet, dans cette double hypothèse, le droit qui résidait en la personne de l'ancien officier et y était attaché, était entièrement consommé, « jusques là, dit Rebuffe,..... que si par miracle le beneficier, ou Officier ressuscitoit, il ne rentreroit pas en son benefice, ou Office. »

Mais, en cas de résignation *in favorem* de l'office, nous esti-

---

(297) L. I, fr. Paul., XLI, 2.
(298) Voy. Loyseau, *eod.,* nos 16 et 17.
(299) Voy., sur ce point, Loyseau, *eod.,* nos 18 à 22 inclus.

mons avec Loyseau, que le résignataire, se trouvant subrogé
« au lieu et droit » du résignant, en vertu de la clause *Non autrement* (300), pouvait cumuler, avec la sienne, la possession de
son résignant, parce qu'ici, cette résignation n'était pas une vraie
et pure consolidation, puisque l'office ne pouvait résider en la
personne du collateur. Il y a plus : on peut même dire que ce
n'était pas là une vacation absolue, alors surtout que le collateur
était forcé de conférer précisément l'office au résignataire, et
ne pouvait refuser d'admettre la résignation faite à une personne
capable, comme cela avait lieu pour les offices vénaux et même
pour les non vénaux qui avaient été vendus par lui (301). De
telle sorte que la résignation de semblables offices n'était point
une démission ou un quittement pur et simple (302), destiné à
abolir et à anéantir le droit du résignant, mais c'était seulement
« une ceremonie necessaire pour l'execution de la vente de l'Office, afin que le collateur n'investisse l'acheteur, luy baillant ses
lettres de provision, sans lesquelles on ne peut tenir Offices. »

Remarquons enfin, en ce qui concerne cette prescription, qui,
ainsi que nous l'a fait pressentir Loyseau (303), devint, avec le
temps, un événement tout à fait anormal (304), que l'officier était
réputé possesseur paisible à l'égard de celui qui l'attaquait de
nouveau, bien qu'il eût toujours été en procès à raison de son
office avec d'autres personnes y prétendant droit. C'est ce que
l'on exprimait, en disant que le litige, en cette matière, était
personnel et non réel (305).

Tels furent, dans notre ancien droit, les divers modes d'acquisition des offices vénaux. Il nous faut les envisager à présent
dans les différents rôles qu'ils étaient appelés à jouer sur la scène

---

(300) Voy. note 16, *supra*, pp. 123 et suiv.
(301) Voy. *supra*, pp. 173 et suiv.
(302) Voy. note 16, *supra*.
(303) Voy. le passage cité p. 236 *in fine, supra*.
(304) Voy. Ferrière, *Sur la Coutume de Paris*, t. 2, p. 292, iv.
(305) Voy. Loyseau, *eod.*, n° 23.

juridique, et rechercher les fonctions multiples qu'ils pouvaient remplir dans le patrimoine, ainsi que les titres nombreux auxquels ils y pouvaient figurer.

§ 2. — *Des divers rapports de droit sous lesquels peuvent être envisagés les offices vénaux.*

Considéré comme bien, c'est-à-dire comme constituant une des fractions les plus importantes du patrimoine (1), l'office vénal était susceptible de partager le sort des autres biens. Comme eux, il pouvait se prêter à toute cette foule de combinaisons auxquelles donnent naissance le caprice, la volonté ou les besoins de leur propriétaire. Comme eux, il pouvait subir les mille transformations qu'il lui plaisait de leur imposer ou que les événements venaient commander.

D'un autre côté, envisagé comme formant un élément très-notable de la composition active du patrimoine, l'office vénal devenait par là même un puissant instrument de crédit entre les mains de son titulaire, et, par suite, à l'exemple des autres biens encore, il apparaissait comme une portion considérable du gage général appartenant à ses créanciers.

C'est autour de ces deux idées que se grouperont les développements qui serviront de matière à ce paragraphe, suite naturelle du précédent, puisqu'après avoir comme assisté à la naissance de l'office vénal, à son entrée dans le patrimoine, nous allons maintenant le supposer animé d'une vie légale, et examiner comment il y fonctionnait.

Comme on le voit, la question concrète à l'étude de laquelle nous allons nous livrer, se dédouble en quelque sorte, et il nous faut, tour à tour, passer en revue chacune des deux faces bien distinctes qu'elle présente.

---

(1) Voy. § 1er, art. 6, p. 222, texte et note 244.

Article 1er. — *Des différents rôles joués dans le patrimoine par l'office vénal considéré comme bien.*

Il est évident qu'il nous est impossible d'étudier une à une les situations multiples qu'un office vénal pouvait occuper dans la fortune des particuliers. Nous n'avons l'intention de nous livrer ici qu'à l'examen des plus importantes. A cet effet, nous considérerons successivement l'office en matière de communauté, de douaire, de société, de louage, et enfin de retrait lignager.

I. — *De l'office en matière de communauté.*

Ce sujet très-complexe, et dans beaucoup des détails duquel nous allons voir régner une dualité de législations, a besoin, pour être bien compris, d'être scindé en plusieurs questions. Nous les ramènerons à deux principales, et nous nous placerons, pour savoir si l'office exercé par le mari faisait partie des biens communs, et quels étaient sur lui les droits respectifs des époux, d'abord au jour où se formait leur union, puis au cours de la communauté. En d'autres termes, nous examinerons, en premier lieu, quel était, au point de vue de l'association conjugale, le sort de l'office possédé par le mari au jour de la célébration du mariage, et, en second lieu, quel était celui de l'office acquis par le mari pendant le mariage.

1°. *De l'office possédé par le mari au jour de la célébration du mariage.*

Il pouvait arriver que le mari fût déjà officier lors de la bénédiction nuptiale. De telle sorte que la première question que nos anciens jurisconsultes eurent à résoudre sur cette matière, fut celle de savoir si l'office dont le mari était titulaire lorsqu'il se mariait, entrait en communauté.

Il semble que rien n'était aussi simple à résoudre que cette question, puisque l'article 220 de la Coutume de Paris, et, à son exemple, presque toutes les Coutumes du Royaume, posaient en principe, que l'actif de la communauté se composait du mobilier appartenant à chaque époux au moment de la célébration du mariage, et de tous les immeubles acquis depuis cette époque (2). Malheureusement, les offices commencèrent, nous l'avons vu, par avoir une nature très-peu précise et un caractère fort mal défini, et grandes furent, à l'origine, les hésitations, lorsqu'il s'agit de déterminer si on devait les faire figurer dans la classe des meubles ou dans celle des immeubles, ou s'il ne conviendrait pas plutôt de ne pas leur attribuer d'une manière absolue l'une de ces deux qualités à l'exclusion de l'autre, et de les réputer tantôt meubles, tantôt immeubles, suivant le cas. C'était, nous nous en souvenons, ce dernier système qu'avait, non sans raison, adopté Loyseau, qui les regardait comme « une tierce espece de biens, metoyenne entre les meubles et les immeubles. » (3) On conçoit que, avec de semblables indéterminations, la question posée était un des problèmes les plus délicats de la théorie des offices ; aussi n'est-il pas surprenant de lire dans Loyseau (4) : « C'est icy peut-estre un des plus scabreux et difficiles endroits de cette matiere, sçavoir, si l'Office entre en la communauté du mariage..... » Quoi qu'il en soit, ce jurisconsulte qui, spécialement en matière de communauté, regardait l'office comme ne constituant, à proprement parler, ni un meuble ni un immeuble (5), décidait que celui dont le mari était pourvu lors de son mariage, ne tombait pas en communauté. Et il faut avouer que cette solution conciliait à merveille le droit avec l'équité. Car si, d'un côté, les principes rigoureux ne permettaient pas de voir un propre

---

(2) Voici comment s'exprimait l'art. 220 de la Coutume de Paris : « Homme et femme conjoincts ensemble par mariage, sont communs en biens meubles, et conquests immeubles faits durant et constant le dit mariage. Et commence la Communauté du jour des espousailles et benediction nuptiale. » (Voy. Eusèbe de Laurière sur cet article.)

(3) Voy. *supra*, § 1er, note 29, pp. 130 et suiv.

(4) Liv. III, chap. IX, n° 1.

(5) *Eod.*, n° 2. Il se fondait sur ce que sa condition était « d'estre non une vraye substance, qui puisse par effet subsister à part soy, mais plûtost un accident et qualité inherente à la personne..... »

dans un office vénal (6), rien n'était, d'autre part, plus contraire à
la volonté présumée des époux, à une époque surtout où l'adage
vilis mobilium possessio était une maxime courante, que d'assimiler aux meubles un bien d'une aussi grande importance. Nous
devons cependant le reconnaître : cette théorie n'était pas absolument d'accord avec le droit pur. Aussi bien, Loyseau n'invoquait-il,
pour l'appuyer, que des considérations d'équité, et que cette
raison, que l'office était une qualité inhérente, unie et conjointe
à la personne de l'officier, un *accident*, pour parler le jargon toujours prétentieux et rarement clair de ce qu'on est convenu d'appeler improprement la philosophie, et que, par lui-même, il n'y
avait « rien de moins communicable » à la femme (7).

Mais cette doctrine, admise par la jurisprudence dès la fin du
XVIᵉ siècle (8) et unanimement adoptée par tous les écrivains du
XVIIᵉ et du XVIIIᵉ (9), cette doctrine qui, du reste, ne rencontra guère
de contradicteurs, et que vint définitivement affermir l'édit de 1683,
comme nous le verrons en nous occupant des droits des créan-

---

(6) Voy. le passage de Loyseau, cité § 1ᵉʳ, note 225 *in init.*, p. 212.

(7) Voy. Loyseau, *eod.*, nᵒˢ 2 à 6 inclus, et chap. x, nᵒ 16. Voy. aussi le passage de
Maillart, rapporté par Merlin, *Rép.*, mot OFFICE, nᵒ XI *in init.*, et comp. *supra*, § 1ᵉʳ,
notes 26 et 206, pp. 129 et 206.

(8) Voy. spécialement un arrêt du 1ᵉʳ décembre 1588, cité par de Renusson, *Traité
des propres*, chap. v, sect. IV, nᵒ 35 ; un arrêt du Parlement séant à Tours, du 23 décembre 1592 ; deux arrêts du Parlement de Paris, du 27 ou 28 juin, et du mois de
décembre 1598 ; enfin un arrêt de la Grand' Chambre de ce Parlement, du 7 septembre 1607, sur lequel on peut consulter Bouguier, lett. O, Nᵒ 4, et Maichin, *Comment.
sur la Coût. de Saint Jean d'Angely*, 2ᵉ éd., 1708, p. 232 *sub fin*. Ces quatre derniers
arrêts sont cités et analysés par Loyseau (liv. III, chap. IX, nᵒ 7) et par de Renusson
(*ubi supra*). Voy. aussi Jacques de Montholon, *Arrêts de la Cour du Parlement*,
prononcés en robes rouges depuis 1580, chap. III ; Julien Pilieu ou Peleus, *CLXII
questions illustres*, dans ses *Œuvres*, Paris, 1631, in-fol., et la note ajoutée au
Commentaire de Duplessis, *Traité des droits incorporels*, tit. 4, chap. I, p. 172, où
sont rapportés cinq arrêts conformes à la solution indiquée au texte. — Primitivement, et notamment avant la réformation de la Coutume de Paris en 1580, les arrêts
se prononçaient en sens contraire, comme on pourra le voir par l'arrêt du Parlement
de Paris du 7 septembre (*alias* décembre) 1577, rapporté par Charondas, sur l'art. 95
de la Coutume de Paris (voy. aussi *infra*, p. 252, note 28), et par Le Prêtre, cent. 1,
chap. 9, et cité par de Renusson, *eod.*, nᵒ 34.

(9) Nous citerons en particulier : Ricard, *Traité des donat. entre vifs et testam.*,
IIIᵉ partie, chap. x, sect. I, nᵒ 1428 ; de Renusson, *op. et loc. sup. citt.*, nᵒˢ 34 et 35 ;
Lebrun, *Traité de la communauté*, liv. I, chap. v, sect. I, dist. IV, nᵒ 1 (comp. nᵒ 3),
et sect. II, dist. I, nᵒ 52, ainsi que l'éditeur de son *Traité des successions*, dans ses

ciers (10), se trouva en complète harmonie avec les principes juridiques, du jour où l'on reconnut à l'office un caractère immobilier, et où il fut déclaré susceptible de la qualité de propre (11).

Il faut toutefois se garder d'exagérer la règle d'après laquelle l'office dont le mari était pourvu à l'époque du mariage, lui restait propre, à moins, bien entendu, qu'il n'en eût été disposé autrement par le contrat de mariage, au moyen d'une clause expresse d'ameublissement (12), et besoin est de lui apporter de suite une limitation toute naturelle. A supposer, en effet, qu'il s'agit d'un de ces offices, comme étaient ceux des notaires et des procureurs, auxquels se trouvait ordinairement une *pratique* annexée, quoique l'office, étant un bien immeuble, n'entrât pas dans la communauté légale, la *pratique* ne laissait pas d'y tomber, sauf toujours à moins de stipulation contraire et de clause de réalisation ; car

observations sur le n° 88 du liv. II, chap. i, sect. i, et sur le n° 46 du liv. III, chap. vi, sect. iii ; Bourjon, *Le Droit commun de la France*, liv. II, tit. xi, 3° partie, chap. i, sect. i, et Pothier, *Traité de la communauté*, n° 91 à 93 inclus, t. 7. éd. Bugnet, pp. 90 et suiv. — Voir aussi Merlin, *Rép.*, mot OFFICE, n° xi et xiii *in init.*

(10) *Infra*, art. 2.

(11) Voy. *supra*, § 1er, notes 29 et 225, pp. 131 et 212. — De ce que l'office acquis avant le mariage restait propre au mari, il résultait qu'il n'entrait pas dans le don mutuel d'entre lui et sa femme, dans les coutumes qui restreignaient ce don aux meubles et acquêts, comme le faisait notamment l'art. 280 de la Coutume de Paris. (Voy. Ricard, *op. et loc. sup. citt.*)

(12) Voy. Lebrun, *op. cit.*, liv. I, chap. v, sect. i, dist. iv, n° 1 ; Denisart, mot OFFICES et OFFICIERS, n° 62, et Merlin, *loc. cit.* note 9 ci-dessus. — Dans le ressort de la Coutume du duché de Bourgogne, où les offices vénaux, nous l'avons vu (§ 1er, note 225 *in fine*, p. 212), étaient réputés meubles dans les successions, ils n'entraient cependant pas non plus dans la communauté, sans une stipulation expresse. (Voy. Denisart, mot OFFICES et OFFICIERS, n° 17 *in fine.*) — Le principe posé au texte entraînait-il cette conséquence qu'un mari, possédant avant le mariage une commission, érigée en titre d'office, dont il était pourvu au cours de l'union conjugale, pût prétendre que cette charge lui fût un propre de communauté, sous prétexte qu'il avait cette commission avant son mariage! Nous ne le pensons pas, par cette raison que tout autre que lui aurait pu s'en rendre adjudicataire. Nous considérerons donc, avec Lebrun, cet office comme un conquêt, ce qui, comme nous le verrons dans notre n° 2, aurait procuré au mari cet avantage qu'à la dissolution de la communauté, survenue par le prédécès de sa femme, il aurait été à son choix de le conserver, ou de le mettre en partage, tandis que si nous jugions que l'office lui eût été propre, il aurait été obligé de le conserver. La décision que nous venons de donner aurait trouvé son application pour des charges de receveurs des gabelles, parce que c'étaient précisément de simples commissions avant l'édit de création ; et cet édit n'avait pas été fait pour ceux qui possédaient les commissions, mais pour tous ceux qui voudraient porter leurs enchères sur ces charges. (Voy. Lebrun, *op. cit.*, liv. I, chap. v, sect. iii, n° 38. Voir aussi le n° suivant.)

elle n'était point un accessoire de l'office, dont elle dût suivre inéluctablement la destinée; c'était un bien distinct de la charge, puisqu'il pouvait en être séparé, et qu'on pouvait vendre l'office à une personne et la pratique à une autre. Sa nature, d'ailleurs, était tout autre que celle de l'office, et, composée qu'elle était de diverses créances de sommes d'argent contre différents particuliers, consistant, en un mot, en pièces et procédures, salaires et vacations, et en mises et avances faites pour les parties, c'est-à-dire en tous éléments essentiellement mobiliers, elle constituait par là même un bien mobilier et non pas un immeuble (13).

_____

(13) Tandis que Louet, lett. P, n° 5, rapporte un ancien arrêt de 1530, statuant que la pratique était un meuble, Brodeau, sur cet auteur, *eod.*, fait mention d'un autre arrêt du 7 février 1543, qu'il dit avoir décidé le contraire. « Cependant », écrit Sérieux (observation sur le n° 6, sect. III, chap. VI, du *Traité des propres* de de Renusson, éd. in-folio de 1760), « c'est une maxime certaine que la pratique d'un Procureur est un bien meuble. » Aussi Charondas, sur l'art. 89 de la Coutume de Paris, rapporte-t-il un arrêt par lequel il fut jugé que, dans la donation faite par un mari à sa femme de tous ses meubles, sa pratique y était comprise. La pratique étant donc, sans conteste, un bien mobilier (voy. Merlin, *Rép.*, mots BIENS, § II, n° II *in fine*, et PROCUREUR AD LITES, n° XIV), la conclusion qui en découlait naturellement et que tous nos anciens auteurs enseignaient, était qu'elle tombait en communauté, quand il n'y avait pas de stipulation contraire. Dumoulin (sur la Coutume de Paris, § CX, n° 1, t. 1, f° 870, col. 1, de l'éd. in-f° en 5 vol. de Paris, 1681), nous dit déjà formellement que, de son temps, suivant l'usage du Palais, la pratique d'un procureur, comme meuble, tombait dans la communauté. René Choppin (*De morib. Paris.*, lib. I, tit. I, n° 38) en dit autant. Enfin la même doctrine fut enseignée plus tard par Loyseau (liv. II, chap. VI, n° 21), par La Peyrère (lett. M, décis. 22), par de Renusson (*Traité des propres*, chap. VI, sect. III, n° 6), par Lebrun (*Traité de la communauté*, liv. I, chap. V, sect. I, dist. IV, n° 7 à 15 inclus), par Bourjon (*Le Droit commun de la France*, liv. II, tit. XI, 3° partie, chap. I, sect. III, n° X et XI), par Sérieux (observation sur le n° précité du *Traité des propres*), par Denisart (mot OFFICES et OFFICIERS, n° 84), et par Pothier (*Traité de la communauté*, n° 93 précité, t. 7, p. 91). Bourjon ajoutait seulement (*loc. cit.*, n° X) que, si le mari devait le prix de sa pratique, il fallait que ce prix fût à la charge de la communauté, « tel objet étant une espèce d'universalité semblable à un fonds de commerce » (comp. Merlin, *Rép.*, mot LEGS, sect. IV, § III, n° XVIII), et que cette solution devait recevoir son application, lors bien que le contrat de mariage aurait contenu une clause de séparation de dettes: car, ainsi qu'il le disait, « le parti contraire seroit un vrai judaisme. » (Comp. Lebrun, *ubi supra*, n° 15.) — Que si les pratiques appartenant aux procureurs et aux notaires, par exemple, au jour de leur mariage, tombaient de droit dans leur communauté, ce principe ne devait s'entendre, ainsi que nous le disons au texte, que sous la restriction qu'elles n'en avaient pas été expressément exclues par une clause contraire de leur contrat de mariage; car ces pratiques pouvaient être stipulées propres dans ce contrat, malgré la difficulté qui s'éleva sur ce point. (Voy. de Renusson, *ubi supra*, n° 7, 8 et 9, et Bourjon, *eod.*, n° XI.) Mais quel était l'effet d'une pareille stipulation.

Ce premier point, tranché dans le sens que nous savons, nous amène logiquement à dire quelques mots des récompenses que pouvait devoir le mari à la communauté, ou la communauté au

d'une semblable clause de réalisation? D'après de Renusson (*eod.*, n° 10), si, par le contrat de mariage qui stipulait la pratique propre, on avait fait l'estimation de cette pratique, la stipulation de propre se trouvant alors déterminée par l'estimation, ce n'était que le prix de cette estimation qui, seul, était propre, *ex præsumpta voluntate contrahentium*. D'où la conséquence que le mari ou ses héritiers reprenant ses propres, recouvrait le prix de l'estimation, et que l'augmentation ou la diminution de la pratique était au profit ou à la perte de la communauté. Si, au contraire, ajoutait-il, la pratique avait été stipulée propre purement et simplement, et qu'il n'y en ait pas eu d'estimation, en ce cas c'était la pratique en soi qui était stipulée propre. Il s'ensuivait que cette pratique, en soi, était susceptible d'augmentation ou de diminution, d'accroissement ou de décroissement, et qu'elle appartenait au mari ou à ses héritiers en l'état où elle se trouvait actuellement, ou en l'état où elle devait se trouver au temps de la dissolution du mariage. « S'il y a », poursuivait-il enfin, « des mémoires de frais liquidés et arrêtés par les Parties, cédules, obligations ou exécutoires, tout cela ne fera point partie de la pratique, parce que ce sont sommes liquides et certaines, qui en sont réputées séparées et retranchées par l'arrêté qui en a été fait, et cela est devenu un effet de la communauté, s'il n'a été dit au contraire. » — Bourjon et la jurisprudence du Châtelet n'accordaient pas un effet aussi absolu à la stipulation dont nous parlons, relativement du moins à l'état où se trouvait la pratique à l'époque de la dissolution de la communauté. Pour l'auteur du *Droit commun de la France*, cette stipulation n'était vraiment régulière que lorsqu'elle était faite jusqu'à concurrence d'une certaine somme; car, sinon, elle aurait ouvert la porte aux avantages indirects, et aurait été une source de fraudes et de profits prohibés par l'art. 282 de la Coutume de Paris. (Comp. *infra*, notes 30, 31, 103 et 112.) Aussi bien, d'après ce jurisconsulte, lorsque, par le contrat de mariage, la stipulation de propre était indéterminée, elle n'avait effet que jusqu'à concurrence de ce que la pratique valait au jour du mariage, et cette valeur était déterminée et arbitrée par le prix que le mari en avait payé, par l'intervalle entre l'achat et le mariage, par l'examen des registres et les autres circonstances. La raison, disait-il, pour laquelle une semblable stipulation n'avait pas un effet absolu lorsqu'elle n'était pas limitée, était que, sans cela, le mari, en augmentant le fonds de sa pratique aux dépens de la communauté, comme il le pouvait faire, aurait été le maître de s'en approprier le profit le plus pur, et d'énerver le droit de la femme dans le produit de la collaboration, ce qui n'était pas en sa puissance, et ce qu'on ne pouvait pas admettre. (Voy. Bourjon, *ubi supra*, n° xii à xv inclus; voy. aussi P. Lemaistre, *La Coutume de Paris*, tit. iii, chap. i, et Lebrun, *op. et loc. sup. citt.*, n° 14.) — Observons, en terminant, que Brillon, dans son *Dictionnaire des arrêts* (mot PRATIQUE) nous rapporte, qu'ayant été invité de se trouver aux conférences qui se tenaient à la Bibliothèque des avocats, on y proposa la question de savoir si l'on pouvait stipuler dans un contrat de mariage, qui devait s'exécuter suivant les dispositions d'une coutume où, comme dans celle de Paris, les avantages étaient interdits entre conjoints, qu'une pratique de procureur ou de notaire serait propre au mari dans l'état où elle se trouverait au jour de la dissolution de la communauté. Et il nous dit qu'il se prononça dans le sens de la validité de la clause, que beaucoup de ses confrères furent du même avis, et qu'il n'y eut que deux voix contraires. Il ajoute que, cependant, il fut unanimement décidé que les obligations faites relativement à la pratique stipulée propre, ne devaient pas être censées en faire partie, et qu'elles sortaient nature de conquêt, et qu'enfin il en serait de même si un procureur achetait

mari, pour raison de son office propre, cette question se liant intimement au sort même de l'office dont il était titulaire avant le mariage, et dont nous venons de voir qu'il conservait la propriété.

a. — Des récompenses dues par le mari à la communauté, à raison de son office propre (14).

De la jurisprudence qui déclarait que l'office acquis avant le mariage n'entrait point en communauté, il résultait cette conséquence fort importante, que non-seulement la femme était sans droit sur cet office, mais encore que les taxes imposées au titulaire et payées au Roi des deniers communs, même pour l'hérédité de l'office, n'attribuaient à la femme, de l'aveu de tous nos anciens jurisconsultes, aucun droit « sur le corps d'iceluy », c'est-à-dire à sa propriété (15). N'avait-elle pas du moins droit à récompense ? Et, d'autre part, fallait-il décider, d'une manière générale, que la femme acceptant la communauté, après sa dissolution par la mort de son mari, avait action, dans tous les cas, contre les héritiers de celui-ci, pour répéter la moitié de l'argent absorbé par ces taxes ? En un mot, le mari devait-il, et dans quelle mesure, récompenser la communauté des sommes qu'il en avait tirées pour les acquitter ? L'obligation de la récompense n'était pas douteuse ; mais la difficulté était plus grande, lorsqu'il s'agissait de déterminer dans quelles circonstances elle était due.

Notre ancien droit finit par établir, à ce sujet, la distinction suivante, que l'on trouve déjà en germe dans Loyseau : la récompense était due, toutes les fois que le versement des deniers avait eu pour résultat d'apporter une augmentation notable à la

---

une autre pratique, et l'unissait à la sienne, dans le but de la rendre plus considérable. (Voy. la note mise à la suite du n° xv, *loc. cit.*, du *Droit commun de la France*, de Bourjon, éd. in-folio de 1770, t. 1, f°. 375, col. 2.) — Voy., sur la pratique, *supra*, § 1er, notes 29, 41, 107, et 276, pp. 129 et suiv., 140, 163 et 231.

(14) Voy., sur ce sujet, Loyseau, liv. III, chap. ix, n° 8 à 13 inclus.

(15) Loyseau, *loc. cit.*, n° 8.

valeur de l'office, ou d'en amener la conservation, sauf certains
tempéraments d'équité que nous signalerons plus bas : au contraire, le principe de l'indemnité était rejeté, lorsque le paiement,
quoique fait avec les deniers de la communauté, n'avait procuré
à l'officier aucun profit personnel.

Eclairons cette règle par quelques applications.

Un premier point certain, et qui résulte de son énoncé même,
c'est que la communauté n'avait pas indistinctement droit à récompense, à raison de toutes les taxes payées sur le fonds
commun pour l'office acquis avant le mariage, et de tous les frais
acquittés des deniers communs, et engendrés par les procès survenus à l'occasion de cette charge, soit que ces taxes aient
augmenté ou non la valeur de l'office, soit que les procès dont
nous venons de parler aient été gagnés ou non, soit enfin que
l'office ait été sauvé ou perdu par la mort du mari. Non : il fallait
distinguer les frais faits ou les deniers payés au Roi pour l'augmentation et la conservation de l'office, et ceux acquittés en conséquence de sa jouissance et de son exercice ; ces derniers, en
effet, ne donnaient lieu à aucune restitution au profit de la
femme. Telles auraient été, par exemple, « les taxes faites sur
les financiers, pour les exempter de recherche. » (16)

Au regard des taxes concernant la conservation ou l'augmentation perpétuelle de l'office, il y avait, nous dit Loyseau (17), beaucoup de difficulté. « Car à la rigueur il doit estre fait raison à
la femme aprés dissolution, comme de toutes taxes qui augmen-
tent la finance de l'Office, quand même d'ailleurs elles ne servi-
roient plus de rien, comme la finance payée pour une survivance
depuis supprimée, ou qui autrement n'a sorty effet, et autres
semblables. En quoy toutefois il me semble qu'il seroit fort equi-
table d'y apporter une moderation, que si l'Office avoit aprés été
perdu tout à fait par la mort du mary, il ne seroit raisonnable

---

(16) Voy., sur tout ceci, Loyseau, *loc. sup. cit.*, n°ˢ 9 à 11 inclus, et, sur la recherche
des offices, liv. I, chap. xiv.

(17) Liv. III, chap. ix, n° 12.

qu'aprés une perte notable, faite afin d'accroistre la communauté il falut encore apporter en icelle ce qui auroit esté payé par force au Roy, pour augmenter, ou conserver l'Office, qui enfin auroit été perdu tout à fait : mais il semble qu'il doit suffire à la femme d'avoir profité, non seulement de l'industrie et travail continuel de son mary, mais encore du grand revenu de l'Office à luy propre, parmy lequel revenu le corps et le capital de l'Office se minoit, usoit et consommoit journellement, ainsi que le sort principal d'une rente viagere se consomme et diminuë tous les jours : de sorte qu'enfin il est vray de dire, que tout l'Office du mary est entré et fondu en la communauté. »

« Je passe encore plus outre », poursuit-il (18), « je voudrois tenir en cette matiere, où le mary hazarde le plus beau de son bien, que tous les frais par luy faits pour la conservation, ou augmentation de l'Office, qui n'ont de rien servy, et dont l'Office n'a esté augmenté par effet, doivent estre presumez avoir esté payez du revenu d'iceluy (comme j'ay dit au livre precedent touchant le droit annuel (19) qui se paye en vertu de l'Edit moderne (20)), et partant qu'ils ne sont restituables par le mary aprés dissolution, afin que la femme ne gagne sur l'Office, lors que le mary perd : mais afin que comme les profits, aussi les pertes precedentes d'iceluy tombent sur la communauté. C'est pourquoy j'estime que les frais des procez qu'a eu le mary pour son Office, au moins ceux qui concernoient non le titre et proprieté, mais les droits et reglemens d'iceluy, ne doivent estre rendus par le mary, ou ses heritiers aprés dissolution, comme il ne reprend pas par preciput les dépens qui luy sont adjugez en tels procez. »

Cette théorie de Loyseau fut admise et définitivement consacrée au XVIIIᵉ siècle par la jurisprudence du Châtelet, et par les plus imposantes autorités (21); elle se trouve notamment ensei-

(18) *Eod.*, nᵒ 13.
(19) Voy. liv. II, chap. x, nᵒˢ 44 à 48 inclus.
(20) Ces derniers mots font allusion à l'édit de Paulet.
(21) Voy., toutefois, note 25, *infra*.

gnée par Lebrun (22), par Bourjon (23), et par Pothier (24). Ce dernier jurisconsulte nous donne, en ces termes, la dernière expression de notre ancien droit sur ce point : « Le mari qui est revêtu d'un office qui lui est propre, doit récompense à la commnnauté des sommes qu'il en a tirées pour payer des taxes imposées sur son office pendant le mariage, lorsque ces taxes ont été imposées pour des augmentations de gages, ou pour de nouveaux droits et émoluments attribués à l'office : l'office s'en trouvant augmenté, le mari profite de ces taxes payées aux dépens de la communauté, et lui en doit par conséquent récompense.

« S'il avait été permis par la création de ces augmentations de gages, de les désunir de l'office, le mari devrait avoir le choix de les retenir, en récompensant la communauté, ou de les lui abandonner pour le prix qu'elle a payé.

« Lorsque les taxes imposées durant le mariage sont des taxes sèches, sans aucune attribution, le mari qui n'en profite pas, n'en doit pas de récompense à la communauté qui les a payées; c'est une perte survenue durant la communauté, qui tombe sur la communauté. » (25)

Et de là, il concluait d'abord que, lorsque le mari s'était fait recevoir au cours du mariage dans un office qui lui était propre,

---

(22) *Traité de la communauté*, liv. I, chap. v, sect. ii, dist. i, n° 67.

(23) *Loc. cit.* note 9, *supra*, sect. ii, n°ˢ viii et ix. Cet auteur citait également, en ce sens, Le Maître, p. 245, et Duplessis, *Traité de la communauté*, p. 454.

(24) *Traité de la communauté*, iv° partie, chap. i, sect. ii, art. vi, n°ˢ 660 à 662 inclus, t. 7, p. 340.

(25) Au xvii° siècle, de Renusson (*Traité des propres*, chap. v, sect. iv, n° 52) ne faisait pas la distinction indiquée par Pothier, et admise également, ainsi qu'il vient d'être dit, par la jurisprudence du Châtelet, par Bourjon, par Lebrun, et enfin, auparavant, par Loyseau. Cet auteur accordait indistinctement à la femme ou à ses héritiers récompense à raison des sommes tirées par le mari de la caisse commune, pour payer des taxes imposées pendant le mariage sur son office propre. Et au xviii° siècle, Sérieux, son annotateur, partageait son opinion. « Il y a Arrêt du 8. Mars 1683. », dit-il, « qui juge que la récompense n'est due que des taxes qui ont produit augmentation : Il est rapporté par Lebrun, de la communauté, liv. I. chap. 5. sect. 2. distinct. i. n. 49. (n° 67 de l'éd. in-folio de 1754) mais cet Arrêt n'est pas suivi. » Il convient de relever cette erreur finale commise par Sérieux au profit de son opinion qui, comme nous venons de le voir, ne triompha pas.

il ne devait aucune récompense à la communauté, à raison des sommes qu'il lui avait prises pour subvenir aux frais de provisions et de réception, et cela pour deux raisons : la première, c'est qu'il n'en était pas enrichi, ces frais étant en pure perte, et l'office ayant conservé la même valeur après la réception, que celle qu'il avait avant; la seconde, c'est que la communauté profitait de cette réception, puisque les revenus de l'office y tombaient, et que la femme participait aux honneurs qui y étaient attribués.

Pothier tirait du principe posé une seconde conséquence, que Loyseau nous a déjà fait connaître : c'est que la communauté n'avait pas droit à récompense à raison de la Paulette, bien que cependant le paiement qui en avait été fait avec ses propres deniers ait procuré la conservation de l'office, par ce motif qu'elle constituait une charge annuelle de la jouissance de l'office, qui devait être compensée avec le bénéfice que cette jouissance procurait à la communauté : celle-ci, percevant le revenu de l'office, devait être tenue de supporter les charges que sa jouissance entraînait (26).

Passons maintenant aux récompenses dont la communauté pouvait, à sa dissolution, se trouver débitrice envers le mari au sujet de son office propre.

b. — Des récompenses dues par la communauté au mari,
à raison de son office propre.

Etant donné que le mari conservait la propriété de l'office dont il était titulaire au jour de la célébration du mariage, il semble qu'une conclusion bien simple devait en résulter : c'est que, s'il arrivait qu'il vendît sa charge au cours de la communauté, la créance du prix de cession lui restait propre, et, par suite, qu'il avait droit à une récompense, lorsque les deniers en

---

(26) Voy. La Peyrère, lett. C, sur le mot COMMUNAUTÉ, n° 16; Bourjon, *Le Droit commun de la France*, liv. II, tit. XI, 2ᵉ partie, chap. III, sect. III, n° XV, et Denisart, mot OFFICES ET OFFICIERS, n° 36. Voy. aussi sur tout ce qui précède et dans le même sens, Merlin, *Rép.*, mot RÉCOMPENSE, sect. I, § VI, n° I.

provenant étaient versés dans la caisse commune. Ce fut, néanmoins, vers l'époque de Loyseau, l'objet d'une grande difficulté,
à laquelle ce savant auteur consacre de nombreux développements (27), que la question de savoir si les deniers dont s'agit
étaient ou non sujets à remploi, et devaient ou non faire l'objet
d'une reprise préciputaire de la part du mari, après la dissolution
de la communauté. Il serait inutile et sans intérêt de le suivre au
milieu de toutes les raisons qu'il fournit en faveur de la négative (28), et de tous les arguments qu'il apporte en faveur de
l'affirmative, dont il se déclare le partisan convaincu, avec la
majorité des auteurs de son temps (29), parce que ce dernier
système, déjà adopté par un arrêt du Parlement de Paris du
27 (alias 28) juin 1598, et par un autre « Arrest tres-solemnel
donné en la première Chambre des Enquêtes, par convocation
de deux Conseillers des autres Chambres, et prononcé en robbes
rouges à la Nostre-Dame de Septembre 1607. par ce Nestor
François M. le premier President de Harlay », parce que,
disons-nous, cette dernière doctrine était appelée à triompher
définitivement le jour où les offices seraient reconnus immeubles
et déclarés susceptibles de la qualité de propres. De ce jour, en
effet, la question posée disparut fatalement du champ si fertile
des controverses juridiques, et l'on n'eut plus besoin, pour lui
donner une solution rationnelle, que de faire l'application régulière des principes du droit, sans avoir recours, comme le faisait
Loyseau, à des considérations d'équité (30).

Ajoutons que le principe que nous venons de poser était
évidemment le même dans le cas de suppression, au cours de
la communauté, de l'office propre du mari. Car, l'indemnité

---

(27) Voy. liv. III, chap. IX, nos 14 à 32 inclus.

(28) Elle était notamment enseignée par Charondas, qui invoquait, à l'appui de son
opinion, dans le chap. 173 du liv. 7 de ses *Réponses*, l'arrêt cité *supra*, p. 243, note 8
in fine, du 7 décembre 1577, touchant un office d'auditeur des comptes. (Voy. Loyseau,
loc. cit., no 20.)

(29) Joindre aux passages cités dans la note 27, *supra*, liv. III, chap. X, no 16.

(30) Voy. Bouguier, lett. O, no 6 ; Basnage, sur les art. 329 et 408 de la Coutume de
Normandie ; Lebrun, *Traité de la communauté*, liv. I, chap. V, sect. II, dist. I, no 52 ;

allouée au titulaire étant la représentation de la finance de l'office, dont elle constituait le remboursement, lui appartenait à titre de propre, et, par conséquent, lorsque c'était la communauté qui la recevait, il y avait lieu à récompense. La jurisprudence du Châtelet était avec raison fixée en ce sens (31).

Bourjon, *loc. cit.* note 9, *supra*, sect. II, n° IV ; Denisart, mot OFFICES et OFFICIERS, n° 62, et Merlin, *Rép.*, mot OFFICE, n° XIII *in init.* — Le principe du remploi au profit du mari une fois admis, on devait en conclure que, s'il avait stipulé dans son contrat de mariage, que sa charge et les deniers en procédant lui seraient propres, en employant par lui, dans les six mois, le prix de la vente en acquisition d'héritage, cette condition eût été frappée de nullité, parce qu'il ne devait pas être au pouvoir du mari d'avantager sa femme indirectement, et de faire entrer le prix de son office en communauté, en ne faisant pas l'emploi dans les six mois, l'art. 282 de la Coutume de Paris prohibant formellement les avantages entre époux. (Voy. un arrêt du 27 juin 1619, rapporté par Ricard sur cet article, et comp. *supra*, note 13, et *infra*, notes 31, 103 et 112.) D'où la conséquence que la stipulation de propre aurait été censée pure et simple, et que le remploi, institution précisément imaginée pour empêcher les avantages indirects entre époux, aurait été dû. (Voy. Lebrun, *op. cit.*, liv. III, chap. II, sect. I, dist. II, n° 63.)

(31) Voy. Louet, lett. O, chap. 5 ; de Buridan, sur l'art. 16 de la Coutume de Reims, n° 6 ; Lebrun, *op. cit.*, liv. I, chap. V, sect. II, dist. I, n° 52, et Bourjon, *loc. cit.* à la note précédente, n° v. — Au sujet de la suppression au cours du mariage de l'office dont le mari était titulaire lors de sa célébration, une question avait lieu de se poser identique à celle que nous avons déjà rencontrée à propos des offices domaniaux : c'était celle de savoir si, dans le cas où, avant le remboursement de la finance, survenait, par la suite, le rétablissement de cet office propre, précédemment supprimé, moyennant une taxe payée par le mari, il lui demeurait propre, ou s'il ne devenait pas plutôt conquêt de la communauté. Nous estimons, avec Lebrun (*eod.*, n° 68), qu'il n'était pas réputé pour cela devenir conquêt, mais qu'il restait propre au mari, parce qu'il en était toujours propriétaire en vertu d'un titre antérieur au mariage, titre qui n'avait point été effacé par la suppression, puisqu'il avait été rétabli, et qu'on ne devait pas considérer un changement qui n'avait pas eu de suite, et n'avait été que momentané. Que si, par conséquent, la taxe avait été payée des deniers de la communauté, il en était dû récompense après sa dissolution à la femme ou à ses héritiers. Tel était l'usage du Châtelet, très-conforme à la doctrine admise relativement à la récompense due par le mari à la communauté, à raison des taxes imposées sur son office propre. (Voy. le passage de Pothier, cité p. 250, *supra*.) Bourjon (*eod.*, n°° VI et VII) enseignait de même que, lorsque l'office propre au mari avait été supprimé et rétabli pendant la communauté, le nouvel office lui était propre, car il représentait l'ancien, et il ajoutait à bon droit que le mari, dans ce cas, devait indemniser la communauté des sommes qu'il en avait tirées pour le rétablissement de son office, puisque, sinon, il se serait formé un préciput en sa faveur, ce que la Coutume de Paris prohibait, et que, vu son article 282, il ne pouvait pas plus augmenter son propre aux dépens de la communauté, qu'il ne pouvait augmenter la communauté aux dépens de son propre. (Comp. *supra*, la note 13 et la note précédente, et *infra*, les notes 103 et 112.) — Les principes qui viennent d'être indiqués s'appliquaient en matière de succession, en ce sens que, un office vénal propre venant à être supprimé, puis rétabli moyennant une taxe, il conservait sa qualité de propre. De là cette conséquence, que si le titulaire de cet office décédait sans enfants, laissant un héritier aux propres et un héritier aux acquêts,

Telles sont les diverses règles qui régissaient, en notre matière, la première période de l'association conjugale. Toutefois, avant d'abandonner ce sujet, il nous faut parler brièvement de l'hypothèse où la femme avait apporté en mariage un office de judicature, par exemple, dont le mari s'était fait pourvoir au cours de leur union. En pareil cas, cet office ne demeurait plus le propre de la femme, bien qu'après avoir ameubli ses biens jusqu'à concurrence d'une certaine somme, elle se les fût réservés propres pour le surplus, parce que l'office, par sa nature, était censé estimé, et, par conséquent, vendu au mari. Seulement, il est entendu que la femme avait droit à un remploi d'une valeur égale au prix que l'office pouvait valoir lorsque le mari en avait été pourvu, parce que, disait Lebrun, « dès que l'Office a été sur la tête du mari, il a été à ses risques, périls et fortunes, et il y a contre lui cette action *ex empto*, que la Loi 10, *C. de jure dotium*, donnoit pour les biens dotaux qui avoient été estimés, ou qui n'étoient point sujets à estimation. Or les Offices, quoi-qu'ils ne consistent pas en poids, nombre, ni mesure, ont en tout tems un prix public et connu de tous ; et comme ils sont les effets du monde les plus casuels, ils sont toujours aux risques, périls et fortunes de l'Officier. La stipulation de propres », ajoutait-il, « ne change pas cette décision; car en fait d'Offices, dont la femme n'est pas capable, et dont il faut que le mari ou un étran-ger soit pourvû, cette stipulation tombe sur le prix, car elle ne peut pas rester sur l'Office qui sort des mains de la femme, de même que si elle avoit stipulé propre du bled ou du vin.

« On n'estime pas qu'en ce cas les frais de réception produi-sent aucune récompense de Communauté. » (32)

---

l'office appartenait au premier, qui ne devait aucune récompense au second de la taxe payée par le défunt, les biens se partageant dans l'état où ils se trouvaient *die mortis*. (Voy. de Rénusson, *Traité des propres*, chap. v, sect. iv, n° 51.) — Comp., au surplus, sur tout ceci, *supra*, sect. i, note 53, pp. 94 *in fine* et suiv.

(32) Voy. Lebrun, *op. cit.*, liv. III, chap. ii, sect. i, dist. i, n° 38, et dist. ix, n° 4. Comp. Denisart, mot OFFICES et OFFICIERS, n° 27 et 28. « M. Bignon, premier prési-dent au grand-conseil, qui avoit levé sa charge aux parties casuelles, moyennant

Cela dit, examinons maintenant l'hypothèse beaucoup plus compliquée, où l'office était acquis pendant le mariage.

2°. *De l'office acquis par le mari pendant le mariage* (33).

La diversité que présentaient ici les causes d'acquisition amenait forcément, comme conséquence, une grande variété dans les solutions. Aussi bien, les règles que nous allons avoir à établir ne présenteront-elles plus les caractères de simplicité et d'uniformité qui se rencontraient dans la première hypothèse, mais seront-elles essentiellement différentes, suivant qu'on se trouvera dans l'un des quatre cas suivants :

Dans celui, d'abord, où l'office aura été acquis avec l'argent de la communauté ;

Puis, dans celui où le paiement de l'achat aura été fait des deniers du mari ;

En troisième lieu, dans celui où ce paiement aura été fait de l'argent provenant de la vente d'un propre de la femme ;

Dans celui, enfin, où le mari aura été pourvu gratuitement.

400.000 liv. », nous rapporte-t-il, « ne laissa qu'une fille, qui recueillit cette charge dans sa succession, et épousa M. de Verthamont, qui s'en fit pourvoir.

« Madame de Verthamont étant elle-même décédée, M. l'abbé Bignon, son héritier, quant aux propres, prétendit que, dès que l'*office* faisoit partie de sa dot, c'étoit un immeuble dont M. de Verthamont n'avoit eu que l'exercice, et qu'elle n'avoit pu en perdre la propriété.

« M. le procureur général, héritier en partie des meubles et acquêts de M. de Verthamont, soutint, au contraire, qu'il étoit devenu propriétaire de l'*office* par les provisions qu'il en avoit obtenues, et qu'il n'étoit tenu que d'en rendre le prix à la succession de madame son épouse ; que par conséquent c'étoit un acquêt en la personne de M. de Verthamont.

« Les parties ayant compromis sur cette question : MM. de Vienne, Thomé et Dupré, conseillers, et Mᵉˢ Capon et Cascon, avocats arbitres, ont jugé que la propriété de l'*office* avoit passé à M. de Verthamont, au moyen de ses provisions. *Donnons et octroyons*, disoient-elles, etc. »

« Le parlement de Rouen », ajoute-t-il, « a aussi jugé, par arrêt rendu entre le greffier de la maîtrise d'Argentan et les héritiers de sa femme, le 8 février 1743, que ce greffier, nommé Damon, pourvu d'un *office* appartenant à sa femme, ne pouvoit pas être contraint de leur remettre cet *office*, mais qu'il étoit quitte envers eux, en leur payant la valeur au temps de la dissolution du mariage. »

(33) Voy., sur ce sujet, Loyseau, liv. III, chap. IX, nᵒˢ 33 à 60 inclus.

C'est chacune des quatre branches de cette sous-distinction que nous devons étudier.

1er *Cas*. — L'office étant supposé acquis des deniers communs, entrait-il en communauté, et comment y tombait-il? « Qui s'en voudra rapporter », nous dit à cet égard Loyseau (34), « au bon homme Benedicti, qui a touché cette question sur le chapitre *Raynutius. in verbo. Et uxorem. decis. 5. num. 787.* et à Chassanée, qui l'a traitée sur le titre 4. de sa Coustume, art. 2. (35) ils nous disent tous deux absolument que la femme n'y a rien : même que si le mary achetoit des deniers de la communauté une Pairie de France, elle n'entreroit aucunement en la communauté, mais appartiendroit entierement au mary et aux siens.

« Mais deux braves Espagnols relevent fort bien l'opinion contraire, à sçavoir Covarruvias liv. 3. *Variar. resolut. cap.* 16 (36) *et Ioan. Garsias tract. De expens. et melior.* cap. 4. qui disent que la femme a la moitié non en l'Office, mais en l'estimation d'iceluy. »

Il est évident que l'opinion d'après laquelle, non-seulement la femme n'avait aucun droit sur l'office acquis par le mari avec les deniers de la communauté, mais même, dans cette hypothèse, toute indemnité devait lui être refusée, était trop aisément réfutable pour avoir jamais de l'écho. Aussi fut-ce la seconde qui prévalut de très-bonne heure. Mais il faut, surtout ici, prendre garde que la condition de l'office acquis dans les circons-

---

(34) *Loc. cit.*, n°s 34 et 35.

(35) Il s'agit ici de la Coutume de Bourgogne, publiée par Barthélemy de Chassanée ou de Chasseneuz, seigneur de Prelay, jurisconsulte et magistrat, né en août 1480, et mort en avril 1541. Cet ouvrage porte pour titre : *Commentaria in consuetudines ducatus Burgundiæ principaliter, et totius fere Galliæ consecutive.* Chasseneuz fut également l'auteur d'un ouvrage intitulé *Catalogus gloriæ mundi*, tombé d'ailleurs dans le plus profond oubli ; il règle les rangs et les préséances, et contient des recherches sur les offices, dignités et charges de la Couronne. (Voy. *Nouvelle biog. univ.* du docteur Hoefer, Paris, Firmin Didot frères, au nom CHASSENEUZ.)

(36) Covarrubias ou Cavarruvias y Leyva (Diego) était un célèbre jurisconsulte espagnol, né à Tolède le 25 juillet 1512, mort à Madrid le 27 septembre 1577, et surnommé *le Bartole espagnol.* L'ouvrage auquel Loyseau renvoie porte pour titre : *Variarum Resolutionum ex pontificio, regio et cæsareo jure, Libri III.* (Voy. *Nouv. biog. univ.*, au nom COVARRUBIAS.)

tances que nous étudions, se modifia singulièrement avec le temps. Il est curieux, à cet égard, de retracer les évolutions de notre ancien droit sur ce point.

Tout d'abord, Loyseau ne mettait pas en doute que l'office en soi n'entrait pas en la communauté, tant parce qu'il était inhérent à la personne du titulaire, que parce que la femme en était incapable, et enfin parce qu'il était indivisible et ne pouvait être à deux. Et d'ailleurs, la communauté n'étant pas capable « de tenir et avoir à soy l'Office », on ne pouvait objecter que tout ce que le mari acquérait des deniers communs, dont il disposait comme il lui plaisait, il l'acquérait comme mari, c'est-à-dire tant pour lui que pour sa femme. Il en était de même ici qu'en droit romain, où, malgré le principe général que toutes les acquisitions réalisées par le *filiusfamilias in potestate* tournaient au profit du père de famille ; néanmoins, lorsque le fils en puissance acquérait une milice, elle lui appartenait à lui seul, comme nous l'avons vu, et non pas à son *paterfamilias* (37).

Mais était-ce à dire que la femme dût ainsi perdre la part à laquelle elle avait droit sur l'argent de la communauté avec lequel l'office avait été acheté ? « Cela seroit contre toute équité : même contre le sens commun », s'écriait Loyseau, dont la doctrine se résumait de la sorte dans les deux propositions suivantes :

L'office acquis des deniers communs ne tombait pas en communauté, du moins en tant que tel, mais cette acquisition engendrait, au profit de la femme, une créance d'indemnité (38).

Reste à savoir comment, toujours d'après Loyseau, se réglait cette indemnité. Or, disait-il, « ..... *mero jure,* il faudroit que la moitié des deniers de la communauté, employez en l'achat de l'Office, qui est particulier et inherent à la personne du mary, fussent par luy rendus à la femme, ou aux siens après dissolution.

« Mais la qualité de l'Office y apporte une consideration particu-

---

(37) Voy. *Dr. rom.*, chap. iii, § 2, sect. 2, art. 1er, t. 1. pp. 569 et suiv., et art.2 *in fine*, pp. 592 *in fine* et suiv.

(38) Voy. Loyseau, *ubi supra*, nos 36 et 37. *Junge eod.*, chap. x, n° 17.

liere. » C'est qu'en effet, l'office « n'est qu'à vie, et est journellement perissable, et... d'ailleurs rapporte en la communauté un
grand revenu, lequel aussi s'y fond, mine, et consomme de jour en
jour. » Ces différents motifs l'amenaient à juger qu'il n'aurait été
« nullement raisonnable, que l'Office ayant été perdu par la mort
inopinée du mary, ses heritiers demeurassent neantmoins debi-
teurs de ce my-denier envers la femme. C'est pourquoy », ajoutait-
il, « on a été contraint d'entrer en cét expedient, que comme le
revenu annuel de l'Office, aussi sa perte residassent en la communauté, suivant cette regle d'equité naturelle, qne qui reçoit le profit
doit porter la perte.

« Donc on est enfin venu à ce point, que comme le droit decide
que la personne incapable de la Milice doit avoir l'estimation
d'icelle, *l.* 11. *et* 16. *De leg.* 3. (39) aussi la femme, mesme la
communauté du mary et femme, estant incapable de la pure et
parfaite seigneurie de l'Office, on a attribué à cette communauté
l'estimation d'iceluy, qui toujours dans le droit supplée, et repre-
sente la chose és occurrences d'equité où il est besoin. » (40)

------

(39) Il y a là erreur de citations. Voy. *Dr. rom.*, chap. iii, § 2, sect. 2, art. 2, t. 1, p. 581.

(40) Liv. III, chap. ix, nᵒˢ 38 à 40 inclus. — Rien n'était, du reste, aussi difficile, à
l'époque de Loyseau, que de caractériser la nature du droit de la communauté sur
l'office dont le mari s'était rendu acquéreur au moyen des deniers communs, ou, pour
employer le langage de ce jurisconsulte, l'estimation dont il est question au texte était
« mal-aisée à regler. » La difficulté provenait de ce qu'il n'existe, en droit, que deux
sortes d'estimation : « l'une *quæ facit emptionem* ; l'autre qui se fait seulement pour
liquider, et asseurer un prix certain à la chose. » Or, il est bien évident que l'office
n'entrait pas en la communauté « selon ces sortes d'estimation »; car, sinon, il en
serait résulté que le mari aurait été tenu de rapporter, lors de la dissolution, ni plus
ni moins que la moitié du prix que l'office aurait coûté, puisque c'eût été toujours là
la plus certaine estimation qu'on en aurait pu faire. De telle sorte qu'en cas d'augmentation de valeur survenue dans la charge, il eût suffi au mari, après la mort de sa
femme, de rendre la moitié du prix d'achat, de même qu'à l'inverse, si l'office avait
subi une diminution de prix, ou même s'il avait été perdu tout à fait par la mort du
mari, ses héritiers se seraient toujours vus dans l'obligation de rendre ce mi-denier,
conséquences qui eussent été en absolue contradiction avec le principe posé, puisque les
profits de l'office tombant pour le tout dans la communauté, il n'était pas raisonnable
de mettre ainsi la charge aux risques du mari seul, alors surtout que lui seul apportait à son exercice son industrie et son labeur; d'un autre côté, si l'office était aux
risques et périls de la communauté, il était nécessaire que l'accroissement dont il
était susceptible revint à la communauté. « Cela est assez aisé à entendre. Car le
sens commun nous le dicte, et la pratique en est toute notoire. Mais il est bien mal-

Lorsque la communauté se dissolvait par la mort de la femme, à qui appartenait l'office ? Loyseau était ici encore très-formel

---

aisé », poursuivait Loyseau, « de dire comment cela se peut accommoder à la raison du droit, et quelle est en effet cette estimation veritable et incertaine : mesme cette estimation non estimée ny estimable de l'Office, qui entre en la communauté, et toutefois il la faut trouver, pource que c'est le fondement de tout ce discours. Or bien que le mary soit tout ensemble l'Officier et le titulaire de l'Office, si est-ce qu'en effet, quoy que ce soit quant au profit et au peril, augmentation et diminution, l'Office appartient à la communauté..... » Les choses se passaient ici comme dans le cas où un individu ayant acheté un office, le mettait sous le nom de son ami, qu'il en faisait pourvoir, hypothèse dans laquelle le pourvu n'était pas effectivement seigneur de l'office, mais en était simple titulaire et *fiduciarius possessor*, confidentiaire, en un mot, comme on disait en matière bénéficiale. (Voy., sur la confidence, *supra*, § 1er, note 153, p. 182.) Ou mieux encore : il en était de même ici que lorsque deux personnes achetaient un office en commun, hypothèse dans laquelle celui des deux associés qui en était pourvu était seul titulaire et seul officier, mais n'était seigneur de l'office que pour moitié. (Voy. *infra*, iii.) Car on pouvait aussi dire du mari qu'il était l'officier et le titulaire de l'office, mais que l'office appartenait en effet à la communauté, sauf toutefois à remarquer que, comme il était maître de tous les biens de la communauté et qu'il en pouvait disposer à son gré sans fraude, il avait encore plus de droit en l'office que n'en avait le confidentiaire ou l'associé titulaire en l'office commun. (Voy., sur tout ceci, Loyseau, *ubi supra*, nos 41 à 44 inclus.) Ces données étant établies, voici la conclusion qu'en tirait Loyseau (*eod.*, n° 45), et comment il résolvait la question de savoir à quel titre exactement l'office entrait en communauté : « D'où il resulte, que ce n'est pas encore proprement la simple estimation de l'Office, qui entre en la communauté, comme aussi ce n'est pas vrayement et réellement l'Office même, entant qu'il est consideré avec l'aptitude à l'exercice, et est definy *Dignité avec fonction publique*; mais c'est un droit imaginaire, et un certain *ens rationis* tiré de l'exercice, que les Canonistes appellent *jus in re*, droit en l'Office, et nous l'appellons vulgairement la *seigneurie* ou *proprieté de l'Office*, telle à peu prés que l'acheteur de l'Office l'a avant que d'en être pourveu, ou qu'y estre receu (voy. *supra*, § 1er, art. 3, pp. 168 et suiv.) : droit que nous avons dit au livre precedent pouvoir être separé réellement és Offices domaniaux d'avec l'Office en soy, c'est à dire d'avec l'exercice public (voy. *supra*, sect. 1, § 2, pp. 84 et suiv.), mais qu'és autres Offices, il n'en peut être separé et disjoint que par l'intellect. Quoy qu'il en soit tous les effets de la seigneurie utile et profitable, telle qu'elle peut échoir aux Offices, dépendent de ce droit. Car qui a ce droit, acquiert les fruits de l'Office, les augmentations intrinseques et extrinseques d'iceluy viennent à son profit, comme aussi les diminutions soit de partie, soit du total de l'Office, tombent à son dommage : bref il est tout ainsi que le parfait seigneur de l'Office, sinon que n'estant pas Officier il n'en a pas le titre et l'honneur, ny la fonction et le pouvoir : et voila comment l'Office entre en la communauté.... » A ce passage, il convient de joindre le suivant, qui nous donnera une idée complète de la théorie de Loyseau : « ..... il a été dit au chapitre precedent, que l'Office acheté pendant le mariage des deniers de la communauté, devroit appartenir *mero jure* au mary seul, par la raison de la loy 3. §. *Quod si minor. D. De minor.* lequel par consequent deviendroit debiteur envers sa femme de la moitié des deniers pris dans la bourse commune pour l'acheter : mais dautant qu'il n'est pas raisonnable que la communauté perçoive les profits d'iceluy, et n'en porte pas la risque, on pratique à bon droit, que la communauté a une manière de seigneurie imparfaite de cet Office, qui gist à en avoir le proht et la perte. Encore cette seigneurie impropre et imparfaite, ne demeure-t-elle à la communauté, que tant que

pour décider sans hésitation qu'il demeurait entièrement au mari, « selon son propre droit, duquel l'effet et energie estoit seulement empesché par l'inconvenient cy-dessus rapporté, à sçavoir que le revenu de l'Office entre en la communauté. Ce qui cesse aprés la mort de la femme, estant notoire, que lors le mary prend pour luy seul ce qu'il gagne de son Office. »

Cette doctrine entraînait ce résultat que le mari n'était pas tenu de rendre ou représenter aux héritiers de sa femme l'office même pour être mis en partage avec les autres biens de la communauté, lors même que l'héritier de la femme eût été capable de le tenir : dans tous les cas, il n'aurait pu passer en la personne de ce dernier, sans résignation du mari et provision du Roi. Puisque l'office n'entrait point en partage, l'héritier n'aurait pas été fondé à en demander au mari la licitation. Il ne pouvait que lui réclamer le mi-denier de sa valeur ; d'où cette conséquence capitale, que c'était l'héritier *mobiliaire* de la femme qui, par droit de communauté, succédait à la moitié de l'estimation de l'office acheté par le mari des deniers communs, attendu que ce mi-denier était un

---

la communauté subsiste, et tant que le mary y porte les profits de l'Office. Mais si-tost que la communauté est dissoluë, et que le mary commence à retenir par devers soy les émolumens de l'Office, alors suivant cette premiere raison, il en devient seigneur entier et parfait, et par consequent devient debiteur envers sa femme, ou ses heritiers du my-denier de l'Office. » — Il résultait de tout ceci cette conséquence, que la perte de l'office par suite de suppression, ou par suite de la mort du mari, tombait sur la communauté. De là cette autre déduction, que tout l'avantage qu'avait le mari sur sa femme (qui participait, d'ailleurs, au rang et à l'honneur de l'office, et qui, même après la mort de son mari, jouissait du rang et des privilèges qui y étaient attachés ; comp. *supra*, § 1er, note 189 *in fine*, p. 197), c'est que l'office ne pouvant être perdu que par sa mort, il ne pouvait, durant sa vie, être incommodé par cette perte, comme la femme, elle, pouvait l'être par la mort de son mari. « Et c'est pourquoy on appelle l'Edit moderne du droit annuel, l'Edit des femmes. (Voy. *supra*, chap. 1, § 2. p. 61, texte et note 21.)... Mais encore les femmes », poursuit Loyseau, « sçavent bien s'exempter de la perte de l'Office, et la rejetter sur le mary. Car elles s'assurent ordinairement par leurs contracts de mariage, de reprendre ce qu'elles ont rapporté en cas de renonciation à la communauté principalement si elles survivent le mary. Clause que les •Parisiens (*certè nimium uxorii*) n'oublient gueres à present d'inserer aux contracts de mariage, pour faire tomber entierement la perte des Offices, et autres semblables pertes fortuites sur le pauvre mary. Qui est vrayement contracter une societé leonine, pource que la femme prend part au profit de la communauté s'il y en a ; et s'il y a de la perte, elle n'y participe point. » (Voy., sur ce qui précède, Loyseau, liv. III. chap. IX, nos 46 à 48 inclus, et *eod.*, chap. X, no 17 ; comp. no 41.)

pur meuble (41). Sans doute, si le titulaire veuf ne pouvait ou ne voulait garder l'office, soit qu'il n'eût pas le moyen de payer le mi-denier, soit qu'on l'eût estimé à trop haut prix, il pouvait offrir, par forme de déguerpissement, de le résigner pour être vendu en commun. Mais, qu'on le remarque bien, cette manière d'agir constituait pour le mari, comme tout déguerpissement, une pure faculté, et non du tout une obligation. Il y a même plus : il n'était pas, à vrai dire, tenu alternativement de payer le mi-denier ou de quitter l'office, parce que l'office était attaché à sa personne : ce dont il était simplement débiteur, c'était du mi-denier ; mais, en vertu du principe d'après lequel « quiconque est poursuivy pour raison de quelque chose, se peut décharger en le déguerpissant », on lui permettait de quitter l'office, si mieux il n'aimait en payer le mi-denier. Il est clair que, dans le cas de quittement, c'était toujours l'héritier aux meubles de la femme qui recueillait ; car il se faisait aux fins d'une vente prompte, et se résolvait toujours en deniers.

Jusqu'à quel moment la faculté et l'option dont il vient d'être question, devaient-elles être accordées au mari ? Loyseau pensait qu'il pouvait en user, non-seulement avant l'appréciation faite de la valeur de l'office, mais aussi après cette estimation, s'il la trouvait trop élevée, « pource qu'estant chose de soy un peu rude de faire payer au mary le my-denier de l'Office, ou le luy faire quitter, il luy faut donner tout loisir de se resoudre, et faire son choix ; et se souvenir que la communauté a esté accruë par son travail, et ne le pas traiter en étranger, *non ita amarè, nec tanquam inter infestos, sed tanquam inter summa necessitudine conjunctos, et solam inopiam metuentes*, comme dit la loy. »

C'est sur le même motif qu'il s'appuyait, pour décider que l'estimation devait se faire de la seule procuration, et non pas de l'office tout expédié ; « pource que si le mary optoit de le resigner à profit commun, toujours faudroit-il que le resignataire

---

payât la finance de la resignation : et il n'est pas raisonnable que l'heritier de la femme vende sa part plus cherement au mary, qu'à un étranger, attendu que ce qu'il a esté mis sous le nom du mary, estoit que la femme n'en estoit pas capable. » (42)

La solution d'une dernière question très-importante couronnera toute cette théorie : nous voulons parler de la question de savoir à quel moment, après que la communauté avait pris fin, l'estimation du mi-denier devait être faite. Fallait-il se reporter au temps de la dissolution, ou ne convenait-il pas plutôt de se placer à l'époque du partage de la communauté, pour déterminer la valeur de l'office ? Ce point, vivement discuté au commencement du XVIIᵉ siècle, présentait un intérêt capital, parce qu'il pouvait arriver que, *medio tempore*, l'office augmentât ou diminuât de prix dans des proportions considérables, qu'il fût démembré ou même supprimé tout à fait, attendu qu'il se rencontrait quelquefois que le mari décédât avant le partage, et perdît l'office.

Loyseau tranchait le problème en ce sens que l'on devait procéder à l'estimation de l'office selon ce qu'il valait lors de la dissolution. « Car », disait-il, « il est bien vray que tant que la communauté a duré, comme les profits de l'Office y entroient aussi faisoit la perte, et generalement toutes les augmentations ou diminutions : mais cela se faisoit par la force de la communauté, qui faisoit que le mary et la femme n'avoient qu'une même bourse, de sorte que si tost que cette communauté est dissoluë et cette bourse divisée, deslors l'Office demeure tout à fait au mary, qui n'est plus debiteur que du my-denier envers l'heritier de la femme, sauf la faculté qu'il a de rendre l'Office, la chose estant entiere ; et par consequent je dis, que de ce jour là tous les profits luy en appartiennent, sans qu'il soit tenu de les rapporter, et en tenir compte comme des fruits de chose commune, d'où il s'ensuit aussi que dès ce même temps l'Office

_____

(42) Voy., sur tout ce qui précède, Loyseau, liv. III, chap. ix, nᵒˢ 50 à 52 inclus, et *eod.*, chap. x, nᵒ 41.

est entierement à ses perils, comme tient Choppin *De mor. paris. lib. 2. tit.* i. *nu.* 34. si ce n'est qu'il y eût des enfans mineurs, qui à faute d'inventaire, optassent continuation de la communauté, pour avoir part à l'accroissement survenu en l'Office. » (43)

Ce n'est pas à dire, toutefois, que le mari ne possédât pas le moyen de se décharger des risques de l'office. Pour s'en exonérer, il devait, immédiatement après le décès de sa femme, faire signifier à ses héritiers qu'il entendait résigner l'office à profit commun, et qu'il y était prêt, et les sommer et interpeller qu'ils aient de leur côté à chercher acheteur. Après cette signification, l'office était hors de risque pour lui, du moins quant à la moitié revenant aux héritiers de la femme. Mais elle produisait un autre effet fort grave, en ce sens qu'elle consommait le droit d'option du mari, qui ne pouvait plus varier désormais, revenir sur sa décision première, et dire qu'il voulait garder l'office et payer le mi-denier de son estimation ; car, sinon, cette signification aurait été trompeuse et frauduleuse. Ajoutons cependant que le mari, dans l'opinion de Loyseau, aurait toujours dû être préféré à un étranger « pour le même prix que l'heritier luy auroit laissé sa moitié. » (44)

Telle était la théorie qui gouvernait l'hypothèse sur laquelle nous raisonnons, lorsque ce savant auteur écrivait, en 1610, son bel ouvrage sur les offices.

Si maintenant nous arrivons au dix-huitième siècle, et que nous demandions aux jurisconsultes de cette époque de nous donner le dernier mot de notre ancienne législation sur le point spécial qui nous intéresse, nous remarquons, dès l'abord, que les choses ont bien changé. Et il faut confesser que la métamorphose a été loin de leur être défavorable. Les solutions découlent comme d'elles-mêmes de principes fortement établis et qui, depuis longtemps déjà, se dérobent à l'incertitude ; ils ont acquis

---

(43) Voy., sur cette dernière question, Loyseau, liv. III, chap. ix, n°ˢ 56 à 59 inclus.
(44) Voy. **Loyseau**, *eod.*, n° 60.

cette fixité qui, en bannissant la controverse, a cet incontestable avantage de faire éviter les tâtonnements, et de rendre inutile, pour asseoir les déductions sur une base solide, le recours à la subtilité.

Ecoutons, par exemple, avec quelle netteté, quelle précision et quelle brièveté Pothier résout notre question : « Lorsqu'un homme », dit-il (45), « durant la communauté, acquiert un office, dans lequel il se fait recevoir, il n'est pas censé, en s'y faisant recevoir, le prendre à ses risques. Cet office, quoiqu'il s'y soit fait recevoir, est un conquêt de la communauté, qui est par conséquent aux risques de la communauté, et qui périt pour la communauté, soit en cas de suppression, soit en cas de perte de l'office, par la mort du conjoint qui en était pourvu, et qui n'a pas payé la paulette. » (46)

Voilà qui est formel : l'office vénal acquis par le mari au cours du mariage, est un conquêt de la communauté ; c'est l'application pure et simple de l'article 220 de la Coutume de Paris (47). Et tel était aussi le principe inviolablement observé par la jurisprudence du Châtelet. Mais prenons garde que l'on n'entend nullement dire par là, que ce soit le *titre* de l'office qui tombe dans la communauté ; non, la formule posée n'a pas d'autre sens que celui-ci : c'est la *finance* de l'office qui fait partie des biens communs (48).

« Quand le mari acquiert un Office vénal durant le mariage », écrit Merlin (49), « c'est un conquêt auquel la femme ou ses héritiers participent, s'ils acceptent la communauté (50).

« Quoique le titre d'un tel Office ne puisse appartenir qu'à la

---

(45) *Traité de la communauté*, iv⁰ partie, chap. i, sect. ii, art. vii, n° 663, éd. Bugnet, t. 7, p. 340.

(46) Comp. Chopin, sur la Coutume de Paris, liv. II, tit. i, n° 34 ; Lebrun, *Traité de la communauté*, liv. III, chap. ii, sect. i, dist. ix, n° 2, ainsi que l'observation de l'éditeur de son *Traité des successions*, sur le n° 46, sect. iii, chap. vi, liv. III, et Bourjon, *op. cit.*, liv. II, tit. xi, 3⁰ partie, chap. i, sect. iv, dist. i, n⁰⁰ xvi et xviii.

(47) Voy. note 2, *supra*, p. 242.

(48) Voy. Pothier, *Traité de la communauté*, i⁰ partie, chap. ii, sect. i, art. i, § ii, n° 92, t. 7, p. 90.

(49) *Rép.*, mot OFFICE, n° XIII.

(50) Comp. le même auteur, *Rép.*, mot LEGS, sect. iii, § 1, n° vi *sub fin.*

personne du mari, les gages et tout ce qu'il produit sont des effets de communauté : il faut conclure de cette décision, que, si la valeur de l'Office vient à diminuer, c'est une perte que doit supporter la communauté. »

De ce que l'office, acquis au cours de l'association conjugale, était un vrai conquêt de communauté, il résultait qu'il était à ses risques, par suite d'une juste réciprocité du principe en vertu duquel tout ce qu'il produisait, tombait dans la masse commune. Par conséquent, la taxe payée à cause de cet office, de quelque nature qu'elle fût, était à la charge de la communauté, et l'on peut dire, d'une manière générale, qu'il en était de même de toute dépense faite à l'occasion de l'office. Pareillement, si l'office, conquêt de communauté, venait à être supprimé, la perte produite par cette suppression tombait sur la communauté. Dans le cas enfin où l'office périssait par la mort du mari, la veuve n'avait, de ce chef, aucun droit à indemnité, car le mari seul pouvait le posséder pour la communauté (51).

Le mariage pouvant se dissoudre, soit par la mort du mari, soit par celle de la femme, il nous faut envisager successivement cette double situation.

Dans le premier cas, sur lequel nous n'avons qu'un mot à dire, l'office pouvait être vendu au profit de la communauté, et le prix devait s'en partager également entre la femme survivante, à la supposer, bien entendu, acceptante, et les héritiers du mari pré-décédé (52).

Nous avons à nous expliquer plus longuement sur l'hypothèse de survie du mari. En pareille occurrence, Pothier constate que, quoique l'office dont nous parlons fût un conquêt, néanmoins la jurisprudence avait accordé à l'officier le droit de retenir à ses

---

(51) Voy., sur ces différents points, Bourjon, *op. cit.*, liv. II, tit. XI, 3e partie, chap. I, sect. IV, dist. II, no XXII à XXIV inclus, et Denisart, mot OFFICES et OFFICIERS, no 63 et 64, et comp., relativement aux idées contenues en ce dernier no, *supra*, § 1er, note 189 *in fine*, p. 197.

(52) Voy. de Renusson, *Traité des propres*, chap. V, sect. IV, no 38 ; Denisart, mot OFFICES et OFFICIERS, no 65, et Merlin, *Rép.*, mot OFFICE, no XIII.

risques, si bon lui semblait, l'office vénal dont il se trouvait
revêtu lors de la dissolution, à la charge de récompenser la communauté dans les limites que nous aurons à préciser dans un
instant. « Ce droit », ajoutait-il, « est fondé sur l'indécence qu'il y
aurait à dépouiller un officier de son office. » (53) Denisart
disait de son côté, dans un passage dont les termes méritent
d'être reproduits ici : « ..... Si la femme prédécéde : alors, comme
l'*office* est un titre inhérent à la personne du mari, et qu'il est
formé pour lui, qu'il en est seul titulaire, qu'il est indivisible en
soi et incommunicable de sa nature, que la femme et les mineurs sont incapables de le posséder (54), que c'est lui seul qui
en est pourvu sur les provisions du roi, qu'il en est seul en possession et en droit d'en faire les fonctions ; qu'en un mot, l'*office*
ne vaque point par la mort de la femme ; que d'un autre côté, il
ne seroit pas juste de traiter le mari comme un étranger ; de
laisser aux héritiers de la femme la liberté de lui ôter le titre et
le caractere public dont il a été honoré, pour le réduire en
homme privé, la jurisprudence des arrêts a introduit en faveur
du mari, le privilége de pouvoir retenir l'*office* acquis pendant la
communauté..... » (55) Et il ajoutait un peu plus bas : « Ainsi les
arrêts rendent en ce cas le mari maître de faire un propre ou un
acquêt en la personne des héritiers de sa femme, du droit qu'elle
avoit dans l'*office* ; un propre en laissant l'*office* dans la commu-

---

(53) *Traité de la communauté*, n° 663, t. 7, pp. 340 *in fine* et suiv. Voy. aussi
Coutume d'Orléans, Introduction au titre x, *De la Communauté d'entre homme et
femme*, chap. vi, § vii, n° 132, t. 1, p. 252. Comp. Merlin, *Rép.*, mot OFFICE, n° xiii :
« ..... comme l'Office est indivisible et qu'il réside sur la tête du mari, qui seul en
peut faire les fonctions, il a le droit de retenir l'Office, etc..... » — Consulter aussi,
sur ce droit pour le mari de retenir l'office, ou de le laisser dans la communauté :
Brodeau sur Louet, lett. O, chap. 5, n° 3 ; Bouguier, lett. O, n° 5 ; de Renusson, *Traité
des propres*, chap. v, sect. iv, n°s 37 et suiv. ; Lebrun, *Traité de la communauté*,
liv. I, chap. v, sect. i, dist. iv, n° 16, et sect. ii, dist. i, n° 53 et suiv. ; Bourjon, *op. cit.*,
liv. II, tit. xi, 3e partie, chap. i, sect. iv, dist. i, n°s xvi et xvii, et dist. iv et v ;
Denisart, mot CONQUETS, n°s 17 et 18 ; Guyot, *Rép.*, mot OFFICE. Voy. enfin les *Arrêtés*
de de Lamoignon, *Des Offices*, art. 4, chap. 5 ; La Peyrère, Lemaistre et Duplessis, cités
par Bourjon.

(54) Comp. *supra*, § 1er, note 26, p. 129, et les renvois de cette note.

(55) Voy. Denisart, mot OFFICES et OFFICIERS, n° 66. Nous donnons la suite et la fin
de ce passage, note 78, *infra*, pp. 276 et suiv. — Le plus ancien arrêt que nous ayons

nauté, et un acquêt en le retenant et en payant le mi-denier, ce qui est un privilége considérable, mais incontestable pour le mari. » (56)

Nous avons à rechercher, tout d'abord, à quelle époque l'officier devait déclarer s'il entendait ou non retenir l'office, quel délai il devait avoir, pour faire son choix, c'est-à-dire pour conserver l'office à charge de récompense, ou pour le laisser dans la communauté, et enfin quel était l'effet, tant de cette déclaration, que de son défaut.

a. — Quand le mari devait-il déclarer s'il entendait ou non retenir l'office acquis durant la communauté, dans lequel il s'était fait recevoir ?

Aussi longtemps que durait la communauté, le mari n'était point obligé de faire sa déclaration ; mais, une fois que la dissolution de cette communauté avait donné ouverture au droit des héritiers de la femme dans les biens communs, le titulaire veuf devait se hâter de la faire, parce que le prix des offices étant très-sujet à des variations souvent importantes, il n'aurait pas été juste, qu'en ne la faisant pas, il se constituât le maître de profiter, en retenant l'office, de l'augmentation qui aurait pu survenir dans sa valeur, depuis la dissolution de la communauté, et de se décharger de la perte, en le remettant dans la masse commune, s'il était venu, depuis cette époque, à diminuer de prix (57).

b. — Mais dans quel délai le mari devait-il faire cette déclaration ? Car il fallait bien lui en impartir un, pour éviter l'inconvénient de laisser le droit de la communauté dans une perpétuelle

---

rencontré jugeant que les héritiers d'une femme ne peuvent contraindre un mari survivant, qui a acheté son office des deniers de la communauté, de leur faire part dudit office, mais de leur rendre seulement le prix et de les rembourser de la somme par lui prise dans icelle, est un arrêt rendu par la Grand'Chambre du Parlement de Paris, le 15 février 1605, en faveur de M. de la Proustière, Maître des Requêtes ; il est rapporté par Le Prêtre (cent. 2, chap. 86), et par Bouguier (lett. O, Nº 4), et est cité par Maichin, en ses *Comment. sur la Coût. de Saint-Jean d'Angely,* 2ᵉ éd., p. 233 *in init.*

(56) Voy. Denisart, *eod.,* nº 67, 2ᵉ alin. Voy. aussi Merlin, *Rép.,* mot OFFICE, nº XIII.

(57) Pothier, *Traité de la communauté,* nº 664, t. 7, p. 341.

incertitude. Pothier, adoptant l'opinion de l'annotateur de Lebrun, estimait qu'il ne devait pas être laissé à l'arbitrage du juge, mais plutôt qu'on devait accorder ici les mêmes délais que ceux fixés par la célèbre ordonnance d'avril 1667 (titre VII, art. 1 et 5 combinés) (58) aux héritiers et aux veuves pour s'instruire et prendre qualité, c'est-à-dire trois mois pour faire inventaire et quarante jours pour délibérer depuis le jour de la confection de l'inventaire, ou de l'expiration des trois mois, s'il n'avait pas été achevé auparavant (59). Nous lisons de même dans Denisart : « Les arrêts qui ont accordé au mari le privilége de conserver l'*office* acquis pendant la communauté en payant le mi-denier, n'ont pas fixé le temps pendant lequel le mari doit se déclarer sur cette option : cependant il n'est pas juste que les choses restent, à cet égard, dans une incertitude perpétuelle.

« Il me paroît donc naturel d'obliger le mari à s'expliquer lors de la dissolution de la communauté, c'est-à-dire, dans le temps que l'ordonnance accorde pour faire inventaire ; il ne seroit pas naturel que le mari pût rester plus long-temps maître de profiter de l'augmentation qui peut survenir à la valeur de l'*office*, tandis que les héritiers de la femme seroient exposés à supporter la moitié de la perte, s'il en arrivoit. » (60)

Il ne faut pas être doué d'un esprit d'analyse bien développé, pour apercevoir que cette doctrine ramenait, en réalité, la solution de la question qui nous occupe, à la distinction suivante :

Ou bien il y avait eu inventaire après le décès de la femme, ou bien il n'en avait pas été fait.

Au premier cas, pas de difficulté ; le temps de la clôture de l'inventaire était un délai fatal dans lequel le mari devait s'expliquer, parce que c'était alors que se faisait véritablement la dissolution de la communauté (61).

_____

(58) Isambert, t. 18, pp. 112 et 113.
(59) Voy. Lebrun, *Traité de la communauté*, liv. I, chap. v, sect. II, dist. I, n° 61, et Pothier, *Traité de la communauté, ubi supra*.
(60) Voy. Denisart, mot OFFICES et OFFICIERS, n°ˢ 68 et 69, 1ᵉʳ alinéa.
(61) Cette solution, formellement indiquée par Denisart (*ubi supra*, n° 69, 2ᵉ alin.),

Que si, maintenant, après le décès de la femme, le mari n'avait pas procédé à la confection d'un inventaire, la situation se compliquait, et une nouvelle distinction s'imposait. En effet, les héritiers de la femme pouvaient être soit des enfants ou des parents collatéraux, soit des étrangers.

Dans la seconde de ces deux hypothèses, de beaucoup la plus simple, la doctrine était fixée en ce sens qu'elle accordait au mari, pour se déterminer, le délai de trois mois pour faire inventaire et de quarante jours pour délibérer; « j'ai néanmoins lû, (je ne sçais où) qu'il faut que le mari soit constitué en demeure », ajoutait Denisart.

Si l'on suppose, à présent, que les héritiers de la femme étaient des enfants, la nécessité d'une sous-distinction se faisait encore sentir, ces enfants pouvant être mineurs ou majeurs.

Etaient ils majeurs ? On suivait alors les mêmes règles que s'il se fût agi d'étrangers, c'est-à-dire qu'on accordait au mari titulaire, les trois mois et quarante jours de l'ordonnance. Ajoutons qu'il en était de même si les héritiers de la femme, au lieu d'être ses enfants majeurs, étaient des parents collatéraux (62).

Les enfants que la femme laissait pour héritiers étaient-ils, au contraire, mineurs ? Les choses devaient alors se passer comme dans le cas d'une continuation de communauté (63), et, par conséquent, deux hypothèses devaient être successivement prévues, puisque ces enfants pouvaient prendre de ces deux partis l'un : ou accepter la continuation de la communauté, ou y renoncer.

Que s'ils acceptaient cette continuation, la première commu-

---

fut celle qui triompha définitivement. Bourjon (*loc. cit.* note 53, *supra*, dist. IV, n° XXXII) enseignait auparavant que la déclaration du mari devait être faite dans les trois mois, à partir de la confection de l'inventaire. Cette doctrine se trouve reproduite encore dans Denisart lui-même, qui paraît l'avoir tout d'abord adoptée, puisqu'il écrit au mot CONQUÊTS, n° 18 : « Le mari qui ne veut pas conserver l'office acquis pendant la communauté, doit le déclarer trois mois après la confection de l'inventaire...... »

(62) Voy. l'annotateur de Lebrun, *loc. cit.* note 59, *supra*.

(63) Voy., sur ce sujet, Lebrun, *op. cit.*, liv. III, chap. III, et Pothier, *op. cit.*, VI° partie, t. 7, pp. 384 et suiv.

nauté d'entre leur père survivant et leur mère prédécédée ne s'étant point dissoute, il en résultait que le droit du mari s'était perpétué pendant la continuation sur le même pied qu'il était quand la communauté durait ; de là ces deux conséquences que, d'un côté, tous les fruits et tous les profits de l'office tombaient dans cette continuation de communauté, de même que la diminution et même la perte de l'office, si elle arrivait au cours de cette période, était à sa charge ; et que, d'un autre côté, le délai octroyé au mari pour faire sa déclaration ne courait pas tant que subsistait cette continuation de la communauté, et ne partait que du jour de sa dissolution.

Que si, à l'inverse, les enfants renonçaient à la continuation de communauté, alors la communauté étant réputée dissoute dès le temps du décès de la femme, le délai de nous connu était censé avoir couru dès cette époque, ce qui revient à dire qu'en pareille occurrence, on retombait sous l'application des principes indiqués pour les cas où les héritiers de la femme étaient soit des étrangers, soit des enfants majeurs ou des parents collatéraux.

Telle était, sur ces différents points, la dernière expression de notre ancienne jurisprudence (64).

c. — Arrivons aux effets produits par la déclaration du mari, ou par le défaut et l'absence de cette déclaration.

Supposons, en premier lieu, que le titulaire veuf ait, dans le temps à lui octroyé pour indiquer son choix, fait sa déclaration. Puisqu'il avait une option, deux cas pouvaient se présenter :

Si, tout d'abord, le mari avait déclaré qu'il entendait retenir l'office, il était censé l'avoir acquis pour son compte particulier, et non pour celui de la communauté, de telle sorte que l'office était alors réputé n'avoir jamais été conquêt, mais avoir toujours été un effet propre du mari, qui avait comme emprunté à la commu-

---

(64) On la trouvera spécialement consignée par l'annotateur de Lebrun (*op. cit.*, liv. I, chap. v, sect. ii, dist. i, n° 62), par Pothier (*op. cit.*, n° 664, t. 7, p. 341, et *Coutume d'Orléans, Introd. au titre de la communauté, locc. citt.*), et par Denisart (mot OFFICES et OFFICIERS, n°° 69, 2° alinéa, à 73 inclus).

nauté les deniers qui lui avaient servi à en faire l'acquisition. De ce principe de la rétroactivité de la déclaration, nous verrons découler deux conséquences des plus importantes, en nous occupant de la récompense due par le mari à la communauté dans cette hypothèse, et du caractère de l'action donnée pour l'obtenir (65). Ajoutons que cette déclaration enlevait au mari la possibilité de se désister ultérieurement du parti qu'il avait pris de conserver l'office, et de le laisser dans la communauté (66).

Que si, au contraire, il avait déclaré qu'il n'entendait pas retenir l'office, ayant par là même renoncé au droit qu'il avait de le conserver, il ne pouvait pas plus, par la suite, changer d'avis que dans le premier cas, et, revenant sur le passé, demander à garder sa charge (67). L'office devait donc, dans une semblable hypothèse, figurer dans la masse partageable des biens communs, comme un des conquêts de la communauté, et il fallait l'y comprendre pour le prix qu'il valait à l'époque à laquelle les parties, pour parvenir au partage, faisaient procéder à l'estimation des biens qui devaient en faire l'objet (68).

Plaçons-nous, maintenant, en face du cas où le mari avait laissé expirer le temps à lui concédé sans avoir fait sa déclaration. Son

---

(65) Voy. *infra*, pp. 275 et suiv., et p. 279, 1re observation.

(66) Cet effet était à ce point rigoureux, que le mineur lui-même n'y échappait pas. C'est ainsi que nous lisons dans l'annotateur de Lebrun (*eod.*, n° 63 *in fine*) : « L'option que le mari a faite de conserver l'Office dont il est revêtu, ne souffre pas..... de variation, soit qu'elle soit expresse, soit qu'elle soit tacite (voy. *infra*, pp. 272 et suiv.) ; et, quand même il l'auroit faite en minorité, il ne seroit pas restituable, parce que l'Office qu'il a conservé lui donne la qualité d'homme public, et qu'ainsi il étoit censé majeur pour en faire l'option. » Et Denisart (*ubi supra*, n° 75) écrit, de son côté : « ..... quoique mineur, s'il (le mari) avoit..... opté de conserver l'*office*, il ne paroîtroit pas devoir être restitué, parce qu'alors l'*office* seroit son état et son établissement. » — Comp. la note suivante.

(67) Ce n'est pas à dire, cependant, qu'aucune différence ne séparait cette hypothèse de la précédente. Car si c'était un mari mineur qui avait opté de laisser l'office dans la communauté, il était restituable, parce qu'en se dépouillant ainsi de sa charge, il devenait homme privé, d'homme public qu'il était ; et l'on estimait ici que sa détermination pouvait provenir d'un défaut de réflexion qui donnait éventuellement ouverture en sa faveur à la restitution. (Voy. l'annotateur de Lebrun, *eod.*, n° 64, et Denisart, *eod.*, n° 74.) — Comp. la note précédente.

(68) Pothier, *Traité de la communauté*, n° 665, t. 7, p. 341.

inertie même lui enlevait désormais le droit de la faire et la possibilité d'opter entre les deux partis que nous savons, sans qu'il fût pour cela nécessaire de l'avoir préalablement constitué en demeure, par quelque interpellation judiciaire, de se prononcer dans un sens ou dans l'autre.

Si, quant à ce, la doctrine était unanime, un point avait cependant ici soulevé quelque difficulté.

Dans une opinion, on soutenait que, faute par le mari d'avoir fait son option dans le délai indiqué, l'office devait être regardé comme conquêt, sans que, dorénavant, le titulaire pût élever la prétention de demander à retenir l'office pour le prix qu'il avait coûté. En effet, disait-on, le droit qu'a le mari de retenir l'office étant un privilège, il ne peut être censé en avoir usé, qu'autant qu'il a déclaré le vouloir, et, faute de l'avoir déclaré, il doit plutôt en être réputé déchu, et l'office doit en ce cas demeurer à la communauté. Ou bien, alléguait-on sous une autre forme, l'office est bien, en réalité, un conquêt de la communauté, puisqu'il a été acquis au cours de l'association conjugale. Le droit que le mari avait de le retenir comme propre, en récompensant la communauté, était un droit qui lui était accordé, une faculté dont il pouvait, à son gré, user ou ne pas user. Or l'office ne pouvait être regardé comme propre du mari, qu'autant qu'il paraissait avoir voulu user de son droit dans le temps qui lui était accordé à cet effet, et il ne pouvait pas paraître qu'il en ait voulu user lorsqu'il ne s'en était pas expliqué. Par conséquent, l'office devait être considéré, en pareil cas, tel qu'il était dans la vérité, c'est-à-dire comme conquêt (69).

Dans un second système, que la jurisprudence fit prévaloir, on admettait, au contraire, que, dans les circonstances signalées, le mari devait être réputé avoir pris l'office à ses risques et pour son compte, pour le prix qu'il avait coûté, sans pouvoir plus désor-

---

(69) C'est ce qu'avait décidé, pour un office de contrôleur des décimes, un arrêt de la Chambre des enquêtes du Parlement de Paris, du mois de février 1695, cité par Lebrun, dans son *Traité de la communauté*, liv. I, chap. v, sect. ii, dist. i, n° 60 *in fine*. Tel était également l'avis de Lebrun (*eod.*) et de son annotateur (n° 61). Voy. aussi liv. III, chap. ii, sect. i, dist. ix, n° 2.

mais le porter dans la masse des biens communs; en d'autres termes, que, par la seule continuité de la possession, et sans déclaration de sa part, le mari était censé avoir tacitement retenu l'office pour lui, « son silence étant justement présumé être la consommation de son droit de retenue », écrit Bourjon. En effet, disait-on, s'il est exact que l'office ne peut être regardé comme un propre du mari, à charge de récompense, qu'autant qu'il peut paraître que le titulaire a voulu user du droit qu'il avait de le retenir, il n'en est pas moins vrai qu'en étant revêtu, on présume facilement qu'il a voulu le retenir par cela seul qu'il n'a pas fait de déclaration contraire (70). De telle sorte que nous aboutissons à ce résultat final

_____

(70) Le Parlement de Paris l'avait ainsi jugé par les quatre arrêts suivants : l'un, du 1er mars 1627, rapporté dans le recueil de Bardet, t. 1, liv. 2, chap. 99, p. 194; l'autre, du 21 avril 1636, cité par Brodeau, lettre E, § ou somme 2, arrêt 6; le troisième, du 27 février 1655, rapporté au *Journal des Audiences*; le dernier enfin, du 28 juillet 1705, cité par Bourjon, *De la communauté*, chap. 6, sect. 2, n° 13, par l'annotateur de Lebrun, *op. et loc. sup. citt.*, n° 61, et par Denisart, mot OFFICES et OFFICIERS, n° 69, 2e alin., et rapporté dans le *Journal des Audiences*, t. 5, liv. 5, chap. 61. Ce dernier arrêt est cité par Bourjon, sous la date du 18 juillet 1703, et il est, dit-il, rapporté dans le sixième volume du *Journal des Audiences*, liv. 5, chap. 61, p. 567. — Ces arrêts sont d'autant plus remarquables et concluants, que les circonstances spéciales de la cause auraient pu, dans les quatre procès à la suite desquels ils intervinrent, faire présumer de la part du mari, l'intention que l'office demeurât un conquêt de la communauté. En effet : dans l'espèce du premier, le mari avait compris dans l'inventaire fait après la mort de sa femme, les provisions et la quittance de finance, mais sans déclarer s'il entendait retenir l'office; dans celle du second, Brodeau, qui nous dit avoir vu l'inventaire, rapporte que le mari n'y avait ni dit ni déclaré que son intention était de retenir les deux offices de porteur de grains en la halle et d'archer du guet dont il était investi, et qu'il n'avait pas fait inventorier les provisions et autres titres, mais que, du moins, il avait déclaré seulement qu'il avait acquis ces deux offices pendant la communauté, sans spécifier le prix; dans l'espèce du troisième arrêt, le mari avait porté dans l'inventaire le contrat d'acquisition, mais sans déclaration aucune relative à l'intention de retenir pour son compte son office; enfin, dans celle du quatrième, rendu en la Grand'Chambre, le mari, toujours sans déclarer son intention de garder l'office, en avait fait inventorier le traité et les provisions. Tirons de l'ensemble de ces faits, cette conclusion générale que, faute par le mari d'avoir fait sa déclaration de conserver l'office, lors de l'inventaire, il était présumé l'avoir gardé, ce qui pouvait être tout aussi bien à son avantage qu'à son détriment, à raison des variations de valeur dont l'office était susceptible. C'est ainsi que, dans l'espèce de l'arrêt de 1627, l'office ayant considérablement augmenté de prix depuis son acquisition, le titulaire veuf réalisa un bénéfice sérieux, en ne se voyant obligé de remettre à ses enfants, héritiers de sa femme, que le mi-denier de l'achat; mais c'est ainsi, à l'inverse, que, dans l'espèce de l'arrêt de 1655, le mari éprouva une perte sensible, en se voyant condamné à faire raison aux héritiers de sa femme du mi-denier de l'achat, parce que, depuis lors, la valeur de son office avait diminué dans de notables proportions. — Voy., sur

que le mari n'avait de déclaration à faire que quand il ne voulait pas conserver l'office acquis pendant la communauté, puisque c'était cette déclaration qui imprimait à l'office la qualité de conquêt, et qu'autrement, le mari était présumé le retenir pour lui, ce qui entraînait cette conséquence, de mettre les risques partiels ou totaux à sa charge (71).

Il n'était pas indifférent de se prononcer en faveur de la première théorie ou de la seconde, à raison même des variations de valeur éprouvées par l'office depuis son acquisition. C'est ce que prouvera la lecture des arrêts que nous avons cités note 70, *supra*.

Qu'arrivait-il, lorsque le mari avait, durant la communauté, acquis deux offices dont il se trouvait revêtu lors de sa dissolution (72) ? Il pouvait, ici encore, user de la faveur que lui accordait la jurisprudence, et cela, soit à l'égard de ces deux offices, soit à l'égard de l'un d'eux seulement, en déclarant qu'il entendait retenir l'un et laisser l'autre dans la communauté, sous la condition, toutefois, que ces offices aient pu facilement se diviser, comme cela aurait eu lieu, par exemple, s'il s'était agi de deux offices d'une même nature, mais alternatifs, ou de deux offices d'une nature différente. Car, si ces offices avaient été de nature telle, que leur séparation eût entraîné une dépréciation, alors le mari n'aurait pas pu retenir l'un et remettre l'autre dans la masse commune, mais il aurait fallu ou qu'il les retînt tous ou qu'il les remît tous dans la masse. « Si le mari se trouve pourvu de plusieurs *offices* acquis pendant la communauté », disait Denisart, « pourra-t-il en conserver quelques-

---

ce qui précède, Pothier, *Traité de la communauté*, n° 666, t. 7, pp. 341 *in fine* et suiv., et *Coutume d'Orléans, Introd. au titre de la communauté*, loc. sup. cit.; Sérieux, dans son observation sur le n° 37, sect. IV, chap. V, du *Traité des propres* de de Renusson, éd. in-f° de 1760 ; Bourjon, *loc. cit.* note 53, *supra*, dist. IV, note sur le n° XXXI, et n° XXXII; Merlin, *Rép.*, mot OFFICE, n° XIII.

(71) Voy. Denisart, mot CONQUÊTS, n° 18.

(72) L'hypothèse était loin d'être irréalisable dans notre ancien droit, comme on le verra par la lecture des passages auxquels nous renvoyons dans la note suivante. Rappelons-nous, d'ailleurs, que l'arrêt du 21 avril 1636 nous en a déjà fourni un exemple. (Voy. note 70, *supra*.) — Comp., au surplus, chap. I, § 1er, note 54, pp. 24 et suiv.

uns, et laisser les autres ? A cet égard, il faut distinguer : si les *offices* peuvent facilement se diviser : que ce soient, par exemple, deux *offices* d'une même nature, mais qu'ils soient alternatifs, ou deux *offices* d'une nature toute différente, comme de conseiller dans un bailliage, et d'élu dans une élection, il pourra les diviser, et retenir celui qu'il jugera à propos de préférer.

« Mais si les *offices* ne peuvent se diviser, sans que l'un des deux soit diminué par cette division ; par exemple, si c'est un *office* de lieutenant général de police, qui ait été acquis pour joindre à un autre *office*, dont les fonctions étoient énervées par cet *office* de nouvelle création ; en ce cas, le mari ne doit point avoir la liberté de les diviser, il faut qu'il les conserve tous deux, ou qu'il les remette tous deux à la communauté. » (73)

Quoi qu'il en soit de ce point spécial, lorsque, à la dissolution de la communauté, le mari retenait l'office pour son compte, il est clair qu'il devait récompense à la communauté. En quoi consistait cette récompense ? Bien que, depuis l'acquisition faite au cours du mariage, l'office eût beaucoup augmenté de valeur, et qu'il fût, lors de la dissolution, d'un prix de beaucoup supérieur à celui pour lequel il avait été acheté, le mari ne devait néanmoins récompense à la communauté, que de la somme qu'il lui avait coûté. C'était, en effet, une conséquence du principe que nous avons posé ci-dessus, d'après lequel, la déclaration faite par le mari, après la dissolution de la communauté, qu'il entendait retenir l'office, avait un effet rétroactif au jour de l'acquisition, qui la faisait réputer faite pour le compte du mari seul, plutôt que pour celui de la communauté (74). Cette solution, toutefois, ne laissait

---

(73) Voy. Denisart, mot OFFICES et OFFICIERS, nᵒˢ 76 et 77. Voy. aussi l'annotateur de Lebrun, *Traité de la communauté*, liv. I, chap. v, sect. II, dist. I, nᵒ 65, et Pothier, *Introd. au titre de la communauté*, loc. cit., et *Traité de la communauté*, nᵒ 670, t. 7, p. 343. — Certains auteurs voulaient encore qu'il ne fût pas permis au mari de diviser les offices, s'ils avaient été acquis par un même contrat, pour un même prix, et par les mêmes provisions, parce que, disaient-ils, cela aurait donné lieu à des estimations et quelquefois à des différends. Mais cette opinion ne prévalut pas. (Voy. Lebrun, *ubi supra*.)

(74) Voy. *supra*, pp. 270 et suiv., c, *in initio*.

pas de prêter le flanc à la critique, et Pothier, notamment, faisait observer, non sans raison, qu'il y avait, dans cette déduction, véritable contre-pied de ce que nous avons vu enseigner par Loyseau (75), « quelque apparence d'injustice. » En effet, l'office, depuis son acquisition, jusqu'à la déclaration faite par le mari après la dissolution de la communauté, qu'il entendait le retenir, ayant toujours été réputé conquêt, n'avait pas cessé d'être aux risques de l'association conjugale, et il est certain que le mari n'aurait pas manqué de le laisser dans la masse commune, soit en cas de diminution considérable dans sa valeur, soit surtout en cas de perte totale. Or, l'équité la plus vulgaire n'exigeait-elle pas que la communauté, qui pouvait souffrir de la perte, fût en revanche éventuellement appelée à profiter de l'augmentation, par suite du principe inscrit dans les lois romaines, et que Justinien formulait en disant : *ubi periculum, ibi et lucrum ?* (76) Aussi bien, ces raisons avaient-elles conduit Dumoulin (77) à décider, contre l'avis de deux de ses contemporains, le célèbre consultant Chartier et le président de Thou, que le mari qui voulait retenir l'office devait récompense à la communauté, non du prix qu'il avait coûté, mais du prix qu'il valait lors de sa dissolution. Mais ce sentiment, qui n'avait pas même paru à Loyseau plus douteux que contestable, ne prévalut pas, et celui de Chartier et de de Thou finit par l'emporter. Dès longtemps déjà avant Pothier, et presque au lendemain du jour où avait paru l'ouvrage de l'illustre bailli de Châteaudun, la jurisprudence, lorsqu'il s'agissait de déterminer l'indemnité à payer par le mari, n'hésitait pas à prendre pour base la valeur de l'office au jour de l'acquisition, et à déclarer qu'on devait suivre le prix du contrat, pour régler le mi-denier que le mari survivant était obligé de rapporter, afin

---

(75) Voy. *supra*, pp. 257 *sub fin.* et suiv.

(76) Const. 22 § 3, *De furtis*, C., vi, 2. Cf. L. 10, fr. Paul., *De div. reg. jur.*, D.. L, 17.

(77) Sur l'art. CXI de l'ancienne Coutume de Paris (229 de la nouvelle) ; t. 1, f° 871 de l'éd. de Paris de 1681.

de conserver l'office acquis pendant la communauté (78). Si bien que le mari n'était jamais débiteur que de la moitié du prix d'achat, ce que l'on ne peut justifier qu'en répétant avec Pothier : « La faveur des officiers a fait donner au mari cette petite prérogative. » (79)

Nous arrivons ainsi à cette conclusion finale que, quel que fût le parti adopté par le titulaire veuf, l'office était, pendant le mariage, aux risques et périls de la communauté ; car, alors même qu'il gardait son titre, il était censé en avoir toujours eu la propriété exclusive, en ce sens que la rétroactivité de sa déclaration avait pour effet de fixer d'une manière difinitive le chiffre désormais invariable de la récompense due à la communauté.

_____

(78) « ... La jurisprudence des arrêts », disait Denisart, dans le passage dont nous avons cité le début, pp. 266 et suiv., texte et note 55, *supra*, « ... la jurisprudence des arrêts a introduit en faveur du mari, le privilége de pouvoir retenir l'*office* acquis pendant la communauté, en payant par lui le mi-denier, c'est-à-dire, en rendant à ses enfans ou autres héritiers de sa femme, la moitié de ce qui a été pris dans le coffre commun pour l'acquisition de l'*office*, (quand même la valeur en seroit considérablement augmentée depuis l'acquisition,) et non les frais d'acquisition, de provision et réception. » — Et de fait, de nombreux arrêts consacrèrent cette doctrine, que le mari qui reténait pour son compte l'office acquis pendant la communauté, devait récompense sur le pied du prix qu'il avait coûté, et rien au delà, et qu'il était, par conséquent, indifférent pour la communauté, que la valeur de l'office eût augmenté ou diminué, la récompense étant exactement la même dans les deux cas. Il était perpétuellement décidé que le mari n'était débiteur d'autre chose que de la part du prix de l'achat. On pourra consulter, notamment, outre l'arrêt du 15 février 1605, cité note 55, *supra*, les arrêts du Parlement de Paris des 21 février (*alias* 22 janvier) 1612, 30 avril 1622, 30 juin 1626 (celui-ci très-sujet à critique ; voy. *infra*, note 103), 6 septembre 1626, 26 (*alias* 16) janvier 1627, 1er mars 1627, 5 mars 1628, 21 avril 1636, 27 février 1655, etc. Tous ces arrêts sont rapportés dans le recueil de Bardet, t. 1, liv. 2, chap. 99, par Brodeau, lett. E, § 2, et par Merlin, *Rép.*, mots LÉGITIME, sect. VIII, § III, art. III, n° I, 2° ; OFFICE, n° XIII, et RÉCOMPENSE, sect. I, § VI, n° IV. — Voir aussi de Renusson, *Traité des propres*, chap. V, sect. IV, n°s 37 et 39, et comp. *infra*, note 85.

(79) Voy., sur tout ceci, Brodeau sur Louet, lett. E, n° 2, et lett. O, chap. 5, n° 3 ; de Renusson, *Traité des propres*, chap. V, sect. IV, n°s 37 et suiv. ; Lebrun, *Traité de la communauté*, liv. I, chap. V, sect. I, dist. IV, n° 16, et *Traité des successions*, liv. III, chap. VI, sect. III, n° 42 ; Bourjon, *loc. cit.* note 53, dist. V, n° XXXV ; Duplessis, cité par cet auteur ; Pothier, *Coutume d'Orléans, Introd. au titre de la communauté, loc. cit.*, et *Traité de la communauté*, n°s 663 et 667, t. 7, pp. 341 *in init.*, 342 et suiv. ; Merlin, *Rép.*, mot RÉCOMPENSE, *ubi supra*. — Nous avons vu, au contraire, qu'en ce qui concerne l'office domanial acquis pendant le mariage, celui-ci étant conquêt de la communauté, il n'était pas en la faculté du mari survivant à sa femme de se l'approprier, en rendant à ses enfants, héritiers de leur mère, la moitié des deniers pris dans la communauté. (Voy. *supra*, sect. I, § 2, p. 97, d, texte et note 55.) Il résultait de là que les principes de la jurisprudence, constatés dans la note précédente, ne s'appliquaient pas ici. En effet, les enfants avaient moitié dans l'office, et profitaient de l'augmentation, s'il y en avait. (Voy. de Renusson, *loc. cit.*, n° 40.)

En ce qui concerne les sommes tirées de la caisse commune pour acquitter le marc d'or, le coût des provisions, les frais de réception et d'installation, la jurisprudence du Châtelet était, à bon droit, fixée en ce sens, que le mari qui retenait l'office n'en devait aucune récompense, par la raison qu'il ne devait indemnité à la communauté, que de ce dont il tirait profit à ses dépens. Or, les frais dont nous parlons, se faisant en pure perte pour le titulaire, ne pouvaient pas être la cause d'une récompense envers la communauté, qui n'en aurait pas moins perdu ces frais, si l'office eût été laissé dans la masse. Au surplus, ils étaient une charge de la jouissance du mari, jouissance dont la communauté avait pu profiter. C'étaient là, en un mot, de simples loyaux coûts de l'acquisition commune, et qui étaient inévitables à la communauté, puisque, sans cela, elle n'aurait pu profiter du produit de l'office. Il devait, au demeurant, suffire à la femme d'avoir participé aux honneurs de l'office, et d'avoir vu les émoluments qu'il produisait entrer dans la communauté, pendant toute sa durée. Le mari ne devait donc le mi-denier que du prix de l'acquisition, ou, si l'on préfère cette seconde formule, le mi-denier dont il se constituait débiteur, en conservant sa charge, n'était que de la seule procuration de l'office, telle qu'elle aurait été vendue à un étranger (80).

Quant aux taxes qui avaient été levées sur l'office et qui avaient été payées des deniers de la communauté, il fallait établir ici une distinction analogue à celle que nous avons indiquée, relativement aux taxes levées au cours de la société coujugale sur l'office dont le mari était pourvu au jour de la célébration du mariage (81).

---

(80) Voy., en ce sens, de Renusson, *Traité des propres*, chap. v, sect. iv, n°° 38 *in fine* et 39; Lebrun, *Traité de la communauté*, liv. I, chap. v, sect. ii, dist. i, n° 66, et liv. III, chap. ii, sect. i, dist. ix, n° 1; Bourjon, *loc. cit.* à la note précédente, n°° xxxvi et xxxvii, et Pothier, *Coutume d'Orléans, Introd. au titre de la communauté, loc. cit.*, et *Traité de la communauté*, n° 668, t. 7, p. 343; voy. aussi le passage de Denisart, cité au début de la note 78, *supra*, et Merlin, *Rép.*, mot OFFICE, n° xiii. Lebrun (1er passage cité) faisait observer que la solution indiquée n'était plus la même, quand un office domanial propre au mari était rendu casuel, qu'il était ensuite mis à la Paulette, et qu'enfin on le rendait héréditaire; « car la taxe à chaque changement », disait-il, « fait récompense de Communauté, l'Office retenant la nature d'un propre. »

(81) Voy. *supra*, pp. 248 et suiv.

Ce qui signifie que, lorsque ces taxes étaient des taxes sèches, qui n'avaient procuré à l'office aucune augmentation de gages ou de droits, le mari n'en devait pas récompense, mais que, si elles avaient procuré à l'office des augmentations de gages ou d'émoluments, récompense était due (82).

Trois observations finales nous restent à présenter.

α. La première, c'est que la jurisprudence ayant décidé que l'action que les héritiers de la femme pouvaient exercer contre le mari qui conservait l'office acquis durant la communauté avait un caractère pur mobilier, il en résultait ces deux conséquences fort importantes, d'une part, que c'était l'hériter aux meubles de la femme qui recueillait le mi-denier de l'office (83), et, d'autre part, que le mari y succédait, lorsqu'il était héritier de ses enfants décédés en minorité. (Voy. l'art. 311 de la Coutume de Paris.) (84)

------

(82) *Sic :* Lebrun, *op. cit.*, liv. I, chap. v, sect. II, dist. I, n° 67; Pothier, *opp. et locc. citt.* note 80, *supra;* Merlin, *Rép.*, mot RÉCOMPENSE, sect. I, § VI, n°ˢ I et IV *in fine* combinés.

(83) Voy. *supra*, pp. 260 et suiv.

(84) Voy. Loyseau, liv. III, chap. x, n°ˢ 41 et 42; de Renusson, *Traité des propres*, chap. v, sect. IV, n° 39; Le Prestre, cent. 2, chap. 13 et note marginale; Lebrun, *Traité de la communauté*, liv. I, chap. v, sect. I, dist. IV, n° 16; comp. *eod.*, sect. II, dist. I, n°ˢ 55 et 60 *sub fin.*, et liv. III, chap. II, sect. J, dist. IX, n° 5, ainsi que l'observation de l'éditeur de son *Traité des successions*, sur le n° 46, liv. III, chap. VI, sect. III; Merlin, *Rép.*, mot OFFICE, n° XIII. La déduction que nous signalons est bien mise en lumière par l'arrêt du 21 avril 1636, cité notes 70 *in init.* et 78 *in fine*, *supra*, et rapporté par Merlin, *eod.* Voy. aussi un arrêt du 22 décembre 1617, rapporté notamment par Brodeau sur Louet, lett. O, chap. 5, n° 4, par Chenu, cent. 2, quest. 85, et par Bouguier, lett. O, n° 7, et cité par de Renusson, *loc. cit.*, et Lebrun, *Traité de la communauté*, liv. I, chap. v, sect. II, dist. I, n° 55; voy. également deux autres arrêts des 12 mai 1618 et 1ᵉʳ mars 1627, cités par de Renusson, *eod.* — Quant au caractère mobilier de l'action des héritiers de la femme, pour réclamer le mi-denier du prix de l'office, ce n'était encore là qu'un résultat produit par la rétroactivité qui s'attachait à la déclaration du mari, qu'il entendait conserver la charge acquise au cours du mariage. En effet, les mineurs étaient, par là même, censés n'avoir jamais eu de part qu'au mi-denier : or, leur action pour le réclamer était évidemment mobilière, puisqu'elle tendait à l'obtention d'une indemnité pécuniaire due par leur père, sous forme de récompense. (Comp. *infra*, note 376, dernier alin.) Voilà pourquoi le mari survivant à sa femme succédait à ses enfants mineurs, en la part que chacun d'eux avait dans le mi-denier du prix de l'office qu'il conservait, et voilà, en même temps, comment, en pareille hypothèse, il s'opérait en sa personne, entre les deux qualités de débiteur et de créancier, une confusion proportionnelle au droit de chaque enfant dans le mi-denier, confusion qui le libérait d'autant envers les autres. (Comp. Lebrun, *op. cit.*, liv. III, *loc. sup. cit.*, et *infra*, note 104.) — L'ensemble de

β. La seconde, c'est que, si la faveur accordée au mari survivant par la jurisprudence suivie dans la Coutume de Paris de retenir l'office vénal acquis durant la communauté et dont le titulaire veuf se trouvait en possession lors de sa dissolution, n'avait trait uniquement qu'aux offices vénaux, à tout le moins était-il de règle que ce droit de rétention moyennant récompense sur le pied du seul prix de l'achat, n'était pas restreint aux offices de magistrature, mais qu'il s'appliquait aussi aux offices inférieurs, tels que ceux des notaires, procureurs, huissiers, sergents ; en d'autres termes, et d'une manière générale, qu'il s'étendait à tous les offices vénaux de justice, de police ou de finance, quelque peu relevés qu'ils fussent (85). Cependant, ici encore, il s'agit

---

cette théorie est fort bien expliqué par Bourjon (*loc. cit.* note 80, *supra*, n^{os} xxxviii et xxxix), qui nous dit : « Cette action d'indemnité, ou plutôt de recompense, ou demi denier pour la valeur de l'office conquêt, et retenu par le mari, est purement mobiliaire dans la personne des héritiers de la femme, auxquels elle appartient ; cela auroit lieu encore que ces héritiers fussent mineurs, parce que cette action a été telle, dès l'instant même qu'ils en ont été saisis.

« Ce n'est qu'une action de recompense ; c'est le sentiment de Duplessis, pag. 178 : et c'est ce qu'on a déja vu ci-dessus, par la raison que le mineur en ce cas, est censé n'avoir jamais eu dans l'office...

« En effet, au moyen de la déclaration du mari, la femme est censée n'avoir jamais eu sa moitié dans l'effet, mais seulement sa moitié dans la valeur d'icelui, la déclaration ayant un effet rétroactif à l'instant de la dissolution ; ce qui fonde la qualité de mobiliaire, et même par rapport à un mineur dans la personne duquel les biens à la vérité ne peuvent changer de nature ; mais on n'y transforme pas un simple mobilier en immobilier.

« On l'a toujours pensé ainsi au Châtelet », ajoute-t-il enfin ; « et dans le cas que le père est héritier mobiliaire d'un de ses enfans, on juge au Châtelet qu'il succède à la portion dont cet enfant décédé étoit saisi, dans l'action de mi-denier du prix de l'office conquêt de communauté, et par lui retenu, conformément au sentiment de Loyseau, des offices, liv. 3, ch. 10, num. 42, pag. 211 : droit qui est la suite de cette même qualité ; ainsi en ce cas l'art. 94 de la coutume [de Paris] n'a pas d'application, et ce seroit abuser de sa disposition que de vouloir l'y appliquer. » (Comp., sur cet art. 94, *supra*, p. 213, δ.) Denisart (mot OFFICES et OFFICIERS, n° 67, 1er alin.) écrivait de même : « Les arrêts ont... jugé que l'action qui résulte contre le mari qui conserve un *office* commun, est mobiliaire ès personnes des héritiers de la femme, et que le mari peut la recueillir dans les successions de ses enfans décédans en minorité. » — Comp. Maichin, *op. cit.*, p. 234 *in init.*

(85) Consulter, sur cette proposition, Pothier, *Coutume d'Orléans, Introd. au titre de la communauté, loc. cit.*, et *Traité de la communauté*, n°s 669 à 674 inclus, t. 7, pp. 343 et suiv., et Merlin, *Rép.*, mot RÉCOMPENSE, sect. I, § VI, n° V. — Les arrêts que nous avons cités note 78, *supra*, montreront que cette proposition n'était pas seulement vraie au point de vue doctrinal, mais que la jurisprudence du Parlement de Paris en faisait une application constante. C'est ainsi que, d'après ces décisions, le

de bien s'entendre et de ne pas faire du principe une application abusive, en lui donnant une extension trop grande. On évitera cet écueil, pour peu que l'on pénètre les motifs qui servaient de base à la jurisprudence, pour asseoir le droit dont nous parlons. Or, deux raisons principales étaient invoquées, et le *retrait de mi-denier*, comme on l'appelait quelquefois, était fondé, en premier lieu, sur l'indécence qu'il y aurait eu à dépouiller un officier de son office, et, en second lieu, sur la dureté qu'il y aurait eu à dépouiller un homme de son état. Ces deux considérations entraînaient, l'une comme l'autre, d'importantes conséquences. En effet :

De la première, il résultait que le droit de rétention ne devait pas avoir lieu à l'égard d'un office acquis durant la communauté, mais dans lequel le mari ne se serait pas encore fait recevoir lors de la dissolution de la communauté. Cette déduction ne faisait l'objet d'aucun doute (86). Mais on se demandait, à ce propos, s'il suffisait au mari, pour pouvoir user du droit de retenir l'office, d'en avoir déjà obtenu des provisions, lorsque prenait fin la communauté, bien qu'il n'y fût pas encore reçu. Deux systèmes étaient possibles sur cette question. D'un côté, on aurait pu dire, pour la

---

droit de rétention moyennant récompense avait lieu à l'égard de l'office de prévôt des maréchaussées (de Brie et Champagne, arrêt 1612), de l'office de vendeur et contrôleur des vins (de la ville de Paris, arr. 1622), de l'office de maître des comptes (arr. 30 juin 1626; voy. *infra*, note 103), de l'office de trésorier des parties casuelles (arr. 6 sept. 1626), de l'office de sergent-priseur et vendeur (du bailliage d'Amiens, arr. 1627), de l'office d'avocat général (arr. 1628), des offices de porteur de grains en la halle et archer du guet (arr. 1636). C'est ainsi encore que, d'après les deux arrêts de 1627 et de 1705, cités plus haut, note 70, ce même droit fut reconnu relativement à l'office de commissaire au Châtelet de Paris, et à l'un des offices d'aides de mouleur de bois, qui avaient été créés en 1644. — Cependant, Soefve (t. 2, cent. 2, chap. 10) rapporte un arrêt en sens contraire, du 17 février 1660, confirmatif d'une sentence du Châtelet, par laquelle « un mari survivant était condamné à rembourser aux héritiers collatéraux de sa défunte femme, la moitié d'un office de *chargeur de bois en charrette,* par lui acquis pendant la communauté, sur le pied de ce qu'il pouvait valoir au temps de la dissolution de ladite communauté. En quoi (ajoute Soefve), l'on peut dire que cet arrêt est contraire à tous ceux qui jusqu'alors avaient été rendus en pareil cas, et qui avaient établi la maxime à l'égard de toutes sortes d'offices, indifféremment. » (Voy. Merlin, *Rép.*, mot RÉCOMPENSE, *ubi supra*, n° v.) Ce dernier membre de phrase doit être restreint aux seuls offices vénaux. Les développements qui vont suivre montreront même qu'il ne pouvait s'appliquer à tous sans distinction.

(86) Voy. Denisart, mot OFFICES et OFFICIERS, n° 80.

négative, que le droit dont s'agit était accordé aux *officiers*, et que celui qui n'était pas reçu dans l'office, quoiqu'il en fût pourvu, n'était pas encore *officier*, puisque c'était la réception qui, seule, conférait cette qualité (87). Cependant, on pouvait, d'un autre côté, répondre, en sens contraire, et en faveur de l'affirmative, que les frais de provisions étant ceux qui étaient les plus considérables, le mari qui s'était fait pourvoir de l'office, avait déjà fait, ainsi que disait Pothier, « la plus grande partie du chemin pour y parvenir », et qu'il était favorable d'étendre jusqu'à lui ce droit. Mais « la question est fort arbitraire », comme ajoutait le même jurisconsulte (88).

Le second motif indiqué ne produisait pas une conséquence moins remarquable que le précédent. Car il en résultait que le droit de rétention dont nous parlons ne devait pas davantage avoir lieu à l'égard des offices qu'on n'avait que pour le revenu, et qui, par là même, ne constituaient pas l'état de la personne qui en était revêtue (89). D'où il suit que des offices de ce genre ayant été acquis au cours de la communauté, leur estimation devait se faire sur le pied de leur valeur intrinsèque au jour non pas de leur acquisition, mais bien de la dissolution de l'association conjugale (90).

---

(87) Voy. *supra*, pp. 187 *in fine* et suiv.

(88) Voy. Pothier, *Traité de la communauté*, n° 671, t. 7, pp. 343 *in fine* et suiv.

(89) *Sic* Denisart, mot .OFFICES et OFFICIERS, n° 78, et Pothier, *eod.*, n° 672, p. 344.

(90) C'est ce qu'un arrêt du 7 juillet 1745, rapporté par Denisart (mot OFFICES et OFFICIERS, n° 79), et cité par Pothier (*eod.*, n° 672) et par Merlin (*Rép.*, mot RÉCOM-PENSE, sect. I, § VI, n° V), a jugé d'une manière formelle, relativement à un office d'inspecteur sur les veaux, à Paris. Cet arrêt, rendu en la Grand'Chambre du Parlement de Paris, et confirmatif d'une sentence contradictoire du Châtelet, du 29 juin (*alias* 20 juillet) 1744, décida expressément qu'un office de ce genre n'était pas sujet au retrait de mi-denier, et que l'estimation de semblables offices devait se faire sur le pied de leur valeur intrinsèque au jour de la dissolution de la communauté, et non pas se régler sur leur valeur au temps de l'acquisition. — Nous rappellerons ici que le droit de rétention n'ayant pas été accordé à l'égard des offices vénaux qui ne constituaient pas l'état de la personne qui en était revêtue, il en devait être *a fortiori* de même en ce qui concernait tous les offices domaniaux, puisqu'ils se trouvaient moins attachés à la personne que les autres, et qu'ils pouvaient être possédés par des femmes ou des mineurs qui les affermaient ou les faisaient exercer par des commis. Aussi bien, avons-nous vu de Renusson, Lebrun et Pothier refuser à bon droit, contrairement à

γ. Notre troisième observation, enfin, a trait au point de savoir si l'office acquis des deniers de la communauté entrait en la donation mutuelle (91). Cette question se lie d'une façon très-intime à l'hypothèse sur laquelle nous venons de nous appesantir. En effet, étant donné, d'un côté, que le don mutuel permis par la Coutume de Paris (art. 280) et autres semblables, celle d'Orléans notamment (92), était un don entre vifs égal et réciproque, que deux conjoints par mariage se faisaient réciproquement l'un à l'autre, à défaut d'enfants de l'un et de l'autre et en cas de survie, de l'usufruit des biens de leur communauté, aux charges portées par les coutumes (93) ; étant donné, d'autre part, que ce n'était pas l'office en soi qui tombait dans la communauté, la question avait lieu de se poser si l'office commun entrait en la donation mutuelle, et encore s'il y entrait de telle sorte qu'après la dissolution, venant à être perdu par la mort du mari, donataire mutuel des meubles et conquêts par usufruit seulement, suivant la plupart des coutumes, ses héritiers étaient ou non exempts d'en rendre le mi-denier, tout ainsi que quand il était perdu au cours de la communauté.

L'office étant, par hypothèse, supposé acquis avec l'argent tiré de la caisse de la communauté, il semble bien qu'il dût faire partie de la donation mutuelle, qui comprenait tout ce qui dépendait de cette communauté, et qu'il y dût entrer en sa propre nature et qualité.

Bourjon, au mari survivant qui était titulaire d'un de ces offices, le droit de le retenir à la dissolution de la communauté. (Voy. *supra*, sect. I, § 2, texte et note 55, p. 97.) Par un *a fortiori* évident de ce qui précède, lorsque le mari était prédécédé, ses héritiers n'avaient pas le droit de retenir l'office, qui, en pareille occurrence, devait être vendu au profit de la communauté, le droit de retenue que nous venons d'étudier, étant un droit personnel au mari, et, par conséquent, non transmissible. La pratique était, du reste, fixée en ce sens. (Voy. Bourjon, *loc. cit.* note 53, *supra*, dist. IV, n° XXXIV, et Denisart, *ubi supra*, n° 80.)

(91) Voy., en ce qui concerne l'office possédé par le mari antérieurement au mariage, note 11, *supra*, p. 244.

(92) L'homogénéité était loin de régner en cette matière parmi les anciennes coutumes, et Pothier n'en comptait pas moins de huit variétés. (Voy. *Traité des donations entre mari et femme*, seconde partie, n°ˢ 118 et suiv., t. 7, pp. 494 et suiv.)

(93) Cette définition est empruntée à Pothier, *ubi supra*, chap. I. art. I, n° 129, pp. 496 *in fine* et suiv.

Toutefois, la vérité est que ce n'était pas l'office en soi qui pouvait entrer en cette donation, plus qu'il ne tombait dans la communauté. Il y entrait même moins, si l'on peut ainsi dire, que dans la masse commune, par suite de cette considération déjà relevée que, dès l'instant du décès de la femme, le mi-denier de l'office était acquis et assuré à son héritier (94). Par conséquent, c'était ce mi-denier, et non du tout la moitié de l'office, qui entrait en la donation mutuelle, ou, si l'on aime mieux, l'office n'entrait en cette donation que par estimation. Il convient, au surplus, de noter cette raison particulière que, lors bien que l'office, même en soi, fût tombé dans la communauté, encore n'en aurait-il pas moins fallu, relativement à l'usufruit dont il était grevé, restituer, comme au cas d'usufruit des choses périssables, ou quasi-usufruit, non les choses en nature, après l'extinction du droit, mais bien leur estimation. Aussi n'y avait-il nul doute qu'il fallût rendre le mi-denier de l'office, suivant l'estimation qui en devait être faite lors de l'inventaire, et, partant, que l'augmentation ou diminution, voire même la perte entière de l'office, était désormais à la charge du mari (95).

Au temps de Pothier, comme à l'époque de Loyseau, le don mutuel dont le mari bénéficiait, pouvait aussi porter sur l'office vénal acquis au cours de l'association conjugale, lorsqu'il déclarait, après la mort de sa femme, entendre le laisser dans la communauté. Quelles étaient, alors, l'étendue et la mesure des obligations ou charges qui lui incombaient en qualité de donataire mutuel de la moitié de l'office appartenant à l'héritier de sa femme ? On peut répondre d'un mot, que c'étaient, en principe, celles d'un usufruitier. En effet, d'après Pothier, lorsque le mari, pourvu d'un office

---

(94) Voy. note 40, *supra*, pp. 258 et suiv.

(95) Voy., sur tout ceci, Loyseau, liv. III, chap. x, nos 44 et 45. — Il va sans dire que si le mari était mort avant sa femme, hypothèse dans laquelle, nous le savons, l'office qui aurait été acquis des deniers de la communauté appartenait en commun à la femme et aux héritiers du mari, la femme, s'il y avait don mutuel, aurait eu d'abord moitié du prix par droit de communauté, et aurait joui de l'autre moitié comme donataire. (Voy. un arrêt du 17 septembre 1625, cité par de Renusson. *Traité des propres*, chap. v, sect. iv, no 38 *in init.*)

acquis pendant la communauté, qu'il avait déclaré, après son veuvage, entendre laisser dans la masse commune, jouissait, comme donataire mutuel, de la moitié appartenant à l'héritier de sa femme dans cet office, il devait en payer à ses dépens, et sans aucune répétition, le prêt et l'annuel (96); et si, faute de l'avoir payé, l'office tombait aux parties casuelles, sa succession était tenue d'indemniser de cette perte l'héritier de sa femme prédécédée (97). « Car », disait-il, « par la nature de l'usufruit, le donataire mutuel devant s'obliger envers le propriétaire *rem finito usufructu restitutum iri*, il contracte l'obligation de faire ce qui est nécessaire pour conserver l'office, afin de pouvoir le rendre *finito usufructu*. Or, selon les principes établis en notre *Traité des Obligations*, n° 550 et suivants, un débiteur doit faire à ses dépens ce qui est nécessaire pour s'acquitter de son obligation : il doit donc faire à ses dépens, et sans répétition, le paiement du prêt et de l'annuel qui est nécessaire pour la conservation de l'office.

« Si le donataire mutuel négligeait de le faire », ajoutait-il, « il pourrait y être contraint, tant par l'héritier du prédécédé, à qui la restitution doit être faite, que par la personne qui s'est rendue caution pour la restitution du don mutuel.

« Il y a », poursuivait-il enfin, « certains offices qui n'ont presque point de revenus, mais que la dignité des fonctions qui y sont attachées avait autrefois portés à un prix considérable, et que la corruption des mœurs, la chute des études et le goût de la frivolité, qui en sont les suites, ont tellement fait diminuer de prix aujourd'hui, que le prêt et l'annuel qui seraient payés pendant plusieurs baux de paulette pour la conservation de ces offices, en surpasseraient le prix. Il serait trop dur que l'héritier du prédécédé pût contraindre le donataire mutuel à entrer en paulette pour ces offices ; il doit se contenter de la sûreté qu'il a dans la caution que le dona-

---

(96) Quant à la taxe faite sur l'office, pendant la durée du don mutuel, les héritiers de la femme étaient obligés d'y contribuer pour moitié. (Voy. Ricard, *op. et loc. citt.* note 98, *infra*, n° 283.)

(97) C'est ce que décida formellement un arrêt du 5 mai 1665.

taire mutuel lui a baillée pour la restitution de l'office, quant à la part qu'il y avait, dans le cas auquel le donataire mutuel mourrait en perte d'office. » (98)

Ajoutons, relativement à ces charges du don mutuel, qu'en ce qui concerne les taxes imposées sur l'office pendant le temps de la jouissance de ce don, Pothier établissait une distinction qui nous est déjà connue : que si ces taxes attribuaient des augmentations de gages, ou des droits qui accroissaient le prix de l'office, on devait, lors de la restitution du don mutuel, en faire raison, sur l'office, à la succession du donataire mutuel qui les avait payées ; si ces taxes, au contraire, étaient des taxes sèches, ce jurisconsulte ne pensait pas que le donataire mutuel en dût avoir aucune restitution, parce que c'étaient là des charges de sa jouissance (99).

Nous avons, de la sorte, épuisé les développements que nous désirions consacrer à l'examen du premier des quatre cas par nous signalés. Abordons à présent l'étude des trois autres, qui nous retiendra beaucoup moins longtemps.

2° *Cas.* — Il ne devait pas être insolite, loin de là, qu'au lieu de s'adresser à la caisse de la communauté, le mari payât l'office de ses propres deniers. Quel était alors le sort d'une acquisition réalisée dans ces circonstances ? Il faut ici établir une distinction :

a. — Il se pouvait faire, tout d'abord, que l'office fût acquis, au cours de la communauté, en échange d'un propre du mari. Cette première hypothèse ne présentait aucune difficulté : car on se trouvait en présence d'un cas de subrogation réelle, et, par suite, l'office subogé au propre acquérait lui-même cette qualité pour le tout, et était entièrement propre au mari. Il en était donc de même, au regard de cet office, que relativement à celui dont le mari se trouvait titulaire avant le mariage. Il n'était pas même nécessaire que le contrat, techniquement le compromis (100), portât expres-

_____

(98) Voy. Pothier, *op. cit.*, II° partie, chap. VI, art. II, § II, n° 250, pp. 544 et suiv. Avant Pothier, Ricard s'était déjà prononcé dans le même sens sur toutes ces questions, dans son *Traité du don mutuel*, chap. VI, n°° 283 et 296.

(99) Voy. Pothier, *eod.*, n° 251, p. 545.

(100) Ce terme est emprunté à la matière bénéficiale, où il désignait un acte par

sément le terme d'échange ; il suffisait qu'il contînt mention que, pour la composition de l'office, arrêtée à une somme déterminée, le mari avait baillé au résignant ses propres. « Car », ainsi que le disait Loyseau, « cela estant arresté par le marché, c'est toujours en effet un échange. » Aussi bien, si, après coup, le mari, pour s'acquitter du prix qu'il devait de l'office par lui acheté pendant le mariage, avait baillé ses propres en paiement, le même jurisconsulte estimait que l'office appartenait à la communauté, mais que celle-ci se trouvait alors débitrice d'une récompense envers le mari, et devait l'indemniser du prix de ses propres donnés en paiement de sa dette. La sous-distinction que nous venons d'établir était d'une importance capitale, puisqu'il en résultait qu'au premier cas, si l'office venait à être perdu par la mort du mari, sa perte tombait sur lui seul, et non sur la communauté, qui n'était pas chargée du remploi des propres échangés contre l'office, et, qu'au second cas, c'était la solution inverse qui devait être admise (101).

b. — Les détails qui précèdent nous dicteront facilement la décision à donner dans l'hypothèse fréquente, paraît-il, où le paiement était fait avec l'argent provenant de la vente d'un propre du mari, aliéné pour réaliser l'acquisition de l'office. Ici encore on sous-distinguait. En principe, bien que la vente du propre eût été faite en même temps que l'achat de la charge, et qu'on eût pu vérifier que les deniers de cette vente avaient été employés à libérer le mari, alors même que la vente eût été faite tout exprès pour payer l'office par les mains de l'acheteur, cependant, par *a fortiori* de ce qui vient d'être dit, il n'y aurait pas eu subrogation de l'office au propre, « pource que la subrogation n'a lieu qu'au pur échange par une fiction de droit, qui n'admet point d'interpretation extensive, ni de surcharge d'autre fiction..... » Mais

---

lequel ceux qui avaient droit d'élection, transmettaient à une ou à plusieurs personnes d'entre eux le droit d'élire un sujet capable de remplir un bénéfice vacant, ou une dignité. (Voy. le *Nouv. Dict. civ. et canon. de dr. et de pratique*, second mot COMPROMIS.)

(101) Voy. Loyseau, liv. III, chap. ix, nos 61 et 62.

il en aurait été tout autrement, et c'est ici la seconde branche de notre sous-dictinction, si, en achetant l'office, ou en vendant son propre, le mari avait fait « declaration expresse aux fins de remploy, de l'un à l'autre » ; seulement, ce n'aurait pas été là une subrogation d'échange, mais bien un remploi stipulé et effectué. Quoi qu'il en soit, cessant cette déclaration, l'office payé du prix des propres du mari entrait en la communauté, et, par conséquent, était à ses risques ; d'où il suit que l'office venant à être **perdu** par la mort du mari, ses héritiers n'en auraient pas moins eu droit à récompense et action pour reprendre sur la communauté le prix des propres aliénés (102).

Ainsi donc, en résumé, l'office acquis des biens propres du mari tombait en communauté, sauf deux cas, savoir : quand il avait été acquis par voie d'échange, ou quand il avait été acquis à titre de remploi.

3° *Cas.* — Qu'arrivait-il, à présent, lorsque les deniers versés en paiement du prix de l'office provenaient de la vente d'un propre de la femme ? Loyseau enseignait, en pareil cas, que, sans qu'il y eût à distinguer si l'acquisition avait eu lieu par voie d'échange ou de vente de ce propre, il fallait tenir indistinctement que l'office était acquis à la communauté et non à la femme qui en était incapable, et que, par conséquent, la communauté devait le remploi du propre de la femme ; en d'autres termes, que la femme avait seulement droit à une récompense, lors de la dissolution de la communauté (103). Que si la com-

---

(102) Voy. Loyseau, *eod.*, nᵒˢ 63 et 64. — Voy. aussi, dans le même sens, de La Peyrère, lett. C, sur le mot COMMUNAUTÉ, nᵒ 29, p. 46; Bourjon, *op. cit.*, liv. II. tit. XI. 3ᵉ partie, chap. I, sect. IV, dist. I, nᵒˢ XX et XXI, et Denisart, mot OFFICES et OFFICIERS, nᵒ 63. La jurisprudence du Châtelet, au XVIIIᵉ siècle, était également conforme aux différentes propositions énoncées au texte.

(103) L'arrêt du 30 juin 1626, que nous avons déjà eu l'occasion de citer à plusieurs reprises (voy. *supra*, notes 78 et 85), a tiré de cette idée que l'office acquis pendant le mariage, au moyen des deniers provenant de la vente des propres de la femme, tombait en communauté, une conséquence absolument outrée, et tout à fait inadmissible, en étendant jusqu'à cette hypothèse l'application du principe de nous connu, que le mari, pourvu d'un office au cours de l'association conjugale, n'était débiteur que *de la part* du prix d'achat, c'est-à-dire que de sa *moitié*, calculée sur le pied de sa valeur à cette

munauté n'était pas suffisante pour faire ce remploi, après que l'office avait été perdu par la mort du mari, comme il arrivait ordinairement, « j'estime », écrivait Loyseau, « puis que nostre Coustume qui a introduit tel remploy, en rend la seule communauté debitrice, que quand n'y a rien en icelle, le Roy même y perdroit son droit, *est que inanis actio.* » (104) Nous pensons, quant à nous, avec Eusèbe de Laurière (sur l'article 232 de la Coutume de Paris), qu'en cas d'insuffisance des biens communs, ceux du mari auraient été tenus du remploi (105).

Au XVIIIᵉ siècle, Bourjon enseignait également que le remploi du propre de la femme ne pouvait être fait en acquisition d'office, son incapacité de l'exercer rendant à son égard un tel remploi impraticable, et qu'en pareil cas, l'office acquis des deniers provenant d'un propre de la femme était un simple conquêt de communauté, encore bien que, par le contrat d'acquisition de l'office,

---

époque. En effet, dans l'espèce, un office de maître des comptes avait été acheté 16.000 livres ; les propres de la femme avaient été aliénés, et le prix employé à l'acquisition. (Plus tard, pour le dire en passant, à simple titre de curiosité, ce même office avait été revendu 102.000 livres.) Or, la Cour — à supposer que Bardet nous ait rapporté fidèlement sa décision — n'adjugea aux héritiers de la femme que la somme de 8.000 livres ! Qui ne voit qu'une semblable doctrine était non-seulement contraire à l'équité, le mari pouvant trouver dans ce procédé le moyen facile d'induire sa femme à aliéner ses propres, pour s'en attribuer la moitié, mais encore à l'art. 232 de la Coutume de Paris réformée, introductif du remploi, et transcrit *supra*, p. 96, c, et enfin à l'art. 282 de la même Coutume, qui prohibait formellement les donations entre vifs et les avantages directs ou indirects entre époux (comp. notes 13, 30 et 31, *supra*, et note 112, *infra ;* pp. 246, 253 et 292), prohibition bien simple à éluder assurément, avec la doctrine de l'arrêt de 1626 ? — Comp. la note suivante.

(104) Voy., sur ce troisième cas, Loyseau, *ubi supra*, nᵒ 65. Les héritiers de la femme se trouvant ici, comme dans notre première hypothèse, créanciers d'une somme d'argent à la dissolution de la communauté, et le mari étant par là même débiteur d'un pur meuble, il convient de tirer de cette constatation les deux mêmes conséquences que nous avons indiquées au sujet de notre premier cas, dans la première de nos trois observations finales (voy. *supra*, p. 279, α) : c'est d'abord que les héritiers de la femme qui reprenaient, par préciput sur la communauté, une valeur égale à celle des propres vendus ou échangés, étaient ses héritiers aux meubles ; c'est, en second lieu, que, si ses enfants décédaient en minorité, leur père succédait à leur créance de reprise mobilière du chef de leur mère, de telle sorte, qu'ici encore, il s'opérait en la personne du mari, entre les deux qualités de débiteur et de créancier, une confusion proportionnelle au droit de chacun des enfants prédécédés, confusion qui le libérait d'autant envers les autres. (Voy. Loyseau, liv. III, chap. x, nᵒˢ 42 et 43 combinés.)

(105) Comp. *supra*, sect. I, § 2, texte et note 54, p. 96.

il y aurait eu déclaration de remploi, et que la femme l'eût accepté, parce qu'elle était incapable de posséder l'office. Par conséquent, elle n'en aurait pas moins conservé toujours, nonobstant un tel acte, son action de remploi en son entier, et la déclaration et l'acceptation dont il vient d'être parlé n'auraient produit, en faveur de la femme, qu'une hypothèque privilégiée sur l'office. D'où la conséquence, que l'office acquis dans ces circonstances restait toujours aux risques de la communauté. « C'est une jurisprudence constante », écrivait Bourjon ; « mais il n'est pas aux risques du mari seul, mais bien l'action de remploi qui subsiste contre lui, ainsi que sur la masse de la communauté. » (106)

4° Cas. — Il était enfin possible que l'acquisition de l'office au cours du mariage se fût réalisée au profit du mari à titre gratuit, soit que cet office lui eût été donné ou légué, soit qu'il lui fût échu par succession. Que décider en pareille hypothèse ? Appartenait-il au mari seul, ou seulement pour une moitié au mari, et pour l'autre moitié à sa femme ? Au commencement du XVIIᵉ siècle, l'harmonie était loin de régner entre les jurisconsultes sur ce point. Quant à Loyseau, qui déclarait la question fort problématique, il la tranchait en ce sens que, s'il n'apparaissait pas que l'office avait été donné « en contemplation de la femme, ny que son credit, ou celuy de ses parens, ait été cause du don », l'office devait appartenir au mari seul, par application d'une loi d'Ulpien qui décidait, nous nous le rappelons, que le legs d'une milice fait à un fils de famille était personnel au légataire (107). « Et d'ailleurs », ajoute-t-il, « puis que la femme est incapable de l'Office, il semble superflu d'exprimer au don d'iceluy, suivant la Coustume de Paris, qu'il sera propre au mary. » (108) — Par la suite, certains auteurs, s'emparant de l'opinion de ce grand jurisconsulte, prétendirent avec lui qu'en principe, l'office donné au mari durant le mariage n'entrait pas

---

(106) Voy. Bourjon, *loc. cit.* note 102, *supra*, dist. III, nᵒˢ XXV et XXVI.

(107) L. 3 § 7, *De minor.* XXV ann., D., IV, 4. Voy. *Droit romain*, t. 1, p. 571, et pp. 592 *in fine* et suiv.

(108) Voy. Loyseau, liv. III, chap. IX, nᵒˢ 66 et 67.

dans sa communauté, parce que, disaient-ils, il est attaché à la personne du mari, que les femmes ne le peuvent exercer, et que son exercice et son titre sont indivisibles. Mais Lebrun déclarait cette doctrine erronée, dans tous les cas où l'office n'était pas donné à un successible en ligne directe. En effet, écrivait-il (109), « un Office n'est point indivisible pour la proprieté : tous les jours cette proprieté appartient à divers heritiers : et on a souvent la proprieté d'une Charge, qu'on ne peut pas exercer soi-même : d'ailleurs, la femme qui ne peut pas exercer un Office, ni pour le tout, ni pour partie, peut en partager le prix lors de la vente, ou ses heritiers, lorsque le mari déclare qu'il entend le conserver : cela arrive tous les jours pour les offices acquis durant la Communauté ; pourquoi cela n'auroit-il pas lieu pour des Offices donnés durant la Communauté par des collateraux ou des étrangers ? »

De telle sorte que nous arrivons à cette conclusion, que l'office acquis à titre gratuit par le mari pendant le mariage, ne lui demeurait propre, dans le dernier état de notre ancien droit, que dans les deux cas suivants :

α Lorsque l'acquisition avait lieu par voie de donation ou de succession en ligne directe (110) ;

β Lorsque la donation était faite sous cette condition expresse que l'office serait propre au donataire (111).

Telle était, à nos yeux du moins, la doctrine la plus exacte (112).

---

(109) *Traité de la communauté*, liv. I, chap. v, sect. II, dist. IV, n° 33.

(110) Quelques coutumes voulaient cependant, contrairement à l'article 246 de celle de Paris, que les donations faites en ligne collatérale à l'héritier présomptif fussent pareillement propres au donataire, et ne tombassent point en communauté. Mais du moins toutes déclaraient que les donations faites à une personne étrangère à la famille du donateur étaient acquêts pour le donataire, et qu'elles tombaient en communauté si elles étaient faites pendant son mariage. (Voy. de Renusson, *op. et loc. citt.* note 117, *infra*, n° 41 *in fine*.)

(111) Voy., à cet égard, l'art. 246 de la Coutume de Paris ; Loyseau, *loc. cit.*, n° 66 et 67, et Lebrun, *op. cit.*, liv. III, chap. II, sect. I, dist. IX, n° 2.

(112) Cette doctrine n'était cependant pas acceptée par Bourjon. Pour cet auteur, l'office donné au mari lui était propre, « lui seul ayant la capacité de l'exercer ; et cette qualité a lieu légalement par la nature de l'objet donné et par son indivisibilité..... Cela a lieu », ajoutait-il, « encore que la donation ni le contrat de mariage ne contienne pas, que ce qui sera donné aux conjoints leur sera propre, et que le don

Il nous faut, à présent, parler d'une donation que rendait spéciale le caractère de la personne de qui elle émanait, nous voulons dire de celle qui procédait du Roi.

Avant le xviii° siècle, un grand nombre d'auteurs appliquaient ce principe consacré par une jurisprudence très-ancienne, et dont les origines remontent jusqu'au xiii° siècle, que « les dons du Roy ne sont point communicables aux femmes. » (113) Déjà combattue par Bacquet (114), cette doctrine, conforme à la décision de plusieurs Constitutions du Code Théodosien et du Code de Justinien (115), ne s'était pas maintenue ; et, si Loyseau ne donnait d'autre solution à la question qu'en disant qu'elle n'était pas sans difficulté (116), à tout le moins de Renusson, dans son *Traité des propres*, déclarait-il, d'une manière générale, et

fût fait par un étranger ; c'est la nature de l'objet donné qui produit cet effet ; en effet, la qualité de propre est une qualité tacite d'un tel don, parce que le mari seul et non la femme, est capable de le posséder ; il doit donc être propre au premier..... De là il s'ensuit que si tel office étoit vendu pendant la communauté, il en seroit dû remploi au mari ; c'est la conséquence qui résulte de ce que dessus, parce qu'autrement la vente formeroit un avantage indirect..... » (Voy. Bourjon, *op. cit.*, liv. II, tit. xi, 3° partie, chap. i, sect. iv, distinct. iii, n°ˢ xxvii, xxviii et xxix, et comp., sur la prohibition des avantages indirects, *supra*, notes 13, 30, 31 et 103; pp. 246, 253, 288 et suiv.) Cette théorie nous paraît beaucoup trop absolue, et de ce que l'office vénal était attaché à la personne du titulaire, et se trouvait, de ce chef, indivisible, il ne nous semble pas du tout en résulter qu'il ne dût point tomber sous l'application de l'art. 246 de la Coutume de Paris, puisqu'il était dans le commerce, qu'il se vendait, qu'il se donnait et se léguait comme les autres biens, qu'il entrait dans les partages, qu'il était susceptible de tomber en communauté, et qu'enfin sa finance était loin d'être indivisible.

(113) C'est ainsi que Chopin (*De domanio*, lib. 5, cap. 12) rapporte un arrêt fort notable de 1298, rendu contre une veuve, qui demandait part en deux cents livres de rente, données par le Roi à son mari ; elle fut déboutée *attenta conditione donorum Regis*, porte l'arrêt ; c'est ainsi encore que le même auteur, sur la Coutume de Paris (*De morib. paris.*, liv. 2, tit. 1), cite, dans le même ordre d'idées, un autre arrêt de 1267 ; c'est ainsi, enfin, qu'il mentionne, comme consacrant la même règle, la loi des Wisigoths (liv. 5, tit. 2, chap. 3), une loi des Lombards (tit. 60, *De fratribus qui in casa communi remanserunt*), et une ordonnance de Portugal, qui parle directement de l'office (*Lusitan. leg.*, lib. 4, tit. 77). De son côté, de Buridan (sur l'art. 323 de la Coutume de Reims, n° 6) cite un arrêt du 15 février 1605, qui jugea qu'un mari, pourvu gratuitement par le Roi d'un office vénal durant le mariage, n'était pas obligé de rapporter aux héritiers de sa femme le mi-denier, c'est-à-dire la moitié de sa valeur.

(114) *Des droits de Justice*, chap. 21, n° 16.

(115) Voy. notamment les deux Constitutions qui composent le titre *Si petitionis socius sine herede defecerit*, au C. Th., x, 14, et la Const. 7, *De bonis quæ lib.*, au Code de Justinien, vi, 61.

(116) *Ubi supra*, n° 67.

sans faire aucune distinction, que tout office vénal donné tombait en communauté, à moins que le titre constitutif de la donation n'en attribuât la propriété exclusive au mari (117).

Lorsque l'office avait été, suivant l'expression de Loyseau, « partie donné et partie vendu, comme quand le Roy par brevet exprès auroit moderé la finance d'un Office à une petite somme en faveur de l'impetrant, et pour ses bons services, ou bien s'il luy avoit remis précisément une portion de la juste finance de l'Office..... », cet auteur, *in dubio*, regardait alors plutôt l'opération comme une vente, et, par conséquent, faisait tomber pour le tout dans la communauté l'office réputé vendu, « *quia venditio, licet viliori pretio facta donationis causa, donatio tamen non est, si modo non sit facta uno nummo. Nam tunc imaginaria est hæc venditio, potius donatio est quàm venditio. l. ult. D. Pro donat.* (L. 6, fr. Hermogen., XLI, 6) *ubi Cujac. et Faber. ad l.* 16. *D. reg. jur.* D'où il s'ensuit », ajoutait-il, « qu'il est tres-malaisé d'en donner une resolution generale, attendu que cela dépend des particularitez du fait. » (118)

Une dernière question nous reste à résoudre, touchant les donations d'offices faites au cours du mariage. Nous voulons parler de celle de savoir si, lorsque l'office donné tout à fait au mari dans ces circonstances était ensuite vendu *constante matrimonio*, il fallait qu'il fût remployé à son profit. « Certes je demeure court en cette difficulté si problematique », disait Loyseau (119), « et confesse que je ne sçay de quel costé m'y resoudre. Neantmoins à present que la pratique du remploy est établie aux Offices par Arrest solennel (120), j'estime qu'il aura lieu

---

(117) Voy. *Traité des propres*, chap. v, sect. iv, n°⁵ 41 et 42. — Par un *a fortiori* de la théorie que nous lui avons vu admettre, dans la note 112, *supra*, Bourjon (*loc. cit.*, n° XXIX) décidait, d'une façon absolue, que l'office donné au mari par le Roi lui était propre. Il invoquait spécialement, en ce sens, un arrêt rapporté par Bouchel, chap. 60. Après lui, Denisart adopta formellement la même opinion. (Voy. mot CONQUÊTS, n° 16.) — Nous ne reviendrons pas sur les raisons qui nous font donner la préférence au sentiment de de Renusson. (Voy. *supra*, note 112.)

(118) Voy. Loyseau, *eod.*, n° 68.

(119) *Eod.*, n° 69.

(120) Voy. *supra*, p. 252.

en ce cas, comme encore à plus forte raison en l'Office donné ou resigné gratuitement par le pere ou l'ayeul du mary, qui doit être reputé comme un vray propre, attendu la decision de l'art. 246. de la Coustume de Paris. Ce que même on pourroit bien entendre favorablement à toute donation de l'Office faite par un des parens du mari : bien qu'au contraire l'Office donné au mari par les parens de la femme, ne puisse être propre à icelle : mais necessairement à cause que la femme n'en est capable, il appartient au mary quant à la parfaite seigneurie, mais le droit en icelui ou la seigneurie imparfaite appartient à la communauté, ainsi qu'il vient d'estre dit de l'Office acheté des deniers d'icelle. »

Quant à nous, il nous paraît incontestable que, dans les circonstances prévues, il y avait lieu à remploi au profit du mari, toutes les fois, du moins, que l'office à lui donné lui devenait propre (121).

Nous terminons, par cette dernière remarque, ce que nous avions à dire au sujet de la très-difficile matière de la communauté conjugale.

II. — *De l'office en matière de douaire.*

Les offices entraient-ils en douaire (122)? En d'autres termes, l'office dont le mari était titulaire à l'époque de son mariage, ou qui avait fait, à son profit, l'objet d'une résignation gratuite de la part de son père au cours de l'union conjugale, était-il sujet au douaire coutumier, dans le cas, bien entendu, où il était conservé après la mort du mari, soit en vertu de l'édit de Paulet, soit pour avoir été vendu pendant sa vie, soit enfin pour avoir été résigné plus de quarante jours avant son décès? Loyseau regardait cette question comme plus difficile encore que celle relative au sort de l'office en matière de communauté.

---

(121) Comp. Loyseau, liv. III, chap. x, n° 16 *in fine.*

(122) Voy., sur ce sujet, Loyseau, liv. III, chap. ix, n° 70 et suiv., et de Renusson, *Traité du Douaire,* n° 53 et suiv.

Deux opinions se comprenaient aisément sur ce point, dont chacune arrivait naturellement à une solution diamétralement opposée à celle de l'autre.

Pour soutenir d'abord l'affirmative, on disait : quiconque voudra rechercher l'origine du douaire, trouvera que les offices y sont compris, puisqu'il est incontestable qu'ils sont *in bonis* du mari. En effet, la *Philippine*, comme on l'appelait jadis, c'est-à-dire l'ordonnance de Philippe-Auguste, de l'an 1214 (ou 1219), introductive du douaire légal ou coutumier, portait notamment, au rapport de Philippe de Beaumanoir, que la femme serait douée *de la moitié de ce que l'homme avait au jour qu'il l'épouse* (123). Et de fait, le Grand Coutumier (124) dit que la femme est douée de moitié des biens du mari, fors des meubles, et Beaumanoir nous rappporte que l'ancien formulaire du cérémonial de l'Eglise portait que le prêtre faisait dire par l'homme à la femme, lors de leurs épousailles : « Du doaire qui est devisés entre mes amis et les tiens, te deu. » (125) Que si les meubles étaient exceptés du douaire coutumier, cela tenait à ce que la femme en avait la moitié en propriété par droit de communauté. Il résultait de là, semble-t-il, que tous les biens du mari qui n'entraient pas en communauté, devaient entrer en douaire, et, partant, qu'il ne fallait pas distinguer si l'office ou les deniers qui en étaient provenus étaient meubles ou immeubles, parce que si on les considérait comme meubles, la femme en avait moitié par droit de communauté, et si on les regardait comme immeubles,

---

(123) Voy. Beaumanoir, *Les Coutumes du Beauvoisis*, cap. XIII, n° 12 *in init.*, éd. du comte Beugnot, Paris, 1842, t. 1, p. 216, texte et note a ; Laurière, *Ordonnances*, t. 1, p. 46, et Marnier, *loc. inf. cit.* Joindre Pierre de Fontaines, *Conseil*, chap. XXI, art. LII de l'éd. de Du Cange, ou art. XLV de l'éd. Marnier, Paris, 1846, p. 266, texte et note d ; Loysel, *Inst. cout.*, liv. I, tit. III, règle I, éd. Dupin et Laboulaye, t. 1, p. 167, et Pothier, *Traité du douaire*, 1re partie, n° 2, t. 6, p. 316 *in init.* — Le texte de l'importante ordonnance dont nous parlons, *Lettres portant Etablissement du douaire coutumier de la femme, et sa fixation à l'usufruit de la moitié des immeubles, dont le mari est propriétaire au jour des épousailles*, est malheureusement perdu. (Voy. Isambert, t. 1, p. 211, n° 119, et la note (a) précitée du comte Beugnot.)

(124) Liv. 2, chap. 3.

(125) Voy. Beaumanoir, *op. et loc. sup. citt.*, n° 12 *in fine*, et Pothier, *op. cit.*, 1re partie, chap. 1, art. 1, n° 4 *in fine*, p. 317 *in fine*.

elle en devait avoir moitié par droit de douaire, ainsi que Chopin paraît l'avoir résolu (126).

Mais, à cette doctrine, Loyseau, qui se déclarait, en fin de compte, partisan de la négative, faisait les objections suivantes : sans qu'il y ait, disait-il, à rechercher si l'office est meuble ou immeuble, la même raison qui motive son exclusion de la communauté, motive aussi son exclusion du douaire. Or, cette raison, c'est que, de sa nature, il n'est pas communicable à la femme, mais est inhérent à la personne du mari, tout ainsi que la milice léguée au fils de famille était déclarée par Ulpien n'être point acquise au père, ce qui devait s'entendre non-seulement de la propriété, mais de l'usufruit. Il y a plus, ajoutait-il : l'office est encore moins susceptible d'entrer en douaire, que de tomber en communauté ; car il ne peut recevoir de servitude, mais il faut, comme les bénéfices, que *sine diminutione conferatur.* Et tout spécialement, il ne peut être grevé d'usufruit, « parce que ce seroit usufruit d'usufruit, ce que le Droit defend. » Mais du moins, poursuivait-il, les deniers de l'office vendu ne doivent-ils pas entrer en douaire ? Pas davantage, suivant lui. Et il n'y a aucune objection à tirer de ce que ce n'est pas sur le corps de l'office que la femme prétend avoir douaire, mais sur l'argent provenu de sa vente. En effet, les mêmes raisons qui excluaient de semblables deniers de la communauté, pouvaient toutes être répétées à l'égard du douaire ; au surplus, ces deniers étant meubles, c'est un motif de plus pour ne pas les y faire entrer. Et qu'on ne réplique pas qu'ils sont réputés immeubles « comme ressantans la nature de l'Office qu'ils representent » ; car la réponse bien simple serait que, s'ils sont réputés de même nature que l'office, il les faut, comme l'office, regarder comme personnels et incommunicables à la femme ; « soit donc qu'on les considere selon leur propre nature, soit selon celle de l'Office, ils ne peuvent entrer en doüaire : attendu même que la communauté s'étend plus

---

(126) Sur la Coutume d'Anjou, titre *De connubiali societate,* n° 10.

avant sur les meubles, que le doüaire sur les immeubles : car les meubles venans au mary aprés le mariage, soit par succession collaterale ou autrement en quelque façon que ce soit, entrent en communauté, mais il n'y a point d'autres immeubles, qui entrent en doüaire, que ceux qui aprés le mariage viennent de succession directe (127). D'où je conclus que quand l'Office pendant le mariage auroit esté échangé à un immeuble, il n'entreroit pas pourtant en doüaire, soit qu'on le considerât comme nouvellement écheu au mary, pource que le doüaire n'a lieu en tels immeubles : soit qu'on le considerât comme subrogé à l'Office, pource que la qualité de l'Office repugne au doüaire, estant un bien personnel, particulier au mary, et incommunicable à la femme. » Cet éminent jurisconsulte, après avoir répété : « ..... j'estime qu'il est plus raisonnable de tenir que les Offices, ny les deniers provenus d'iceux , n'entrent aucunement en doüaire », ajoutait enfin cette dernière considération, à l'appui de son opinion, qu'il n'y avait « gueres d'apparence d'amplifier de nouveau le doüaire coustumier d'une augmentation si notable, que des Offices sauvez par la Paulette ou autrement, veu que le doüaire est un pur lucre que la femme prend sans cause et sans recompense mutuelle sur le bien du mary..... Enquoy les Coustumes n'ont jamais pensé de comprendre les Offices ; qui est un bien qui apporte assez d'autre commodité à la femme, et de foule au mary, et à ses heritiers, entant que la femme participe à l'honneur et profit entier d'iceux, et n'en porte aucunement la perte : de sorte que non sans cause de tout temps, et même auparavant qu'on songeât de les comprendre au doüaire », remarque-t-il finement, « les femmes ont été curieuses d'épouser des maris qui eus-

---

(127) D'après la majorité des Coutumes, — car grande était leur variété relativement aux biens dans lesquels elles accordaient aux femmes une portion en usufruit pour leur douaire légal, et aussi par rapport à la quotité de cette portion, — d'après la majorité des Coutumes, disons-nous, et spécialement d'après l'art. 248 de la Coutume de Paris, le douaire coutumier était de la moitié des héritages que le mari tenait et possédait au jour des épousailles et bénédiction nuptiale, et de la moitié des héritages qui, depuis la consommation du mariage, et au cours de l'union conjugale, échéaient et advenaient en ligne directe au mari. — Comp. note 141, *infra*, pp. 302 et suiv.

sent des Offices. » (128) Mais, en véritable prophète, il terminait
toute cette discussion en disant (129) : « Toutefois comme toutes
choses s'établissent de plus en plus au commerce parfait, et à la
patrimonialité, s'il faut ainsi parler, il pourra arriver qu'on comprendra à la fin au doüaire tous les Offices hereditaires. »

En prévoyant que le temps était proche où le sentiment le plus
favorable aux femmes finirait par l'emporter, Loyseau devinait,
en quelque sorte, l'avenir. Peu de temps après lui, ses prévisions
s'étaient complètement réalisées, et l'on peut dire qu'à la fin de
notre ancien droit, toute espèce de doute avait cessé depuis
longtemps déjà sur la solution à donner au problème posé. C'est
qu'en effet, la nature immobilière des offices était définitivement
reconnue et proclamée ; si bien que la jurisprudence, ayant fait
justice des scrupules et des hésitations qu'elle avait eus au temps
de Loyseau (130), s'était ralliée à l'opinion des plus illustres de

_____

(128) Voy., sur tout ce qui précède, Loyseau, *loc. cit.*, n°⁸ 70 à 73 inclus, 78 *in fine*
et 79. — Ce jurisconsulte estimait de même (*eod.*, n° 80) que les offices héréditaires
par privilège ne devaient pas être assujettis au douaire, par cette raison qu'ils n'é-
taient pas plus communicables aux femmes que les offices à vie. De ce qu'ils étaient
conservés après la mort du mari, cela ne signifiait pas que c'étaient les offices mêmes
qui entraient en succession ; nous savons, en effet, que ce qui était transmis aux suc-
cessibles, c'était seulement la faculté d'en disposer, ou bien d'en faire pourvoir par le
Roi l'un des héritiers qui en était capable. Car, par la mort du pourvu, l'office héréditaire par privilège revenait au Roi et vaquait de vacation imparfaite, telle que celle
de résignation ; de telle sorte que ce n'était que son prix qui était conservé aux héritiers : or, ce prix, disait Loyseau, « est mobiliaire, et partant incapable de doüaire. »
— Nous rappelons que le principe était tout différent en ce qui concernait les offices
domaniaux, qui entraient eux-mêmes en succession, sans vaquer aucunement par mort,
et sans qu'il fût besoin d'en obtenir pour les héritiers nouvelle provision du Roi. Ces
derniers offices, contrairement à ce qu'il en fut pour les offices vénaux à la fin de
notre ancien droit, relativement du moins au douaire de la veuve, étaient sujets au
douaire d'une manière absolue, c'est-à-dire alors même qu'il existait d'autres immeubles
dans la succession du mari. (Voy., sur ces différents points, Loyseau, *eod.*, n° 81 ;
Bourjon, *op. cit.*, liv. II, tit. xi, 3ᵉ partie, chap. ii, sect. ii, n°⁸ iii et suiv.; *supra*,
sect. 1, §§ 2 et 3, pp. 98 *in init.* et 108, β, et *infra*, p. 299, texte et note 133.)

(129) *Eod.*, n° 81 *in fine*.

(130) Deux arrêts célèbres, mentionnés par Loyseau, avaient, au dire de ce jurisconsulte, qui s'était évertué à les concilier (voy. *eod.*, n°⁸ 74 à 78 inclus), tranché la
question en sens contraire l'un de l'autre. Le premier, déjà cité, du 27 juin 1598, déclara que la moitié des deniers provenant de la vente, pendant le mariage, d'un office
propre, dont le mari était investi au jour de sa célébration (dans l'espèce, un office de
contrôleur général de la grande chancellerie), était sujette au douaire coutumier de la
femme ; le second, postérieur, et très-diversement interprété d'ailleurs, rendu le 31

nos jurisconsultes du XVIII° siècle, de l'aveu desquels le douaire s'étendait sur les offices comme sur les immeubles réels. Remarquons toutefois que, par un privilège spécial, les auteurs comme les arrêts ne les y assujétissaient que *subsidiairement*, c'est-à-dire que lorsqu'il n'existait pas d'autres biens sur lesquels le douaire pût être assigné (131). Pothier est, sur ces divers points, on ne peut plus explicite. Après avoir dit que le terme d'*héritages*, employé par l'article 248 de la Coutume de Paris (132), ne devait pas être restreint aux seuls immeubles réels, mais qu'on devait l'expliquer par l'article 253, où il était dit que le douaire est *la moitié des immeubles*, expression qui comprend dans sa généralité tous les biens qui sont réputés *immeubles*, « tels que sont les rentes constituées [dans la plupart des coutumes, et les offices, soit vénaux, soit domaniaux », il ajoutait : « A l'égard des offices, observez qu'ils ne sont sujets au douaire que subsidiairement ; c'est-à-dire, que si dans la masse des immeubles sujets au douaire de la femme, il se trouve un office, dans le partage à faire de cette masse entre la douairière et les héritiers, s'il se trouve dans les autres immeubles de quoi fournir la moitié dont elle doit jouir pour son douaire, on ne doit point assigner l'office pour son lot. » (133)

(*alias* 30) janvier 1607, rapporté par Louet (lett. D, n° 63) et cité par Ricard (*op. et loc. citt.* note 133 *in fine, infra*), statua, au sujet de l'office de receveur des décimes à Senlis, que le douaire ne s'étendait pas, au profit de la veuve, sur l'office dont son mari était pourvu. Ce dernier arrêt s'expliquait très-aisément dans l'opinion de ceux d'après lesquels il avait été ainsi jugé, par suite de cette circonstance de fait qu'il y avait, dans la succession du mari, d'autres immeubles ; en effet, nous allons voir que les offices vénaux n'étaient sujets au douaire que *subsidiairement*, et seulement quand il n'y avait pas d'autres biens sur lesquels il pût être assigné. (Voy. la note 133, *infra*.)

(131) Une exception fort remarquable existait cependant à cet égard dans la Coutume de Normandie, comme nous le verrons bientôt dans notre seconde observation finale.

(132) Voy. *supra*, note 127.

(133) Voy. Pothier, *op. cit.*, 1re partie, chap. II, sect. I, art. II, § I, n°° 22 et 24, pp. 324 et 325 ; *adde Coutume d'Orléans, Introd. au tit.* XII, *Du douaire*, sect. II, § 1er, n° 13, t. 1, p. 298 *in fine*. Comp. *supra*, § 1er, note 29, pp. 130 et suiv., et la note 128 du présent §. Voy. aussi, sur ce point et sur les questions subsidiaires qui s'y rattachent : De Ferrière, sur la Coutume de Paris, art. 248, glos. 1, n° 28 et suiv.; Lebrun, *Traité des successions*, liv. II, chap. V, sect. I, dist. I, n° 20, ainsi que l'observation de son annotateur sur ce n°; l'*in fine* de l'observation de l'éditeur de ce *Traité* sur le n° 88, liv. II, chap. I, sect. I, et celle qu'il fait sur le n° 46, liv. III, chap. VI, sect. III ;

Avant lui, Ricard, sur l'article 95 de la Coutume de Paris, donnait comme une maxime certaine au Parlement de Paris, que la femme ne prenait de douaire coutumier sur les offices que *in subsidium*, et dans le cas seulement où il n'y avait point d'autres biens sujets à douaire. Bourjon nous atteste également que telle était la jurisprudence du Châtelet, et il va même jusqu'à dire que si les of-

---

Traité de la communauté, liv. I, chap. v, sect. i, dist. iv, n° 4-3° ; de Renusson, *Traité des propres*, chap. v, sect. iv, n°° 53 à 58 inclus, et l'observation de Sérieux sur ce dernier n°, dans l'éd. in-f° de 1760, et surtout *Traité du Douaire*, chap. iii. n°° 53 à 62 inclus, ainsi que les observations du même annotateur dans l'éd. in-f° précitée ; Bourjon, *loc. cit.* note 128, *supra*, n°° iii, et vii à ix inclus; Duplessis, cité par cet auteur ; Denisart, mot DOUAIRE, n° 14 ; Merlin, *Rép.*, mot DOUAIRE, sect. i, § v, n° ii ; comp. Ricard, *op. et loc. citt.* à la fin de cette note. — Quant à la jurisprudence, nous renverrons spécialement aux arrêts suivants, rapportés, analysés ou simplement cités par Louet et par Brodeau (lett. D, n° 63), par Gilles Bry, sur l'art. 3 de la Coutume du Grand Perche ; par Auzanet, en ses mémoires sur l'art. 248 de la Coutume de Paris ; par Le Prêtre, dans les arrêts de la cinquième Chambre des enquêtes, et par de Renusson (*opp. et locc. sup. citt. : Propres*, n° 57; *Douaire*, n°° 54 à 58 inclus), savoir : 30 (*alias* 31) janvier 1607 (voy., sur cet arrêt, la note 130, *supra*) ; 24 juillet 1618 ; 23 mai 1625 ; 4 ou 24 mai 1626 ; 22 février 1629, et 24 mars 1634, ce dernier rendu en la cinquième Chambre des enquêtes. — L'arrêt de 1618 confirma la jurisprudence adoptée par l'arrêt de 1598, cité note 130, *supra*. Il jugea, en effet, qu'une veuve prendrait son douaire sur les deniers non encore payés du prix de l'office de prévôt des maréchaux du Perche, parce que le mari n'avait laissé aucuns autres biens, et que, par le contrat de mariage, l'office lui avait été donné par ses père et mère. Ajoutons que, non-seulement la femme, mais encore les enfants douairiers, étaient en droit de demander récompense de la moitié du prix de l'office dont le mari était pourvu lorsqu'il avait contracté mariage, et qu'il avait résigné au cours de l'union conjugale, par la raison que ne pouvant pas, par la vente de sa charge sujette au douaire coutumier, à défaut d'autres biens, causer un préjudice à sa femme et à ses enfants, et anéantir leur droit coutumier, ceux-ci devaient être récompensés et indemnisés sur les biens de l'hérédité. (Voy. note 144, *infra*.) Pour ce qui est de la quotité de cette récompense, elle devait être réglée, non pas eu égard au prix de l'acquisition qui aurait été faite de l'office avant le mariage, mais eu égard au prix de la vente qui en avait été faite par le titulaire pendant le mariage. De là cette conséquence, que si l'office sujet au douaire coutumier avait augmenté de prix lors de la résignation, la femme et les enfants douairiers devaient participer à l'augmentation. (Voy. de Renusson, *Traité du Douaire*, chap. iii, n°° 57 et 58.) — Remarquons enfin que, si les offices n'étaient sujets au douaire coutumier de la femme que subsidiairement, il n'en était pas de même au sujet de celui des enfants au profit desquels on admettait qu'ils faisaient partie de leur douaire indistinctement, c'est-à-dire qu'ils étaient toujours réputés immeubles et sujets à leur douaire, même dans le cas où il y avait d'autres immeubles dans la succession. (Voy., en ce sens, un arrêt du 21 mai 1639 [*alias* 1636], rapporté par Brodeau, sur Louet, lett. D, n° 63, arr. 8, et cité par Ricard, *loc. inf. cit.*; Lebrun, *Traité des successions*, liv. II, chap. v, sect. i, dist. i, n° 20, et l'observation de l'éditeur de ce *Traité* sur le n° 46, liv. III, chap. vi, sect. iii. — Comp. Ricard, en son observation sur les mots *De tous les héritages*, de l'art. 175 des *Coutumes du Bailliage de Senlis*, dans ses *Œuvres*, éd. in-f° de 1783, t. 2, f° 64.)

fices vénaux sont, dans l'hypothèse indiquée, sujets au douaire coutumier de la veuve et des enfants, c'est plutôt par commisération et par pure faveur, que par vrai droit (134).

Ajoutons, relativement au douaire préfix, que l'usage fut d'abord, sous l'empire de l'article 95 de la Coutume de Paris réformée (135), que la veuve d'un officier n'avait point de privilège sur les deniers de l'office de son mari, encore que celui-ci n'eût laissé aucuns autres biens immeubles sur lesquels le douaire pût être pris, et qu'elle devait venir seulement à contribution au sol la livre, sur le prix de l'office de son mari, avec les autres créanciers, quoique postérieurs à son contrat de mariage, une femme, pour son douaire préfix, n'étant que simple créancière hypothécaire, et n'ayant pas de privilège au préjudice des autres créanciers hypothécaires (136). Mais, en vertu de l'édit du mois de février 1683, dont nous examinerons plus tard en détail les dispositions (137), les offices étant vraiment devenus susceptibles d'être hypothéqués, et leur prix se distribuant désormais par ordre d'hypothèques, il en résulta qu'ils furent dès lors sujets à l'hypothèque du douaire préfix de la femme (138). Cet édit laissa,

---

(134) Voy. le renvoi de la note précédente.

(135) Voy. *infra*, art. 2, PREMIÈRE PÉRIODE.

(136) C'est ce qu'avait commencé par décider un arrêt du 19 février 1616; trois arrêts ultérieurs, des 23 mai 1652, 7 septembre 1652, et 2 août 1653, jugèrent en sens contraire. Mais un arrêt solennel, rendu en la cinquième Chambre des enquêtes, le 15 mai (*alias* 7 juin) 1658, confirma définitivement la doctrine exprimée au texte, et qui était la seule juridique sous l'empire de l'art. 95 de la Coutume de Paris. Ces différents arrêts sont mentionnés par Ricard, *op. et loc. citt. supra*, note 133 *in fine*, et par de Renusson, *Traité des propres*, chap. v, sect. iv, n° 58. Voy. aussi Du Fresne, sur l'art. 112 de la Coutume d'Amiens, tit. *Du Douaire*. — Les choses se passaient tout autrement en Normandie : le douaire préfix y était de la même qualité que le coutumier sur les offices, comme sur les immeubles, lesquels, ainsi que nous le verrons bientôt (pp. 303, β, et suiv.), s'y trouvaient soumis concurremment. Il n'y venait point en contribution au sol la livre sur les meubles, cette action n'ayant point lieu dans la Coutume de cette province, et les créanciers étant payés sur les meubles comme sur les immeubles, selon l'ordre de leurs hypothèques. (Voy. Basnage, sur les art. 367 et 514 de la Coutume de Normandie, et comp. *infra*, note 214.)

(137) Art. 2, SECONDE PÉRIODE.

(138) Ce changement de législation amena parfois une variation de doctrine de la part du même auteur, sans qu'il se mît cependant, en quoi que ce fût, en contradiction avec lui-même. C'est ainsi que de Renusson, qui avait commencé par enseigner expressément la première théorie dans son *Traité des propres* (*loc. cit.* à la note 136),

toutefois, subsister intact le principe que le douaire coutumier ne frappait que subsidiairement sur les offices, ainsi que le montre très-clairement le passage précité de Pothier (139).

Deux observations compléteront ce que nous avions à dire sur cette matière.

α. C'est d'abord que, lorsque les offices n'étaient point de nature à exiger une résidence continuelle dans les lieux où s'exerçaient les fonctions qui y étaient attachées (140), ils se réglaient, relativement au douaire, par la loi du domicile réel du mari, et non d'après la coutume du lieu où s'exerçait la charge (141). Quant

------

l'abandonna par la suite, dans son *Traité du Douaire* (chap. III, n° 62), avec autant de raison qu'il l'avait primitivement admise, et cela, par ce motif que, des deux ouvrages indiqués, le premier était antérieur et le second postérieur à l'édit de 1683. — Voy. encore Lebrun, *Traité des successions*, liv. II, chap. v, sect. I, dist. I, n° 20; de Héricourt, *Traité de la vente des immeubles*, chap. 11, sect. 2, n° 14; Bourjon, *op. cit.*, liv. II, tit. XI, 3ᵉ partie, chap. II, sect. I, n° 1, et la première observation de Sérieux, sur le passage du *Traité des propres* de de Renusson, auquel nous renvoyons, éd. in-fol. de 1760, ainsi que celle qu'il fait sur le n° 59, *loc. cit.*, de son *Traité du Douaire*.

(139) A supposer que, dans le contrat de mariage, liberté ait été réservée à la femme de choisir entre le douaire coutumier ou le douaire préfix, la veuve douairière était-elle obligée de s'en tenir au douaire préfix, dans le cas où son mari n'avait qu'un office de judicature ou de finance sur lequel il devait s'asseoir ! Un arrêt de la Grand' Chambre du Parlement de Paris, en date du 19 février 1669, rapporté par de Renusson (*Traité du Douaire*, chap. III, n° 59 et 60), et au t. 3, liv. 3, chap. 5, du *Journal des Audiences*, l'avait ainsi jugé. Et de fait, bien que l'on pût objecter que cet arrêt avait été rendu par suite de l'idée qui régnait à cette époque, que le douaire préfix n'avait pas de privilège sur les deniers provenant de la vente de l'office, et que la douairière de douaire préfix devait être renvoyée à la contribution, comme nous avons vu l'arrêt du 15 mai 1658 le décider (voy. note 136, *supra*), cependant, il était difficile d'induire la possibilité du droit d'option au profit de la veuve ou de ses enfants des termes de l'édit de 1683, qui, ainsi que nous le disons au texte, avait toujours laissé subsister le principe que le douaire légal ne frappait que subsidiairement sur les offices. (Voy., sur cette question, l'annotateur de Lebrun, qui disait formellement que les offices n'étaient réputés immeubles, en matière de douaire, que subsidiairement, et au défaut du douaire préfix ; car nonobstant l'option donnée du préfix ou du coutumier, la femme ne prendra pas le douaire coutumier sur l'office, dès qu'elle peut prendre le douaire préfix, parce que l'office ne sert au douaire que subsidiairement ; note sur le n° 20, liv. II, chap. v, sect. I, dist. I, du *Traité des successions* ; voy. aussi la seconde observation de Sérieux sur le n° 58, sect. IV, chap. v, du *Traité des propres* de de Renusson, et celle qu'il fait sur le n° 59, *loc. cit.*, de son *Traité du Douaire*.)

(140) C'est ce qui avait lieu, notamment, pour les officiers semestriers. (Voy. Merlin, *Rép.*, mot DOMICILE, § III, n° III.) Tels étaient, en particulier, parmi ces derniers, pour le dire en passant, les officiers commensaux de la maison du Roi, et les conseillers du Grand Conseil, qui ne servaient que par quartier et par semestre. (Voy. Sérieux, *loc. cit.* à la note suivante.)

(141) La question tranchée au texte présentait un intérêt considérable dans le cas

aux offices dont la fonction était continue, ils se réglaient par la loi ou coutume du lieu où s'en faisait l'exercice, parce qu'alors l'officier était censé y avoir son domicile (142).

β. La seconde a trait à la question de savoir si l'office dont le mari était pourvu au moment du mariage, et qu'il avait depuis résigné ou laissé tomber aux parties casuelles, était sujet au

---

où la Coutume du lieu de l'exercice de l'office n'était pas en harmonie avec celle du domicile réel du titulaire, par exemple quant à la quotité du douaire. C'est ainsi que, d'après l'art. 248 de la Coutume de Paris, le douaire coutumier était de la moitié des héritages, tandis que, d'après l'art. 367 de la Coutume de Normandie, il n'était que du tiers des immeubles. Grande était, par conséquent, l'importance de la question de savoir, pour les offices dont l'exercice se faisait en Normandie, et dont la fonction n'était pas continue, si l'officier étant domicilié à Paris, le douaire devait être réglé suivant la Coutume de Normandie ou suivant celle de Paris. Ainsi, supposez que le titulaire d'un office de receveur de finances, ou de trésorier de France à Caen, charges dont la fonction n'était pas continue, se soit marié à Paris où il était domicilié, et soit mort ne laissant pas d'autres immeubles que son office : il est clair qu'il était fort intéressant pour les ayants droit de savoir si le douaire serait de moitié, suivant la Coutume de Paris, le mari ayant son domicile ordinaire en cette ville, ou du tiers, selon la Coutume de Normandie, l'exercice et la fonction de l'office étant dans une des villes de cette province. Conformément à ce que nous disons au texte, un arrêt rendu en la Grand' Chambre, le 26 fév. 1643, jugea, relativement à un office de trésorier de France en la généralité de Caen, que celui qui en était pourvu et revêtu demeurant à Paris, le douaire devait être réglé d'après la Coutume de Paris, où il avait son domicile, et non pas suivant la Coutume de Normandie, où était la fonction de l'office. (Voy., sur tout ceci, de Renusson, *Traité du Douaire*, chap. III, n° 64 ; l'observation de Sérieux sur ce n°, et Merlin, *Rép.*, mot DOUAIRE, sect. I, § v, n° II.) Comp., sur le point de savoir comment se partageaient les offices lorsque la Coutume du lieu où était domicilié le titulaire, était différente de celle du lieu où s'exerçaient les fonctions de la charge, Basnage, sur les art. 329 et 338 de la Coutume de Normandie.

(142) Voy. Sérieux, *ubi supra*. — Bourjon (*Le droit commun de la France*, liv. II, tit. XI, 1re partie, chap. VI, n°8 III et IV) se demandant, d'une manière générale, quelle était la Coutume qui régissait les offices, répondait à cette question par une distinction : L'office, écrivait-il, étant attaché et inhérent, pour ainsi dire, à la personne du titulaire, est régi par la Coutume de son domicile. Tel était également le sentiment de Duplessis, dans son *Traité des criées*, où il dit que les arrêts l'avaient ainsi jugé. Toutefois, ajoutait Bourjon, les offices domaniaux, tels que les greffes et les tabellion-nages, ayant une assiette fixe et certaine, se régissent par la Coutume du lieu dans lequel se fait l'exercice de ces offices. (Comp. *supra*, § 1er, note 199, p. 203, et Deni-sart, mot OFFICES et OFFICIERS, n° 31.) Mais, tandis qu'il n'appliquait cette solution qu'aux offices de l'ancien domaine, et que, pour ceux du nouveau, c'était, pensait-il, par la Coutume du domicile du titulaire qu'ils se réglaient, ajoutant que tel était l'usage sur ce point, son annotateur faisait observer avec raison que la jurisprudence postérieure ne fit plus de distinction entre les offices de l'ancien domaine et ceux du nouveau : les uns et les autres se régissaient par la Coutume du lieu de leur exercice, ainsi que les droits qui en dépendaient. (Voy. l'arrêt du 28 avril 1725, rapporté par Brillon, *Dict. des arr.*, mot OFFICES DOMANIAUX.)

douaire, en ce sens du moins que sa veuve dût être récompensée
sur les autres biens de son conjoint décédé, du douaire qu'elle
aurait eu sur cet office, si le titulaire défunt ne l'avait pas résigné ou laissé perdre ; car il est certain que, dans les circonstances
prévues, l'office n'était pas sujet au douaire, dans le premier cas,
contre un tiers acquéreur qui avait obtenu des provisions, puisque leur effet était de purger toutes les hypothèques possibles (143), et, dans le second, contre le Roi, que l'on ne pouvait
empêcher de conférer la charge à qui bon lui semblait, lorsque
l'ancien pourvu avait négligé de remplir les formalités nécessaires
pour la conserver. D'un autre côté, il n'est pas davantage douteux
que la question posée ne se présentait pas dans les Coutumes qui
ne faisaient porter le douaire sur l'office que subsidiairement et
à défaut d'autres biens, comme celle de Paris, par exemple (144).
Mais elle pouvait se présenter fréquemment dans la Coutume de
Normandie, qui assujettissait les offices au douaire coutumier,
concurremment avec les autres immeubles. Or, pour la trancher
sans discussion, disons de suite que plusieurs arrêts du Parlement
de Paris et du Parlement de Normandie, avaient, relativement à
cette province, adopté une solution affirmative (145).

---

(143) Voy. *infra*, art. 2.

(144) Lorsque, dans ces Coutumes, le mari ne laissait pas d'autres biens, il est incontestable que, d'après la théorie définitivement admise, sa veuve avait son douaire
coutumier sur les deniers provenant de la vente de l'office, faite au cours du mariage
par le titulaire décédé. (Voy. les arrêts du 27 juin 1598 et 24 juillet 1618, cités notes
130 et 133, *supra*, et ce qui a été dit à ce sujet dans la dernière de ces deux notes, *sub
fin.*) Aux deux arrêts dont la mention précède, il convient d'en joindre un troisième
du 3 mars 1619, rapporté par Bardet, t. 1, liv. I, chap. 38, et qui décida que le douaire
coutumier se prenait aussi sur le prix de l'office possédé par le mari lors du mariage,
et depuis vendu par lui, ou sur les héritages qu'il en avait acquis.

(145) Voy. un arrêt du Parlement de Paris, du 16 janvier 1621, rapporté par Brodeau,
lett. M, § 63, et deux arrêts semblables du Parlement de Normandie, en date des
7 décembre 1628 et 12 juin 1660, rapportés par Basnage, sur l'art. 367 de ses *Coutumes
du pays et duché de Normandie*. Ce dernier auteur ajoute que, par un autre arrêt
rendu en la Grand' Chambre du Parlement de Normandie, le 12 mars 1671, il a été
jugé que la récompense n'a pas lieu au profit de la femme qui s'est rendue héritière
de son mari ; c'est que dans ce cas, en effet, elle ne pouvait se dispenser de contribuer
au remploi des propres aliénés, et par conséquent à celui de l'office que son mari avait
laissé perdre ou avait résigné ; partant de là, à quoi lui aurait-il servi d'y prendre un
douaire, alors qu'en sa qualité d'héritière aux meubles, elle devait contribuer au remploi

III. — *De l'office en matière de société.*

Deux motifs durent contribuer puissamment, dans notre ancien droit, à la mise en société des offices vénaux.

Le premier, c'est que du jour où le principe de la vénalité triompha et se fut définitivement affermi, l'acquisition d'un office ne dut pas tarder à être considérée comme un utile emploi de fonds, comme un placement avantageux de capitaux, et que, dès lors, dut naître en même temps la pensée de s'associer pour partager les produits d'une exploitation commune.

La seconde raison, c'est que le prix élevé de certaines charges, la grande cherté où l'engouement du temps les avait fait parvenir, durent faire, à plusieurs points de vue, de l'association, une sorte de nécessité.

Aussi bien voyons-nous, dès le début du XVIIᵉ siècle, Loyseau nous parler de la fréquence des sociétés de ce genre (146), qui s'établissaient surtout entre les officiers de finance (147).

Nos anciens jurisconsultes ne nous ont dit nulle part comment étaient régies ces associations, par quels principes elles se trou-

---

des propres aliénés? — Voy., sur tout ceci, de Renusson, *Traité du Douaire*, chap. III, nᵒ 63; Basnage, sur les art. 367 et 408 de la Coutume de Normandie, et Merlin, *ubi supra*. — Ajoutons avec Basnage (sur les art. 367 et 399) que, si l'office avait été supprimé par l'autorité du Prince sans aucun remboursement, la femme n'aurait pas eu de récompense, mais que, si le Roi avait alloué quelque indemnité, elle aurait vu son douaire porter sur elle. C'est en cela, comme le faisait avec raison observer cet auteur, que le douaire préfix était plus avantageux que le coutumier, le premier ne souffrant point de diminution, quelque accident qui pût arriver, le second pouvant, au contraire, diminuer, quand la perte des biens survenait par suite d'une force majeure. Notons enfin, avec le même jurisconsulte (sur l'art. 367), que, suivant la jurisprudence, une mère tutrice de ses enfants, qui poursuivait la récompense d'un office possédé par son mari et depuis perdu, ne pouvait se faire attribuer une part en l'office ou en la récompense qui lui était accordée, supérieure au douaire qu'elle aurait pris sur l'office, s'il n'avait pas été perdu. Il en était toutefois autrement pour les offices de la maison du Roi, ainsi que le jugèrent deux arrêts du Parlement de Normandie, l'un du mois d'août 1678, l'autre du 27 mars 1681 ; mais cela tenait à ce que ces charges n'étaient pas dans un commerce libre, et à ce qu'elles dépendaient absolument du Roi, ou de ceux qui étaient à son droit.

(146) « ..... Il échet souvent que deux personnes s'associent pour acheter en commun un Office de valeur à certaines conditions, dont ils s'accordent ensemble. » (Loyseau, liv. III, chap. x, nᵒ 11.)

(147) Voy. Loyseau, liv. III, chap. IX, nᵒ 53, et chap. x, nᵒ 10.

vaient gouvernées. Ils nous donnent bien, sans doute, quelques
renseignements épars sur ce sujet, mais ils n'en ont pas fait,
dans leurs œuvres, l'objet d'une théorie spéciale. Bornons-nous,
avec eux, à indiquer les quelques dérogations aux règles en
vigueur dans les sociétés ordinaires, que la nature toute particulière des offices avait fait introduire.

Le premier point à noter à cet égard, c'est que, lorsqu'un office vénal était acheté en commun par deux personnes, il n'en
fallait pas pour cela conclure qu'il y eût deux officiers : l'exercice
des fonctions ne devait et ne pouvait évidemment être confié qu'à
un seul, c'est-à-dire qu'à celui en faveur de qui les lettres de provision avaient été expédiées ; quant à l'associé, il prenait part aux
bénéfices ; mais l'accès de l'office lui était interdit. Sa condition
peut donc se résumer d'un trait, en disant que, sous certains rapports, elle offrait la plus grande analogie avec celle d'un comman-
ditaire dans nos sociétés en commandite actuelles. Mais, s'il
n'était pas officier, il n'en était pas moins seigneur de l'office pour
moitié. « ..... Quand deux achetent un Office en commun, celuy
qui en est pourveu en est seul titulaire et seul Officier, mais il
n'est seigneur de l'Office que pour moitié », nous dit Loyseau (148).
Hâtons-nous d'ajouter, pour éviter toute méprise, que la parfaite
seigneurie de l'office, qui découlait de la provision, ne pouvait pas
plus appartenir pour partie à l'associé du titulaire que la qualité
d'officier elle-même. En d'autres termes, l'office en soi ne pouvait
être à deux, ni quant à la qualité d'officier, ni quant à la parfaite
seigneurie de l'office. Ce qui simplement était commun, c'était la
seigneurie imparfaite de l'office tirée du titre et de l'exercice ;
c'était, en un mot, ce que nous avons qualifié de *droit en l'office*.
Comme l'exprime fort bien Loyseau (149) : « ...... l'Office en soy
ne peut estre à deux, ny quant à la qualité d'Officier, ny quant à
la parfaite seigneurie de l'Office qui gist en la provision, mais

---

(148) Liv. III, chap. IX, n° 44.
(149) *Eod.*, n° 54.

l'Office appartenant au pourveu seul, on s'y peut associer avec luy à telle condition, que le prix de l'achat sera payé en commun, et aussi les emolumens, et par consequent l'augmentation et diminution d'iceluy, bref la seigneurie imparfaite de l'Office tirée du titre et de l'exercice : et en un mot, ce que j'ay appelé *droit en l'Office*, demeurera commun entr'eux. »

De la répartition des produits, nous n'avons rien à dire, sinon qu'elle se faisait d'après les règles ordinaires usitées dans le droit commun des sociétés. Quant aux changements survenus dans la nature de l'office, c'était encore aux principes habituels qu'on avait recours, en ce sens que, si la charge était supprimée, si sa valeur venait à être amoindrie par l'effet de créations nou-velles, si le paiement de certaines taxes était imposé aux officiers, la perte, dans le premier cas, la diminution de valeur, dans les deux autres, étaient supportées pas tous les associés, dans la proportion de leur intérêt respectif, et que, réciproquement, c'était dans la même mesure que chacun d'eux profitait de l'augmenta-tion de l'office (150). Notons seulement, en ce qui concerne le cas de perte de l'office, d'abord, que quand cette perte avait pour cause un fait personnel au titulaire, comme des malversations commises dans l'exercice de ses fonctions, cette faute domma-geable mettait le coupable dans l'obligation d'indemniser son copropriétaire du préjudice que sa destitution lui faisait éprouver, et que, touchant la vacation de l'office par mort, le titulaire jouis-sait, par rapport à son associé, exactement du même avantage que le mari vis-à-vis de sa femme relativement à l'office acheté des deniers de la communauté : nous voulons dire que, de même que l'office commun ne pouvait être perdu que par la mort du mari, de même l'office social ne pouvait vaquer que par la mort de l'associé titulaire ; par conséquent, ni le mari ni l'associé pourvu n'avaient, durant leur vie, à redouter cette perte de l'office, tan-

_____

(150) Comp. le passage précité de Loyseau, et *eod.*, n° 46.

dis que la femme et l'associé non titulaire pouvaient, eux, pendant leur vie, être incommodés par cette perte (151).

Comment prenait fin la société dont nous nous occupons ? A moins que des circonstances imprévues ou l'inexécution, par l'un des associés, des conditions acceptées, ne vinssent en avancer le terme, elle finissait naturellement à l'époque fixée par la convention. Que si sa durée n'avait pas été déterminée, la dissolution pouvait alors être demandée au gré de chacun des intéressés, en quelque temps que ce fût, « nul n'estant contraint de perseverer en communauté. » (152)

Mais il ne faut pas perdre de vue, que celui d'entre eux à qui le titre avait été conféré, avait seul la disposition du droit de résignation en faveur, de telle sorte que, à ce point de vue, on peut dire que la masse des associés se trouvait à la discrétion du titulaire qui, seul, pouvait trafiquer de l'office quand il le jugeait à propos. Il ne restait à ses coassociés qu'une action en dommages-intérêts, lorsqu'ils étaient victimes de ses caprices ou du choix imprudent qu'il avait fait d'un moment inopportun pour vendre.

Comme on le voit, toute la différence qui séparait l'office appartenant à la communauté conjugale, et celui qui appartenait à deux personnes qui l'avaient acheté en commun, n'était autre que la différence ordinaire et générale existant entre la société particulière *in certa re*, et la communauté et société universelle des meubles et conquêts d'entre mari et femme. En effet, la société particulière subsistait jusqu'au partage de la chose commune, que chacun pouvait demander quand bon lui semblait, tandis que la communauté conjugale finissait par la mort de l'un des deux conjoints et par la séparation de biens jugée et exécutée. C'est pourquoi, bien que la société particulière de l'office appartînt à deux, le titulaire n'en était par fait seigneur entier par le décès

---

(151) Voy. Loyseau, *eod.*, n° 47 et 53 *in fine.*
(152) Voy. Loyseau, *eod.*, n° 49 et 53.

de l'autre, qui laissait à ses héritiers tout le même droit à l'office qu'il avait lui-même, tandis qu'en ce qui concerne la communauté universelle du mari et de la femme, qui se dissolvait par la mort, nous avons vu l'office, après le décès de la femme, demeurer désormais entièrement au mari (153).

Le titulaire de l'office social n'était pas seulement dispensé de l'application du droit commun des sociétés ordinaires en ce qui touche le droit de disposition ; à un autre point de vue, il échappait encore aux règles habituelles de la dissolution. Cette nouvelle dérogation consistait en ce que l'office en soi ne pouvant être à deux, ni quant à la qualité d'officier, ni quant à la parfaite seigneurie de l'office, le pourvu ne pouvait être contraint à le mettre en licitation (154). Quelle était donc alors son obligation ? Il devait seulement rembourser à ses associés, d'après estimation, la valeur du droit de chacun d'eux. Il convient, toutefois, de faire ici deux observations :

α. La première, c'est que l'office devait, lors de la dissolution, être estimé au juste prix qu'il valait à cette époque tout expédié, contrairement à ce qu'il en était au sujet de l'estimation de l'office après la dissolution de la communauté, estimation qui ne devait se faire que de la seule procuration, et non pas de l'office tout expédié (155). Ici, par conséquent, l'estimation à laquelle on procédait, portait tant sur les accessoires que sur l'office même, et c'est ainsi, notamment, qu'on y comprenait le droit de résignation, et les frais occasionnés par la délivrance des lettres de provision et par la réception de l'officier (156).

β. Notre seconde remarque, c'est qu'on accordait à l'associé titulaire la faculté de se soustraire à son obligation, en rapportant l'office, c'est-à-dire en offrant de l'abandonner par forme de déguerpissement, pour être vendu en commun. « C'est pourquoy »,

---

(153) Voy. *supra*, pp. 259 et suiv., et Loyseau, *eod.*, n° 49.
(154) Loyseau, *eod.*, n° 54.
(155) Voy. *supra*, pp. 261 *sub fin.* et suiv.
(156) Voy. Loyseau, *eod.*, n° 53 et 55. Comp. n° 52.

disait Loyseau (157), « quand cette communauté se dissout, il faut estimer l'Office au juste prix qu'il vaut alors tout expedié : et neanmoins il y a grande apparence, que le pourveu peut rapporter l'Office même, pour estre vendu à profit commun : pource que par l'association il n'est pas obligé de le garder toujours : mais en tout cas », ajoutait-il, « j'estime que deslors qu'il est convenu pour rompre l'association, il doit opter de rapporter en commun, ou l'Office, ou l'estimation d'iceluy, sans attendre qu'elle soit faite, pource que cette faculté de rapporter l'Office ne luy est laissée que par equité, et parce aussi que s'il en veut user, il n'est besoin de faire aucune estimation. »

Ainsi donc, à la dissolution de la société, le pourvu avait le choix ou de conserver la charge, en faisant compte à son co-associé de l'estimation de l'office tout expédié, ou de rapporter l'office lui-même ; mais il devait faire son option aussitôt que la rupture de l'association était demandée.

IV. — *De l'office en matière de louage.*

Il semblerait, au premier abord, puisque la mise en ferme a été la première forme de la vénalité, que les offices vénaux étaient susceptibles d'être loués. Mais une analyse quelque peu attentive montre qu'il ne faut pas, ici plus qu'ailleurs, se laisser prendre à l'apparence, et il suffit de regarder au fond des choses plutôt qu'à leur surface, pour remarquer bien vite qu'il ne pouvait pas en être ainsi. C'est qu'en effet, l'office consistait en une fonction personnelle, dont l'exercice ne pouvait être séparé de la personne du pourvu ; il ne pouvait donc, de quelque façon que ce fût, être transmis à autrui, que par le moyen d'une parfaite résignation, après laquelle il était entièrement transféré au résignataire, et après laquelle, pour employer le langage de Loyseau, le résignant n'y avait plus rien. « De sorte », ajoutait ce jurisconsulte, « que qui ôteroit à l'Officier le pouvoir de resigner son Office,

---

(157) *Eod.*, n° 55.

il le tiendroit attaché et cloüé à icelui, comme un forçat à son navire..... » (158)

V. — De l'office en matière de retrait lignager.

Aussi longtemps que les offices furent considérés comme meubles, il est certain qu'ils ne purent être sujets au retrait lignager.

A l'époque même où la qualité d'immeubles leur eut été reconnue, la question n'alla pas sans difficulté, de savoir si ce retrait était possible en notre matière. Et de fait, on objectait contre son admission, qu'il ne souffrait point de fiction, mais qu'il était uniquement fait pour les immeubles vrais, corporels et solides, c'est-à-dire pour les héritages (159).

Aussi bien, les plus éminents interprètes de notre ancien droit décidaient-ils, en principe, que les offices vénaux n'y étaient pas soumis (160). Ils se demandaient seulement si, étant donné que ces offices étaient réputés immeubles, ils ne devaient pas y être assujettis, tout au moins dans les coutumes qui, comme celles de Poitou et de Sens (art. 32), par exemple, déclaraient expressément sujettes à ce retrait *les choses censées immeubles*. Pothier adoptait l'affirmative, mais il prenait bien soin d'ajouter immédiatement : « Dans les coutumes où ils sont sujets au retrait, ce ne peut être que pendant que l'acheteur de l'office n'en a pas encore été pourvu. Lorsque l'acheteur a été une fois pourvu, il ne peut

---

(158) Voy. Loyseau, liv. V, chap. III, nᵒˢ 6 et 7. — Rappelons simplement pour mémoire, que le principe du non louage des offices recevait exception à l'égard des offices domaniaux, qui, seuls, pouvaient être affermés. (Voy. *supra*, sect. I, § 2, texte et note 28, p. 84.)

(159) Selon la commune acception, le mot *héritage* signifiait et comprenait seulement l'immeuble corporel et solide. (Voy. Guy-Coquille, sur la *Coutume de Nivernois*, chap. XXIV, *Du Douaire*, et Loyseau, liv. II, chap. VII, nᵒ 62.)

(160) Voy. Basnage, sur l'art. 452 de la Coutume de Normandie ; Lebrun, *Traité de la communauté*, liv. I, chap. V, sect. I, dist. IV, nᵒ 4, 5ᵉ, ainsi que l'éditeur de son *Traité des successions*, ou son observation sur le nᵒ 46, liv. III, chap. VI, sect. III ; Denisart, mot RETRAIT LIGNAGER, nᵒ 10 ; Pothier, *Coutume d'Orléans*, Introd. au titre XVIII, *De retrait lignager*, sect. II, art. I, nᵒ 9 in *fine*, t. 1, p. 561 *sub fin.*, et *Traité des retraits*, 1ʳᵉ partie, chap. III, art. I, nᵒ 40, t. 3, p. 272. — Comp. *supra*, § 1ᵉʳ, note 29, p. 132, 3ᵉ, et, pour les offices domaniaux, sect. 1, § 2, p. 98.

plus être sujet au retrait : tenant son office du roi, il ne peut plus en être dépossédé, et le sceau de ses provisions purge tous les droits que des tiers peuvent avoir par rapport à l'office. » (161)

Tels furent les offices vénaux, envisagés dans les rôles principaux qu'ils pouvaient être appelés à jouer dans le patrimoine de leur titulaire.

Il s'agit à présent de les considérer sous un jour nouveau, et de nous demander quels étaient les différents droits que les créanciers de leurs propriétaires pouvaient avoir sur eux, comment ils les conservaient, et de quelle façon ils les faisaient valoir.

Article 2. — *Des droits des Créanciers sur l'office vénal de leur débiteur.*

Afin de jeter quelque clarté dans cette très-difficile étude, nous la diviserons en deux grandes périodes, notre ancienne législation présentant sur ce sujet deux phases parfaitement tranchées. Nous nous placerons, dans la première, à l'époque de Loyseau, et, dans la seconde, à la fin de notre ancien droit.

Première Période. — *Epoque de Loyseau.*

A la différence de notre droit moderne, mais à l'exemple de la législation romaine, notre ancienne jurisprudence coutumière reconnaissait quatre classes de créanciers, dont voici l'énumération, dans l'ordre même qui était établi entre eux :

Ceux qui avaient une hypothèque privilégiée, ou privilège réel ou hypothécaire, appelés, pour ce motif, créanciers hypothécaires privilégiés ;

Ceux qui avaient une simple hypothèque, soit expresse, soit tacite, ou créanciers hypothécaires simples ;

---

(161) Pothier, *Traité des retraits, ubi supra*. Loyseau ne tranchait pas la question en ce sens, d'une manière générale et pour tous les offices, comme pourrait le faire croire le début du passage de Pothier auquel nous renvoyons, mais seulement à l'égard des offices domaniaux. (Voy. le renvoi final de la note précédente.)

Ceux qui avaient un simple privilège personnel, ou créanciers simplement privilégiés ;

Enfin ceux qui n'avaient aucune de ces prérogatives, ou créanciers non privilégiés, ou ordinaires, ou simples chirographaires (162).

Or, l'office vénal constituant un élément actif du patrimoine du titulaire, dont il formait souvent une portion considérable (163), il devait nécessairement servir de gage à ses créanciers et être affecté à la garantie de la dette. Recherchons quels étaient ceux envers lesquels l'officier pouvait se trouver tenu, et qui, par conséquent, étaient éventuellement appelés à faire valoir leurs droits sur sa charge, et à s'en disputer le prix. Et tout d'abord, parlons des créanciers privilégiés.

I. — *Des privilèges sur les offices vénaux.*

1° Enumération de ces privilèges ; — 2° Leur classement ; — 3° De la subrogation dont ils pouvaient être l'objet, et des conditions nécessaires à sa réalisation et à sa validité.

1° Enumération des privilèges sur les offices vénaux.

Cinq catégories de personnes avaient privilège sur l'office vénal de leur débiteur.

a. — La première nous est déjà connue, et nous ne la rappellerons ici que pour mémoire : c'était le vendeur ou résignant, pour le paiement du prix de la composition. Nous noterons seulement, sans insister davantage, qu'il n'était pas nécessaire que la préférence qui lui était accordée eût été expressément stipulée par lui, ainsi que cela était requis de celui qui avait prêté pour l'achat de l'office, comme nous allons l'indiquer (164).

b. — A l'imitation du droit romain, par lequel nous avons déjà vu accorder une hypothèque privilégiée au bailleur de fonds dont

---

(162) Voy. Loyseau, liv. III, chap. VIII, n° 19 à 28 inclus. Voy. aussi les n° 29 à 37 inclus.

(163) Voy. *supra*, § 1er, p. 222, texte et note 244.

(164) Voy. Loyseau, *eod.*, n° 15, 46 et 47, et *supra*, § 1er, p. 164 *sub fin.*

l'argent avait servi à l'achat d'une milice vénale (165), notre
ancienne jurisprudence, adoptant la même règle et l'étendant
même, attribua un privilège, non pas seulement à tous ceux dont
les deniers avaient été employés à l'acquisition de l'office, mais
encore à tous ceux qui avaient prêté quelque somme pour sa
conservation, ou même pour son augmentation, « comme pour
financer au Roy, afin d'obtenir quelque nouvelle attribution. »
Seulement, elle voulait que le prêt fût suffisamment justifié, et
c'était l'objet d'une grande difficulté, que la question de savoir
comment il l'était, et à quelles conditions le prêteur pouvait
invoquer un droit de préférence. Quatre systèmes se partageaient
la solution de ce problème, certains auteurs pensant qu'il suffisait pour le créancier de montrer que l'argent avait été, au
moment du contrat, employé à l'acquisition ou au maintien de
l'office dans les mains du résignataire débiteur ; d'autres exigeant
qu'il fût fait, dans l'acte d'emprunt, mention expresse de la desti-
nation du prêt ; une troisième opinion enseignant qu'une stipulation d'hypothèque au moins générale était indispensable ; une
dernière doctrine enfin n'admettant le privilège qu'alors seulement que la stipulation d'hypothèque était spéciale (166).

Quoi qu'il en soit de tout ceci, Loyseau, se fondant sur le chapitre IV de la Novelle XCVII et sur l'Authentique *Quod obtinet*
(C. Just., *De pignor.*), tirée du chapitre V de la Novelle LIII, estimait
avec raison, pensons-nous, contrairement à Faber sur la fameuse
loi *Licet* (167), et aussi contrairement à plusieurs autres, que, pour
avoir privilège sur l'office, il ne suffisait pas de pouvoir montrer
que les deniers du prêt avaient été actuellement employés à son

---

(165) Voy. *Dr. rom.*, chap. III, § 2, sect. I, art. 2, t. 1, pp. 534 et suiv.

(166) Voy. Loyseau, *eod.*, n° 17 et 18. — Les trois dernières théories tiraient chacune en sa faveur argument de certaines lois romaines, que nous avons citées dans
notre travail de droit romain, où nous avons déjà été obligé de mentionner les quatre
systèmes dont nous venons de rappeler ici la solution, à raison même des textes juridiques du Digeste et du Code de Justinien qu'ils invoquaient. (Voy. *Dr. rom., loc.
sup. cit.*, note 62, p. 538.)

(167) Const. 7, *Qui pot. in pign.*, C. Just., VIII, 18.

acquisition, sans qu'il fût déclaré dans l'acte d'emprunt que le
prêt était fait dans ce but, mais que cette déclaration ou stipulation d'emploi était nécessaire. Et il ajoutait, à l'appui de sa thèse :
« Aussi ne seroit-il pas raisônnable, que le creancier qui avoit
prêté son argent purement et sans cette precaution, acquist par
aprés un privilege par le fait du debiteur, au moyen de ce qu'il
avoit employé les deniers du prest en l'achat de l'Office, qui
possible n'avoient été prêtés à cette intention, ou consideration :
que si l'intention avoit été telle, il la faloit exprimer, *quia pro-
positum in mente retentum nihil operatur.* » (168)

A supposer qu'il ait apparu suffisamment que le prêt avait été
fait pour l'achat de l'office, si toutefois il était arrivé que les
deniers empruntés n'aient pas été employés à cette fin, le tiers
bailleur de fonds aurait-il eu néanmoins privilège? Il le semble au
premier abord ; car on aurait pu alléguer que la fraude du débiteur ne lui devait pas nuire, attendu qu'il n'aurait pas prêté son
argent s'il n'avait pas été assuré d'avoir le privilège. C'est cependant le contraire qu'il aurait fallu décider, et, comme l'écrivait
Loyseau : «...... s'il appert, l'argent du prest n'avoir été employé
en l'Office en tout ou partie, le privilege cesse à proportion,
comme il est decidé en la loy derniere, *C. de pignor.* en ces
mots, *Dum tamen non probetur alias ex suo patrimonio dedisse
pecunias :* et ainsi le resout le Docteur Zazius *Ad l.* 25. *D. De
cess. bon. num.* 7. » (169)

Ajoutons enfin que, dans la pratique, on ne se contentait pas
que le prêt eût été fait *in causam emptionis*, mais on poussait la
rigueur jusqu'à requérir en outre que le contrat d'acquisition
contînt précisément mention que le paiement était fait de l'argent
prêté (170).

c. — Un troisième créancier privilégié était le fisc. Il avait

---

(168) Loyseau, *eod.*, nᵒˢ 38 à 40 inclus.
(169) Voy. sur ce point, Loyseau, *eod.*, nᵒˢ 41 à 43 inclus.
(170) Voy. les arrêts rapportés par Louet, lett. H, nᵒ 12, et Loyseau, *eod.*, nᵒ 44 ;
voir aussi le nᵒ 45.

privilège sur l'office du comptable pour les deniers de son administration, dont la charge était le gage spécial et la garantie particulière. Ce privilège présentait plusieurs particularités remarquables, dont nous allons signaler de suite les principales, pour
n'avoir plus à y revenir autrement que pour mémoire.

α. — Le privilège du trésor public, à l'inverse de ce qui avait
lieu d'après le droit commun, n'était pas purgé par le décret
(vente où adjudication sur saisie) de l'office, bien qu'il ne s'y fût
pas opposé (171).

β. — Il y a plus : par une exception très-notable à l'article 95 de
la Coutume de Paris, sur lequel nous aurons d'ici peu à insister,
il avait suite contre le tiers détenteur de l'office, pourvu par la
résignation du débiteur ; ce résignataire ne devait être reçu
qu'après avoir fourni la preuve de l'absolue libération de son
résignant. C'est même parce que, si le fisc n'était pas payé,
l'acheteur de l'office ne pouvait être reçu, qu'on tenait que la
dette du trésor n'était pas purgée par le décret de l'office, lors
bien qu'il ne s'y fût pas opposé (172). — Cette seconde dérogation
était fondée sur ce qu'on ne pouvait imputer de négligence au
fisc comme aux particuliers, et que d'ailleurs la provision du Roi,
qui était comme le seigneur direct de tous les offices, s'entendait
toujours, pour parler le langage du temps, « sauf son droit. » (173)
Ainsi donc, les offices possédés par des comptables de deniers
royaux, tels que des receveurs des finances, des trésoriers, et
autres semblables, restaient, nonobstant les provisions qui
avaient été accordées, assujettis aux privilèges (ajoutons aussi et
aux hypothèques) acquis au Roi sur ces offices, pour les créances
engendrées par le maniement des deniers royaux ; c'est-à-dire
que, contrairement au principe d'après lequel le sceau des provisions opérait la purge des privilèges et des hypothèques qui

---

(171) Voy. Loyseau, *eod.*, n° 91.
(172) Voy. le passage de Loyseau cité *infra*, texte et note 190.
(173) Voy. Loyseau, *eod.*, n°° 48 et 91.

grevaient les offices, comme nous le verrons plus tard (174), il ne purgeait cependant aucun des privilèges du Roi sur les offices même non comptables, que les officiers comptables avaient vendus, et cela, encore bien qu'aucune opposition n'eût été faite au nom du Roi au sceau des provisions (175). C'est ce qui résultait, notamment, d'un édit de Saint-Germain-en-Laye, du mois d'août 1669, enregistré le 13, et portant règlement touchant l'hypothèque du Roi sur les biens des officiers comptables, et la procédure à suivre dans les Cours des Aides pour la vente et la distribution du prix des offices (176), ainsi que de plusieurs autres lois postérieures (177).

---

(174) Voy. *infra*, SECONDE PÉRIODE, II, A.

(175) Voy. Merlin, *Rép.*, mot OFFICE, n° XV, et *infra*, SECONDE PÉRIODE, II, A *in fine*. « Les *offices* possédés par les comptables des deniers royaux, tels que les receveurs généraux des finances, les fermiers généraux, les sous-fermiers et leurs commis, les trésoriers généraux, et par tous ceux qui ont le maniement des deniers royaux, à quelque titre que ce soit », disait Denisart, « ne sont point affranchis des hypothéques et priviléges acquis au roi sur ces *offices*, pour créances causées par le maniement des deniers royaux, lorsque les provisions en sont scellées, sans qu'il ait été formé d'opposition par le contrôleur des rentes, ou autres préposés au recouvrement de ces deniers. » Et il ajoutait : « Le sceau des provisions ne purge aucun des privilèges du roi sur les *offices*, même non comptables, que les comptables ont vendus, à moins que l'acquéreur n'ait signifié sont contrat à MM. les procureurs généraux des cours des aides, etc. pour par eux, dans la quinzaine, former leur opposition au sceau des provisions, ou donner leurs consentemens. » — Mais, observait-il enfin, lorsque le titulaire d'un office non comptable, acquis d'un comptable, le revendait à une autre personne non comptable, qui s'en faisait pourvoir, le sceau des provisions obtenues par ce deuxième acquéreur, sans oppositions formées de la part des préposés au recouvrement des deniers royaux ou des Procureurs Généraux, purgeait les hypothèques du Roi sur cet office. Et il cite, à l'appui de cette assertion, un arrêt de la première chambre de la Cour des Aides, du 3 mai 1755, dont il rapporte l'espèce. (Voy., sur tout ceci, Denisart, mot OFFICES et OFFICIERS, n°ˢ 88 à 90 inclus.)

(176) Voy. Isambert, t. 18, pp. 329 et suiv. — On trouvera une analyse des dispositions de cet édit dans le *Traité des propres* de de Renusson, chap. v, sect. IV, n° 122.

(177) Voy., spécialement, les déclarations de décembre 1665, des 7 janvier 1670, 11 décembre 1673 et 4 novembre 1680 ; l'édit de février 1683, art. 11 ; les déclarations des 21 et 27 janvier 1685 ; l'arrêt du Conseil d'Etat, du 26 janvier 1688, et enfin les déclarations des 5 juillet 1689, 4 juin 1737 et 18 mars 1738. — On trouvera ces divers documents dans le t. 2 des *Edits et Ordonnances des Rois de France depuis François Iᵉʳ jusqu'à Louis XIV*, avec annotations, apostilles et conférences sur aucun d'eux, ouvrage publié par Néron, en collaboration avec Etienne Girard, éd. Ferrière, Paris 1720, 2 vol. in-fᵒ, ainsi que dans Isambert, t. 19, pp. 123 et suiv., 254 et suiv., 416 et suiv., 472, n° 1134, 480 *in fine* et suiv., et t. 20, pp. 78 et suiv. Voy. aussi Denisart, mots COMPTABLES envers le Roi, n°ˢ 5, 6 et 11, et OFFICES et OFFICIERS, n° 89 *in fine*.

« Le fisque a même encore cette autre prerogative », ajoutait Loyseau (178), « que *persecutione extraordinaria repetere potest, quod minus privilegiato creditori solutum est, l. 5. C. De privil. fisci.* (C. Just., VII, 73.) Partant puis que le Roy a les mains si longues, l'adjudicataire de l'Office bien conseillé tiendra la main, à ce que le fisque soit payé avant tout autre, afin qu'il ne trouve point de difficulté en sa reception, faute que son predecesseur soit quitte de toute chose : qui toutefois ne doit être retardée, quand tout le prix de l'Office a été distribué au Roy, attendu le vieil proverbe, que où il n'y a rien, le Roy perd son droit, ce qui soit remarqué en passant. »

Terminons sur ce privilège, par deux observations :

Remarquons, en premier lieu, qu'une double limitation était apportée à l'étendue du privilège du trésor public qui, pour le dire en passant à notre tour, était communiqué à ses créanciers assignés sur l'officier, tant parce qu'ils succédaient à son droit, que parce que, s'ils n'étaient pas payés par le titulaire, le fisc leur demeurait débiteur : c'est d'abord qu'il n'avait lieu, comme l'on disait jadis, que pour les deniers de la charge et non pas pour les amendes que l'officier encourait pour quelque cause que ce fût (179). C'est, ensuite, que le fisc ne jouissait pas davantage de cette prérogative, à raison des commissions particulières que l'officier pouvait

---

(178) *Ubi supra*, n° 91.

(179) Cf. L. 17, fr. Modest., *De jure fisci*, D., XLIX, 14, et Const. unic., *Pœn. fiscal. credit. præf.*, C. Just., x, 7. Cette première limitation était acceptée par Loyseau (*ubi supra*, n° 49). Cependant, un ancien arrêt, de l'an 1530, jugea que le Roi avait préférence pour les amendes auxquelles un officier avait été condamné à raison de malversation en sa charge de lieutenant aux eaux et forêts, du jour où il avait été reçu, et non du jour de sa condamnation, au préjudice des créanciers antérieurs auxdites condamnations. Basnage, en citant cet arrêt dans son *Traité des hypothèques* (1re partie, chap. XIV, t. 2, f° 70, col. 2 *sub fin.*, et suiv., éd. de ses *Œuvres*, Rouen, 1778), disait de son côté: « Il me sembleroit juste d'accorder cette préférence aux créanciers pour faits d'office, au préjudice desquels le Roi ne doit avoir ni préférence ni concurrence, parce qu'ayant créé ces Offices, ce n'est pas volontairement que l'on contracte avec eux, *sed in necessitate Officii*, et par conséquent il est en quelque sorte garant de la malversation des Officiers ; mais à l'égard des simples créanciers hypothécaires, pour les amendes procédant du fait de l'Officier et de sa faute personnelle, le Roi doit avoir privilege sur l'Office, mais non sur les autres biens, comme il fut jugé par cet ancien Arrêt. »

avoir gérées en dehors de ce qui dépendait de son office, alors même que ces commissions ne lui eussent pas été déférées s'il n'avait pas été officier (180).

Observons, en second lieu, que le privilège spécial dont nous venons de nous occuper, était tout différent du privilège général que le trésor public avait sur tous les biens de ses débiteurs, et qui portait le nom de privilège des deniers royaux. Or il était loin d'être indifférent de spécifier qu'il ne se confondait pas avec lui. « Car j'estime », disait Loyseau, « qu'en consequence de l'art. 179 de nostre Coustume (celle de Paris), tous privileges generaux cessent en la déconfiture..... », mis à part cependant certaines exceptions (181).

Toutefois, le même jurisconsulte, après avoir écrit qu'il était notoire qu'en la déconfiture le pupille n'était pas préféré pour le reliquat de son compte, non plus que la femme pour la restitution de sa dot, ainsi que l'avaient décidé plusieurs arrêts, pensait que, si l'on prouvait clairement que l'office avait été acheté des deniers pupillaires ou dotaux, le pupille et la femme devaient être préférés sur la charge, « attendu qu'en ces deux cas speciaux la loy donne privilege à celuy, de l'argent duquel la chose a été achetée, comme à l'égard du pupille il est decidé *in l. Idemque. D. Qui pot. in pign.* (L. 7 pr., fr. Ulp., XX, 4) *et l. 3. D. De rebus eor.* (L. 3 pr., fr. Ulp., XXVII, 9) et à l'égard du dot *in l. Uxor marito. D. De donat. inter vir. et uxor.* (L. 55, fr. Paul., XXIV, 1) et ne leur faut point de declaration expresse, comme il vient d'estre dit des autres (182), pource que le pupille et la femme mariée ne la pouvant stipuler, la loy y supplée pour

(180) Voy. Loyseau, *eod.*, n° 49. — Notons, au sujet des deux limitations dont nous venons de parler, que, d'après ce jurisconsulte (liv. I, chap. iv, n°ᵈ 65 et 66), les certificateurs, ou cautions des officiers comptables, n'étaient pas non plus tenus des amendes qu'ils pouvaient encourir pour leur malversation, ni même des intérêts dus par ces officiers, et que, pareillement, ils n'étaient pas tenus au sujet des commissions particulières.

(181) Elles sont indiquées par Eusèbe de Laurière, dans ses notes sur l'article précité (éd. de 1777, p. 153), dont nous rapportons le texte note 219, *infra*. Voir également ci-après, texte et note 241.

(182) Voy. *supra*, pp. 314 *sub fin.* et suiv., et comp. *infra*, 3° *in fine*.

eux. Ainsi a été jugé par arrest du 12. Juin 1603. pour la femme de Maistre Jean Cadier Notaire, qu'elle seroit preferée sur l'Office de son mary, bien qu'il en fût pourveu auparavant son mariage, pource que par le contract d'iceluy, il auroit promis employer ses deniers dotaux au payement des debtes qu"il avoit contractées pour l'achat de son Office, comme il m'a été rapporté. » (183)

d. — Le *plege* (184) de l'officier comptable, c'est-à-dire celui qui l'avait cautionné lors de sa réception (185), était également privilégié sur l'office, aussi bien comme ayant le privilège du Roi, que même de son propre chef, comme créancier de l'office plutôt que de l'officier, en tant que, sans son intercessisn, l'officier n'y eût été reçu, d'où il suit que l'office était son gage spécial (186).

e. — Enfin un dernier privilège sur l'office vénal était accordé à tous les créanciers pour faits de charge de son titulaire, c'est-à-dire à tout créancier « pour le fait et dépendance propre de la charge de l'officier. » C'est qu'en effet, ces créanciers avaient suivi la foi publique, et avaient contracté avec l'officier, non pas en tant que personne privée, mais en tant qu'officier, et *ex necessitate officii*. La légitimité des créances qu'engendraient, au au profit de ceux qui en avaient été victimes, les abus et prévarications dont l'officier, personne publique, se rendait coupable dans l'exercice de ses fonctions, exigeait, et avec elle l'équité demandait qu'elles fussent protégées par une sûreté spéciale, et qu'on les munît d'un privilège. Mais la raison même qui servait de base à cette garantie particulière et permettait de l'expliquer, en limitait en même temps l'étendue. Encore fallait-il, pour qu'elle fût octroyée, que la créance fût née des relations *forcées* du créancier avec l'officier, quelle provînt, en un mot, *ex necessitate officii*. Aussi bien, ne devait-elle être attribuée seulement qu'à

(183) Voy., sur cette seconde observation, Loyseau, liv. III, chap. viii, n°ˢ 50 à 53 inclus; comp. aussi n° 90.

(184) Voy., sur ce vieux mot, le *Glossaire du Droit François*, d'Eusèbe de Laurière, *h. v.*

(185) Voy. *supra*, § 1ᵉʳ, p. 192, *in init.*, texte et note 183.

(186) Voy. Loyseau, *eod.*, n° 54.

ceux qui, pour la nécessité de l'office, ainsi que le disait Loyseau, avaient été contraints de bailler leur bien à l'officier, et qui avaient suivi la foi publique (187). Pareillement, le privilège sur l'office ne prenait naissance qu'autant que le fait qui avait engendré la créance avait été accompli par un officier, c'est-à-dire par une personne publique, ayant qualité à cet effet (188).

2° Classement des privilèges sur les offices vénaux.

Les différentes créances privilégiées sur l'office nous étant maintenant connues, il s'agit de savoir dans quel ordre on devait les classer. Or, pour opérer ce classement, il est manifeste qu'il ne fallait pas s'attacher à la question de temps, mais uniquement à la qualité de chacune d'elles, et attribuer le même rang à tous les privilèges fondés sur la même cause. En d'autres termes, l'ordre à établir entre eux était dominé par le principe posé en ces termes par une loi célèbre de Paul : « *Privilegia non ex tempore œstimantur, sed ex causa ; et si ejusdem tituli fuerunt, concurrunt, licet diversitates temporis in his fuerint.* » (189) Cela dit, Loyseau, dont l'opinion fut généralement adoptée, proposait le classement suivant :

La créance la plus favorisée était celle du fisc, qui était toujours le premier entre les privilégiés sur l'office, non pas, comme il le rappelait, en conséquence de son privilège ordinaire ou des deniers royaux, mais parce que l'office venant du Roi, c'était « son special gage et asseurance, pour le maniment de ses deniers. » C'est pourquoi le débet ou reliquat des comptes de

---

(187) Cf. L. 24 § 2. fr. Ulp., *De reb. auctor. jud. possid.*, D., XLII, 5. — Voy. un arrêt du mois de juin 1581, rapporté par Charondas sur la Coutume de Paris; Loyseau, *eod.*, n°ˢ 55 et 56; Basnage, *Traité des hypothèques*, 1ʳᵉ partie, chap. xiv; Bourjon, *op. cit.*, liv. II, tit. xi, 3ᵉ partie, chap. vi, sect. ii, note sur le n° viii; Denisart, mot FAITS DE CHARGE; Guyot, *Rép.*, même mot; Merlin, *Rép.*, mot FAIT DE CHARGE. Comp., dans notre *Introd. gén.*, les notes 137 *in init.* et 139, t. 1, pp. 118 *in fine* et suiv., et pp. 128 et suiv.

(188) Voy. Goujet, *Traité des décrets, nantiss. et hypoth.*, quest. 12, et Basnage, *ubi supra*. Comp. notre *Introd. gén.*, note 139, t. 1, pp. 128 et suiv.

(189) L. 32, *De reb. auct. jud. possid.*, D., XLII, 5.

. l'officier comptable devait être pris « devant toute autre debte, encore que privilegiée sur le prix de l'Office decreté : aussi bien », ajoutait-il, « si le fisque n'étoit payé, l'acheteur de l'Office ne pourroit être receu. Même on tient pour cette raison, que cette debte du fisque n'est point purgée par le decret de l'Office, bien qu'il ne s'y soit opposé. » (190)

Après le débet du Roi acquitté, ce jurisconsulte faisait figurer au second rang, mais avec une grande timidité, car ce point était, disait-il, fort douteux de son temps, les créanciers pour faits de charge. Que s'il les faisait passer avant le vendeur et les bailleurs de fonds pour l'achat de l'office, c'était par la raison que l'office était l'assurance du public, pour ceux qui se trouvaient dans la nécessité de suivre la foi publique de l'officier. Leur privilège lui paraissait même si favorable, qu'il estimait que non-seulement ils devaient suivre immédiatement le Trésor, mais qu'ils devaient même concourir avec lui, « comme le fisque et le public estant également privilegiez. » Il n'y avait pas, disait-il, d'objection à tirer contre cette théorie, de ce que les tiers prêteurs ne devaient pas être frustrés de leur gage spécial « à l'occasion du mauvais ménage de l'Officier », puisque, comme il le faisait observer, celui-ci pouvait même perdre l'office tout entier par forfaiture (191). — Dans le cas de pluralité de créanciers pour faits de charge, ils concouraient entre eux.

---

(190) Voy. *supra*, pp. 316 et suiv., α et β.

(191) La doctrine de Loyseau fut plus tard consacrée par le Parlement de Paris, ainsi que nous le voyons par le passage suivant du *Traité des hypothèques* (1re partie, chap. xiv) de Basnage : « Ce fut une des questions proposées aux Mercuriales du Parlement de Paris, » dit-il, « si les créanciers pour raison de l'exercice et fonction de l'office, seroient préférés sur ledit office, avant tous créanciers, même au vendeur dudit office, si néanmoins c'étoit pour exercice et fonction dépendant dudit office ? Et il fut répondu que les créanciers pour l'exercice et fonction d'un Officier, doivent être préférés sur ledit office à tous autres créanciers, même au vendeur d'icelui, si toutefois les dettes sont pour exercice et fonction dépendant dudit office : mais sur les autres biens de l'Officier, ils ne peuvent venir en ordre que comme les autres créanciers, sans qu'ils puissent faire remonter leurs hypotheques du jour de la réception dudit office. » (Voy. Ricard, sur la Coutume de Paris, en ses Additions au titre des Actions des Personnes.) On peut consulter, comme confirmant cette théorie, un arrêt du 28 mai 1638, rapporté par Bardet, t. 2, liv. 7, chap. 24, par lequel il fut jugé que les

Enfin apparaissaient au troisième et dernier plan, avec des droits égaux, les prêteurs de fonds pour l'acquisition ou conservation de l'office, et le vendeur (192).

3° De la subrogation dont pouvaient être l'objet les privilèges sur les offices vénaux, et des conditions nécessaires à sa réalisation et à sa validité.

Ce n'étaient pas toujours les titulaires des créances que nous venons d'énumérer qui se présentaient à la distribution des deniers provenant du décret de l'office.

C'est qu'en effet, la subrogation permettait d'une façon très-licite au cédant, au bailleur de fonds, au créancier pour faits de charge, de se substituer des tiers, par la cession de leurs droits à autrui. Malheureusement, si le principe en lui-même était incontestable, son application offrait des difficultés considérables, en ce sens que la manière dont la cession du privilège devait s'effectuer était l'objet d'une controverse des plus vives, et la question de savoir comment celui qui avait payé un créancier privilégié pouvait jouir de son privilège n'avait pas engendré moins de trois opinions principales, sans compter la bonne (193).

D'après un premier système, il était de toute nécessité qu'il y

---

dommages-intérêts dus à raison d'une faute commise par un officier étaient, sur le prix de l'office, préférables même à la créance du vendeur de cet office. Cette solution ne faisait plus doute à la fin de notre ancien droit. (Voy., notamment, Bourjon, *op. cit.*, liv. II, tit. xi, 3° partie, chap. vi, sect. ii, n° vi. Consulter également, sur les privilèges résultant des faits de charge, les arrêts des 2 et 16 mars 1680, cités par cet auteur, en note sur le n° vii, *eod.*, et rapportés dans le *Journal des Audiences*, t. 4, liv. VIII, chapp. 10 et 11.) Denisart (mot OFFICES et OFFICIERS, n° 61) et Pothier (*locc. citt.* note 353, *infra*) la confirmèrent d'une façon définitive. « Une créance causée pour faits de charge », dit le premier de ces auteurs, « est privilégiée sur le prix de l'*office*; et ce privilège prime même tous les autres, de manière que les vendeurs, ceux qui ont prêté les deniers pour acquérir, etc., ne peuvent espérer de payement qu'après le fait de charge acquitté, pourvû que ce créancier ait formé opposition au sceau. » Ce dernier membre de phrase trouvera son explication dans les n°° ii et iii de notre seconde période.

(192) Voy., sur tout ceci, Loyseau, *eod.*, n°° 86 à 94 inclus, et les notes 137 *in init.* et 138 *in init.* de notre *Introd. gén.*, t. 1, pp. 118 *in fine* et suiv., et p. 124. Voy. aussi de Renusson, *Traité des propres*, chap. v, sect. iv, n°° 117 à 121 inclus.

(193) Voy., sur tout ce qui va suivre, Loyseau, *eod.*, n°° 57 à 85 inclus.

eût une cession expresse de la part du créancier, conformément à un rescrit d'Alexandre Sévère (194); car, à défaut de cette cession, disaient ses partisans, le paiement, de quelque personne qu'il émane, éteindrait non-seulement le privilège, mais même l'action, ainsi que l'indique Gaius (195). D'ailleurs, le privilège et l'action étant personnels et inhérents à la personne du créancier, ils n'en peuvent être séparés sans son fait; il ne serait même pas tenu de les céder à autrui contre son gré, comme le décide un rescrit de Gordien (196).

D'autres auteurs, se fondant également sur des lois romaines, pensaient que la transmission du privilège pouvait s'opérer par le débiteur, à l'insu et sans la participation du créancier ; mais encore fallait-il que cette subrogation fût formelle, ou, pour le moins, qu'il y eût déclaration expresse que le prêt était fait pour acquitter la dette privilégiée (197).

Suivant une troisième doctrine, beaucoup plus radicale que les deux premières, et qui ne laissait pas, plus que les deux autres, d'invoquer des textes du Digeste et du Code, il suffisait de prouver que l'argent prêté avait servi à éteindre la créance, pourvu d'ailleurs que le paiement eût suivi de près le versement des deniers empruntés (198).

En ce qui nous concerne, la vérité absolue ne nous paraît être dans aucune des trois théories précédentes envisagées isolément. Mais nous pensons que, si on écarte la dernière, et que l'on combine les deux autres, on aboutit à la découvrir. En d'autres termes, nous adoptons, avec Loyseau, l'idée d'une distinction entre le cas où celui qui voulait acquérir le privilège avait baillé directement son argent à l'ancien créancier, et l'hypothèse dans

---

(194) Const. 11, *De fidejussor. et mandator.*, C. Just., VIII, 41.

(195) L. 39, *De negot. gest.*, D., III, 5.

(196) Const. 5, *De solut. et liberat.*, C. Just., VIII, 43.

(197) Voy. L. 2, fr. Ulp., *De cess. bon.*, D., XLII, 3, et Constt. 1 et 3, *De his qui in prior. credit.*, C. Just., VIII, 19.

(198) Voy. L. 24 § 3, fr. Ulp., *De reb. auct. jud. possid.*, D., XLII, 5, et Const. 2, *De his qui in prior. credit.*, C. Just.

laquelle c'était au débiteur lui-même qu'il l'avait versé, et où c'était par les mains de celui-ci qu'il était parvenu au créancier, et nous disons :

Dans le premier cas, celui qui avait payé le créancier d'autrui, et n'avait traité qu'avec ce créancier, n'était subrogé en son droit que moyennant une cession expresse d'action concomitante au paiement ; car, d'une part, jamais, en principe, une action ne passait sans cession ; et, d'autre part, cette cession faite après coup et n'assistant pas promptement le paiement, celui-ci aurait amorti la dette. Ajoutons seulement que, si le créancier était tel qu'on n'eût pu commodément tirer de lui la cession dont s'agit, qu'il n'eût pu facilement accorder cette subrogation expresse lorsqu'elle était demandée, comme cela serait arrivé si le paiement avait été fait au fisc créancier d'un officier comptable, il fallait alors s'adresser au juge pour l'obtenir (199).

Que si, maintenant, au lieu de désintéresser le créancier, le bailleur de fonds était entré en relations avec le débiteur (200), ce qui pouvait lui procurer cet avantage d'éviter un refus de cession de la part du créancier qui, s'il était bien tenu de recevoir, même malgré lui, le paiement de la dette, n'était cependant pas obligé de vendre ses droits en les cédant, il nous semble alors que l'intérêt des créanciers de l'emprunteur demandait que l'acte d'emprunt et la quittance fussent authentiques, et que, dans le premier de ces actes, il fût déclaré que la somme avait été empruntée

---

(199) Cf. Constt. 3 et 7, *De privil. fisc.*, C. Just., vii, 73.

(200) A l'époque de Loyseau, la question de savoir si la subrogation par le fait du débiteur seul, c'est-à-dire sans l'intervention du créancier, était possible, faisait, entre la pratique et la théorie, l'objet d'une lutte restée célèbre. Tandis qu'un grand nombre de praticiens se refusaient absolument à cette idée, la doctrine n'hésitait pas à l'accepter, et la glose, avec tous les interprètes, étaient unanimes à l'adopter. Parmi ces derniers, trois grands noms doivent être cités : ce sont ceux de Faber (sur le titre *De his qui in prior. credit. loc. succedunt*), de Charles Dumoulin (*Tractatus contractuum, et usurarum*, n° 276, t. 2, f° 110, col. 2), et enfin de Loyseau (*loc. cit.*, n°⁵ 73 et suiv.), qui appelle, avec raison (n° 75), ce dernier jurisconsulte « le Prince de nos Docteurs. » On sait que la fameuse déclaration de Henri IV, rendue à Paris au mois de mai 1609, fit définitivement prévaloir la doctrine suivant laquelle la subrogation pouvait s'opérer par le fait du débiteur, sans le concours de la volonté du créancier. (Voy. Isambert, t. 15, p. 348 *in fine*, n° 205, et surtout Tripier, note *a*, sous l'art. 1250 du C. civ.)

pour effectuer le paiement, et, dans le second, que le paiement avait été opéré à l'aide des deniers fournis à cet effet par le nouveau créancier. — Telle est, aujourd'hui, la doctrine de l'art. 1250 de notre Code civil (201).

Certaines personnes, dont la situation présentait un caractère particulièrement favorable, ne devaient-elles pas être dispensées de l'accomplissement des formalités dont il vient d'être question ? Nous le pensons, en nous inspirant de l'arrêt du Parlement de Paris, du 12 juin 1603, cité par Loyseau, dans un passage précédemment rapporté de cet auteur (202) ; cet arrêt reconnaissait à une femme, qui avait stipulé dans son contrat de mariage que la somme par elle apportée en dot à son mari serait employée à payer le prix de l'office ou à désintéresser les créanciers qui avaient prêté, pour payer ce prix, un privilège sur la charge, sans l'astreindre à justifier que l'emploi des deniers dotaux avait été fait en conformité à la stipulation du contrat de mariage. Ainsi que l'exprime fort bien M. Durand (203), qui indique, comme rapportant aussi ce document, Goujet, dans son *Traité des Criées et Nantissements :* « Cet arrêt, rendu peut-être sous l'influence des faits, se justifie d'ailleurs en droit tant par la faveur de la dot (*in ambiguis pro dotibus respondere melius est*) (204), que par cette considération que l'emploi des deniers étant postérieur au mariage, il n'a guère été possible à la femme d'en faire énoncer l'origine dans la quittance. » Si l'on accepte pour base ce raisonnement, que nous considérons, quant à nous, comme parfaitement fondé, on n'hésitera pas à généraliser, et à accorder que le pupille devait, de son côté, bénéficier d'une faveur semblable, à supposer, cela s'entend, qu'il fût établi d'une manière non équivoque, que les deniers pupillaires eussent servi aux mêmes fins que les deniers dotaux (205).

---

(201) Voy., sur la subrogation par le fait, soit du créancier, soit du débiteur, de Renusson, *Traité de la subrogation*, chapp. x et xi.

(202) Voy. *supra*, pp. 319 et suiv.

(203) *Op. cit.*, n° 123 *in fine*, p. 126.

(204) L. 70, fr. Paul., *De jure dot.*, D., XXIII. 3, répétée L. 85 pr., *De div. reg. jur.*, eod., L, 17.

(205) Comp. le passage de Loyseau, cité *supra*, pp. 319 et suiv.

II. — *De l'hypothèque des offices vénaux. Interprétation des articles 95 de la Coutume de Paris et 485 de la Coutume d'Orléans.*

A défaut de créanciers privilégiés, — car, ainsi que nous le verrons, ils primaient très-certainement tous les autres créanciers, malgré le doute qui s'éleva sur ce point à l'époque de Loyseau (206), — à défaut de créanciers privilégiés, le prix de l'office ne revenait par nécessairement au cédant, mais il était attribué soit à ses créanciers hypothécaires, s'il y en avait, soit, dans le cas contraire, à ses créanciers chirographaires.

Ce fut toutefois, pendant longtemps, une question des plus graves, que celle de savoir si les offices vénaux étaient véritablement susceptibles d'hypothèque. A cet égard, l'art. 95 de la Coutume de Paris réformée (207) était ainsi conçu : « Office vénal est reputé immeuble, et a suite par hypothèque quand il est saisi sur le debteur par autorité de justice, paravant résignation admise et provision faicte au profit d'un tiers, et peut estre crié et adjugé par décret : et toutesfois les deniers provenans de l'adjudication sont subjets à contribution, comme meubles, entre les créanciers opposans, qui viennent pour ce regard à desconfiture au sol la livre. » (208) Cette disposition, qui paraissait devoir trancher tous les doutes, ne fit que les rendre plus sérieux, si bien que Loyseau put écrire qu'ils étaient encore plus grands de son temps, qu'ils ne furent jamais entre les Romains, relativement à l'hypothèque des milices ; « car bien qu'il semble expressément decidé par ce 95. article de la Coûtume de Paris....., si est-ce que cet article est si

---

(206) Voy. pp. 346 et suiv., *infra*.

(207) « En 1510. que la Coûtume de Paris fut redigée par écrit pour la première fois », dit de Renusson (*Traité des propres*, chap. v, sect. iv, n° 27), « les Offices n'étoient point compris au nombre des biens ; ils n'étoient point dans le commerce ; il n'y en avoit point encore dont la venalité fût établie ; c'est pourquoi l'ancienne Coûtume ne contient aucune disposition touchant les Offices. »

(208) L'art. 485 de la Coutume d'Orléans contenait une disposition identique. (Voy. Pothier, *Œuvres*, t. 1, pp. 725 *in fine* et suiv. de l'éd. Bugnet.)

obscur et embarrassé, qu'au lieu d'oster la difficulté, il l'a augmentée. » (209)

La question de l'hypothèque des offices vénaux dépendait essentiellement de celle de savoir si leur nature était mobilière ou immobilière, et la solution de l'une était si intimement liée à celle de l'autre, que l'art. 95 précité les confondait dans son contexte, et les tranchait toutes deux ensemble. Mais, nous le savons, le caractère mobilier ou immobilier des offices était à ce point incertain et irrésolu, au commencement du xviie siècle (210), qu'il était impossible d'asseoir la théorie de l'hypothèque sur un principe aussi douteux et sur un fondement aussi mal assuré. Et voilà précisément pourquoi le problème dont il s'agit, passait, aux yeux de Loyseau, pour un des plus profonds et difficiles de tout le droit français. Aussi nous dit-il que c'est dans toute son œuvre celui qui lui a coûté le plus de peine (211).

Sans entrer dans tous les développements auxquels il se livre, et sans insister sur la répugnance toute particulière que les offices vénaux présentaient pour l'affectation hypothécaire, en tant qu'ils constituaient des choses incorporelles, n'ayant point « de subsistence réelle, mais une simple qualité residente en la personne, et perissable avec elle », qu'ils n'étaient point en commerce entièrement libre, leur disposition et leur titre dépendant principalement du collateur, et qu'enfin ils se trouvaient attachés par autorité publique à la personne du pourvu, dont ils ne pouvaient être séparés quant à la simple détention ; sans le suivre dans ses investigations historiques sur l'hypothèque des *militiœ venales*, qui nous est d'ailleurs connue (212), contentons-nous d'indiquer qu'il reconnaissait aux offices vénaux la possibilité de recevoir hypothèque, mais en se hâtant d'ajouter que cette hypothèque

---

(209) Voy. Loyseau, liv. III, chap. v, n° 1.
(210) Voy. *supra*, § 1er, note 29, pp. 130 et suiv.
(211) Voy. Loyseau, liv. III, chap. v, n° 2.
(212) Voy. *Dr. rom.*, chap. iii, § 2, sect. 1, art. 2, t. 1, pp. 531 et suiv.. et, sur tout ce qui précède, Loyseau, *eod.*, n°s 3 à 16 inclus, et n° 75.

était impropre et débile ; impropre, parce que *proprie hypotheca consistit in rebus soli, pignus in mobilibus ;* débile, parce qu'elle n'avait point de suite, non plus que celle des meubles (213).

Sur ce droit de suite, terme qui, comme on va le voir, et ainsi que nous l'avons du reste déjà fait observer (sect. i, § 2, note 49 *in fine,* p. 94), comprenait, dans le dialecte de nos anciens jurisconsultes, en matière hypothécaire, ce que nous appelons aujourd'hui d'une façon plus analytique le droit de suite proprement dit et le droit de préférence (214), sur ce droit de suite, disons-nous, il convient de bien s'entendre et d'éviter une confusion fatale pour l'intelligence de tout ce sujet. C'est qu'en effet on distinguait deux espèces de suites (215) : d'un côté, la suite par hypothèque qui avait lieu lorsqu'un créancier suivait son hypothèque, soit contre l'acquéreur (droit de suite proprement dit), soit contre le créancier postérieur (droit de préférence) ; de l'autre, la suite en exécution ou saisie, qui avait lieu lorsque le créancier non hypothécaire suivait, bien que l'hypothèque lui fît défaut, la chose saisie soit sur son débiteur, soit contre celui qui l'avait achetée postérieurement, ou contre celui qui l'avait saisie.

Ainsi donc, il existait entre ces deux sortes de suites une différence ou diversité de cause productive et de sujet, l'une naissant de l'hypothèque, l'autre étant engendrée par la saisie ; la

---

(213) Voy. Loyseau, *eod.,* n° 17 à 26 inclus.

(214) Dans quelques-unes de nos anciennes provinces coutumières, telles que la Normandie, le Maine et l'Anjou, le principe posé par l'art. 170 de la Coutume de Paris, que les meubles n'avaient pas suite par hypothèque, principe non adopté par les pays de droit écrit, n'était appliqué qu'à la suite par hypothèque concernant l'acheteur, c'est-à-dire qu'au droit de suite proprement dit, et non à celle concernant le créancier postérieur, c'est-à-dire au droit de préférence. Les coutumes de ces provinces admettaient, à l'instar des pays de droit écrit (voy. *infra,* note 233), que les créanciers avaient préférence sur les meubles, selon l'ordre de leurs hypothèques. (Voy., sur ces différents points, Loyseau, liv. III, chap. viii, n° 14, et chap. v, n° 27; de Renusson, *Traité des propres,* chap. v, sect. iv, n° 81 et 83, et Basnage, sur les art. 367 et 514 de la Coutume de Normandie, et *Traité des hypothèques,* 1re partie, chap. ix, *sub fin.*) —Comp. *supra,* note 136, et *infra,* p. 340.

(215) Cette distinction était faite expressément par plusieurs coutumes, telles, en particulier, que celles de Bar (art. 60), de Chaumont (art. 65), de Melun (art. 312 et 313), de Sens (art. 118 de l'ancienne coutume, et 131 de la nouvelle). — Voy. le *Nouveau Coutumier general* de Bourdot De Richebourg, t. 2, f° 1022, et t. 3, f°° 356, 455, 493 et 516.

première se rencontrant quand il y avait hypothèque, la seconde quand l'hypothèque manquait, soit qu'il n'y en ait pas eu de contractée, comme à l'égard de l'immeuble relativement au créancier chirographaire, soit que la chose n'ait pas été susceptible de suite d'hypothèque, comme un meuble ou un office. Aussi bien, ces deux suites étaient-elles fondées sur des principes de droit absolument différents. En effet, la suite d'hypothèque, quand elle était dirigée contre le tiers acquéreur, venait de cette règle tirée du droit romain, que *res transit cum onere hypothecæ, quia debitor alienando rem hypothecæ suppositam non potest nocere creditori* (216) ; et, lorsqu'elle était dirigée contre le créancier postérieur, elle avait sa source dans la règle *Prior tempore, potior jure* (217). Quant à la suite que produisait la saisie contre l'acquéreur, elle procédait de ce qu'il n'avait pu acquérir du propriétaire la chose saisie, dont il était dépossédé : et, pour ce qui est de celle qu'elle produisait à l'égard des créanciers, elle provenait de ce principe, que la saisie profite à tous, et conserve le droit de chacun des créanciers (218) ; de telle

---

(216) Voy. Const. 15, *De pignor. et hypoth.*, C. Just., VIII, 14.

(217) Constt. 2 et 4, *Qui pot. in pign.*, C. Just., VIII, 18.

(218) Les deux effets de la suite de saisie se trouvaient déjà énoncés très-clairement par Ulpien, dans la L. 6 § 7, seconde phrase, *Quæ in fraud. credit.*, D., XLII, 8. Voy. aussi un rescrit de Dioclétien et de Maximien, qui distingue également la suite d'hypothèque et la suite de saisie à l'égard des créanciers, c'est-à-dire au point de vue du droit de préférence. (Const. 6, *De bon. auct. jud. possid.*, C. Just., VII, 72.) — Il convient de remarquer ici que la suite de saisie à l'égard des créanciers n'avait lieu, en droit romain, qu'en cas de *pignus prætorium*, et non en cas de *pignus judiciale* ou mieux *ex causa judicati captum* ; le premier, en effet, était *in rem*, et n'établissait aucune cause de préférence entre les divers créanciers qui l'obtenaient ou en bénéficiaient (L. 5 §§ 2, 3 et 4, fr. Ulp., *Ut in possess. leg.*, D., XXXVI, 4 ; L. 12 pr., fr. Paul., *De reb. auct. jud. possid.*, eod., XLII, 5 ; cf. Const. 10 pr., *h. t.*, C. Just., VII, 72), mais les rendait simplement, considérés en masse, préférables à tous les créanciers postérieurs, tandis que le second était *in personam*, et restait absolument soumis à la règle *prior tempore, potior jure*, entre ceux au profit desquels avaient été rendus des jugements de condamnation. (L. 10, fr. Ulp., *Qui pot. in pign.*, D., XX, 4. — Voy. M. Accarias, *Précis de dr. rom.*, t. 1, 3e éd., n° 289 a, p. 709.) Dans notre ancienne France, cette suite n'avait pas, en principe, lieu en exécution de meubles, qui était comparée au *pignus judiciale* des Romains, parce qu'elle se faisait sommairement et promptement par un sergent exécuteur de la sentence du magistrat ; mais elle avait lieu en cas de décret, qui se faisait par le magistrat même, avec les proclamations et affiches solennelles, et qui était ainsi assimilable au *pignus prætorium* ; encore n'y avait-elle lieu, comme en droit romain, qu'entre les chirographaires seulement, qui

sorte qu'en ce dernier point, l'effet de la suite de saisie était presque contraire à celui de la suite d'hypothèque, celle-ci donnant la préférence sur les créanciers postérieurs aux créanciers munis d'un droit antérieur, celle-là faisant que ni le premier hypothécaire, ni même le premier saisissant n'étaient préférés, mais que tous les créanciers étaient payés également et par contribution. C'était ainsi, du moins suivant Loyseau, que devait être entendu l'art. 179 de la Coutume de Paris, d'après lequel, en cas de déconfiture, il n'y avait entre les créanciers ni préférence ni prérogative, pour quelque cause que ce fût, disposition qui, pensait-il, n'excluait pas les privilèges personnels, mais seulement la préférence des hypothèques, et la prérogative que l'art. 178 de la même Coutume accordait au premier saisissant (219).

Ces prémisses posées et établies, les offices vénaux, sous l'empire de l'art. 95 de la Coutume de Paris, étaient-ils susceptibles de suite par hypothèque, ou bien la suite de saisie n'était-elle pas plutôt celle qui, seule, pouvait y avoir lieu? A vrai dire, une semblable question semble pour le moins bizarre, en présence des termes formels de l'art. 95, qui portait expressément : « Office vénal est reputé immeuble, et a suite par hypothèque...» Et cependant, la vérité, c'est que l'office n'avait pas suite par

---

étaient payés par contribution; car les hypothécaires marchaient devant, chacun en son rang, à cause de la suite d'hypothèque, le tout conformément au rescrit précité de Dioclétien et de Maximien. Cependant, cette suite de saisie ou gage de justice et cette contribution égale qu'elle produisait avait lieu, en un cas, sur les meubles, savoir, au cas de déconfiture, véritable champ d'application du *pignus prætorium* des Romains. C'est pourquoi le grand coutumier, liv. II, chap. 17, distinguait pareillement le cas de déconfiture et le cas de simple exécution, celui-ci se rapportant au *pignus ex causa iudicati captum*, et celui-là au *pignus prætorium*. (Voy., sur tout ceci, Loyseau, liv. III, chap. v, nᵒˢ 34 à 38 inclus.)

(219) Voy. *infra*, pp. 346 et suiv. — L'art. 178 de la Coutume de Paris, dont nous venons de parler, était ainsi conçu : « Le créancier qui fait premier arrester et saisir valablement, ou prendre par exécution aucuns meubles appartenans à son debiteur, doit estre le premier payé »; et l'art. 179 ajoutait : « Toutesfois, en cas de déconfiture, chacun créancier vient à contribution au sol la livre, sur les biens meubles du débiteur; et n'y a point de préference, ou prérogative, pour quelque cause que ce soit, encore qu'aucun des créanciers eust fait premier saisir. » — Voy., sur tout ce qui précède, Loyseau, *eod.*, nᵒˢ 28 à 33 inclus.

hypothèque. La preuve en est dans l'article lui-même, qui ajoutait immédiatement : « quand il est saisi sur le debteur par autorité de justice ..... » D'où la conséquence que ce n'était pas l'hypothèque qui lui causait la suite, mais bien la saisie, puisque, sans elle, il n'avait pas suite , et qu'à l'inverse il avait suite sans l'hypothèque, ainsi que le montre clairement la fin de l'article, où il était dit que les créanciers seraient tous payés par contribution, sans distinguer les chirographaires d'avec les hypothécaires, non plus qu'en la déconfiture des meubles.

Aussi bien, ce fameux article, à la suite du second passage cité plus haut, décide-t-il d'une façon particulière et individuelle que les deux effets de la suite d'hypothèque n'avaient pas lieu en l'office : d'abord, quant à la suite de l'acquéreur, ou droit de suite proprement dit, il déclare qu'elle n'a lieu en l'office sinon en conséquence de la saisie opérée « paravant résignation admise et provision faicte au profit d'un tiers ... » ; en second lieu, quant à la suite d'entre les créanciers ou droit de préférence, il porte que l'ordre de l'hypothèque n'est pas suivi en la distribution du prix de l'office décrété (adjugé sur saisie), mais que ce prix est distribué à tous les créanciers à proportion de leur dette : « ... et peut estre crié et adjugé par décret : et toutesfois les deniers provenans de l'adjudication sont subjets à contribution, comme meubles, entre les créanciers opposans, qui viennent pour ce regard à desconfiture au sol la livre. » D'où il résulte, qu'en rejetant le double effet de la suite par hypothèque, il consacre au contraire, expressément, en les visant très-directement, les les deux effets de la suite de saisie , savoir : celui contre l'acquéreur , en ce qu'après la saisie, l'office a suite pour l'évincer, et celui d'entre les créanciers, parce que le prix de l'office est distribué également entre eux, c'est-à-dire « par égalité et proportion Geometrique, ainsi qu'au droit (220), et non pas Aritmetique. »

_____

(220) Dans le langage de nos anciens jurisconsultes, cette expression désigne toujours le droit romain.

Si donc l'art. 95 portait, dans son début, que l'office vénal était réputé immeuble, c'était pour indiquer, d'un côté, qu'il devait être vendu par décret, et non pas par simple voie d'exécution, comme les meubles, et, d'autre part, que le privilège du premier saisissant n'y avait point de lieu, comme en matière mobilière (221). Enfin, en disant qu'il avait suite par hypothèque quand il était saisi, il entendait signifier par là qu'il avait suite en saisie seulement. Comme, en pratique, le terme de suite par hypothèque était fort usité, et que, par contre, celui de *suite par saisie* l'était fort peu, notre article n'avait pu exprimer autrement la suite de saisie qu'en disant que l'office n'avait suite par hypothèque que quand il était saisi.

La conclusion qui se dégage de toute cette interprétation, c'est que l'office vénal, d'après la Coutume de Paris, ne recevait pas de vraie suite d'hypothèque, mais seulement ce que nous avons appelé avec Loyseau, et dans le même but que lui, la suite de saisie, locution qu'il avoue avoir forgée pour l'intelligence du sujet (222). Or, avons-nous dit, cette suite de saisie produisait deux effets notables : l'un contre l'acheteur, l'autre contre les créanciers. Il importe de les reprendre séparément et de les envisager à part.

A. — Le premier effet est énoncé de la façon la plus claire par l'art. 95, qui porte : « Office vénal est reputé immeuble, et a suite par hypothèque quand il est saisi sur le debteur par autorité de justice, paravant résignation admise et provision faicte au profit d'un tiers..... » Il suit de là que, faite ultérieurement, la saisie n'aurait plus servi de rien, par cette raison que, même s'il se fût agi d'un immeuble, la saisie n'aurait pas été valable après la transmission de cet immeuble à un tiers, uniquement soumis désormais à l'action hypothécaire *ut aut cedat aut solvat.* Mais il y a plus : quand il s'agissait d'un office, nous le savons. l'action hypothécaire n'avait précisément pas lieu en ce cas, la

---

(221) Voy. *infra*, note 235.

(222) Voy., sur tout ceci, Loyseau, *cod.*, n°s 39 à 43.

Coutume disant qu'il n'avait point de suite par hypothèque, sinon quand il avait été saisi paravant la provision du tiers ; ce qui s'explique par cette raison toute spéciale aux offices, que le résignataire ne tenait pas proprement son droit du résignant, créateur de l'hypothèque, mais du collateur, entre les mains duquel, par la résignation, le résignant l'avait remis et quitté, ce qui avait purgé et amorti l'hypothèque (223).

Il convient d'observer avec soin, que notre article limitait à la date de la provision du résignataire le moment précis jusqu'auquel on pouvait valablement saisir l'office. De telle sorte que la date de la *procuratio ad resignandum* n'était pas suffisante par elle-même pour exclure le droit de saisie, ainsi que l'avait jugé, un an avant la réformation de la Coutume de Paris, un arrêt du 3 avril 1579, relativement à un office d'huissier.

_____

(223) Voy. Brodeau, *Sur la Coutume de Paris*, p. 71 ; de Buridan, sur l'art. 16 de la Coutume de Reims, n° 9, et Maichin, *Comment. sur la Coût. de Saint-Jean d'Angely*, 2ᵉ éd., p. 233. Consulter également sur ce point un arrêt notable de la Cour de Parlement de Paris, rendu le 10 décembre 1531, sur la plaidoirie de l'avocat Le Maltre, l'audience étant présidée par son propre père ; il est rapporté par Coquille, en ses *Institutions*, et est cité par Maichin, *ubi supra*. — Nous rappelons ici qu'une solution identique était donnée, quant au droit de suite proprement dit, pour les offices héréditaires par privilège. (Voy. *supra*, sect. 1, § 3, pp. 107, α, et suiv.) Mais, en ce qui concerne les offices domaniaux, étant considérés, relativement à leur commerce, non pas comme offices, mais comme domaine aliéné, il en résulte qu'ils avaient suite par hypothèque en tout temps, jusqu'à ce qu'ils aient été rachetés par le Roi. (Voy. *supra*, sect. 1, § 2, pp. 93 *in fine* et suiv.) — Voy., sur ce qui précède, Loyseau, *eod.*, n° 43 à 46 inclus, et comp. liv. III, chap. ix, n° 77, où il est dit : « ..... la raison ponctuelle pourquoy és Offices à vie il n'y a point de suite d'hypotheque après resignation admise, est, que par la resignation, le droit de l'ancien pourveu, qui a l'hypotheque..... est éteint et aboly, et l'Office devient vacant et revient au Roy selon sa propre nature, *uti optimus maximus*, c'est à dire exempt d'hypotheque et de servitude, et comme tel, est par luy conferé *optimo jure* au resignataire. » A peine avons-nous besoin de faire remarquer que l'admission de la résignation, qui opérait purge de la simple hypothèque des offices, opérait également purge des privilèges dont ils pouvaient se trouver grevés (comp. *infra*, SECONDE PÉRIODE, ii, A, texte et note 313), comme de celui du vendeur ou résignant par exemple, lorsque du moins son acquéreur venait lui-même à résigner l'office, et que son propre résignataire était pourvu, parce que, comme le disait Loyseau (liv. III, chap. viii, n° 16) : « par la provision derniere du Roy toute hypotheque et preference est amortie, bien que par la precedente, obtenuë par celuy qui est debiteur », ajoutait-il, « elle ne le fust pas, pource que celle-là est faite sur la vente et resignation du creancier, et consequemment est presumée faite sous les charges d'icelle. » (Comp. *infra*, SECONDE PÉRIODE, iii, note 356.)

Mais la saisie, faite après la provision obtenue, eût été inutile, et n'aurait rien valu, lors bien qu'elle aurait été opérée avant la réception, ainsi que le décida avec raison le Parlement de Paris ; car la Coutume arrêtait exactement le droit de saisie à la résignation admise et provision expédiée. Et cela était tout naturel, étant donné que le droit de l'office, dépendant plus du collateur que du résignant, se trouvait transféré d'une façon absolue, et *optimo jure*, par la provision qu'en baillait le Roi. Aussi bien, la rigueur du principe commandait-elle une solution identique, alors même que la provision aurait été ignorée du créancier, qui, comme on le voit, devait se montrer très-diligent, et faire saisir l'office de bonne heure, afin d'empêcher que la résignation fût faite à son insu. C'est pourquoi Loyseau estimait qu'il n'y avait point à distinguer si, lorsqu'un créancier formait opposition à la réception du pourvu pour la conservation de son hypothèque, celui-ci avait déjà payé ou non le prix de l'office à son résignant. « Car », disait-il, « à bien entendre, le defaut de ce payement ne proroge point l'hypotheque du creancier : mais il y a sujet seulement de se pourvoir contre luy par voye d'arrest de ce qu'il doit à son resignant (224) : il est bien veritable, que comme le resignant pourroit empecher sa reception, jusques à ce qu'il eust payé le prix de l'Office, aussi pourroit son creancier, lequel peut exercer les actions de son debiteur (225) : mais ce n'est pas que l'hypotheque de l'Office continuë après la provision. » Et il ajoutait plus bas : « ..... je ne fay nul doute, que si le resignataire avoit de bonne foi payé le prix de l'Office, lors qu'on lui auroit baillé ses lettres de provision deuëment expediées, il n'en fût tellement quitte, qu'il n'en pourroit estre inquieté desormais, lors de sa reception, attendu les raisons cy-dessus, et l'expresse decision de nostre article. » (226)

---

(224) L'arrêt était, dans notre ancien droit, ce que nous appelons aujourd'hui saisie-arrêt ou opposition.

(225) Voy., sur l'opposition formée par les créanciers du résignant, avant le paiement du prix de la part du résignataire, et aux fins d'empêcher sa réception, les deux arrêts des 2 septembre 1600 et 30 décembre 1601, rapportés par Chopin, sur la Coutume de Paris, et analysés par Loyseau, liv. III, chap. v, nos 52 et 53.

(226) Voy., sur ces différents points, Loyseau, liv. III, chap. v, nos 47 à 53 inclus.

Le droit de saisir l'office se trouvant éteint du jour où le résignataire était pourvu, encore fallait-il éviter les fraudes ou surprises qui auraient pu en compromettre, au détriment du créancier, l'exercice utile et légitime. A cet effet, l'art. 95 avait à dessein pris la précaution d'indiquer que ce droit subsisterait jusqu'à la résignation admise, *et la provision faite au profit d'un tiers,* ce qui, au premier abord, semblait bien superflu, puisqu'il n'existait pas d'autre admission de la résignation que l'expédition de la provision, qui était toujours datée du jour de la quittance du quart denier. Mais cette redondance apparente s'explique aisément, si l'on réfléchit qu'elle avait pour but de signifier que, si, afin d'éluder une saisie pratiquée en temps valable, on avait antidaté la provision, en lui faisant porter une date antérieure à celle de la vraie admission de la résignation, il aurait fallu se régler sur la date véritable de la résignation admise, date qui pouvait être vérifiée par le registre des parties casuelles, et par la représentation de la *procuratio ad resignandum,* par exemple.

Concluons donc que celui qui n'avait pas fait saisir l'office avant l'expédition de la provision ne pouvait plus prétendre ni droit d'hypothèque, ni droit de saisie sur cet office, mais qu'il ne lui restait plus d'autre ressource que de se pourvoir par voie d'arrêt, formé entre les mains du résignataire, des deniers que celui-ci pouvait encore devoir au résignant pour sa composition, et, en conséquence de cet arrêt, d'empêcher sa réception, jusqu'à ce qu'il ait effectué son paiement, ou opéré consignation du prix intégral (227).

---

(227) Voy., sur tout ceci, Loyseau, *eod.,* n°ˢ 54 et 55, et comp. *infra,* notes 315 *in fine* et 357 *in fine.* — A supposer que le créancier se fût borné à saisir et à arrêter le prix de l'office entre les mains de l'acquéreur, et postérieurement à l'obtention de ses provisions, il n'y avait aucune difficulté, du moins s'il n'existait pas d'autres créanciers intéressés, pour décider qu'il avait suffisamment pourvu à sa sûreté, puisqu'il avait saisi le prix de la charge, avant que l'acheteur eût vidé ses mains. Mais, dans le cas où il y avait d'autres créanciers qui avaient saisi réellement l'office (voy. *infra,* texte et note 252), ou qui s'étaient opposés au sceau, ils excluaient celui qui s'était contenté de saisir et d'arrêter le prix de l'office entre les mains de l'acquéreur, de telle sorte que la contribution ne s'établissait qu'entre eux seuls, et que le créancier retardataire ne venait pas en concours avec eux par contribution au sol la livre sur ce prix.

Nous en aurions fini avec la première branche du droit de suite par hypothèque, si l'art. 95, en disant : *provision faicte au*

(Comp. *infra*, III *in fine*, p. 357.) C'est qu'en effet, lorsqu'un créancier ne saisissait le prix de l'office que postérieurement aux provisions scellées et expédiées au profit de l'acquéreur, le sceau avait purgé les hypothèques de ce créancier, qui ne pouvait plus poursuivre son dû sur le prix de la charge, au préjudice des opposants au sceau. Du reste, l'art. 95 de la Coutume de Paris n'établissait de contribution des deniers provenant de l'office, qu'entre les créanciers opposants « paravant résignation admise et provision faicte au profit d'un tiers. » (Voy., en ce sens, de Renusson, *Traité des propres*, chap. V, sect. IV, nᵒˢ 104 et 105, et l'arrêt du 18 mars 1628, par lui analysé dans ce dernier nᵒ.) L'opposition au sceau était considérée comme étant à ce point de rigueur, qu'un arrêt du 12 avril 1661 jugea *in terminis* que, lors bien qu'un créancier avait saisi le prix de l'office entre les mains de l'acquéreur avant l'admission de la résignation et l'obtention des provisions, il ne venait cependant pas à contribution avec les autres créanciers, qui s'étaient opposés au sceau, ou avaient opéré la saisie réelle de l'office (voy. *infra*, texte et note 252), mais que ceux-ci lui étaient préférés, et qu'en conséquence, ils devaient être les premiers colloqués et venir concurremment entre eux, ajoutant que, si après les opposants au sceau désintéressés, il restait des deniers, ils seraient distribués aux créanciers qui auraient seulement saisi et arrêté le prix de l'office entre les mains de l'acquéreur. Il résultait de cet arrêt, qui tranchait ainsi une grande difficulté, qu'il ne suffisait pas de saisir le prix de l'office entre les mains de l'acquéreur avant l'obtention de ses provisions, mais qu'il fallait s'opposer au sceau, si on voulait conserver son droit. Partant de là, il fallait donner la même solution eu égard à la délégation que le vendeur aurait faite de ses créanciers à l'acquéreur par le contrat de vente de son office, en ce sens qu'il ne suffisait pas à un créancier d'avoir été délégué par son débiteur pour la garantie de ses droits ; il lui fallait prendre ses précautions, et il devait s'opposer au sceau, s'il ne voulait pas être exclu par d'autres créanciers qui s'y seraient opposés. (Voy., sur ces deux derniers points, de Renusson, *eod.*, nᵒˢ 106 à 110 inclus.) Cette jurisprudence nous a paru constituer, relativement à la question spéciale qu'elle tranchait, un précédent historique curieux de l'édit de 1683 et de la déclaration de 1703, dont nous examinerons en détail les dispositions très-strictes dans notre seconde période (voy., en particulier, les nᵒˢ II et III de cette seconde période), et c'est à ce titre que nous en avons rapporté ici les décisions fort remarquables. Au demeurant, elle constituait elle-même une innovation sur une jurisprudence antérieure et primitivement suivie, tant dans le Parlement de Rouen, qu'en celui de Paris, d'après laquelle on jugeait que les créanciers saisissant le prix d'un office entre les mains de celui qui en avait traité, devaient être colloqués avec les opposants au sceau, et cela selon l'ordre de leurs hypothèques dans le Parlement de Normandie. « Le fondement de cette jurisprudence étoit, » dit Basnage, « que l'opposition au Sceau n'étoit que contre l'acquéreur de l'office, et pour empêcher qu'il ne vuidât ses mains du prix, après avoir purgé les hypotheques par le Sceau : Mais le contraire a été jugé depuis, et c'est maintenant une maxime établie par-tout, que les créanciers opposans au Sceau sont payés par préférence aux autres créanciers qui ont seulement saisi et opposé entre les mains de l'acquéreur de l'office ; la raison est, que les offices appartiennent au Roi, que la composition ne s'en fait que sous son bon plaisir, et que les titulaires n'en disposent qu'à condition qu'il l'ait agréable. » Et il citait, à l'appui de son assertion, deux arrêts très-notables du Parlement de Paris : l'un, du 5 janvier 1632, qui ordonna qu'un opposant au sceau fût payé par préférence non-seulement aux créanciers saisissants et opposants, mais même sur une taxe faite sur l'office avant la résignation, pour laquelle on ne s'était point opposé au sceau ;

profit d'un TIERS, n'avait soulevé une nouvelle difficulté dont il nous faut dire un mot. On s'est, en effet, demandé si, après la résignation admise du père au fils, l'office pouvait encore être saisi pour la dette du père, le fils n'étant pas réputé *tiers*, ni tenu pour tel au regard de son père. Deux considérations auraient pu faire écarter ici l'application de la Coutume :

La première, c'est qu'en droit Romain, nous avons vu que la milice vénale pouvait être vendue sur le fils, pour l'argent prêté au père en vue de l'achat de cette *militia venalis* (228).

La seconde, c'est que les résignations, comme toutes autres donations de père à fils, se faisaient volontiers en fraude des droits des créanciers, lorsque le père débiteur était obéré (229).

Malgré ces raisons, il n'en fallait pas moins décider, pensons-nous avec Loyseau, que l'art. 95 régissait cette hypothèse spéciale tout comme les autres, et en voici les motifs :

C'est d'abord qu'aucune résignation n'étant plus favorable que celle de père à fils, cette espèce de résignation ne devait pas être traitée avec moins de faveur que les autres, ni être rendue inutile et souvent même onéreuse par cette suite d'hypothèque.

C'est, en second lieu, que le mot *tiers* n'avait pas été ajouté à l'art. 95 dans le but d'exclure le fils de son application, mais bien dans celui d'indiquer par là la personne qui n'était pas obligée envers le créancier saisissant. En un mot, ce terme visait les rapports non pas du résignant et du résignataire, mais bien ceux de ce dernier avec les créanciers de son auteur. Or le fils, tant qu'il n'était pas héritier de son père, était bien réellement un *tiers* vis-à-vis de ses créanciers (230).

Ces mêmes raisons nous conduisent à décider que le fils rési-

---

l'autre, du 30 mai 1670, qui condamna le titulaire d'un office à payer à un opposant au sceau les causes de son opposition, malgré la consignation faite par le pourvu du prix qui avait ensuite été l'objet d'une distribution entre les créanciers saisissants et opposants. (Voy. Basnage, *Traité des hypothèques*, première partie, chap. x.)

(228) Voy. *Dr. rom.*, chap. III, § 2, sect. I, art. 2, t. 1, p. 540, 2°, et pp. suiv.

(229) Cf. Const. 27, *De donat.*, C. Just., VIII, 54.

(230) Comp. *infra*, SECONDE PÉRIODE, II, A, texte et note 312.

gnataire n'aurait pas été tenu de la dette privilégiée sur l'office, « comme du prest fait pour l'achat d'iceluy, et pour le marier luy-mesme, comme on void journellement que les peres pourvoyent leurs enfans d'estats, et les marient aux depens de leurs creanciers et de leur propre conscience. »

Pareillement, à supposer que le père eût, par affectation spéciale, hypothéqué son office au prêt des deniers moyennant lesquels il l'aurait acquis, cette hypothèque spéciale aurait été purgée par la résignation, qui remettait l'office en la disposition du Roi, lequel en avait ensuite pourvu le fils *optimo jure* et sans charge d'aucune dette ; de sorte que, ici comme ailleurs, on appliquait la maxime *resoluto jure dantis, resolvitur jus accipientis.*

Hâtons-nous d'ajouter cependant que, si le père avait acheté l'office vénal pour en faire immédiatement pourvoir son fils, la charge serait alors demeurée obligée au paiement du prix de la composition, encore bien que le fils n'eût pas figuré au contrat, et cela, non-seulement si le résignant avait stipulé une hypothèque à son profit, cas dans lequel le fils aurait été incontestablement lié, par cette raison que l'affectation aurait été une condition du marché, qui ne se serait pas conclu, si elle n'eût pas été consentie, mais même en l'absence de toute stipulation de ce genre, ce qui n'aurait pas empêché le résignant d'avoir un privilège sur l'office qui lui eût permis de le suivre, quoique son résignataire ne lui fût point expressément obligé ; cette hypothèse, en effet, différait de la précédente, dans laquelle l'office, au lieu de passer, comme ici, directement du résignant au fils, ne lui était parvenu que médiatement, et par l'intermédiaire de son père qui lui en avait fait une nouvelle résignation après y avoir été reçu lui-même ; or, nous le savons, l'admission, par le Roi, de cette seconde résignation, avait aboli tout droit d'hypothèque et de privilège.

Si l'on suppose, enfin, que le père, après avoir été pourvu de l'office, mais avant d'y avoir été reçu, l'avait incontinent laissé à son fils, nous croyons encore, avec le même jurisconsulte, que l'hypothèque et le privilège auraient continué de grever la charge, parce qu'elle n'aurait pas été appliquée et attachée à la personne du père par la réception, et surtout, parce qu'il n'aurait pas été besoin qu'elle passât au fils par une nouvelle résignation qui eût pu éteindre l'hypothèque, mais qu'il aurait suffi de changer les lettres de provision, et d'y faire figurer le nom du fils, à la place de celui du père (231). « Toutefois en ce mesme cas, » ajoutait Loyseau, « si c'estoit un étranger qui fist apparoir que de bonne foy il eust acheté et bien payé l'Office, je resoudrais le contraire, pource qu'en matiere d'Offices on n'a pas accoutumé d'y prendre autre seureté, sinon d'en tirer de bonnes lettres de provision en baillant son argent. » (232)

Voilà ce que nous avions à dire sur le premier effet de la suite de saisie sur l'office. Arrivons, à présent, à l'explication du second, c'est-à-dire de celui qui concerne les créanciers.

B. — L'article 95 le mentionne aussi clairement que le précédent. Après avoir dit, en effet, que l'office peut être crié et adjugé par décret, il ajoute: « et toutesfois les deniers provenans de l'adjudication sont subjets à contribution, comme meubles, entre les créanciers opposans, qui viennent pour ce regard à desconfiture au sol la livre. » Cette disposition, adoptée par les Coutumes réformées postérieurement à celle de Paris, telles, notamment, que celles d'Orléans et de Calais, n'était pas suivie dans les Coutumes de Normandie, du Maine et de l'Anjou, par cette excellente raison qu'en ces Coutumes, les meubles, et par conséquent les Offices, avaient suite par hypothèque à l'égard des créanciers, c'est-à-dire au point de vue du droit de préférence ; de sorte qu'on y avait égard à la suite et ordre des hypothèques (233).

---

(231) Sur le cas de résignation de l'office avant réception, voy. *supra*, § 1er, p. 179, *a*, et pp. suiv., et note 174 *sub fin.*, p. 190.

(232) Voy., sur les développements qui précèdent, Loyseau, *ubi supra*, nos 56 à 62 inclus, et Basnage, *Traité des hypothèques*, 1re partie, chap. x.

(233) Voy. note 214, *supra*. — Il en était de même dans les pays de droit écrit, et spécialement dans le ressort du Parlement de Bordeaux: « ..... dans le ressort de la Cour de Parlement de Bordeaux l'Office n'est pas seulement reputé immeuble quant à la suite sur le nouveau pourveu, » lisons-nous dans Maichin (*op. cit.*, p. 233), « mais aussi quant à l'hipotéque même pour être payé sur le prix d'icelui du jour et datte de

Aussi, l'art. 514 de la Coutume de Normandie ne contenait-il pas les derniers mots de l'art. 95 de la Coutume de Paris, et se bornait-il à dire : « Office vénal est réputé immeuble, et a suite par hypotheque quand il est saisi sur le detteur par autorité de Justice, avant résignation admise et provision faite au profit d'un tiers, et peut être adjugé par décret. » (234) Il résultait de cette disposition, que, dans cette Coutume, les deniers provenant de l'adjudication par décret d'un office vénal, étaient distribués entre les créanciers selon l'ordre de leurs hypothèques, comme s'il se fût agi d'un véritable immeuble, ce qui aurait encore eu lieu, lors bien que les offices vénaux y eussent été réputés meubles, puisqu'en Normandie, les créanciers étaient payés sur les meubles selon l'ordre de naissance de leurs droits hypothécaires.

La raison de la décision de la Coutume de Paris était si obscure et si difficile, nous rapporte Loyseau, qu'on ne laissait pas d'en douter, et, ajoutait-il, « d'en plaider encore tous les jours. Mesme j'ay ouy dire qu'il s'en est donné des Arrests fort differents. » Toute la difficulté provenait encore de l'indétermination du caractère mobilier ou immobilier des offices. Les uns, les tenant pour meubles, soutenaient que le premier saisissant devait être le premier payé sur leur prix, en conformité de l'art. 178 de la Coutume (235).

---

son contrat quand il y a saisie sur le résignant ou opposition au sçeau devant la résignation admise. (Voy. *infra*, SECONDE PÉRIODE, II.) Parce que par la pratique de ce Parlement les meubles mémes, non fictifs, mais vrays et naturels étans saisis, ils sont rendus en quelque façon immeubles par le moyen de la saisie, laquelle les affecte aux creanciers, *pignusque prætorium efficit* (voy. *supra*, note 218), de sorte que chacun y vient selon le tems de son obligation. »

(234) Voy. le commentaire de cet article, par Basnage, ainsi que le *Traité des hypotheques* de cet auteur, 1ʳᵉ partie, chap. x *sub fin.*

(235) On avait, en effet, agité, dans la Coutume de Paris, la question de savoir si un office vénal ayant été saisi réellement sur un débiteur, ou un débiteur ayant été poursuivi dans le but de s'entendre condamner à bailler procuration pour résigner son office, et plusieurs créanciers ayant formé opposition à la saisie réelle ou au sceau, les deniers de la vente ou adjudication devaient être délivrés à titre de provision, ou de *préférence provisionale*, selon le langage du temps, au premier saisissant, ou au premier poursuivant, en donnant caution de les rapporter pour être distribués par déconfiture au sol la livre entre les divers créanciers opposants, en cas d'insuffisance des biens du débiteur, le tout conformément aux articles 178, 179 et 180 de la Coutume de Paris. Quelques auteurs se prononçaient en faveur du premier saisissant, en alléguant

D'autres, les réputant immeubles à tous égards, prétendaient que leur prix devait être distribué selon l'ordre des hypothèques. Pour Loyseau, enfin, qui pensait qu'ils n'étaient proprement ni meubles ni immeubles, leur prix ne devait être distribué ni comme celui des meubles, ni comme celui des immeubles ; « mais », disait-il, « comme l'Office a sa qualité à part, aussi pour cette distribution il a sa façon particuliere, à sçavoir que son prix doit être distribué par contribution au sol la livre entre tous les creanciers de l'Officier, comme il fut jugé par Arrêt solemnel de la veille de Pentecôte 1557. prononcé par M. le President le Maistre : sur lequel Arrest a été dressé nôtre art. 95. qui a été transcrit mot à mot aux Coûtumes depuis reformées : et lequel partant doit, à mon advis, être observé par tout. »

Cependant, comme il n'y avait encore rien de certain de son temps en matière d'offices, malgré sa clarté, la décision de notre article souleva des difficultés judiciaires dont le résultat fut de faire éclore un nouveau système.

---

que, d'après l'art. 95 de cette Coutume, les deniers de l'adjudication de l'office étant sujets à contribution comme meubles, le premier saisissant devait avoir le même avantage sur les deniers provenant de la vente d'un office, que sur ceux provenant de meubles saisis et exécutés. On invoquait, à l'appui de cette doctrine, un arrêt du 17 mars 1617, rapporté au chapitre 51 de la troisième centurie ajoutée aux arrêts de Le Prêtre. L'opinion contraire, qui déniait au premier saisissant la prérogative dont nous parlons, avait néanmoins prévalu, et la pratique s'était, avec raison, fixée en ce sens, que les deniers devaient être distribués par contribution entre lui et les autres créanciers opposants. Les termes de l'art. 178 prouvaient bien, en effet, par eux-mêmes, que cette disposition n'était pas applicable aux offices, puisqu'il ne s'était jamais dit qu'on arrêtait et qu'on prenait par exécution un office. Au reste, cet article, contenant une disposition exceptionnelle, était de droit étroit, et ne pouvait être étendu. Quant à l'arrêt de 1617, il « est singulier, et ne doit être suivi par les raisons cy-dessus », disait de Renusson ; et il ajoutait : « le contraire se pratique, et cet Arrêt est rapporté dans la troisième Centurie, qui n'est pas de Monsieur le Prêtre ; il n'y a que les deux premieres Centuries qui sont de cet Auteur, qui étoit un Magistrat éclairé, et qui a travaillé avec exactitude aux Memoires qu'il a donnez au public, auxquels on ajoûte grande foy. » (Voy., sur cette question, de Renusson, *Traité des propres*, chap. v, sect. iv, n° 94, et comp. *supra*, p. 333 *in init.*) Ajoutons, au surplus, que la question que nous venons d'examiner n'avait lieu de se poser que sous le système antérieur à l'édit de 1683, c'est-à-dire que dans la théorie de l'art. 95 de la Coutume de Paris, suivant lequel, à l'égard des offices vénaux, on venait à contribution entre les opposants. Mais du jour où les créanciers opposants vinrent par ordre d'hypothèque, il est clair que cette question devint sans objet.

Sous le prétexte que cette disposition avait été édictée en conséquence du principe suivi lors de la réformation de la Coutume de Paris, que les offices ne pouvaient être décrétés, si ce n'est après discussion des autres biens (236), de telle sorte qu'on se trouvait toujours au cas de la déconfiture, laquelle égalait les créanciers les uns aux autres, en passant le niveau sur leurs droits respectifs, et sur le fondement que cette règle avait depuis lors changé, on en était venu à dire que le prix de l'office décrété devait être distribué selon l'ordre des hypothèques, à charge néanmoins, par ceux qui en toucheraient les deniers, de bailler caution de les rapporter, pour être mis en contribution, en cas d'insolvabilité du débiteur, après discussion de ses autres biens, aux termes de l'art. 180 de la même Coutume, qui toutefois ne parlait que de meubles.

Cette théorie, que Loyseau appelait une *imagination,* bien qu'il avouât qu'elle semblait plausible au premier abord, et qu'il allât jusqu'à dire, prophétisant à nouveau l'avenir, comme nous le verrons d'ici peu : « mesme que possible elle sera suivie, maintenant que les Offices tendent plus que jamais à l'heredité et proprieté », cette théorie, disons-nous, établissait une pratique trop directement contraire aux dispositions de la Coutume, pour avoir été admise par ce jurisconsulte. Aussi la repoussait-il, en invoquant trois arguments principaux. C'était, d'abord, que, dans l'hypothèse même de la déconfiture, bien que la Coutume déclarât dans son article 180, qu'il n'y avait déconfiture que quand le débiteur était insolvable tant en meubles qu'en immeubles (237), toujours était-il que, d'après son article 179, la contribution ou distribution au sol la livre n'avait lieu qu'à l'égard du prix de ses meubles, et non à l'égard du prix de ses immeubles, qui était toujours distribué suivant l'ordre des hypothèques. Par consé

<hr />

(236) Voy. *infra,* texte et note 266.

(237) Comp. la définition que donne de la déconfiture Bouteillier dans sa *Somme rurale :* « Contribution que ruralement on appelle Cas de déconfiture, est quand le vaillant de la personne ne suffit pour satisfaire à tous ses creanciers. » Ce passage est cité par Loyseau, liv. III, chap. VIII, n° 10.

quent, si la Coutume avait réputé l'office vénal immeuble et susceptible de vraie suite d'hypothèque, ainsi que les immeubles, à l'égard des créanciers, elle n'aurait pas décidé que son prix devait venir en contribution, au cas même de la déconfiture et de l'insolvabilité prouvée et constatée du débiteur.

« D'ailleurs c'est chose notoire, » ajoutait-il comme seconde raison, « que deslors de la reformation de cette Coûtume on pratiquoit, que les creanciers privilegiez pouvoient faire decreter l'Office d'un homme solvable, avant la discussion de ses autres biens, auquel cas il n'y a apparence de dire qu'il ne falût pas suivre (à l'égard des autres creanciers opposans au decret d'iceluy) la decision de cet article [95], qui est generale et indefinie. »

Enfin, les partisans de la thèse adverse se rendaient coupables d'une contradiction, en se prononçant, d'un côté pour la distribution du prix de l'office décrété selon l'ordre des hypothèques, et en imposant, de l'autre, aux créanciers l'obligation de fournir caution de le rapporter en cas d'insolvabilité ; c'était là, en effet, à la fois juger l'office immeuble, en tant qu'on y gardait l'ordre des hypothèques, et le considérer comme meuble, en tant qu'on le remettait en contribution en cas d'insolvabilité, puisqu'il n'y avait que le prix des meubles qui y entrait. « Or j'ay bien dit au Chapitre precedent (liv. III, chap. IV), qu'en diverses occurrences, l'Office étoit tantôt reputé immeuble et tantôt meuble pour diverses considerations : mais ce seroit une absurdité monstrueuse, mesme une impossibilité de droit, qu'en un mesme cas et une mesme occurrence, l'Office fût tenu tout ensemble pour meuble et pour immeuble. »

Au surplus, la doctrine que combattait Loyseau, et qu'il qualifiait de *paralogisme*, reposait, comme il le faisait observer, sur une méprise touchant la raison de décider de notre art. 95, qui n'était pas du tout fondé sur l'ancienne pratique de ne décréter les offices qu'après discussion des autres biens, mais sur ce que l'office n'était pas susceptible de vraie suite d'hypothèque ; il n'était susceptible seulement que de la suite de saisie, et voilà

pourquoi étant décrété, la distribution de son prix donnait ouverture à une procédure non pas d'ordre, mais de contribution (238).
C'était, en effet, la règle générale, que toutes les fois qu'il n'y
avait pas vraie hypothèque, il fallait venir à la contribution, sauf
en la simple exécution des purs meubles, au sujet de laquelle
nous avons vu l'art. 178 de la Coutume de Paris accorder un
droit de préférence au premier saisissant, contrairement aux pays
de droit écrit, qui n'admettaient pas ce privilège, lequel, nous le
savons, cessait, du reste, dans les pays coutumiers eux-mêmes,
en cas de déconfiture (art. 179 de la Coutume de Paris). Mais,
relativement au décret des immeubles, on pratiqua de tout
temps indistinctement la répartition égale des deniers entre les
chirographaires, que le débiteur fût solvable ou non.

Ajoutons que la stipulation par les créanciers de l'officier
d'une hypothèque générale sur tous les biens de leur débiteur,
n'aurait pas fait varier la solution donnée, l'hypothèque, en tant
qu'elle grevait son office, n'ayant pas de vraie suite hypothécaire, c'est-à-dire ne procurant pas de droit de préférence (239).

---

(238) Les deniers des augmentations de gages devaient-ils être distribués entre les
créanciers par ordre d'hypothèque, comme le prix des rentes, ou devaient-ils faire
l'objet d'une distribution au sol la livre et par déconfiture comme le prix des offices?
Cette question, discutée au Parlement de Paris, et amplement traitée dans le *Journal
des Audiences*, fut tranchée par un arrêt du 7 septembre 1659, rapporté dans ce *Journal*, t. 2, liv. 2, chap. 43, en ce sens que ces deniers devaient être distribués entre les
créanciers par ordre d'hypothèque, comme étant de véritables rentes. (Voy. Basnage,
Traité des hypothèques, 1re partie, chap. x, et Bourjon, *Le droit commun de la
France*, liv. II, tit. xi, 3e partie, chap. vi, section i, note sur le n° 1.) — Comp. la
note suivante, et *infra*, SECONDE PÉRIODE, iii, note 361.

(239) Voy., sur tout ce qui précède, Loyseau, liv. III, chap. v, n°⁸ 63 à 75 inclus. —
La solution qui vient d'être donnée, relativement à la distribution par contribution
du prix de l'office vénal décrété, était-elle applicable aux gages attribués à cet office?
En d'autres termes, les gages qui avaient été attribués à un office suivaient-ils la nature
de la charge? Ne composaient-ils qu'un seul et même titre avec l'office auquel ils
étaient annexés? Ou bien ne devaient-ils pas plutôt être considérés séparément de la
charge, et, par conséquent, être affectés aux hypothèques des créanciers, et le prix en
être distribué par ordre d'hypothèque? Cette question se résolvait par une distinction
entre les gages annexés par les édits de création, et concédés pour la fonction et pour
l'exercice de l'office, d'une part, et les augmentations de gages qui n'avaient d'autre
cause que la finance payée au Roi, d'autre part. A l'égard des anciens gages attribués
à l'office, et qui avaient pour cause sa fonction et son exercice, ils n'étaient point considérés séparément de la charge, parce qu'ils procédaient, en effet, d'un seul et même

Ainsi qu'il est à présent aisé de le voir, les créanciers, au temps de Loyseau, ne trouvaient pas dans l'hypothèque une garantie bien efficace, puisque, en ce qui concerne le droit de suite proprement dit, son exercice se trouvait subordonné à la condition nécessaire de la saisie préalable de l'office sur le débiteur par autorité de justice, avant la résignation admise, et la provision faite au profit d'un tiers, et qu'en ce qui touche le droit de préférence, il n'existait pas. Aussi ce jurisconsulte put-il écrire avec vérité, que les offices vénaux, n'ayant pas de suite par hypothèque, n'étaient susceptibles ni d'hypothèque privilégiée ou privilège réel, ni d'hypothèque simple, soit expresse, soit tacite, mais que les seuls créanciers que l'on pouvait rencontrer pour s'en disputer le prix, étaient les créanciers munis d'un privilège personnel ou simplement privilégiés, et les créanciers ordinaires (240).

Cet auteur nous rapporte cependant que ce fut, à son époque, une grande question que celle de savoir si les créanciers privilégiés, comme ceux qui avaient prêté pour l'achat de l'office ou celui-là même qui l'avait vendu, ne devaient pas être exceptés de la règle de l'art. 95 de la Coutume de Paris, d'après lequel le prix

titre : c'était donc un accessoire qui suivait la nature de la chose principale. Quant aux augmentations de gages, au contraire, qui n'avaient d'autre cause que la finance payée au Roi, ces gages augmentés étaient distincts du titre de l'office, et étaient considérés comme formant un élément séparé de la charge. C'est ainsi qu'ils pouvaient être possédés par toutes sortes de personnes, officiers ou non officiers: qu'ils étaient dans le commerce, et étaient considérés comme des rentes sur l'hôtel de ville ; c'est ainsi encore qu'ils étaient sujets aux hypothèques des créanciers, qui pouvaient agir contre les tiers acquéreurs, et que le prix s'en distribuait par ordre d'hypothèque. (Voy. un arrêt du 7 septembre 1659, et *Journal des Audiences*, t. 2, liv. 2, chap. 43; de Renusson, *Traité des propres*, chap. v, sect. iv, n° 97; Basnage, *Traité des hypothèques*, 1re partie, chap. x *sub fin.*; de Héricourt, *Traité de la vente des immeubles*, chap. 11, sect. 2, n° 14.) Sérieux, en sa première observation, *in fine*, sur le n° 58, *eod.*, du *Traité des propres*, éd. in-f° de 1760, écrivait de même que les augmentations de gages, lorsqu'elles étaient attachées au corps de l'office, en suivaient en tout la nature, mais que, quand elles n'avaient d'autre cause qu'une finance payée au Roi, et qu'elles pouvaient être possédées par d'autres personnes que des officiers, elles suivaient la nature des offices domaniaux, qui pouvaient être, nous le savons, saisis réellement, et dont le prix était distribué par ordre d'hypothèque ; « et on est en droit », ajoutait-il, « de poursuivre l'acquéreur pour faire déclarer ce genre de biens affecté et hypothéqué aux dettes du précédent hypothécaire. » — Comp. la note précédente, et *infra*, la note 361.

(240) Voy. Loyseau, liv. III, chap. viii, n°s 28, 37 *in fine*, 87 et 94 *in fine*.

de l'office décrété venait en contribution, et se distribuait au sol la livre entre les créanciers de l'officier, et s'ils ne devaient pas, par conséquent, recevoir par préférence l'intégralité de ce qui leur était dû. Ce qui donnait lieu à cette difficulté, c'étaient, d'un côté, les termes extrêmement généraux de la Coutume, qui, parlant indistinctement, ne semblait pas autoriser de distinction de la part de l'interprète, et, d'un autre côté, l'art. 179 de la même Coutume, qui disposait, nous l'avons vu, qu'en cas de déconfiture, chaque créancier viendrait à contribution, et qu'il n'y aurait point de préférence ou de prérogative entre les divers intéressés pour quelque cause que ce fût. Le créancier hypothécaire venant à contribution sur le prix de l'office, aurait-on pu dire, pourquoi le créancier privilégié y serait-il préféré ? Néanmoins, Loyseau tranchait, avec raison, le problème en ce sens que les privilégiés étaient, par exception à l'art. 95, préférables sur le prix de l'office. Quant à l'art. 179, il était aisé d'y répondre, en remarquant, relativement au résignant et au bailleur de fonds, que la vente de l'office n'était pas la déconfiture. De plus, ajoutait Loyseau, « j'ose bien dire que cette decision, comme elle a été trop legerement et inconsiderement ajoutée à nostre Coustume à sa derniere reformation, aussi n'est-elle nullement observée.

« Car il est tout notoire que le loüange de la maison, les frais funeraux, les impenses de la maladie, les gages des serviteurs, sont preferez en la déconfiture (241). Même j'ay veu juger par Arrest solennel de Pasques 1588. touchant des cuirs vendus à un marchand d'Espernon, que le vendeur seroit preferé sur iceux pour son prix, dont il avoit donné terme...... »

Pour ce qui est de l'argument tiré de ce que le créancier hypothécaire venant en contribution au décret de l'office, de même en devait-il être du créancier privilégié, il était facile de l'écarter, en observant que, si le créancier muni d'une hypothèque n'avait pas

---

(241) Comp. la note d'Eusèbe de Laurière, sur les mots : *doit être le premier païé*, de l'art. 178 de la Coutume de Paris, et sa note sur l'art. 179 de la même Coutume. Voy. ausi Loyseau, liv. III, chap. VIII, n° 51.

do préférence, cela tenait à ce que l'hypothèque ne s'asseyait pas, ou du moins n'imprimait pas sur l'office un caractère et un droit réels, c'est-à-dire ne l'affectait, non plus que les meubles, d'aucun droit de préférence (242).

Voilà l'exposition et l'explication des deux effets de la suite de saisie des offices vénaux, tels qu'ils résultaient, au profit des créanciers des titulaires pourvus, des termes des art. 95 de la Coutume de Paris, et 485 de la Coutume d'Orléans; et voilà, en même temps, en quel sens les créanciers pouvaient avoir hypothèque sur ces charges au commencement du XVIIᵉ siècle.

Mais, quel que soit un droit, il n'a de valeur pratique qu'autant que celui qui en est investi a entre les mains les moyens propres à le mettre en exercice. Or, des développements qui précèdent, il résulte que les créanciers du titulaire d'un office vénal pouvaient se faire payer sur le prix de cet office, et même en poursuivre la vente forcée. Nous avons même répété à plusieurs reprises, et sous forme de conclusion générale touchant les privilèges et les hypothèques grevant la charge du débiteur, que la saisie préalable était la condition nécessaire à l'exercice du droit de suite. C'est de cette saisie qu'il nous reste à parler brièvement.

III. — *De l'arrêt et de la saisie réelle des offices vénaux* (243).

Il faut, avant tout, en abordant ce sujet, partir de ce principe, que l'on distinguait, dans notre ancienne France, trois sortes de saisies en gages de justice, savoir : l'exécution, pour les meubles; la saisie réelle, pour les immeubles ; enfin l'arrêt, pour les choses incorporelles, qui, ne pouvant être actuellement saisies et appréhendées, étaient seulement arrêtées verbalement entre les mains de celui par devers lequel elles résidaient, ou qui en était débiteur, jusqu'à ce que l'arrêtant ayant exercé contre lui la même

---

(242) Voy., sur toute cette dernière question, Loyseau, liv. III, chap. VIII, nᵒˢ 1 à 14 inclus. Voy. aussi, dans le même sens, de Renusson, *Traité des propres*, chap. V, sect. IV, nᵒ 116.

(243) Voy., sur cette matière, Loyseau, liv. III, chap. VI.

action qui appartenait à celui à raison de la dette duquel était fait l'arrêt, en ait obtenu sentence à son profit : il pouvait alors, selon le langage technique, user ou d'exécution ou de saisie.

Il suit de ce qui précède, qu'à proprement parler, ni l'exécution ni la saisie ne pouvaient avoir lieu en ce qui concernait les offices, aux yeux de ceux du moins qui, comme Loyseau, considéraient qu'ils n'étaient ni meubles ni immeubles. « Mais », disait cet auteur, « estans incorporels, le simple arrest y peut échoir. Aussi est-ce la forme ordinaire dont on use, que de faire arrest de l'Office és mains de Monsieur le Chancelier, qui a un Commis exprés à sa suite, ayant charge de recevoir les exploits de ces arrests, et les enregistrer (244) : et telle est proprement la solemnité essentielle et necessaire des arrests des Offices. Quelquefois aussi, par une precaution surabondante, on les signifie encore au Tresorier des parties casuelles, et on les fait enregistrer en son registre, ce qui est le plus seur : mesme aucuns, crainte de faillir, les font signifier outre cela au Procureur du Roy de la Justice, où le resignataire doit étre receu. » (245)

L'effet de cet arrêt, sur la forme duquel on pourra consulter le même jurisconsulte (246), était de mettre obstacle à ce que l'officier ou son résignataire pussent faire mettre la résignation au rôle des parties casuelles, et, dans tous les cas, lorsqu'on présentait au sceau les provisions du résignataire, d'en faire différer l'expédition, jusqu'à ce que l'arrêt eût été levé, si sur le registre des arrêts faits sur les offices, on trouvait que la charge en question était arrêtée. « Mais quoy qu'il en soit, » écrivait Loyseau, « si alors la taxe de la resignation est payée, l'Office ne se perd plus par la mort du resignant, au moins dedans l'an : pource qu'à l'égard du Roy la resignation est reputée admise par la reception

---

(244) Ainsi que le remarque Loyseau (*loc. cit.*, n° 15), la charge du commis du chancelier correspondait à celle du *primicerius notariorum* du Bas-Empire, qui avait la garde du *laterculum majus*. (Voy. *Dr. rom.*, chap. I, § 4, t. I, pp. 403 et suiv.)

(245) Voy. Loyseau, *loc. cit.*, n°s 1 à 8 inclus.

(246) *Eod.*, n° 9.

de cette taxe : aussi la provision est-elle toujours dattée du jour de la quittance d'icelle. » (247)

L'arrêt de l'office, ainsi que nous venons de le voir, n'avait d'autre effet que de mettre obstacle à ce que l'officier le vendît et le résignât ; mais, pour le faire vendre au profit du créancier, d'autres formalités étaient nécessaires. « C'est pourquoy, et aussi que l'Office ne reside pas en une tierce personne, comme les debtes et actions, mais reside en celle mesme du debiteur ; on a trouvé, outre cet arrêt, une autre voye pour acheminer le payement de la debte, qui est de faire une saisie réelle sur l'Office, afin de faire vendre. Je dy une saisie réelle, comme d'un immeuble, pour aprés le decreter et non pas une execution, pour le vendre à l'encan et subhastation, comme un simple meuble : et ce à cause de la valeur et consequence publique des Offices. » (248)

La saisie des immeubles incorporels, qui, de leur nature, étaient amortissables, comme les rentes constituées et les offices, se faisant à deux fins, la première pour qu'ils ne pussent être amortis et éteints au préjudice du saisissant, l'autre afin qu'ils pussent être vendus à son profit (249), il s'ensuit que nous devons nous occuper tour à tour de la saisie de l'office, en tant que faite pour empêcher qu'il fût vendu et résigné par le titulaire débiteur, et de la saisie en tant que pratiquée pour le faire vendre en justice.

De cette seconde, il sera traité ci-après, sous le N° IV. Occupons-nous, pour le moment, de la première.

La saisie opérée par le créancier de l'officier dans le but de l'empêcher de vendre sa charge se réalisait, avons-nous dit, par l'arrêt. Or la garantie qui en découlait était loin d'être absolue ; car, tandis qu'appliqué aux dettes il imposait au tiers saisi l'obligation de payer deux fois, s'il s'avisait de vider ses mains à son

---

(247) Voy. Loyseau, eod., n° 10.
(248) Loyseau, eod., n° 11 et 12.
(249) Voy. Loyseau, liv. III, chap. VII, n° 3.

mépris et sans ordonnance de justice, soit au profit de saisi, soit au profit de toute autre personne que le saisissant, il ne procurait pas cette assurance en matière d'offices; si, en effet, le Trésorier des parties casuelles avait, au préjudice de l'arrêt, baillé sa quittance de la taxe de la résignation, ou même si, par surprise ou par la négligence de son commis, le Chancelier avait scellé les provisions du résignataire, comme cela pouvait arriver, il est certain que ni l'un ni l'autre n'étaient tenus de payer les dommages-intérêts. C'était là, sans contredit, un inconvénient considérable.« Car il faut, » ainsi que le remarquait Loyseau, « ou que le creancier, qui volontiers n'a plus d'autre récousse que sur l'Office, et qui a fait tout ce qu'il a pû pour s'en asseurer, ou que l'acheteur de l'Office qui possible en aura payé le prix de bonne foy, lors qu'on luy a fourny les lettres de provision, ainsi qu'on a accoûtumé de faire, perdent la valeur de l'Office : c'est alors qu'il y a bien à disputer entr'eux, sur qui doit tomber cette perte si notable. » Après avoir déclaré qu'en bonne école, c'était le commis du Chancelier qui aurait dû être responsable, et après avoir constaté toutefois que telle n'était pas la pratique suivie, par cette double raison que l'habitude n'était pas de s'adresser à un commis, mais plutôt à l'officier qui le commettait, sauf son recours contre lui, et que d'ailleurs le commis pouvait toujours s'excuser, en alléguant que les lettres de provision avaient été scellées par surprise et à son insu, il proposait de remédier à l'inconvénient signalé, en imposant au commis de bailler certificat aux résignataires qu'il n'y aurait point d'arrêt sur leur office, et en prescrivant qu'à défaut de ce certificat, les résignations ne seraient pas valablement expédiées, non plus que sans la quittance du quart denier. Grâce à ce procédé, en effet, le commis eût été responsable de la vérité de son certificat (250).

Quoi qu'il en soit, qu'arrivait-il, lorsqu'au préjudice de l'arrêt solennellement fait entre les mains du Chancelier, la provision

---

(250) Voy., sur ce qui précède, Loyseau, liv. III, chap. vi, nos 13 à 15 inclus.

était néanmoins expédiée au résignataire ? Sur qui, de ce dernier
ou du créancier, devait tomber la perte ? La question semble, au
premier abord, tranchée par ces mots de l'art. 95 de la Coutume
de Paris : « Office vénal ..... a suite par hypothèque quand il
est saisi sur le debteur par autorité de justice, paravant résignation admise et provision faicte au profit d'un tiers.....» Mais
la difficulté provenait de ce que l'article disait *saisi* et non pas
arrêté. Or le mot *saisie* prêtait à équivoque, parce que tantôt
il était spécial, et signifiait alors la saisie réelle des immeubles,
et que tantôt il revêtait un sens général, et comprenait les trois
espèces de gages de justice énumérés plus haut. Sans nous
attarder à dresser la nomenclature des différentes raisons et
des arguments divers que pouvaient invoquer, chacun en sa faveur, les intéressés que nous savons, bornons-nous à dire que
Loyseau, qui les a d'ailleurs soigneusement enregistrées et
consignées, et auquel on pourra se reporter, tranchait par une
distinction, la question de savoir si le simple arrêt pouvait produire droit de suite. Il distinguait les choses qu'on ne pouvait
autrement saisir et mettre sous la main de justice que par voie
de simple arrêt, telles que les pures dettes mobilières, de celles
qui étaient à la fois susceptibles d'arrêt et de saisie concurremment,
comme les rentes constituées. Dans le premier cas, il tenait que
l'arrêt avait suite et que cette suite produisait ses deux effets
ordinaires, d'empêcher, d'un côté, qu'au mépris de l'arrêt un tiers
cessionnaire pût recevoir paiement, et de rendre, d'autre part,
préférable le premier arrêtant à tous autres créanciers ; et la
raison qu'il donnait de cette solution, c'est que l'arrêtant avait
fait tout ce qu'il était en son pouvoir de faire pour la sauvegarde de ses droits, et que, par conséquent, il ne pouvait être
accusé d'aucune faute ou négligence. — Mais, relativement aux
choses qui étaient susceptibles d'arrêt et de saisie concurremment,
il estimait que le droit de suite ne pouvait avoir lieu que par la
saisie réelle. La conclusion s'imposait alors d'elle-même : c'est
qu'en matière d'offices où, comme en matière de rentes constituées,

l'arrêt et la saisie avaient lieu ensemble, il fallait que le créancier qui voulait s'assurer de son dû sur l'office, lequel était encore moins susceptible d'hypothèque, et, par conséquent, de suite, que n'était la rente, fît tout ce qui était en lui pour réaliser sa saisie, afin qu'elle imprimât un droit de suite en l'office. Partant de là, une sous-distinction était nécessaire : si d'abord l'office consistait en gages, alors, pour empêcher d'une manière absolue son titulaire débiteur de le vendre, il fallait l'en déposséder par une saisie réelle, avec établissement de commissaire pour recevoir les gages, aux termes de l'article 353 de la Coutume de Paris, qui portait : « En toute chose saisie, et mise en criées, faut establir commissaire. Et ès offices où y a gages, sera establi commissaire pour recevoir les fruicts. » — Que si, au contraire, il n'y avait aucuns gages en l'office, il n'était pas besoin, comme nous le verrons plus bas (p. 360), d'y établir commissaire pour en réaliser la saisie et déposséder davantage l'officier, et, partant, la saisie ou arrêt pratiqué entre les mains du Chancelier et signifié au débiteur avec élection de domicile, pouvait être considéré comme une saisie réelle, attendu que sur cet arrêt on pouvait « enter » valablement un décret. C'est qu'en effet, cet exploit, qui pouvait être pris pour une saisie réelle ou pour un simple arrêt, devait être interprété de la façon la plus favorable à celui qui l'avait fait. Si néanmoins, après cet arrêt, le créancier laissait s'écouler un long espace de temps avant de commencer les criées de l'office, on aurait pu interpréter l'exploit pour un simple arrêt, et non pour une saisie réelle, et lui dénier en conséquence la suite par hypothèque. Le plus sûr, pour mieux réaliser la saisie de l'office sans gages, était donc d'en commencer les criées ; car, encore qu'on les eût discontinuées par la suite, ou même qu'on les eût laissé suranner et périmer, la saisie n'en demeurait pas moins toujours « en sa force, en qualité de saisie réelle. »

A supposer qu'il n'y eût qu'un simple arrêt sur l'office ayant gages, et que, malgré cet arrêt, le résignataire ait été pourvu, l'arrêtant aurait-il pu, en vertu de son arrêt, s'opposer à sa réception? Oui, dans l'hypothèse où le résignataire aurait été de mauvaise foi, ou se serait rendu coupable de dol, comme s'il avait connu l'arrêt, et avait acheté sciemment l'office saisi et dont le pourvu n'avait plus la libre disposition. Il y a mieux : si le résignataire était, par dol, parvenu à cacher l'arrêt au Chancelier, lorsque celui-ci avait scellé ses lettres de provision, il aurait pu être poursuivi en quelque temps que ce fût, et même après son installation. — Mais si, à l'inverse, le résignataire avait ignoré absolument l'arrêt de l'office, il fallait distinguer s'il n'avait pas encore ou avait déjà payé de bonne foi ses deniers à son résignant : au premier cas, le créancier du résignant pouvait les faire arrêter, et, sans nouvel arrêt, poursuivre le résignataire en paiement de sa dette, par voie d'opposition ou d'arrêt, comme aurait pu le faire le résignant lui-même auquel son créancier se substituait, et dont il ne faisait qu'exercer les droits et actions. Dans le second cas, le résignataire était à l'abri de tout recours de la part du créancier de son résignant, et cela pour deux raisons : c'est d'abord qu'ayant payé de bonne foi, ce qui était à présumer, puisque, d'ordinaire, on baillait son argent en échange des provisions qu'on recevait, il n'eût pas été raisonnable de dire qu'il avait mal payé, alors qu'il avait eu juste raison de croire que l'office n'était pas arrêté, puisqu'on lui en avait expédié les provisions sans aucune difficulté ; c'est, en second lieu, que le créancier avait été négligent de ne pas faire la saisie réelle de l'office avec établissement de commissaire ; car l'acheteur l'aurait vraisemblablement pu connaître du payeur des gages, auquel cette saisie réelle avait coutume d'être signifiée : il aurait donc été mal venu à faire payer une seconde fois le résignataire (251).

Quant à la saisie réelle de l'office, dont la vraie propriété résidait par devers le Roi, il fallait, d'après Loyseau, la signifier au Chancelier, qui en était le représentant ; autrement, elle n'aurait

---

(251) Voy., sur tout ceci, Loyseau, *ubi supra*, n°s 16 à 27 inclus.

pas été réalisée par prise et appréhension suffisante de la chose saisie; du moins une pareille saisie n'aurait pas produit droit de suite pour empêcher que le résignataire demeurât vrai seigneur de l'office, après avoir obtenu ses provisions du Chancelier qui, dans l'ignorance où il aurait été de la saisie à lui non signifiée, n'aurait eu garde de se refuser à les sceller (252).

La saisie étant supposée bien et dûment faite, elle produisait incontestablement droit de suite sur l'office, par l'effet duquel le

---

(252) Voy. Loyseau, *eod.*, n° 28 et 29. — De Renusson, se demandant si le créancier qui avait saisi réellement l'office de son débiteur, et les autres créanciers qui avaient formé opposition à la saisie, étaient encore obligés, pour la conservation de leur créance, de s'opposer au sceau; si, ne l'ayant pas fait, le saisi pouvait, à leur préjudice, vendre son office, et l'acquéreur obtenir ses provisions, et enfin si les provisions purgeaient alors leurs privilèges et hypothèques, De Renusson, disons-nous, tout en reconnaissant que, suivant quelques jurisconsultes, la saisie réelle ne suffisait pas, si elle n'avait pas été signifiée au Chancelier et enregistrée au sceau, et que le saisi pouvait en toute liberté vendre, et l'acquéreur obtenir des provisions, et purger par le sceau les privilèges et hypothèques du saisissant, se prononçait formellement en sens contraire. Pour lui, la saisie réelle suffisait pour conserver au saisissant sa créance et son droit d'hypothèque, sans qu'il eût besoin de la signifier au Chancelier et de la faire enregistrer au sceau : il se fondait sur ce qu'il n'avait pas été au pouvoir du saisi de vendre ni de résigner son office, qui, en vertu de la saisie réelle, était devenu le gage de la justice, d'où il résultait qu'en cas de vente ou de résignation de l'office par le saisi, le saisissant et les opposants à la saisie réelle avaient suite par hypothèque contre le tiers acquéreur. « En effet », disait-il, « nous n'avons point de Loi qui oblige le saisissant de signifier la saisie réelle à Monsieur le Chancelier, ni de la faire enregistrer au Sceau; Au contraire, nous avons la disposition expresse de l'article 95. de la Coûtume reformée de Paris, qui dit que l'Office venal qui est saisi par autorité de Justice sur le débiteur auparavant resignation admise, et provision faite au profit d'un tiers, a suite par hypotheque, et par conséquent la saisie réelle conserve le droit au saisissant, et aux creanciers opposans à la saisie réelle. On ne peut pas aller contre la disposition de la Coûtume, qui est une circonstance qui doit avoir son execution. » Il citait, à l'appui de sa doctrine, deux arrêts, l'un du 22 avril 1651, rapporté dans le *Journal des Audiences*, t. 1, liv. 6, chap. 23, et aussi par Henrys, t. 2, liv. 2, quest. 9, qui le date toutefois du 24 avril; l'autre, du 22 (*alias* 21) août 1673. (Voy. *Traité des propres*, chap. v, sect. iv, n° 100, 101 et 102. Comp. Ricard, qui nous rapporte que la même décision avait été donnée par un arrêt rendu à la suite d'une affaire dans laquelle il plaida pour l'une des parties. Voy. son observation sur l'art. 208 des *Coutumes du Bailliage de Senlis*, dans ses Œuvres, éd. in-f° de 1783, t. 2, f° 84 *in fine*. — Voy. enfin, sur cette même question, Basnage, *Traité des hypothèques*, 1re partie, chap. x.) — Nous verrons, par la suite, que si, dans le dernier état de notre ancien droit, la théorie qui précède fut confirmée en ce sens qu'après l'enregistrement de la saisie réelle, le titulaire ne pouvait plus disposer de l'office, alors même qu'il n'y avait pas d'opposition au sceau (voy. *infra*, SECONDE PÉRIODE, texte et note 293), du moins le changement de législation vint la condamner, d'autre part, en ce que la nécessité de l'opposition au sceau s'imposa à ceux-là mêmes qui avaient saisi réellement, pour la conservation de leurs droits de privilège ou d'hypothèque. (Voy. *infra, eod.*, t. et n. 357.)

résignataire était tenu ou de donner satisfaction à ses causes, c'est-à-dire de payer la créance du saisissant, ou de souffrir la vente de l'office par décret sur cette saisie.

Mais, jusqu'à quelle époque durait ce droit de suite en l'office? Persistait-il même après la réception et l'installation du résignataire? Loyseau, qui discutait longuement la question, lui donnait une solution affirmative, et c'est, croyons-nous, avec toute raison, vu les termes de l'art. 95 de la Coutume de Paris, qui, d'une manière très-générale, et sans aucune distinction, décidait que l'office vénal saisi avant la résignation, serait réputé immeuble, et aurait suite par hypothèque (253).

Observons seulement, avec le même jurisconsulte, que, si la saisie réelle de l'office faite avant la résignation admise, attribuait suite sur cet office même après la réception et l'installation du résignataire, à tout le moins cette suite ne durait-elle pas plus de cinq ans, à compter du jour de la réception de l'officier, attendu que la prescription des offices avait été, nous nous le rappelons, fixée à cinq ans par l'ordonnance de Charles VII, de 1446 (254), qui s'appliquait non-seulement à leur propriété, mais *a fortiori* aux hypothèques dont ils pouvaient se trouver grevés, et qui, certes, leur convenaient mal. Aussi Loyseau pensait-il qu'on pouvait tenter de soutenir, en vertu de l'art. 15 de l'ordonnance de Roussillon, de janvier 1563 (255), que cette suite ne devait pas durer plus de trois ans, « à commencer du jour de la saisie, au moins de la derniere procedure faite sur icelle »; et il ajoutait : « encore seroit-il raisonnable qu'il y eust une Ordonnance pour la restraindre à un, comme l'action de retrait, de complainte, et autres actions odieuses. Car c'est assez pour reveiller un creancier endormi, quand il void par un an tout entier, un tiers exerçant l'Office qu'il a saisi. » (256)

(253) Voy. Loyseau, *eod.*, n°ˢ 30 à 41 inclus.

(254) Voy. *supra*, § 1ᵉʳ, art. 7, pp. 235 et suiv.

(255) Isambert, t. 14, pp. 163 *in fine* et suiv.

(256) Voy. Loyseau, *eod.*, n°ˢ 41 et 42. Voy. aussi le n° 43, concernant la pratique suivie relativement à la poursuite de la saisie réelle de l'office contre le résignataire.

De ce qu'on pouvait, au préjudice du résignataire, se prévaloir de la saisie faite avant sa résignation, et, sur cette saisie, enter et continuer le décret, il ne fallait pas conclure, du moins d'après l'auteur des cinq livres des offices, que, si les créanciers du résignant n'avaient fait, antérieurement à la résignation, aucune diligence à fin de saisie ou d'opposition, leurs hypothèques leur étaient conservées par cette saisie opérée par un seul d'entre eux, en sorte qu'ils aient pu s'opposer après la résignation, lorsque le décret était recommencé ; en un mot, que l'office avait suite, tant au regard du saisissant, que des autres créanciers de l'ancien officier, ou, si l'on préfère, que la saisie opérée avant la résignation par un créancier, était conservatoire du droit de tous les autres. Non : la suite se restreignait au seul saisissant, et à ceux qui s'étaient opposés avant l'admission de la résignation. Une fois expiré le temps de saisie, le temps de s'opposer l'était pareillement, et les oppositions formées après la résignation admise, étaient tardives, et ne servaient plus de rien (257).

Voilà pour ce qui avait trait à la première phase de la saisie de l'office vénal, c'est-à-dire à la saisie pratiquée pour empêcher qu'il fût vendu et résigné par le titulaire débiteur.

Passons à présent à la seconde, c'est-à-dire à la saisie opérée dans le but de faire vendre l'office en justice.

IV. — *Du décret des offices vénaux* (258).

L'art. 95 de la Coutume de Paris réputant l'office vénal immeuble quand il était saisi dans les conditions que nous savons, il en résultait que, comme un immeuble, il ne devait être vendu qu'avec les

---

(257) Voy. Loyseau, *eod.*, n⁰ˢ 44 à 48 inclus. Comp. *supra*, note 227. — Un arrêt du Parlement de Rouen, du 8 mai 1668, analysé par Basnage, dans son *Traité des hypothèques* (1ʳᵉ partie, chap. x), jugea d'une façon spéciale, conformément à ce qui est dit au texte, que, par les nouvelles provisions et le changement de titulaire, les hypothèques des créanciers du résignant qui ne s'étaient point opposés au sceau, étaient purgées, et qu'il n'y avait que celles des opposants au sceau qui fussent conservées, sans profiter aux autres créanciers, qui s'en trouvaient déchus, quoique antérieurs.

(258) Voy., sur ce sujet, Loyseau, liv. III, chap. vii.

solennités du décret. Mais l'office constituant une espèce d'immeuble anomale et impropre, la façon de le décréter présentait quelques particularités qu'il nous faut indiquer rapidement.

Rappelons, tout d'abord, que le fondement de tous les décrets était la saisie, par laquelle la chose qu'on voulait décréter était ôtée de la possession du saisi, et mise entre les mains de la justice, pour être ensuite vendue publiquement par son autorité. Rappelons également que cette saisie, en ce qui concernait les immeubles incorporels, se faisait à deux fins qui nous sont connues, et dont nous venons d'étudier la première. Ajoutons à présent, d'un côté, que, comme c'était toujours une même saisie qui pouvait tendre à ces deux buts divers, les solennités employées pour l'effectuer afin de parvenir à l'un ou à l'autre n'offraient entre elles aucune différence, et, d'un autre côté, que la saisie réelle des offices vénaux se faisait, nous nous en souvenons, entre les mains du Roi, qui en était le collateur, mais dont la personne était à cet égard représentée par le Chancelier, qui expédiait les lettres de provision de ces offices (259).

Or, dans notre ancienne France, en toute sorte de saisie, même en toute espèce de gage de justice, ce n'était point assez ·de saisir ; il fallait encore établir commissaire (260) ; car, ce qui réalisait la saisie, c'était l'effet résultant de l'exploit dressé par le sergent, c'est-à-dire la prise et appréhension actuelle de la chose, quand on l'ôtait au saisi et qu'on l'en dépossédait au mieux que faire se pouvait. Cela étant, il n'en pouvait être actuellement dépossédé, si on n'en baillait la possession et détention à un tiers,

---

(259) Voy. Loyseau, *loc. cit.*, nᵒˢ 1 à 4 inclus.

(260) Ces commissaires aux saisies réelles ont été institués en titre d'office par l'édit même de leur création, qui est daté de Paris, février 1626. (Voy. cet édit dans Isambert, t. 16, pp. 164 et suiv.) Depuis cet établissement, il fut défendu, à peine de nullité, d'établir d'autre commissaire que le commissaire en titre d'office de la juridiction où se poursuivait la saisie, aux termes de l'art. 8 de l'édit de juillet 1689. (Voy. Pothier, *Introd au titre XXI, Des criées*, de la Coutume d'Orléans, § VII, nᵒ 42, et note 7 sur l'art. 466 de cette Coutume ; *Œuvres*, t. 1, pp. 696 et 721. Voy., du reste, sur le commissaire à la saisie réelle, le même auteur, dans son *Traité de la Procédure civile*, IVᵉ partie, chap. II, sect. V, art. IV, nᵒˢ 546 et suiv., t. 10, pp. 252 et suiv.)

comme en séquestre, qui désormais la possédait par l'autorité du Roi et de la justice. Voilà, à proprement parler, ce que l'on entendait par saisir réellement, et pourquoi la réalisation de la saisie ne résultait que de l'établissement d'un commissaire. Ainsi donc, en résumé, la réalisation de la saisie était une solennité essentielle du décret, et cette réalisation résultait de la dépossession du débiteur saisi, qui s'opérait par suite de la constitution d'un commissaire, établi par le sergent exécuteur (261).

Mais, objectera-t-on peut-être, les offices étant inhérents à la personne du pourvu, comment pouvait-on déposséder le titulaire de sa charge, et en faire jouir un commissaire établi à sa saisie ? A la question ainsi posée, nous répondrons que la jouissance d'un office consistait en deux points essentiellement distincts, qui étaient d'en faire l'exercice, et d'en recevoir le revenu (262). En ce qui touche l'exercice, attendu qu'il était entièrement public, et que, d'ailleurs, il était attaché à la personne de l'officier revêtu du caractère public, il est évident qu'il ne pouvait être transféré au commissaire, celui-ci n'ayant pas les qualités, et surtout l'approbation publique requise pour faire cet exercice. Joignez à cela qu'il n'eût pas, au surplus, été raisonnable qu'un sergent ait pu l'y commettre, et enfin que l'intérêt général exigeait qu'on ne changeât pas d'officiers toutes les fois que les saisies des offices et mains-levées de ces saisies auraient pu être réitérées. Ajoutons cependant que, si l'intérêt manifeste du public demandait que l'on empêchât l'officier d'exercer sa charge, comme s'il s'était agi, par exemple, d'un receveur notoirement insolvable, alors les Trésoriers de France avaient coutume de commettre à l'exercice de l'office, mais non pas le sergent qui le saisissait ; car c'eût été chose absurde, comme le disait Loyseau, qu'un simple sergent ait pu déléguer la puissance publique.

Mais, relativement à la perception du revenu de l'office, il en

---

(261) Voy. Loyseau, *eod.*, nᵒˢ 5 à 8 inclus.
(262) Voy. *supra*, § 1ᵉʳ, note 191, p. 198.

était tout autrement que pour l'exercice. N'étant pas, en effet, attaché à la personne, ce revenu pouvait être touché par le commissaire établi par le sergent à l'office saisi. Seulement, il ressort de ce qui précède, qu'à cela se réduisait son rôle. Donc, tout ce qu'il pouvait faire, c'était de recevoir les émoluments de la charge, « c'est à sçavoir en premier lieu les gages », écrit Loyseau, « en quoy il n'y a nulle difficulté : et outre, de recevoir les droits et taxations qui ont accoustumé d'estre payées par un Receveur, comme il sera dit au livre suivant, que ces droits peuvent être saisis et arrestez, et aussi que l'art. 353. de la Coustume de Paris dit que le Commissaire, étably à l'Office ayant gages, en doit recevoir, non pas les gages simplement, mais les fruits. Mais pour le regard des profits manuels, que l'Officier reçoit par ses mains à mesure qu'il exerce, il est certain que le Commissaire ne les peut recevoir, attendu qu'il a été dit au I. livre, qu'ils sont inseparables de l'exercice, duquel ce Commissaire n'est pas capable : ce qui sera aussi prouvé au mesme endroit. » (263)

Ce n'est pas à dire, toutefois, qu'en tout office où il y avait des droits qu'un commissaire pouvait recevoir, il fallût en établir un pour la validité de la saisie, et nous avons vu plus haut (p. 353) qu'il n'était nécessaire de le faire que pour les offices où il y avait gages, d'après l'article précité de la Coutume de Paris, que nous avons eu soin de transcrire (eod.). Il n'était donc pas besoin de commissaire dans les offices où il n'y avait que des droits sans gages, et, a fortiori, dans ceux où il n'y avait ni gages ni droits qui pussent être reçus par un commissaire (264).

Il ne suffisait pas, suivant Loyseau, d'avoir saisi et établi commissaire ; car tout cela n'était encore, selon sa propre expression, « que du papier sans effet. » D'après lui, au lieu du bail à ferme fait en justice des choses saisies, lequel était indispensable pour

---

(263) Voy., sur tout ceci, Loyseau, eod., n° 9 à 13 inclus; Tronçon, sur le mot saisi de l'art. 95 de la Coutume de Paris; de Buridan, sur l'art. 16 de la Coutume de Reims, n° 7. Comp. supra, § 1er, note 191, p. 198.

(264) Voy. Loyseau, eod., n°° 14, 15 et 16.

la validité du décret des immeubles corporels, parce que c'était par ce bail que le saisi était actuellement et publiquement dépossédé, mais qui constituait, par la nature même des choses, une mesure impraticable relativement aux immeubles incorporels, et spécialement aux offices, bien que certains juges le leur aient appliqué « contre le sens commun », dit-il avec raison, le commissaire aurait dû faire signifier son établissement au payeur des gages, afin d'empêcher l'officier de les toucher, et dans le but aussi de donner au décret une plus grande notoriété, attendu que l'acheteur d'un office allait d'ordinaire s'enquérir auprès du payeur de ses gages s'ils n'étaient pas saisis ou arrêtés. « Toutefois », ajoutait ce grand jurisconsulte, « pource que ces raisons ne portent pas à la nullité du decret, et sur tout que cette solemnité n'est requise par aucune Coûtume ny Ordonnance, et qu'elle concerneroit plutost la diligence du Commissaire que du saisissant, j'estime que le defaut de cette signification ne doit point rendre un decret nul. » (265)

Cela dit, arrivons au décret même des offices.

La pratique se fixa d'abord en ce sens de ne les décréter qu'après discussion des autres biens (266). Ajoutons pourtant que, contrairement à la disposition de la Constitution 27, *De pignoribus et hypothecis,* et du chapitre II de la Novelle CXXXVI, d'après laquelle certains bailleurs de fonds, créanciers privilégiés, ne pouvaient vendre la milice vénale de leur débiteur encore vivant, qu'à défaut de tout autre bien propre à leur donner satisfaction (267),

---

(265) Voy. Loyseau, *eod.*, nᵒˢ 17 à 19 inclus.

(266) C'est ce qu'avait notamment décidé un arrêt du 3 mars 1563, rapporté par Roulliard, dans la seconde partie de ses *Reliefs forenses,* cité et combattu par de Renusson, *Traité des propres,* chap. V, sect. IV, nᵒˢ 85 et 87. Cet arrêt est relatif à un office d'huissier de la Cour, qui avait été saisi réellement; on fit main-levée de la saisie réelle, sauf aux créanciers à se pourvoir sur les autres biens. Il n'y avait pas que la jurisprudence qui se prononçât en se sens, et quelques auteurs admettaient également que le créancier devait, avant de faire vendre l'office de son débiteur, discuter ses autres biens. Nous renverrons en particulier à Henrys, en son *Recueil d'arrêts,* t. 2, liv. 2, quest. 19. — Comp. *supra,* p. 343, 1ᵉʳ alin.

(267) Voy. *Droit romain,* t. 1, pp. 558 et suiv.

la discussion dont nous parlons ne fut jamais imposée, dans notre ancien droit, au créancier privilégié poursuivant le prix de l'office par lui vendu et résigné, ou ayant prêté son argent pour l'acheter.

Ce n'était qu'à l'égard des autres créanciers qu'on observait le principe de la vente des meubles d'abord, puis des immeubles, et, enfin, des droits incorporels (268). Du reste, cette discussion ne fut même jamais une solennité nécessaire au décret des offices, en ce sens que, n'étant enjointe expressément par aucune ordonnance, son omission n'entraînait pas la nullité inévitable du décret, si elle n'avait pas été demandée pendant son cours. Cette formalité n'était pratiquée seulement que par une idée d'équité, résultant de ce que la vente forcée d'un office, qui dépendait plus du Roi que du pourvu, étant de soi exorbitante et étrange, il semblait raisonnable de n'y venir qu'à toute extrémité, et de s'en prendre aux biens extérieurs, avant de s'attaquer à la qualité inhérente à la personne, et de la « degrader, et luy oster son état et comme son être. » Aussi bien, lorsque l'officier saisi en requérait l'application, elle arrêtait le décret, mais non pas la saisie réelle, qui servait à cette autre fin d'empêcher le titulaire de résigner. Elle n'arrêtait pas non plus l'établissement de commissaire, dont le but était de mettre obstacle à ce que le pourvu reçût et consommât ses gages et droits.

Cette pratique, toutefois, n'était pas sans inconvénient; car, lorsqu'on retardait le décret des offices jusqu'après la discussion des autres biens meubles, il arrivait qu'un officier endetté, pour retenir sa charge, dans laquelle consistaient son honneur et sa fortune, mettait toute son industrie à retarder et à allonger cette discussion, « et comme les procez des fuyards sont immortels, il la faisoit durer plus que sa vie », nous dit Loyseau, « et cependant l'Officier venant à deceder, l'Office estoit perdu, et les debtes des creanciers par consequent. » (269) Cet inconvénient arriva, pa-

---

(268) Cf. L. 15 §§ 2 et 8, fr. Ulp., *De re judic.*, D., XLII, 1.
(269) Voy. *infra*, note 375.

raît-il, si fréquemment, depuis que les offices vénaux se furent
multipliés, que leur valeur se fut accrue, et que leur commerce fut
devenu plus habituel, qu'on se vit obligé de corriger cet ancien
usage, et de réduire, quant à ce, le décret des offices au droit
commun des autres biens; « pource que », écrit le même auteur, « le peril qui arrivoit d'un costé étoit plus grand, que la commodité qui revenoit de l'autre : joint que l'equité, qui concerne
l'interest du creancier, est plus considerable que celle qui regarde
la commodité du debiteur : étant la fin de la Justice, de rendre à
chacun ce qui luy appartient. » De telle sorte qu'à l'époque de Loyseau, un revirement complet s'était accompli, et que le premier
bien sur lequel un créancier un peu rude et soucieux d'aiguil-
lonner son débiteur mettait la main, c'était son office, auquel il
s'attaquait directement, « afin de le piquer et faire venir à raison
par cette importunité et honte de voir son Office, au quel son rang
et comme son honneur consiste, être saisi et crié publiquement. » (270)

Nous avons maintenant à nous demander où devaient être faites
les criées des offices, et où leurs affiches devaient être apposées.
Ce fut là, primitivement, l'objet d'une grande difficulté, les offices
étant incorporels, et n'ayant pas, par là même, d'assiette ni de
situation. La Coutume de Paris, la seule qui ait traité cette matière,
— « comme aussi il est à presumer que ç'a été à Paris, où on s'est
premierement hazardé à decreter les Offices », nous dit Loyseau,
— nous a donné la solution de cette question dans ses articles 350,
351 et 352, qui y furent, comme son article 95, ajoutés lors de sa
réformation en 1580. L'office ayant deux qualités, l'une, d'être
réputé réel et immobilier, notamment à l'égard des criées; l'autre,
d'être, de sa propre nature, personnel et inhérent à la personne
de l'officier, la Coutume, tenant compte de ces deux caractères,
décidait que, en tant qu'il était réputé réel, les criées en seraient

---

(270) Voy. Loyseau, eod., n°s 20 à 25 inclus, et de Renusson, *ubi supra*, n°s 85 à 87
inclus.

faites, et les affiches les concernant seraient mises à la porte de la paroisse du siège dont il dépendait, et où se faisait son principal exercice, à ce lieu étant référées par elle son assiette et sa situation intellectuelle, et que, en tant qu'il était personnel, elles seraient encore réitérées à la paroisse de l'officier. Ainsi donc, quoique pour les autres décrets il ne fût besoin de faire les criées qu'en une seule paroisse, celle où l'héritage était situé, en ce qui concerne le décret des offices, il fallait, à raison de leur double nature, les faire en deux paroisses, en celle du siège dont dépendait l'office, et où se faisait son principal exercice, parce que c'était au lieu de ce siège qu'il était censé avoir sa situation, et en celle du titulaire saisi. Que si, cependant, le saisi demeurait dans la même ville que celle où se trouvait le siège d'où dépendait son office, bien que sur une autre paroisse que lui, il suffisait de faire les criées en la paroisse du siège, sans qu'il fût besoin de les faire en celle de l'officier. Quant aux offices des comptables, n'ayant d'autre siège dont ils dépendaient que la Chambre des Comptes, l'art. 350 décidait que c'était en la paroisse de cette Chambre que les criées en devaient être faites (271). Ajoutons, enfin, que les articles 350 et 352 requéraient expressément que, pour la plus grande notoriété du décret des offices, outre les affiches, qui étaient ordinaires pour tous les décrets, il fût mis des panonceaux royaux tant contre la porte des églises paroissiales où s'en faisaient les criées, que contre la maison du saisi (272).

_____

(271) En ce qui concerne les offices qui ne dépendaient d'aucun siège, tels, par exemple, que les offices non comptables de la gendarmerie et de la maison du Roi, dont la Coutume ne parlait pas, Loyseau (*eod.*, n° 31) estimait qu'il suffisait d'en faire les criées en la paroisse du saisi, parce qu'ils n'en avaient pas d'autre où on pût référer leur situation.

(272) Voy., sur ce qui précède, Loyseau, *eod.*, n°ˢ 26 à 32 inclus. Voy. aussi, sur les panonceaux, le même auteur, dans son *Traité du déguerpissement et délaissement par hypothèque*, liv. III, chap. I, n° 29, et la note d'Eusèbe de Laurière sur l'art. 348 de la Coutume de Paris, ainsi que son *Glossaire du Dr. François*, à ce mot. Pothier nous en donne la définition suivante : « Ce sont de petites enseignes qu'on applique à la porte de l'héritage saisi en signe de la saisie. » Et il ajoute : « Ces panonceaux doivent être aux armes du roi, quoique l'héritage soit situé et que la saisie se fasse dans une justice de seigneur; arrêts des 11 décembre 1576 et 20 janvier 1609, cités par Héricourt [*Traité de la Vente des Immeubles par décret*, etc.], ch. 6, n° 15. Au bas du

Nous pouvons, maintenant, reproduire le texte très clair de nos trois articles :

« Art. 350.— Quand un office est saisi et mis en criées, si le dit office est Royal, et la provision d'iceluy prise du Roy, et le dit office comptable en la Chambre des Comptes à Paris, les criées se doivent faire devant la principale porte de l'Eglise Sainct-Barthelemy, Paroisse de la Chambre des Comptes, et les affiches et pannonceaux estre mis tant contre la principale porte de la dite Eglise, que contre la maison où est demeurant le debteur, au cas qu'il soit demeurant en la ville ou faux-bourgs. »

« Art. 351. — Et pour le regard des autres offices, se doivent faire les criées, en la Paroisse du Siége dont dépend et se fait le principal exercice du dit office. » (273)

« Art. 352. — Et si le debteur est demeurant hors la ville et faux-bourgs de Paris, faut, outre la solemnité susdite, faire les criées, et quatre quatorzaines en la Paroisse du domicile du debteur saisi : et mettre affiches et pannonceaux tant contre la principale porte de l'Eglise Parochiale, que contre la maison du debteur saisi. »

Arrivons à présent à l'adjudication par décret de l'office. Elle différait essentiellement de la vente volontaire au point de vue des charges qui incombaient aux parties. Si, en effet, la vente volontaire d'un office était faite sans qu'on eût dit si c'était « les lettres au poing, ou la simple procuration », le vendeur était alors tenu de fournir les lettres de l'office expédiées, c'est-à-dire de payer le quart denier, par cette raison que la procuration à résigner n'était pas un office, et que, d'ailleurs, l'argent pris par le Roi pour la résignation était par lui perçu en échange de la permission qu'il donnait au résignant de vendre son office, ou

---

pannonceau il doit être écrit que la maison est saisie; édit de 1551, art. 3. • (Voy. Pothier, note 6 sur l'art. 466 de la Coutume d'Orléans, tit. XXI, *Des criées; Œuvres*, t. 1, p. 72. — Voy. aussi la grande ordonnance des criées de Henri II, datée de Fontainebleau, 3 septembre 1551, dans Isambert, t. 13, pp. 216 et suiv., et enfin Denisart, mot PANONCEAU.)

(273) Une décision identique se rencontrait dans l'art. 484 de la Coutume d'Orléans. (Voy. Pothier, *Œuvres*, t. 1, p. 725.)

d'en disposer autrement. Tout au contraire, l'adjudication par décret de l'office devait être entendue de la simple procuration seulement, et à la charge, par l'adjudicataire, de payer la finance due au Roi pour la résignation ; lors bien que cette obligation ne lui aurait pas été imposée expressément, on devait la tenir pour sous-entendue, parce qu'on ne pouvait vendre par décret ni transférer à l'adjudicataire que la procuration simple de l'officier, « estant certain, » comme le remarquait Loyseau, « que celuy, de qui on vend l'Office par force, ne se hastera pas de poursuivre l'expedition des provisions et moins encore de payer la finance de la resignation. » (274)

Il résultait de là cette autre particularité de l'adjudication dont nous parlons, que l'officier saisi devait, par le jugement, être condamné par corps à passer et à fournir à l'adjudicataire, sans délai, sa procuration pour résigner l'office en sa faveur ; car, sans cette procuration, l'adjudication eût été inutile, la provision n'étant jamais expédiée à son défaut (275). Si on avait oublié de l'exprimer dans le jugement d'adjudication, Loyseau estimait qu'il en devait être expédié une sentence séparément, sur la simple requête de l'adjudicataire ou des créanciers y ayant intérêt, et cela sans qu'il fût besoin d'entendre le saisi, d'autant plus que c'était là une suite et une conséquence nécessaire de l'adjudication de l'office, au cours de laquelle il avait été suffisamment entendu ou attendu pendant les longueurs du décret. Le même jurisconsulte pensait même que, comme il y avait du péril en la demeure, il fallait « dépescher matiere », et il proposait à cet effet le moyen suivant : « il me semble, » disait-il, « que deslors de la première Sentence des quarante jours, qu'on appelle autrement le *congé d'adjuger* par laquelle on discute les oppositions, afin d'annuler. distraire ou pour charges foncieres, on ordonne qu'il sera passé outre à l'interposition du decret au

---

(274) Voy. Loyseau, liv. III, ch. VII, n°s 33, 34 et 35.
(275) Voy. *supra*, § 1er, art. 3, pp. 135 et suiv.

quarantième jour, il seroit fort à propos de condamner le saisi, qui n'a pu proposer aucuns moyens de nullité contre le decret, à passer cette procuration, où le nom du resignataire soit laissé en blanc, comme on fait maintenant és procurations, qu'on passe aprés avoir payé la Paulette, et icelle mettre és mains du Commissaire, si aucun y a, sinon du Greffier, pour estre délivrée à celuy qui sera adjudicataire de l'Office. »

« Bien que cela n'ait esté encore pratiqué », ajoutait-il, « si est-ce qu'il n'y a aucun inconvenient. Car puis qu'il est ordonné, que l'Office sera vendu par decret, le saisi a luy mesme interest que l'affaire soit hastée, afin d'estre plûtost quitte. Et toujours le temps ordinaire des quarante jours, et les delays d'aprés, demeurent pour luy donner loisir de payer ses creanciers, et obtenir mainlevée : quoy faisant il retirera sa procuration entiere et non effectuée. » (276)

Observons ici que la sentence par laquelle le saisi était condamné à passer procuration pour résigner, pouvait être éxécutée nonobstant appel en baillant caution, par ce double motif que les décrets participaient de la nature des contrats, et surtout qu'il y aurait eu plus de danger à déférer à l'appel, qu'à éxécuter la sentence sous bonne caution, en ce sens qu'autrement un officier, qui ne manquait jamais d'appeler, afin de garder toujours son office, aurait plutôt été prévenu par la mort, que contraint de résigner (277).

A supposer que la procuration ait été fournie à l'adjudicataire, celui-ci pouvait, de son côté, être contraint par corps, nonobstant l'appel du saisi, à consigner le prix de son adjudication ; car, sinon, il eût été officier sans bourse délier. Mais sa consignation étant faite, il pouvait ensuite la faire arrêter et en empêcher la distribution, jusqu'à ce que l'appel ait été vidé, lors bien que les créanciers lui auraint offert caution des deniers qu'ils auraient

---

(276) Voy., sur tout ceci, Loyseau, *eod.*, nᵒˢ 36 à 38 inclus.
(277) Loyseau, *eod.*, nᵒ 39.

reçus par la distribution ; « tant pource qu'il auroit à faire à trop de personnes, pour retirer ses deniers en cas d'eviction, lesquels il ne seroit raisonnable qu'il retirât par parcelle : que sur tout pource que *tutius est incumbere in rem, quam in personam* », écrivait fort bien fort Loyseau.

Au demeurant, l'adjudicataire de l'office, ainsi que cela résulte de ce qui vient d'être dit, n'était tenu de consigner le prix qu'après la procuration à lui fournie, et non pas immédiatement après son adjudication, celle-ci n'étant pas suffisante pour lui attribuer la seigneurie de l'office ; mais il fallait qu'il en obtînt provision du Roi, ce à quoi il ne pouvait arriver qu'après qu'on lui avait fourni la procuration du saisi, qui, le plus souvent, était si longue et si difficile à obtenir, que l'office se perdait par sa mort, et que l'adjudication demeurait inutile. Car si, durant toutes les lenteurs apportées par l'officier saisi à bailler sa procuration, il venait à mourir, il emportait avec lui l'office, qui revenait au Roi *optimo jure*, encore qu'il ait été adjugé par décret, parce que le décret n'en transportait pas la seigneurie, et que le droit du pourvu étant éteint par sa mort l'hypothèque de ses créanciers et le droit de l'adjudicataire se trouvaient, par là même, résolus et réduits à néant. Aussi, frappé de ce grand péril, Loyseau réclamait-il comme une mesure très-juste, que l'on expédiât, en vertu de l'adjudication, les lettres de provision de l'adjudicataire, à raison du prix considérable des offices, que l'on laissât « arriere l'interest par trop éloigné du fisque, pour faire justice aux pauvres creanciers, qui certes ne devroient être frustrez de leur dû par la malice de leur debiteur : la quelle ne devroit profiter au fisque à leur dommage : attendu que *factum Judicis est factum partis*, et que l'adjudication du Juge vaut autant que la vente, ou resignation de la partie ..... En tout cas, j'estimerois que si le Tresorier des parties casuelles, ou le partisan avoient receu la taxe de la resignation, l'Office ne devroit vaquer par la mort de l'Officier, advenuë dans les six mois, sans passer la procuration. »

Quoi qu'il en soit, si l'adjudicataire n'était pas obligé de consigner le prix de l'office, jusqu'à ce que la procuration lui eût été fournie, à tout le moins devait-il faire cette consignation dès qu'elle lui avait été baillée, — bien qu'il ne fût tout à fait assuré de l'office que par le laps des quarante jours qui ne couraient que de celui de la provision, et pendant lesquels l'office était susceptible de vaquer par la mort du résignant, — parce que c'était, en effet, la procuration, et non l'office, qui lui avait été adjugée ; qu'il ne tenait plus qu'à lui de s'en faire pourvoir, et qu'enfin, si lui-même différait de demander sa provision, ce n'était que pour retarder sa consignation.

Remarquez seulement que, s'il lui fallait la faire, son argent devait demeurer consigné, sans que la distribution actuelle s'en fît, jusqu'à ce qu'il fût absolument assuré de l'office, par l'expiration des quarante jours. Cependant, si l'adjudicataire était en demeure de faire expédier ses lettres, sous prétexte de vouloir faire modérer à loisir la taxe de la résignation, les créanciers pouvaient, après un intervalle compétent, demander que les deniers fussent distribués. Si même, pendant cette demeure indue, l'office venait à être perdu par la mort du résignant, les créanciers pouvaient empêcher que l'adjudicataire retirât ses deniers (278). « Comme cela même se pratique d'ordinaire en ceux qui ont acheté de gré à gré la simple procuration d'un Office, pendant la maladie de l'Officier, qui est un marché bien casuel », dit Loyseau ; et il ajoute : « C'est pourquoy au cas de vente volontaire on limite ordinairement un temps, dans lequel le resignataire se doit faire pourvoir à ses perils et fortunes, afin d'oster la difficulté de sçavoir s'il y a eu de la demeure ou non, sur les excuses que le resignataire peut prendre de l'absence de M. le Chancelier, ou de ce qu'il n'aura point scellé, ou que le Conseil des finances n'aura point tenu. Cessant lesquelles considerations particulieres, soit en composition volontaire, soit

---

(278) Cf. L. 5, fr. Pompon., *De reb. cred.*, D., XII, 1.

en adjudication par decret d'un Office, le temps de cette demeure dépend de l'arbitrage du Juge, comme regulierement toute demeure : dont partant ne s'en peut bailler de regle certaine, *l. Mora. D. De usuris* (L. 32, fr. Marcian., D., XXII, 1). » (279)

Voilà comment étaient traités les droits des créanciers sur les offices vénaux de leurs débiteurs au commencement du XVIIe siècle. Mais, si tel était l'état de notre ancienne législation à cette époque, il faut nous empresser d'ajouter qu'il ne demeura pas identique jusqu'à la fin de notre vieux droit. Ce sont les modifications qu'il subit postérieurement à Loyseau que nous devons nous attacher maintenant à résumer.

SECONDE PÉRIODE. — *Dernier état de notre ancien droit.*

Dans le dernier état de notre ancienne législation, les offices vénaux, tant ceux de judicature que ceux de finance (280), étant réputés immeubles, pouvaient plus encore qu'auparavant, si l'on peut ainsi dire, être saisis réellement et vendus par décret comme les autres immeubles (281). Occupons-nous donc rapidement de cette saisie, en insistant d'une façon plus spéciale sur la procédure particulière à laquelle elle se trouvait soumise, et de l'adjudication qui en était le couronnement.

I. — *De la saisie réelle des offices vénaux et de leur adjudication* (282).

La faculté pour les créanciers de saisir tout office vénal et héréditaire appartenant à leur débiteur, découlait d'une idée de justice trop évidente, et était d'ailleurs rendue trop incontestable

---

(279) Voy., sur tout ce qui précède, Loyseau, *loc. cit.*, n°s 40 à 51 inclus.

(280) Voy. Bourjon, *op. cit.*, liv. II, tit. XI, 3e partie, chap. VII, sect. I, n° 1, et note sur ce n[o]. Voy. aussi *supra*, au début de cette section, note 9, p. 116, et comp. *infra*, note 371, et *Transit. de l'Anc. dr. au dr. interméd.*, note 3.

(281) Voy. Pothier, *Traité de la Procédure civile*, IVe partie, chap. II, sect. V, art. XV, n° 675, t. 10, p. 307.

(282) Voy., sur ce sujet, Bourjon, *op. cit.*, liv. II, tit. XI, 3e partie, chap. VII; Pothier, *Introd. au titre XXI, Des criées, de la Coutume d'Orléans*, § XX, n°s 156 à 160 inclus, t. 1, pp. 717 et suiv., et *Traité de la Procédure civile, ubi supra*, § 1er, n°s 676 et suiv., t. 10, pp. 307 et suiv.

par l'usage, pour que nous ayons besoin de la légitimer. Mais, si toute charge de ce genre était un bien dans le commerce, et constituait, par là même, le gage des créanciers du titulaire, si ceux-ci pouvaient, à ce titre, en pratiquer la saisie réelle, sans qu'il fût pour cela nécessaire de discuter au préalable les autres biens de leur débiteur (283), du moins leur droit n'avait-il pas une durée illimitée, et devait-il être exercé, sinon avant la simple *procuratio ad resignandum* émanée de ce dernier, cette procuration, ainsi que nous l'avons vu, n'opérant pas une vraie dépossession, mais n'étant qu'un acte pour y parvenir (284), du moins avant que la résignation faite par le titulaire endetté eût été admise ; car, après la résignation, ils n'avaient plus que le prix pour gage, par cette double raison que l'office, en pareil cas, ne faisait plus partie des biens du saisi, et qu'il n'était pas sujet au droit de suite par hypothèque. Il résulte de là, qu'en semblable occurrence, il ne leur restait plus qu'à veiller sur le prix par la voie de l'opposition au sceau , la seule qui leur fût encore ouverte (285).

Ces idées préliminaires exposées et rappelées, demandons-nous, à présent, en quoi consistait la saisie réelle des offices dont nous parlons.

Ce fut le célèbre édit de Versailles, du mois de février 1683 (286), qui, pour fixer la jurisprudence, et pour tarir la source de nombreux procès, en coupant par leurs racines les difficultés multiples qui y donnaient lieu, ainsi que cela résulte de son préambule, réglementa d'une manière certaine et uniforme, pour toutes les coutumes, la vente par décret et la distribution du prix des offices (287).

---

(283) Comp. *supra*, PREMIÈRE PÉRIODE, IV, pp. 361 *sub fin.* et suiv.

(284) Voy., à ce sujet, *supra*, § 1er, art. 3, et art. 5, A, p. 203.

(285) Voy. *infra*, II, B, pp. 382 et suiv.

(286) Isambert, t. 19, pp. 416 et suiv.

(287) Parmi les questions qui furent proposées comme douteuses aux Mercuriales du Parlement de Paris, et qui sont rapportées par Ricard, en son addition au titre des actions personnelles, Basnage mentionne celles qui furent tranchées par l'édit de 1683,

Cet édit, complété d'ailleurs par plusieurs documents postérieurs (288), prescrivait les formalités à suivre pour leur saisie réelle dans ses articles 6 et suivants.

Comme les autres saisies, celle dont nous nous occupons avait lieu après un commandement recordé de témoins et fait à l'officier débiteur. On la signifiait à la partie saisie, au chancelier, ou au garde des sceaux, en la personne du garde des rôles, afin qu'il ne fût expédié à personne aucune provision au préjudice de la saisie réelle (289). On la signifiait pareillement au payeur des gages, afin qu'il ne pût les payer qu'entre les mains du commissaire aux saisies réelles (290).

La copie de cette saisie s'affichait à la porte de l'église de l'endroit où se faisait l'exercice de l'office, lequel était réputé le lieu de sa situation.

à la suite des avis des membres de ce grand corps. (Voy. *Traité des hypothèques,* 1re partie, chap. x *sub fin.*)

(288) Il convient de mentionner d'une manière toute spéciale la déclaration royale de Versailles, du 17 juin 1703; celle de Marly, du 29 avril 1738; celle du 15 mars 1741, enregistrée le 15 avril suivant, et l'arrêt du Conseil d'Etat, du 2 octobre 1742. Ces différents documents législatifs, y compris l'édit de février 1683, sont rapportés à la fin du *Traité des propres* de De Renusson, fos 343 et suiv. de l'édit. in-fo de 1760, et à la fin du *Traité de la vente des immeubles par décret,* de de Héricourt; voy. aussi Denisart, mot OFFICES et OFFICIERS, nos 50 à 55 inclus.

(289) Voy. *infra,* II, B *in init.,* p. 382.

(290) Les gages des officiers pouvaient être saisis et arrêtés indépendamment de la charge, puisqu'ils étaient dans le commerce, et que tout bien qui est *in commercio* est saisissable. Qu'ils fussent réellement dans le commerce, cela n'était pas douteux, puisqu'ils étaient les fruits naturels et l'accessoire naturel de l'office qui lui-même s'y trouvait, et dont, par conséquent, ils devaient suivre la destinée. Cependant, quoique, en thèse générale, les gages des officiers fussent saisissables, ceux qui leur tenaient lieu de solde ne l'étaient pas. Quant aux salaires, ils étaient pareillement insaisissables, parce qu'ils étaient le fruit du travail de l'officier, et le prix de son service actuel, qualité qui leur attribuait ce caractère et venait les soustraire à l'action des créanciers; si, d'ailleurs, ils avaient pu être saisis, le public n'eût pas été servi, car les saisies pratiquées auraient incité l'officier à abandonner son service, inconvénient auquel parait le privilège de l'insaisissabilité, fondé, comme on le voit, sur un motif d'utilité publique. (Comp. *supra,* PREMIÈRE PÉRIODE, III et IV, pp. 353, et 359 *in fine* et suiv.)— Notons enfin qu'il résulte de ce que nous disons au texte, que la saisie réelle de l'office n'emportait pas perte ni même saisie mobilière des gages. A plus forte raison, elle n'emportait pas perte des salaires et émoluments, puisqu'ils étaient le fruit du travail actuel de l'officier. Par conséquent, le titulaire dont l'office était saisi réellement n'était dépouillé des gages attribués à son office que par l'adjudication, à moins qu'ils n'eussent été saisis entre les mains du payeur des gages. (Voy., sur tout ceci, Bour-

Quant à son enregistrement, outre qu'elle devait, comme toutes les autres saisies réelles, être enregistrée au bureau du commissaire aux saisies réelles et au greffe de la juridiction où elle se poursuivait, le créancier qui l'avait opérée sur l'office devait aussi la faire enregistrer au greffe du lieu d'où dépendait et où se faisait la principale fonction de la charge, quand même l'adjudication se serait poursuivie en une autre juridiction (291).

Après cet enregistrement, le titulaire de l'office ne pouvait plus traiter qu'en présence des saisissants et opposants, s'il y en avait, ou eux dûment appelés, et le traité fait par l'officier était nul, s'il n'était homologué avec les créanciers, quoique les oppositions ne fussent pas au titre, mais seulement pour conserver (292).

En d'autres termes, après l'enregistrement de la saisie réelle de l'office, le titulaire était impuissant à en disposer, encore bien qu'il n'y aurait pas eu d'opposition au sceau (293), l'office se trouvant mis désormais sous la main de la justice; et la vente qu'il en aurait faite n'aurait été bonne, qu'à la condition d'être approuvée par le saisissant et les opposants, ou homologuée avec eux, parce qu'alors tous les intérêts légitimes étaient conservés.

On ne faisait pas plus qu'antérieurement de bail judiciaire des offices (294). Seulement, après que l'enregistrement de la saisie

---

jon, liv. II, tit. xi, 5ᵉ partie, chap. i, sect. iv, nᵒˢ x à xiii inclus.) — Comp., sur les gages et salaires des officiers, *supra*, § 1ᵉʳ, note 191, p. 198.

(291) Voy. l'art. 6 de l'édit de 1683, dans ses premiers mots.

(292) Voy. l'art. 5 de l'édit. Comp. l'art. 6 de la déclaration du 29 avril 1738, analysé *infra*, p. 394.

(293) Nous savons que cette solution n'était nouvelle ni en doctrine, ni en jurisprudence. Nous avons vu de Renusson l'enseigner au xviiᵉ siècle, et un arrêt du 22 avril 1651 la confirmer, en décidant que la nullité de la vente avait lieu dans les circonstances indiquées, encore que le saisissant ne fût opposant au sceau. (Voy. *supra*, note 252.) Bourjon nous apprend que tel était également l'usage suivi au xviiiᵉ siècle. (Voy. Bourjon, *loc. cit.* note 282, *supra*, sect. ii, nᵒ v, et note sur ce nᵒ.)

(294) « Pour la dépossession du titulaire saisi », disait Bourjon (*loc. cit.* à la note précédente, nᵒ viii), « il ne faut pas de bail judiciaire, qui n'est pas admis en saisie réelle d'office. Tel est l'usage, et un usage contraire seroit même impraticable. » Et Pothier écrivait de son côté : « Lorsque c'est..... un office qui est saisi, il ne faut pas de bail judiciaire : mais au lieu de cela le commissaire doit signifier la saisie..... aux payeurs

réelle de l'office au greffe de la juridiction où s'en faisait l'exercice avait été signifié à l'officier partie saisie, soit à sa personne, soit à son domicile, le saisissant pouvait, six mois après ladite signification faite au saisi, s'il appartenait à une compagnie supérieure, ou trois mois après, s'il s'agissait d'un officier d'une compagnie subalterne et de toute autre, faire ordonner, sur une assignation donnée à la partie saisie, que le titulaire de l'office serait tenu de passer procuration *ad resignandum* de sa charge, sinon que le jugement vaudrait procuration pour être procédé à l'adjudication (295).

Lorsque ce jugement n'avait pas été rendu par un juge en dernier ressort, il pouvait être suspendu par l'appel. Mais, quand il avait été ordonné par un jugement contradictoire ou rendu parties dûment appelées, dont il n'y avait point d'appel, ou qui, sur l'appel interjeté, avait été confirmé par arrêt, que le titulaire de l'office serait tenu de passer sa procuration *ad resignandum*, sinon que le jugement vaudrait procuration, l'officier saisi demeurait de

---

des gages de l'office, avec défense de payer à d'autre qu'à lui. » (Voy. *Introd. au tit. XXI de la Coutume d'Orléans*, § VII, n° 47, t. 1, p. 697.)

(295) Voy. la suite de l'art. 6 précité (note 291) de l'édit de 1683. — Comp. Denisart, mot PROCURATION *ad resignandum*, n° 4. « Il y a des cas », dit-il, « où il est ordonné que le titulaire d'un office donnera dans un temps préfixé sa *procuration ad resignandum*, sinon que le jugement qui interviendra, *vaudra ladite procuration.* Ceci a lieu principalement à l'égard des titulaires, dont les offices sont adjugés par decret; ou des officiers, qui par leur conduite, se sont mis dans le cas d'être destitués de leur office (voy. *infra*, § 3, art. 1); s'ils ne donnoient pas leur *procuration ad resignandum* dans le temps qui leur auroit été prescrit, le jugement qui les y auroit condamnés vaudroit alors cette *procuration ad resignandum*. » Du reste, un officier ne pouvait jamais être forcé de donner sa procuration *ad resignandum* sans un jugement rendu contre lui, dans les formes prescrites par les ordonnances. C'est ce que nous lisons encore dans Denisart (*eod.*, n° 5). « Comme le bien de l'administration de la justice exige que les offices soient remplis, il arrive quelquefois que lorsqu'il y a des causes qui empêchent le titulaire d'exercer les fonctions de son office : par exemple, quand il est dans les liens d'un decret, que l'instruction de son procès est de nature à durer long-temps, ou bien que ses infirmités ne lui permettent plus de monter sur le siége, le roi ou autre collateur fait expédier une commission à un gradué pour remplir les fonctions pendant l'absence du juge au siége; car un officier ne peut être forcé à donner sa *procuration ad resignandum* sans un jugement rendu contre lui, dans les formes prescrites par les ordonnances : mais presque toujours il est de sa prudence de prévenir un pareil jugement. »

plein droit interdit de la fonction de sa charge, trois mois après la signification dudit jugement, ou trois mois après la signification de l'arrêt qui l'avait confirmé, faite à personne ou domicile du titulaire et au greffe du lieu d'où dépendait et où se faisait la principale fonction de la charge saisie, et cela en vertu desdits jugement ou arrêt confirmatif, sans qu'ils pussent être réputés comminatoires, ni qu'il fût besoin d'autre jugement, et sans que le juges, pour quelque cause que ce fût, pussent proroger ou renouveler le délai sus-indiqué (296). Il résulte de là que, dans les délais de nous connus, l'officier, quoique saisi réellement, n'en pouvait pas moins toujours continuer les fonctions de sa charge ; il était même de l'intérêt public qu'il conservât cette capacité (297).

En exécution et en conséquence du jugement dont il vient d'être parlé, le poursuivant faisait dresser l'affiche. Après avoir mentionné le titre de l'office, le nom, les qualités de la partie saisie, et le jugement rendu, il indiquait le jour auquel il serait procédé à l'adjudication, et les conditions sous lesquelles elle serait prononcée. L'affiche se publiait à l'audience de la juridiction où le décret se poursuivait. On posait ensuite les affiches, et on les publiait notamment à la porte du lieu de la juridiction où se faisait l'exercice de l'office, ce lieu étant censé celui de la situation de la chose saisie (298).

Pour parvenir à l'adjudication de l'office, le sergent devait faire trois publications de quinzaine en quinzaine, aux lieux accoutumés (299), et même au lieu où la saisie réelle avait été enregis-

---

(296) Voy. l'art. 8 de l'édit de 1683.

(297) Nous avons déjà vu Loyseau donner une solution identique sur ce point ; mais il admettait la nécessité d'un commissaire en décret d'office, « ce qui n'est plus d'usage, c'étoit une mauvaise forme », nous dit Bourjon (loc. cit. note 282, supra, sect. II, note sur le n° IX). — Voy. supra, PREMIÈRE PÉRIODE, IV, pp. 358 et suiv.

(298) Voy. de Héricourt, Traité de la vente des immeubles par décret, chap. II, n° 15.

(299) L'édit entendait par lieux accoutumés ceux où les différentes coutumes voulaient que les criées fussent faites. Il suit de là que l'art. 351 de la Coutume de Paris et l'art. 484 de la Coutume d'Orléans, ne prescrivant qu'un lieu où se devaient faire les criées des offices, c'est-à-dire en la paroisse du siège dont dépendait et où se fai-

trée (300). Ces proclamations se faisaient le dimanche, à l'issue de la messe paroissiale.

Ces trois publications faites, le juge, au jour indiqué, faisait lire l'affiche à l'audience, et recevait les enchères ; ou, pour mieux dire, après les proclamations dont il vient d'être parlé, sur l'enchère mise au greffe, et dont on délivrait une expédition qui demeurait affichée pendant quinzaine aux lieux accoutumés, et sur la lecture qui était faite de cette enchère à l'audience, on criait l'office à vendre ; mais il ne pouvait être procédé par le juge à l'adjudication pure et simple de la charge, qu'après deux remises de mois en mois (301).

Enfin l'art. 9 de notre édit de 1683 ajoutait : « L'adjudication faite en justice, et la sentence ou arrêt portant que l'officier sera tenu de passer procuration *ad resignandum*, sinon que ledit jugement vaudra procuration, au cas où il ne sera besoin d'adjudication, tiendront lieu de la procuration de l'officier, et seront en conséquence les lettres de provision expédiées. » (302) Ajoutons que, si les offices pouvaient bien ainsi être vendus et adjugés sur décret, à tout le moins le prix de l'adjudication n'en pouvait-il excéder la fixation. C'est ce qu'avaient expressément ordonné et prescrit l'édit de décembre 1665 (303), ainsi qu'un édit d'août

---

sait le principal exercice de l'office, qui était aussi le lieu où la saisie réelle était enregistrée, comme nous l'avons vu, il n'était nécessaire de faire que là les publications dont il est question au texte, pensons-nous avec Pothier. (*Traité de la Procéd. civ.*, *ubi supra*, n° 679, p. 308.) Cependant, certains auteurs voulaient qu'elles se fissent aussi en la paroisse de l'officier ; telle était, notamment, l'opinion de Lalande, dans son *Commentaire sur la Coutume d'Orléans*.

(300) Voy. la fin de l'art. 6 de l'édit de 1683.

(301) Voy. l'article 7 de l'édit de 1683.

(302) L'usage désormais adopté, en vertu duquel, après la sentence qui ordonnait que l'officier saisi serait tenu de passer procuration *ad resignandum*, l'office s'adjugeait à la barre de la Cour, et l'adjudicataire obtenait ses provisions sur ce jugement, qui lui tenait lieu de cette procuration, l'autorité de la justice suppléant ici à la volonté du débiteur et se substituant à lui, cet usage, disons-nous, était beaucoup plus efficace et infiniment plus simple que la voie que nous avons vue indiquée par Loyseau au cours de notre première période, et qui consistait à condamner, même par corps, la partie saisie à fournir sa procuration *ad resignandum*. (Voy. *supra*, p. 366.)

(303) Isambert, t. 18, p. 68 *sub fin*.

1669, portant fixation du prix des offices de judicature (304), et l'article 16 de l'édit de février 1771 (305).

Notons en outre que l'adjudicataire était contraint à la consignation du prix dans la huitaine, comme à l'égard des autres biens, et, de même qu'à l'égard des autres biens encore, le saisissant pouvait, faute de paiement, en poursuivre la réadjudication sur folle enchère.

Après que l'adjudicataire avait consigné son prix, on devait lui délivrer une grosse ou expédition du décret. C'était sur la représentation de cette expédition et de celle du jugement, qui avait ordonné que le saisi donnerait sa procuration *ad resignandum,* sinon que le jugement vaudrait procuration et en tiendrait lieu, qu'on lui accordait des provisions.

Remarquons enfin, pour en terminer sur ce sujet, que, si l'adjudicataire était en demeure de se faire pourvoir, cette demeure ne devait pas, ainsi que nous l'avons déjà dit, nuire aux créanciers, mais bien à lui, à qui seul on pouvait l'imputer, si bien que, par une semblable demeure, il s'exposait à perdre ses deniers consignés (306).

Voilà comment était réglée la procédure pour la saisie réelle des offices vénaux, non comptables du moins. Car il y avait une forme particulière pour la saisie réelle et pour la vente des offices des comptables, prescrite par l'édit déjà cité du mois d'août 1669, dont l'art. 11 de l'édit de 1683 réservait expressément l'application, et auquel nous nous contentons de renvoyer, ainsi qu'aux documents également mentionnés ci-dessus (307).

Il ne suffisait pas aux créanciers qui voulaient assurer la conservation de leurs droits, de former leurs oppositions au décret

---

(304) Isambert, t. 18, p. 327.

(305) Voy. Guyot, *Rép.*, mot OFFICE, éd. de 1784, t. 12, p. 318, col. 2, et la note 1, où se trouve rapportée l'espèce d'un arrêt sur référé de la Grand'Chambre du Parlement de Paris, en date du 12 avril 1782, rendu conformément aux dispositions de l'art. 16 visé au texte. Voy. aussi Merlin, *Rép.*, mot OFFICE, nᵒˢ II et XII.

(306) Voy. Bourjon, *loc. cit.* note 282, *supra*, sect. II, nᵒ X, et PREMIÈRE PÉRIODE, IV *in fine*, pp. 369 et suiv.

(307) Voy. *supra*, p. 317, texte et note 177.

de l'office; il leur fallait s'opposer au sceau des provisions. Qu'était donc cette opposition, et quel était, d'abord, l'effet du sceau ? C'est ce que nous devons maintenant examiner.

II. — A. *De l'effet du sceau des provisions.* — B. *Des oppositions au sceau des provisions d'offices et de leurs effets.* — APPENDICE : *Des oppositions au titre, comparées aux oppositions au sceau des provisions d'offices, et de leur effet* (308).

A. — *De l'effet du sceau des provisions.*

L'intérêt que pouvaient avoir les créanciers d'un titulaire à s'opposer au sceau des provisions de l'office vénal dont leur débiteur était investi, ne peut être bien compris, qu'à la condition de connaître au préalable quel était l'effet du sceau (309).

Or, le sceau des provisions obtenues par l'acquéreur d'un office, avait pour conséquence, non pas seulement d'assurer, une fois qu'il était apposé aux provisions, la propriété de la charge, mais de purger encore du même coup, aussi bien envers des mineurs qu'envers des majeurs, et lors bien que les mineurs n'avaient point de tuteurs pour défendre leurs intérêts, tous les privilèges et toutes les hypothèques, ensemble tous les droits qui auraient pu être invoqués ou prétendus sur l'office par ceux qui n'avaient pas formé d'opposition (310).

---

(308) Voy., sur ces divers sujets : Basnage, *Traité des hypothèques*, 1re partie, chap. x; Bourjon, *op. cit.*, liv. II, tit. xi, 3e partie, chap. v; Pothier, *Introd. au tit. XXI, Des criées, de la Cout. d'Orléans*, § xx, n° 161, t. 1, p. 718, et *Traité de la Proc. civ.*, loc. sup. cit., § ii, n°° 680 et suiv., t. 10, pp. 308 et suiv.; Guyot, *Rép.*, mots MINEUR, OFFICE, OPPOSITION, et SCEAU; Merlin, *Rép.*, mot OPPOSITION AU SCEAU DES PROVISIONS D'OFFICES.

(309) Il s'agit ici du *grand sceau*, c'est-à-dire de celui dont le garde des sceaux était dépositaire. (Voy. Denisart, mot SCEAU (Grand), n° 1.) — Nul n'ignore qu'on opposait le sceau dont nous parlons au petit sceau ou scel, qu'on apposait sur les actes de justice, et sur ceux reçus par des notaires, lorsqu'on voulait leur donner l'authenticité. Un édit de novembre 1696 porta érection d'offices de gardes-scel dans toutes les juridictions du royaume; mais ces offices furent supprimés dix ans plus tard, par un autre édit du mois d'août 1706. (Voy. Denisart, mot SCEL (Petit), *passim.*)

(310) Voy. Denisart, mots MINEURS, n° 12; OFFICES et OFFICIERS, n° 56, et SCEAU (Grand), n° 6; Pothier, *Traité de la Proc. civ.*, loc. cit., n° 682, t. 10, p. 309. Le pre-

Lors donc qu'on devenait titulaire d'un office dont on avait obtenu des provisions sans aucune charge d'opposition, il était affranchi de tout droit procédant du fait du précédent titulaire, sauf toutefois de son propre privilège (311), et cela sans qu'il y eût lieu de faire la moindre distinction relativement à la qualité des résignants (312), par le motif que le nouvel officier était censé obtenir du Roi même l'office dont il était revêtu (313).

---

mier de ces jurisconsultes (mot MINEURS), insistant sur l'idée qu'il avait précédemment émise, que le sceau avait effet même à l'encontre des mineurs, la précisait en ajoutant au n° 8 : « Les mineurs ne peuvent être relevés du défaut d'opposition au *sceau*, sous prétexte de minorité : ils n'ont de recours que contre leurs tuteurs négligens ; et s'ils sont émancipés, ils doivent s'imputer à eux-mêmes de n'avoir pas veillé. » Et il citait au n° suivant (9), à l'appui de sa proposition, un arrêt du Parlement de Toulouse, du 27 mars 1749, qu'il mentionne également ailleurs, et que nous aurons nous-même à signaler plus tard, note 351, *infra*. (Comp., sur les oppositions au sceau formées par un tuteur, note 321, *infra*.) Un arrêt antérieur et resté célèbre, rendu par le Parlement de Paris le 2 mars 1693, et rapporté dans le *Praticien universel* de Couchot, au titre des saisies, t. 1, liv. V, chap. v, de l'éd. in-4°, jugea la question dans le même sens contre un mineur qui, étant devenu majeur, prétendait avoir hypothèque sur un office de Président au Grenier à sel de Laval, que son ex-tuteur avait résigné à son propre fils, et dont ce dernier avait obtenu les provisions. « L'Opposant représenta inutilement », dit Merlin (*Rép.*, mot OPPOS. AU SCEAU DES PROVIS. D'OFF.), « que la résignation de l'office faite par le tuteur en faveur de son fils, était censée faite en fraude du pupille, qui n'avait pas même de subrogé-tuteur qui pût former Opposition au sceau, et qu'il n'était pas juste que le fils de son débiteur profitât de cette fraude. La rigueur de la loi l'emporta sur ces motifs d'équité. » De Héricourt, qui rapporte également l'espèce de cet arrêt, dans son *Traité de la vente des immeubles par décret* (chap. IX, n° 28), observait, de son côté, que le mineur lui-même, alors même qu'il n'avait pas de tuteur, comme nous le disons au texte, était tenu de faire opposition au sceau, pour conserver son hypothèque; et il se fondait, d'une part, sur ce que l'édit de 1683 et la déclaration de 1703 n'exceptaient point les mineurs de la nécessité de faire opposition au sceau d'un office pour conserver leur hypothèque, et, d'autre part, sur l'autorité de la chose jugée par l'arrêt précité. (Voy. l'observation de Sérieux à la suite du n° 102, sect. IV, chap. v, du *Traité des propres* de De Renusson. Consulter encore, sur ce point, Bourjon, *op. cit.*, liv. II, tit. XI, 3° partie, chap. v, sect. II, dist. II, n° VII, et chap. VI, sect. I, note sur le n° II.)

(311) Voy. *infra*, note 356.

(312) Voy. les arrêts cités par De Renusson, *Traité des propres*, chap. v, sect. IV, n°ˢ 111 à 114 inclus, et par Basnage, *op. et loc. citt.*, et comp. *supra*, pp. 337 et suiv. Bourjon écrivait de même (*loc. cit.*, sect. II, dist. II, note sur le n° IX) : « ..... cessante l'opposition au sceau, ou la saisie réelle de l'office, quoique ce soit un fils qui succède à son père dans son office, le premier n'est tenu d'aucune hypothèque, encore que ce fût celle du vendeur. »

(313) Voy. Bourjon, *loc. cit.* note 308, *supra*, sect. I, n°ˢ I et II; Denisart, mot OFFICES et OFFICIERS, n° 45, et Merlin, *Rép.*, mot OFFICE, n° XII. Comp. *supra*, pp. 338, A, et suiv., texte et note 223. — « Il ne faut pas obmettre », disait De Renusson, « que l'on a donné au Sceau l'effet, non-seulement de purger les hypothèques, mais aussi les Pri-

Le sceau entraînait en outre ce résultat, que n'amenait pas le décret volontaire ou forcé des héritages, de purger, contre toutes sortes de personnes, mineures, majeures, privilégiées ou non, même les droits de douaire, tant de la femme que des enfants, et de substitution, quoiqu'ils ne fussent pas ouverts, et bien que la femme n'eût pas le droit de s'opposer au sceau avant l'ouverture de son douaire, par cette raison, que le pourvu tenait son office du Roi plutôt que du résignant, et que, par conséquent, il ne pouvait le tenir qu'aux seules charges sous lesquelles les provisions avaient été accordées (314).

Telle était donc la vertu du sceau des provisions, qui purgeait tous les droits sur l'office, quels qu'ils fussent, même ceux que le décret ne purgeait pas, et qui n'étaient pas encore ouverts, parce que le pourvu était censé ne tenir son office que du Roi (315).

---

vileges des creanciers qui ne s'y sont point opposez. C'est une Jurisprudence établie par plusieurs Arrests. » Un peu plus bas, le même auteur nous donne un renseignement assez curieux : « Cette Jurisprudence que le Sceau purge les hypotheques et privileges a commencé de s'introduire du tems que Monsieur du Vair fut Garde des Sceaux [sous Louis XIII]. Aucuns disent qu'il voulut rendre les oppositions au Sceau frequentes, et par ce moyen faire valoir la Charge de Garde des Rôles que possedoit un de ses parens [voy. aussi Basnage, *in init.* du chap. cité note 308, *supra*]; mais quoi qu'il en soit, » ajoutait-il, « l'usage n'en est pas desavantageux au public. Néanmoins il seroit à desirer que l'opposition coûtât moins, ou qu'on ne fût pas obligé de la réiterer, quand elle auroit été une fois formée. » (Voy. De Renusson, *loc. cit.* à la note précédente, n° 98, et consultez sur Du Vair, la *Nouv. biogr. gén.*, à ce nom.) — La seconde partie de la dernière phrase du passage précité de De Renusson trouvera son explication *infra*, B, p. 384 *in init.*, texte et note 324.

(314) Voy. De Renusson, *Traité du douaire*, chap. iii, n°⁸ 57, 58, 61 et 62; l'observation de Sérieux, à la suite de ce dernier n°, dans l'éd. in-folio de 1760; Bourjon, *op. cit.*, liv. II, tit. xi, 3ᵉ partie, chap. ii, sect. i, n°⁸ i et ii (comp. sect. ii, n°⁸ v et vi), et chap. v, sect. i, note sur le n° i; Denisart, mot OFFICES et OFFICIERS, n° 46; SCEAU (Grand), n°⁸ 10 à 13 inclus (comp. n° 14); SUBSTITUTION, n° 94; Pothier, *opp. citt.*, t. 1, p. 718, n° 161, et t. 10, p. 309, n° 682; Merlin, *Rép.*, mot OPPOSITION AU SCEAU DES PROVIS. D'OFFICES. — Le principe que le sceau des provisions des offices purgeait même le douaire non ouvert, fut consacré notamment par deux arrêts célèbres du Parlement de Paris des 11 juillet 1702 et 11 février 1747.

(315) Si on donnait au sceau, par rapport aux offices, un effet que n'avaient pas les adjudications des autres immeubles faites en justice, celui, notamment, de purger les douaires, tant de la femme que des enfants, quoiqu'ils ne fussent point ouverts, la raison de la différence qu'on mettait en ce cas entre les offices et les autres immeubles, tenait à ce que les fonds appartenant aux particuliers en pleine propriété ne pouvaient passer à un tiers que *cum sua causa*, c'est-à-dire qu'à la charge des hypothèques qui les grevaient et qui ne pouvaient être purgées par le décret quand le droit

Rappelons seulement ici pour mémoire, que l'affranchissement produit par le sceau des provisions obtenues par l'acquéreur d'un office, des privilèges et des hypothèques qui pouvaient le grever, n'avait pas lieu par rapport au Roi, dont la provision, ainsi que nous l'avons vu, ne s'entendait jamais que « sauf son droit. » (316) Il y a plus : ce n'était pas seulement le Roi, mais même ses fermiers généraux qui, nonobstant le défaut de l'opposition au sceau, conservaient tous leurs droits sur l'office acquis par leurs commis, pendant le maniement de leurs deniers (317).

---

de la veuve ou des enfants douairiers n'était pas encore ouvert : l'office, au contraire, n'était qu'une espèce d'engagement du domaine du Roi pour la vie d'un titulaire. Or, de même que le domaine engagé, qui ne pouvait être affecté et hypothéqué aux dettes du créancier, que pour le temps pendant lequel durait l'engagement, était affranchi de toutes charges, aussitôt qu'il remontait à sa source, en revenant entre les mains du Roi, par application du principe *resoluto jure dantis, resolvitur jus accipientis*, pareillement, l'office qui faisait retour à la Couronne, était déchargé de toute hypothèque, par application de cette même règle, et de la maxime *Resignatarius jus non habet a resignante sed a collatore*. De telle sorte que, comme nous le verrons en nous occupant des effets de l'opposition au sceau à l'égard des créanciers (voy. *infra*, B, 2° *in init.*, p. 387), l'ancien titulaire et ceux qui le représentaient ne pouvaient plus, une fois les provisions expédiées, avoir aucun droit sur l'office, mais seulement sur les deniers qui en provenaient; en un mot, c'était seulement sur le prix de l'office que, postérieurement à cette date fatale de l'expédition des provisions, il restait aux créanciers du titulaire primitif à se pourvoir. Ils voyaient ainsi leur droit sur l'office se transformer en une créance sur le prix de la charge. Il suit de là, que tous ceux qui n'avaient point formé d'opposition au sceau, se trouvaient dans le cas du droit commun, d'après lequel toute hypothèque était éteinte par le retour de l'office entre les mains du Roi, comme par le retour des domaines engagés. (Voy. Merlin, *Rép.*, *ubi supra*, et mot OFFICE, n° XII.)

Quelle que fût l'énergie du sceau, il ne faudrait cependant pas croire que tout était perdu pour le créancier de l'officier résignant qui avait négligé de s'y opposer. Si, sans doute, il s'était mis par là dans l'impossibilité de prétendre hypothèque, ni suite d'hypothèque sur l'office, il lui restait, du moins, comme suprême ressource, la faculté de saisir, entre les mains du résignataire, les deniers qu'il pouvait encore devoir pour la composition de l'office, et, en conséquence, d'empêcher sa réception, jusqu'à ce qu'il eût payé ou consigné les deniers dont il pouvait se trouver redevable. (Comp. *supra*. p. 356, et *infra*, p. 400, note 357 *in fine*, et voy. Basnage, *op. et loc. sup. citt.*)

(316) Voy. *supra*, PREMIÈRE PÉRIODE, pp. 316, 6, et suiv., et comp. *infra*, p. 404.

(317) Voy. un arrêt de la Cour des Aides du 22 août 1702, rapporté dans le *Journal des Audiences*, t. 6, liv. II, chap. L, p. 301; Bourjon, *op. cit.*, liv. II, tit. XI, 3° partie, chap. V, sect. I, n° II, et chap. VI, sect. II, n° X à XII inclus, et Merlin, *Rép.*, mot OFFICE, n° XV. Citons également une déclaration du 4 juin 1737, enregistrée à la Cour des Aides le 1er juillet suivant, qui accorda aux receveurs généraux des finances sur les biens de leurs commis à la recette générale, dans tout le royaume, les mêmes privilèges, droits et actions qui appartenaient au Roi sur les biens desdits receveurs généreux. Elle fut suivie d'une autre déclaration, le 18 mars 1738, enregistrée à la même

On doit, à présent, concevoir sans peine que la perspective
des conséquences redoutables du sceau devait inciter toute personne qui avait des droits à faire valoir ou à prétendre sur un office vénal (318), à user de diligence pour les éviter. Elle parvenait
à ce but, en s'opposant soit au sceau, soit au titre, suivant que le
droit allégué par elle, relativement à la charge, était un droit de
créance, ou un droit de propriété.

L'opposition au sceau des provisions et l'opposition au titre
nous apparaissent ainsi comme destinées à préserver les droits
des intéressés que compromettait le sceau : elles en étaient les
sauvegardes, comme le sceau en était la ruine. Demandons-nous
donc en quoi elles consistaient l'une et l'autre, et quels résultats
elles produisaient.

B. — *Des oppositions au sceau des provisions d'offices et de leurs effets.*

L'opposition au sceau des provisions d'offices était une signification qu'un ou plusieurs créanciers faisaient au Garde des Sceaux,
en la personne du Garde des Rôles (319), qu'ils étaient créanciers
d'un tel, pour telle somme, et qu'en conséquence, ils s'opposaient
à ce qu'il fût délivré aucunes provisions à personne de l'office dont
était revêtu leur débiteur, sinon à la charge de l'opposition (320).
C'était donc un empêchement formé par un ou plusieurs créan-

Cour le 29, qui en confirma les dispositions. (Voy. Denisart, mot COMPTABLES envers le
Roi, nos 20, 21 et 22.)

(318) Cette formule très-générale s'applique aussi bien à celui qui avait des droits à
exercer sur un office qu'il acquérait, qu'à tout autre. Lui-même, en effet, n'était pas
exempt de l'obligation de former opposition au sceau pour conserver ses droits ; car, autrement, d'autres créanciers opposants lui auraient été préférés, même pour des hypothèques postérieures aux siennes, dans l'ordre et dans la distribution qui se serait faite du
prix de l'office entre les opposants au sceau. (Voy. Denisart, mot OFFICES et OFFICIERS,
n° 58.) — Comp. *infra*, note 329, et notre n° III.

(319) Un arrêt du Conseil d'Etat du 19 mai 1632, ordonna que les oppositions au
sceau seraient signifiées au garde des rôles, à peine de nullité. (Voy. De Renusson,
Traité des propres, chap. v, sect. IV, n° 99, et Basnage, *op. et loc. citt.* note 308, *supra*.)
On sait que la charge particulière de garde des rôles des offices de France, créée
pour en percevoir les droits, fut érigée en 1559.

(320) Voy. *infra*, texte et note 325. — Pour ce qui est des offices qui pouvaient être

ciers entre les mains du garde des sceaux, en parlant au garde
des rôles des offices de France, afin qu'il ne fût point scellé de
provisions au préjudice de leurs droits sur la procuration *ad resignandum* de leur débiteur, pour faire passer dans la personne
d'un autre l'office dont il était investi.

Il était de toute nécessité de spécifier, dans les oppositions
dont nous parlons, du chef de qui on les formait ; de telle sorte
qu'elles eussent été frappées d'une nullité absolue, si elles avaient
été formées par celui qui aurait prétendu exercer les droits d'un
créancier de l'officier, sans spécifier qu'il s'opposait en cette qualité (321). Notons, toutefois, qu'aux termes de l'article 2 de l'édit
de 1683 et de l'article 2 de la déclaration du 17 juin 1703, les
directeurs ou syndics, valablement établis par les créanciers de
l'officier, pouvaient s'opposer au sceau audit nom de directeurs,
et conserver ainsi les droits de tous les créanciers, l'opposition
étant alors censée faite par tous ceux qui les avaient établis.

Ajoutons, relativement à la forme des oppositions au sceau, que,
les provisions produisant le même effet que le décret, et le sceau
ayant même plus de force, d'énergie et d'étendue que lui (322),
chaque opposant devait faire une élection de domicile, et que
cette élection ne s'effaçait pas par la mort du procureur ou autre,
en la maison duquel le domicile avait été élu. (Voy. l'art. 360 de
la Coutume de Paris.) (323)

---

exercés sans provision, un édit de Versailles, du mois de mars 1706 (Néron, *Recueil d'é-
dits*, t. 2, f° 375, et Isambert, t. 20, p. 485, n° 1999) porta création, pour la garantie des
créanciers, dans chacune des provinces et généralités du Royaume, d'un office de
greffier conservateur des hypothèques de ces offices, et règlement pour leurs fonctions.

(321) Voy. de Héricourt, *Traité de la vente des Immeubles par décret*, chap. IX,
n° 27, et un arrêt du 24 février 1688, cité par Sérieux, dans l'observation par lui faite
à la suite du n° 102, sect. IV, chap. V, du *Traité des propres* de De Renusson. Nous
trouvons également signalé dans le Denisart (mot SCEAU (Grand), n° 22) un arrêt du
19 mai 1761, qui jugea que, lorsqu'un tuteur avait formé opposition au sceau d'un
office, sans déclarer que c'était comme tuteur des mineurs, il était censé avoir formé
opposition pour lui-même, de manière que cette opposition ne pouvait point profiter
aux mineurs.

(322) Voy. p. 380 *in init.*, *supra*.

(323) Voy. Bourjon, *op. cit.*, liv. II, tit. XI, 3e partie, chap. V, sect. II, dist. I, n° V *in fine*.
Denisart (mot SCEAU (Grand), n° 18) observe d'ailleurs que l'opposant au sceau pouvait

Terminons enfin ces notions générales, en faisant observer que les oppositions au sceau devaient être renouvelées tous les ans (324).

Quant aux effets des oppositions dont nous parlons, ils doivent, pour être bien compris, être envisagés à un double point de vue : par rapport à l'acquéreur résignataire, d'une part, et à l'égard des créanciers, d'autre part.

1° De l'effet des oppositions au sceau, par rapport à l'acquéreur.

De l'idée générale que nous venons de donner des oppositions au sceau des provisions d'offices, il résulte que leur effet, quant à l'acquéreur, était de mettre obstacle à ce qu'on délivrât les provisions sur la résignation du titulaire, pour le fait duquel l'opposition avait été formée, autrement qu'à la charge de cette opposition (325), ce qui revient à dire que l'on devait faire mention des oppositions au sceau sur les provisions, et que, si cette mention était omise, le créancier opposant n'en conservait pas moins

---

élire domicile où bon lui semblait. — Comp., pour les oppositions au titre, *infra*, note 349.

(324) C'est ce qu'avait établi un arrêt de règlement du Conseil d'Etat du 31 mai 1631, cité par De Renusson, dans son *Traité des propres*, chap. v, sect. iv, n° 99, et par Basnage, *op. et loc. citt.* note 308, *supra*. Il déclarait qu'à l'avenir, toutes oppositions faites pour deniers à l'expédition des offices, demeureraient nulles et sans effet, si elles n'étaient renouvelées après l'expiration de l'année qui suivait leur signification. Il résultait de là, que les oppositions au sceau pour deniers devaient être renouvelées d'année en année, sous peine de n'être plus valables après l'an. (Voy., en ce sens, deux arrêts du Conseil-Privé des 30 sept. 1653, et 27 sept. 1670, analysés par Basnage. *eod.*) — Suivant l'art. 5 de la déclaration du 17 juin 1703, les oppositions formées pour deniers au sceau des provisions des offices, demeuraient également nulles et sans effet après l'an expiré, à compter du jour où elles avaient été signifiées aux gardes des rôles de la grande chancellerie (voy. note 319, *supra*), sauf à les renouveler après l'expiration de ce temps, pourvu que ce fût avant le sceau des provisions, le Roi annulant, par cette même disposition, toutes les oppositions qui auraient pu être formées ou réitérées après l'expédition des provisions. (Voy. l'observation de Sérieux, à la suite du n° précité du *Traité des propres.*) — De tout ce qui précède, une conclusion générale se dégage : c'est que les opposants au sceau, qui ne s'étaient pas opposés dans l'année des provisions scellées, et ceux qui ne s'étaient point opposés du tout, n'étaient pas plus privilégiés les uns que les autres. (Voy. Basnage, *eod.*)

(325) Voy. Pothier, *Traité de la Proc. civ.*, *loc. cit.* note 308, *supra*, n° 680, t. 10. p. 309 *in init.*, et Denisart, mot OFFICES ET OFFICIERS, n° 47.

toujours le fruit et le bénéfice de sa diligence, dont il ne pouvait pas être privé par le fait d'un tiers (326).

Tirons immédiatement de là cette déduction toute naturelle que, par le moyen des oppositions dont nous nous occupons, l'acquéreur pourvu se trouvait dans l'obligation, sinon de payer toutes les causes de l'opposition, ce qu'évidemment on ne pouvait lui imposer, à tout le moins de rapporter, de représenter aux opposants, pour être distribué entre eux, le prix entier de son office (327), prix qui formait leur gage, et qui, grâce aux oppositions, était devenu pour les créanciers, la représentation même de la charge de leur débiteur. Ces oppositions opéraient d'une manière tellement absolue, que, alors même qu'il n'y aurait pas eu de saisie réelle, le résignataire était, par leur effet, obligé de rapporter aux opposants le prix intégral de l'office, et cela, non-seulement lorsqu'il l'avait acheté, mais même lorsqu'il se faisait pourvoir soit comme héritier du défunt titulaire, soit à quelque titre que ce fût (328). Gardons-nous cependant d'exagérer : que si l'opposition au sceau était conservatoire de leurs droits, elle en était en même temps limitative ; de telle sorte que le droit des opposants n'allait pas au delà du prix ; car il eût été injuste de donner plus d'effet à ces oppositions, l'acquéreur de l'office ne pouvant, en principe, et les cas de fraude écartés, cela s'entend, être tenu envers les créanciers du résignant qu'à cause de la possession de leur gage, à la conservation duquel ils avaient veillé.

De ces données découlaient les deux conséquences suivantes :

1. A supposer que l'acquéreur eût payé une partie de son prix comptant à son vendeur, et que les causes des oppositions au sceau eussent excédé ce qui restait entre ses mains, il aurait mal payé cette portion de sa dette, et aurait été contraint de la représenter, jusqu'à concurrence du montant des oppositions, sauf son

---

(326) Voy. Bourjon, *op. cit.*, liv. II, tit. xi, 3e partie, chap. v, sect. ii, dist. ii, n° x, et comp. *supra*, PREMIÈRE PÉRIODE, iii, pp. 350 et suiv.
(327) Pothier, *loc. cit.* note 325, *supra*.
(328) Pothier, *loc. cit., eod.*, n° 682.

recours, à ses risques et périls, contre le résignant (329).

β. Il va sans dire, à l'inverse, que si, en conservant la même hypothèse, la portion du prix dont il était resté débiteur, avait été suffisante pour désintéresser les opposants, il n'aurait pas pu être inquiété au sujet de son paiement au résignant, par ce double motif, que ce paiement devenait chose indifférente pour les opposants, et que les autres créanciers n'avaient aucun droit contre lui (330).

Tel était l'effet des oppositions au sceau par rapport à l'acquéreur. Voyons maintenant quelles conséquences elles entraînaient à l'égard des créanciers.

---

(329) Comp. *supra*, § 1er, art. 3, p. 157, γ. — Le cas prévu au texte appelle une remarque essentielle. Lorsque le résignataire avait payé, et qu'il ne lui restait pas de quoi remplir les opposants de leurs droits, il fallait, alors du moins que les oppositions avaient été formées par des créanciers hypothécaires, qu'il consignât toutes les causes de ces oppositions, ou qu'il consignât tout son prix, comme s'il en était resté débiteur pour la totalité, sauf à lui, ainsi que nous le disons, à recouvrer, à ses risques, le prix anticipé qu'il avait imprudemment compté à son vendeur, celui-ci étant, en effet, obligé par l'engagement résultant de sa quittance, de lui en faire la restitution. Mais si les choses se passaient de la sorte, dans les rapports du tiers acquéreur avec les créanciers hypothécaires, en était-il encore de même dans ses rapports avec les créanciers chirographaires du résignant ? La réponse dépend, selon nous, d'une distinction. Il pouvait arriver que l'acheteur, placé dans les circonstances prévues, ne fût pas obligé, dans ses rapports avec ces derniers créanciers, lors bien qu'ils auraient été opposants au sceau, de consigner au delà de ce dont il demeurait débiteur envers le résignant désintéressé, par hypothèse, pour partie : c'est ce qui aurait eu lieu, si ce tiers acquéreur avait eu titre ou contrat de vente authentique et qu'il eût été lui-même opposant au sceau, parce qu'alors lui-même aurait été créancier hypothécaire. — la force d'hypothèque étant, dans notre ancienne législation, attachée de plein droit à toute convention passée devant notaire, — et que son hypothèque l'aurait mis, pour le surplus, à l'abri du recours des chirographaires. En effet, ayant hypothèque, et étant comme eux opposant au sceau, il les aurait primés à raison de son droit hypothécaire. Le motif qui sert de base à cette restriction nous servira également à en limiter la portée, et nous dirons, en conséquence, que son application aurait dû être écartée, si l'acquéreur avait négligé de former opposition au sceau pour la sûreté de son contrat, et, partant, qu'il aurait fallu, dans ce dernier cas, qu'il payât tout son prix, ou qu'il consignât tout le montant des oppositions. (Comp. *supra*, note 318.) — Ces décisions diverses, que viendront éclaircir les développements donnés dans notre n° III, apparaîtront comme autant de conséquences forcées de l'édit de 1683. Et il paraît, du reste, que la jurisprudence du Châtelet était fixée dans le sens des propositions ci-dessus énoncées, ainsi que nous le rapporte Bourjon (*ubi supra*, dist. I, n° v), dont le sentiment était identique sur ces différents points.

(330) Voy. *infra*, III, et, sur ces deux conséquences, consultez Bourjon, *op. cit.*, liv. II, tit. xI, 3e partie, chap. v, sect. II, dist. I, n° IV.

2° Des effets des oppositions au sceau, à l'égard des créanciers.

Ils étaient au nombre de trois, deux généraux, le troisième particulier.

Le premier effet général des oppositions au sceau, à l'égard des créanciers, était de conserver à ceux d'entre eux qui les avaient formées, leurs droits de privilèges ou d'hypothèques, non pas sur l'office, mais sur le prix qui le représentait (331).

Leur second effet général résultait de ce que l'opposition au sceau donnait aux créanciers opposants, abstraction faite de leur titre, le privilège relatif d'être préférés, ainsi que nous le verrons dans notre n° III, à tous les créanciers non opposants, alors même que ceux-ci étaient mineurs (332).

Un troisième effet, spécial celui-là, et fort remarquable, consistait en ce que, bien que la dette ne fût pas échue, qu'elle ne fût pas même exigible, comme aurait été celle résultant d'une rente constituée, elle le devenait par la vente de l'office, et par suite de l'opposition au sceau de ses provisions. En un mot, le résignataire n'était pas même reçu à offrir aux créanciers de dettes non exigibles, de rentes constituées, par exemple, qui avaient formé opposition, de leur continuer le service de leurs rentes et de leur en passer titre nouvel ; le remboursement, d'après la jurisprudence des arrêts, en pouvait être exigé par le fait seul de la vente de l'office et de l'opposition au sceau (333). « Cette exigibilité », disait Bourjon, « est fondée sur la crainte des faits de charge, et sur ce que l'opposant n'est pas obligé de suivre la prud'hommie de l'acquéreur de l'office avec qui il n'a pas con-

---

(331) Voy. Bourjon, *eod.*, dist. II, n° VI ; Denisart, mot OFFICES et OFFICIERS, n° 56, et Pothier, *opp. citt.*, t. 1, p. 718, n° 161, et t. 10, p. 309, n° 682. — Le motif de la transformation des droits des créanciers sur l'office en un droit sur son prix, après l'expédition de ses provisions, a été donné ci-dessus, note 315.

(332) Voy. Bourjon, *eod.*, n° VII.

(333) Voy. Denisart, mot OFFICES et OFFICIERS, n° 59, et Pothier, *Traité de la Proc. civ.*, *loc. cit.*, n° 682, t. 10, p. 309. Voy. aussi le début du passage du premier de ces auteurs, cité note 335, *infra*.

tracté. » (334) — Toutefois, donnant ainsi l'exemple d'un cas dans lequel le successeur au titre de l'office n'était pas obligé de rembourser un opposant au sceau, la jurisprudence dérobait au principe que nous venons de poser, l'hypothèse où c'était un fils qui se faisait pourvoir, soit par mort, soit par résignation, de l'office de son père. « Si cependant », ajoutait le même jurisconsulte, « la vente de l'office étoit du père au fils, la rente ne seroit pas exigible, et le fils est recevable à la continuer ; c'est une juste et favorable exception qui doit principalement militer lorsqu'il n'y a aucun fait de charge à craindre ; par exemple, s'il étoit question d'un office de conseiller au parlement, ou de maître des comptes. » (335)

------

(334) Bourjon, *ubi supra*, dist. ii, n° viii.

(335) Voy. Bourjon, *eod.*, n° ix. Voy. aussi Pothier, *Traité de la Proc. civ., loc. cit..* n° 682, t. 10, p. 309. — « Je l'ai entendu juger ainsi au parc-civil (voy., à la fin de la présente note, l'explication de ce terme), plaidant, Forestier », poursuit Bourjon en sa note sur le n° précité, « jurisprudence que la cour a confirmée par son arrêt du 12 août 1707, rapporté par Augeard (*Arrêts notables des différents tribunaux du royaume*), tom. 1, ch. 86, pag. 674 ; mais cessante l'opposition au sceau, ou la saisie réelle de l'office, quoique ce soit un fils qui succéde à son père dans son office, le premier n'est tenu d'aucune hypothéque, encore que ce fût celle du vendeur ; Loyseau, des offices, liv. 3, ch. 4, num. 56 et 57 : il faut cependant observer », écrivait-il enfin, « qu'il y a eu arrêt qui a jugé que quoique ce fût un fils qui succédât à son père, il étoit obligé de rembourser la rente ; mais cette rigueur ne doit avoir lieu que dans le cas que le débiteur s'est servi d'un tems critique, pour forcer son créancier de convertir sa rente à un denier fort, parce que cette voie fait cesser cette injustice ; mais cessantes de telles circonstances et lors qu'il n'y a nul fait de charge à craindre, il faut se tenir à l'ancienne jurisprudence qui est plus équitable, plus conforme au bien et à l'ordre public que l'autre. » Il convient néanmoins, croyons-nous, de limiter avec soin la portée de l'exception que nous venons de signaler. C'est ainsi que Sérieux (*loc. inf. cit.*), après avoir cité l'arrêt du Parlement de Paris du 12 août 1707, arrêt qui avait décidé, dans une espèce où un fils s'était fait recevoir dans la charge de son père défunt qui la lui avait léguée, que, bien que le fils légataire renonçât à la succession paternelle et se tînt au legs, il n'était pas obligé de rembourser la rente à un créancier de son père opposant au sceau, c'est ainsi, disons-nous, que Sérieux s'empressait d'ajouter, avec raison, après la mention de cet arrêt, l'observation suivante : « Il faudroit toutefois raisonner bien différemment, et on devroit le regarder tenu de rembourser le vendeur ou celui qui auroit prêté des deniers pour l'acquisition, parce que ces derniers ne sont pas obligés de se confier au fils à cause des faits de charge. »

Denisart (*ubi infra*) écrivait de son côté : « ..... lorsque l'officier, pourvu d'une charge hypothéquée à des rentes constituées, la vend, et que le créancier forme opposition au sceau, une telle vente met le créancier, qui a formé opposition au sceau, en état d'exiger son *remboursement* sur le prix de l'office. La jurisprudence du parlement de Paris est certaine sur ce point ; et il a même été jugé, par arrêt rendu le 15 juin 1731, que le greffier de l'élection de Soissons, successeur et héritier de son père, devoit *rembourser* la rente privilégiée sur son office, quoiqu'il n'en fût dû aucuns arrérages.

Voilà en quoi consistait, et comment était réglée l'*opposition au sceau des provisions d'offices*, aussi appelée *opposition au*

« Ce jugement est fondé sur la différence qu'il y a entre le prêt fait sur son office, et celui fait sur un corps d'héritage. Dans le premier cas, le prêt se fait plutôt à la personne, que sur l'office : c'est la confiance personnelle que le créancier a dans le titulaire, qui le détermine à prêter; car, outre la négligence de payer la paulette, qui peut faire périr l'office, il y a des faits de charge qui engendrent des créances privilégiées. Voyez *Faits de charge*.

« D'ailleurs le roi ne cesse jamais d'être propriétaire des offices. *Donnons et octroyons*, disent les provisions qu'il en accorde; il peut les supprimer, les confisquer en cas de délit, etc., au lieu que la propriété des corps héréditaires réside toujours en la personne du débiteur, et qu'ils ne peuvent passer en d'autres mains, qu'à la charge de l'hypothéque.

« Il y a cependant un arrêt contraire, rendu le 12 août 1707, dans Augeard, » ajoute-t-il enfin; « mais c'est un arrêt solitaire »; et il en rapporte immédiatement deux autres des 21 mai 1762, et 5 février 1763, qui, dit-il, « paroissent avoir fixé la jurisprudence sur ce point au parlement de Paris. »

Sérieux et Denisart nous apprennent que la jurisprudence des Parlements de Bordeaux et de Toulouse était loin d'être conforme à celle des autres Parlements du royaume, et spécialement de celui de Paris. D'après cette jurisprudence, quand le débiteur d'une rente constituée vendait un office dont il était revêtu, et dont les provisions n'étaient expédiées qu'à la charge de l'opposition formée par les créanciers de cette rente constituée, l'acquéreur ne pouvait être contraint au remboursement, lorsqu'il consentait à ce que l'office demeurât hypothéqué comme auparavant. C'est ce qu'avaient établi un arrêt du Parlement de Toulouse, du 30 mai 1732, confirmatif d'une sentence du sénéchal de Montpellier, du 13 septembre 1731; un arrêt du Parlement de Bordeaux, du 22 décembre 1734, confirmatif d'une sentence de la sénéchaussée de Guienne, du 15 septembre 1733, et un arrêt du Parlement de Paris, qui, assuré de cette jurisprudence locale par un acte de notoriété des officiers du Parlement de Bordeaux, en date du 21 novembre 1735, statua en conformité des décisions précédentes pour le ressort du Parlement de Bordeaux, le 22 avril 1738. — Voy., sur ce qui précède, la seconde observation de Sérieux, à la suite du n° 115, sect. IV, chap. V, du *Traité des propres*, de De Renusson, et Denisart, mot REMBOURSEMENT DE RENTES, n° 4 à 10 inclus. Voy. aussi, relativement au dernier point signalé, La Combe, mot OFFICE, sect. 2, n° 11, et un arrêt du Parlement de Rennes, du 13 mars 1736, rapporté dans le t. 2 du Journal de ce Parlement.

Remarquons, pour en terminer avec ce sujet, que, lorsque le créancier d'une rente hypothéquée sur un office, le laissait vendre sans former opposition au sceau des provisions, il ne pouvait plus exiger le remboursement de sa rente, par ce motif que si, en pareil cas, il souffrait quelque perte, c'était par son fait, et par suite de son inaction. Le Parlement de Paris, confirmant une sentence du Châtelet, du 7 décembre 1758, se prononça en ce sens, par arrêt du 18 juillet 1760; et cet arrêt est d'autant plus notable que, dans l'espèce, il ne restait plus aucun immeuble au débiteur de la rente, et que, par conséquent, le créancier qui avait négligé de former opposition au sceau, n'avait plus ni hypothéque ni sûreté. Cette doctrine, admise par Bourjon, ainsi que cela ressort des passages de lui cités au cours de ce n° 2, et par Denisart (*loc. sup. cit.*, n° 11 et 12), n'était pas cependant acceptée par tous nos anciens jurisconsultes, et elle était notamment repoussée par Duplessis, dans son *Traité des droits incorporels*, tit. III, chap. II; par Brodeau, sur l'art. 94 de la Coutume de Paris, et par Pocquet de Livonnière, dans ses *Régles du droit françois*.

prix ou *à fin de conserver*. Mais, avons-nous dit, la diversité des droits que les intéressés pouvaient invoquer sur un office vénal ou à son occasion, dut nécessairement engendrer une autre sorte d'opposition, *l'opposition au titre*, qu'il faut soigneusement distinguer de la précédente, et dont il nous est impossible de ne pas dire ici quelques mots sous forme d'Appendice.

APPENDICE. — *Des oppositions au titre comparées aux oppositions au sceau des provisions d'offices, et de leur effet* (336).

Tandis que les oppositions au sceau étaient formées par les créanciers d'un titulaire, à l'effet de conserver leurs droits, privilèges et hypothèques sur le prix de l'office, au cas où leur débiteur viendrait à s'en démettre en faveur d'une autre personne, les oppositions au titre de l'office étaient formées par ceux qui, d'une manière générale, prétendaient avoir sur la charge, ou à raison de la charge, quelque droit de propriété (337). Ces deux sortes d'oppositions correspondaient, par conséquent, aux différents droits qui pouvaient être allégués par les tiers sur l'office vénal d'un titulaire quelconque : la première, aux droits de créance ; la seconde, au droit de propriété.

L'effet des oppositions au titre était de mettre obstacle à ce que les provisions fussent scellées à leur préjudice, d'empêcher, en d'autres termes, la délivrance d'aucunes provisions, jusqu'à ce

---

Notons enfin, puisque l'occasion s'en présente, que, lorsqu'une rente avait été constituée pour le prix d'un office, elle devait être remboursée sur le pied de son capital, indépendamment des événements qui survenaient à l'office. (Voy. un arrêt du Parlement de Paris, du 9 mai 1769, dont l'espèce est analysée tout au long par Denisart, *ubi supra*, n° 56, et à laquelle nous avons déjà fait allusion ci-dessus, § 1er, note 205, p. 206.)

PARC-CIVIL. On désignait sous ce nom, à Paris, l'une des Chambres du Châtelet, plus rarement appelée *Prévôté*. C'est là que l'on jugeait à *l'ordinaire*, c'est-à-dire que c'est à cette Chambre qu'étaient portées les affaires qui se trouvaient de la compétence de la prévôté et non de celle du présidial. (Voy. Denisart, à ce mot, n° 2, et au mot CHATELET, n° 21 à 23 inclus.)

(336) Voy., sur ce sujet, Bourjon, *op. cit.*, liv. II, tit. XI, 3e partie, chap. V. sect. III, n° XIII et suiv.

(337) Voy. Denisart, mot SCEAU (Grand), n° 4 et 5 *in init.*, et Pothier, *Traité de la Proc. civ.*, *loc. cit.*, n° 681, t. 10, p. 309.

qu'il eût été statué sur leur bien fondé (338). Il y avait donc, à ce point de vue, cette différence entre les oppositions au sceau et les oppositions au titre, que celles-là, sans suspendre l'obtention des provisions, et sans en empêcher la délivrance, imposaient simplement l'obligation de ne la faire qu'à la charge des oppositions formées, tandis que celles-ci mettaient un obstacle absolu à la délivrance d'aucunes provisions, dont elles arrêtaient l'obtention en empêchant ainsi la transmission de l'office d'une personne à une autre. En d'autres termes, les premières ne frappaient que le prix de l'office, qu'elles se bornaient à réaliser et à substituer à la charge, tandis que les secondes tombaient sur l'office même (339).

Une déclaration de Louis XV, datée de Marly, du 29 avril 1738, et composée de 27 articles, déclaration non enregistrée au Parlement, mais publiée, le sceau tenant, le 9 mai suivant, a réglé ce qui devait être observé relativement aux oppositions au titre (340).

Cette déclaration, à laquelle il convient du reste de joindre le titre II de la première partie du célèbre règlement de Versailles, concernant la procédure du Conseil, du 28 juin 1738, relatif aux oppositions au titre (341), avait pour but de fixer les cas dans lesquels ces oppositions pourraient avoir lieu, et d'indiquer la manière de les former, et l'ordre de la procédure qu'on devrait

---

(338) Voy. Pothier, *op. et loc. sup. citt.* Comp. Bourjon, *op. cit.*, liv. II, tit. xi, 3ᵉ partie, chap. v, sect. iii, dist. ii, n° xv : « L'effet de telle opposition », dit-il, « est de suspendre l'obtention des provisions ; tel est leur effet provisoire, et le jugement qui intervient sur icelles régle leur effet absolu. » — Ainsi qu'il est aisé de le comprendre, comme, lorsque l'opposition concernait le titre de l'office, on la faisait vider avant de sceller les provisions, et qu'on ne les scellait point à la charge de cette opposition, il en résultait que tel qui l'avait faite, était assuré que l'office ne se vendrait jamais qu'il n'en fût averti. (Voy. Basnage, *op. et loc. sup. citt.*)

(339) Voy. Bourjon, *op. cit.*, liv. II, tit. xi, 2ᵉ partie, chap. vi, sect. ii, n° xi, et 3ᵉ partie, chap. v, sect. iii, dist. i, n° xiii ; Denisart, mots oppositions au titre des offices, n° 1, et sceau (Grand), n° 5.

(340) Elle est rapportée en entier par Denisart, mot oppositions au titre des offices, n° 2. Voy. aussi Isambert, t. 22, p. 42, n° 515.

(341) Isambert, t. 22, pp. 43 et suiv. — Nul n'ignore que ce règlement forme encore aujourd'hui la base de la procédure suivie à la Cour de cassation et au Conseil d'Etat, statuant en matière contentieuse.

observer pour y faire statuer. Ses articles 1 à 7 inclus confirment l'idée que nous venons de donner des oppositions au titre, en énumérant quelles étaient les seules personnes admises à les former. On peut en présenter très-aisément la synthèse, et résumer d'un trait leur contenu, en disant, ainsi que nous l'avons fait plus haut, que pouvaient seuls, d'une manière générale et en principe, former opposition au titre des offices ceux-là qui alléguaient sur la charge, ou à raison de la charge, quelque droit de propriété (342). C'est ce que va prouver une analyse rapide des dispositions par nous visées.

Et d'abord, il n'est pas douteux que les oppositions au titre des offices pouvaient et devaient même — puisque ce n'était que par cette voie que l'on parvenait à conserver les droits dont nous parlons (343) — être formées par tous ceux à qui la propriété de la charge appartenait en tout ou en partie, ou qui avaient droit d'obliger le titulaire ou le propriétaire à leur céder ladite propriété, ou d'empêcher qu'il n'en fût disposé au profit d'un autre, lors bien que le droit en question n'eût pas encore été ouvert ou échu à l'époque où était faite l'opposition (art. 1). Par conséquent, la voie d'une opposition de ce genre aurait été ouverte, dans le cas où un résignataire confident aurait abusé de la confiance de son résignant et aurait voulu se faire recevoir en l'office, hypothèse dans laquelle il y aurait eu lieu de le faire condamner, même par corps, à rapporter ses provisions (344). Par conséquent encore, le vendeur d'un office qui n'aurait accordé aucun terme pour le paiement de la charge résignée, aurait pu former opposition au titre, et empêcher la réception de l'acquéreur, jusqu'à

---

(342) Comp. Bourjon, *op. cit.*, liv. II, tit. xi, 3ᵉ partie, chap. v, sect. iii, dist. ii, nᵒ xiv.

(343) Voy. Bourjon, *op. cit.*, liv. II, tit. xi, 2ᵉ partie, chap. vi, sect. ii, nᵒ xi, et 3ᵉ partie, chap. v, sect. iii, dist. ii, nᵒ xiv. — Lorsque celui qui avait un droit de propriété sur l'office, au lieu de s'opposer au titre, ne s'était opposé qu'au sceau, il ne pouvait empêcher l'expédition des provisions du résignataire, et ne pouvait prétendre qu'à un privilège sur le prix.

(344) Voy. Bourjon, *op. cit.*, liv. II, tit. xi, 3ᵉ partie, chap. v, sect. iii, dist. i, note sur le nᵒ xiii, et comp. *supra*, § 1ᵉʳ, texte et note 153, pp. 181 et suiv.

ce qu'il eût satisfait à la condition de la vente ; car, n'ayant accordé aucun délai à l'acheteur pour se libérer, le résignant était censé avoir fait la vente sous la condition d'être payé comptant, et, cessant l'accomplissement de cette condition, la vente n'était pas parfaite (345).

Les oppositions au titre pouvaient pareillement être formées par ceux qui avaient obtenu et fait signifier des lettres de restitution contre le traité de vente d'un office, ou qui avaient fait une demande pour rentrer, à titre de regrès (346), ou autrement, dans un office par eux vendu, à la charge, toutefois, de joindre à l'acte d'opposition la copie de la signification desdites lettres ou de ladite demande, à peine de nullité de l'opposition (art. 2).

La voie de l'opposition au titre était également ouverte à ceux qui avaient intérêt à empêcher que l'acquéreur d'un office ne fît insérer dans ses provisions, à leur préjudice, des titres ou qualités, des droits ou fonctions, qui n'appartenaient pas à l'office par lui acquis, ou qu'il ne se fît pourvoir d'un office supprimé ou réuni à d'autres offices, ou qui n'avait jamais été créé (art. 3).

Aux termes de l'art. 4, les engagistes des domaines royaux, auxquels la faculté de nommer aux offices qui en dépendaient avait été accordée par le contrat d'engagement, pouvaient aussi former opposition au titre, à l'effet d'empêcher que les provisions de ces offices ne fussent scellées sans leur nomination ; et l'art. 5 éten-

---

(345) Voy. Bourjon, *ubi supra*, dist. II, n° XV. Il résultait cependant d'un arrêt du 13 juin 1766, dont l'espèce se trouve rapportée dans Denisart (mot OFFICES et OFFICIERS, n° 93), que, lorsqu'une fois le titulaire d'un office avait donné sa procuration *ad resignandum*, quand même les provisions accordées au nouveau titulaire n'auraient pas encore été scellées, il n'aurait plus été possible au vendeur de former opposition au titre, mais qu'il aurait seulement pu s'opposer au sceau : et que, faute de paiement, il n'aurait pu demander à rentrer dans la propriété de l'office, mais qu'il ne lui serait plus resté que le droit de le faire saisir réellement, pour le paiement du prix qui lui aurait été dû.

(346) Si le vendeur qui voulait exercer le regrès pouvait former opposition au titre, cela tenait à ce que l'exercice de ce droit anéantissait la vente. Rappelons toutefois que le défaut d'une semblable opposition n'aurait pas empêché le vendeur de se prévaloir de ce droit, tant que le nouvel acquéreur n'était pas reçu. Telle était, nous rapporte Bourjon (*eod.*, n° XVI), la pratique suivie au Châtelet. — Comp., sur le regrès, *supra*, § 1er, art. 3, pp. 143 et suiv.

dait l'application de cette disposition aux apanagistes, en ce qui concernait les offices dont les provisions ne s'expédiaient pas en leur nom, et dont ils n'avaient que la nomination.

Lorsqu'un office avait été saisi réellement, ou abandonné à des créanciers, séparément ou conjointement avec d'autres biens de leur débiteur, ces créanciers, ou ceux d'entre eux qui avaient été nommés syndics ou directeurs, pouvaient de même encore former opposition au titre de cet office, pour en empêcher la vente à leur préjudice et sans leur consentement (art. 6); et l'art. 7 ajoutait que cette disposition recevrait application dans le cas où le titulaire ou le propriétaire d'un office aurait fait faillite ou banqueroute, ou lorsqu'il aurait passé un contrat d'atermoiement avec ses créanciers, ou obtenu et fait signifier des lettres de répit.

Quant à tous autres créanciers que ceux qui se trouvaient dans les situations spéciales prévues par les deux articles précédents, encore qu'ils eussent été privilégiés, ils n'avaient pas le droit de former l'opposition dont s'agit. Il en était ainsi à l'égard du vendeur lui-même, dès que les premières provisions avaient été obtenues; car les uns n'avaient pas la propriété de l'office, et l'autre ne l'avait plus, puisque, vu la collation du Roi, l'office était rempli, et, dans les deux cas, par conséquent, ces deux classes d'intéressés n'avaient qu'une créance à conserver. Cependant, l'article 8 de notre déclaration, tout en consacrant formellement ce principe, ajoutait que les créanciers en question pourraient prendre la voie de l'opposition au titre, pour prévenir l'effet des ventes de l'office qui seraient faites à vil prix, au préjudice et en fraude de leurs créances; mais l'opposition était alors « à leurs risques, périls et fortunes », et ne pouvait être formée qu'à l'effet seulement d'avoir communication du contrat de vente pour le porter à un plus haut prix que celui convenu par ce contrat (au moins à un dixième en sus, en principe, ainsi qu'il résulte de la combinaison des art. 11 et 12), le tout aux charges et conditions indiquées par les articles 9 à 16 inclus, relatifs à la procédure en main-levée de l'opposition, sur les détails de laquelle nous n'avons pas à insister. Nous noterons simplement, en ce qui les concerne, d'une part, qu'aux termes de l'art. 18, celui qui était appelé à la substitution de la propriété d'un office, pouvait, ainsi que le tuteur ou curateur à cette substitution, lorsqu'il y en avait eu un de nommé, s'opposer au titre de l'office grevé, pour empêcher qu'il ne fût vendu à vil prix, au préjudice de la substitution, mais à la condition de se conformer aux dispositions des art. 8 à 16; et, d'un autre côté, que, d'après l'art. 17, les prescriptions de ces neuf articles ne recevaient pas application, lorsque les oppositions étaient formées par les créanciers dont s'occupaient les art. 6 et 7 analysés plus haut : c'étaient les règles prescrites par les art. 20 et suivants, qui devaient, à leur égard, être observées.

Telles étaient les *seules* personnes au profit desquelles s'ouvrait la voie de l'opposition au titre. L'art. 19 de la déclaration de 1738 ne laissait, à ce sujet, place à aucun doute : « Faisons au surplus **très-expresses inhibitions et défenses à tous officiers et autres personnes sans exception,** » portait-il, « de former *opposition au titre des offices*, pour d'autres causes que celles qui ont été ci-dessus exprimées, notamment sous prétexte d'incapacité, ou même d'indignité de celui qui présentera ses provisions; sauf à en donner avis à notre très-cher et féal chancelier de France, pour y être par nous pourvu, ainsi qu'il appartiendra, sur le compte qui nous en sera par lui rendu. » — Avant cette déclaration, les avantages que présentait l'opposition au titre avaient poussé, paraît-il, plusieurs personnes, trop soucieuses de leurs intérêts, à s'opposer au titre de l'office, bien qu'elles n'y eussent pas droit, et cela dans le but d'empêcher que la charge fût vendue sans qu'elles y fussent appelées; elles s'exposaient par là, nous dit Basnage (347), à une condamnation à des dommages-intérêts, lorsqu'on jugeait l'instance de cette opposition.

Trois remarques finales complèteront cet exposé sommaire :

La première, c'est qu'il s'opéra, relativement aux oppositions

---

(347) *Op. et loc. sup. citt.*

au titre, un changement de compétence pour trancher les difficultés auxquelles elles donnaient lieu. Ce ne fut plus, en effet,
aux Requêtes de l'Hôtel et par appel au Parlement, que l'on dut,
suivant la procédure primitive, plaider sur ces oppositions, mais
bien au Conseil (348), ce qui entraînait la nécessité de recourir au
ministère d'un avocat au Conseil (349), ainsi que cela résultait de
l'art. 20 de notre déclaration, auquel on peut joindre ses art. 9,
25, 26 et 27, et principalement le titre II de la première partie du
règlement précité du 28 juin 1738.

Observons, en second lieu, que l'opposition au titre n'avait effet
que pendant six mois, après l'expiration desquels il était passé
outre au sceau des provisions de l'office, nonobstant ladite opposition, sans qu'il fût nécessaire d'en faire prononcer ou d'en rapporter main-levée, à moins qu'il n'en eût été formé une nouvelle
(art. 21 de la déclaration de 1738) (350). En d'autres termes, l'opposition au titre devait être renouvelée tous les six mois, sous
peine de perdre toute efficacité (351). Cependant, portait l'art. 22,
dans le cas où l'instance en main-levée de ladite opposition aurait
été introduite avant l'expiration de ce délai, l'opposition au titre
aurait eu son plein et entier effet jusqu'au jugement définitif de

---

(348) Voy. *supra*, § 1er, art. 3 *in fine*, note 192 *sub fin.*, p. 200, et Bourjon, *op. cit.*, liv. II,
tit. XI, 2e partie, chap. VI, sect. II, no XI, et 3e partie, chap. V, sect. III, dist. II.
nos XVIII et XIX.

(349) C'est chez l'avocat par qui était signée l'opposition au titre, que l'opposant
devait, à peine de nullité, élire domicile (art. 20 de la déclaration de 1738). Il n'avait
donc pas ici la même liberté que celle dont il jouissait quant à ce, lorsque l'opposition
n'était formée qu'au sceau. (Voy. *supra*, note 323.)

(350) L'arrêt de règlement du Conseil d'Etat, du 31 mai 1631, cité note 324, *supra*,
avait déjà ordonné que les oppositions au titre des offices fussent à l'avenir renouvelées dans le délai indiqué au texte. (Voy. De Renusson, *Traité des propres*, chap. V.
sect. IV, no 99.) De même fit l'art. 5 de la déclaration du 17 juin 1703, également citée
dans la note à laquelle nous venons de renvoyer, en laissant toutefois, comme pour
les oppositions formées au sceau, et sous les mêmes conditions, la possibilité de les
renouveler après l'expiration des six mois, pourvu que ce fût avant le sceau des
provisions.

(351) Un arrêt du Parlement de Toulouse, du 27 mars 1749, mentionné par Denisart
(mot OPPOS. au tit. des off., no 2, en note sous l'art. 21 précité), décida qu'après l'expiration des six mois, l'opposition formée au titre de l'office, et qui n'avait pas été renouvelée dans ce délai, n'avait même pas la valeur d'une opposition pour deniers. Nous
avons déjà eu l'occasion de citer cet arrêt à un autre point de vue. (Voy. note 310, *supra*.)

cette instance, sans qu'il eût été nécessaire de la renouveler, pourvu, toutefois, que la demande en main-levée eût été dénoncée aux gardes des rôles avant l'expiration des six mois.

Notons enfin que les offices levés aux parties casuelles n'étaient pas susceptibles d'oppositions au titre, par cette raison qu'ils sortaient directement des mains du Roi. Aussi fut-il défendu, par un arrêt du Conseil, du 2 octobre 1759, aux gardes des rôles, de recevoir, et aux avocats du Conseil, de former, en pareil cas, des oppositions au titre (352).

Nous savons maintenant quelle était la procédure pour la saisie réelle des offices; nous avons indiqué quel était le résultat du sceau, ce qu'étaient les oppositions au sceau et au titre, en quoi elles consistaient, et enfin quels effets elles produisaient; un dernier point nous reste à étudier : celui de savoir comment se distribuait le prix des offices entre les créanciers de leurs titulaires.

III. — *De la distribution du prix des offices adjugés par décret* (353).

C'est ici que nous allons assister à la modification capitale apportée par les lois nouvelles à la législation antérieure.

Nous nous en souvenons : suivant l'article 95 de la Coutume de Paris, et selon l'article 485 de la Coutume d'Orléans, quoique les offices vénaux fussent réputés immeubles, quoiqu'ils fussent déclarés susceptibles de suite par hypothèque dans certaines circonstances déterminées, quoiqu'ils pussent être enfin criés et adjugés par décret, le prix, après les privilèges acquittés, s'en distribuait néanmoins dans tous les cas au marc la livre, comme meuble.

---

(352) Voy. Denisart, mot OPPOSITIONS au titre des offices, n° 4.

(353) Voy., sur ce sujet, Basnage, *Traité des hypothèques*, 1re partie, chap. x ; Eusèbe de Laurière, dans sa note sur l'art. 95 de la Coutume de Paris ; Pothier, *Introd. au titre XXI, Des criées*, de la Coutume d'Orléans, § xx, n°s 162 à 165 inclus, t. 1, p. 718; *Traité de l'hypothèque*, chap. II, APPENDICE, n° 169, t. 9, p. 468, et *Traité de la Proc. civ.*, *ubi supra*, § III, n°s 683 et 684, t. 10, pp. 309 et suiv.; Merlin, *Rép.*, mots BIENS, § II, n° II, HYPOTHÈQUE, sect. I, § III, n° V, et OPPOSITION AU SCEAU DES PROVISIONS D'OFFICES.

entre les divers créanciers du titulaire, quels qu'ils fussent, en commençant toutefois par les opposants (354).

Tout autre devint la situation des créanciers avec Louis XIV, sous lequel l'effet des oppositions à fin de conserver et la manière dont le prix qui provenait de la vente d'un office devait être distribué entre les opposants, furent déterminés tant par l'édit de février 1683, que par la déclaration de Versailles, du 17 juin 1703 (355). Que si, en effet, l'édit de 1683 distingua bien toujours deux grandes classes de créanciers : d'une part, les créanciers opposants au sceau ; d'autre part, ceux qui avaient manqué de s'y opposer, il dérogea du moins expressément aux dispositions des deux coutumes que nous venons de rappeler, non-seulement quant à l'énergie beaucoup plus considérable qu'il imprima aux oppositions au sceau, mais aussi et surtout quant à la répartition des deniers, soit entre les opposants, soit entre les non opposants. Occupons-nous tour à tour des uns et des autres.

A. — *Des créanciers opposants au sceau.*

A leur égard, l'article 1er de l'édit disposait ainsi qu'il suit : «... Les créanciers opposans au sceau et expéditions des provisions des offices seront préférés à tous autres créanciers qui auront omis de s'y opposer, quoique privilégiés, et même à ceux qui auront fait saisir réellement les offices, et seroient opposans à la saisie réelle. » Ainsi donc, dans l'ordre du prix de l'office, les créanciers opposants au sceau et à l'expédition des provisions

---

(354) Il ne faut pas, en effet, oublier, qu'antérieurement à l'édit de 1683, si les oppositions au sceau des provisions n'immobilisaient pas le prix de l'office, à tout le moins donnaient-elles un privilège aux opposants, de telle sorte que, même dans l'ancienne jurisprudence, ainsi que nous l'avons vu dans le cours de la première période, on commençait par remplir les opposants au sceau ou à établir une contribution entre eux, si le prix n'était pas suffisant pour les désintéresser tous intégralement; si bien que les non opposants ne venaient à contribution que sur le restant du prix, s'il subsistait un reliquat, après que les opposants avaient été satisfaits. (Voy. Bourjon, *op. cit.*, liv. II, tit. XI, 3e partie, chap. VI, sect. I, n° I, et *supra*, PREMIÈRE PÉRIODE, n° II et suiv.)

(355) Denisart (mot OFFICES et OFFICIERS, n° 50 et 51) rapporte tout au long ces deux documents.

des offices, lors bien qu'ils n'auraient été que simples chirographaires, durent, d'après la disposition formelle de cet article, être préférés à tous autres créanciers, quels qu'ils fussent, qui auraient négligé d'y former opposition, quoique privilégiés — et quelque privilégiés qu'on les suppose (356) — quoique hypothécaires, saisissants ou opposants à la saisie réelle (357).

---

(356) Il est évident qu'il convenait de dérober à la rigueur de ce principe, le privilège du vendeur de l'office pour le prix ou le restant du prix qui lui était ou qui lui demeurait dû ; ce privilège, en effet, subsistait en sa faveur, encore qu'il ne fût pas opposant aux provisions obtenues par son acquéreur. C'était là un droit qui lui était particulier et propre, et que sa qualité de vendeur suffisait pour fonder. « Je l'ai entendu ainsi juger au châtelet, » disait Bourjon, « et la proposition contraire, qui fut risquée à l'audience par un procureur, révolta tout le barreau; en effet, les premières provisions sont regardées comme relatives au contrat de vente, ainsi elles ne peuvent lui préjudicier; mais », poursuivait-il, « si le premier acquéreur avoit vendu à un autre, le premier vendeur ne conserve son privilège sur l'office vendu par celui qui l'avoit acquis de lui, que par une opposition au sceau; il rentre en ce cas dans le droit commun;..... et tel est constamment l'usage. » (Voy. *Le droit comm. de la France*, liv. II, tit. XI, 2e partie, chap. VI, sect. III, n° XIII.) Le même jurisconsulte, revenant plus loin sur la même idée, la consacrait de nouveau en ces termes : « Nonobstant le défaut d'opposition sur les provisions obtenues sur sa propre démission, le vendeur conserve son privilège sur l'office tant que l'acquéreur en reste en possession. En effet, les premières provisions sont censées relatives au traité de vente de l'office, et les créanciers de l'acquéreur n'ont pas plus de droit que lui ; le défaut d'opposition ne peut donc être opposé au dernier vendeur....., et je l'ai entendu ainsi juger au châtelet.

« Mais si par la suite, le premier acquéreur de l'office vient à le vendre, le premier vendeur relativement au second acquéreur et aux créanciers du premier acquéreur, ne peut conserver son privilège qu'en formant opposition au sceau; voie seule ouverte pour conserver l'hypothèque et le privilège des créanciers sur les offices. En effet, en ce cas le vendeur de l'office rentre dans le droit commun. » (Voy. Bourjon, *ubi supra*, 3e partie, chap. V, sect. II, dist. III, n° XI et XII. Voy. aussi Denisart, mot OFFICES et OFFICIERS, n° 48 à 50 inclus, et n° 56.) — Nous avons vu Loyseau donner, sur ces deux points, des solutions identiques. (Voy. *supra*, note 223, p. 334.)

(357) Nous avons vu ci-dessus, note 252, que, d'après De Renusson, la saisie réelle suffisait pour conserver au saisissant sa créance, sans qu'il eût besoin de la signifier au Chancelier, et de la faire enregistrer au sceau. L'art. 1 de l'édit de 1683, cité au texte, condamne législativement, sur ce point du moins, cette théorie, en faisant de l'opposition au sceau une nécessité absolue pour ceux-là mêmes qui auraient opéré la saisie réelle de l'office; de telle sorte que le saisissant réellement, et sur la poursuite duquel l'office aurait été adjugé, était primé par les opposants au sceau, lorsqu'il ne s'y était pas lui-même opposé. Si bien que, s'il n'y avait eu que juste le prix nécessaire pour les désintéresser, il aurait été totalement privé du fruit de sa propre poursuite, « la disposition de l'édit influant indistinctement sur tout créancier », comme le disait l'auteur du *Droit commun de la France*. (Voy. Bourjon, *op. cit.*, liv. II, tit. XI, 3e partie, chap. V, sect. I, n° III, et chap. VI, sect. I, n° III.) Il n'aurait pu, en ce cas, répéter que ses frais de poursuite. (Voy. Denisart, mot OFFICES et OFFICIERS, n° 60, et comp. *infra*, p. 402, 1e.) L'art. 1 de la déclaration du 17 juin 1703, confirmant un arrêt

Rappelons ici pour mémoire que la faveur attachée depuis lors aux oppositions au sceau était telle, et que telle était leur vertu, que la règle indiquée était appliquée aux mineurs comme aux majeurs, même dans le cas où les mineurs n'avaient point de tuteurs pour défendre leurs droits (358). On ne faisait, d'ailleurs, que suivre en ce point, relativement au défaut d'opposition au sceau, ce qu'on jugeait par rapport au décret des autres biens.

Reste à connaître, à présent, l'ordre de collocation suivi entre les créanciers opposants. Ici va se produire et se manifester l'innovation essentielle de l'édit de 1683, et la destruction totale et déjà prévue par Loyseau (359), du système qui était en vigueur de son temps.

Or, les créanciers opposants au sceau des provisions de l'adjudicataire ne venaient pas entre eux par concurrence; mais on

---

du 6 septembre 1684, qui avait jugé qu'un acquéreur des offices de greffier des Chambres civile et de police du Châtelet, rapporterait, au profit des créanciers opposants au sceau non privilégiés, partie du prix desdits offices, par lui payé à d'autres créanciers non opposants, quoique privilégiés et délégués par le contrat de vente (voy. Brillon, *Dict. des Arrêts*, mot OPPOSITION AU SCEAU), ajouta à la disposition de l'édit de 1683 que les créanciers délégués par le contrat de vente de l'office, et ceux à qui le débiteur l'aurait abandonné pour le paiement de ce qui leur était dû, seraient tenus de s'opposer au sceau des lettres de provisions pour la conservation de leurs droits (comp. note 227, *supra*), et son article 3 ordonna que les créanciers qui se seraient opposés, et dont les oppositions subsisteraient lors de l'expédition des provisions, seraient préférés à ceux qui ne se seraient pas opposés, ou à ceux dont les oppositions ne se trouveraient pas subsistantes à cette époque, encore qu'ils eussent été colloqués antérieurement à eux par les ordres qui auraient été faits du prix de l'office, et qu'ils en eussent même reçu le prix de la charge. « Voulons à cet effet », poursuivait l'article, « que les ordres qui en ont été ou seront faits en Justice ou à l'amiable avant le sceau des Provisions, ne soient réputés que provisoires, et que les créanciers utilement colloqués ne puissent toucher leurs collocations qu'en donnant bonne et suffisante caution. » — Par un *a fortiori* évident de ce qui précède, il faut dire qu'un créancier qui se serait contenté de saisir le prix de l'office entre les mains de l'acquéreur non encore libéré envers le résignant, n'aurait eu aucun droit capable de nuire à un opposant au sceau; il n'aurait eu d'espérance que sur ce qui serait resté après satisfaction donnée aux créanciers opposants au sceau, et il aurait reçu, en vertu de la qualité et du mérite de sa créance, sans aucun égard pour les saisies ou oppositions. C'est ce qui résultait de l'art. 1 précité de l'édit de 1683, et de son article 4 dont nous rapportons le texte p. 404 *sub fine*, *infra*. (Comp., sur ce dernier point, *supra*, notes 227 et 315 *in fine*.) — Voy., sur tout ceci, l'observation de Sérieux, à la suite du n° 102, sect. IV, chap. V, du *Traité des propres* de De Renusson.

(358) Voy. *supra*, II, A, p. 378, texte et note 310.

(359) Voy. p. 343, *supra*.

colloquait d'abord ceux d'entre eux qui étaient privilégiés, et chacun suivant la qualité de son privilège ; après les privilégiés, ou à
leur défaut, *chacun* des hypothécaires était colloqué *selon la date
de son hypothèque,* exactement comme s'il se fût agi du prix d'un
immeuble ordinaire ; c'est-à-dire que, tandis qu'auparavant, les
oppositions au sceau des provisions n'immobilisaient pas le prix de
la charge vénale, qui, suivant l'expression de Bourjon, « se contri-
buoit comme un simple mobilier », elles le réalisèrent désormais en
le substituant et en le subrogeant à l'office du débiteur (360). Enfin,
après tous les hypothécaires ou en leur absence, les chirographaires opposants au sceau venaient par concurrence. Tel est le
résumé de l'art. 3 de l'édit de 1683, qui était ainsi conçu : « Entre
les créanciers opposans au sceau, les privilégiés seront les premiers payés sur le prix des offices ; après les privilégiés acquittés,
les hypothécaires seront colloqués sur le surplus dudit office,
selon l'ordre de priorité ou postériorité de leur hypothèque ;
et s'il en reste quelque chose après que les créanciers privilégiés
et hypothécaires opposans au sceau auront été entièrement payés,
la distribution s'en fera par contribution entre les créanciers chirographaires opposans au sceau. » Et l'art. 10 ajoutait, visant directement l'art. 95 de la Coutume de Paris, dont il détruisait toute
la dernière partie : « Ce qui regarde la préférence des créanciers
opposans au sceau, sur ceux qui ont omis de s'opposer, sera exé-

---

(360) Voy. Bourjon, *op. cit.,* liv. II, tit. xi, 3ᵉ partie, chap. vi, sect. i, nº 1. — Que
si le prix des offices de finance et de judicature dut se distribuer désormais par ordre
d'hypothèque entre les créanciers opposants au sceau, et si, à ce point de vue, l'édit
de 1683 consacrait pleinement l'un des effets de l'hypothèque, c'est-à-dire le droit de
préférence, du moins le droit de suite proprement dit ne fut-il jamais admis. A aucune époque de notre ancien droit, les offices vénaux n'eurent de suite par hypothèque
contre les tiers détenteurs, et c'est là la grande différence, très-aisée à justifier par l'effet
et la vertu du sceau (voy. *supra,* ii, A, pp. 378 et suiv.), qui les sépara toujours en matière hypothécaire des offices domaniaux. (Voy. *supra,* sect. i, § 2, pp. 93 *in fine* et suiv.,
texte et note 49.) Il résultait de là que les créanciers du propriétaire ne pouvaient se
pourvoir sur les nouveaux titulaires de ces sortes d'offices, pour être payés de ce qui
leur était dû. (Voy. l'observation de Sérieux, à la suite du nº 93, sect. iv, chap. v, du
Traité des propres de De Renusson.) Le principal effet de l'hypothèque, nous voulons
dire le droit de suite, faisant ici défaut, telle fut la raison pour laquelle nos anciens
auteurs considéraient l'hypothèque sur les offices comme imparfaite. (Voy. Basnage,
Traité des hypothèques, 1ʳᵉ partie, chap. ix *sub fin.,* et chap. x *in init.*)

cuté, tant pour le passé que pour l'avenir ; la distribution du prix des offices *par ordre d'hypothèque*, entre les créanciers hypothécaires (361), aura lieu à l'égard des charges qui seront vendues après la date des présentes, soit par contrat volontaire ou autorité de justice, et la forme de procéder à la vente des charges sera observée seulement à l'égard des charges qui seront saisies depuis la date de notre présent édit, lequel nous voulons être exécuté, nonobstant le contenu en la coutume de Paris, même l'article 95, et toutes autres coutumes (notamment celle d'Orléans), styles et ordonnances, auxquels nous avons expressément dérogé et dérogeons par cesdites présentes. »

Voici, maintenant, en forme de tableau très-succinct, l'ordre de collocation qui devait être suivi entre les créanciers opposants au sceau (362). On devait colloquer :

a. — D'abord les privilégiés, et, parmi eux :

1° En premier lieu, le poursuivant, pour les frais de poursuite, parce que ces frais avaient servi à procurer le paiement à tous les autres :

2° En second lieu, celui dont les deniers avaient servi à payer la Paulette du dernier bail, car il avait conservé l'office à tous les

---

(361) Le principe de la distribution par ordre d'hypothèque ne s'appliquait pas seulement au prix provenant de la vente de l'office ; mais il était également étendu aux augmentations de gages, c'est-à-dire à leur capital ou aux deniers provenant de leur vente. Ces augmentations de gages étaient, en effet, considérées comme accessoires de l'office, et, du reste, elles étaient regardées comme des rentes, et traitées comme telles au point de vue qui nous intéresse, dès l'ancienne jurisprudence, ainsi que nous l'avons indiqué au cours de notre première période. (Voy. *supra*, p. 345, notes 238 et 239.) *A fortiori* en fut-il de même, sous l'empire des dispositions de l'édit de 1683, puisque les augmentations de gages étaient réputées l'accessoire d'un office, et qu'elles étaient une portion de son prix, que l'édit de 1683 immobilisait précisément. (Voy. Bourjon, à la fin du n° cité au début de la note précédente, et note sur ce n°.) Il y a plus : le défaut d'opposition n'influait pas sur la distribution des deniers provenant de la vente des augmentations de gages, qui, étant réputées de véritables rentes, devaient être envisagées comme de vrais immeubles ; par suite, nonobstant l'absence d'opposition au sceau, il y avait lieu de les distribuer par ordre d'hypothèque. C'est du moins ce qui paraît résulter de l'arrêt du 7 septembre 1659, cité en la note 238, *supra*. (Voy. Bourjon, *eod.*, sect. III, n° XIV.)

(362) Comp., sur ce sujet, Bourjon, *op. cit.*, liv. II, tit. XI, 3ᵉ partie, chap. VI, sect. II, nᵒˢ IV à XII inclus.

autres créanciers (363); quant à ceux qui, de leurs deniers, avaient payé la Paulette pour les précédents baux, ils n'avaient aucun privilège, parce que le paiement qui en avait été fait, n'avait pas servi à conserver l'office, qui aurait été conservé indépendamment, ainsi que les événements ultérieurs l'avaient prouvé, puisqu'il suffisait, pour conserver l'office, de payer la Paulette du dernier bail ;

3° En troisième lieu, les créanciers de tous ceux qui étaient devenus créanciers du titulaire saisi pour raison des fonctions de son office ;

4° En quatrième lieu, la créance du vendeur pour le prix de l'office, le vendeur étant, après ces différents privilèges acquittés, préféré à tous autres créanciers de l'acheteur de l'office ;

5° Enfin, en cinquième et dernier lieu, la créance de ceux qui avaient prêté leurs deniers pour l'acquisition de l'office (364), mais à la condition, afin d'éviter les fraudes, d'être subrogés aux droits du vendeur (365).

L'octroi de ce dernier privilège, qui ne passait qu'après celui du vendeur, s'explique aisément par cette considération qu'à défaut du prêt effectué entre les mains de l'acheteur, la somme qui était due aux tiers prêteurs comme représentant le vendeur, aurait été due au vendeur lui-même.

C'est ici le lieu de noter que, quand l'office rendait comptable celui qui en était pourvu, on colloquait d'abord les frais de justice ; puis, ces frais acquittés, le Roi était payé par préférence à tous les autres créanciers, même au vendeur, pour ce qui pouvait lui être dû par le comptable, pour raison des fonctions de son of-

---

(363) « Lorsque quelqu'un a payé la *paulette* en l'acquit du titulaire d'un office », lisons-nous dans Denisart (mot PAULETTE, n° 20), « il est préféré à tous les créanciers jusqu'au *prorata* des deniers par lui employés à ce payement, quelque soit le privilège que les créanciers puissent avoir sur cet office. »

(364) Comp. un arrêt du Conseil du 31 mars 1674, portant que les prêteurs de deniers pour les offices des procureurs et autres, auront hypothèque spéciale et privilège sur le prix des offices de préférence à toutes autres dettes. (Isambert, t. 19, p. 132, n° 767.)

(365) Comp. *supra*, PREMIÈRE PÉRIODE, I, 1°, *b*, pp. 313 *in fine* et suiv.

fice (366). Cet office était, en effet, le véritable gage du Roi, et la condition tacite de la collation qu'il lui avait plu d'en faire. C'est cette condition qui fondait la collation, et qui, par conséquent, devait toujours produire son effet. Et tel était le motif pour lequel ce privilège, nous l'avons dit (367), était indépendant de toute opposition au sceau, était inhérent à l'office, en était inséparable, et enfin avait suite et effet contre le tiers acquéreur de l'office comptable, puisqu'il s'exerçait indépendamment de l'opposition au sceau qui produisait ce résultat.

b. — Après les privilèges, on colloquait les simples créances hypothécaires, chacune suivant l'ordre, le rang et la date de l'hypothèque.

c. — Enfin, venaient, en dernière ligne, les créanciers chirographaires opposants au sceau, entre lesquels s'opérait une distribution au marc la livre des deniers encore existants.

B. — *Des créanciers non opposants au sceau.*

Après tous les opposants au sceau payés et désintéressés, s'il restait encore quelques deniers, ce reliquat devait être distribué entre les autres créanciers, non pas toutefois indistinctement et au sol la livre, mais en commençant encore ici par les privilégiés, suivant la qualité et la faveur de chacun d'eux, telles qu'elles viennent d'être indiquées, pour parvenir ensuite aux simples hypothécaires, dont chacun arrivait selon l'ordre de son hypothèque, et de là enfin aux chirographaires, entre lesquels on partageait le reliquat par voie de distribution par contribution, c'est-à-dire au marc la livre de leur créance. C'est ce qui résultait très-clairement de l'art. 4 de l'édit de 1683, ainsi conçu : « Si aucun des créanciers ne s'est opposé au sceau, ou si tous les créanciers opposans au sceau étant payés, il reste une partie du prix à distribuer, la distribution s'en fera, premièrement en faveur des créanciers privi-

---

(366) Voy. l'édit précité du mois d'août 1669, et Denisart, mot COMPTABLES envers le Roi, n°s 5 et 6.
(367) P. 381, *supra.*

légiés, ensuite au profit des créanciers hypothécaires, suivant l'ordre de leurs hypothèques ; le surplus sera distribué entre tous les autres créanciers par contribution ; sans avoir égard à aucunes saisies de deniers faites ès mains de l'acquéreur de l'office, du receveur des consignations, ou autre dépositaire du prix d'icelui, ni à sa saisie réelle et opposition, dont les frais de poursuite seulement seront remboursés par préférence. » (368)

Comme on peut en juger à présent, le système de l'édit de 1683 était fort simple, et il peut être résumé en deux mots, en ce qui concerne la distribution du prix des offices adjugés par décret. En effet, il distinguait deux grandes catégories de créanciers : les opposants et les non opposants au sceau ; puis, dans chacune de

---

(368) D'après Pothier, les *offices de perruquiers* et autres semblables, que nous avons déjà eu l'occasion de mentionner (voy. chap. i, § 1er, note 63, p. 28), avaient cela de commun avec les autres offices, qu'ils se saisissaient réellement de la même manière qu'eux, et que, de même qu'il fallait s'opposer au sceau des provisions des autres offices, pour conserver les droits d'hypothèque ou autres droits qu'on y pouvait avoir, de même, ceux qui avaient quelque droit d'hypothèque ou autres droits sur ces sortes d'offices, devaient faire tous les ans leurs oppositions au bureau de la communauté, à ce qu'aucun ne fût reçu en l'office qu'à la charge de l'opposition.

Ce jurisconsulte ajoutait que ces oppositions avaient le même effet à l'égard de ces offices, que l'opposition au sceau à l'égard des autres offices. Mais la réception à ces offices n'avait pas un effet aussi étendu que le sceau des provisions à l'égard des autres officiers ; car, si elle purgeait bien, sans doute, les droits de ceux qui n'avaient point formé d'opposition, du moins n'opérait-elle cependant pas purge du douaire. (Voy. Pothier, *Traité de la Proc. civ.*, loc. sup. cit., § iv, n° 685, t. 10, p. 310 ; voy. aussi Brillon, mot BARBIER, et Merlin, *Rép.*, mot PERRUQUIER.) — Suivant Denisart, si, sans doute, la réception dans la place de barbier-perruquier purgeait bien les hypothèques dont ces places étaient grevées, et si elle produisait, à cet égard, le même effet que le sceau des provisions d'un office, de telle sorte que les créanciers qui voulaient conserver des hypothèques sur ces places, devaient former opposition au bureau des perruquiers à la réception du successeur de leur débiteur, à tout le moins n'était-il pas nécessaire de renouveler annuellement ces oppositions, comme celles qui se formaient au sceau des offices, parce qu'aucune loi ne l'exigeait. « Cela est sans difficulté dans les ventes volontaires », poursuivait-il ; « mais dans les décrets forcés, ceux qui ont formé opposition au décret, doivent-ils aussi former une seconde opposition au bureau, à la réception de l'acquéreur ? Quelques-uns prétendent que les deux oppositions sont nécessaires, et sur-tout l'opposition à la réception. — Je pense au contraire que, quand la saisie-réelle a été registrée ou dénoncée au bureau des *perruquiers*, l'opposition au décret suffit, et qu'on ne doit point appliquer à ces places ce qui s'observe pour le sceau des provisions des offices. Il y a une loi qui exige l'opposition au sceau des offices sous diverses peines ; et il n'y en a aucune qui prescrive l'opposition à la réception. Une loi pénale ne doit point se suppléer ni s'étendre d'un cas à un autre. » (Voy. Denisart, mot PERRUQUIERS, n°s 9 à 11 inclus.)

ces deux classes, il faisait, des deniers représentatifs de la valeur de l'office, l'objet d'une distribution entre trois espèces de créanciers, savoir : les privilégiés, les hypothécaires et les chirographaires (369).

Nous dégageons de l'ensemble de ces données une conclusion générale, et nous la formulons sous forme d'observation finale : c'est qu'à partir du mois de février 1683, les offices vénaux furent vraiment susceptibles d'une véritable hypothèque, du moins en ce qui concerne le droit de préférence (370), sauf que le droit hypothécaire s'exerçait ici dans des conditions toutes spéciales, à raison de la nature particulière du bien grevé (371). Mais, prenons garde

<hr />

(369) Lorsqu'il n'y avait aucune opposition au sceau, et que la vente de l'office était volontaire, la distribution du prix, considéré alors comme pur mobilier, s'opérait par voie de contribution entre les créanciers saisissants du titulaire ; car ici, la base de la représentation de l'office par son prix et de la substitution ou subrogation de ce dernier à la charge faisait défaut. Il n'en était autrement, la première partie de l'hypothèse restant la même, que quand la vente de l'office avait lieu par décret. En effet, lorsqu'il avait été saisi réellement et adjugé, le prix s'en distribuait par ordre d'hypothèque, lors bien qu'il n'y aurait eu aucune opposition au sceau, parce que c'était alors la vente judiciaire d'un immeuble que le prix devait représenter. Tel était l'effet de la main de la justice, sous laquelle l'office avait été mis. Rappelons toutefois qu'en ce même cas, les opposants au sceau étaient toujours préférés aux non opposants. Il résulte de tout ceci, qu'il n'était que l'opposition au sceau, encore bien qu'elle n'aurait émané que d'un seul créancier, ou, à défaut, que le décret, qui immobilisait le prix de l'office vénal du débiteur, en le réalisant et en en faisant la représentation même de la charge. (Voy., sur ces différents points, Bourjon, *op. cit.*, liv. II, tit. XI, 3ᵉ partie, chap. VI, sect. II, note sur le nᵒ IX, et sect. III, nᵒˢ XIII à XV inclus.)

(370) Voy. note 360, *supra*. — Nous devons faire observer ici que, quant aux pratiques des procureurs, notaires, etc., elles ne furent jamais susceptibles d'hypothèque. Elles étaient, en effet, purement mobilières. (Voy. Denisart, mot OFFICES et OFFICIERS, nᵒ 84.) — Comp. *supra*, § 1ᵉʳ, note 29, p. 129.

(371) A l'époque de Loyseau, où les offices de judicature ne figuraient pas encore dans la classe des offices vénaux, on avait cherché à établir sur eux l'équivalent d'un droit de gage. Cet éminent jurisconsulte nous donne sur cette sorte de nantissement, qui ne portait évidemment pas sur l'office même, et qui ne procurait d'ailleurs au créancier qu'une très-faible sûreté, les quelques détails suivants : « Ainsi ay-je veu pratiquer cette mesme invention de nantir le creancier de la procuration en blanc pour resigner l'Office, quand on le veut engager par nantissement ou gage conventionnel : moyen qui sans difficulté est licite, tout ainsi qu'il est permis de nantir son creancier d'une obligation qu'on a sur un tiers : Et si telle procuration pour resigner ne peut plus par après estre revoquée, principalement quand elle est baillée en vertu de la convention apposée en un contrat. Car apparoissant par ce contrat, que cette procuration a esté baillée pour cause onereuse, il faut que le contrat soit entretenu : n'estant les procurations pour resigner revocables, sinon quand elles sont passées gratuitement *donandi causa* et sans obligation precedente, comme il a esté dit au

que cette hypothèque ne constitua jamais pour les créanciers, même depuis cette époque, qu'une faible sûreté, qui demandait de

---

premier livre. (Voy. *supra*, § 1er, art. 3, p. 144, et note 77, pp. 153 et suiv., et art. 5, A, p. 203.) Il ne faut pas toutefois que celuy qui est nanti de cette procuration, s'endorme : car tandis qu'il garde la clef de l'office, l'Officier en garde la serrure. Et est sans doute, que nonobstant qu'un tiers soit nanty de l'obligation engagée, neanmoins celuy au nom duquel elle est faite, en peut recevoir les deniers : et mesme avant la signification du transport ou engagement, il peut transporter la dette à un autre. *lib.* 3. C. *de oblig. et act.* Aussi si le creancier nanti de la procuration pour resigner l'Office, se forme encore arrest és mains de M. le Chancelier, l'Officier peut toûjours resigner à un autre, et le faire valablement pourvoir. » (Voy. Loyseau, liv. IV, chap. VIII, nos 36 et 37.) Et le même auteur ajoutait (n° 38) : « Hors ce seul cas, il n'est pas possible au creancier de faire vendre l'Office de judicature de son debiteur, mais tout ce qu'il peut faire, pour le forcer à vendre de luy-mesme, c'est de le faire emprisonner pour sa dette, après les quatre mois, suivant l'Ordonnance de Moulins (de février 1566, art. 48; Isambert, t. 14, p. 201), qui estant indefinie, a lieu aussi bien contre les Officiers de judicature, de quelque qualité qu'ils soient, que contre toutes autres personnes: mesme doit estre plus severement executée sur eux, qui sont preposez à faire rendre à chacun ce qui luy appartient, et ne sont excusables de ne point payer leurs dettes, puisqu'ils en ont le moyen en vendant leur Office. » (Comp. Tronçon, sur les mots *Office venal* de l'art. 95 de la Coutume de Paris, et de Buridan, sur l'art. 16 de la Coutume de Reims, n° 8.) — Il est clair que, lorsque les offices de judicature furent considérés comme vénaux au même titre que ceux de finance (voy. *supra*, au début de cette section, note 9, p. 116, et SECONDE PÉRIODE *in init.*, p. 370, et *infra, Transit. de l'Anc. dr. au dr. interméd.*, note 3), et que les offices vénaux furent véritablement susceptibles d'être hypothéqués, l'expédient très-curieux que nous venons de mentionner, devint inutile. Il ne faudrait cependant pas croire que, du jour où les offices de judicature furent devenus publiquement vénaux, de même que les offices de finance, ils purent être saisis réellement. C'est ainsi qu'au temps de De Renusson, où ce résultat s'était pourtant réalisé (voy. *supra*, § 1er, note 11, pp. 116 et suiv.), ce jurisconsulte nous apprend que, quand de pareils offices étaient saisis, la saisie n'en était point autorisée, et qu'on en faisait main-levée. Mais il ajoute que la pratique était fixée en ce sens, qu'on pouvait poursuivre le magistrat débiteur, dans le but de faire ordonner qu'il baillerait sa procuration *ad resignandum* dans un certain temps, sinon que le jugement à intervenir vaudrait procuration, et que, faute de paiement, on procédait à l'adjudication de l'office à la barre, après trois publications. (Voy. De Renusson, *Traité des propres*, chap. V, sect. IV, nos 89 et 93, ainsi que les deux arrêts par lui cités, n° 89, des 12 mai 1626 et 30 avril 1629, ce dernier rapporté par Le Prêtre, cent. 2, chap. 9, et par Du Fresne, en son *Journal*, liv. II, chap. 36.) Qu'on ne s'y méprenne pas, toutefois : si on n'avait pas voulu permettre la saisie réelle et les criées des offices de judicature, ce n'était nullement, comme quelques-uns le prétendaient, parce que c'était un ministère sacré, qui devait être hors du commerce, et que, bien que le malheur du temps les eût faits vénaux, on n'en avait point voulu rendre la vente publique et judiciaire ; ce qui prouve que tel n'était pas le vrai motif de cette pratique, c'est que, comme le faisait très-justement observer De Renusson, ces offices se vendaient, que la vénalité en était toute publique, et connue de tout le monde, et que la vente s'en faisait tous les jours par contrats passés devant notaires, ou en justice, après trois publications. Non; la vraie et l'unique raison, c'est que cette procédure, pour la vente de ces offices, était, ainsi que le remarquait le même auteur, plus prompte et plus avantageuse que la procédure de saisie réelle et de criées, longue pour le créan-

grandes précautions, et exigeait du créancier qui voulait conserver son droit, une attention et une surveillance continuelles. Il y a
plus : malgré toutes ces précautions, le créancier, même privilégié, ne laissait pas de courir encore des risques ; car le titulaire
pouvait commettre quelques délits dans l'exercice de son office,
des faits de charge donnant lieu à des dommages-intérêts, délits et
faits de charge dont, nous le savons, la réparation était préférée
sur le prix de l'office à la créance du bailleur de fonds (372). Quoi
qu'il en soit de ce point, nous constatons que l'hypothèque des
offices vénaux ne conférait au créancier qu'une garantie très-peu
solide, dont les difficultés de conservation constituaient toute la
précarité. Le créancier devait, en effet, veiller sans cesse, en
formant tous les ans opposition au sceau, le sceau des provisions
opérant purge des hypothèques. Il lui fallait en outre veiller au
paiement de l'annuel, fixé par Louis XV au centième denier (373):

---

cier, et ruineuse pour le débiteur. Aussi lui paraissait-elle à ce point heureuse, du
moins pour les offices de judicature, dont le prix n'était pas fixé à une somme certaine
par édit, qu'il en réclamait l'application aux offices de finance, au sujet desquels, nous
le savons, l'usage était qu'ils pouvaient être saisis réellement et décrétés. (Voy. De
Renusson, *ubi supra*, n°⁵ 90 et 91.)

Ajoutons que cette procédure spéciale, qui constituait la seule différence entre les
vrais offices vénaux et les offices de judicature, ayant été introduite pour la vente
des offices de judicature, aux lieu et place de la saisie réelle, elle tenait naturellement lieu de cette dernière. De là, De Renusson (*eod.*, n° 103) tirait cette conséquence, qu'elle devait avoir le même effet à l'égard de ces offices, que la saisie
réelle à l'égard des autres offices vénaux qui en étaient susceptibles, et spécialement, qu'un créancier trouvait en elle le moyen de faire devenir l'office de judicature de son débiteur le gage de la justice, de telle sorte que, par sa poursuite judiciaire, il ôtait à son débiteur le pouvoir de vendre désormais sa charge. (Comp., pp. 354
in fine et suiv., texte et note 252, et note 357, *supra*). Remarquons enfin que cette procédure, qui n'était, au fond, qu'une saisie réelle déguisée, n'avait lieu que dans le ressort
du Parlement de Paris, et rappelons qu'elle ne dut plus s'y pratiquer, à partir de l'édit
de 1683 (voy. *supra*, p. 370, SECONDE PÉRIODE *in init.*), parce que cet édit, qui contenait
un règlement général pour la vente forcée des offices et la distribution du prix qui en
provenait, supposait que les offices seraient saisis réellement, et que la saisie réelle serait
enregistrée au greffe du lieu où se faisait la principale fonction de la charge, avant que
l'officier pût être contraint de donner sa procuration *ad resignandum*. (Voy. de Héricourt, *Traité de la vente des immeubles par décret*, chap. III, n° 14, et la note de Sérieux, à la suite des n°⁵ 90, 93 et 102, sect. IV, chap. V, du *Traité des propres* de De
Renusson. Voy. aussi Basnage, au début de son commentaire sur l'art. 514 de la Coutume de Normandie, et Denisart, mot OFFICES et OFFICIERS, n° 83.)

(372) Voy. Merlin, *Rép.*, mot FAIT DE CHARGE.
(373) Voy. *supra*, chap. I, § 2, note 33, pp. 67 *in fine* et suiv.

car, si le débiteur ne l'acquittait pas tous les ans, et si le créancier ne le payait pas, le débiteur courrait risque de perdre une partie de sa finance, et le créancier d'être privé de son droit, puisque, à défaut de paiement de la Paulette, les offices qui y étaient sujets (374) tombaient aux parties casuelles (375). Ajoutons que, dans le but de prévenir cette perte, l'arrêt du Conseil du 6 juillet 1772 permit aux créanciers de payer le centième denier pour leurs débiteurs, paiement qui leur procurait un privilège sur le prix de l'office (376).

_____

(374) Voy. chap. i, § 2, note 17, pp. 57 *in fine* et suiv.

(375) Lors, en effet, que les offices tombaient aux parties casuelles, faute du paiement du droit annuel, ils retournaient au Roi, nous le savons, suivant leur première nature, francs et quittes de toutes charges, et ceux au profit desquels le Roi en disposait, soit gratuitement, soit moyennant finance, les recevaient de sa main déchargés de toute hypothèque, lors même que c'étaient la veuve ou l'héritier présomptif de l'ancien titulaire. (Voy. de Héricourt, *Traité de la vente des immeubles par décret*, chap. 11, sect. 2, n° 14; De Renusson, *Traité des propres*, chap. v, sect. iv, n° 115, et l'observation de Sérieux, à la suite du n° 93, *eod.*, de ce traité; Bourjon, *Le droit commun de la France*, liv. II, tit. xi, 2e partie, chap. iii, sect. v, n° xxvi, et chap. iv, n°˚ i et ii; dans le premier de ces deux passages, ce jurisconsulte cite en sens contraire Duplessis, et un arrêt du 13 mars 1648, rapporté dans une note sur cet auteur. Voy. enfin Denisart, mot OFFICES et OFFICIERS, n° 37. Comp. aussi le passage de Loyseau, cité p. 362 *in fine, supra*, ainsi que p. 368, et surtout § 1er, art. 6, p. 218; comp. enfin la note suivante. Ajoutons que le principe d'après lequel les parties casuelles purgeaient les hypothèques aussi bien que le sceau, fut définitivement confirmé par deux arrêts du Conseil d'Etat des 23 décembre 1679 et 27 juillet 1680. (Voy. Basnage, *Traité des hypothèques*, 1re partie, chap. x; la note de Sérieux, sur le n° 23, et la première observation de cet auteur à la suite du n° 115, chap. v, sect. iv, du *Traité des propres* de De Renusson, et l'*in fine* de l'observation de l'éditeur du *Traité des successions* de Lebrun, sur le n° 46, liv. III, chap. vi, sect. iii, éd. in-f° de 1775.)

(376) Voy., sur tout ceci, Guyot, *Rép.*, mot HYPOTHÈQUE, et Merlin, *Rép.*, même mot, sect. i, § iii, n° v, et comp. *supra*, chap. i, § 2, note 18, dernier alinéa, p. 61. — L'arrêt du Conseil dont il est parlé au texte, accorda encore aux créanciers privilégiés sur les offices, une faveur particulière. Il était de coutume, que la veuve et les enfants du titulaire dont l'office était tombé aux parties casuelles, obtinssent la préférence et une remise sur la finance, préférence et remise qui constituaient des grâces personnelles dont les enfants profitaient, sans se porter héritiers. (Voy. *supra*, § 1er, art. 6, 1°, pp. 217 *in fine* et suiv.) Ainsi que l'écrivait Denisart (mot PAULETTE, n° 16) : « Quand les offices retournent au roi par le défaut de payement de *paulette*, l'usage est au conseil de les taxer modérément en faveur des héritiers qui les demandent, et on leur accorde ordinairement la préférence pendant un mois, qui court du jour de la date des rôles dans lesquels la taxe de l'office est comprise pour en payer le prix, et en lever la quittance de finance; mais après ce temps, si les héritiers ou la veuve n'ont pas profité du délai, le trésorier des parties casuelles peut en expédier les quittances de finance au profit de ceux qui se présentent pour lever les offices qui y sont tombés. » Cependant, le Roi ordonna que, s'il se trouvait des créanciers privilégiés sur des offices tombés vacants, et

Voilà quels furent, envisagés aux diverses époques de notre ancienne législation, les droits des créanciers sur les offices vénaux

---

qu'il n'y eût pas d'ailleurs dans la succession de l'officier décédé de quoi les remplir de leurs créances privilégiées, les enfants et les plus proches parents ne pourraient profiter de la préférence et de la faveur qui leur étaient accordées, qu'à la charge par eux de faire état à ces créanciers du bénéfice à provenir de la remise accordée sur la taxe de ces offices, et sans qu'ils y pussent personnellement rien prétendre, sinon après que les créanciers seraient remplis de leurs créances privilégiées. (Voy. Merlin, *eod.*) — Remarquons, puisque l'occasion s'en présente, que les veuves qui n'avaient pas renoncé à la communauté, jouissaient pour moitié de la remise accordée par le Roi sur la finance, et que celles qui n'étaient pas communes en biens, ou qui avaient renoncé à la communauté, n'y prenaient aucune part, à moins que leur dot ne se trouvât constituée sur ces offices, et qu'il n'y eût pas du reste dans la succession de leurs maris de quoi leur donner satisfaction; mais que, dans tous les cas, les enfants n'étaient pas tenus envers elles au delà de la moitié du bénéfice de la remise. (Voy. Merlin, *eod.*) « Des arrêts du conseil des 11 juillet 1676 et 13 octobre 1719 », nous dit à ce sujet Denisart (*ubi supra*, n° 17), « ont ordonné que les enfans des officiers décédés en perte d'offices, seroient préférés aux veuves non communes en biens, pour lever les offices tombés aux parties casuelles; et qu'à l'égard des veuves communes, elles partageroient par moitié avec les enfans, le profit qu'ils peuvent faire en levant l'office tombé aux parties casuelles, et en le revendant; mais », poursuit-il, « comme ces arrêts ne décidoient rien sur la préférence que peuvent demander les veuves domiciliées dans le pays où la communauté n'est pas admise, ni sur celle des plus proches parens du défunt contre les veuves, héritières, légataires ou donataires du mari, sa majesté estimant les droits des proches parens plus légitimes que ceux de ces veuves, a accordé la préférence à ces parens plus proches, par un arrêt du conseil du 11 septembre 1736, dont voici les dispositions : — « Sa majesté ordonne que les arrêts des 11 juillet 1676 et 13 octobre 1719, seront exécutés selon leur forme et teneur, en ce qui concerne la préférence accordée aux veuves communes en biens, et enfans des officiers décédés en perte d'office; ce faisant, que les enfans des officiers, et leurs veuves communes en biens, et qui n'auront point renoncé à la communauté, auront la préférence pour lever lesdits offices, dans le mois de la date des rôles dans lesquels ils auront été taxés. — Ordonne en outre qu'au défaut des veuves communes et d'enfans, la préférence appartiendra aux plus proches parens des officiers décédés, à l'exclusion des héritiers institués, même des veuves qui seroient donataires, héritières ou légataires de leur mari décédé en perte d'offices, et qu'en levant par les plus proches parens lesdits offices dans le mois de préférence; les quittances en seront expédiées sous le nom de celui qui se trouvera le plus proche, ou qui rapportera le consentement des autres parens au même degré, qui auront fait comme lui leurs diligences pour lever lesdits offices, et qui auront contribué au payement du prix desdits offices, dans le mois de préférence; au moyen de quoi lesdits parens disposeront desdits offices à leur profit, par égale portion. » — Observons enfin que le droit résultant de la préférence accordée à la veuve ou aux héritiers, de lever un office tombé aux parties casuelles était immeuble, ainsi que nous avons eu déjà occasion de l'indiquer d'une manière transitoire. (Voy. *supra*, § 1er, note 29, première observation finale, *α*, et p. 133 *sub. fin.*) « La préférence accordée aux héritiers sur les *offices* vacans et tombés dans les parties casuelles », lisons-nous encore dans Denisart, « est de même nature que les *offices*; car, quoique les enfans ne tiennent pas leur droit du défunt, et que ce soit une grace du prince, ils n'en sont pas moins appellés à la propriété de l'*office*. — Ainsi, la vente d'une faculté, qui a pour objet de rendre l'acquéreur propriétaire d'un *office*, est une vraie cession de

de leurs débiteurs. En les épuisant, nous nous trouvons avoir terminé l'étude des différentes phases qu'un office vénal pouvait être appelé à parcourir entre les mains de son titulaire. De telle sorte, qu'après avoir assisté à sa naissance, l'avoir suivi à travers les périodes multiples de son existence juridique, il ne nous reste plus qu'à nous demander comment sa vie légale prenait fin. C'est ce que nous allons examiner très-succinctement dans notre dernier paragraphe.

§ 3. — *Des causes de vacation des offices vénaux.*

Nous allons rencontrer ici la confirmation de cette idée, bien

---

droits immobiliers, et non de droits mobiliers. C'est ce qui a été jugé, en la seconde des enquêtes,..... par arrêt sur partage, du jeudi 2 septembre 1762, départagé le 6 du même mois. (Cet arrêt décida, en effet, que la cession faite par la veuve du titulaire d'un office tombé aux parties casuelles, tant en son nom, que comme tutrice de sa fille mineure, était sujette aux formalités prescrites pour l'aliénation volontaire des biens des mineurs [voy. *supra*, § 1er, note 107, p. 163], parce que cette faculté fut réputée immeuble, par suite du principe d'après lequel on donne à l'action la qualité de la chose qu'elle poursuit. Comp. *supra*, note 84, p. 279). — On cita dans cette affaire un arrêt du conseil du 13 octobre 1719, par lequel une question semblable fut, dit-on, jugée de même : il s'étoit élevé une contestation entre la veuve d'un *offi-cier*, héritière mobilière de son mari, et les héritiers des immeubles : il fut jugé que le droit de préférence appartenoit aux héritiers des immeubles, à l'exclusion des héritiers mobiliers : sa majesté a même déclaré par cet arrêt, que dans les pays, tant de droit écrit, qu'autres, où la communauté n'a pas lieu, les veuves seront tenues de rapporter actes équipollens à communauté, ou de justifier qu'elles ont part dans les immeubles, *de la nature desquels sont les offices*, sinon qu'elles ne pourront entrer dans aucune préférence ni aucune concurrence avec les enfans ou héritiers des titulaires, pour la levée des *offices* tombés aux parties casuelles. » (Voy. Denisart, mot OFFICES et OFFICIERS, nos 38 et 39; voy. aussi mot MINEURS, no 55.) — Le Parlement de Rouen jugea pareillement, par un arrêt du 21 janvier 1749, qu'un office retiré des parties casuelles par l'héritier présomptif du titulaire, dans le délai de faveur et de préférence accordé aux héritiers, était un propre et non un acquêt dans la succession de cet héritier, et il décida, deux ans plus tard, le 12 janvier 1751, que le prix de la vente du droit de préférence, pour lever un office aux parties casuelles, taxé en faveur d'un mineur, héritier de son père, appartenait à l'héritier des propres de ce mineur, et non à sa mère, son héritière mobilière. (Voy. Denisart, mot PROPRES, nos 103 et 104. Voy. aussi la *Coutume du Pays et Duché de Normandie, Anciens Ressorts et Enclaves d'icelui, avec les Edits, Déclarations, Arrêts et Réglements, tant du Conseil que de la Cour, corrigés et augmentés jusqu'en avril 1761*, Rouen, 1761, dans la table de laquelle, au mot OFFICE, se trouvent mentionnés les deux arrêts précités du Parlement de Rouen.)

souvent exprimée au cours de ce travail, que les offices vénaux constituaient, entre les mains de leurs titulaires, une propriété essentiellement fragile. Loin, en effet, d'appartenir à tout jamais et d'une façon définitive et indélébile à l'officier qui les avait acquises, ces charges pouvaient lui échapper, par suite d'événements divers, dont plusieurs ont déjà été forcément étudiés par anticipation, par cette raison qu'ils étaient à la fois des causes de perte et des modes corrélatifs d'acquisition. Envisagés exclusivement au premier de ces deux points de vue, et considérés comme enlevant au pourvu la propriété de son office, les accidents auxquels nous faisons allusion, portaient, en notre matière, une dénomination toute spéciale. Loyseau nous dit à ce sujet (1) : « Cette perte des Offices n'est pas appellée *alienation*, comme és autres biens qui passent de main en autre par la seule disposition du proprietaire : ni *extinction*, comme celle du vray usufruit, qui éteint et aneantit tout à fait : mais elle est nommée *vacation* (2), pource qu'elle rend seulement l'Office vacant et sans maistre, ou titulaire, jusques à ce que le collateur d'icelui ait mis et pourveu un autre au lieu de celui qui l'avoit perdu. » Et le même jurisconsulte ajoute un peu plus loin : « Comme donc le vray usufruit se perd par six moyens, *scilicet morte, cessione, capitis minutione, non utendo, consolidatione, et rei interitu. l. Corruptionem C. De usufr. et §. Finitur eod. tit. apud Justin.* (3), aussi l'Office vaque par tous les mêmes moyens, ne plus ne moins : sçavoir est par la mort, par la resignation, par le defaut d'exercer, par la forfaiture, par l'incompatibilité, et par la suppression. Car jamais les Offices n'ont vaqué par la mort du collateur, et ne vaquent plus par la destitution, au moins les vrais Offices Royaux, depuis l'Ordonnance du Roy Louys XI. » (4)

---

(1) Liv. I, chap. x, n° 2.

(2) Le mot *vacance* était synonyme de ce terme qu'il remplaçait dans le dialecte de plusieurs auteurs, et de Bourjon notamment. (Voy. *op. cit.*, liv. II, tit. xi, 6ᵉ partie.)

(3) Const. 16, C. Just., iii, 33, et § 3, Inst., ii, 4.

(4) Voy. Loyseau, *ubi supra*, nᵒˢ 5 et 6, et n° 50. Voy. aussi Basnage, sur l'art. 13 de la Coutume de Normandie, dans ses Œuvres, éd. in-f° de Rouen 1778, t. 1, f° 65 et suiv. — Trois dangers menaçaient les officiers royaux : ils pouvaient, en effet, perdre

Que si l'ordonnance du 21 octobre 1467, à laquelle Loyseau fait allusion dans ce passage, n'admettait que trois sortes de vacation.

leurs charges par un acte isolé d'autorité; ils étaient regardés comme les perdant par un effet général de droit à chaque changement de règne; ils pouvaient enfin les voir supprimer. Ce fut le premier de ces dangers que l'ordonnance de Louis XI, du 21 octobre 1467, corroborée par l'art. 15 d'une déclaration du 22 octobre 1648, enregistrée le 24, et par la réponse de Louis XV faite à des remontrances du Parlement de Paris le 4 (*alias* 8) avril 1759 (voy. Denisart, mot DESTITUTION d'Officiers, n° 1 et 2, et *supra*, p. 16), eut pour objet d'écarter, du moins en ce qui concerne les véritables offices royaux, c'est-à-dire ceux que les ordonnances appellent offices formés, ou offices en titre, ou titres d'office, qui étaient inhérents à la personne et qui constituaient sa qualité et son état; car les commissions étaient révocables *ad nutum*. (Voy., sur ces différents points : Loyseau, *eod.*, n° 59 : Bacquet, *Traité des droits de justice*, chap. XVII, n° 3; Bourjon, *op. cit.*, liv. II, tit. XI, 1re partie, chap. V, n° II et III : Denisart, *ubi supra*, n° 3, et Merlin, *Rép.*, mot DESTITUTION, n° III.) Ajoutons, cependant, que la royauté prouva malheureusement à plus d'une reprise qu'elle avait entre les mains des moyens détournés d'accommoder le principe de l'inamovibilité avec ses intérêts et sa toute-puissante volonté. Lorsqu'il lui fut devenu impossible de destituer ouvertement un officier qui n'entrait pas dans ses vues, elle savait fort bien le contraindre à résigner *volontairement*. L'histoire nous a conservé plusieurs exemples de ces destitutions déguisées. (Voy. l'étude déjà citée de M. A. Desjardins, *L'inamovib. de la magistr. dans l'anc. France*, III, publiée dans *La France judiciaire*, n° du 16 décembre 1880, 1re partie, pp. 82 et suiv. Comp. *infra*, note 44.) — Consulter, en ce qui concerne la délicate question de la destitution des officiers des seigneurs : Bacquet, *ubi supra*, chap. XVII; Loyseau, liv. V, chapp. IV et V; Louet, et Brodeau sur cet auteur, lett. O, n° 2; Basnage, *op. et loc. citt.* au début de cette note; Bourjon, *op. cit.*, liv. II, tit. XI, 4e partie, chap. III, sect. III, IV et V, n° XIV à XLIV inclus; Denisart, *ubi supra*, n° 3 à 15 inclus; voy. aussi MM. Durand, *op. cit.*, n° 172, pp. 184 *in fine* et suiv.; Perriquet, *op. cit.*, n° 161 à 163 inclus, pp. 131 *in fine* et suiv., et M. A. Desjardins, *op. et loc. sup. citt.*, IV et V, pp. 88 et suiv.

En ce qui touche le troisième danger par nous signalé, nous verrons ci-après, dans notre article 3, qu'il ne disparut jamais.

Enfin, pour ce qui est du second, sur lequel nous avons à nous expliquer ici, il ne fut sans doute jamais bien sérieux; mais il n'en est pas moins certain qu'il ne disparut qu'avec le temps. La vérité, estimons-nous avec M. Desjardins (*op. et loc. sup. citt.*, n° du 1er déc. 1880, 1re partie, p. 58 *in fine*, 2°), la vérité, c'est que les offices se perdaient, en principe, à la mort du Prince, sans toutefois que cette mort fût pour eux une cause de vacation, comme nous allons le voir, et qu'il était nécessaire à leurs titulaires d'obtenir la confirmation du successeur. (Comp. Blackstone, *Commentaire sur les lois anglaises*, liv. I, chap. 7, trad. de Chompré, 1882, 6 vol. in-8°.) Ce n'était d'ailleurs pas là une règle qui fût propre à la monarchie, ainsi qu'en témoigne un exemple souvent cité par nos anciens auteurs, spécialement par Philippe de Comines (liv. V, chap. XVI, *in init.*), et relaté dans le passage suivant de Loyseau, qui va nous prouver que, de son temps encore, certains auteurs soutenaient que les offices devenaient vacants à la mort du collateur : «..... Pour parler icy de la vacation qu'on pretend proceder de la mort du collateur », dit-il, « il y en a qui s'imaginent que la puissance publique des Officiers dépend tellement de celle du Seigneur auquel la proprieté de cette puissance reside, que la mort d'icelui abolit leur droit, comme la puissance du procureur expire notoirement par la mort de celui qui l'a constitué, et ainsi, que la cessation de la cause fait cesser l'effet. Aussi fut-ce l'occasion principale, pourquoi les

savoir : la mort, la résignation, et la forfaiture dûment jugée.
cela tenait, suivant la remarque expresse de cet auteur, à ce qu'il

---

Gantois, après la mort de Charles Duc de Bourgogne, et Comte de Flandres, firent
mourir les trente-six hommes de leur loy (ils n'étaient que vingt-six, d'après Comines),
à cause qu'ils avoient condamné, et fait executer un homme à mort, avant qu'avoir
obtenu confirmation de leurs Offices, ainsi qu'il se lit en l'histoire de Flandres. Et
c'est aussi pourquoi en France les Officiers sont tenus de prendre lettres de confirmation de leurs Offices à l'avenement de chaque nouveau Roi, pour laquelle mêmement
ils lui payent quelque finance. » Ce jurisconsulte, cependant, repoussait énergiquement
l'idée de la vacation des offices par la mort du collateur ; car il poursuivait en disant :
« Il n'est pas neanmoins veritable, que les Offices vaquent par la mort du collateur,
non plus que les Benefices, mais seulement les commissions, (qui seules ressemblent
aux mandemens et procurations) expirent par la mort du constituant : pource qu'elles
n'ont autre fondement ny subsistance que sur sa volonté qui ne peut durer après la
mort. Mais les Offices ont leur fondement et subsistance perpetuelle sur l'Edit qui les
a erigez, ou la coûtume inveterée d'y avoir toûjours de semblables Offices, laquelle
coûtume a force de loi, jusques à ce qu'elle soit abolie par loi expresse du Prince
souverain. Donc cet Edit ou coûtume realise les Offices, et rend les Officiers comme
membres de l'Etat, ou seigneurie subalterne, dont ils dependent, par devers laquelle,
et non par devers la personne du Seigneur, reside proprement et directement la vraye
propriété des Offices. — Autrement », ajoutait-il, « quel desordre seroit-ce, si après la
mort d'un Seigneur, tous les Offices de sa Justice cessoient tout à coup, et demeuroient
éteints, tant que succession demeureroit vacante ! Et sur tout seroit-ce pas une confusion
intolerable, et une vraye anarchie, si à l'instant du deces du Roy il n'y avoit plus d'Officiers en tout le Royaume, et que cette anarchie demeurast, tant qu'il y eust un successeur établi pour pourvoir à tous les Offices : ce qui est aucunefois bien long, et
principalement aux Monarchies électives, où, pendant l'interregne, tout est en trouble
et en guerre, par les brigues et factions de ceux qui y pretendent : pendant lequel
temps il est plus necessaire que jamais, que les Officiers demeurent en leur pouvoir,
pour empecher les inconveniens qui peuvent lors arriver. » (Voy. Loyseau, liv. I,
chap. x, nos 51 à 54 inclus, ainsi que le n° 59.)

Quoi qu'il en soit, ce fut le roi Charles V qui, le premier, accorda, paraît-il, des lettres de confirmation. Ses successeurs l'imitèrent, et son exemple fut suivi à des époques même où la royauté ne faisait plus ainsi que retenir encore l'apparence d'un droit,
dont elle ne songeait plus, depuis longtemps, à réclamer la réalité. « Les dernières de
ces lettres ne furent même pas celles que délivra Louis XVI le 10 mai 1774. On sait
combien la Restauration tenait à relever les formes de cet ancien régime dont elle était
si différente par le fond et par les institutions. Le 16 septembre 1825, le roi Charles X en adressa à toutes les cours royales. » (M. A. Desjardins, ubi supra, p. 59.)

De bonne heure, ces grandes compagnies judiciaires, qui aspiraient à rendre leur
pouvoir aussi indépendant en droit qu'il était étendu en fait, se montrèrent impatientes
de cette nécessité d'une confirmation, surtout le Parlement de Paris. Bodin cite pourtant un arrêt du Parlement de Toulouse, « plus modeste dans ses prétentions, peut-
être parce que son origine était moins ancienne et son existence moins assurée », dit
M. Desjardins (eod.), arrêt qui ordonna, après la mort de Charles VII, « qu'il ne seroit
point tenu d'audience, ny donné d'Arrest, jusques à ce qu'on eust reçu lettre du nouveau Roy. Que si neanmoins il survenoit quelque affaire pressée et necessaire, la Cour
y procederoit par lettres de commissions extraordinaires, qui seroient intitulées, Les
gens tenans le Parlement Royal de Tholose et seellées du seel de la Cour, sans
faire mention du Roy. » (Voy. Loyseau, eod., n° 56, et La Rocheflavin, Treize livres

n'y avait que ces trois vacations qui fussent vraies et propres ; et, comme il le dit : « ..... les autres, qui sont le defaut d'exercer, l'in-

des Parlements de France, liv. X, chap. xiv, p. 598.) Loyseau (*eod.*, n°˚ 57 et 58) critiquait naturellement cette décision dans des termes qui méritent d'être rapportés : « En quoy il me semble qu'ils failloient en tout et par tout. Premierement, c'estoit une faute toute apparente de cesser la Justice, lors qu'il étoit plus besoin de la tenir. Se- condement, c'estoit un grand abus de faire leurs expeditions en autre qualité, que d'Officiers du Roy. Aussi étoit-ce errer en la premiere maxime de notre droit Fran- çois, que *Le mort saisit le vif*, qui fait qu'au même instant que le Roy defunt a la bouche close, son successeur est Roy parfait, par une continuation immediate, et du droit et de la possession de l'un à l'autre, sans qu'on y puisse imaginer aucun inter- valle d'interregne : tout ainsi que la loy Romaine a reconnu la continuation du droit et seigneurie *in suis hœredibus, l. in suis. D. De lib. et posth.* (L. 11, fr. Paul., xxvIII, 2.) Je dis Roy parfait, sans attendre son Sacre, comme Bodin a bien prouvé au premier livre, chap. 8. et le Parlement le declara par Arrest notable de l'an 1598. bien que du Tillet remarque qu'anciennement on tenoit le contraire. C'est pourquoy nous disons vulgairement que *Le Roy ne meurt point*, c'est à dire, que la Royauté est toûjours remplie, et non jamais vacante. » — Tout autre fut la jurisprudence adoptée par le Parlement de Paris. S'autorisant, à la mort de Louis XI, d'un précédent qui remontait à l'avènement de Charles VI, c'est-à-dire d'un arrêt de l'an 1381, rapporté par Bodin et cité par Loyseau (*eod.*, n° 55), par lequel il avait ordonné que ses offi- ciers continueraient leur charge, en attendant qu'ils eussent obtenu confirmation du nouveau Roi, il prescrivit à nouveau « que les officiers continueroient leurs charges... attendant la réponse du nouveau roi. » — « Ce fut cette jurisprudence qui l'emporta, fortifiée par les conséquences que l'on tira de l'ordonnance de 1467 », écrit très-exac- tement M. Desjardins (*loc. cit.*, p. 59). La confirmation devint dès lors une pure for- malité ; mais elle était encore trop onéreuse pour beaucoup, et si, sans doute, le Parlement de Toulouse, fidèle à ses traditions, n'hésitait pas, à la mort de Henri IV, à solliciter sa confirmation, il n'en est pas moins avéré, qu'à l'avènement de ce même prince, le Parlement de Bordeaux enregistra les lettres, mais « à telle fin que de rai- son », en disant que les Parlements n'en avaient point besoin, et ne mouraient pas plus que la Royauté. Finalement, les Parlements, celui de Paris en tête, profitant toujours des époques où l'autorité royale était le moins affermie, et surtout de celles où la royauté avait besoin de s'appuyer sur le pouvoir parlementaire, pour étendre ou con- solider leurs prérogatives ou leurs prétentions, en vinrent à réduire la formalité de la confirmation à sa plus simple expression.

Se demandera-t-on, à présent, ce que signifiait cette nécessité d'obtenir des lettres de confirmation ? Le motif en doit être cherché, croyons-nous, dans une raison d'Etat. Que si, pendant un certain temps après que les officiers furent devenus inamovibles, la confirmation royale n'en resta pas moins indispensable à chaque avènement, cela tenait, dirons-nous avec M. Desjardins (*ubi supra*, pp. 51 et suiv.), à un des carac- tères spéciaux de notre ancienne monarchie.

De ce que la Royauté semblait faite pour la perpétuité, de ce qu'elle ne devait pas plus souffrir d'interruption, qu'elle ne devait avoir de fin, de ce que, par une applica- tion au Gouvernement royal de la maxime générale sous l'empire de laquelle rentraient les biens des particuliers : « *Le mort saisit le vif* », il était d'adage constitutionnel que « *Le Roi ne meurt pas en France* », il ne résultait nullement, ainsi que le fait remarquer notre savant maltre, que notre ancienne monarchie fût « une abstraction constitutionnelle, ayant par elle-même une force qu'elle communiquait à ceux dans lesquels elle se personnifiait successivement, et auxquels elle survivait. Le droit tout

compatibilité, et la suppression, sont anormales et irregulieres : et
d'ailleurs elles sont facilement comprises sous les trois premieres :

entier résidait en la personne du prince, comme essentiel et propre. Ce n'était pas
la royauté qui agissait, qui traitait, c'était chaque roi à son tour. Pendant combien
de temps les théologiens et les publicistes ne furent-ils pas embarrassés pour déterminer dans quelle mesure le successeur était lié par le prédécesseur ! C'est seulement
au seizième siècle que s'établit avec netteté et d'une manière définitive la doctrine qui
prescrit au roi montant sur le trône de respecter les engagements conclus avant lui, qui
lui permet d'invoquer les droits acquis par ceux dont il tient la place et que l'on reconnaît l'*identité de l'Etat*, comme on dit dans le droit des gens moderne. Encore
peut-on exiger du nouveau prince le respect des contrats, dont l'effet, d'après les principes du droit, expire à la mort d'une des parties, des mandats notamment ! Les mandats qu'un
prince a donnés peuvent-ils lui survivre ? Les officiers sont des mandataires ; l'héritier
peut renouveler leurs pouvoirs ; mais il a le droit de n'en rien faire. » Cela nous explique pourquoi Louis XI, afin de respecter les principes mêmes de la monarchie,
tels qu'ils étaient conçus à son époque, ne rendit pas en 1467 une ordonnance destinée
à assurer les officiers royaux contre la cause de caducité générale qui les frappait à
chaque changement de règne, en même temps qu'il les garantissait contre les destitutions individuelles et arbitraires, et pourquoi il se borna à adresser à son fils, le 21 septembre
1482, des instructions par lesquelles il lui recommandait de maintenir tous les officiers
de judicature ou autres en leurs charges, et à le lier personnellement par un serment
solennel. (Voy. *supra*, chap. i, § 1er, i, pp. 16 et suiv.) Ce ne fut que beaucoup plus
tard, ainsi que nous l'avons indiqué plus haut, que les officiers finirent par n'avoir pas
plus à redouter la mort que l'arbitraire du souverain qui les avait investis de leurs
états.

Ces différentes idées se trouvent confirmées par le passage suivant de Loyseau qui
établit très-nettement le caractère de la confirmation primitive, et le contraste frappant
qu'elle présentait avec celle de son temps : « Soit donc tenu pour certain », dit-il (*ubi
supra*, nos 60, 61 et 62), « que même au temps que les Offices de France étoient revocables en vertu de la clause *Tant qu'il nous plaira* (voy. *supra*, chap. i, § 1er, note 35
sub fin., p. 18), apposée en leurs provisions, c'est à dire, auparavant l'ordonnance de
Louïs XI, la puissance des Officiers ordinaires de ce Royaume n'a jamais cessé, ny
même été suspendue par la mort du Roy : et ce que de tout temps les Officiers ont
été soigneux d'obtenir confirmation du nouveau Roy, n'étoit pas qu'ils ne pussent
continuer leur Charge auparavant, mais c'étoit pour s'assurer davantage de n'être point
destituez, pource que c'étoit la coûtume des Rois de disposer des Offices lors de leur
avenement à la Couronne, afin de recompenser leurs particuliers serviteurs, et de
s'établir davantage, en mettant aux Charges des gens à leur devotion : de sorte que
c'étoit lors à qui viendroit le premier vers le nouveau Roy, pour avoir confirmation
de son Office, afin d'éviter ce hazard de destitution. — Et de fait à present, combien
que notoirement les Officiers continuent leur charge avant qu'avoir confirmation, et
qu'on ne les puisse destituer, tant à cause de l'Ordonnance de Louis XI, qu'à cause de
la validité établie du depuis, si est-ce qu'on ne laisse pas de les contraindre encore
de prendre lettres de confirmation de leurs Offices, bien qu'elles ne leur servent de
rien, mais c'est un impost que le nouveau Roy leve sur ses Officiers...... » (Voy. *supra*,
§ 1er, art. 3, ii, pp. 183 *sub fin.* et suiv.) Cet impôt, comme le fait observer fort justement
M. Desjardins (*op. et loc. citt.*, p. 60), « devenait fort onéreux quand les changements
de règne étaient fréquents comme au seizième siècle ; il paraissait singulièrement
odieux quand le produit en était abandonné à une favorite, comme il le fut par
Henri II à Diane de Poitiers ; il était moins choquant de le voir attribuer à Catherine

à sçavoir la suppression sous la mort, étant la mort et extinction de l'Office : le defaut d'exercer ou prescription sous la resignation, *quia cedere et alienare videtur, qui patitur usu capi* (5) : et l'incompatibilité sous la forfaiture, ainsi qu'és Benefices elle est comprise sous le devolut. » (6)

Parmi les trois causes de vacation régulière, deux, la mort et la résignation, nous sont déjà connues (7). Pareillement, des trois vacations anomales ou impropres, une, la prescription, a également été étudiée à propos des modes d'acquisition des offices vénaux (8). Nous n'avons donc pas à y revenir. De telle sorte qu'il ne nous reste plus à parler ici que de la forfaiture, de l'incompatibilité et de la suppression, vacations qui, toutes trois, avaient pour unique fonction de produire un effet extinctif, sans pouvoir servir en même temps, comme les trois autres espèces de vacation, de moyens corrélatifs d'acquisition (9).

---

de Médicis par son fils François II, mais la perception en était toujours faite avec une tout autre rigueur que s'il eût dû profiter au roi seul. Henri II en dispensa les cours souveraines, « afin qu'elles n'empêchassent pas les autres officiers de payer », dit Loyseau. » (Voy. Loyseau, liv. III, chap. III, n° 45.)

(5) L. 28 pr., fr. Paul., *De verbor. signif.*, D., L, 16.

(6) Loyseau, liv. I, chap. x, n° 7.

(7) Voy., en ce qui concerne la mort envisagée comme cause de vacation des offices vénaux, le § 2 de notre chapitre I; chap. II, sect. 2, § 1er, note 174, et art. 6 *in init.*, p. 209; et, en ce qui touche la résignation, l'art. 3 précité du § 1er de la présente section, pp. 123 et suiv.

(8) Voy. *supra*, § 1er, art. 7, pp. 235 et suiv. Bourjon, *op. cit.*, liv. II, tit. xI, 6e partie, chap. I, sect. II, n°s VII et VIII, nous montre bien la raison pour laquelle la prescription, qu'il appelle l'abandon, n'était qu'une cause de vacation impropre. Il nous dit, en effet : « L'abandon produit une autre vacance impropre, l'officier perd son office, faute d'en remplir les fonctions;... cet abandon n'emporte pas cette perte par lui même, et ne fait qu'une vacance impropre, et ne la fait que lorsqu'elle est juridiquement déclarée ; en effet, pour que l'officier perde réellement son office par l'abandon, il faut qu'il y ait jugement qui déclare l'office vacant; et ce n'est que par ce jugement qu'il y a vacance...... »

(9) Il convient de rappeler ici une cause de vacation spéciale, qu'avait créée un arrêt du Conseil d'Etat du Roi du 12 septembre 1748, que nous avons eu déjà l'occasion de mentionner. (Voy. *supra*, chap. I, § 2, note 41 *in fine*, p. 71.) Cet arrêt déclara vacants, au profit de Sa Majesté, tous les offices des titulaires décédés après avoir payé l'annuel, ou dont ils jouissaient à titre de survivance et d'hérédité, faute par les veuves, enfants, héritiers, créanciers, adjudicataires ou propriétaires, d'en avoir fait sceller des provisions dans l'espace de trente années, à compter du jour du décès desdits officiers. (Voy. Denisart, mot PAULETTE, n° 7.)

Article 1er. — *De la forfaiture* (10).

C'était seulement par une sentence judiciaire, c'était seulement pour forfaiture, qu'un officier pouvait être, de son vivant et malgré lui, privé de son état (11). La forfaiture, mot dont le sens n'était pas très-précis, est, suivant la définition qu'en donne Loyseau, « la privation de l'Office, ordonnée par sentence du Juge pour quelque faute de l'Officier, et est la forfaiture és Offices », ajoutait-il, « ce qui s'appelle *Devolut* aux Benefices, *Commise* aux fiefs et aux emphyteoses, et *Confiscation* aux autres biens.

« Car *Forfaire* signifie mettre hors de soy, et partant ce terme est extremement convenable à l'Office, qui est inherent à la personne... » (12)

Il faut avouer qu'une définition aussi vague aurait amené dans la pratique une règle bien sévère. Aussi le même auteur en limite-t-il plus loin la portée, et nous montre-t-il qu'il ne s'agit pas d'une faute quelconque, puisqu'il se demande (13) « quelles malversations induisent la forfaiture. »

Si nous recourons à Bourjon, nous voyons, en effet, que « la forfaiture est le délit commis par l'officier, contre les devoirs essentiels de sa charge, ce qui emporte perte d'icelle : c'est », ajoute-t-il, « condition tacite et légale de la collation. » (14)

Si nous ouvrons le Nouveau Denisart, nous y lisons de même que la forfaiture, en matière d'offices, fut restreinte à la « prévarication commise par un officier public dans l'exercice de ses

---

(10) Voy., sur ce sujet, Loyseau, liv. I, chap. XIII; Bourjon, *op. cit.*, liv. I, tit. XII, chap. IV, et surtout liv. II, tit. XI, 6e partie, chap. II, sect. III, nos XII à XXXIV inclus, et M. A. Desjardins, *op. et loc. citt.*, pp. 56, 1°, et suiv.

(11) Voy. Denisart, mot OFFICES et OFFICIERS, n° 101.

(12) Voy. Loyseau, *loc. cit.*, nos 1 et 2; voy. aussi les nos suivants. Comp. Denisart, mot FORFAIRE ou FORFAITURE, n° 1 : « *Forfaire* signifie en général pécher, manquer à son devoir; des deux mots latins *foris*, hors, *facere*, faire (une action hors des règles). »

(13) *Eod.*, n° 26.

(14) Voy. Bourjon, liv. II, *loc. cit.*, n° XII.

fonctions et pour laquelle il pouvait être privé juridiquement de son office. » (15)

Quoi qu'il en soit, la privation de l'office du vivant de son titulaire et malgré lui, ne pouvait résulter que de la forfaiture, qui supposait cette double condition : d'abord, une faute grave commise ; ensuite, une décision judiciaire qui en déclarait l'existence et qui prononçait l'application de la peine (16) ; car jamais les offices ne vaquant *ipso jure*, pour quelque grand crime que ce fût (17), il fallait nécessairement un jugement constatant la forfaiture et jugeant l'office vacant (18), ou, comme le dit Bacquet (*op. et loc. citt.* note 4, *supra*), que la forfaiture eût été « préalablement jugée et declarée par Juge compétant, l'Officier oüy deuëment.....» (Comp. le passage de Dumoulin cité p. 6.) C'est pourquoi, suivant les ordonnances, il ne devait point être accordé de provisions d'un office, à cause de la forfaiture du titulaire, avant qu'elle eût été jugée et que la sentence fût définitive. Jusque-là, toutes provisions obtenues sur le fondement de la forfaiture auraient été nulles, en tant que prématurées, et cela par suite d'une juste présomption d'innocence (19). Comme nous le dit Loyseau (20) : « ..... on garde exactement en matiere d'Offices les Ordonnances de l'an 1547. article 85. et d'Orleans, article 87, qui defendent d'en obtenir provision, même un simple brevet du Roy fondé sur forfaiture, avant qu'elle soit definitivement jugée : autrement non seulement l'obtention est nulle, mais encore y a du danger qu'elle apporte une intrusion, qu'on appelle, c'est à dire une inhabileté à obtenir desormais le même Office : c'est pourquoy si en cachette quelqu'un a eu don d'un Office par incapacité du pourveu, il se garde bien de le declarer, et d'accuser luy même l'Officier, mais

---

(15) Voy. Nouveau Denisart, mot FORFAITURE EN MATIÈRE D'OFFICE. Comp. Merlin. *Rép.*, mot FORFAITURE, au début.

(16) Comp. Loyseau, *eod.*, n° 11 : « ... la forfaiture », dit-il, « ne comprend que la privation pour delict jugé..... » Voy. aussi Denisart, mot OFFICES et OFFICIERS, n° 29.

(17) Voy. Loyseau, *eod.*, n° 14 *in fine*.

(18) Voy. Bourjon, liv. II, *loc. cit.*, n° XIII et XXI.

(19) Voy. Lapeyrère, lett. O, décis. 10 ; Bourjon, liv. II, *loc. cit.*, n° XIV, et Merlin, *loc. cit.*, n° I.

(20) *Eod.*, n° 7.

luy fait faire son procez sous le nom de quelque partie interessée,
ou du Procureur du Roy seulement, auquel encore il suppose une
partie civile ou denonciateur autre que luy. »

Il résulte de ce qui vient d'être dit, que la forfaiture avait pour
effet d'opérer le retour de l'office, à la suite d'une espèce de
confiscation judiciaire, entre les mains du Prince qui en avait
pourvu le titulaire, puisque, lorsqu'elle était jugée, la charge était
ordinairement vendue au plus offrant (21). Cette privation absolue
de l'office avait donc pour conséquence immédiate la déchéance
de la faculté de résigner en faveur. Il y a plus : d'après Loyseau,
la validité de la résignation faite après l'accusation intentée, c'est-
à-dire du jour où l'officier *delatus erat inter reos,* devait être
suspendue jusqu'à la sentence définitive, et cette résignation
devait devenir nulle, si une condamnation était prononcée, qui
emportait forfaiture. En d'autres termes, ce jurisconsulte estimait
avec Dumoulin, dont il invoquait l'autorité en rapportant sa décision, que la résignation devait demeurer en suspens, au cours
du procès criminel ; car, s'il y avait eu provision expédiée sur
cette résignation, elle aurait été de soi valable, non pas sans
doute d'une manière incommutable, mais résolutoirement, presque de la même façon qu'elle se trouvait suspendue pendant le
délai de quarante jours (22). A l'inverse, en cas d'absolution ou
d'élargissement de l'accusé, sa résignation devenait bonne et la
validité en était désormais assurée ; le résignataire pouvait donc se
faire recevoir et installer, tant qu'il n'y avait point d'appel de la
sentence ; si même l'appel en avait été interjeté postérieurement
à l'installation, il ne l'aurait pas empêché d'exercer ; lors bien
même que, dans cette instance d'appel, son résignant aurait été
convaincu de crime induisant privation de la charge, le résignataire
n'aurait pas, pour cela, d'après Loyseau, perdu, pour la faute d'autrui, l'office dont il aurait dûment reçu le caractère par la réception.
la possession par l'installation, et dont il aurait fait exercice pu-

---

(21) Voy. Loyseau, *eod.*, n° 10.
(22) Voy. Loyseau, *eod.*, n°⁵ 15, 16 et 17.

blic et paisible. « Même je tiens indistinctement », ajoutait-il, « que tout resignataire pourveu, reçû et installé sans opposition, ny empêchement, ne peut plus être troublé pour le fait et faute de son resignant, non plus que pour les debtes et hypotheques d'icelui, comme il sera traité au troisième livre. » (Voy. *supra*, § 2, art. 2, pp. 312 et suiv.) (23)

Des données précédentes cet auteur inférait que, la résignation de l'accusé n'étant pas nulle, mais seulement suspendue pendant le procès, si le résignant venait à mourir avant la condamnation, comme il décédait, alors, *integri status*, sa résignation devenait bonne, tout ainsi qu'elle l'aurait été après son absolution. Partant de là, il réclamait, au nom de la justice, que, *pendente lite*, on ne refusât pas d'admettre la résignation d'un office vénal, l'accusation n'étant pas une preuve de la culpabilité, et l'innocence étant au contraire plutôt présumée. D'autant plus que ce refus exposait l'office au hasard d'une vacation par mort, à raison surtout de la longueur habituelle des procès de recherche d'officiers (24), sans laisser d'autre consolation aux héritiers de l'ac-

---

(23) Voy. Loyseau, *eod.*, n°⁵ 18 et 19. — Au xviii° siècle, Bourjon se prononçait dans le même sens que Loyseau. « Le seul délit », disait-il d'une façon très-saisissante, « ne lie pas les mains à l'officier et ne l'empêche pas de disposer de son office ; non-seulement le seul délit, mais même l'accusation formée ne lie pas sur ce les mains à l'officier, lorsqu'il n'est pas détenu ou décrété... En effet, un accusé n'est pas condamné, mais le simple décret d'ajournement personnel », ajoutait-il conformément à la jurisprudence, contre laquelle se récriait Loyseau (liv. I, chap. xiv, n°⁵ 18 et suiv.), « emporte interdiction contre l'officier, et si par là on punit plus rigoureusement les officiers que les autres, c'est qu'ils nuisent encore plus par le mauvais exemple qu'ils donnent, que par le délit même ; juste motif de cette sévérité... » Puis, revenant sur le sort de la résignation de l'office faite par le titulaire accusé, il poursuivait ainsi et consacrait de la sorte sur ce point, tout en lui donnant une autre base, la doctrine de ce jurisconsulte, telle que nous venons de l'exposer au texte : « Si par la suite l'officier accusé, détenu et qui a vendu son office, est condamné, la vente de l'office est nulle, et sa nullité remonte, étant de droit que la sentence est déclarative de son impuissance ; première conséquence du principe, que la détention ou le décret d'ajournement personnel emporte interdiction contre l'officier ; du même principe, il s'ensuit que si l'officier est absous, la vente quoique faite depuis le crime est bonne ; même raison, la sentence est déclarative de son innocence ; et c'est une autre conséquence qui naît du principe qu'on a posé. » (Voy. Bourjon, *op. cit.*, liv. II, *loc. cit.*, n°⁵ xv, xvi et xvii, et liv. I, *loc. cit.*, n° iv ; joindre les n°⁵ suivants. Voy. aussi Lapeyrère, lett. O, décis. 10. et Denisart, mots DÉCRET EN MATIÈRE CRIMINELLE, et INTERDICTION D'OFFICIERS.)

(24) Voy., sur ce sujet, Loyseau, liv. I, chap. xiv.

cusé défunt, qu'un recours illusoire contre un procureur du Roi,
ou contre un homme de paille qu'on aurait interposé pour se
rendre dénonciateur, ou partie civile. Quant aux intérêts du fisc,
il était facile d'éviter de les compromettre, en insérant, dans la
résignation de l'officier accusé, une clause résolutoire, en vertu
de laquelle elle n'aurait sorti effet, qu'après l'absolution ou le
renvoi du résignant; et l'on pouvait, en tout cas, exprimer que le
résignataire ne pourrait être reçu, qu'une fois purgée l'accusation
du résignant. Cette théorie se justifiait d'autant mieux, que, ainsi
qu'il a été dit, la résignation des offices achetés ne pouvait être
équitablement refusée (25). Cela étant, il n'y avait aucune bonne
raison pour la différer et la prolonger de telle sorte que l'office
pût être exposé à vaquer par mort.

De ce raisonnement, Loyseau tirait cette double conséquence :
d'une part, que si l'accusé, « après avoir presenté sa requeste au
Roy, à ce que sa resignation fust admise, ou ayant voulu faire
mettre icelle en taxe, et en ayant été refusé », venait à décéder
quarante jours après, son office devait être conservé à ses héritiers, d'autant qu'il n'avait pas tenu à lui qu'il ne le résignât, mais
seulement au Roi, qui ne devait évidemment pas profiter du
refus qu'il avait fait d'admettre la résignation ; et, d'autre part, que
si le Roi ou autre collateur, « ayant sciemment admis la resignation de l'Office, pendant l'accusation du resignant, et sans aucune
condition », il n'y avait rien qui pût empêcher la validité de la provision, qui en ce cas ne pouvait « être accusée de subreption...
Quoy qu'il en soit », ajoutait-il, « en telles provisions, il faut qu'il
apparoisse liquidement de la science du collateur, autrement elles
sont subreptices..... C'est pourquoi, quand il n'appert point de la
science du collateur de l'Office, la reception du resignataire doit
être differée jusques à ce que le resignant se soit purgé, comme il
a été jugé par Arrest du 16. may 1602. sur l'appel interjetté par
M. le Procureur general de la reception d'un nommé Bohier,

_____

(25) Voy. *supra*, § 1er, art. 3. ii, pp. 173 et suiv.

faite au siege d'Angers, en l'Office de Senéchal de Beaufort à luy resigné par M. Louys Crovin, accusé de mal versation. » (26)

Si, comme nous l'avons vu plus haut, une faute quelconque ne suffisait pas et ne devait pas suffire pour entraîner la forfaiture, il était, d'un autre côté, impossible d'exiger toujours la prévarication. Aussi ne fut-elle pas la cause unique pour laquelle les officiers se voyaient privés judiciairement de leurs états. « Il y en avait qui commettaient, en dehors de leurs fonctions, des faits d'une autre nature, assez graves pour faire perdre la confiance du roi, pour les rendre suspects aux justiciables et indignes d'occuper les charges publiques », écrit fort bien M. A. Desjardins (27). C'est qu'en effet, en faisant de l'office une sorte de propriété dans les mains du titulaire, la Royauté réservait les droits de l'intérêt public, et ne se dessaisissait jamais, que sous la condition toujours sous-entendue « que le titulaire accomplirait avec zèle et loyauté le mandat dont il était chargé. Elle conservait donc, si l'officier ne remplissait pas ses obligations, la faculté soit de révoquer pour toujours la concession qu'elle avait faite, soit d'interdire au pourvu pendant un temps plus ou moins long l'exercice de ses fonctions. » (28)

On distinguait deux sortes de privation de l'office : l'une expresse, lorsque, par la sentence, l'officier était momentanément privé de sa charge ; l'autre *taisible,* nous dirions aujourd'hui tacite, qui était la conséquence de toute peine infamante contenue en la sentence, sans qu'il fût nécessaire que cette sentence l'exprimât formellement.

La privation expresse, qui était une espèce particulière de peine, se présentait à son tour sous deux formes différentes : tantôt, on la prononçait d'une manière formelle et simple, en déclarant l'office vacant et impétrable, ou, ce qui était tout un, le titulaire privé et déchu de son office ; tantôt, le juge prononçait que l'officier

(26) Voy., sur tout ce qui précède, Loyseau, liv. I, chap. XIII, nᵒˢ 20 à 25 inclus.
(27) *Op. et loc. sup. citt.*, p. 56.
(28) M. Durand, *op. cit.*, p. 165, nᵒ 155,

était incapable de tenir office. Pendant longtemps, on ne prononça guère la première sorte de privation expresse sans y
ajouter la seconde, de façon que celui qui était privé de son office
et perdait son état pour délit, était désormais incapable d'en tenir
d'autre, et n'en pouvait plus acquérir de nouveau. Mais ce luxe
de sentences pénales devint inutile du jour où il fut admis que la
privation expresse entraînait l'infamie ; car, dès lors, l'incapacité
générale de tenir aucun autre office, à défaut de réhabilitation par
le Prince, en découlait naturellement (29).

Les juges pouvaient, toutefois, restreindre cette incapacité aux
offices les plus importants ; mais ils n'usaient, en fait, que très-rare-
ment, paraît-il, de cette faculté qu'ils s'étaient attribuée (30). Très-
souvent, l'incapacité de tenir office était prononcée seule, et, malgré les termes généraux dans lesquels elle était conçue, elle ne
laissait pas d'être, par elle-même, beaucoup moins désavantageuse
au titulaire que la privation de l'état, parce qu'elle n'induisait pas,
comme cette dernière, prompte et parfaite vacation par forfaiture
de l'office du condamné, mais qu'elle lui permettait de chercher
un acquéreur. En effet, le jugement de forfaiture, nous le savons,
n'emportait perte de l'office, que lorsque celui-ci était déclaré
vacant et impétrable ; que quand, en d'autres termes, la privation
était expressément prononcée (31). « Ce qui avait fait imaginer ou
tout au moins employer fréquemment ce tour donné à la peine »,
comme le dit M. A. Desjardins (32), « c'était l'introduction de la

---

(29) Voy. Bourjon, *op. cit.*, liv. I, *loc. cit.*, n°⁵ x et xi, et liv. II, *loc. cit.*, n°⁵ xix et xx.

(30) Voy., sur l'infamie entraînée par la privation expresse de l'office, Loyseau, *loc.
sup. cit.*, n°⁵ 64 à 69 inclus. Dans ce dernier n°, ce jurisconsulte estime que l'officier,
expressément privé de son office, ne pouvait plus en tenir d'autres, en dehors des réserves indiquées au texte, et cela sans qu'il y eût à distinguer si le condamné avait
été privé tout à fait de son office, ou si, seulement, il lui avait été enjoint de s'en
défaire, « parce que toûjours », ainsi qu'il le dit lui-même, « il est declaré incapable de
la puissance publique et qualité d'Officier : et ce qu'on luy permet d'en tirer commodité, n'espargne pas son honneur, mais son bien seulement, comme il est decidé en
cas semblable *in l. Ordine. D. Ad municip.* (L. 15 pr., fr. Papin., L. 1) bien que cette
resolution ne soit pas sans difficulté. » Tel était également le sentiment de Bourjon,
liv. I, *loc. cit.*, n° x, et liv. II, *loc. cit.*, note sur le n° xix ; n° xxii et note sur ce
n°, et enfin n° xxiii. Voy. aussi pp. 426 et suiv., *infra*.

(31) Voy. *supra*, p. 419, texte et note 18.

(32) *Ubi supra*, p. 56 *in fine.*

vénalité dans notre droit public. » Si, en effet, à l'époque où les offices n'étaient pas vénaux, et où, par conséquent, la résignation en pouvait être refusée, toute incapacité, inhabileté et incompatibilité étaient pour les offices autant de causes de vacation absolue, à supposer que le collateur voulût user de rigueur et ne point admettre la résignation, à l'inverse, lorsque les offices furent devenus vénaux, ceux qui avaient été vendus, et dont, par conséquent, la résignation ne pouvait être refusée, ne vaquaient plus directement et absolument par incompatibilité, par inhabileté ou incapacité, mais ils pouvaient être résignés. Il résultait de ce nouveau point de vue, que la déclaration d'incapacité de tenir office, au lieu d'induire une prompte et parfaite privation de la charge, ne faisait plus qu'emporter une simple contrainte de la résigner (33). Moyen des plus ingénieux et des plus sages de concilier les intérêts des officiers avec les exigences de l'intérêt public, et qui trouve son explication fort simple dans une analyse réfléchie de la nature vraie des offices vénaux. Car il suffit d'envisager un office vénal quelconque et de l'examiner attentivement, pour reconnaître qu'il constituait comme un être collectif composé de deux parties parfaitement distinctes, et qui pouvaient être considérées isolément : d'un côté, sa seigneurie ou propriété, *quatenus erat in bonis et in commercio*, laquelle s'acquérait par la composition ou par l'achat qui s'en faisait et par la provision obtenue en conséquence; et, d'un autre côté, l'exercice ou qualité d'officier, concernant la puissance publique, laquelle s'obtenait par la réception, et qui avait pour résultat d'attacher cette seigneurie de l'office à la personne de l'officier. Par suite, lorsqu'un titulaire était privé, ou jugé incapable de la puissance publique et de la qualité d'officier, il n'en résultait nullement qu'il fût, pour cela, privé de la seigneurie et de ce qui était patrimonial en l'office, en sorte qu'il le perdît tout à fait, qu'il ne lui fût plus permis de le revendre, de même qu'il l'avait acheté, et, par le moyen d'une résignation, de mettre en ses lieu et place une personne digne et

---

(33) Comp. le passage de Denisart, cité *supra*, § 2, art. 2, note 295, p. 374.

capable. Toutefois, dans le but de prévenir toute difficulté, Loyseau regardait, comme étant le plus sûr, le procédé consistant de la part du juge, qui n'entendait pas faire perdre son office au condamné, en l'en déclarant incapable, ou en prononçant l'incapacité générale, de lui permettre, de lui enjoindre même de le résigner dans un certain délai. « Aussi », dit il, « voit-on presque toûjours à present, que les Cours souveraines (où d'ordinaire aboutissent les procés des recherches d'Officiers) quelques malversations dont ils les trouvent coupables, les condamnent seulement en amendes pecuniaires, selon la qualité des delits ; et outre, leur enjoignent de resigner leurs Offices : et est fort rare qu'on voye declarer par Arrest les Offices vacans, pour simples malversations, qui ne meritent peine corporelle : la Cour ne trouvant raisonnable de ruiner les Officiers et leurs enfans, et encore bien souvent leurs creanciers, pour enrichir le fisque. » Jurisprudence des plus heureuses. puisqu'elle aboutissait à ce double résultat très-précieux de retirer les fonctions publiques à des indignes, tout en respectant leur propriété privée. Poussant plus loin encore leur indulgence pour un officier coupable, les Cours souveraines, mais elles seules et non les autres juges, pouvaient procéder autrement; et aller jusqu'à lui épargner l'infamie publique, que lui faisait encourir la forfaiture jugée, en lui ordonnant, par un arrêt secret appelé *retentum* (34), de se défaire de sa charge, soit immédiatement, et sans rentrer en exercice, soit même après avoir repris et continué ses fonctions pendant quelque temps, afin de laisser ignorer au public la cause de la résignation. Par là, le titulaire ne se trouvait plus frappé que de l'incapacité de posséder à l'avenir un office quelconque, à moins d'une réhabilitation à lui accordée par le Roi (35).

« Voila pour la privation expresse », nous dit Loyseau, « et

---

(34) Denisart (mot RETENTUM, n° 1) nous donne de ce terme la définition suivante : « Ce mot, qui est purement latin, est le nom qu'on donne aux réserves et restrictions ou modifications que les cours elles-mêmes apposent à leurs arrêts par une note qui se met au bas de la minute, et que le président signe avec le rapporteur. »

(35) Voy., sur ces divers points, Loyseau, *ubi supra*, n°ˢ 26 à 36 inclus; voy. aussi Lapeyrère, lett. O, décis. 10, et Bourjon, *op. cit.*, liv. I, *loc. cit.*, n° x, et liv. II, *loc.*

quant à la taisible, qui provient en consequence d'autre peine imposée à l'Officier, tirant après soy la perte de l'Office, il faut revenir,
ce me semble, à la distinction, qui vient d'être faite en la privation
expresse : à sçavoir que la seigneurie et disposition de l'Office
qui est en commerce, ne se perd, qu'ainsi que celle des autres
biens, ou pour mieux dire, qu'ainsi que le vray usufruit, qui se
perd seulement *maxima et media capitis diminutione, l. Corrup-*
tionem. §. 2. C. de usufr. (36). Aussi par cette forfaiture l'Office n'est
pas aquis à celuy auquel la confiscation des autres biens de
l'Officier appartient : mais la libre disposition en revient au collateur, ainsi que l'usufruit éteint, *per capitis minutionem*, revient
au proprietaire. Mais la qualité d'Officier, et ce qui en dépend, et
qui s'acquiert par la reception (pour à laquelle parvenir il faut
être reconnu pour homme de bien et d'honneur) cette qualité, dis-
je, d'Officier, qui attachoit et incorporoit l'Office à la personne, et
tout ce qui en dépend, se perd par la simple infamie, bien que
infamia non sit capitis minutio, ne minima quidem, sed tantùm
famæ, dit le *parag. Quoties : Instit. de cap. diminutione* (37).

« Car l'Office, étant definy Dignité et titre d'honneur, ne peut demeurer à ceux qui n'ont plus l'honneur. » (38) Et le même auteur
répète un peu plus bas que l'infamie n'entraînait pas la perte entière de l'office, mais seulement celle de la qualité d'officier ; et
cela, ajouterons-nous avec Bourjon, en vertu d'une condition
tacite et légale sous laquelle la collation était toujours censée lui
avoir été faite, et analogue à celle par laquelle nous avons vu ce
jurisconsulte expliquer la perte de l'office en cas de forfaiture (39).

cit., n^{os} xix à xxiii. Comp. note 30, *supra.* Conformément au sentiment de Loyseau,
D'Espeisses (*Œuvres,* t. 2, f° 777, édit. de Lyon 1750) estimait qu'il n'y avait que
les Cours souveraines, ainsi qu'il est dit au texte, qui eussent le droit de mettre un
retentum au bas de la minute de leur arrêt. (Voy. Denisart, *ubi supra,* n° 3.)

(36) Const. 16, iii, 33.

(37) Loyseau commet ici une erreur de citation ; mais le principe qu'il énonce est
certain. (Voy. M. Accarias, *Précis de dr. rom.,* 3° éd., t. 1, p. 427, note.)

(38) Ainsi que l'exprimait énergiquement Bourjon, *op. cit.,* liv. 1, tit xii. chap. iv,
n° 1 *in fine,* le mandat qui est confié aux officiers « est iualliable avec la moindre
tache. » (Voy. aussi les n^{os} suivants.)

(39) Comp. *supra,* p. 418 *sub fin.* — Voy. Loyseau, *eod.,* n°s 37, 38 et 40. Voy. aussi
Bourjon, liv. II, *loc. cit.,* n^{os} xii et xxvi à xxxi inclus.

Encore Loyseau prend-il soin de faire observer que cet effet n'était produit que par l'infamie dite de droit, *infamia juris*, ou vraie infamie, c'est-à-dire par celle qui était encourue par la loi, et découlait d'une sentence judiciaire (40), et non par l'infamie de fait, *infamia facti*, suivant une distinction inventée par certains interprètes, et fondée par eux sur un texte de Julien (41). Cette seconde sorte d'infamie, qui résultait de l'opinion publique, et consistait dans la renommée, ne laissait cependant pas d'exercer une certaine influence ; car, si elle était notable et notoire, elle empêchait, aussi bien que l'autre, l'entrée et la réception des officiers (42), mais elle n'avait pas pour résultat de priver, comme la première, le titulaire reçu de sa qualité d'officier. « Autrement », ainsi que le dit Loyseau, « ce seroit chose absurde, que pour l'opinion des hommes, un Officier reçu et exerçant fût chassé de son Office. » (43)

Il pouvait arriver que, sans être de nature à entraîner la privation absolue et perpétuelle de l'office, les fautes commises par un officier présentassent encore un caractère de gravité assez considérable, pour que l'intérêt public compromis exigeât satisfaction. On avait alors recours à des mesures moins graves, nous voulons dire à la simple suspension ou interdiction prononcée pour un certain temps seulement (44), qui, comme les mots mêmes l'indiquent, n'entraînaient la perte de l'office dans aucun des deux cas différents dans lesquels elles étaient susceptibles d'intervenir :

---

(40) Voy., sur la question de savoir comment la vraie infamie était encourue, Loyseau. *eod.*, n°° 48 à 63 inclus.

(41) L. 2 pr., *De obseq. parent. et patr. præst.*, D., xxxvii, 15. Ce texte prouve, à simple lecture, que la prétendue infamie de fait n'avait aucune importance légale. (Voy. M. Maynz, *Cours de dr. rom.*, 4° éd., liv. l°r, tit. 2, § 18, note 16, t. 1, p. 415.)

(42) Voy. Bourjon, *op. cit.*, liv. II, tit. xi, l°° partie, chap. iv, n° iv, et *supra*, § l°r. art. 3, ii, p. 191.

(43) Voy., sur tout ceci, Loyseau, *eod.*, n°° 41 à 47 inclus, et Bourjon, liv. II, *loc.cit.*. n°° xxxii et xxxiii.

(44) Voy., sur ce sujet, Loyseau, *eod.*, n°° 70 à 85 inclus. — Le droit de suspendre et d'interdire fut très-souvent exercé par la Couronne, qui en usait parfois à titre de mesure purement politique. (Voy. M. A. Desjardins, *op. et loc. sup. citt.*, n° du 16 dec. 1880. p. 86. Comp. *supra*, note 4 *in init.*, p. 413.)

la justice, en effet, prononçait la suspension et l'interdiction, tantôt à titre de peine, et par sentence définitive, tantôt par mesure provisoire, à l'occasion et au cours d'un procès dirigé contre un officier royal (45).

La suspension, qui n'était autre chose qu'un emprunt fait aux bénéfices ecclésiastiques, et dont le nom même avait été pris aux canonistes, n'étant, de soi, aucunement infamante ni à perpétuité, ni même pour le temps qu'elle durait (46), il en résultait que, pendant ce temps, l'officier pouvait être reçu à un autre office (47). Il y a plus : notre ancienne pratique s'accommoda au droit canon, dont les maximes passèrent dans la jurisprudence des offices. Par suite, de même que, d'après les usages de l'Eglise, celui qui était suspendu de son bénéfice, et même celui qui était suspendu des saints ordres, retenait non-seulement son ordre, mais encore l'exercice et l'exécution de cet ordre, sauf à encourir irrégularité s'il en usait contre la défense (48), de même la suspension de l'officier, ainsi qu'il vient d'être dit, ne regardait que l'exercice, et ne portait aucune atteinte à la seigneurie ou propriété de l'office, non plus qu'au titre et au rang de l'officier; de telle sorte que, pendant sa durée, l'officier pouvait résigner sa charge comme seigneur, s'en pouvait qualifier titulaire, et devait marcher aux rang et grade qu'elle lui avait conférés. La façon dont on prononçait la suspension dans notre ancienne France, montre clairement d'ailleurs qu'elle ne touchait qu'à l'exercice seulement ; et c'est,

---

(45) Voy., en ce qui concerne les mesures disciplinaires à prendre contre les membres du Parlement qui manquaient à leurs devoirs professionnels, et qui furent déterminées par plusieurs ordonnances, notamment par celles de Charles VIII, en 1493, de Louis XII, en 1498, et de François 1er, en 1535, M. A. Desjardins, *op. et loc. sup. citt.*, n° du 1er déc., pp. 57 et suiv.

(46) « L'interdiction pour un tems contre un officier, n'emporte pas note d'infamie, il est regardé comme un avertissement salutaire que la justice lui donne », nous dit Bourjon, liv. I, *loc. cit.*, n° IX. A plus forte raison en était-il de même, en principe, de l'*admonition*, qui, d'ailleurs, ne mettait pas obstacle à la continuation des fonctions de l'officier coupable admonesté. (Voy. Denisart, à ce mot, n° 1 à 4 inclus.)

(47) Voy. Loyseau, *loc. sup. cit.*, n° 79 et 80.

(48) *Can. Qui celebrat. De cleric. excomm.* Voy. Loyseau, *loc. sup. cit.*, n° 81, et *Traité des Ordres, et simples Dignites*, chap. IX, n° 59 à 62 inclus.

du reste, ce qui apparaît avec plus d'évidence encore, si l'on se rappelle la forme dans laquelle était prononcée la suspension à Rome, où le condamné *ordine vel officio movebatur ad tempus*, ce qui impliquait bien que la suspension des Romains constituait à proprement parler une privation temporaire (49). Tout au contraire, chez nous, on déclarait que le condamné était suspendu ou interdit de l'exercice de son office, ou qu'il s'abstiendrait de l'exercice de sa charge, ce qui était l'en reconnaître tacitement capable, après l'expiration du temps de la suspension. « Et ce qu'aucunefois », fait observer Loyseau (50), « on prononce qu'il est suspendu de son Office, est par un racourcissement de langage, au lieu de dire suspendu de l'exercice de son Office, et partant cela ne doit être entendu que de l'exercice, et non du titre, ou de la seigneurie de l'Office, qui cependant n'est ny ne peut être occupé par un autre, si ce n'est par commission és Offices uniques et necessaires, ce qui est tout notoire en nôtre usage, bien qu'au droit Romain, le contraire se pratiquât, comme il se voit en la loi 2. *D. De Decur.* » (51)

Aussi bien, fallait-il décider par cette même raison que, si un traitement était attaché à l'office, le titulaire le conservait intact, et que les gages échus pendant sa suspension devaient lui être réservés, pour lui être payés après son expiration. C'est, au demeurant, ce qui avait lieu en matière bénéficiale, où le revenu du bénéfice était réservé au bénéficier suspendu. Et le motif en était que les gages de l'office, comme le revenu du bénéfice, appartenaient au pourvu par droit de seigneurie (52), laquelle, bien que non libre, ne lui demeurait pas moins entière.

Ce principe comportait toutefois deux exceptions ; elles se rencontraient :

La première, lorsque, par la sentence de suspension, les gages

---

(49) Voy. notre *Droit Romain*, chap. II, § 3, sect. 1, t. 1, pp. 489 et suiv.
(50) *Du droit des Offices*, liv. I, chap. XIII, n° 82.
(51) Voy. notre *Droit Romain*, *loc. sup. cit.*, p. 490, texte et note 3.
(52) Voy. *supra*, § 1er, p. 187 *in init.*, cinquième effet du droit en l'office, et p. 198, texte et note 191.

de l'officier étaient adjugés au fisc, ainsi que le juge pouvait l'ordonner « pour plus grande peine du condamné », pourvu qu'il le prescrivît expressément ;

La seconde, lorsque l'office était de telle nature, qu'il devait être exercé par quelqu'un, et que, par conséquent, on y mettait un commissaire pour l'exercer pendant la suspension. « Car », comme le dit Loyseau, « il y a quelque apparence que ce Commissaire ou commissionnaire doit jouïr des gages comme des autres droits de l'Office, ce qui n'est pourtant sans difficulté : pour laquelle éviter je conseille à l'Officier suspendu de faire obtenir cette commission par un ami, avec lequel il compose des profits : chose que j'estime ne lui devoir être refusée, y presentant un homme capable puis que l'Office demeure toujiours son bien. » (53)

Ajoutons que tout ce qui vient d'être dit ne s'appliquait pas seulement au cas d'interdiction ou suspension ordonnée à titre de peine par sentence définitive, mais était, à plus forte raison, observé sans conteste, dans l'hypothèse où la mesure en question était prise au cours d'un procès criminel ; « pource qu'étant encore incertain, si l'accusé est coupable ce qu'on l'interdit cependant, ne peut être vrayement une peine », ainsi que l'exprime le même auteur (54), « mais c'est plustost une précaution qu'on veut apporter au public, ou une bien seance, que celui qui est sur les termes d'être jugé pour crime n'abuse cependant de sa charge, et ne Juge les autres : et de cette interdiction il sera amplement discouru au chapitre suivant. » (55)

Nous terminerons la matière de la forfaiture, en disant quelques mots du cas où la sentence dont elle provenait avait été prononcée par contumace (56). En pareille occurrence, la forfaiture n'était pas *a priori* certaine et assurée, par cette raison que le condamné se représentant et purgeant sa contumace dans les cinq ans,

---

(53) Voy., sur ces différents points, Loyseau, *eod.*, n°s 83, 84 et 85.
(54) *Eod.*, n° 86.
(55) Liv. I, chap. xiv.
(56) Voy., sur ce sujet, Loyseau, liv. 1, chap. xiii, n°s 93 à 98 inclus.

rentrait en son office, tout ainsi qu'en ses autres biens. Car, avant l'expiration de ce délai, le Roi ne pouvait pas valablement conférer la charge. Tel était du moins le principe (57). Toutefois, comme les offices ne pouvaient pas commodément être régis par commissaires, à l'instar des autres biens, et qu'il importait d'ailleurs ordinairement au public qu'ils fussent exercés, et non laissés vacants, on les conférait par commission (58), et il arrivait fréquemment que cette commission était convertie en titre après les cinq années écoulées, soit en vertu d'un brevet de don de l'office, brevet que le commissionnaire devait obtenir secrètement de peur d'intrusion, puisque, nous le rappelons, il était expressément défendu de demander les offices « auparavant l'actuelle vacation » (59), soit dans le cas où il avait financé pour acheter la commission ; car alors, il était réputé avoir acheté et pris à ses risques tout le droit que le Roi avait en l'office, attendu qu'il était certain qu'il n'aurait pas acheté une simple commission. Et de fait, en vertu de la commission dont s'agit, le commissionnaire se faisait recevoir avec les mêmes solennités que celles qui étaient requises d'un véritable titulaire ; et, après cette réception, il pouvait dire, aussi longtemps que sa commission durait, qu'il était comme vrai officier, et même il jouissait du rang, de l'honneur et des autres prééminences qu'aurait eus le véritable titulaire de l'office. Il différait, par là, des commissionnaires dont nous avons parlé plus haut, et qui remplaçaient l'officier dans son exercice, soit pendant son accusation, soit au cours de sa suspension, parce que la commission de ces derniers n'était point apte à être convertie en titre. Ajoutons cependant, qu'une fois les cinq ans expirés, le commissionnaire de forfaiture jugée par contumace devait avoir soin de prendre provision en titre d'office ; mais il n'était plus astreint qu'à prêter un nouveau serment, sans réitération d'information ni d'examen, à supposer que, lorsqu'il avait

---

(57) Voy. Bourjon, liv. II, *loc. cit.*, n°ˢ xxiii et xxiv, et note sur le n° xxv.
(58) Voy. Bourjon, *eod.*, n° xxv.
(59) Voy. *supra*, § 1ᵉʳ, note 124 *in fine*, p. 170.

été reçu en sa commission, il eût déjà passé par cette filière, ainsi qu'il l'avait dû.

Notons enfin que, bien souvent, l'office du condamné par contumace était conféré en titre, au cours même des cinq ans. Malgré cet abus, ni le condamné, ni d'autres pour lui, pas même ses créanciers, n'étaient recevables à y mettre obstacle, parce que, ainsi que l'écrit Loyseau, « toute Audience luy doit être déniée, jusques à ce qu'il se soit rendu en estat, et cependant est réputé pour bien condamné, et son Office pour vacant. Cest pourquoy », ajoute-t-il, « telles provisions sont le plus souvent tolerées, et les impetrants receus en vertu d'icelles, sauf après la representation du contumax, et qu'il sera purgé. de les resoudre : quoy que ce soit il est bien certain que le condamné par contumace ne peut resigner cependant, puis qu'il a été prouvé cy dessus, que cela n'est permis même au simple accusé de crime, emportant privation de l'Office. » (60)

Article 2. — *De l'incompatibilité* (61).

A côté de la forfaiture, nous rencontrons, comme cause de vacation, l'incompatibilité (62). Mais, contrairement à la forfaiture, elle constituait une vacation impropre, parce qu'elle n'induisait pas, pour les offices, vacation absolue et prompte (63). à l'inverse de ce qui avait lieu pour les bénéfices, au sujet desquels le décret du second Concile de Latran (64) portait : « *Per adeptionem secundi beneficii incompatibilis, vacat ipso jure primum ; et qui illud retinere contendit, altero etiam privandus est.* » Il résultait de ce passage que, dès que le bénéficier avait pris possession du second bénéfice incompatible, le premier était, *ipso*

---

(60) Voy. Loyseau, *loc. cit.*, nᵒˢ 97 et 98, et Bourjon, *op. cit.*, liv. II, *loc. cit.*, nᵒ XVIII ; note sur le nᵒ XXIII, et nᵒ XXV.

(61) Voy., sur ce sujet, Loyseau, liv. I, chap. x, nᵒˢ 39 à 49 inclus.

(62) Voy. le passage de Loyseau cité *supra*, pp. 415 et suiv.

(63) Voy. les passages de Bourjon auxquels nous renvoyons, *infra*, note 71.

(64) *Cap. De multa ext. De Præb.*

facto, vacant et impétrable, sans qu'il fût besoin d'aucun jugement ni déclaration, et le délai de six mois dans lequel ce même
Concile prescrivait à l'Ordinaire de conférer les bénéfices vacants.
courait et se comptait du jour de la prise de possession du bénéfice incompatible, et, à son expiration, la collation de l'autre était
dévolue au supérieur immédiat, de degré en degré (65).

En matière d'offices, la pratique était toute différente. Il fut
bien, sans doute, aux Etats de Tours tenus sous Charles VIII,
demandé au Roi que, par l'impétration du dernier office, le premier fût vacant ; mais cette requête fut rejetée, le Roi toutefois
se réservant d'y donner ordre ; de telle sorte, comme dit Loyseau (66), « que cette rigueur, qui est aux Benefices, n'a jamais été
observée aux Offices : et encore que les Ordonnances defendent
la pluralité des Offices, neanmoins c'est la verité, que ny le premier, ni le second ne vaquent *ipso jure* par incompatibilité ; mais
lors que la Justice en a la connoissance, elle enjoint à l'Officier
d'opter et choisir l'un des deux dans certain temps, à peine
d'estre privé de tous deux, qui est ce qui estoit observé aux Benefices, auparavant le Concile de Latran, *cap. Referente, et cap.
Prœterea. De Prœb.* comme la glose a remarqué sur ce chapitre
De multa ad verb. contenderit. de la quelle glose est pris le terme
d'opter, dont on use en pratique en matière d'Offices. »

Il convient cependant d'observer que, suivant cet ancien droit,
après que le bénéficier avait opté pour l'un de ses bénéfices,
l'autre était dès lors vacant et impétrable, sans qu'il le pût résigner. Cette pratique fut aussi primitivement suivie pour les offices, c'est-à-dire à l'époque où ils n'étaient pas vendus, et où, par
conséquent, la résignation n'en était admise que *ex gratia,* comme
elle ne cessa pas de l'être pour les bénéfices. Voilà pourquoi,
même après qu'ils furent devenus vénaux, on retint l'ancienne
forme de prononcer, et pourquoi on déclarait que le titulaire *op-*

---

(65) Voy. Concile de Latran, même *cap. De multa,* et, sur ce qui précède, Loyseau,
loc. cit., n° 39.

(66) *Eod.,* n° 40.

terait l'un de ses offices (67), et non pas qu'il *résignerait* l'un d'eux (68). Seulement, le sens de la formule se modifia alors forcément, et Loyseau nous dit formellement que, de son temps, où les offices se vendaient presque tous, et où, par suite, la résignation n'en pouvait être équitablement refusée (69), le mot *opter* signifiait qu'une fois l'option faite pour celle des deux charges qu'on voulait retenir, on pouvait résigner l'autre, ou plutôt il induisait simplement que l'on choisît celle des deux que l'on désirait résigner (70). Aussi bien, le délai accordé pour opter n'était-il en réalité imparti que pour permettre au titulaire de trouver un acheteur pour l'office qu'il se déciderait à résigner. Il y a plus : quoiqu'il fût dit par la sentence, que, faute d'opter dans ce délai, les deux offices seraient déclarés vacants et impétrables, bien est-il que cette menace n'était elle-même que comminatoire. De là cette conséquence, qu'il fallait encore obtenir un jugement par lequel, faute d'avoir opté dans le temps préfix, la vacation fût définitivement déclarée (71). Il y avait, néanmoins, une exception, dans le cas où la première sentence portait ces mots : « *dès à présent comme dès lors, et dès lors comme dès à présent* », ou bien ceux-ci : « *en vertu de ces présentes, sans autre jugement ou déclaration* », ou autres semblables, parce qu'une pareille formule emportait exécution prompte de la peine imposée. « Encore en ces cas », ajoutait Loyseau, « *facile admittetur purgatio moræ,*

---

(67) Le verbe *opter* était autrefois actif, et l'on disait, en conséquence, *opter tel office*, et non comme aujourd'hui, *opter* POUR *tel office*.

68) Loyseau, *eod.*, n° 41.

(69) Voy. *supra*, § 1er, art. 3, II, pp. 173 et suiv.

(70) Voy. Loyseau, *eod.*, n° 42. C'est sur la Constitution 5, *Qui milit. poss.* (C. Just., XII, 34), qu'était fondé l'ancien usage d'après lequel l'office ne se perdait point promptement par incompatibilité (Loyseau, *eod.*). Voy. notre *Droit romain*, chap. II, § 2, t. 1, p. 482, II, 1°.

(71) Comp. Bourjon, *op. cit.*, liv. II, tit. XI, 6e partie, chap. I, sect. II, n° VI : « La vacance que produit l'incompatibilité est absolument impropre, car elle ne tend qu'à obliger l'officier de résigner dans un certain tems l'un des deux offices qu'il possède ; d'où il s'ensuit que ni l'un ni l'autre n'est vraiment vacant et qu'il retient celui des deux qu'il juge à propos ; c'est donc vacance impropre, tant que l'effet n'en est pas jugé. » Voir aussi, *eod.*, n° IV *in init.*

si l'Officier resigne auparavant qu'aucun ait été pourveu de l'Office. » (72)

Bien qu'une ancienne ordonnance de Philippe IV, de l'an 1302, portât qu'on ne pouvait tenir qu'un seul office, et que cette prescription eût été renouvelée par Charles VII, en 1456, par l'ordonnance de François Iᵉʳ, du mois d'octobre 1535, par l'article 31 de l'ordonnance d'Orléans rendue sous Charles IX, en janvier 1560 (73), et confirmée par son ordonnance de Moulins de 1566, et enfin par les articles 113 et 267 de l'ordonnance dite de Blois rendue sous Henri III, en mai 1579 (74), on finit, avec le temps, par se relâcher de cette rigueur (75), si bien qu'avant de déclarer l'incompatibilité, on examinait si les deux offices pouvaient être exercés par la même personne, « sans incommodité du public », question dont la solution était, d'ordinaire, laissée à l'arbitrage des Cours souveraines. Il en résulta que, relativement aux offices de finance, qui pouvaient être exercés par commis, il arrivait rarement qu'il y eût incompatibilité, à moins que ce ne fussent « Offices ayans à voir l'un sur l'autre, comme le Receveur et son Controlleur, le Receveur general et son particulier, et ainsi des autres. » (76)

Quant aux offices de judicature, qui, eux, ne pouvaient être exercés par commis, et dans lesquels l'autorité était plus grande, François Iᵉʳ, par l'article 3 de son édit de Montreuil, du dernier juin 1517, défendit expressément d'en tenir deux, fût-ce en même ville, et bien que l'un fût de la justice ordinaire, et l'autre de l'extraordinaire ; l'édit portait même que les offices de l'Elec-

---

(72) Voy. Loyseau, *eod.*, n° 43.

(73) Isambert, t. 14, p. 72.

(74) Isambert, t. 14, pp. 409 et 440. Voy., sur la qualification de cette ordonnance, *supra*, chap. I, § 1ᵉʳ, I, p. 26 *in init.* — Voy., sur les divers documents qui viennent d'être cités, Loyseau, *eod.*, n° 44 ; Denisart, mot INCOMPATIBILITÉ d'Offices, n° 2, et Merlin, *Rép.*, mot INCOMPATIBILITÉ, *in init.*

(75) Elle ne fut du reste jamais poussée jusqu'à ses dernières limites, étant donné surtout que le Roi pouvait en tempérer la sévérité, en levant une incompatibilité qui existait de fait et de droit. (Voy. chap. I, § 1ᵉʳ, note 88, pp. 38 et suiv., et Brillon, *Dict. des Arrêts*, t. 4, p. 747, n° 19.)

(76) Voy. Loyseau, *eod.*, n°ˢ 45 et 46. Voy. aussi Bourjon, *ubi supra*, n° v.

tion étaient incompatibles avec ceux du Grenier à sel (77). Mais on pouvait obtenir des lettres de compatibilité (78).

Sans nous attarder à énumérer ici les divers cas d'incompatibilité édictés par nos anciennes ordonnances (79), contentons-nous, en terminant, de mentionner spéciaꞁement avec Loyseau (80) qu'aux termes des articles 267 et 269 de la Coutume de Blois précitée (81), il y avait incompatibilité entre deux offices de la Couronne, de la maison du Roi, ou deux charges de la gendarmerie, et enfin que les offices du Roi étaient incompatibles avec ceux des seigneurs (82).

Article 3. — *De la suppression des offices vénaux* (83).

« *Princeps, ut Imperator et Monarcha in regno suo, potest diminuere numerum officiariorum, et reducere ad minorem numerum ; sed si hoc fiat, talis diminutio seu reductio non debet afferre præjudicium officiariis jam electis tempore reductionis,*

---

(77) Voy. Loyseau, *eod.*, n° 47, et Isambert, t. 12, p. 121.

(78) « .... Tous les offices de judicature sont incompatibles.», nous dit Bourjon (*ubi supra*, n° iv) ; « d'où il s'ensuit que nul n'en peut posséder deux, s'il n'a lettres de compatibilité..... » Et Denisart (mot INCOMPATIBILITÉ d'Offices, n° 1) écrivait de même : « Un officier ne peut pas en même temps être pourvu de différens offices royaux, sans une dispense particuliere qui s'obtient au grand-sceau, et qu'on nomme lettres de compatibilité, à moins que les édits de création de ces offices ne les déclarent compatibles avec d'autres ; comme, par exemples, ceux qui ont été donnés pour les charges municipales, pour les charges sur les ports, quais et halles de Paris, etc. »

(79) Les différentes causes d'incompatibilité, au sujet desquelles on pourra consulter Denisart, *loc. cit.*, n°ˢ 3 et suiv., reposaient sur divers motifs, et, en particulier, sur cette raison devenue proverbiale, qu'on ne peut pas bien servir deux maîtres à la fois, et que nous avons déjà vu Justinien donner très-justement comme fondement à la prohibition du cumul des fonctions publiques. (Voy. notre *Dr. Rom.*, chap. ii, § 2, note 138, t. 1, p. 482. Voy. aussi Jean Faber et Accurse, dans les passages auxquels il est renvoyé dans le t. 14 du *Recueil général des anciennes lois françaises* d'Isambert, par la note 4 de la page 72.) C'est cette considération qu'on retrouve textuellement énoncée à la p. 3 du *Mémoire* cité *supra*, chap. i, § 1ᵉʳ, note 88, p. 39, pour motiver la défense que nous allons rappeler, de tenir à la fois un office royal et un office de seigneur.

(80) *Eod.*, n°ˢ 48 et 49.

(81) Isambert, t. 14, p. 440. Voy. aussi *eod.*, l'art. 268 de cette même Coutume de Blois.

(82) Voy., sur cette dernière incompatibilité, la page 3 du *Mémoire* auquel nous renvoyons dans la note 79 *in fine*, ci-dessus.

(83) Voy., sur ce sujet, Loyseau, liv. I, chap. x, n°ˢ 24 à 38 inclus, et M. A. Desjardins, *op. et loc. sup. citt.*, pp. 60 *in fine*, 3°, et suiv.

*sed tantum præjudiciabit novæ creationi officiariorum novo-
rum.* » Ainsi s'exprimait Barthélemy de Chassanée (84) dans un
langage qui trouvera sa confirmation dans les quelques développements qui vont suivre.

Le droit de supprimer les offices fut toujours reconnu à la
royauté, qui, du reste, l'exerça fréquemment. Mais, en fait et en
droit, il fut subordonné à des conditions qui permettaient de le
concilier avec le principe de l'inamovibilité sagement entendu,
ainsi qu'avec les caractères nouveaux que la vénalité et l'hérédité
étaient venues conférer aux offices.

Ainsi que l'écrit l'auteur *Du Droit des Offices*, « la suppression...
dependant de la volonté du Souverain, il ne s'en peut donner de
regles : mais si on y veut apporter de la raison, elle ne doit pas
être faite sans grande cause; attendu que c'est enfraindre l'Ordonnance (de Louis XI, de 1467) qui a fait les Offices perpetuels :
mais sur tout c'est intervertir la foy publique, quand les Offices
qu'on veut supprimer ont été vendus par le Prince. Car lors
c'est oster à un homme son bien d'autorité et de force, même
son bien et sa qualité tout ensemble. Aussi », poursuivait-il,
« les Cours souveraines ne verifient pas aisément les Edits
de suppression, sinon à la charge de remboursement actuel
et prealable. En quoy faisant encore y reste-il double iniquité,
l'une d'oster à un homme ce qu'il a acheté sans reserve de faculté de rachat: l'autre, et la plus importante, qu'un second acheteur, qui se fiant à la foy publique, aura acheté l'Office à plus
haut prix, que la finance entrée aux cófres du Roy, perdra cet
outre plus. » (85) Ajoutez à toutes ces excellentes considérations
ce motif de droit, que toute vente, quel qu'en soit l'objet, imposant
au vendeur, quelle que soit sa qualité, l'obligation de garantie, ce
principe n'était évidemment pas étranger à celle qui émanait du

---

(84) *Comment. in Consuet. duc. Burgund.*, Rubric. I, f° 21, recto, n° 105. Voy., sur
ce jurisconsulte, dont le passage par nous cité est rapporté par Denisart (mot OFFICES
et OFFICIERS, n° 104), *supra*, § 2, note 35, p. 256.

(85) Voy. Loyseau, *loc. cit.*, n° 24, 25 et 26.

Roi, alors surtout qu'elle avait un office pour objet, étant donné qu'il existait même ici, pour maintenir le contrat, des raisons toutes particulières, et plus fortes encore qu'en matière ordinaire, tenant aussi bien au caractère spécial du vendeur, considéré comme le dépositaire de la justice et de la foi publique, qu'à la nature de la chose vendue, essentiellement inhérente à la personne du titulaire, et qui, par conséquent, ne pouvait être reprise, sans qu'on portât en quelque sorte la main sur son être lui-même (86).

Le principe était donc, comme il a déjà été dit, que le Roi ne pouvait priver un officier de son titre, en offrant de lui rembourser la finance qu'il avait, lors de son acquisition, versée aux parties casuelles, et, ainsi que nous l'avons également fait observer, la vente faite par le collateur ne l'obligeait pas seulement à l'égard du premier acheteur, mais aussi envers tous les résignataires cessionnaires successifs des droits du titulaire primitif ou acquéreur originaire (87).

Est-ce à dire, cependant, que cette règle fût à ce point absolue, que rien ne pût jamais la faire fléchir ? Nous avons, par avance, déjà indiqué la réponse, et nous savons qu'elle cédait, lorsque l'intérêt public l'exigeait (88). Mais c'était là, du moins, l'unique exception qui y était apportée (89) ; et il faut reconnaître que, dans ces limites, tout reproche d'iniquité disparaissait, et que le remboursement n'avait rien de choquant, puisque ce n'était pas pour l'avantage individuel des officiers, mais dans un but d'utilité générale que les offices avaient été établis. « Et neanmoins », écrivait Loyseau, à la suite des passages précités (90), « quand la suppres-

---

(86) Comp., sur ce qui précède, chap. i, § 2, note 42, et chap. ii, sect. 2, § 1er, art. 1 et 2; pp. 71 et 118 et suiv.

(87) Voy. *supra*, § 1er, art. 1er.

(88) Voy. *supra*, § 1er, art. 1er, p. 121. Ainsi que l'écrivait Bourjon (*op. cit.*, liv. II, tit. xi, 6e partie, chap. i, sect. i, n° i) : « Par la suppression, l'office devient improprement vacant : le bien public est le motif de la suppression. »

(89) Si le remboursement était, il est vrai, permis au sujet des offices domaniaux, il n'y avait, en cela, aucune exception au principe posé, par cette raison que c'était dans les conventions mêmes des parties, que le droit du collateur prenait sa source. (Voy. *supra*, sect. i, § 2, pp. 80 et suiv.)

(90) *Ubi supra*, n° 27.

sion vient assurément au soulagement du peuple, ou au bien de l'estat, comme il ne peut gueres être autrement, *privata illa iniquitas publica utilitate expenditur* : et dit-on lors que c'est assez de ne rien perdre avec le Roy : autrement la suppression est vrayement une oppression et pure injustice. » Comme on le voit, le droit de faire disparaître les emplois dont l'existence nuisait à l'intérêt public était un des attributs de la souveraineté, tout comme celui de créer les fonctions nécessaires à cet intérêt, et le premier de ces deux droits apparaissait comme n'étant, en réalité, que le corollaire et le compensateur ou modérateur de l'autre (91).

Comment, maintenant, dans le cas où la suppression, au lieu de constituer une mesure *odieuse*, était regardée comme *favorable*, arrivait-on à concilier, avec le droit incontestable du Roi, le principe de l'inamovibilité, et le respect de la propriété privée? Deux moyens destinés à assurer, le premier l'observation du principe, le second la sauvegarde du droit, servaient à y parvenir.

Tout d'abord, le Roi pouvait ordonner la suppression des offices inutiles, vacation advenant, ce qui s'entendait de la vacation par mort ou forfaiture jugée, et non par résignation, par ce motif qu'on ne pouvait enlever à un titulaire la faculté de résigner l'office qu'il avait acheté (92), et que la résignation se faisant, d'ailleurs, avec la clause *Non autrement* (93), il fallait, ou bien qu'elle sortît son plein et entier effet, ou bien qu'elle demeurât sans résultat, et que, par conséquent, l'office restât au résignant. Tout au contraire, la suppression, vacation par mort ou forfaiture jugée advenant, ne causait de tort à personne, mais elle tombait seulement à la taxe des parties casuelles, et procurait ce double avantage de soulager le peuple d'autant, en déchargeant le fisc du paiement des gages (94). Aussi Loyseau la proclamait-il « non

(91) Voy. M. A. Desjardins, *loc. sup. cit.*, pp. 60 *in fine* et suiv.

(92) Voy. *supra*, § 1er, art. 3 *in init.*, p. 123, et surtout le nᵒ ii de cet article, pp. 166 et suiv.

(93) Voy. *supra*, § 1er, note 16, p. 124.

(94) Si le Trésor trouvait un revenu toujours assuré dans la vente des offices (voy. le passage de Loyseau, *in fine*, cité pp. 442 *in fine* et suiv., *infra*), il ne faudrait cependant pas croire que cette vente fût pour lui tout bénéfice. L'article 242 de la

seulement exempte de toute iniquité, mais encore pleine de merite. » (95) Cette manière de procéder fut pratiquée à plusieurs reprises par la Royauté à l'égard des offices de judicature. Quand, par exemple, une Chambre était supprimée dans un Parlement, le Président et les conseillers qui la composaient n'en restaient pas moins membres de ce Parlement. Tel fut, notamment, le système que l'on adopta envers la Chambre des requêtes de Toulouse, plusieurs fois supprimée et rétablie au seizième siècle, ainsi qu'envers celle de Bordeaux, en 1561. Lorsque, pour donner satisfaction au Parlement de cette dernière ville, vivement irrité de l'institution et du maintien de la Cour des Aides qui y avait été établie, Charles IX en ordonna la suppression, tous les membres de cette compagnie qui disparaissait, entrèrent dans celle qui l'avait emporté, sans avoir à prêter un nouveau serment. « Dans les cas de ce genre, si les offices des magistrats ainsi touchés par une mesure générale devaient s'éteindre », dit fort exactement M. A. Desjardins (96), « ce n'était qu'au fur et à mesure des vacances. Il en était de même », ajoute-t-il, « quand la suppression portait directement sur les offices, quand par exemple on diminuait le nombre des sièges dans une compagnie d'ailleurs maintenue. Les titulaires restaient tous en place, et c'était à la mort ou aux causes ordinaires de vacance à réduire leur nombre au chiffre fixé pour l'avenir. » (97)

Ajoutons que ce même procédé, consistant à laisser les offices retomber aux parties casuelles, et à ne prononcer les suppressions qu'au fur et à mesure des vacations, fut également admis, dans

---

Coutume de Blois, de mai 1579, en fournit certes bien le meilleur témoignage, en portant dans ses premiers mots : « Et quant aux offices de nos finances, pour ce qu'il est bien requis d'aviser à la réduction d'iceux, et autres dont le nombre se trouve aujourd'hui si grand que *la meilleure partie de notre revenu*, qui devrait servir à l'entretenement de nostre estat et subvention de nos affaires, *se consomme au paiement des gages d'officiers......* » (Isambert, t. 14, p. 435.)

(95) Voy. Loyseau, *loc. cit.*, nᵒˢ 32 et 33.

(96) *Ubi supra*, p. 61.

(97) L'art. 13 de l'ordonnance de Moulins, de février 1566, nous en fournit une preuve. (Isambert, t. 14, p. 193.)

le cours du seizième siècle, aux Etats d'Orléans et de Blois (98).

Mais, si ces sortes de suppressions furent souvent ordonnées, bien souvent aussi la nécessité de faire face à des besoins sans cesse renaissants venait en empêcher l'exécution ; bien souvent, l'absence ou la pénurie de ressources compromettait le succès de la réforme projetée, et mettait obstacle à ce que l'on recourût au moyen indiqué de la réaliser : « toutesfois et quantes qu'on a voulu aporter un bon Ordre et reformation aux affaires du Royaume », dit Loyseau, avec autant de finesse que d'esprit (99), « on a toûjours resolu la supression des Offices inutils, ce qui est aisé à resoudre, quand ils ne vaquent pas, mais est mal executé par aprés, quand ils viennent à vaquer : Car mal aisément refuse-t-on l'argent, qu'on porte aux parties casuelles : aussi est-ce l'ordinaire de la France, que nos reformations ne sont point de tenuë, si elles ne sont promptement executées, tandis que nôtre humeur est portée à bien faire. »

Sous Henri IV, Sully imagina un autre moyen qui consistait à ne pas supprimer tout à fait les offices devenus vacants, et à attendre, pour y pourvoir, que le besoin d'argent se fît sentir.

Loyseau nous expose en ces quelques mots ce système très-ingénieux, qui n'eut, cependant, qu'une durée éphémère, puisqu'il disparut avec le grand Ministre qui l'avait inventé : « J'ay veu neanmoins nostre Roy apresent regnant y commencer un tres-bon ménage, lors qu'il vaquoit des Offices non necessaires, qui êtoit de ne les suprimer pas tout à fait par Edit, mais de n'y point pourvoir, les reservant, comme il est à presumer, au temps qu'il aura plus de besoin d'argent : et cependant il en épargne les gages (100), et si le peuple en reçoit du soulagement : puis c'est un fonds toûjours prest au besoin, étant chose bien certaine,

---

(98) Voy. l'art. 30 de l'ordonnance d'Orléans, de janvier 1560, et les art. 100, 211 à 255 inclus, et 270 de l'ordonnance de Blois, de mai 1579 (Isambert, t. 14, pp. 72, 405 *in fine* et suiv., 431 et suiv., et 440 *in fine* et suiv.).

(99) *Eod.*, n° 34.

(100) Voy. *supra*, p. 440 *in fine*, texte et note 94.

qu'on ne manquera jamais en France d'acheteurs d'Offices en
quelque temps que ce soit : et lors il ne sera besoin d'Edit pour
les faire revivre, dautant qu'ils n'ont point été suprimez par
Edit. » (101)

Comme on ne pouvait pas toujours ajourner jusqu'à l'arrivée
d'une des causes précitées de vacation, l'exécution de réformes
qui étaient, ou qu'on disait exigées par le bien public, le Roi prononçait quelquefois la suppression immédiate, mais, alors, moyennant un remboursement actuel et préalable. Et c'est précisément
dans cette indemnité d'expropriation de l'office, que la propriété
privée trouvait sa garantie. Voilà pourquoi Loyseau insistait d'une
façon toute particulière sur l'obligation de l'acquitter. « Quand
je dis remboursement actuel et prealable », écrit-il (102), « c'est à
dire argent comptant, qui soit payé auparavant, que l'Officier
suprimé se desiste de son exercice. Car de luy constituer rente
de sa finance, c'est *solvere aliud pro alio*, encore à un creancier
fait par force : et de le payer en assignations, ou differer son
remboursement, après qu'il sera dépossédé de son Office, c'est
luy retenir cependant son bien par force, sur une mauvaise assurance : consideré que le Prince souverain *non est idoneus
debitor, quantum ad potestatem conveniendi.* »

Ainsi donc, l'obligation du remboursement actuel et préalable
devint générale, et s'imposa comme une véritable nécessité, du
jour où fut consommée la patrimonialité des offices. Aussi avons-
nous vu le même jurisconsulte nous indiquer que les Cours souveraines ne vérifiaient les édits de suppression, qu'à la charge
d'un remboursement fait dans les conditions de rigueur absolue
que nous venons de dire (103). Nous devons déclarer, du reste, à
l'honneur de notre ancienne monarchie, qu'à de très-rares exceptions près, qui s'expliquent par les circonstances spéciales dans
lesquelles elles intervinrent, et notamment par le trouble des

(101) Voy. Loyseau, *eod.*, n° 35.
(102) *Eod.*, n° 31.
(103) Voy. *supra*, p. 438.

époques où elles apparurent, elle se fit un réel scrupule de n'opérer de suppression qu'en octroyant aux titulaires dépossédés
une indemnité, dont elle considérait, avec raison, le paiement
préalable comme un devoir impérieux pour elle. « Si la déclaration du 12 octobre 1648 portait, dans son article 9, suppression
pure et simple des offices de judicature et de finance créés par
des édits qui n'auraient pas été vérifiés en cour de parlement, il
faut se rappeler », dit avec justesse M. Desjardins (104), « qu'elle
fut arrachée dans un temps d'effervescence révolutionnaire à la
royauté impuissante, et que le parlement forçait celle-ci à reconnaître par là l'illégalité des créations non enregistrées; il
ne pouvait avoir d'autre but ; il n'aurait certes pas songé à
diminuer l'importance et à déprécier la valeur des offices
régulièrement établis en les soumettant à une chance de
suppression sans compensation. » Déjà, sous Henri III, une
mesure identique avait été prise, que nous devons signaler
comme un précédent historique à la déclaration de 1648. Elle
résultait de l'article 210 de l'ordonnance de Blois, qui portait :
« Avons dès à présent révoqué et supprimé, révoquons et sup-
primons tous estats, tant ordinaires qu'extraordinaires, de quelque qualité et condition qu'ils soient, de judicature, ou autres
créez et érigez de nouveau, dont les lettres d'érection et création
ne se trouveront avoir esté vérifiés en nos cours de parlement,
chambres des comptes et cours des aydes. » Mais l'art. 211 revenait formellement au principe, relativement aux états érigés
depuis le règne de Henri II par édits vérifiés en lesdites Cours et
Chambres des comptes, en cas de suppression immédiate de ces
états (105).

Que si on laisse de côté ces quelques anomalies regrettables,
on voit notre ancienne royauté, mue cependant par des sentiments
bien divers, lorsqu'elle ordonnait des suppressions, observer
jusqu'à son déclin la règle de justice et d'équité que nous avons

(104) *Loc. cit.*, pp. 61 *in fine* et suiv.
(105) Voy. ces deux articles dans Isambert, t. 14, p. 431.

formulée. Ainsi en fut-il sous Louis XV, lorsqu'il brisa les Parlements. Car, si le fameux arrêt du Conseil du 20 janvier 1771 (106 prononçait une confiscation, à titre de peine, des offices de présidents et conseillers du Parlement de Paris, traité, on le sait, avec une sévérité particulière dans cette lutte mémorable, nul n'ignore que Maupeou revint sur cette mesure et accorda le remboursement des charges supprimées, qu'il fut même heureux de faire accepter. Quant aux Parlements de province, bien qu'ils eussent pris parti contre lui, il montra, dès l'origine, plus de tolérance ; « le même édit qui déclarait, comme à Bordeaux, tous les offices supprimés posait le principe et réglait le mode du remboursement. » (107)

Enfin, quand, en 1788, Louis XVI fit, de son côté, ainsi que nous l'avons vu (108), usage du droit de suppression, il fut dit expressément par Lamoignon, dans le lit de justice tenu le 8 mai de cette année, et dans lequel le garde des sceaux annonça un édit royal qui portait suppression d'un certain nombre d'offices au Parlement de Paris : « En supprimant les charges des magistrats qui ont été le plus récemment pourvus d'offices en cette cour, le roi leur en rembourse dès à présent la finance en deniers comptans. » (109)

Puis donc qu'en cas de suppression immédiate, l'équité exigeait que l'on fît aux titulaires dépossédés un remboursement préalable, comment procédait-on ? On suivit, à cet égard, diverses marches. A l'origine, la Royauté restituait simplement la finance

(106) Isambert, t. 22, p. 510.

(107) M. A. Desjardins, *loc. cit.*, p. 62.

(108) Chap. i, § 1er, iii *in fine*, p. 45.

(109) Voy. l'édit de Versailles, de mai 1788, portant réduction d'offices dans la Cour de Parlement de Paris, art. 12 (Isambert, t. 28, p. 557), édit qui s'attira par avance un arrêté de protestation de ce Parlement, en date du 3 mai de la même année. (Isambert, *eod.*, p. 533.) Des édits furent expédiés en même temps, qui portaient réduction d'offices dans les Parlements de Toulouse, Grenoble, Bordeaux, Dijon, Rouen, Aix, Pau, Rennes, Metz, Besançon, Douai, Nancy, et dans les Conseils supérieurs de Roussillon et d'Alsace. — Voy. encore, dans le même ordre d'idées, les articles 9 et 11 d'un autre édit de Versailles, du même mois de mai 1788, portant suppression des tribunaux d'exception. (Isambert, *eod.*, p. 553.)

qu'elle avait reçue (110). Mais, par suite de raisons que nous avons indiquéess ailleurs (111), et sur lesquelles nous n'avons point à revenir ici, on sentit, de très-bonne heure, la nécessité d'adopter une base nouvelle. On procéda, à cet effet, ainsi que nous avons déjà eu l'occasion de le dire, à des évaluations successives des offices vénaux. Ce fut l'œuvre de plusieurs édits, déclarations et arrêts du Conseil, dont la mention précède, et auxquels nous nous contentons de renvoyer (112), en rappelant simplement que l'Edit de Versailles, de février 1771, décida que l'estimation de chaque office serait faite sur les renseignements fournis par le titulaire lui-même qui, en cas de suppression, serait remboursé conformément à la fixation de sa charge, ainsi arrêtée sur sa propre évaluation (113).

Si, maintenant, l'on compare entre eux les deux procédés employés pour opérer la suppression des offices vénaux dans notre ancien droit, on voit que chacun d'eux avait son utilité : le premier, qui consistait à ne prononcer la suppression que vacation advenant, avait, sur le second, le double avantage, d'abord, d'être beaucoup moins onéreux pour le trésor royal, et, d'un autre côté, de ne point dépouiller les officiers d'une manière immédiate et inopinée d'un bien sur lequel ils avaient assis de légitimes espérances. Mais le dernier, qui consistait dans la suppression instantanée, avait, à son tour, sur le précédent, l'avantage d'arriver au même but avec plus de rapidité, et, par suite, de le suppléer toutes les fois qu'on ne pouvait pas ajourner jusqu'à l'arrivée d'une des causes indiquées de vacation, l'exécution des réformes qui étaient ou qu'on disait projetées en vue de l'intérêt public.

Une observation finale complétera cet exposé. C'est que, quand, entre plusieurs officiers de même compagnie et de même titre, le

---

(110) C'est notamment ce procédé qu'on trouve employé au xviᵉ siècle par Charles IX et par Henri III. (Voy., à titre d'exemples, l'art. 34 de l'ordonnance d'Orléans, de janvier 1560, et l'art. 211 de celle de Blois, de mai 1579; Isambert, t. 14, pp. 73 et 431.)

(111) Voy. *supra*, § 1ᵉʳ, art. 3, pp. 126 *in fine* et suiv.

(112) Voy. chap. i, § 2 *in fine*, 3ᵉ observation, pp. 71 et suiv.

(113) Voy. le renvoi de la note 111 ci-dessus.

Roi supprimait l'un promptement, on décidait communément que cette suppression devait tomber, non pas sur le titulaire du dernier office érigé, mais bien sur le dernier reçu, quoique possédant une charge de plus ancienne érection. « Ce qui est tellement pratiqué », ajoutait Loyseau, « qu'il a lieu nón seulement aux Offices de même titre : mais aussi en ceux qui semblent avoir qualitez differentes : comme és Offices où il y a des alternatifs et des triennaux, la supression tombe, non sur l'alternatif, ou le triennal, mais sur le dernier receu, bien qu'il tienne l'ancien Office, comme il a été dit cy-dessus de la preseance : toutesfois en ce point icy, il faut à mon advis prendre garde de prés aux termes de l'Edit, qui ordonne la supression. » (114)

Au siècle suivant, Bourjon écrivait de même : « Lorsqu'entre plusieurs officiers de même compagnie, il plaît au roi d'en supprimer plusieurs, la suppression tombe ordinairement sur les derniers reçus, et quelquefois sur ceux qui possédent les offices qui ont été créés les derniers ; cela dépend des termes de l'édit... Cela est fondé sur ce que les anciens officiers, comme plus expérimentés que les nouveaux, méritent cette préférence : c'est présomption qui cesse lorsqu'il y a disposition contraire. » (115)

Nous venons de résumer, avec le plus de clarté et de méthode qu'il nous a été possible, les différentes règles qui gouvernaient, dans notre ancien droit français, la matière si compliquée et si difficile des offices vénaux. Nous éprouvons, en l'abandonnant, la même crainte que celle qui nous dominait en l'abordant : la crainte de n'être point parvenu à bien mettre en lumière et à dégager nettement leur nature si complexe et leurs caractères si variés. Nous ne quittons cependant pas cette étude, sans l'espoir qu'elle

---

(114) Voy., sur ce dernier point, Loyseau, *ubi supra*, nᵒˢ 36 à 38 inclus.
(115) Voy. Bourjon, *op. cit.*, liv. II, tit. xi, 6ᵉ partie, chap. i, sect. i, nᵒˢ ii et iii.

procurera quelque utilité à ceux qui, au lieu de s'en tenir, comme nous nous le sommes strictement imposé, sur le sommet des principes généraux, la reprendront un jour dans ses détails, et notre ambition sera satisfaite, si parfois notre travail peut leur servir de guide.

FIN DE L'ANCIEN DROIT FRANÇAIS.

TRANSITION

DE L'ANCIEN DROIT AU DROIT INTERMÉDIAIRE,

ᴏᴜ

PÉRIODE DITE DE *non-vénalité*

DU 4 AOUT 1789 AU 28 AVRIL 1816.

Avant d'aborder l'examen des principes nouveaux qui devaient gouverner les offices au cours de la période intermédiaire qui s'écoula pour eux du 4 août 1789 au 28 avril 1816, nous croyons indispensable de mettre sous les yeux du lecteur l'état des choses tel qu'il existait lorsqu'éclata la Révolution. Ce procédé nous fournira le double avantage de présenter le résumé sommaire des notions acquises, et de signaler au passage tous les points que nous avons dû, malgré leur vif intérêt et leur importance historique et juridique, laisser à l'écart, afin de nous conformer, dans la mesure du possible, au sage précepte de Boileau.

Or, voici, sous forme de tableau synthétique très-rapide, comment se répartissaient les offices, le jour même où sombra l'ancienne législation qui les régissait.

Ils se divisaient en deux grandes catégories :

Les offices royaux, d'une part ; les offices seigneuriaux, de l'autre (1).

Les premiers, les seuls dont nous nous soyons occupé, formaient, au point de vue du degré d'intensité de leur caractère patrimonial, une véritable hiérarchie, et comprenaient à leur tour trois classes, savoir :

Les offices héréditaires, qui se subdivisaient, de leur côté, en trois branches : Les féodaux, les domaniaux, et les héréditaires

---

(1) Voy., sur ces derniers, Loyseau, *op. cit.*, liv. V; Bourjon, *op. cit.*, liv. II, tit. xi, ıvᵉ partie, chap. iii, et Guyot, *Rép.*, mot ᴏꜰꜰɪᴄᴇꜱ ꜱᴇɪɢɴᴇᴜʀɪᴀᴜx.

par privilège (voy. notre *Anc. Dr.*, chap. II *in init.*, et sect. 1, pp. 75, 76 et suiv., 80 et suiv., et 99 et suiv.) ;

Les offices vénaux, qui étaient les plus nombreux (voy. *eod.*, sect. 2, pp. 113 et suiv.);

Et enfin les offices non vénaux (2).

Ces derniers, que nous avons à dessein passés sous silence, comme ne rentrant pas strictement dans le cadre d'un travail exclusivement réservé à la vénalité proprement dite, se scindaient eux-mêmes, à l'époque de Loyseau, en offices non vénaux à l'égard des particuliers seulement, comprenant ceux qui se vendaient par le Roi publiquement, mais dont néanmoins, entre particuliers, la vente publique et par décret n'avait pas encore été autorisée tout à fait en justice (3) ; — en offices non vénaux à l'égard du Prince seulement, comprenant tous ceux qui n'entraient point aux parties casuelles du Roi, — et en offices tout à fait non vénaux, c'est-à-dire tant à l'égard du Prince qu'à l'égard des particuliers, ceux-ci assez rares, pour que l'auteur des cinq livres des offices ait pu écrire, sans trop d'exagération (4) : « Et certes Diogenes n'étoit pas plus empêché à chercher un homme en une grande assemblée avec sa lanterne, que je me trouve embarrassé parmy le grand nombre de nos Offices, de trouver

---

(2) Voy., sur eux, Loyseau, *op. cit.*, liv. IV. — Nous rappelons ici une observation essentielle, que nous avons déjà présentée en tête de la section 2 du chapitre II de notre *Ancien Droit* (pp. 113 et suiv.) : c'est que, tout au moins dans le langage de Loyseau, on entendait par offices non vénaux, beaucoup moins ceux qui ne se vendaient point, que ceux qui n'auraient point dû se vendre, et qui, cependant, à de rares exceptions près, se trouvaient plus ou moins entachés de vénalité.

(3) Cette première espèce d'offices non vénaux ne subsista pas jusqu'à la fin de notre ancien droit, par la raison qu'elle ne comprenait que les offices de judicature qui, nous l'avons indiqué en ses lieu et place, ne tardèrent pas à figurer dans la catégorie des offices vénaux. (Voy. *Anc. dr.*, chap. II, sect. 2, note 11, pp. 116 et suiv.) Déjà même, au temps de Loyseau, les particuliers les vendaient ouvertement ; il est vrai que ce n'était pas en vertu d'une vénalité du tout licite, parce que les ordonnances la défendaient, mais simplement par *souffrance*, nous dirions aujourd'hui par tolérance : « souffrance toutefois, » ajoutait ingénument ce jurisconsulte, « qui est tellement établie, qu'elle est tournée en droit commun..... » Ce qui ne fut admis que plus tard, à la fin du XVIIe siècle, en 1683, ce fut leur vente publique et forcée sur décret, et c'est en ce seul point qu'ils se séparèrent, jusque-là, des purs offices vénaux. (Voy. Loyseau, liv. IV, chap. I, nos 8 et 9, et comp. notre *Anc. dr.*, chap. II, § 2, note 371, pp. 406 et suiv.)

(4) Liv. IV, chap. I, n° 1.

un Office qui soit tout à fait non venal.... » — Les offices de la maison du Roi, ainsi que ceux de la maison de la Reine et des autres Princes ou Princesses du sang qui avaient des maisons, étaient le véritable type de ces charges (5).

Voilà, dans leur vaste ensemble, présenté sous forme de résumé très-bref, quels étaient les offices connus de notre ancien droit. Les voilà tels que la Révolution les trouva en vigueur. Nous devons rechercher à présent la destinée qu'elle leur réservait, et nous demander quel sort elle leur fit.

---

(5) Les offices de la maison du Roi sont, parmi les offices non vénaux, les seuls dont nos anciens auteurs se soient préoccupés postérieurement à Loyseau. C'est ce dont on pourra se rendre aisément compte, en se reportant aux divers ouvrages des jurisconsultes que nous avons eu l'occasion de citer au cours de la seconde section du chapitre II de notre *Ancien droit*.

DROIT INTERMÉDIAIRE.

DE LA LÉGISLATION DES OFFICES

AU COURS DE LA PÉRIODE DITE DE *non-vénalité*, QUI S'ÉCOULA
DU 4 AOUT 1789 AU 28 AVRIL 1816 (1).

> « *Non... profecto ignoras, legum opportunitates et mede-*
> « *las, pro temporum meribus et pro rerum publicarum*
> « *generibus, ac pro utilitatum præsentium rationibus, pro-*
> « *que vitiorum, quibus medendum est, fervoribus mutari*
> « *atque flecti : neque uno statu consistere, quin, ut facies*
> « *cœli et maris, ita rerum atque fortunæ tempestatibus*
> « *varientur.* »
>
> (Aul. Gell., *Noct. Att.*, xx, 1.)

AVANT-PROPOS.

Au moment où les plaintes les plus légitimes contre les abus
les plus criants de l'ancien régime allaient enfin trouver leur
écho, et où les idées nouvelles allaient saper les vieilles institutions et entraîner leur ruine, condamnées qu'elles étaient à
l'avance comme depuis longtemps devenues irritantes et suran-
nées, c'eût été merveille de voir la vénalité des charges et fonctions publiques trouver grâce devant l'opinion. Aussi bien, le tor-
rent révolutionnaire qui devait engloutir les unes, devait également
ment faire sombrer l'autre dans un naufrage commun.

Il n'aurait pas d'ailleurs été logique à la Révolution de faire de
la vénalité comme une arche sainte et de lui épargner ses coups,

(1) En dehors des sources auxquelles nous renverrons au cours de cette partie de
notre travail, on pourra consulter, sur le sujet dont nous abordons l'étude, les traités
généraux de nos auteurs modernes sur les offices ministériels, dont nous donnerons
l'indication sous les nᵒˢ 27 et suiv. de notre *Parenthèse bibliographique*, mise en
tête de notre *Droit actuel*.

et il eût été bien irrationnel à elle de la laisser survivre à titre
d'épave miraculeusement oubliée dans sa grande tourmente.
C'est qu'en effet, des causes multiples la destinaient, on peut le
dire, à sa vengeance, et la désignaient comme une de ses premières victimes.

Parmi ces causes, nous en rencontrons deux qui sont particulièrement transparentes, l'une politique, l'autre sociale.

La première tient à la haine profonde que la vénalité s'était
attirée depuis des siècles déjà. Pur expédient financier, ressource souvent malheureuse du trésor en détresse et de la Couronne aux abois, elle avait été mal vue dès son origine, et, du
jour de sa naissance, elle contenait en elle les germes de sa condamnation future. Aussi, en 1789, était-elle tombée dans un discrédit d'autant plus complet, qu'à travers les étapes successives
de notre histoire, son abolition n'avait pas cessé d'être l'objet
des vœux constants des Etats-Généraux, dans lesquels, nous
l'avons vu, ce furent surtout les nobles qui dirigèrent contre
elle leurs plus implacables hostilités. Et il faut bien reconnaître
que les vices et les abus qu'elle engendra, servirent à colorer
leurs plaintes, et à leur donner le cachet de désirs ardents qui
semblaient formés beaucoup moins dans un sentiment d'envie et
de regret, et dans un but réel d'égoïsme étroit, que dans l'unique
vue de l'intérêt public et du bien du pays. L'idée d'une réforme
utilitaire n'était cependant qu'une apparence, et, si l'on veut pénétrer les secrets de ces récriminations, il faut en aller chercher
la source autre part et plus profondément. Toutes ces doléances
n'étaient, en réalité, que le produit d'une rivalité de castes qui en
constituait la véritable base. Il ne faut pas oublier que la vénalité
des charges avait puissamment contribué au développement du
Tiers-Etat, au sein duquel s'était constituée une nouvelle noblesse,
dont la prospérité portait ombrage à l'ancienne noblesse de race :
celle-ci l'avait vu naître, croître et grandir à ses côtés, non sans
dépit, et l'impossibilité dans laquelle elle finit par se trouver d'en
arrêter l'essor, lui fit sentir encore d'une façon plus cuisante l'ir-

réparable tort qu'elle avait eu de ne s'être pas rendue adjudicataire des fonctions mises aux enchères. Elle avait, de la sorte, par suite d'une connivence involontaire et inconsciente, dont elle ne prévoyait certes guère les funestes résultats, laissé glisser de ses mains un des plus puissants leviers de l'autorité, et, quand elle comprit son erreur fatale, comme il n'était plus temps d'en éviter ou d'en pallier les conséquences, elle s'empressa d'user du détour familier au coupable : chercher dans la mise en accusation de l'institution qui lui nuit par sa faute, ses propres moyens d'excuse et d'absolution personnelle. De là l'exécration qu'elle voua à la vénalité, berceau de la noblesse de robe, avec un acharnement rendu plus persistant et plus actif par les nombreux insuccès de ses tentatives impuissantes à l'abattre. On le conçoit à présent : si sa suppression lui était à ce point précieuse, c'est qu'elle comptait trouver dans la disparition d'un état de choses odieux, l'occasion tant de fois rêvée de fermer ses rangs à un ordre inférieur, dont bien des membres étaient, depuis deux siècles, par leurs économies et leur travail, par leur dignité et leurs traditions de science et d'honneur, par leur esprit de corps enfin, parvenus à s'y faufiler, et à créer une noblesse parallèle et rivale, environnée d'autant d'éclat et entourée de plus de respect. Cette suppression pouvait seule cicatriser une blessure toujours vive, bien que vieille de deux cents ans, parce que maints échecs l'avaient sans cesse rouverte et acérée en l'envenimant. La royauté, pourtant, avait, à de fréquentes reprises, tenté de la guérir en condamnant la vénalité par de nombreux édits, et, parmi nos rois, ceux-là mêmes qui en usèrent avec le moins de pudeur, surent encore lui infliger l'énergique flétrissure du mépris le plus marqué. Mais cela ne l'empêcha pas de triompher des attaques dirigées contre elle, de sortir victorieuse des combats qu'on lui livra, et, en fin de compte, de subsister et de s'implanter comme une nécessité imposée par le malheur des temps. Ainsi que l'écrit Dalloz (2) avec

(2) *Rép.*, mot OFFICE, n° 14 *in fine.*

autant de vérité que d'exactitude : « ... on peut dire qu'elle a marché d'un pas égal avec le développement du tiers état et les progrès de la royauté. Pour qui sait l'histoire, cette réprobation d'une institution manifestée par ceux mêmes qui en profitent, n'est pas extraordinaire, et l'hypocrisie est souvent une triste nécessité des partis. » — Quoi qu'il en soit, nous constatons qu'une haine parfois retentissante, mais jamais entendue, avait, depuis Louis XII et François Ier, fermenté au cœur des Etats-Généraux, et qu'elle l'avait assez envahi et imprégné pour en faire, sans merci, disparaître la cause lorsque sonnerait pour elle l'heure de s'afficher publiquement, nous ne dirons pas seulement sans crainte, mais avec la certitude stimulante d'être scrupuleusement écoutée et aussitôt assouvie.

Que si, maintenant, délaissant ce premier point de vue, nous nous élevons au-dessus des rancunes, des intérêts et des passions, nous apercevons bien vite qu'une autre cause, plus sérieuse, celle-là, et, partant, plus digne de notre attention, protestait contre le maintien de la vénalité, qui se trouvait ainsi fatalement sous le coup d'une mort prochaine. Cette cause, toute sociale, découlait du revirement absolu qui s'était produit dans l'esprit public. Lorsque les Etats-Généraux se réunirent pour la dernière fois à Versailles, le 5 mai 1789, les idées anciennes avaient fait leur temps. Un nouveau courant d'opinions s'était établi, qui rendait désormais incompatibles, avec le régime dont la France allait se trouver dotée, la condition et le mode de collation des offices. Ce sera la gloire éternelle du Tiers-Etat de l'avoir senti, et, luttant d'efforts avec les deux autres ordres, d'avoir inséré dans ses propres cahiers, comme la Noblesse et le Clergé dans les leurs, ses plus véhémentes protestations contre la vénalité et l'hérédité (3). De

---

(3) Il est fort curieux de noter à ce propos que parfois on trouve, dans certains cahiers de la Noblesse, des vœux plus timides et moins directs que ceux exprimés par le Tiers, même en ce qui concerne les charges de judicature. C'est ainsi que si, sans doute, l'accord était à peu près unanime (voy. la note suivante) pour déclarer que la vénalité des justices royales devait être abolie, du moins, tandis que le Tiers-Etat de la Sénéchaussée de Bigorre rappelait en termes formels qu'elle avait été attaquée aux

cette très-louable unanimité de sentiments, à laquelle vinrent seulement faire tache quelques dissidences sans importance (4), « toute
réforme utile pouvant quelquefois amener », suivant une observation récente fort juste, « le froissement de quelques convenances
particulières », (5) que devait-il, que pouvait-il résulter autre chose
que l'effondrement de l'édifice, miné depuis tantôt deux siècles
et demi ?

L'Assemblée Constituante comprit que le jour était arrivé de
donner satisfaction aux exigences et aux besoins de l'esprit public, fatigué et comme énervé par l'impatience d'une trop longue
attente.

« Si mon but était de m'acquérir par cet ouvrage l'inclination
du peuple plutôt que de mériter sa bienveillance en me rendant
utile à l'Etat, je soutiendrais qu'il faut supprimer la vénalité et le
droit annuel tout ensemble ; chacun s'est tellement persuadé que
ce sont deux sources des dérèglements du Royaume, que la voix
publique me donnerait des couronnes sans examiner si je les au-
rais méritées... Il y a des abus qu'il faut souffrir, de peur de tomber dans des suites de plus dangereuse conséquence ; le temps
et les occasions ouvriront les yeux à ceux qui viendront en un
autre siècle, pour faire utilement ce qu'on n'oserait entreprendre
en celui-ci, sans exposer imprudemment l'Etat à quelque ébran-
lement.... » Ainsi s'exprimait l'un des plus grands génies politiques de la France, le Cardinal duc de Richelieu, dans son testament politique (chap. 4, sect. 1). Eh bien, le temps et les occasions
qu'il pressentait étaient venus d'opérer utilement la réforme que
la prudence conseillait de ne pas tenter à son époque, et il suffit

---

Etats-Généraux de 1614 (*Réformation des lois et administration de la justice*, art. 11),
la noblesse du bailliage de Douai demandait seulement aux Etas-Généraux d'examiner
(54*) « si la vénalité et l'hérédité des offices étaient avantageuses ou nuisibles à la
nation. » — Les rôles semblaient renversés.

(4) C'est ainsi, notamment, que, relativement aux justices royales, quelques cahiers
se contentèrent de demander des garanties pour l'admission aux emplois de judicature.

(5) Extrait du rapport de M. Labitte (VII *in fine*), précédant le projet de loi élaboré
par une commission de la Chambre des députés, et relatif à une révision de la loi sur
la chasse du 3 mai 1844. (Voy. *Gazette des Trib.* du 30 juin 1881, p. 645, col. 4.)

d'une nuit célèbre, celle du 4 août 1789, qu'une heureuse mé-
taphore à fait appeler l'*Aurore des temps modernes*, pour en
donner le signal et en poser les premières assises. D'un seul trait
fut, en règle, prononcée la suppression de la vénalité des offices,
quels qu'ils fussent, c'est-à-dire sans que l'on établît la moindre
distinction à ce point de vue entre les offices à clientèle ou à pratique et les offices auxquels se trouvaient attachées des fonctions
administratives, judiciaires, de finance, militaires et autres. L'on
voit, dès lors, que, si François Iᵉʳ. par la création qu'il fit en 1522
du Bureau des parties casuelles, ouvrit, pour parler le langage si
expressivement et si énergiquement pittoresque de Loyseau,
une boutique à la vénalité portant pour enseigne : DÉBIT D'OFFICES,
la Constituante s'empressa de fermer ce marché aux titres à vendre,
et de procéder à la liquidation du stock énorme de marchandises
de tous genres qu'il contenait. Et, pour être mieux assurée de couper
la vénalité par toutes les racines qu'elle avait poussées, elle érigea
contre elle un véritable arsenal de lois et de décrets. Elle ne se
contenta pas d'employer la voie de la justice sommaire quant au
principe lui-même, et d'en proclamer la déchéance absolue, totale,
et une fois pour toutes définitive. La rapidité d'une semblable
marche lui parut compromettante pour la sûreté de l'exécution ;
elle reconnut, avec autant de raison que de justesse, que ce n'était
point assez de faire table rase d'une règle dont on rencontrait,
éparpillées de tous côtés, des applications aux variétés infinies,
mais que la nécessité s'imposait à elle de poursuivre de ses
rigueurs chacune de ses ramifications multiples, et de les détruire
une à une par une série de mesures successives.

D'un autre côté, la Constituante n'avait pas pour unique préoccu-
pation d'édicter une loi générale de proscription ; avant de songer
à faire des ruines, ses membres, architectes laborieux bien plutôt
que démolisseurs stériles, pensaient à réédifier ; leur objectif était
beaucoup moins la disparition d'une institution réputée mauvaise,
que son remplacement par un état de choses jugé meilleur. En
d'autres termes, le rôle de cette grande Assemblée fut de réorga-

niser, de *constituer*, c'est-à-dire tout à la fois d'engendrer et de régénérer, et nullement de créer le néant. Elle eut la généreuse monomanie du mieux, mais ne fut jamais attirée et comme persécutée par le dangereux vertige du vide. Joignez à cela que, se présentant comme la haute justicière des institutions du passé, elle devait, avant tout, faire œuvre de justice. Or, porter atteinte à des situations établies, sans régler leur sort, soit pour le présent, soit pour l'avenir, saper par leur fondement des droits acquis, sans prendre souci de leur destinée, c'eût été la consécration d'une flagrante et odieuse iniquité. Pour toutes ces raisons, il est aisé de concevoir combien une formule générale d'abolion eût été insuffisante. Elle n'aurait, en effet, rien édifié à la place de ce qu'elle aurait détruit. La pluralité des buts pousuivis entraînait donc nécessairement la diversité des moyens propres à les atteiendre. Voilà pourquoi la Révolution, au seuil de laquelle se place la Constituante, ne put pas consommer, par une mesure d'ensemble, la suppression de la vénalité des offices ; voilà le motif pour lequel, si, dans la mémorable nuit du 4 août 1789, la vénalité fut décrétée de fléau public, et fut comprise dans son vaste sacrifice, le principe seul s'en trouva condamné ; voilà enfin comment il se fait que l'on se borna à frapper la règle d'un grand coup, en se réservant de détailler en quelque sorte les condamnations contre chacune de ses conséquences les plus directes.

C'est cette évolution législative que nous nous proposons d'exposer ici. Après avoir longuement hésité sur le choix du meilleur procédé à employer à cet effet, voici celui que nous avons cru devoir adopter :

Répartissant et distribuant tous nos développements en quatre chapitres distincts, nous commencerons par donner dans le premier, en manière de tableau synthétique et analytique, la liste chronologique des décrets (6) et autres actes qui, ayant trait aux

---

(6) Ces décrets sont de véritables lois, puisque ce sont des actes émanant du pouvoir législatif. Mais on sait que ces actes portaient le nom technique de décrets, sous

offices connus de notre ancien droit, se sont succédé sans interruption à travers les divers systèmes politiques, depuis le 4 août 1789 jusqu'à la loi de finances du 28 avril 1816, dont le fameux article 91 régit aujourd'hui la matière, d'une façon sinon absolue et exclusive, du moins principale. Nous prendrons soin, afin d'éviter, dans la mesure du possible, la sécheresse et l'aridité inhérentes à toute nomenclature de longue haleine, de faire suivre l'indication de chacun des textes que nous aurons à mentionner, et dont nous prendrons à tâche de dresser le catalogue à peu près complet, d'une courte mention analytique destinée à en indiquer les dispositions les plus saillantes; travail d'autant plus indispensable, que, n'entendant faire qu'une synthèse et qu'une analyse de la législation intermédiaire, et n'ayant aucunement le dessein d'en présenter un commentaire détaillé, ce sera pour nous le seul moyen de saisir comme au passage l'occasion de signaler en quelques mots les mesures dont les officiers ministériels furent l'objet, comme aussi d'indiquer, en très-bref, l'organisation nouvelle qui leur fut donnée et la position qui leur fut faite. Il est impossible, en effet, de rester muet sur ces divers points, dût-on ne faire que les effleurer.

Cette œuvre d'enregistrement et d'énumération terminée, nous aurons à rechercher, dans un second chapitre, comment s'opéra la liquidation des différents offices, et, comparant à cet égard les offices ministériels à tous les autres pris en bloc, nous aurons à établir à ce point de vue, entre ces deux catégories, une distinction profonde.

Nous esquisserons ensuite à très-grands traits les principales

---

les Assemblées Constituante et Législative (voy. Constit. des 3-14 sept. 1791, tit. III, chap. III, sect. II, art. 4, 9 et suiv.) et sous la Convention. Ce n'est que la Constitution du 5 fructidor an III = 22 août 1795, qui, par son article 92, leur a donné le nom de Lois qui leur est resté. (Voy. M. E. Garsonnet, *Cours de procédure*, première partie, p. 15, note 14 *sub fin.*) Que si nous ne les qualifions pas au texte du titre de décrets-lois, c'est que cette dénomination est spécialement réservée aux décrets dictatoriaux, rendus depuis le 2 décembre 1851 jusqu'au 29 mars 1852, lesquels ont reçu force de loi, en vertu du second alinéa de l'art. 58 de la Constitution du 14 janvier 1852. (Voy. M. E. Garsonnet, *eod.*, p. 6, note, 3°.)

difficultés qu'engendra l'abolition de la vénalité.des offices, les conséquences les plus importantes que tira la jurisprudence de sa suppression, et les résultats essentiels qu'elle lui parut devoir entraîner. Ce sera l'objet de notre troisième chapitre.

Nous essaierons enfin, dans le quatrième, de montrer comment, malgré les mesures antérieuremeut prises, la vénalité, proscrite en théorie, se rétablit et exista en fait, dans les offices ministériels, sous le Consulat et sous l'Empire. Ce sera, nous semble-t-il, la transition la plus naturelle de notre droit intermédiaire à notre droit actuel.

CHAPITRE I.

Tableau synthétique et analytique de la législation relative aux offices, depuis le 4 août 1789 jusqu'à la loi de finances du 28 avril 1816. — Suppression législative de la vénalité et de l'hérédité des charges et fonctions publiques (1).

I. — ASSEMBLÉE CONSTITUANTE.

C'est ici surtout que la moisson est abondante, et que la monotonie du sujet a besoin d'appeler à son aide le courage et la

---

(1) Les différents textes que nous allons avoir à citer se trouvent rapportés ou mentionnés à leurs dates respectives dans le *Répertoire alphabétique* de Dalloz (mot OFFICE, à la suite du n° 23), qui en présente une analyse succincte. Nous renverrons d'une manière générale, pour les détails de la législation concernant les offices au cours de notre droit intermédiaire, aux collections officielles ou privées suivantes : *Code féodal*, etc., par un homme de loi, Paris, 1791, 1 fort vol. in-8° ; *Collection des lois*, ou *Collection du Louvre*, Paris, 1792 et années suiv., 18 vol. in-4, contenant les lois publiées depuis 1789 jusqu'à l'an II, année de la naissance du *Bulletin des Lois* (voy. infer.; les cinq premiers tomes de cette collection sont en deux parties, qui sont quelquefois reliées séparément) ; les lois dont nous venons de parler ont également été imprimées sous le titre de *Lois et actes du gouvernement, depuis le mois d'août 1789 jusqu'au 18 prairial an II*, Paris, de l'imprimerie impériale, 1806-1807, 8 vol. in-8 ; *Bulletin des Lois*, depuis le 22 prairial an II (voy. les séries I à VII ; aujourd'hui le *Bulletin des Lois*, en y comprenant l'Avant-Bulletin, c'est-à-dire les 8 volumes ci-dessus mentionnés des lois et actes du gouvernement, depuis le mois d'août 1789 jusqu'au 18 prairial an II, ainsi que les 12 volumes de *Tables* dont il est accompagné [savoir : *Table générale*, depuis le 5 mai 1789 jusqu'au 1er avril 1814, par M. Rondonneau, Paris, 1816, 4 vol. in-8, et les *Tables* décennales et autres, faisant suite à la précédente, de 1814 à ce jour], embrasse douze séries, correspondant chacune, depuis la Convention, à une forme spéciale de gouvernement, et se compose d'environ 320 vol. in-8) ; *Moniteur universel*, commencé le 24 novembre 1789 ; *Moniteur*, réimpression de l'ancien *Moniteur*, 1840-1843, 32 vol. gr. in-8, dont 2 vol. de *Table générale*, allant de mai 1789 à novembre 1799 ; *Collection générale des lois, décrets, sénatus-consultes, avis du Conseil d'Etat*, etc., depuis 1789 jusqu'au 1er avril 1814, par Rondonneau, Paris, 1817-1819, 12 vol. in-8 ; *Lois et actes du gouvernement publiés depuis l'ouverture des États-Généraux jusqu'au 8 juillet 1815, classés par ordre de matières, et annotés des arrêts et décisions de la Cour de cassation*, par Desenne, Paris, 1818-1826, 22 vol. in-8 ; *Corps de Droit français*, ou *Recueil complet des lois, décrets, etc., publiés depuis 1789 jusqu'au mois de mai 1828 inclusivement, mis en ordre*, par C. M. Galisset, Paris, 1825-1830, 87 livraisons formant 4 vol. in-8, édition compacte ; *Bulletin annoté des lois, décrets, etc., depuis le mois de juin 1789 jusqu'au mois d'août 1830*, par Lepec, Paris, 1834 et ann. suiv., 20 vol. in-8, ouvrage suivi d'une table générale analytique des matières, en 2 vol. in-8 ;

patience. Les textes principaux qui doivent, de toute nécessité, être récoltés et recueillis, sont, en effet, au nombre de près de soixante-dix. En voici la nomenclature par année :

a. — 1789.

1° DÉCRET DES 4, 6, 7, 8 et 11 Août — 3 Novembre. — Il est intitulé DÉCRET *portant abolition du régime féodal, des justices seigneuriales, des dîmes, de la vénalité des offices, des privilèges, des annales, de la pluralité des bénéfices*, etc. Ce premier acte législatif, dont deux députés de la noblesse, le vicomte de Noailles et le duc d'Aiguillon, furent les promoteurs, ainsi que nous le révèle le *Moniteur* du 5 août, a une célébrité que son importance capitale lui assura dès lors qu'il fut rendu, et qui n'a, depuis, échappé à personne. On y trouve, pour la première fois, posée par l'Assemblée, dans son article 1er, la distinction essentielle entre les droits supprimés sans indemnité, et ceux qu'elle déclarait simplement rachetables. (Joindre le décret *relatif aux droits féodaux* des 15 - 28 mars 1790, titres II et III.)

Nous nous bornerons à relever ici deux articles de ce décret, les seuls qui offrent un intérêt pour nos études actuelles. C'est d'abord l'article 4, ainsi conçu : « Toutes les justices seigneuriales sont supprimées sans aucune indemnité (2); et néanmoins les

---

Collection complète des Lois, Décrets, Ordonnances, Règlements, Avis du Conseil d'État, de 1788-1830 inclusivement, par ordre chronologique, par J.-B. Duvergier, Paris, 1825-1831, 30 vol. in-8 ; *Lois annotées, Lois, Décrets, Ordonnances, Avis du Conseil d'État*, etc., avec notes historiques, de concordance et de jurisprudence, depuis 1789, par A.-A. Carette (voy. la 1re série) ; *Tables chronologiques et alphabétiques des Lois d'un intérêt public et général depuis 1789 jusqu'en 1860*, par M. Voysin de Gartempe, 2e éd., 1860, 1 vol. in-12. — Consulter également l'*Histoire parlementaire de la Révolution française*, ou *Journal des Assemblées nationales, depuis 1789 jusqu'en 1815*, par MM. Buchez et Roux, 1838, 40 vol. in-8 ; les *Archives parlementaires de 1787 à 1860*, recueil complet des débats législatifs et politiques des Chambres françaises, publié par MM. J. Mavidal et E. Laurent, en volumes gr. in-8 à 2 colonnes (cette collection fait suite, à partir de 1800, à la réimpression de l'ancien *Moniteur*, et comprend un grand nombre de nouveaux documents) ; enfin le *Recueil des cahiers de 1789, Clergé, Noblesse, Tiers-État*, gr. in-8 à 2 col.

(2) La justice seigneuriale fut vivement attaquée, dans son principe même, par une grande partie des cahiers de 1789 ; mais ce furent surtout les villages voisins de Paris qui se servirent des expressions les plus énergiques : « Que les justices seigneuriales soient supprimées, leurs officiers étant regardés comme le fléau des campagnes. » (Ferrières-

officiers de ces justices continueront leurs fonctions, jusqu'à ce qu'il ait été pourvu par l'Assemblée nationale à l'établissement

---

en-Brie, *Justices seigneuriales*, art. 1er.) — « Que toutes les justices seigneuriales soient supprimées : 1° parce qu'elles sont toutes mal composées et trop multipliées ; 2° parce que les juges et procureurs fiscaux (on désignait sous le titre de *procureur fiscal* ou *procureur d'office*, un officier qui, dans les justices seigneuriales, jouait le rôle de ministère public ; voy. Denisart, mot PROCUREUR FISCAL, n° 1, 2 et 3) sont tous dévoués aux seigneurs, soit par la crainte de perdre leurs places qui sont révocables, soit par le désir d'obtenir la protection de leur seigneur. » (Fontenay-lès-Louvres en Parisis, *De la justice*, art. 1er.) — « Ces sortes de justices servent à établir le despotisme des seigneurs, car, comme leurs juges sont révocables et choisis par les seigneurs, ils se prêtent à tout pour leur plaire. » (La Queue-en-Brie, art. 7.) Quelques communautés mettent plus de modération dans leur désir ; telles sont, en particulier, la communauté de Flines et celle de Montigny : « Les tribunaux subalternes, tels qu'ils se trouvent dans les campagnes du royaume », dit la première (21°), « sont mal organisés, en ce que ce sont les magistrats sont nommés par les seigneurs hauts justiciers, ce qui fait souvent que les droits des particuliers sont mal défendus, lorsqu'ils sont opposés à ceux desdits seigneurs. » — « Les gens de loi de Montigny », dit la seconde (10°), « ainsi que de tous les villages circonvoisins de la Flandre, sont nommés d'après le caprice du seigneur. » Il arrive même qu' « on n'ose pas émettre un vœu direct de suppression, on se contente quelquefois d'une forme hypothétique : « Si les justices seigneuriales doivent être maintenues », dit-on. La pensée n'en est pas moins claire. » (M. A. Desjardins, *op. et loc. inf. citt.*)

Que si, maintenant, toutes les justices seigneuriales furent supprimées sans aucune indemnité (comp. la note suivante), la raison en est bien apparente : c'est qu'elles étaient trop mal vues, et que la légitimité originaire de leur institution était trop contestée pour qu'on fût disposé à en accorder une aux seigneurs, dont l'intérêt se trouva ainsi immolé et sacrifié par la haine. Il est même assez curieux d'observer, à ce sujet, que la question de l'indemnité ne fut pas souvent posée. « Il est rare », dit M. Desjardins, « qu'elle reçoive une solution expresse et affirmative, et ce n'est pas encore le tiers du bailliage de Dourdan qui se montre le plus défavorable aux seigneurs, quand, refusant le remboursement pour les justices établies gratuitement, il l'admet pour les autres et pour celles dont l'usurpation ne sera pas prouvée (*Justice*, articles 3 et 5.). »

Est-ce donc à dire que les justices seigneuriales ne rencontrèrent que des détracteurs et des adversaires, et qu'elles ne gardèrent pas quelques partisans ? Non ; et l'on conçoit que la Noblesse ne pouvait pas les condamner avec un entrain aussi sévère que le Tiers. Aussi se contente-t-elle ordinairement de n'en point parler. Quelquefois, cependant, elle rompt la dignité de ce silence, et ne va pas seulement jusqu'à en prendre la défense, mais bien jusqu'à en demander le maintien. C'est ainsi, d'un côté, que l'on entend dire à la noblesse du Bugey : « Les pouvoirs judiciaires en première instance ne peuvent être mieux confiés qu'à des juges qui sont surveillés par les seigneurs intéressés à ce que leurs vassaux ne soient pas foulés » ; et c'est ainsi, d'autre part, que la noblesse du Gévaudan donne mandat (art. 11) « de s'opposer à l'abolition des justices seigneuriales : 1° parce que c'est une propriété ; 2° parce qu'elle serait désavantageuse au tiers, à cause de la plus grande cherté dans les justices royales. » Il y a plus et mieux tout à la fois : c'est qu'en certains pays, ce sentiment de la noblesse est partagé par le Tiers, ce qui fait profondément honneur aux seigneurs de ces pays et à leurs juges. On peut déjà citer en ce sens le cahier rédigé par le Tiers de la ville de Mâcon, dans lequel il est dit (*Législation*, art. 6) : « Les vœux étant partagés sur la suppression des justices seigneuriales. » Mais écoutons surtout la commu-

d'un nouvel ordre judiciaire. » (3) C'est ensuite et surtout l'article 7 qui porte : « La vénalité des offices de judicature et de municipalité est supprimée dès cet instant. »

Il convient de remarquer ici que cette seconde réforme, si énergiquement qu'elle ait été réclamée, ne porte cependant pas sur un abus aussi profond que celle réalisée par l'article 4, qui fit tomber les justices seigneuriales, puisque, comme on le voit, l'abolition a pour unique objet, non pas l'office, mais seulement sa vénalité. De là une différence considérable entre les deux textes. Tandis, en effet, que l'article 4 se borne à supprimer froidement les justices seigneuriales, sans aucune indemnité pour leurs titulaires, et que le caractère exorbitant de ce débris des institutions féodales fit même laisser à la charge des seigneurs, ainsi que nous aurons à le constater ci-après (voy. *infra*, II, *Assemblée Législative*, 6°), le remboursement des offices qui en dépendaient, tout au contraire, la suite de l'article 7 contient-elle, en ces termes précis, la reconnaissance formelle du droit à indemnité : « La justice sera

---

nauté d'Arpajon, qui déclare (art. 7) que « la conservation des justices seigneuriales paraît désirable. Elles sont moins onéreuses aux habitants des campagnes et concourent plus efficacement au maintien du bon ordre. » Ecoutons encore les bourg et paroisse de Chelles, qui disent (chap. v, art. 5) : « Presque tout le monde regarde les justices seigneuriales comme abusives et en demande la suppression ; il est certain que, de la manière dont elles sont exercées, elles sont pour le plus grand nombre très abusives, mais en les faisant exercer de la manière dont il convient....., les juges seigneuriaux seraient de la plus grande utilité aux campagnes. » Signalons enfin la communauté de Trappes, comme exprimant la même idée (*Justice*, art. 10). — Voy., sur tout ceci, M. A. Desjardins, *L'inamovib. de la magistr. dans l'anc. France*, dans *La France judiciaire*, n° du 16 décembre 1880, pp. 95 *sub fin.* et suiv., travail qui nous a fourni la majeure partie des détails qui précèdent.

N'abandonnons pas ce terrain sans faire au surplus observer que, dans notre ancienne législation, tous les seigneurs n'avaient pas droit de justice, et qu'il y était de maxime courante que « fief et justice n'ont rien de commun. » (Voy., sur ce principe, Loysel, *Inst. cout.*, liv. II, tit. II, max. xliv, éd. Dupin et Laboulaye, t. I, p. 274, n° 271, et M. Championnière, *De la propriété des eaux courantes*, Paris, 1846, N** 84 et suiv., pp. 153 et suiv.)

(3) Voy. le décret du 31 mars 1790, *pour fixer l'ordre des questions sur l'organisation judiciaire*, et celui des 16-24 août de la même année, *sur l'organisation judiciaire*, cité *infra*, 7°; comp. également ci-dessous, II, *Assemblée Législative*, 6° : le décret mentionné sous ce numéro montrera que les titulaires seuls des justices seigneuriales furent supprimés sans aucune indemnité, mais qu'il n'en fut pas de même des officiers institués près de ces justices.

rendue gratuitement », y est-il dit ; « et néanmoins les officiers pourvus de ces offices continueront d'exercer leurs fonctions et d'en percevoir les émoluments, jusqu'à ce qu'il ait été pourvu par l'Assemblée aux moyens de leur procurer leur remboursement. » (Voy. décret précité de 16-24 août 1790, tit. II, art. 2, rapporté *infra*, 7°, ainsi que l'article 18, transcrit *infra*, 8°, du décret des 6 et 7-11 septembre 1790, qui exige des titulaires d'office la remise, au Comité de judicature, des titres nécessaires à leur liquidation. Voy. également ci-après, 9°.)

2° DÉCRET DES 16-29 NOVEMBRE. — Ce décret abolit l'expédition des provisions d'offices de judicature. Les offices des apanages des princes, ainsi que les offices des engagistes et des échangistes qui perçoivent un centième denier, se trouvent compris dans le présent décret, dont l'art. 3 abolit les offices de finances.

b. — 1790.

3° DÉCRET DES 28 FÉVRIER-21 MARS ET 28 AVRIL, *concernant la constitution de l'armée.* — L'article 9 de ce décret déclare que « toute vénalité des emplois et charges militaires est supprimée. »

4° DÉCRET DES 3, 6, 7, 10, 14, 19 ET 21 MAI-27 JUIN, *relatif à l'organisation de la municipalité de Paris.* — Ce décret commence par porter suppression de l'ancienne municipalité de Paris et des offices qui en dépendaient (art. 1); et, aux termes de son article 2, les finances de ces offices seront liquidées et remboursées par la Commune ou par l'Etat, selon qu'elles ont été payées dans les caisses de l'une ou de l'autre.

5° DÉCRET DES 9 ET 21-26 JUILLET. — Il est intitulé : DÉCRET *qui supprime les offices de jurés-priseurs; qui ordonne de continuer, au profit du Trésor public, la perception du droit de quatre deniers pour livre du prix de la vente, qui leur avait été attribuée, et qui autorise les notaires, greffiers et sergents à procéder à cette vente.* — Les plus vives réclamations s'étaient élevées contre l'institution des jurés-priseurs, considérés comme inutiles (4). Aussi, tous les cahiers rédigés pour la tenue des États-Généraux de 1789, s'accordaient-ils à demander la suppression de leurs offices, suppression qui entrait dans le plan de l'Assemblée Constituante, et qui fut prononcée à la séance du 9 juillet 1790, sur le rapport de Lebrun (5). Vernier proposa ensuite une rédaction définitive de ce décret, qui fut adoptée sans discussion, dans la séance du 21 juillet suivant (6).

Voici la teneur de ses principales dispositions :

« Art. 1er. — Les offices des jurés-priseurs, créés par l'édit de février 1771 ou autres, demeureront supprimés à compter de ce jour (7).

---

(4) Les jurés priseurs vendeurs de biens meubles furent créés et érigés en titre d'offices formés et héréditaires par un édit de Louis XIV, daté de Fontainebleau, octobre 1696 (Isambert, t. 20, pp. 277 et suiv.). L'institution des officiers dont les fonctions sont aujourd'hui remplies par les commissaires-priseurs, et subsidiairement par les notaires, les greffiers de justice de paix et les huissiers (voy. note 8, *infra*), a été, dans notre ancien droit, l'objet de très-nombreuses péripéties. C'est au roi Henri II qu'est dû l'édit de création des offices de priseurs-vendeurs de meubles dans chaque ville et bourg du Royaume. Cet édit, rendu à Paris en février 1556, fut suivi, le 20 mai 1557, de lettres de jussion datées de Villers-Cotterets, et adressées au Parlement de Paris pour son enregistrement, au moyen d'une réduction sur le droit de vente ; il n'en fut pas moins repoussé par le Parlement, le 22 juin suivant, avec remontrances. Ce fut alors qu'intervint, le 27 avril 1558, à Paris, une déclaration interprétative de l'édit, qui contenait simplement une réduction dans les salaires des officiers dont nous parlons, et qui fut enregistrée au Parlement le 12 mai suivant. Depuis cette époque, jusqu'en 1696, on pourra consulter : un édit de juillet 1575 ; un autre du mois d'avril 1576 ; une déclaration du 11 novembre suivant ; un édit du mois d'avril 1595 ; un édit de février 1691, et un arrêt du Conseil du 22 juillet 1692. Postérieurement à l'édit de 1696, il convient de citer, jusqu'à la Révolution, les textes suivants : arrêt du Conseil, du 5 août 1704 ; déclaration du 8 juin 1706 ; édit d'août 1712 ; déclarations du 15 janvier 1713 et du 21 février suivant ; règlement du Conseil, du 28 février 1723, tit. xvi, art. 113 ; déclaration du 18 juin 1758 ; édit de février 1771, et déclaration du 17 août suivant ; arrêt du Conseil, du 20 juin 1775 ; arrêt du Parlement, du 17 juin 1777 ; règlement du 5 janvier 1778, art. 46 et suiv. ; arrêt de la Cour des monnaies, du 19 décembre de la même année ; arrêt du Conseil, du 25 novembre 1780 ; lettres patentes du 7 janvier 1781, et du 3 janvier 1782. — Ces divers textes se trouvent, à leurs dates respectives, dans le *Recueil* d'Isambert. (Voy. les renvois de la *Table* de ce *Recueil*, au mot COMMISSAIRES-PRISEURS.)

(5) Voy. le *Moniteur* du 11 juillet.

(6) Voy. le *Moniteur* du 22 juillet.

(7) Si la Constituante abolissait ainsi, en juillet 1790, les offices des jurés-priseurs

« Art. 2. — Le droit de quatre deniers pour livre du prix des ventes, qui leur avait été attribué, continuera d'être perçu au profit du trésor public par les officiers qui feront la vente, et le produit en sera versé par eux dans les mains des préposés à la recette.

« Art. 3. — Les finances desdits offices seront liquidées.

« Art. 4. — Il sera délivré à ceux qui auront droit aux finances, treize coupons d'annuités payables d'année en année, dans lesquelles l'intérêt à 5 p. 0/0 sera cumulé avec le capital.

« Art. 5. — Il sera prélevé, sur le produit des quatre deniers pour livre, une somme annuelle de huit cent mille livres, qui sera versée dans la caisse du trésorier de l'extraordinaire, et employée par lui au paiement de ces annuités.

« Art. 6. — Les notaires, greffiers, huissiers et sergents, sont autorisés à faire les ventes de meubles dans tous les lieux où elles étaient ci-devant faites par les jurés-priseurs (8).

---

du moins fit-elle, un peu plus tard, une réserve expresse en faveur des huissiers-priseurs de Paris et des huissiers de la Prévôté de l'hôtel, qu'elle maintint provisoirement dans l'exercice de leurs fonctions. L'art. 11 de son décret des 15, 16, 17, 18 décembre 1790, et 29 janvier-20 mars 1791, sur lequel nous aurons d'ailleurs à revenir (voy. *infra*, 24°), portait, en effet : « Les huissiers-priseurs de Paris, et les huissiers en la prévôté de l'hôtel, continueront provisoirement leurs fonctions, jusqu'à ce que l'Assemblée nationale ait statué à leur égard ; néanmoins, les huissiers-priseurs ne pourront exercer leurs fonctions que dans l'étendue du département de Paris, tous droits de suite demeurant dès à présent supprimés. » Mais, deux ans après environ, un décret de la Convention des 17-18 septembre 1793, attribua, par son article 1er, aux notaires, aux greffiers et aux huissiers, le droit de faire les prisées et ventes de meubles dans toute l'étendue de la République, et déclara, en conséquence, dans son article 2, que les huissiers-priseurs de Paris et les huissiers ci-devant de l'hôtel cesseraient les fonctions attribuées à leurs offices, en ajoutant que, néanmoins, ceux d'entre eux qui avaient le droit d'exercer les autres fonctions d'huissier, auraient la faculté de les remplir concurremment avec ces derniers. — Comp. la note suivante.

(8) Les divers officiers visés par cet article ont joui du droit exclusif qu'il leur conférait, à Paris, jusqu'à la loi du 27 ventôse an IX = 18 mars 1801 ; cette loi, rendue uniquement sous l'influence de besoins financiers, créa pour Paris et pour le département de la Seine quatre-vingts commissaires-priseurs-vendeurs de meubles, qui n'avaient la concurrence pour la vente publique aux enchères d'effets mobiliers qu'en dehors de Paris ; qui devaient être nommés par le premier Consul, sur une liste de candidats soumise au gouvernement par le tribunal de première instance du département de la Seine, devant lequel les commissaires nommés devaient prêter serment, et qui se trouvaient enfin assujettis à un cautionnement individuel de 10.000 fr., de la quittance duquel ils devaient justifier avant d'être admis à la prestation du serment. (Voy. les art. 1, 2, 8, 9, 10, 2e alin., et 11.) — En ce qui touche les départements autres que celui de la Seine, les notaires, greffiers, huissiers et sergents ont continué à remplacer

« Art. 10. — Les quittances de finance des offices de jurés-priseurs supprimés, seront remises au plus tard dans deux mois, à dater du jour de la publication du présent décret, au comité de liquidation.

« Art. 11. — Le comité se fera représenter les registres des parties casuelles et les décisions qui peuvent avoir modéré le prix desdits offices, et en fera son rapport pour y être statué. »

6° DÉCRET DES 21 JUILLET-5 AOÛT. — Ce décret porte suppression de l'office de contrôleur des rentes de la Chambre des Comptes, ainsi que des deux offices de garde des registres du Contrôle général, et de différents traitements et places. Il prescrit, en outre, que la finance des offices supprimés sera liquidée et remboursée, et que, jusqu'au remboursement, les intérêts seront payés à cinq pour cent.

7° DÉCRET DES 16-24 AOÛT, *sur l'organisation judiciaire.* — L'article 2 du titre II de cet acte célèbre proscrit pour l'avenir, en ces termes très-expressifs, la vénalité des offices de judicature : « La vénalité des offices de judicature est abolie pour toujours : les juges rendront gratuitement la justice, et seront salariés par l'État. » — Nous devons également mentionner le titre IX du même décret, relatif aux greffiers (9). Au cours de

---

les jurés-priseurs pour les ventes de meubles jusqu'à l'ordonnance du 26 juin 1816, rendue en exécution de la loi de finances du 28 avril précédent, dont l'art. 89 permettait l'établissement de commissaires-priseurs dans les villes où le gouvernement le jugerait convenable. Ce sont ces lois, nous le rappelons, qui ont donné aux commissaires-priseurs le monopole de faire les prisées de meubles et ventes publiques d'effets mobiliers qui se pratiquent dans le lieu de leur résidence, et qui ont établi la concurrence entre eux et les notaires, greffiers de justice de paix et huissiers, pour les ventes de même nature auxquelles il y a lieu de procéder dans le reste de l'arrondissement. (Voy., au surplus, pour les détails sur ce point, le n° XI de la note 112 de notre *Introduction générale,* t. 1, pp. 74 et suiv.) — Consulter, sur les commissaires-priseurs, MM. Ach. Morin, *De la discipline des Cours et Tribunaux,* 3° éd., t. 1, pp. 278 et suiv.; Rousseau et Laisney, *Dict. de proc.,* t. 2, mot COMMISSAIRE-PRISEUR, et Ruben de Couder, *Dict. de dr. comm., indust. et marit.,* t. 2, même mot.

(9) Ce titre fut présenté par Thouret, à la séance du 4 août 1790. (Voy. le *Moniteur* du 5 et du 6.)

l'élaboration de ce titre, les avis furent partagés sur le mode de nomination de ces officiers (10). Les uns, et c'était l'opinion adoptée par le Comité, proposaient de les faire nommer par les juges ; d'autres, au contraire, par les électeurs de district. Ces deux systèmes présentaient, chacun, des inconvénients. D'une part, en effet, on voyait du danger à reconnaître aux juges le droit de les nommer, parce que l'on craignait que ceux-ci n'en vinssent à regarder les offices de greffiers comme des bénéfices à leur nomination, et à se croire ainsi le droit de les vendre ; d'autre part, soumettre le choix des greffiers à l'élection populaire, n'était-ce pas leur attribuer un caractère public qui ne dérivait pas de la nature de leurs fonctions ? En présence de ces difficultés d'ordres divers, la Constituante employa la voie de la transaction. Elle décida en principe, d'un côté, que les greffiers seraient nommés au scrutin et à la majorité absolue des voix par les juges, qui leur délivreraient une commission et recevraient leur serment, mais, d'un autre côté, et cela afin de diminuer les inconvénients qui pouvaient résulter d'une nomination faite par les juges, elle leur conféra l'inamovibilité, et les plaça de la sorte hors de la dépendance de ceux qui les auraient élus (11). On sait que, sans rien changer au mode de leur nomination, l'art. 24 du décret du 19 vendémiaire an IV = 11 octobre 1795, et l'art. 7 de celui du 2 brumaire suivant = 24 octobre, leur enlevèrent le bénéfice de cette inamovibilité, en les déclarant révocables par le tribunal qui les avait institués. La loi du 27 ventôse an VIII =

---

(10) Ils perdirent le caractère d'officiers publics, titre qu'ils possédaient depuis l'ordonnance du 13 novembre 1322 (*Ordonannces des rois de France*, t. 1, p. 774), quelques mois plus tard, lors de la suppression des offices par le décret des 29 janvier-20 mars 1791, dont il sera question plus bas. (Voy. *infra*, 21°.)

(11) Voy. les art. 1, 4 et 5 du titre IX précité. — Ces trois articles n'ont trait qu'à la nomination des greffiers des tribunaux de district et des juges de paix. L'art. 26 du décret des 27 novembre-1er décembre 1790, décret mentionné *infra*, 16°, et qui, comme on le sait, a organisé le tribunal de cassation, contient, en ce qui concerne la nomination du greffier de ce tribunal, des dispositions identiques. Quant aux greffiers des tribunaux criminels, ils devaient être nommés par l'assemblée électorale de chaque département, aux termes du décret des 16-29 septembre 1791, 2° partie, titre II, art. 4.

18 mars 1800 alla plus loin, et renversa le système de la loi de 1790 par ses articles 67 et 92, aux termes desquels les greffiers de tous les tribunaux devaient être nommés par le premier Consul, qui pouvait les révoquer à volonté. Depuis cette époque, les droits de nomination et de révocation ont toujours résidé dans la personne du Chef de l'État. Enfin, l'art. 91 de la loi du 28 avril 1816 les comprit, sans qu'il soit possible d'en apercevoir bien nettement les motifs, au nombre des officiers ministériels investis du droit de présenter leurs successeurs à l'agrément du Gouvernement (12).

8° DÉCRET DES 6 ET 7-11 SEPTEMBRE, *relatif à la forme de procéder devant les autorités administratives et judiciaires, en matière de contributions, de travaux publics et de commerce, et à la suppression des cours, tribunaux et juridictions d'ancienne création.* — L'article 10 de ce décret abolit les anciennes juridictions d'exception (13), telles que les élections, les greniers à sel, les juridictions des traites, les grueries, les maîtrises des

_____

(12) Voy., sur les greffiers, notre *Introduction générale*, t. 1, pp. 62 et suiv., la note 205 de cette *Introd.*, pp. 184 et suiv., et surtout MM. Morin, *op. cit.*, t. 1, pp. 75 et suiv., et E. Garsonnet, *Cours de procédure*, 1re partie, §§ LXXXIX à XCI inclus, pp. 353 et suiv.

(13) On comptait, dans l'ordre judiciaire, avant la Révolution, cinq juridictions ordinaires, y compris des milliers de juridictions seigneuriales, et dix-huit juridictions extraordinaires ou d'exception, plus les officialités ou tribunaux ecclésiastiques, qui statuaient sur certaines affaires tenant à l'autorité spirituelle, comme les mariages.

Les juridictions ordinaires comprenaient : 1° les Parlements ; 2° les Présidiaux ; 3° les Baillis et Sénéchaux royaux ; 4° les Prévôts royaux ; 5° les Juges seigneuriaux. — Quant aux juridictions extraordinaires, c'étaient : 1° le Grand Conseil ; 2° le Prévôt de l'hôtel ; 3° la Chambre des comptes ; 4° la Cour des aides ; 5° la Juridiction des élections, pour les contestations soulevées en matière d'impôt ; 6° la Juridiction des greniers à sel ; 7° la Juridiction des traites (ou douanes) ; 8° la Cour des monnaies ; 9° la Cour des juges gardes des monnaies ; 10° les Requêtes de l'hôtel ; 11° les Trésoriers de France ; 12° les Connétablie et Maréchaussée de France ; 13° les Amirautés, pour les affaires maritimes ; 14° les Tables de marbre, pour les eaux et forêts ; 15° la Juridiction des lieutenants généraux de police ; 16° la Juridiction de l'hôtel de ville ; 17° la Juridiction des intendants ; 18° les Juges-consuls. — Voy. M. Laferrière, *Essai sur l'histoire du dr. français*, 2e éd., t. 1, p. 439, note, et t. 2, p. 51, note, et M. E. Glasson, *Éléments du dr. français*, t. 2, n° 216, pp. 206 et suiv. — Consulter, pour les détails, Denisart, à chacun des titres de ces diverses juridictions, et la *Procédure* de Pigeau avant la Révolution.

eaux et forêts, les bureaux des finances, les juridictions et Cours des monnaies et les Cours des aides. Par son art. 13 sont supprimés tous les tribunaux de privilége ou d'attribution, tels que les requêtes du palais et de l'hôtel, les conservations des priviléges des universités, les officialités (14), le grand conseil, la prévôté de l'hôtel, la juridiction prévôtale, les siéges de la connétablie, le tribunal des maréchaux de France, et autres. Son art. 14 porte à son tour suppression des vigueries, châtellenies, prévôtés, vicomtés, sénéchaussées, bailliages, châtelets, présidiaux, conseil provincial d'Artois, conseils supérieurs et parlements, et généralement de tous les tribunaux d'ancienne création, sous quelque titre et dénomination que ce soit. L'ensemble de ces dispositions est couronné par l'art. 18 (15) ainsi conçu : « Les titulaires des offices supprimés feront remettre au comité de judicature lès titres ou expéditions collationnées des titres nécessaires à leur liquidation et remboursement, dont le prix et le mode seront incessamment déterminés. »

9° DÉCRET DES 2, 6 ET 7-12 SEPTEMBRE. — Ce décret, relatif à la liquidation des offices et aux dettes des compagnies, décide, dans son art. 1er, que tous les offices de judicature et de municipalité, évalués en exécution de l'édit de 1771, seront liquidés sur le prix de l'évaluation. (Voy. ci-dessus, 1°.) Quant à ceux qui, soumis à l'évaluation, ne sont pas évalués, leur liquidation s'en opérera, aux termes de l'art. 2, sur le pied de leur finance primitive et supplément ; à défaut de finance connue, sur le pied des offices de même nature, dont la finance sera certaine. L'art. 3 porte que les offices non soumis à l'évaluation seront liquidés sur le pied du dernier contrat authentique

---

(14) Voy., sur les officialités au moyen-âge, le savant travail de M. Paul Fournier, professeur agrégé à la Faculté de droit de Grenoble, archiviste paléographe, *Les Officialités au moyen âge*, Etude sur l'organisation, la compétence et la procédure des tribunaux ecclésiastiques ordinaires en France, de 1180 à 1328, *Paris*, Plon, 1880.

(15) Cet article fait partie des dix dernières dispositions de notre décret, qui furent proposées par Merlin.

d'acquisition. A l'égard des offices de chancellerie, ils devaient l'être sur le pied de leur finance, ou, si la finance primitive ne pouvait être reconnue, sur le pied du dernier contrat authentique d'acquisition. Aux termes de l'art. 7, les premiers pourvus d'un office, et ceux qui en avaient levé aux parties casuelles, depuis 1771, devaient· voir la liquidation de leur charge s'opérer sur le pied de la finance par eux effectivement versée. Le décret ajoute que les greffiers et huissiers audienciers attachés à chaque tribunal supprimé sont compris dans les dispositions précédentes, « l'Assemblée se réservant », porte l'art. 8, « de statuer sur le sort des autres officiers ministériels, après qu'elle aura terminé l'organisation du nouvel ordre judiciaire », et enfin que les dettes des compagnies sont supportées par la nation. — Ce décret est accompagné d'une instruction sur la marche à suivre par les compagnies qui voudront se faire liquider.

A l'acte législatif que nous venons d'analyser, il convient de joindre un autre décret des 6-12 octobre, qui l'interprète, et lui est, par là même, intimement lié. Par ce dernier, l'Assemblée Constituante déclare qu'aucune compagnie des anciens juges, qu'aucun tribunal qui se trouve séparé sans avoir formé le tableau de ses dettes actives et passives, ordonné par l'art. 3 du titre III du décret précédent, ne pourra se rassembler, sous prétexte de former ledit tableau, qui sera dressé par les greffiers des tribunaux seuls (16). Ces deux décrets furent d'aillleurs complétés, à ce point de vue, au mois de février suivant, par deux autres que nous mentionnerons sous les nᵒˢ 25 et 26, *infra*.

10° DÉCRET DES 15-23 OCTOBRE. — Il porte que les gages des offices de greffiers des insinuations, de greffiers des domaines, des gens de main-morte et autres, appartenant à des corps ecclésiastiques ou religieux, seront éteints et supprimés à dater du 1ᵉʳ janvier 1791.

_____

(16) Voy. le début du *Moniteur* du 8 octobre 1790.

11° Décret des 30 octobre-5 novembre. — Il est relatif au mode d'acquittement des gages et autres émoluments arriérés des offices supprimés, dus par l'Etat, et il dispose qu'il sera délivré à chaque titulaire liquidé un brevet ou reconnaissance de liquidation, payable en assignats, et acceptable pour l'acquisition des domaines nationaux. Il ajoute qu'avant la liquidation, les officiers supprimés peuvent donner en paiement des domaines nationaux par eux acquis, le titre authentique de leurs offices pour moitié de sa valeur. (Comp. *infra*, 22°.) En ce qui concerne les créanciers sur offices, ils ne pourront exiger leur remboursement, qu'autant que leur débiteur aura lui-même été remboursé.

12° Décret des 6 et 7-16 novembre. — Ce décret, fort important, déclare que, sur les huit cent millions d'assignats émis par le décret des 29 septembre — 12 octobre précédents, à l'effet d'éteindre les dettes de l'Etat, il sera prélevé une somme pour le paiement, à bureau ouvert, à compter du 1er janvier 1791, des offices après leur liquidation. Il dispose ensuite que le produit des ventes de domaines nationaux sera employé de préférence à rembourser en assignats, sans interruption, les propriétaires d'offices ; — que les propriétaires d'offices non comptables supprimés seront admis, même avant la liquidation, à faire recevoir provisoirement, pour prix de l'acquisition des domaines nationaux, la moitié de leur finance ; — qu'après la liquidation, la valeur entière de l'office sera reçue pour comptant dans l'acquisition des biens nationaux ; — que les priviléges et hypothèques qui existaient sur les titres d'offices seront transportés sur les domaines acquis avec la finance desdits offices, et qu'ils subsisteront sur lesdits domaines sans novation ; — que les créanciers privilégiés sur les titres d'offices seront admis à donner le montant de leurs créances en paiement des domaines nationaux. — Il ajoute enfin que les brevets de retenue sont exceptés des précédentes dispositions. (Voy. *infra*, 15°.)

13° DÉCRET DES 12 ET 14 - 24 NOVEMBRE. — Il supprime tous les offices des receveurs généraux, des trésoriers généraux et des receveurs particuliers des impositions ; il prend soin d'indiquer qu'il sera pourvu incessamment à la liquidation et au remboursement de ces offices, et que, jusque-là, l'intérêt continuera de leur être payé. (Voy. 29°, *infra*.)

14° DÉCRET DES 22 NOVEMBRE - 1er DÉCEMBRE, *relatif aux domaines nationaux, aux échanges et concessions et aux apanages.* — L'article 9 de ce décret est le seul qui présente quelque intérêt pour l'objet présent de nos études. Il est ainsi conçu : « Les droits utiles et honorifiques ci-devant appelés régaliens, et notamment ceux qui participent de la nature de l'impôt, comme droits d'aides et autres y joints, contrôle, insinuation, centième denier, droits de nomination et de casualité des offices, amendes, confiscations, greffes, sceaux et tous autres droits semblables, ne sont point communicables ni cessibles : et toutes concessions de droits de ce genre, à quelque titre qu'elles aient été faites, sont nulles, et en tous cas révoquées par le présent décret. »

15° DÉCRET DES 24 NOVEMBRE - 10 DÉCEMBRE. — Il supprime les brevets de retenue (17), et fixe le mode de leur remboursement.

La question se posa très-grave de savoir si les porteurs de ces brevets auraient droit à leur remboursement. Le comité de judicature commença par se prononcer pour la négative. Mais l'Assemblée Constituante ayant renvoyé la question à l'examen des comités des pensions civiles et militaires, le représentant Camus présenta, le 23 novembre 1790, au nom de ces deux comités, un projet de décret dans lequel il faisait une double proposition : la première, de rembourser intégralement les sommes que les porteurs de brevets justifieraient avoir été versées dans les caisses

_____

(17) Voy., sur ces brevets, notre *Ancien droit français*, chap. i, § 2, note 45, p. 72.

de l'Etat ; la seconde, de payer une indemnité à ceux qui ne feraient pas cette justification. Après quelques discussions assez vives, on finit par décider que les sommes portées aux brevets de retenue ne seraient remboursées qu'autant qu'il serait établi que ces sommes avaient été versées au Trésor public, ou employées aux dépenses de l'Etat. Cependant, on accorda, à titre et par forme d'indemnité, le montant de la somme comprise dans le brevet aux porteurs qui n'avaient payé cette somme à leurs prédécesseurs immédiats, que parce qu'ils avaient obtenu la promesse formelle qu'elle leur serait remise par leurs successeurs. Telle est l'économie générale du décret que nous examinons, et dont nous allons maintenant, à raison de son importance, reproduire le texte. Il se compose de cinq articles et est ainsi conçu :

« Art. 1er. — Il ne sera plus accordé aucun brevet de retenue sur aucuns offices, titres et charges nécessaires à l'entretien de l'ordre public, et les brevets qui auraient été expédiés précédemment sur lesdites charges ne mettront aucun obstacle à l'expédition des provisions des nouveaux titulaires, sauf aux porteurs de brevets ou à leurs créanciers à se pourvoir ainsi qu'il va être dit.

« Art. 2. — Les sommes portées aux brevets de retenue qui ont été précédemment accordés ne seront remboursées qu'autant qu'il sera justifié que lesdites sommes ont' été versées au trésor public, soit par le porteur de brevet de retenue, soit par les titulaires qui l'ont précédé, ou qu'elles ont été employées au service de l'Etat (18).

« Art. 3. — Néanmoins, ceux qui auront été pourvus d'offices sous la double condition d'acquitter à leurs prédécesseurs le montant d'un brevet de retenue, et d'en être remboursés à leur tour par leurs successeurs , recevront par forme d'indemnité

---

(18) Comp. ci-dessous, III, *Convention nationale,* 16°, un décret des 17 germinal-3 floréal an II = 6-22 avril 1794, qui contenait une disposition analogue relativement aux officiers de la maison du roi, mais qui fut suivi, à la date du 11 pluviôse an III = 30 janvier 1795, d'un décret additionnel, analysé *eod.,* 20°.

l'exact montant de la somme comprise dans leur brevet de retenue, et qui l'était déjà dans celui de leur prédécesseur immédiat.

Art. 4. — A l'égard des porteurs de brevets qui les ont obtenus sans avoir payé aucune somme à leurs prédécesseurs ; de ceux qui sont porteurs de brevets accordés primitivement et par pur don à des personnes dont ils sont héritiers, légataires ou donataires ; de ceux enfin qui n'ont obtenu des brevets de retenue qu'à un intervalle de temps après leurs provisions et sans rapport auxdites provisions, ils ne pourront prétendre à aucune indemnité. Ceux qui auront obtenu des brevets de retenue d'une plus forte somme que celle qu'ils ont payée à leurs prédécesseurs, ne pourront prétendre à aucune indemnité pour cet excédant, mais seulement pour la somme réellement payée à leurs prédécesseurs, et, s'il y a lieu, aux termes de l'article précédent.

« Art. 5. — Les créanciers dont les priviléges et hypothèques, portant sur des brevets de retenue, sont autorisés par des lettres-patentes enregistrées dans les formes qui avaient lieu précédemment, seront remboursés du montant de leur créance. » (19)

Ce décret fut suivi, le 9 janvier 1791, d'un autre décret qui le complète, et par lequel l'Assemblée nationale décida, entr'autres choses, qu'il serait destiné au paiement de l'indemnité accordée aux porteurs des brevets de retenue, dont le paiement avait été ordonné par le décret du 24 novembre précédent, une somme de trois millions par mois, jusqu'au parfait paiement desdits brevets (art. 1er); que le paiement des sommes portées aux délégations et hypothèques serait acquitté avant de payer au porteur du brevet les sommes qui seraient libres (art. 3 *in fine*), et qu'enfin, à compter du jour de la remise des brevets de retenue et des actes qui établissaient la propriété de leurs porteurs, les intérêts des sommes y mentionnées seraient payés à raison de cinq pour cent jusqu'au remboursement (art. 4) (20). Notons, en dernier lieu, que l'Assemblée adopta, dans sa séance du 23 janvier, et sur la proposi-

---

(19) Voy., sur tout ce qui précède, le *Moniteur* des 24, 25 et 26 novembre 1790.
(20) Voy. le *Moniteur* du 10 janvier 1791.

tion du député Camus, un décret autorisant les porteurs de brevets de retenue à les employer, après avoir été reconnus susceptibles de l'indemnité accordée, soit en paiement d'acquisition de domaines nationaux, soit en paiement de la contribution patriotique (21).

16° DÉCRET DES 27 NOVEMBRE-1er DÉCEMBRE, *portant institution d'un tribunal de cassation, et réglant sa composition, son organisation et ses attributions.* — Nous n'avons à mentionner ici que l'art. 3 de son titre 1, aux termes duquel : « L'office de chancelier de France est supprimé. » (22)

17° DÉCRET DES 28 NOVEMBRE-10 DÉCEMBRE. — Ce décret, composé de quatorze articles de pure procédure, et, partant, sans grand intérêt pour nous, est relatif à la liquidation des offices supprimés, et au paiement des créanciers des titulaires (23). Il fut suivi, le 16 décembre, de la part du représentant Camus, de la présentation, au nom d'un comité formé *ad hoc,* d'un projet de décret sur l'établissement d'une direction générale de liquidation, projet composé de quinze articles qui fut adopté sans discussion, et qui devint le décret des 17-22 décembre 1790. (Joindre un décret du 13 mai 1791, relatif à l'organisation des bureaux de la direction générale de liquidation.) L'objet de cette direction générale était, aux termes de l'art. 2, de reconnaître et de déterminer notamment les finances des offices de judicature et autres dont le remboursement avait été ou serait ordonné par l'Assemblée nationale, ainsi que les indemnités dues à des porteurs de brevets de retenue (voy. *supra,* 15°) (24).

---

(21) Voy. le *Moniteur* du 24 janvier 1791.

(22) Dans notre ancien droit, l'office de chancelier qui, pour le dire en passant, n'était ni cessible ni héréditaire, était, on le sait, distinct de celui de garde des sceaux. (Voy., sur ce sujet, Guyot, *Rép. de jurisp.,* mots CHANCELIER et GARDE DES SCEAUX, et Ferrière, *Dict. de dr. et de pratiq.,* Toulouse, 1779, mêmes mots, ainsi que les intéressants détails fournis dans le remarquable ouvrage déjà cité de M. Garsonnet, § VIII, note 4, p. 41. — Comp. notre *Anc. dr. fr.,* chap. II, sect. I, § 2, note 20, p. 82.)

(23) Voy. le *Moniteur* du 30 novembre 1790.

(24) Voy. le *Moniteur* du 17 décembre 1790.

18° Décret des 2 décembre 1790-30 janvier 1791. — Il supprime différents objets de dépenses publiques, relatifs aux offices et droits casuels.

19° Décret des 21-25 décembre 1790. — Il dispose que les créanciers sur les offices ministériels ne peuvent, jusqu'à la liquidation et au remboursement de ces offices, exiger aucun paiement sur les capitaux hypothéqués sur les prix de ces charges, ni exercer aucunes poursuites à raison desdites créances, si ce n'est pour le paiement des intérêts échus (25).

20° Décret des 21 et 24 décembre 1790-23 février 1791, *relatif à la liquidation des offices d'officiers ministériels* (26). — Les graves questions que soulèvent incessamment la propriété et la transmission des offices ministériels conservent un intérêt d'actualité aux lois qui ont, à la fin du siècle passé, statué sur cette très-délicate matière. Tout récemment encore, le problème de la liquidation et du remboursement de plusieurs charges a été agité, partiellement, il est vrai, au cours des discussions sur le projet de loi de réforme judiciaire, la suppression de différents tribunaux devant entraîner fatalement la disparition de certaines classes d'officiers ministériels (des greffiers, des avoués et des huissiers) exerçant près les juridictions qui seront frappées (27).

---

(25) Ce décret fut adopté sans discussion sur la proposition faite, le 21 décembre, par un député dont le *Moniteur* n'a pas trahi l'anonymat. Voici à propos de quelles circonstances. Les officiers ministériels qui venaient d'être supprimés, étaient alors dans la plus vive inquiétude ; leurs créanciers perdant, en effet, toute la confiance que leur donnait antérieurement la jouissance d'un état qu'ils croyaient solide, exerçaient maintenant contre eux des poursuites rigoureuses. Le représentant auquel nous faisons allusion, demanda en conséquence que, en attendant la liquidation et les indemnités dues pour la suppression des offices, les créanciers sur ces offices et leurs cautions ne pussent faire de poursuites, si ce n'est pour le paiement des intérêts de leurs créances, sauf à eux, pour leurs capitaux, à former opposition dans la forme prescrite par le décret du 30 octobre précédent, signalé ci-dessus, 11°. (Voy. le *Moniteur* du 22 décembre 1790, *in fine*, sous la rubrique séance du mardi 21 décembre.)

(26) Voy., sur ce décret, le *Moniteur* des 19, 22, 23 et 26 décembre 1790, et *infra*, chapitre II.

(27) A l'heure même où nous écrivions ces lignes, le Sénat était saisi du rapport de

Mais, si la question est spécialisée à l'heure présente, et si l'attention n'est pour le moment attirée que sur les seules catégories d'officiers ministériels qui soient menacées, il n'est pas impossible qu'elle acquierre, par la suite, un caractère de généralité, et que, dans un avenir peut-être prochain, un jour vienne où l'on entreprenne la révision des lois qui ont rétabli ou reconnu la transmissibilité des offices ministériels ; la loi du 24 décembre 1790 serait alors un document auquel on ne manquerait pas de recourir. Aussi considérons-nous que l'obligation d'en reproduire ici toutes les dispositions s'impose impérieusement à nous. En voici donc la teneur intégrale :

« Art. 1er. — Les titres des offices de procureur, dans tous les tribunaux du Royaume, seront remboursés d'après des bases proportionnellement égales ; en conséquence, les évaluations qu'ils ont faites, en exécution de l'édit de 1771, seront rectifiées d'après la division suivante.

« Art. 2. — Les tribunaux de même nature seront divisés au moins en cinq classes.

« Art. 3. — Chacune sera composée de tribunaux égaux, autant que faire se pourra, sous les rapports combinés de l'étendue, de la population et du nombre d'officiers de leur juridiction.

« Art. 4. — Cette division ainsi formée, l'évaluation la plus forte des offices de chaque classe sera prise pour former une évaluation commune à tous les officiers de la même classe.

« Art. 5. — Les offices soumis à l'évaluation seront liquidés

---

la Commission qu'il avait chargée d'examiner le projet de loi sur la réorganisation de la magistrature, déjà votée par la Chambre des députés. Tel qu'il était sorti des mains de la Commission sénatoriale, ce projet, dont la rédaction se trouvait alors soumise à la Chambre haute, consacrait ses articles 8 et 9 à la réglementation de l'indemnité à allouer aux titulaires qui se trouvaient sous le coup d'une dépossession forcée, ou, pour mieux dire, d'une véritable expropriation pour cause d'utilité publique. Mais, au cours de l'impression de cette partie de notre travail, ce projet de loi sur la réforme judiciaire, adopté par la Chambre des députés le 22 novembre 1880, a été retiré par un décret en date du 15 novembre 1881 (*Journal officiel* du 16 nov.). Tout récemment, en février 1882, M. le garde des sceaux Humbert en a déposé un nouveau sur les bureaux de la Chambre des députés ; nous y reviendrons dans notre *Droit actuel*. (Voy. t. 3, *Paranthèse bibliographique*, n° 242.)

sur le pied de l'évaluation commune à la classe dans laquelle ils auront été rangés.

« Art. 6. — Outre le montant de l'évaluation réglée par les articles précédents, il sera accordé une indemnité particulière aux titulaires ou propriétaires d'offices qui justifieront de contrats ou autres actes authentiques portant ces offices et leurs accessoires à un prix excédant celui de l'évaluation.

« Art. 7. — Cette indemnité sera déterminée en raison du prix auquel les contrats se trouveront monter, après les prélèvements, qui seront réglés par les articles suivants.

« Art. 8. — L'évaluation rectifiée par les précédents articles sera toujours comptée au moins pour un tiers du prix total des contrats ; en conséquence, il sera fait sur chacun d'eux le prélèvement de cette portion, lors même que l'évaluation ne montèrait pas à une somme équivalente.

« Art. 9. — Lorsque l'évaluation rectifiée ou le prix du titre spécifié dans les contrats excèderont le tiers du total de l'acquisition, il sera fait prélèvement de la somme la plus forte à laquelle l'un des deux se trouvera monter.

« Art. 10. — Le surplus sera payé, par forme d'indemnité, aux titulaires ou propriétaires d'offices dont les contrats n'indiqueront l'acquisition d'aucun rôle, débet ou recouvrement.

« Art. 11. — A l'égard des contrats qui énonceraient l'acquisition de rôles, débets ou recouvrements, il sera fait un second prélèvement des sommes pour lesquelles ils s'y trouveront portés, et le surplus formera l'indemnité.

« Art. 12. — Toutes les fois que les sommes auxquelles se montent les rôles, débets et recouvrements seront confondues avec le prix du titre et de la clientèle, sans aucune spécification particulière, ils seront réputés former chacun la moitié du prix restant des contrats, déduction faite de ce qui doit appartenir à l'évaluation ; en conséquence, une moitié seulement sera payée à titre d'indemnité.

« Art. 13. — Dans le cas où les rôles, débets ou recouvrements spécifiés dans les contrats équivaudraient au prix y porté, déduction faite de celui stipulé pour le titre ou résultant de l'évaluation rectifiée, il ne sera accordé aucune indemnité.

« Art. 14. — Les offices de greffier et huissier audiencier soumis à l'évaluation seront remboursés conformément aux décrets des 2 et 6 septembre dernier (voy. *supra*, 9°), et les mêmes décrets seront communs aux commissaires de police, huissiers, gardes et archers, en ce qui regarde le remboursement, sur le pied de l'évaluation faite en exécution de l'édit de 1771.

« Art. 15. — Il leur sera payé en outre, à titre d'indemnité, le sixième du prix porté dans leurs contrats d'acquisition et autres actes authentiques, lorsqu'ils pourront en justifier.

« Art. 16. — Néanmoins le remboursement du titre de leurs offices et l'indemnité jointe ne pourront, dans aucun cas, excéder le prix total de leurs contrats.

« Art. 17. — Il sera fait déduction, sur cette indemnité, du montant des recouvrements que ces officiers pourraient avoir acquis, toutes les fois que cette somme se trouvera spécifiée dans leurs contrats.

« Art. 18. — Dans le cas où ces recouvrements seraient énoncés dans les contrats sans aucune spécification de la somme à laquelle ils montent, ils seront réputés équivaloir à la moitié de l'indemnité déterminée en leur faveur; en conséquence, il ne leur sera payé que la moitié de ladite indemnité.

« Art. 19. — Les offices de différente nature dont il vient d'être parlé, qui n'étaient pas soumis à l'évaluation de 1771, autres néanmoins que ceux des greffiers et huissiers audienciers, sur lesquels il a été statué par les décrets des 2 et 6 septembre dernier (voy. *supra*, 9°), seront remboursés sur le pied des contrats d'acquisition, et, à leur défaut, sur le pied de la finance.

« Art. 20. — Il sera également fait déduction du montant des recouvrements que ces officiers pourront avoir acquis, toutes les fois que la somme s'en trouvera spécifiée dans leurs contrats.

« Art. 21. — Si ces recouvrements sont énoncés dans les contrats sans aucune spécification de la somme à laquelle ils montent, ils seront réputés équivaloir, savoir : pour les procureurs, au tiers de leurs contrats, et pour les autres officiers, au douzième. En conséquence, il sera fait déduction d'autant sur leur indemnité.

« Art. 22. — L'article 7 du titre Ier du décret des 2 et 6 septembre dernier sera exécuté à l'égard des officiers dénommés dans les articles précédents qui se trouveront les premiers pourvus d'un office ou qui en auraient levé nûment aux parties casuelles, depuis 1771.

« Art. 23. — A l'égard des jurés-priseurs, outre le remboursement ordonné par les décrets des 9 juillet et 6 septembre derniers sur le pied de la finance effectivement versée dans le trésor public (voy. *supra*, 5° et 9°), ceux qui auront succédé médiatement ou immédiatement aux premiers pourvus de ces offices recevront, à titre d'indemnité, un sixième du prix de leurs contrats, dans les mêmes termes que les greffiers, huissiers, etc.

« Art. 24. — Les dettes contractées par les communautés pour le rachat d'offices réunis ou supprimés seront supportées par la nation.

« Art. 25. — Les créances acquises par les communautés et les titulaires pour raison de réunion d'offices, à compter de l'époque de l'édit de 1771, seront également payées par la nation.

« Art. 26. — A l'égard des autres dettes contractées par les communautés, elles seront sujettes à vérification, et la nation n'en sera chargée qu'autant qu'il sera justifié qu'elles ont été nécessitées par des causes d'utilité et d'ordre public.

« Art. 27. — Les frais de réception seront remboursés aux titulaires, conformément à l'article 10 du titre Ier du décret des 2 et 6 septembre dernier (voy. *supra*, 9°), et à la charge des retenues qui s'y trouvent énoncées.

« Art. 28. — Dans le mois à compter de la publication du présent décret, tous les créanciers des communautés seront tenus d'envoyer au bureau de liquidation expédition en forme de leurs titres de créance, certifiée par les syndics ou autres officiers qui se trouvaient en exercice au moment de leur suppression.

« Art. 29. — Dans le même délai, lesdites communautés enverront au bureau de liquidation un tableau de leurs dettes actives sur l'Etat, et de leurs dettes passives, certifié et signé par tous les membres présents, et une expédition en forme de tous leurs titres de créance.

Lesdites expéditions, délibérations de communautés et autres actes y relatifs, seront, pour cette fois, admis sur la signature et collation des syndics ou autres officiers des communautés.

« Art. 30. — Dans les communautés supprimées par le présent décret, il ne pourra être procédé à la liquidation d'aucun office en particulier qu'après que la communauté aura fourni l'état nominatif de tous ses membres, avec distinction des titulaires et des propriétaires non reçus ; ensemble l'état détaillé de ses dettes actives sur la nation, et de ses dettes passives, le tout dûment certifié par des commissaires nommés *ad hoc* pour la communauté assemblée.

« Art. 31. — Dans le cas où une communauté refuserait de se faire liquider ou de fournir les états ci-dessus énoncés, les syndics ou autres officiers qui étaient en exercice au moment de la suppression pourront, après le délai d'un mois à compter de la publication du présent décret, être sommés de satisfaire aux dispositions de l'article précédent ; et sur la représentation de la sommation, les titulaires qui se présenteront à la liquidation seront liquidés sans déduction de dettes, sauf le recours contre eux de la part de la communauté, pour leur faire supporter leur portion des dettes communes.

« Art. 32. — Les difficultés relatives aux objets contestés ne pourront arrêter la liquidation des objets non contestés. »

21° DÉCRET DES 27 DÉCEMBRE 1790 - 2 JANVIER 1791. — Ce décret autorise la caisse de l'extraordinaire à rembourser au 1er janvier 1791 ce qui se trouvera exigible à cette époque des objets compris dans la suspension de 1788, et déjà liquidés à l'époque de cette suspension, savoir : les offices supprimés du ci-devant Conseil d'Alsace et du Parlement de Pau, et les offices supprimés de la maison du Roi et de celle de la Reine, par édits des mois de janvier 1788 et mars 1789.

22° Décret des 30 décembre 1790 - 9 janvier 1791. — Il est relatif à la faculté accordée par les décrets des 30 octobre et 5 novembre précédents (voy. *supra*, 11°) aux propriétaires d'offices, d'employer la moitié du prix de leur finance en acquisition de domaines nationaux.

c. — 1791.

23° Décret des 6-19 janvier. — Ce décret porte que l'état de liquidation des offices de judicature sera renvoyé au commissaire du Roi, pour être par lui arrêté sous sa responsabilité, et présenté ensuite par le comité de judicature à la délibération de l'assemblée.

24° Décret des 15, 16, 17, 18 décembre 1790, et 29 janvier - 20 mars 1791, *concernant la suppression des offices ministériels et l'établissement des avoués*. — Ce décret très-complexe, longuement discuté durant huit séances consécutives (28), sur un rapport de Dinocheau, au nom des comités de constitution et de judicature, et dans lequel se trouvent adoptées plusieurs des propositions que fit Mirabeau, le 15 décembre 1790, au sujet des offices ministériels nécessaires devant les tribunaux, pour l'instruction des affaires, pour la défense, etc. (29), ce décret, disons-

---

(28) Voy. le *Moniteur* des 14, 15, 16, 17, 18, 19, 22 et 23 décembre 1790.

(29) Voy. les *Mémoires biographiques, littéraires et politiques de Mirabeau, écrits par lui-même, par son père, son oncle et son fils adoptif*, liv. VIII, 2e éd., t. 8, p. 232 *sub fin.* — Comme l'Assemblée Constituante s'est largement inspirée, ainsi que nous le disons au texte, des propositions faites par Mirabeau à la date indiquée, nous croyons intéressant de reproduire ici le passage suivant, emprunté au livre VIII de ses *Mémoires*, à la suite de celui auquel nous venons de renvoyer (voy. pp. 233 et suiv.), et dans lequel se trouvent des extraits de son opinion sur les offices ministériels. On pourra, de la sorte, établir une comparaison aisée entre les propositions auxquelles nous faisons allusion, et les dispositions du décret qui présentent le principal intérêt, et dont nous donnons ci-après copie au texte.

nous, contient, au nombre des quinze articles dont il se compose,

---

« D'un côté », lisons-nous dans ce passage, « l'Assemblée continuait la reconstruction totale de l'ordre judiciaire.

« D'un autre côté, les principes de la constitution prohibaient dorénavant toute vénalité, toute hérédité des charges ; et le législateur devait, par conséquent, s'occuper de celles qui étaient en exercice, devait en renouveler le titre, et les mettre en harmonie avec les institutions décrétées.

« Enfin, il importait de réduire le nombre des charges, parce que la matière des procès devait être désormais considérablement amoindrie, par l'abolition des droits féodaux, par celle des redevances ecclésiastiques, par la simplification déjà fort avancée des lois sur la procédure civile et criminelle, par la reconnaissance solennelle, quoique tardive, du droit de défense personnelle, par l'institution récente des justices de paix, etc.

« Dès lors, la mesure qui se présentait le plus naturellement à l'esprit était une suppression générale et une réinstitution générale des offices existans ; suppression qui était un bienfait pour beaucoup de titulaires, puisqu'elle leur procurait le remboursement de charges désormais oisives et stériles ; reconstitution qui offrait à tous les autres les moyens de continuer leur profession, et aux plaideurs l'entremise indispensable des officiers préposés à l'instruction des affaires.

« La discussion des mesures à prendre à cet égard, d'après le rapport d'une commission, eut lieu dans les séances des 15 au 18 décembre 1790. Mirabeau n'y prit part que pour présenter un projet de décret par lequel il proposait :

1° De supprimer tous les offices ministériels établis près des anciens tribunaux (sauf remboursement en cas d'abolition définitive) ;

2° D'établir près des tribunaux de districts des *hommes de loi*, en nombre réglé, chargés d'instruire les procès, de défendre, etc. ;

3° D'autoriser la *défense officieuse*, mais dans ce cas gratuite, pour tout citoyen quelconque ;

4° De confier provisoirement les fonctions d'hommes de loi aux procureurs qui exerçaient précédemment devant les parlemens, conseils supérieurs, bailliages, sénéchaussées et autres juridictions royales ordinaires, à charge par ces procureurs de déclarer dans un délai de trois mois leur intention d'exercer, et de désigner le tribunal auquel ils s'attacheront ;

5° De rembourser les offices des refusans ;

6° De fixer le nombre des officiers exerçant devant chaque tribunal, et d'éliminer par la voie du sort les candidats qui se seraient fait inscrire en nombre supérieur, et qui, dans ce cas, pourraient se destiner à un autre ressort ;

7° De procéder par voie d'élection dans les cas où le nombre fixé ne serait pas rempli par les candidats qui se seraient présentés.

« Je désire », disait Mirabeau en se résumant, « qu'on puisse concilier plus nettement le bienfait de la suppression des offices, la liberté de défendre officieusement, le respect pour la propriété des titulaires, la grande considération de ne pas occasionner un bouleversement inutile, l'accélération de l'exercice des nouveaux tribunaux et la diminution des indemnités ; je le désire ; mais, avant de rejeter un décret qui a de grands et nombreux suffrages, il faut examiner. »

« Ces propositions furent en partie adoptées par l'Assemblée qui, le 18 décembre, institua des *avoués*, offices auxquels pouvaient prétendre toutes personnes attachées à l'ancienne judicature : mais elle ajourna la fixation des nombres locaux, et les règles de nomination ultérieure. » — Voy. aussi le *Moniteur* du 17 décembre 1790, où se trouve reproduit le projet de décret en 17 articles visé plus haut, et présenté par M. Riquetti, ci-devant Mirabeau.

plusieurs dispositions qui, à raison de leur importance considérable à plus d'un point de vue, méritent d'être ici textuellement relevées. Ce sont les sept suivantes :

« Art. 1er. — La vénalité et l'hérédité des offices ministériels auprès des tribunaux pour le contentieux, sont supprimées.

« Art. 2. — Le ministère des officiers publics sera nécessaire pour les citations, significations et exécutions.

« Art. 3. — Il y aura auprès des tribunaux de district des officiers ministériels ou avoués, dont la fonction sera exclusivement de représenter les parties (30), d'être chargés et responsables des pièces et titres des parties, de faire les actes de forme nécessaires pour la régularité de la procédure et mettre l'affaire en état. Ces avoués pourront même défendre les parties, soit verbalement, soit par écrit, pourvu qu'ils soient expressément autorisés par les parties, lesquelles auront toujours le droit de se défendre elles-mêmes verbalement et par écrit, ou d'employer le ministère d'un défenseur officieux pour leur défense, soit verbale, soit par écrit (31).

---

(30) Chacun sait que la représentation judiciaire fut loin d'être toujours admise en droit, librement et sans restriction. Sans revenir sur la législation romaine, pour laquelle nous renverrons aux quelques détails que nous avons, dans notre travail de droit romain, consacrés aux avoués (t. 1, pp. 657 et suiv.), nous nous bornerons à rappeler qu'il était de règle, aux xiiie et xive siècles, que le demandeur ne pouvait se faire représenter, sans avoir, au préalable, obtenu une permission royale, délivrée en chancellerie, et soumise au paiement d'une taxe. Ce ne fut que dans la première moitié du xvie siècle, par l'effet de l'art. 1er de l'ordonnance rendue par François Ier à Saint-Germain-en-Laye, le 13 janvier 1528 (Isambert, t. 12, p. 307 in fine), que disparut la prohibition exprimée par la maxime célèbre « Nul en France ne plaide par procureur, hormis le roi » (voy. Les Établissements de saint Louis, liv. II, chap. viii, éd. Du Cange et Laurière, ou liv. II, ch. ix, éd. P. Viollet, t. 2, pp. 341 et suiv.; ordonn. du 3 nov. 1400, dans les Ordonn. des Rois de France, t. 8, p. 396; cf. Isambert, t. 6, p. 846, n° 268, et Ph. de Beaumanoir, Les Coutumes du Beauvoisis, chap. iv, n° 2, éd. Beugnot, 1847, t. 1, p. 75), prohibition dont se trouvaient seuls exemptés le défendeur et les personnes publiques, qu'elles fussent demanderesses ou défenderesses.

(31) Nul n'ignore qu'aucune institution ne fut plus vigoureusement attaquée, sous l'ancien régime, que celle des procureurs, dont le nombre fut restreint jusqu'aux lettres patentes de Charles VI, datées de Paris, 19 novembre 1393 (Ordonn. des Rois de France, t. 7, p. 584, et Isambert, t. 6, pp. 742 in fine et suiv.), et dont Charles IX finit, près de deux siècles plus tard, par ériger la fonction en titre d'office, par son édit de Paris, du mois de juillet 1572 (Isambert, t. 14, p. 255, n° 168); et il faut reconnaître

« Art. 12. — Pourront les huissiers qui seront attachés aux
tribunaux de district établis dans la ville de Paris exercer leurs

---

que les critiques dont ils furent l'objet ne manquaient pas de fondement, si l'on s'en
rapporte au témoignage, fort peu suspect d'ailleurs, du chancelier de L'Hospital, selon
l'heureuse expression duquel ces officiers n'avaient « aucun grain de probité », ce que
confirme le vers célèbre de Boileau contre le procureur Rollet :

« J'appelle un chat un chat, et Rollet un fripon. »

Aussi la profession de procureur était-elle à ce point discréditée « qu'elle dérogeait à
la noblesse et que, dans le temps où elle était libre, elle était interdite aux avocats et
aux gens d'églises. » (M. Glasson, op. cit., t. 2, nº 216, p. 211.) Il ne faut donc pas
s'étonner de voir, à l'ouverture même des séances de l'Assemblée Constituante, éclater
contre ces gens de justice, de toutes parts, sans merci, et avec une générosité vraiment
empreinte de prodigalité, les marques non équivoques d'une défiance bien accusée, et
des griefs mêlés de reproches ; il n'est point jusqu'aux sarcasmes qu'on n'épargne
pas, jusqu'aux railleries dont on ne se plaise à poursuivre les tristes descendants
d'ancêtres depuis longtemps bafoués et frappés désormais d'une réprobation publique
unanime. La Constituante, cependant, usant de modération, ne supprima pas immédiatement ces fonctions, devenues pourtant singulièrement odieuses, et le décret, dont
nous venons de rapporter l'article 3 au texte, nous montre, par ses articles 4 et suivants, qu'elle autorisa ceux qui les exerçaient à représenter les parties devant les tribunaux de district, sous une dénomination nouvelle, toutefois, c'est-à-dire sous le nom
d'avoués, tant l'ancienne sonnait mal, discréditée qu'elle avait été par certains abus
grossis encore par le préjugé populaire. (Aux articles 4 à 10, auxquels nous nous bor-
non à renvoyer, parce qu'ils sont sans intérêt pour nous, il convient de joindre les
articles 2 à 4 inclus du décret des 29 janvier-11 février 1791, rendus en exécution de
l'art. 10 du décret précédent, celui dont nous nous occupons actuellement. Ce décret
porte pour titre : Décret relatif aux armes, à la taxe des procédures faites dans
les anciens tribunaux, et à la forme à observer à l'avenir dans les inventaires,
partages et liquidations qui pourraient intéresser les absents.) Mais hâtons-nous de
rappeler que la Convention se montra moins ménagère de leurs intérêts, et que son
décret du 3 brumaire an II = 24 octobre 1793, en déterminant une nouvelle forme
pour l'instruction des affaires devant les tribunaux, prononça la suppression des fonctions d'avoués, sauf aux parties à se faire représenter par de simples fondés de pouvoirs, qui n'avaient besoin, pour toute garantie, de justifier que d'un certificat de
civisme. (Voy. les art. 12 à 17 inclus de ce décret. Comp. note 41, infra.) N'oublions
pas, toutefois, que les avoués ont été rétablis par les articles 93, 94 et 95 de la loi du
27 ventôse an VIII = 18 mars 1800, sur l'organisation des tribunaux, articles dont
les dispositions portent en substance que, sans préjudice du droit qu'auraient les parties
de plaider elles-mêmes leur cause, ou de la confier à un avocat, il serait institué près
des tribunaux de première instance et des cours d'appel, un nombre fixe d'avoués investis du droit exclusif de postuler, c'est-à-dire, suivant la traduction de M. Garsonnet
(op. cit., § XCIII, p. 365), de « faire et recevoir tous les actes qu'exige la conduite d'un
procès », et de conclure, c'est-à-dire, selon l'explication du même auteur (ibid.), de
« rédiger et déposer entre les mains des juges le texte des prétentions des parties. » Il
convient cependant de remarquer que si les fonctions des avoués, qui, pour emprunter
le langage de M. Laferrière (op. cit., t. 2, p. 349), « parurent comme la transformation épurée de l'ancienne compagnie des procureurs », furent renouvelées, à tout
le moins leurs offices ne furent-ils point rétablis comme une propriété vénale et transmissible.

fonctions dans toute l'étendue du département de Paris. — (Quant
aux huissiers-priseurs de Paris et aux huissiers en la prévôté de

Il faut, au demeurant, convenir que le rétablissement des avoués apparut comme une
véritable nécessité pratique, et ne fut qu'une résurrection imposée par les faits, qui
usèrent de représailles et prirent, ici comme ailleurs, leur inévitable revanche sur les
théories fausses, inconsidérées ou adoptées à la légère. Déjà, à la séance de l'Assemblée Constituante du 16 décembre 1790, le sage Tronchet, présageant bien les dangers
probables qui résulteraient pour les plaideurs de la suppression totale de représentants
judiciaires légaux, officiels et titrés, et du complet abandon de leurs intérêts à des
mains plus cupides qu'expérimentées, et à des mandataires qui, dénués de capacité,
manquant de discipline et d'esprit de corps, étaient plus faits pour compromettre la
justice, qu'ils n'étaient propres à la servir, Tronchet, après avoir dit : « Les officiers
ministériels ne seront point une classe privilégiée, si c'est la nécessité publique qui
exige que vous leur attribuiez des fonctions exclusives : mais leurs fonctions seront
un privilège de la société entière », ajoutait : « Vous frémiriez si je vous développais
toutes les ruses de ces charlatans qui, sous le titre de défenseurs officieux, entou-
reraient les tribunaux, abuseraient de la confiance du pauvre et du faible, s'empare-
raient de leurs pièces, les accableraient de frais. J'ai vu de ces praticiens se faire payer
la moitié du gain d'un procès. Obligerez-vous ces hommes, qui sacrifient le reste d'une
vie honnête et laborieuse à la défense de l'innocence, de vivre au milieu de l'odeur
infecte du cloaque formé par cette race impure de solliciteurs de procès ? faites-en
l'essai, et vous aurez causé un mal irréparable. » (Voy. le *Moniteur* du 18 sept. 1790.)
L'essai fut fait un peu plus tard, et l'avenir se chargea de vérifier promptement ces
justes prévisions. Aussi, dès l'an V, le Tribunal de cassation demanda-t-il, en ce qui le
concernait, l'établissement d'un corps composé « d'hommes capables de lui exposer les
moyens de droit à présenter contre les jugements. » (Voy. délibération du 15 messidor an V
= 3 juillet 1797, dans Tarbé, *Lois et règlements à l'usage de la Cour de cassation*,
p. 39.) Il est, au surplus, intéressant de reproduire les termes exprès dont se servit le
Tribunal de cassation ; allons plus loin, et disons que cet intérêt de curiosité se change
en utilité réelle, en présence des vœux d'abolition des officiers ministériels et de suppression de leurs charges, formulés dans quelques réunions publiques au cours de la
dernière période électorale qui vient de précéder les élections législatives du 21 août
1881. Voici donc comment était conçue l'adresse envoyée par ce Tribunal, le 15 messidor an V, aux Conseils des Anciens et des Cinq-Cents, telle que nous la trouvons dans
le n° de la *Gazette des Tribunaux* du 25 août 1881, p. 839, col. 4. *Variétés*, et p. suiv. :
« *Le Tribunal de cassation au Corps législatif.* — Citoyens représentants, — La justice souffre. — Les citoyens sont livrés à une oppression qu'il importe de faire cesser,
et nous représentons au Corps législatif que le rétablissement des officiers ministériels
auprès des Tribunaux est un des objets les plus urgents de ses travaux réparateurs.

Lorsque les offices d'avoués, que les décrets de l'assemblée Constituante avaient trop
multipliés, furent supprimés, la loi impérieuse du besoin les institua de nouveau.

Auparavant, ce titre était accordé après des épreuves, l'inscription au greffe renfermait en soi une attestation de suffisance et de probité ; elle établissait des rapports
de surveillance et de subordination qui faisaient la sûreté des justiciables. La loi du
3 brumaire an II ne fut réellement, dans la suppression qu'elle ordonnait, qu'une dispense de toute épreuve, de toute suffisance, de toute subordination, et il arriva souvent
que l'incapacité fut le moindre reproche qu'il y eût à faire à ceux qui surprirent la
confiance des citoyens en se constituant leurs défenseurs.

Il y a longtemps que le Tribunal voit avec douleur des fonctions délicates partagées
entre des hommes irréprochables et qui ont fait leurs preuves, et des vagabonds que le
hasard de leur fortune a poussés dans une carrière qu'ils déshonorent.

l'hôtel, nous avons rapporté, note 7, *supra*, les dispositions de
l'art. 11 qui les concerne.)

Les *prévarications* se répètent d'autant plus que les prévaricateurs indépendants de
toute surveillance sont plus assurés de l'impunité. Le Corps législatif jugera de l'abus
par un exemple :

Un homme de loi ou plutôt un usurpateur de ce nom écrit à l'un de ses clients :
« Je n'ajouterai rien au détail de ma précédente lettre sur l'état de votre affaire.....
Comme je connais un intime ami du rapporteur, qui m'a promis de vous être utile,
je désirerais que vous me missiez à même de lui manifester ma reconnaissance d'une
manière directe ; il s'agirait de me faire passer quelques boîtes de fruits secs et un
panier de vin de votre pays pour lui offrir de votre part. »

La lettre dénoncée au Tribunal de cassation depuis quatre jours seulement, est
datée du 2 brumaire an IV. La signature qu'il faut déclarer, pour que le soupçon ne
tombe pas sur des têtes pures, est celle de Baret. L'adresse est à Mazet l'aîné, à
Villeneuve-sur-Lot.

Nous n'avons pas besoin de dire que nos rapporteurs n'ont point d'amis utiles aux
parties et que celui de Mazet est l'un de nos plus estimables collègues. — Mais nous
avons cru devoir au peuple, au Corps législatif et à nous-mêmes de rompre le silence
sur l'indispensable et pressante nécessité de rendre aux Tribunaux leurs officiers ministériels.

Elle se fait sentir plus particulièrement au Tribunal de cassation, placé dans la ville
capitale où vient se perdre dans la foule tout ce que les départements rejettent d'im-
pur, et pour la plupart des justiciables à une distance qui les expose, dans leurs choix,
à des méprises et assure trop d'avantages à l'industrie des aventuriers qui l'extorquent.

Le Corps législatif verra si le rétablissement des avoués, lié dans les propositions
qui lui ont été faites, à des projets de lois générales dont il est à craindre que la discussion ne soit trop longtemps différée, ne peut pas, ne doit pas être détaché ,pour
être l'objet d'une loi instante que les besoins du peuple sollicitent sans retardement. »

Quelques mois plus tard, voici comment s'exprimait de son côté Riou, dans le discours qu'il prononça, le 4 brumaire an VI = 25 octobre 1797 (voy. le *Moniteur* du
7 brumaire), à la séance du Conseil des Cinq-Cents : « L'improbité, l'ignorance, le
charlatanisme, occupaient les avenues de tous les tribunaux, et, ne connaissant plus ni
tarif dans les vacations, ni pudeur dans les honoraires, ces sangsues impunies mettaient
chaque jour les citoyens à contribution. » (Voy. aussi le discours de M. Oudot, dans le
Moniteur du 23 vendémiaire an VI, et le rapport de l'orateur du gouvernement au
Tribunat, en présentant le projet de loi sur l'organisation judiciaire et le rétablissement
des avoués, dans le *Moniteur* du 6 germinal an VIII.) Tel fut le résultat déplorable de
la mise à exécution de la loi du 3 brumaire an II. De là, l'expérience ayant fait regretter
ce qu'une œuvre de passion avait fait abandonner, les dispositions de la loi du 27 ventôse an VIII, que vint compléter la loi du 22 ventôse an XII = 13 mars 1804, *relative
aux écoles de droit*, loi qui acheva d'organiser la profession d'avoué, en déterminant,
dans son art. 26 (comp. art. 12), les conditions de capacité nécessaires pour y être
admis. (Voy. aussi l'art. 31 relatif au serment. — MM. Devill. et Car., *Lois ann.*, 1re série,
pp. 665 et 666.) — Nous ajouterons que, depuis la loi de l'an VIII, et en vertu de son art. 95,
les avoués ont été nommés par le chef de l'État, mais, avant l'art. 91 de la loi de finances
du 28 avril 1816, sur la présentation *exclusive* du tribunal auprès duquel ils devaient
exercer leur ministère. Aujourd'hui, et à dater de cette dernière loi, une distinction
est à faire à cet égard. S'agit-il d'un office pour lequel le droit de présentation n'existe
pas, ainsi que cela a lieu dans certaines de nos colonies (voy. t. 3, *Droit moderne*, PRÉAM-
BULE HISTORIQUE, n° 317 et la note 186 qui accompagne ce n°), le candidat à cette charge

« Art. 13. — Tous les autres huissiers ou sergents royaux, même ceux des ci-devant justices seigneuriales ressortissant immédia-

est nommé d'après le système de l'art. 95 de la loi de l'an VIII, c'est-à-dire sur la présentation de la juridiction auprès de laquelle il veut exercer. S'agit-il, au contraire, d'un office auquel ce droit se trouve attaché (et tous ceux de la métropole sont, sans exception, dans ce cas), c'est alors, aux termes de l'art. 91 de la loi de 1816, sur la présentation du titulaire en exercice, qui deviendra son prédécesseur, que se fait la nomination du nouvel officier ministériel. Mais, dans les deux hypothèses, c'est toujours du chef du pouvoir, le Président de la République ou son délégué dans les colonies, que cette nomination émane et que l'officier public tient son titre.

Pour bien comprendre la distinction qui précède, il faut savoir que les fonctions d'avoué, dont, pour le dire en passant, on a proposé récemment de rendre le ministère facultatif (voy., dans le *Journal officiel* du 11 mars 1880, la *Proposition de loi pour la réforme de l'organisation judiciaire*, déposée au Sénat le 27 janvier précédent, par M. Eymard-Duvernay), ne sont pas exercées sur tout le territoire français par des propriétaires d'offices vénaux. Nous faisons spécialement allusion ici à la plus importante de nos colonies, nous voulons dire à l'Algérie, où les fonctions dont nous parlons sont remplies par des *défenseurs*, qui ont été créés par l'art. 62 de l'ordonnance du 10 août 1834, et dont l'art. 33 de l'ordonnance du 16 avril 1843 (Devill. et Car., *Lois ann.*, 2e série, p. 745) rend le ministère obligatoire dans les mêmes cas que celui des avoués. Or, ces défenseurs, auxquels on donne quelquefois le nom d'avoués, dénomination qui, du reste, n'est pas entrée dans l'usage et n'est pas légale, si bien qu'ils peuvent plaider concurremment avec les avocats, lors même que le décret qui les nomme leur donnerait le titre d'avoué (voy., sur ces deux points, M. E. Garsonnet, *op. cit.*, § XCII, note 10, p. 362, et § XCIII, note 3, p. 366, et, sur le second, la discussion de la pétition des avocats d'Alger au Sénat, séance du 11 avril 1865, dans le *Moniteur* du 12, p. 432, citée par cet auteur dans le dernier passage indiqué) [¹], ces défenseurs n'ont pas la propriété de leur charge, en ce sens qu'ils ne peuvent passer aucun traité à l'effet de transmettre leurs fonctions à leur successeur, à peine de nullité et de destitution du titulaire actuel ou du successeur, selon que le traité précède ou suit la nomination de ce dernier. (Voy. MM. Ménerville et Sautayra, *Dict. de la législ. algér.*, mot DÉFENSEURS, et *infra*, Droit moderne, *loc. sup. cit.*) A fortiori en est-il ainsi au Sénégal et dans l'Inde, où les avoués sont remplacés par des conseils commissionnés dont le ministère est purement facultatif (voy. l'ordonnance du 7 février 1842, art. 127 et suiv., et les décrets des 9 août 1854, art. 34 ; 26 juin 1877, art. 1, et 19 avril 1880, art. 1), ainsi que dans les établissements de l'Océanie, de la Cochinchine et de la Nouvelle-Calédonie, où les défenseurs qui jouent le rôle d'avoués exercent un ministère qui n'est pas non plus obligatoire (voy. les décrets des 25 juillet 1864, art. 27 ; 28 nov. 1866, art. 90, et 18 août 1868, art. 37). Cela ne signifie pas que la vénalité des offices d'avoués n'ait pénétré dans aucune de nos colonies. C'est ainsi, par exemple, que dans celles de La Martinique, de La Guadeloupe et de ses dépendances, de l'île de la Réunion

* Un décret tout récent, du 27 décembre 1881, vient de modifier, pour l'avenir tout au moins, ce que nous disons relativement à la plaidoirie ; car si son article 2 réserve formellement, au profit des défenseurs actuellement en exercice, le droit de plaider devant la Cour ou les Tribunaux près lesquels ils ont été nommés, son article 1er déclare séparer la plaidoirie de la postulation, en ce qui concerne ceux qui seront nommés postérieurement à la promulgation du présent décret, et qu'il qualifie d'*avoués* dans son second alinéa, dénomination techniquement exacte, les règlements applicables à la plaidoirie devant les Cours d'appel et les Tribunaux de France se trouvant désormais étendus à l'Algérie. (Voy. ce décret et le rapport qui le précède, adressé au Président de la République par M. le Garde des sceaux, Jules Cazot, dans la *Gazette des Tribunaux* du 30 décembre 1881, p. 1283, col. 1 ; voy. aussi le *Bullet. off. du Min. de la just.*, 1882, p. 2.)

tement aux parlements et cours supérieures supprimés, pourront, en vertu de leurs anciennes immatricules, et sans avoir égard aux priviléges et attributions de leurs offices, qui demeurent abolis, continuer d'exercer concurremment entre eux leurs fonctions dans le ressort des tribunaux de district qui auront remplacé celui dans lequel ils étaient immatriculés, et même dans l'étendue de tous les tribunaux de district dont les chefs-lieux seront établis dans le territoire qui composait l'ancien ressort des tribunaux supprimés (32).

---

et de la Guyane française, les dispositions de l'art. 91 de la loi du 28 avril 1816 ont été étendues aux avoués (ainsi qu'aux notaires, huissiers, courtiers et commissaires-priseurs) par l'art. 9, 1ᵉʳ alinéa, de la loi du 19 mai 1849 ; le second alinéa de cet article 9 déclare également exécutoires dans les mêmes colonies les dispositions de la loi du 25 juin 1841 concernant les droits à percevoir sur les transmissions d'offices ministériels. (Devill. et Car., *Lois ann.*, 3ᵉ série, 1849, p. 55. Voy. d'ailleurs *infra*, *Droit moderne, ubi supra*.) — Consulter, sur les avoués, la note 204 de notre *Introd. gén.*, t. 1, pp. 180 et suiv., et surtout MM. Morin, *op. cit.*, t. 1, pp. 187 et suiv., et E. Garsonnet, *op. cit.*, §§ XCII à XCIV inclus, pp. 361 et suiv. — En ce qui concerne l'histoire des procureurs et des avoués, voy. M. Ch. Bataillard, *Les origines de l'histoire des procureurs et des avoués depuis le vᵉ siècle jusqu'au xvᵉ*, Paris, 1868 ; on trouvera pareillement, dans la *Zeitschrift für vergleichende Rechtswissenschaft*, publiée par M. F. Bernhöft et G. Cohn, t. 1, un article de M. H. Brunner, sur *Les procureurs et avoués dans le droit français, normand et anglais du moyen-âge*. — Nous signalerons enfin, relativement à ces officiers ministériels, le discours prononcé par M. l'avocat général Bartholomot, à l'audience solennelle de rentrée de 1881 de la Cour d'appel de Chambéry, sous le titre : *La Réforme du Code de procédure et la suppression de la vénalité des charges d'avoués.* (Comp., sur le même sujet, un article publié par M. L.-A. Eyssautier, dans la *Revue pratique*, t. 30, pp. 325 et suiv., sous le titre : *Réforme de la procédure : suppression des offices d'avoués*, ainsi que la brochure déjà citée de M. J. Ebor, *Essai sur les réformes judiciaires ; les avoués*.)

(32) Les deux articles qui viennent d'être cités appellent une remarque assez curieuse : c'est que, de tous nos officiers ministériels actuels, les huissiers, les greffiers et les notaires (voy., sur ces deux derniers, *supra*, 7°, et *infra*, 68°) furent les seuls dont les fonctions, sinon la vénalité de leurs offices, tout en subissant une profonde transformation, puisqu'elles devinrent des fonctions publiques, ne tombèrent pas, au cours de la période révolutionnaire, sous le coup de la suppression. (Voy., en effet, pour les jurés-priseurs, *supra*, 5° ; pour les avoués, la note précédente ; pour les avocats au conseil, *infra*, 37° et 47°, et enfin pour les agents de change et les courtiers, *infra*, 51°, 38° et 42°.) En ce qui concerne les huissiers, il est bien vrai que les comités de constitution et de judicature proposèrent, dans la séance du 13 décembre 1790, l'abolition de tous les sergents et huissiers alors en exercice (voy. le *Moniteur* du 14 décembre), ce qui était conforme au désir précédemment exprimé par Mirabeau, à la séance du 11 août 1789 (voy. le *Moniteur* du 11, et comp. sa première proposition, dans le passage cité *supra*, note 29). Mais nous venons de voir que, l'année suivante, l'Assemblée Constituante les maintint en termes exprès dans l'exercice de leur charge, par les art. 12 et 13 de notre décret, qui apparaissent, du reste, comme une conséquence de son article 2 précité, et qu'elle déclara formellement, par la seconde de ces dispositions, que ces officiers continueraient leurs fonctions, en vertu de leurs anciennes

« Art. 14. — Tous les officiers ministériels supprimés sont au-

immatricules. Il est seulement à observer, qu'au lieu de distinguer, comme l'avait fait notre ancien droit, les huissiers, plus particulièrement chargés du service des audiences, et les sergents, dont la mission était de signifier et de faire exécuter les actes judiciaires ou extra-judiciaires (voy. Jousse, *Commentaire sur l'ordonnance de 1667*, Paris, 1767, t. 2, pp. 558 et suiv.), le décret dont nous nous occupons a confondu ces deux emplois qui, depuis lors, n'ont plus été séparés.

L'institution des huissiers sortit également victorieuse, sous la Convention, des menaces que renfermait contre elle l'art. 5 de son décret déjà cité (note 7, *supra*), des 17-18 septembre 1793, et, deux ans plus tard, elle se trouvait à nouveau législativement consacrée et définitivement conservée. L'article 27 du décret du 19 vendémiaire an IV = 11 octobre 1795 commença par décider qu'il y aurait, auprès de chaque tribunal non divisé en sections, et auprès de chaque section de tribunal, deux huissiers nommés et révocables par le tribunal, destinés à faire concurremment tous exploits de justice dans tout le département, hormis pour les justices de paix et bureaux de conciliation : il statua, en outre, que ceux des huissiers des tribunaux actuels qui ne seraient pas du nombre des précédents, continueraient provisoirement d'instrumenter en concurrence avec eux dans les départements et qu'ils seraient révocables comme eux. Il disposa enfin qu'il n'y aurait qu'un seul huissier pour chaque justice de paix, lequel ne pourrait instrumenter que dans le ressort de sa justice.

Quant à l'organisation des huissiers près le Tribunal de cassation, elle est contenue dans l'art. 11 du décret du 2 brumaire an IV = 24 octobre 1795, *concernant l'organisation du Tribunal de cassation*. (Telle est, du moins, la date que porte cet acte au *Bulletin des Lois*, et celle sous laquelle il a été transmis au Tribunal de cassation, bien qu'il n'ait été décrété par la Convention que dans la séance du 3 brumaire ; voy. le *Moniteur* du 11, et M. Tarbé, *op. cit.* à la note précédente, n° 726.) Cet article 11 est ainsi conçu : « Il y aura près du Tribunal de cassation huit huissiers, qu'il nommera et qu'il pourra révoquer. Les présidents des sections se concerteront pour distribuer entre les huissiers le service du Tribunal. Ces huissiers instrumenteront exclusivement dans les affaires de la compétence du Tribunal de cassation, dans l'étendue seulement de la commune où il siégera : ils pourront instrumenter concurremment avec les autres huissiers, dans tout le département de la résidence du Tribunal de cassation. » Cette disposition se trouve reproduite à peu près textuellement par l'art. 70 de la loi déjà citée du 27 ventôse an VIII = 18 mars 1800, sur *l'organisation des tribunaux* : puis l'art. 96 de cette loi ajoutait : « Il sera établi près de chaque tribunal de première instance, près de chaque tribunal d'appel, près de chaque tribunal criminel, un nombre fixe d'huissiers, qui sera réglé par le gouvernement, sur l'avis du tribunal près duquel ils devront servir : ils seront nommés par le premier Consul, sur la présentation de ce même tribunal. » (Joindre l'arrêté du 22 thermidor suivant = 10 août 1800.) — Citons encore, relativement aux huissiers des justices de paix et à ceux des tribunaux de commerce, les articles 5, 6, 7 et 15 de la loi du 28 floréal an X = 18 mai 1802, *relative aux justices de paix*, ainsi que les articles 5 et 6 du décret impérial du 6 octobre 1809, *concernant l'organisation des tribunaux de commerce*, toutes dispositions qui donnèrent en certains cas aux juges de paix ou aux juges consulaires, la faculté exceptionnelle déjà attribuée, sous la Convention et le Consulat, au Tribunal de cassation, et rappelons enfin que les attributions, les droits et les devoirs des huissiers sont réglés aujourd'hui par le décret du 14 juin 1813, qui constitue le véritable code de la matière. — Comp. ce que nous disons sur ces officiers ministériels dans la note 206 de notre *Introduction générale*, t. 1, pp. 186 et suiv., et voy. spécialement sur eux, MM. Morin, *op. cit.*, t. 1, pp. 245 et suiv., et E. Garsonnet, *op. cit.*, § xcv, pp. 372 et suiv.

torisés à poursuivre leurs recouvrements, en quelque lieu que les parties soient domiciliées, par-devant le tribunal du district dans le ressort duquel était établi le chef-lieu de l'ancien tribunal où ces officiers exerçaient leurs fonctions.

« Art. 15. — Les liquidations, règlements et taxes de dépens en exécution d'arrêts et de jugements définitifs rendus par les ci-devant parlements et autres tribunaux supprimés, seront faits suivant les règlements, et portés devant les juges de district établis dans les lieux où résidaient les anciens tribunaux qui ont jugé en dernier ressort. »

25° DÉCRET DES 1 ET 2-11 FÉVRIER. — Il est relatif à la liquidation des offices supprimés, et complète avec le suivant ceux qui ont été mentionnés sous le n° 9, *supra*. (Voy. le *Moniteur* du 2 février 1791.)

26° DÉCRET DES 10-18 FÉVRIER. — Il a trait aux oppositions formées sur les titulaires des compagnies de judicature, à raison de dettes communes. (Voy. le n° précédent, et le *Moniteur* du 11 février 1791.)

27° DÉCRET DES 10-18 FÉVRIER. — Il porte exemption du droit d'enregistrement pour les quittances de liquidation et remboursement des offices.

28° DÉCRET DES 13-18 FÉVRIER. — Il ordonne le paiement des gages des officiers municipaux supprimés, qui sont dans le cas de faire liquider la finance de leurs offices.

29° DÉCRET DES 17-23 FÉVRIER. — Il est relatif à la reddition des comptes des officiers comptables supprimés par le décret ci-dessus mentionné des 12 et 14-24 novembre 1790 (voy. 13°, *supra*).

30° Décret des 20-25 février. — Ce décret porte suppression des gouvernements de province et de places de toutes les classes, des lieutenances générales, des lieutenances du Roi, des majorités des ci-devant provinces, places et gouvernements qui n'obligeaient point à résidence, dont on était pourvu soit par brevets, soit par provision. Il indique expressément que les gouverneurs, lieutenants, majors supprimés qui étaient porteurs de brevets de retenue, seront indemnisés (voy. *supra*, 15°), et que ceux qui avaient été pourvus moyennant finance, continueront à être payés des rentes qui leur ont été assignées à raison de cette finance. Il supprime également les secrétaires des gouvernements, et déclare que les gouverneurs, lieutenants, majors supprimés, auxquels leurs places avaient été données en récompense de leurs services, pourront obtenir des pensions. (Voy. *infra*, 67°.)

31° Décret des 2-17 mars, *portant suppression de tous les droits d'aides, de toutes les maîtrises et jurandes* (33), *et établissement des patentes* (34). — L'article 2 de ce décret, le seul qui nous intéresse, est ainsi conçu : « A compter *du 1ᵉʳ avril prochain*, les offices de perruquiers-barbiers-baigneurs-étuvistes, ceux des agents de change et tous autres offices pour l'inspection et les travaux des arts et du commerce, les brevets et les lettres des maîtrise, les droits perçus pour la réception des maîtrises et jurandes, ceux du collège de pharmacie, et tous priviléges de profession, sous quelque dénomination que ce soit, sont ..... supprimés (35).

« Le comité de judicature proposera incessamment un projet

---

(33) On désignait sous le nom de *maîtrise* la communauté de ceux qui avaient été reçus *maîtres*, et sous celui de *jurande*, le corps des jurés ou syndics de la communauté, qui avaient inspection et qui jugeaient le *chef-d'œuvre* pour la réception à la maîtrise.

(34) Voy., sur ce décret, M. Laferrière, *Essai sur l'histoire du droit français.* 2ᵉ éd., t. 2, pp. 131 et suiv.

(35) A cette disposition se lie intimement celle du 1ᵉʳ alinéa de l'art. 7 de ce décret, qui porte : « A compter du 1ᵉʳ avril prochain, il sera libre à toute personne de faire

de décret sur le mode et le taux des remboursements des offices mentionnés au présent article. » (Voy. *infra*, 38°, 42°, 53° et 59°.)

32° DÉCRET DES 17-27 MARS. — Ce décret, très-court, est relatif aux vingtièmes et capitations dus par les propriétaires des offices supprimés, et ne présente pour nous aucun intérêt (36).

33° DÉCRET DES 26 MARS - 1er AVRIL. — Ce décret classe les offices de procureurs des différents tribunaux, et détermine la base d'évaluation de leurs charges (37).

34° DÉCRET DES 27 MARS - 1er AVRIL, *relatif au privilége des vendeurs des offices ministériels*. — Ce décret, adopté sans discussion, sur la proposition de Camus, le 27 mars 1791 (38), est ainsi conçu : « L'Assemblée nationale décrète que le montant de la liquidation des offices, pratiques et indemnités à accorder aux officiers ministériels, par ses décrets, demeurera affecté aux priviléges des vendeurs desdits offices et pratiques, en rapportant les actes de vente en forme authentique. »

35° DÉCRET DES 29 MARS - 3 AVRIL. — Ce décret, rendu sur la proposition d'un membre du Comité de judicature, sur le nom duquel le *Moniteur* du 31 mars garde le silence, est ainsi conçu : « L'Assemblée nationale, après avoir entendu le comité de judicature, décrète qu'il sera accordé aux officiers ministériels supprimés, qui auront déposé dans deux mois leurs titres au bureau de liquidation, un intérêt de 5 pour cent sur le montant de la liquidation de leurs offices, lequel intérêt courra à dater du 1er juillet

---

tel négoce, ou d'exercer telle profession, art ou métier qu'elle trouvera bon : mais elle sera tenue de se pourvoir auparavant d'une patente, d'en acquitter le prix suivant les taux ci-après déterminés, et de se conformer aux règlements de police qui sont ou pourront être faits. »

(36) Voy. le *Moniteur* du 18 mars 1791.
(37) Voy. le *Moniteur* du 28 mars 1791.
(38) Voy. le *Moniteur* du 29.

1790 jusqu'au moment de leur liquidation, et sera réuni au capital de leur remboursement. » (39)

36° DÉCRET DES 10-15 AVRIL. — Ce décret déclare que celui du 29 mars précédent n'est applicable qu'à ceux des officiers ministériels qui sont dénommés dans le décret des 21 et 24 décembre 1790, reproduit ci-dessus, 20°:

37° DÉCRET DES 14-17 AVRIL, *relatif au tribunal de Cassation.* — Nous n'avons à relever que la première partie de son art. 5 et dernier, dont voici les termes : « Les offices des avocats au conseil sont supprimés (joindre *infra*, 47°) (40); ceux qui en étaient pourvus seront admis à faire les fonctions d'avoués au tribunal de cassation, et jouiront aussi du droit d'exercer auprès des tribunaux de district (41). »

38° DÉCRET DES 14, 19 ET 21 AVRIL-8 MAI, *relatif aux offices et commissions d'agents et courtiers de change, de banque*

---

(39) Le *Moniteur*, dans le n° cité au texte, nous apprend que, dans cette même séance du 29 mars, le même membre fit, au nom du comité de judicature, le rapport des pétitions de plusieurs anciens magistrats ou officiers ministériels, et notamment de l'ancienne Chambre des comptes de Dôle, qui, supprimés antérieurement à la Révolution, demandaient une nouvelle liquidation conforme aux décrets de l'Assemblée nationale. Mais le rapporteur ayant fait observer que les lois avantageuses ne devaient pas plus que les autres avoir d'effet rétroactif, « qu'une seule condescendance autoriserait tous les anciens créanciers du gouvernement à venir, sous le prétexte d'injustices ministérielles, demander des liquidations nouvelles et tromper la bonne foi des représentants de la nation », proposa un projet de décret, qui, amendé par le député Camus, fut adopté en ces termes : « L'Assemblée nationale, après avoir entendu le rapport de son comité de judicature, décrète qu'aucun des offices de judicature supprimés et liquidés avant les décrets du mois d'août 1789 n'est admissible à une liquidation nouvelle, et que les quittances accordées en exécution desdites liquidations ne sont ni remboursables quant à présent, ni admissibles en payement de domaines nationaux, lorsque ces quittances, ne contenant pas l'engagement d'un remboursement à époque fixe, formeront une partie de la dette constituée. »

(40) Consulter, sur les avocats au Conseil, le livre récent de M. E. Bos, intitulé : *Les Avocats aux Conseils du Roi.* Etude sur l'ancien régime judiciaire de la France; Paris, 1881.

(41) Cette dernière disposition fut abrogée par une loi des 21 septembre 1791-15 avril 1792. — Nous devons rappeler ici que les avocats aux Conseils, supprimés par l'article que nous venons de rapporter au texte, et devenus avoués au Tribunal de cassation,

et d'assurances, tant de terre que de mer, conducteurs-inter-
prètes et autres. — L'article 1er de ce ·décret, dû à une réaction

---

ont été, comme les avoués près les autres tribunaux, anéantis par le décret du 3 brumaire an II, et rétablis sous le titre d'avoués, par l'article 93 de la loi du 27 ventôse
an VIII (voy. note 31, *supra*), laquelle fut suivie, le 9 prairial = 29 mai 1800, d'un
arrêté consulaire en fixant le nombre à cinquante ; — que le décret du 11 juin 1806,
sur l'organisation et les attributions du Conseil d'Etat, a, par son article 33, institué
des avocats près de ce Conseil, lesquels devaient, aux termes de l'art. 34, être nommés
par l'Empereur, sur une liste de candidats présentés par le ministre de la justice,
appelé à cette époque et par cet article lui-même, grand-juge, titre qui, créé par l'article 78 du sénatus-consulte organique de la Constitution du 16 thermidor an X =
4 août 1802, fut virtuellement supprimé par l'art. 58 de la Charte du 4 juin 1814, par
ce motif qu'en élevant à la hauteur d'un principe absolu la règle de l'inamovibilité de
la magistrature, cette disposition a, par cela même, fait disparaître le titre de grand-
juge conféré à un ministre essentiellement révocable (voy. M. E. Garsonnet, *Cours de
procédure*, 1re partie, p. 40, § VIII, texte et note 1) ; — que le décret du 25 juin de la
même année leur restitua leur ancien titre d'avocats, à la place de celui d'avoués en la
Cour de cassation, titre qu'ils avaient du reste déjà repris de fait, ainsi qu'il est permis
de l'induire de la lecture de l'art. 22 de la loi du 2 ventôse an XIII = 21 février 1805,
relative aux finances de l'an XIII, puisqu'il donnait déjà aux membres du barreau de
la Cour de cassation la dénomination d'*avocats en Cour de cassation*, d'où on est autorisé à conclure qu'ils l'avaient reprise avant qu'on la leur conférât (voy. MM. Devilleneuve et Carette, *Lois annotées*, 1re série, p. 693, note 5, et p. 725, note 2) ; — que
l'art. 21 de l'ordonnance du 29 juin 1814 leur a donné le titre d'*avocats au Conseil du
Roi* (MM. Vuatrin et Batbie, *Lois admin. fr.*, p. 25) ; — que l'art. 2 de celle du 10 juillet
suivant fixa leur nombre à soixante, lesquels furent presque tous choisis parmi les
avocats à la Cour de cassation, sans que toutefois les deux titres cessassent pour cela
de demeurer séparés en fait, plusieurs avocats s'étant démis de l'un d'eux seulement
en conservant l'autre, ou les ayant transmis tous les deux à des personnes différentes ;
— que l'ordonnance du 13 novembre 1816, dans le préambule de laquelle ont été puisés
les détails qui précèdent, consomma leur réunion, en décidant qu'à l'avenir, quand ils
reposeraient sur une même tète, ils ne pourraient plus être séparés ; — et qu'enfin l'ordonnance du 10 septembre 1817, qui régit aujourd'hui l'ordre (Devill. et Car., *Lois
ann.*, 1re série, p. 985), consacra définitivement cet état de choses, en édictant notamment, par ses articles 1, 2 et 3, les dispositions suivantes : « Art. 1er. L'ordre des
avocats en nos Conseils et le collège des avocats à la Cour de cassation sont réunis
sous la dénomination d'*ordre des avocats aux Conseils du Roi et à la Cour de cassation*. » — « Art. 2. Ces fonctions seront désormais indivisibles. » — « Art. 3. Le
nombre des titulaires est irrévocablement maintenu à soixante, conformément à notre
ordonnance du 10 juillet 1814. »
Ajoutons que les avocats au Conseil d'Etat et à la Cour de cassation, qui, comme le
dit très-exactement l'art. 1er précité de l'ordonnance de 1817, forment un *ordre*, la
qualité d'avocat primant chez eux celle d'avoué, n'exercent pas seulement leurs fonctions devant ces deux juridictions suprêmes, mais encore devant le Conseil des prises
(Arrêté du 7 ventôse an XII, art. 2, et décret du 18 juillet 1854, art. 7; Devill. et Car.,
Lois ann., 1re série, p. 663 *in init.*, et 3e série, 1854, p. 143) et devant le Tribunal
des conflits (Règlement du 26 oct. 1849, art. 4, et loi du 24 mai 1872, art. 27 ;
MM. Vuatrin et Batbie, *op. cit.*, pp. 73 et 76). Ils ont, en outre, à l'exclusion de toutes
autres personnes, le droit d'instruire les affaires contentieuses auprès des ministères,
droit qui leur est conféré par des arrêtés ministériels (voy. arrêtés des 29 sept. 1823

trop violente contre l'agiotage (voy., à cet égard, les considérants qui précèdent le décret du 28 vendémiaire an IV, cité plus bas), est ainsi conçu : « Les offices et commissions d'agents et courtiers de change, de banque, de commerce et d'assurances, tant de terre que de mer, conducteurs-interprètes dans les ports de mer, tant français qu'étrangers et autres, de quelque nature et sous quelque dénomination qu'ils aient été créés (42), sont supprimés, à compter du jour de la promulgation du présent décret. » (Voy. infra, 42°.) — Si les offices et commissions, dont il est question dans cet article, se virent ainsi supprimés par l'Assemblée Constituante, cela tenait, outre le motif précédemment indiqué, à ce qu'ils étaient considérés comme des obstacles à la liberté du travail, du commerce et de l'industrie. C'est ce qui ressort avec la plus grande netteté de la disposition de l'art. 2, par nous rapporté, du décret sur les patentes des 2-17 mars précédent, cité supra, 31°. Aussi bien, l'art. 2 de celui que nous analysons en ce moment, tirant de cette idée sa conséquence logique et naturelle, s'empresse-t-il d'ajouter : « Conformément à l'article 7 du décret sur les patentes du 2 mars dernier (voy. note 35, supra), il sera libre à toutes personnes d'exercer la profession d'agent et courtier de change, de banque, de commerce, tant de terre que de mer; mais à la charge de se conformer aux dispositions des règlements qui seront incessamment décrétés, sans

---

et 22 juillet 1824). Ils partageaient même, dans notre ancienne jurisprudence, avec les avocats au Parlement, le droit de plaider devant toute Cour souveraine (voy. déclar. de Versailles du 22 février 1771 ; Isambert, t. 22, pp. 551 in fine et suiv.), et il est incontestable qu'ils ont encore aujourd'hui celui de plaider devant les cours et tribunaux, ainsi que devant les conseils de préfecture ; mais le conseil de l'ordre a pensé qu'ils devaient s'abstenir de plaider devant les juridictions inférieures, et il a même décidé, par deux arrêtés des 19 janvier 1826 et 25 juin 1840, qu'aucun d'eux ne devait, sans autorisation, se présenter pour plaider devant une Cour d'appel. (Voy., sur ces deux derniers points, Morin, De la Discipline des Cours et Tribunaux, 3e éd., Paris, 1868, t. 1, n° 165, p. 166, et n° 174, p. 175.) — Voir, au surplus, sur les avocats au Conseil d'Etat et à la Cour de cassation, notre Introd. gén., t. 1, pp. 175 et suiv., et consulter surtout MM. Morin, op. cit., t. 1, pp. 164 et suiv., et E. Garsonnet, op. cit., § cx, pp. 443 et suiv.

(42) L'institution des courtiers de change et de marchandises est due à un édit de Charles IX, daté de Boulogne, juin 1572. Cet édit, purement bursal, établit en titre d'office les courtiers alors existants, à la charge par eux de prendre des lettres de provision dans le délai de deux mois. (Voy. Isambert, t. 14, p. 252, n° 164, et note 2.)

que personne puisse être forcé d'employer leur ministère ; et cependant les anciens agents de change continueront d'exercer leurs fonctions, conformément aux anciens règlements, jusqu'à la promulgation des nouveaux règlements qui seront incessamment décrétés. » Il est aisé de comprendre qu'une telle mesure ne pouvait être de bien longue durée. Aussi le décret du 28 vendémiaire an IV = 20 octobre 1795, *sur la police de la Bourse,* donna-t-il le signal d'un revirement complet par les art. 5 à 8 inclus de son chapitre Ier, dont voici la teneur :

« Art. 5. — Les places des quatre-vingts agents de change sont dès ce moment supprimées.

« Art. 6. — Les comités de salut public et des finances feront, dans vingt-quatre heures (la mesure est, comme on le voit, d'urgence), le choix de vingt-cinq agents de change : vingt d'entre eux seront destinés aux opérations et négociations en banque ou papier sur l'étranger dans Paris ; les cinq autres, à l'achat et vente des espèces monnayées et des matières d'or et d'argent ; les uns et les autres sous le titre d'*agents de change.*

« Art. 7. — Ils seront pourvus d'une commission qui leur sera délivrée de suite par les comités de salut public et des finances, pour exercer exclusivement les fonctions qui leur sont attribuées.

« Art. 8. — Les comités feront choix, dans une décade, de soixante courtiers pour les marchandises : jusqu'au moment de la nomination de ces soixante courtiers, ceux actuellement en exercice continueront leurs fonctions. »

La réorganisation ne fut toutefois complète que sous le Consulat, et le rétablissement des agents de change et des courtiers apparut comme la conséquence de la création des bourses de commerce, ordonnée par la loi du 28 ventôse an IX = 19 mars 1801, *relative à l'établissement des bourses de commerce* (43);

---

(43) La Bourse de Paris, établie par un arrêt du Conseil, daté de Fontainebleau, 24 septembre 1724 (Isambert, t. 21, pp. 278 et suiv.), fut fermée, pendant la Révolution, par un décret du 27 juin 1793. La réouverture en fut ordonnée moins de deux ans

le titre II de cette loi (art. 6 et suiv.) leur est spécialement consacré sous la rubrique : *Etablissement des agents de change et courtiers.* C'est en exécution de la disposition de l'art. 6, ainsi conçu :
« Dans toutes les villes où il y aura une bourse, il y aura des agents
de change et des courtiers de commerce nommés par le gouvernement », que fut rendu, un mois plus tard, l'arrêté des consuls du
29 germinal (19 avril 1801), *relatif à la désignation des villes où
devront être établies des bourses de commerce, à l'organisation
et à la police de ces bourses.* Son art. 5 portait : « La nomination
des agents de change et courtiers aura lieu de la manière suivante : Le tribunal de commerce de la ville nommera, dans une
assemblée générale et spéciale, dix banquiers ou négociants ; et,
pour Paris, huit banquiers et huit négociants.

« Ces citoyens se rassembleront pour former une liste double
du nombre d'agents de change et courtiers à nommer. Ils adres-
seront cette liste au préfet du département, qui pourra y ajouter
les noms qu'il voudra, sans excéder toutefois le quart du total.

« Le préfet l'adressera au ministre de l'intérieur, qui pourra ajouter un nombre de noms égal aussi au quart de la première liste.

« Il présentera ensuite la liste entière, avec ses propositions, au
premier Consul, qui fera la nomination. »

Et l'art. 8 ajoutait : « Au commencement de chaque trimestre,
le tribunal de commerce nommera, conformément à l'article ci-
dessus, dans les villes de département, dix négociants ou banquiers, et huit négociants et huit banquiers pour Paris, pour présenter une liste double, afin de pourvoir aux places vacantes. On
suivra, au surplus, le même mode d'élection, et on sera astreint
aux mêmes conditions d'éligibilité que pour la première élection.»

Ce système resta en vigueur jusqu'à la loi de finances du 28 avril
1816, à laquelle il faut joindre, notamment, les deux ordonnances
du 29 mai et du 3 juillet suivants. Sans nous attarder à indiquer ici

---

après, par un arrêté du 6 floréal an III = 25 avril 1795. La loi citée au texte eut pour
objet de généraliser l'institution des Bourses, et d'en autoriser l'établissement partout
où le gouvernement le jugerait convenable.

les ordonnances royales, assez nombreuses , qui modifièrent la répartition des agents de change et des courtiers faite sous le Consulat et sous l'Empire, nous nous contenterons de rappeler que les offices et le monopole des courtiers de marchandises ont été supprimés par la loi du 18 juillet 1866, loi qui, d'ailleurs, ainsi qu'il résulte de l'art. 1er d'un décret du 5 janvier 1867 (44), ne s'applique pas aux courtiers interprètes et conducteurs de navires (45).

39° DÉCRET DES 25 AVRIL - 1er MAI. — Il est relatif à la liquidation des états des finances des années 1788 et 1789, et des gages des ci-devant cours souveraines (voy. *infra*, 43°).

40° DÉCRET DES 26 AVRIL - 4 MAI. — Il porte liquidation de l'office de lieutenant général, civil et criminel, dé l'Amirauté d'Arles.

41° DÉCRET DES 26 AVRIL - 4 MAI. — Il décide que les officiers du ci-devant Parlement d'Aix, qui ne pourront pas représenter un contrat authentique d'acquisition, à eux passé personnellement, seront liquidés sur le pied du prix moyen des offices de la même nature et de leur compagnie.

42° DÉCRET DES 3 - 6 MAI. — Il porte que les offices d'agents de change seront liquidés sur le pied des finances par eux versées dans le trésor public, en conformité du rôle arrêté au conseil, au mois de mars 1786 (voy. *supra*, 31° et 38°) (46).

43° DÉCRET DES 4 - 8 MAI. — Ce décret, additionnel à celui du

---

(44) Voy. MM. Devilleneuve et Carette, *Lois ann.*, 6e série, p. 129, col. 2.

(45) Voy., sur la loi de 1866 et le décret de 1867 cités au texte, t. 3, notre *Droit moderne*, *Préambule historiq.*, nos 418 et 419, et, sur les agents de change et les courtiers, les notes 207 et 208 de notre *Introd. gén.*, t. 1, pp. 189 et suiv.. et en particulier MM. Morin, *op. cit.*, t. 1, pp. 381 et suiv., et Ruben de Couder, *Dict. de dr. comm.*, à ces mots.

(46) Voy. la Déclaration de Versailles, du 19 mars 1786, concernant l'établissement des offices d'agents de change, créés pour la ville de Paris, par édit de janvier 1723. (Isambert, t. 28, pp. 152 et suiv.)

25 avril précédent (voy. *supra*, 39°), est relatif au paiement des gages des places possédées sans finance, ainsi que des offices possédés en finance.

44° DÉCRETS DES 4-15 MAI. — Ces décrets sont relatifs aux receveurs généraux des finances et impositions, et règlent les bases de liquidation de plusieurs offices de même nature.

45° DÉCRET DES 4-15 MAI. — Il porte que les sommes payées à des officiers de la maison du Roi, tels que les premiers médecins, chirurgiens de Sa Majesté et autres pour brevets de commissions étrangères au service du Roi et de sa maison, et qui s'exerçaient dans les différentes parties du royaume, ne donneront ouverture à aucune demande à la charge de l'Etat (voy. *supra*, 15°).

46° DÉCRET DES 5-13 MAI. — Ce décret est relatif à diverses liquidations de taxations et augmentations de gages attribuées aux officiers de la Chambre des Comptes de Paris et aux secrétaires du Roi, aux officiers des élections et greniers à sel, etc.

47° DÉCRET DES 7-15 MAI. — Il fixe le mode de remboursement des charges d'avocats au conseil (voy. *supra*, 37°).

48° DÉCRET DES 19 ET 21-27 MAI. — Ce décret supprime les offices de trésorier général, essayeur général, de juges, gardes et contrôleurs, contre-gardes, de directeurs, trésoriers particuliers, d'essayeurs et graveurs des monnaies, l'office d'inspecteur du monnayage, et celui de contrôleur au change de la monnaie de Paris, les offices de changeurs, la commission de graveur général des monnaies, et toutes commissions en vertu desquelles quelques personnes exercent, eu égard à la vacance d'aucuns offices des monnaies, les fonctions y attachées. Il ajoute que les officiers comptables ne pourront être liquidés, et remboursés, qu'après le jugement et l'apuration de leurs comptes, et que les officiers supprimés, qui occupent des logements dans les hôtels des monnaies, sont tenus de se retirer.

49° DÉCRET DES 28 ET 29 MAI - 3 JUIN. — Il est relatif au remboursement des charges et offices militaires, et il fixe les bases de la liquidation à l'égard des officiers du régiment des gardes françaises, des propriétaires des régiments, des colonels, capitaines en pied, capitaines à réformes des troupes à cheval, des colonels des régiments d'infanterie, des officiers du corps de la gendarmerie, des chevau-légers et gendarmes de la garde, des charges des régiments d'état-major, des commissaires des guerres, des officiers du point d'honneur (47), de la connétablie, de la maréchaussée, de la compagnie de la prévôté, des équitations royales. (Comp. *infra*, III, *Convention nationale*, 17°.)

50° DÉCRET DES 3 - 10 JUIN. — Il porte qu'il sera sursis à la liquidation et au remboursement de tous les offices municipaux qui n'auraient pas été acquis directement du Roi, jusqu'à ce que l'Assemblée nationale ait statué, par une loi générale, sur le remboursement desdits offices.

---

(47) L'expression *point d'honneur* se disait à l'occasion des différends qui survenaient entre les gentilshommes et les militaires. Le tribunal des maréchaux de France en était le seul juge. Une déclaration de Louis XV, du 13 janvier 1771, enregistrée en la Chambre des comptes, en la Connétablie et maréchaussée de France, les 18 février et 15 mars suivants, et composée de 17 articles, ordonna que tous les pourvus et propriétaires des offices de lieutenants, conseillers-rapporteurs, secrétaires-greffiers du point d'honneur, créés par les édits de mars 1693, octobre 1702 et 1704, novembre 1707, et départis dans les provinces, seraient tenus de rapporter dans les six mois, entre les mains du contrôleur général des finances, leurs provisions et titres de propriété, pour, sur la liquidation qui en serait faite, être pourvu à leur remboursement. — Cette même déclaration prescrivait qu'à l'avenir il ne pourrait être pourvu qu'à vie auxdits offices, et que nul, s'il n'était gentilhomme, ne pourrait être admis à payer aux revenus casuels la finance desdits offices, fixée indistinctement et irrévocablement à six mille livres pour les lieutenants, à quatre mille cinq cents livres pour les conseillers-rapporteurs, et à trois mille livres pour les secrétaires greffiers. Enfin, les gages, appointements et pensions, attribués par cet acte, étaient déclarés insaisissables. (Voy. Denisart, mot POINT D'HONNEUR ; voy. aussi les mots MARÉCHAUSSÉE et MARÉCHAUX DE FRANCE.)

51° DÉCRET DES 8-16 JUIN. — Il ordonne le remboursement de plusieurs offices de judicature et autres.

52° DÉCRET DES 9 ET 16-28 JUIN. — Il est relatif au remboursement et au mode de liquidation des anciens greffiers et autres possesseurs d'offices domaniaux (voy. *infra*, texte et note 64, p. 524).

53° DÉCRET DES 17-19 JUIN. — Il porte que les titulaires d'offices de barbiers-perruquiers, baigneurs et étuvistes, qui ont évalué lesdits offices, en exécution de l'édit de février 1771, en seront remboursés sur le pied de l'évaluation, et ceux qui ont des contrats authentiques d'acquisition, du tiers du prix de ces contrats, en outre, à titre d'indemnité. Il dispose ensuite que ceux qui n'ont pas été évalués seront remboursés sur le pied de la finance, avec pareille indemnité que ci-dessus, s'ils ont des contrats; que ceux qui n'ont point été soumis à l'évaluation seront remboursés sur le pied du dernier contrat authentique d'acquisition; et enfin, que ceux qui sont premiers pourvus ou qui ont levé leurs offices aux parties casuelles, seront remboursés sur le prix de la finance. (Voy. *supra*, 31°, et *infra*, 59°.)

54° PROCLAMATION DU ROI DU 18 JUIN, pour la suppression des charges de sa maison et de celle de la Reine.

55° DÉCRET DES 4 JUILLET - 25 AOÛT, *relatif aux Chambres des comptes supprimées, et qui règle la manière dont les comptes qui se vérifiaient par ces diverses compagnies seront rendus à l'avenir.* — Par ses art. 2 et 9, ce décret supprime les offices de procureurs postulants, et autres offices ministériels près les Chambres des comptes, et déclare qu'il sera incessamment pourvu à leur remboursement, suivant les formes et principes décrétés par l'Assemblée nationale, relativement aux offices de judicature et ministériels (voy. *infra*, 64°).

56° DÉCRET DES 6 - 12 JUILLET. — Ce décret ordonne de liquider l'office du premier Président de la ci-devant Chambre des comptes de Grenoble, conformément à l'évaluation qui en a été faite en 1771.

57° DÉCRET DES 9 - 16 JUILLET. — Il porte que les receveurs particuliers de finances ne seront admis à la liquidation définitive de leurs créances, qu'après avoir justifié du versement, dans les caisses publiques, des impôts dont ils étaient chargés.

58° DÉCRET DES 29 JUILLET - 6 AOÛT. — Il est relatif à la liquidation des offices de substituts des procureurs du Roi près les justices royales, de jurés crieurs, certificateurs de criées, des tiers référendaires taxateurs-calculateurs des dépens, des solliciteurs des causes du Roi.

59° DÉCRET DES 2 - 18 AOÛT. — Il accorde aux perruquiers-barbiers-étuvistes supprimés l'intérêt du montant de la liquidation de leurs charges, à partir du dépôt de leurs titres. (Voy. *supra*, 31° et 53°.)

60° DÉCRET DES 26 AOÛT - 19 OCTOBRE. — Il porte qu'il n'y a pas lieu de procéder à la liquidation des offices de porteurs de sel de Rouen.

61° DÉCRET DES 30 AOÛT - 1er SEPTEMBRE. — Il ordonne le remboursement des offices de la ci-devant compagnie des gardes de la porte, et la vente, comme domaines nationaux, des hôtels situés à Versailles et à Fontainebleau, ci-devant occupés par cette compagnie.

62° DÉCRET DES 31 AOÛT - 6 SEPTEMBRE. — Il dispose que les procureurs au Grand Conseil seront remboursés de leurs titres, sur le pied de la finance fixée par la déclaration de 1775.

63° CONSTITUTION DES 3-14 SEPTEMBRE. — Elle porte en termes exprès dans son préambule : « Il n'y a plus ni vénalité ni hérédité d'aucun office public. » De cette disposition doit être rapprochée l'art. 6 de la fameuse *Déclaration des droits de l'homme et du citoyen*, qui se trouve en tête de la Constitution dont nous venons de reproduire un fragment, et qui est ainsi conçu : « La loi est l'expression de la volonté générale..... Tous les citoyens étant égaux à ses yeux, sont également admissibles à toutes les dignités, places et emplois publics, selon leur capacité, et sans autre distinction que celle de leurs vertus et de leurs talents. » (48) Citons également l'art. 17 et dernier de cette *Déclaration*, qui est loin de manquer d'importance en notre matière. Voici comment il est formulé : « La propriété étant un droit inviolable et sacré, nul ne peut en être privé, si ce n'est lorsque la nécessité publique, légalement constatée, l'exige évidemment, et sous la condition d'une juste et préalable indemnité. » (49) La Constitution dont nous parlons, inspirée par ces principes, dit de son côté, dans son titre Iᵉʳ : « La constitution garantit, comme droits naturels et civils :

1° Que tous les citoyens sont admissibles aux places et emplois, sans autre distinction que celle des vertus et des talents. »

Et elle ajoute un peu plus bas : « La constitution garantit l'inviolabilité des propriétés, ou la juste et préalable indemnité de celles dont la nécessité publique, légalement constatée, exigerait le sacrifice. »

64° DÉCRET DES 17-29 SEPTEMBRE, *relatif à la suppression des Chambres des comptes, et à la nouvelle forme de compta-*

---

(48) Comp. l'art. 5 de la DÉCLARATION *des droits de l'homme et du citoyen*, qui se trouve en tête de l'*Acte constitutionnel* du 24 juin 1793, lequel, d'ailleurs, ne fut jamais mis à exécution, et l'art. 21 des DROITS de la DÉCLARATION *des droits et des devoirs de l'homme et du citoyen*, qui se trouve en tête de la Constitution du 5 fructidor an III = 22 août 1795. Ce dernier article est ainsi conçu : « Les fonctions publiques ne peuvent devenir la propriété de ceux qui les exercent. » Comp. également Mᵐᵉ de Staël, *Considérations*, chap. VIII.

(49) Comp. l'art. 19 de la DÉCLARATION précitée de 1793.

bilité. — Il reproduit les dispositions de celui des 4 juillet-25 août précédents, supprime de nouveau les offices de procureurs postulants et autres offices ministériels près les Chambres des comptes, et déclare qu'il sera incessamment pourvu à leur remboursement (voy. *supra*, 55°).

65° Décret des 20 septembre-14 octobre, *portant suppression du corps des commissaires des guerres, établissements de commissaires ordonnateurs, grands juges militaires, et de commissaires auditeurs et ordinaires des guerres, et qui détermine leurs fonctions dans les différentes cours martiales.* — L'art. 1er du titre Ier de ce décret supprime le corps des commissaires des guerres (50), et dispose que les pourvus, moyennant finance, en seront remboursés sur le pied de la liquidation qui sera faite de leurs offices, conformément aux décrets précédemment rendus sur cet objet.

66° Décret des 21 septembre-16 octobre. — Ce décret concerne les ci-devant titulaires d'offices de judicature et de finances, auxquels il est dû des portions de leurs anciens gages dont le fonds aurait été versé au trésor public, faute par eux d'en avoir réclamé à temps le paiement.

67° Décret des 21 septembre-16 octobre. — Il porte qu'il n'y a pas lieu de rembourser les principaux des offices supprimés par le décret des 20-25 février précédent (lieutenances générales, lieutenances du Roi), mais que ceux qui les avaient acquis ou leurs représentants doivent continuer à être payés des rentes qui leur avaient été attribuées pour gages, ces rentes faisant partie de la dette constituée de l'État (voy. *supra*, 30°).

68° Décret des 29 septembre-6 octobre *sur la nouvelle*

---

(50) Ce corps avait été créé par un édit de Versailles, du mois d'avril 1788, mentionné dans le *Recueil* d'Isambert, t. 28, p. 525, n° 2456.

organisation du notariat et sur le remboursement des offices de notaires (51). — Plusieurs dispositions de ce décret doivent être

(51) Ce décret fut adopté sans discussion sur le rapport de *Frochot*, à la séance du 15 septembre 1791 (voy. *Moniteur* du 17). On y trouve l'application d'un des systèmes favoris de l'Assemblée nationale, nous voulons dire l'élection, puisqu'elle l'appliqua au clergé, à la magistrature, à l'armée, à la marine, à l'administration générale, soit sous les formes d'un scrutin direct, soit, comme ici, sous les formes d'un concours public, ce système présentant le moyen le plus sûr d'apprécier la capacité des candidats. (Voy. le titre iv de notre décret, consacré à la *Nouvelle forme de nomination et d'institution des notaires publics*.) Cette théorie a cependant dû être abandonnée, et l'on peut dire que le concours, bon et utile dans un grand nombre de circonstances, a perdu aujourd'hui une partie de son prestige, depuis qu'on a fait l'épreuve des graves inconvénients qu'il entraîne. (On pourra, sur ce sujet, recourir avec fruit aux observations présentées par M. Wolowski, dans la *Revue critique de législation et de jurisprudence*, t. 9, pp. 241, 370, 386, 401, 452 et 464 ; t. 10, p. 312, et t. 11, p. 116.)

A peine avons-nous besoin d'ajouter qu'on s'est, avec le temps, éloigné des idées de la Constituante ; qu'on a complètement déserté les principes édictés par le titre iv de son décret, qui imposait l'obligation d'un concours public pour être admis à l'exercice des fonctions notariales, et qu'on est revenu, pour la preuve de la capacité des candidats, aux certificats d'aptitude délivrés par la Chambre des notaires. Que si, du reste, le mode de nomination des notaires adopté par l'Assemblée Constituante, et par elle substitué au système de la présentation des candidats, qu'elle fit disparaître de la sorte avec la vénalité, n'eut qu'une existence temporaire et tout à fait théorique, et s'il dut, de toute nécessité, être abandonné, cela tenait à la force même des choses : c'est qu'en effet, ce nouveau mode de collation fut à ce point impraticable, qu'on se vit dans l'impossibilité de le mettre à exécution, et que la Constituante, l'Assemblée Législative, la Convention et le Directoire se succédèrent, sans qu'on ait pu en faire l'application ; si bien qu'en l'an VIII, c'étaient encore les notaires et les tabellions de l'ancien régime qui exerçaient toujours à titre provisoire. Chacun sait que ce fut seulement le Consulat qui donna au notariat une organisation définitive et que tel a été l'objet de la célèbre loi du 25 ventôse an XI = 16 mars 1803, qui, faisant justice du système du concours (voy., à ce sujet, l'exposé des motifs de M. Réal, dans le *Moniteur* du 16 ventôse an XI), a attribué au chef de l'État le droit de nommer les notaires aux places vacantes. « Les notaires seront nommés par le premier Consul », porte son article 45, « et obtiendront de lui une commission qui énoncera le lieu fixe de la résidence. » — Remarquons enfin, au sujet des lois de 1791 et de l'an XI sur le notariat, que, comme l'a dit très-exactement, à nos yeux, le tribunal civil de Rambouillet (5ᵉ considérant, alin. 4 et 5, de son jugement du 13 juillet 1876, déjà cité dans notre *Introd. gén.*, notes 54, 75 et 79, t. 1, pp. 19, 30 et 32) : « Le notaire de la loi de ventôse n'a plus pour fonction exclusive ou même facultative la réception des actes, laissant, comme au temps passé, à un garde-notes le soin de la conservation de la minute, à un tabellion le droit d'en délivrer la grosse et les expéditions, et à un garde-scel celui d'apposer le sceau ;

« Que la loi du 6 octobre 1791 et celle du 25 ventôse an XI, s'inspirant de la législation créée par les édits de mai 1597 et d'août 1706, ont consacré comme eux l'établissement, sur les ruines de ces diverses fonctions, d'un agent unique destiné à les réunir toutes dans sa main et à assumer sur lui seul toutes ces responsabilités éparses..... » (Voy. *Gaz. des Trib.* du 15 janvier 1879, p. 45, col. 3.) — Voy., au surplus, sur les notaires, la note 203 de notre *Introd. gén.*, t. 1, pp. 177 et suiv., et, pour les détails, M. Morin, *op. cit.*, t. 1, pp. 295 et suiv.

ici textuellement reproduites, à raison de leur degré d'importance pour l'objet actuel de nos études. Il nous faut, tout d'abord, relever les quatre premiers articles de la section 1re de son titre Ier, relatif à la *Suppression des notaires royaux et autres, et création des notaires publics.* Ils sont ainsi conçus :

« Art. 1er. — La vénalité et l'hérédité des offices royaux des notaires, tabellions, notaires-clercs aux inventaires, notaires connus en quelques lieux sous le nom de greffiers, ou sous toute autre dénomination que ce soit, sont abolies.

« Art. 2. — Les offices de notaires ou tabellions authentiques, seigneuriaux, apostoliques, et tous autres offices du même genre, sous quelque dénomination qu'ils existent, sont supprimés.

« Art. 3. — Ces divers officiers seront remplacés par des notaires publics, dont l'établissement sera formé, pour le présent et pour l'avenir, ainsi qu'il sera dit ci-après. (Voy. la section II du titre 1er, intitulée *Création des notaires publics*.)

« Art. 4. — Jusqu'à la formation dudit établissement, les officiers supprimés par les articles 1 et 2 seront libres de continuer provisoirement leurs fonctions dans l'étendue de leur ancien arrondissement.»

Ce qu'il nous est, en second lieu, absolument indispensable de consigner avec attention, c'est la façon dont l'Assemblée nationale a réglé la base d'après laquelle serait faite l'évaluation des offices des notaires royaux. Le titre V de notre décret, intitulé : *Remboursement des notaires royaux*, est relatif à ce sujet; en voici les principales dispositions. On y admirera l'esprit inventif qui les a édictées ; on y rencontrera, avec un grand luxe de détails, une foule de prévisions et de complications qui n'ont pas dû en rendre l'exécution facile ; on peut leur reprocher surtout un arbitraire absolu.

« Art. 1er. — Attendu que l'évaluation des offices de notaires au ci-devant Châtelet de Paris, faite en exécution de l'édit de 1771, est dans une disproportion immense avec la valeur effective desdits offices et accessoires, et que beaucoup de titulaires sont dans l'impossibilité de constater par pièces authentiques le montant de leurs acquisitions, il sera établi, pour le remboursement desdits notaires, un prix commun sur le prix des acquisitions faites par les soixante-dix derniers pourvus, tel qu'il se trouvera établi par traités, quittances et autres actes authentiques.

« Art. 2. — La masse de ces prix réunis, divisée par leur nombre, donnera le prix de chacun des cent treize offices de notaires.

« Art. 3. — Les titulaires des cent treize offices seront divisés en trois classes :

« La première comprendra tous ceux qui ont été reçus antérieurement au 1er juillet 1771;

« La seconde, tous ceux qui ont été reçus depuis le 1er juillet 1771 jusqu'au 1er juillet 1781 exclusivement;

« La troisième classe sera formée de tous ceux qui ont été reçus depuis le 1er juillet 1781 jusqu'à présent.

« Art. 4. — Sur le prix moyen, il sera retranché aux divers titulaires, tant pour les recouvrements et meubles d'études confondus dans leurs acquisitions, qu'à cause de leur temps d'exercice, savoir, un tiers aux titulaires de la première classe, un sixième aux titulaires de la seconde classe, et un douzième aux titulaires de la troisième classe, excepté toutefois ceux reçus depuis le 1er janvier 1785, lesquels ne supporteront aucune déduction.

« Art. 5. — Ce qui restera du prix moyen pour les divers titulaires assujettis à une déduction, et la totalité pour ceux qui en sont affranchis, sera payé aux titulaires de chaque classe individuellement, tant à titre de remboursement qu'à titre d'indemnité, sans qu'ils puissent exercer aucune autre répétition, soit pour leurs offices, soit pour les taxes ou finances qu'ils ont pu fournir de leurs deniers, soit enfin pour les remboursements qu'ils ont pu faire aussi de leurs deniers sur leurs emprunts collectifs.

« Art. 6, — Quant aux offices des notaires royaux des autres villes et départements, ils seront distingués en deux classes :

« 1o Ceux qui ont été évalués en exécution de l'édit de 1771 ;

« 2o Ceux qui n'ont pas été évalués.

« Art. 7. — Il sera donné aux titulaires des offices de la première classe, tant pour remboursement que pour indemnité, d'abord le montant de l'évaluation, sans aucune déduction, et ensuite le surplus du prix de leur acquisition constaté par actes authentiques, à la déduction du prix des recouvrements, s'il est spécifié dans le contrat; et s'il n'est pas déterminé, la déduction sera de moitié de ce qui restera du prix total de l'acquisition, l'évaluation prélevée.

« Si le contrat ne porte aucune vente de recouvrements, le prix de l'acquisition sera remboursé en totalité, à moins que l'évaluation ne soit inférieure au tiers de ce prix, auquel cas il ne sera payé que le montant de l'évaluation, et deux tiers du prix porté au contrat.

« Art. 8. — A l'égard des titulaires des offices de la deuxième classe, ils recevront la totalité du prix de leur acquisition établi par pièces authentiques, si le contrat ne porte aucune vente de recouvrements.

« Mais lorsqu'il y aura des recouvrements compris dans l'acquisition, le prix en sera aussi déduit, s'il est spécifié dans le contrat; et s'il n'est pas déterminé, la déduction sera d'un sixième du prix total.

« Et à défaut de preuves authentiques du prix des acquisitions, il ne sera payé à ces derniers titulaires que le montant des finances versées dans le trésor public.

« Art. 9. — Les dispositions du décret des 2 et 6 septembre 1790, et de l'article 24 du décret du 24 décembre suivant, relativement aux frais des provisions des officiers et aux dettes des compagnies, seront exécutées, tant pour les notaires au ci-devant Châtelet de Paris, que pour les notaires des autres départements. (Voy. *supra*, 9° et 20°.)

« Art. 10. — Les intérêts courront, en faveur de chaque titulaire, à compter du jour de la remise des titres nécessaires pour sa liquidation.

« Art. 11. — Les fonds de responsabilité (nous dirions aujourd'hui de cautionnement) à fournir par les notaires royaux qui deviendront notaires publics (52), demeureront compensés jusqu'à due concurrence avec les remboursements qui leur seront dus pour leurs offices et accessoires; et à ce moyen, les priviléges et hypothèques dont les offices pourraient être chargés, seront transférés, aussi jusqu'à due concurrence, sur les fonds de responsabilité, pour n'avoir lieu néanmoins que subordonnément à la garantie des fonctions desdits notaires.

« Art. 12. — Les notaires dont le remboursement s'élèvera au delà du fonds de responsabilité déterminé, ne recevront ce remboursement qu'en déclarant s'ils se font inscrire sur le tableau des notaires publics, ou s'ils renoncent à exercer cet état; dans le premier cas, ce fonds de responsabilité leur sera retenu sur la somme qui leur reviendra; dans le second, toute la somme leur sera remboursée.

« Art. 13. — Il pourra au surplus leur être délivré des reconnaissances applicables au paiement des domaines nationaux, dans la proportion et suivant les formes réglées pour d'autres officiers par les précédents décrets, lesquels décrets leur deviendront communs.

« Art. 14. — Ceux des notaires dont le remboursement sera inférieur au fonds de responsabilité, recevront un certificat du montant de leur liquidation, et seront tenus de compléter ledit fonds de responsabilité un mois après entre les mains du receveur du district de leur résidence, faute de quoi ils cesseront toutes fonctions, à peine de faux et de nullité. »

69° DÉCRET DES 29 SEPTEMBRE 1791-20 JANVIER 1792. — Il porte que les officiers de judicature supprimés qui n'étaient point à finance, mais pourvus à vie et inamovibles, seront remboursés des sommes qu'ils justifieront avoir versées au trésor public, à l'effet d'obtenir leurs provisions.

_____

(52) Voy., sur ce point, les art. 16 à 19 inclus de la section II du titre 1er de notre décret.

Avec ce décret, nous terminons la nomenclature des textes législatifs dus à la Constituante sur la très-délicate matière des offices.

Comme il est maintenant aisé de s'en rendre compte, l'œuvre de l'Assemblée nationale, qui mit elle-même un terme à ses travaux par sa *Déclaration* du 30 septembre 1791 (53), fut considérable sur le sujet qui nous occupe. Aussi bien, quelque nombreux que soient encore les actes émanés sur ce point des différents systèmes politiques qui lui succédèrent, leur nombre total à eux tous n'égale-t-il pas plus de la moitié des décrets qu'elle a rendus. L'Assemblée Législative surtout s'en montra extrêmement parcimonieuse, puisque les seuls décrets de cette Assemblée, que nous ayons trouvé nécessaire de recueillir, ne s'élèvent pas à plus de huit, appartenant tous à l'année 1792. En voici les dates successives, et l'analyse synthétique.

II. — Assemblée Législative.

d. — 1792.

1o Décret des 4, 5 janvier et 6-12 février. — Ce décret oblige les propriétaires d'offices supprimés qui n'ont pas encore fait connaître leurs titres, à les produire avant le 1er mai suivant, à peine de déchéance.

2o Décret des 14-19 février. — Il est relatif aux titres à produire par les propriétaires d'offices supprimés, ainsi qu'au remboursement des offices.

3o Décret des 5-15 avril. — Il est relatif à la liquidation des procureurs aux Chambres des comptes et Cours des aides de Rouen.

---

(53) Cette Déclaration *de l'Assemblée nationale sur la clôture de ses travaux* est fort laconique. Elle ne contient que ces simples mots : « L'Assemblée nationale constituante déclare que sa mission est finie et que ses séances sont terminées. »

4° DÉCRET DES 7-18 AVRIL. — Il porte qu'il ne sera délivré à aucun employé supprimé, comptable, ni brevet de pension de retraite, ni certificat de liquidation, de secours ou indemnité, qu'il n'ait justifié qu'il a entièrement versé les recettes qui lui étaient confiées.

5° DÉCRET DES 18 - 29 MAI ET 26 JUIN - 1er JUILLET. — Il est relatif au mode de liquidation de divers offices militaires.

6° DÉCRET DES 31 AOÛT - 18 OCTOBRE, *qui fixe le mode de remboursement des offices des justices seigneuriales* (54). — Cet acte prescrit d'abord (art. 1er) que « tous les officiers des ci-devant justices seigneuriales, pourvus à titre onéreux, et dont l'exercice aura cessé par l'installation des nouveaux tribunaux, ou ceux qui sont à leurs droits, seront remboursés par les propriétaires actuels des ci-devant seigneuries. » (55) Il ajoute ensuite que les offices aliénés à perpétuité, et acquis à titre d'hérédité, qui, depuis l'édit de 1771, relatif à l'évaluation des offices royaux, avaient été évalués par les titulaires dans les parties casuelles des ci-devant seigneurs, doivent être remboursés sur le pied de l'évaluation. Quant aux offices, au contraire, dont l'évaluation n'a pas été faite par les titulaires depuis 1771, mais qui étaient soumis annuellement à diverses redevances féodales, ils doivent être remboursés par le paiement de dix fois, cinquante ou cent fois le montant de la redevance annuelle, suivant sa nature. Il détermine enfin les conditions accessoires de ce rachat, qui ne s'applique qu'aux officiers

---

(54) Le *Moniteur* (séance du 31 août 1792) garde un silence absolu sur ce décret.

(55) En obligeant les propriétaires *actuels* des seigneuries d'où dépendaient les justices seigneuriales supprimées, à rembourser les officiers, la loi dont il est question au texte devait être sainement interprétée et limitée ; et c'est ainsi, spécialement, qu'il a été jugé qu'on ne pouvait entendre par ces mots : *propriétaires actuels des anciennes seigneuries*, contenus dans son article 1er, ceux qui avaient un droit quelconque sur la propriété d'une seigneurie, et notamment les personnes qui auraient pu avoir à exercer des droits mobiliers sur une seigneurie, en vertu d'une substitution à titre particulier. (Sect. civ. cass., 27 floréal an X, S. V., C. N., 1, 1, 644 ; Dalloz, *Rép.*, mot OFFICE, n° 40, texte et note 3.)

institués près des justices seigneuriales, et non aux titulaires de
ces justices, auxquels nous savons que l'art. 4 du décret des 4 et
11 août-3 novembre 1789, abolitif de la féodalité, avait refusé tout
droit à une indemnité (voy. *supra*, I, *Assemblée Constituante*, 1°).

7° Décret des 9-14 septembre. — Il est relatif au mode de paiement des arrérages dus aux propriétaires de taxations et augmentations de gages.

8° Décret des 17-18 septembre. — Il est relatif au mode de
liquidation des greffes et autres offices domaniaux.

A cela se réduit le bilan législatif de la seconde assemblée révolutionnaire. Le dépouillement des décrets de la Convention
nationale nous retiendra un peu plus longtemps, cette Assemblée
étant celle qui, après la Constituante, a rendu le plus de décrets
sur notre matière. Nous en avons, en effet, rencontré vingt-trois
depuis le jour de son ouverture (21 septembre 1792), jusqu'au Directoire, qui lui succéda le 4 brumaire an IV = 26 octobre 1795.
En voici la rapide énumération :

III. — Convention nationale.

d. — 1792 (suite).

1° Décret des 21-23 décembre. — Ce décret porte qu'aucun
comptable ou dépositaire de deniers publics ne sera admis à
compenser avec ses débets le prix de la finance de son office ou
de sa charge.

2° Décret des 21-23 décembre. — Il porte que le décret du
22 octobre précédent, aux termes duquel les créances qui n'excè-
dent pas 300 livres seront appelées de préférence à la liquidation,
n'est applicable et n'aura d'effet à l'avenir que pour les liquidations des offices de jurés-priseurs, des archers gardes de la con-

nétablie, des huissiers à cheval, des procureurs, des notaires, des perruquiers, des greffes domaniaux, des offices de finances qui peuvent être liquidés individuellement, etc.

e. — 1793.

3° DÉCRET DES 16-23 AVRIL. — Ce décret concerne l'indemnité à accorder aux perruquiers liquidés antérieurement au décret du 30 juillet 1792.

4° DÉCRET DES 18-24 AVRIL. — Il est rela aux offices remboursables en quittances de finances.

5° DÉCRET DES 30 MAI-8 JUIN. — Il concerne la faculté accordée aux officiers comptables supprimés par le décret du 24 novembre 1790, d'employer en paiement de domaines nationaux la finance liquidée de leurs offices.

6° DÉCRET DU 7-7 JUIN. — Il est relatif au remboursement des capitaines réformés, des capitaines de remplacement et des capitaines dits de réforme.

7° DÉCRET DES 22 AOÛT-2 SEPTEMBRE. — Il est relatif à la liquidation des propriétaires des greffes et autres offices domaniaux.

8° DÉCRET DES 15, 16, 17 ET 24 AOÛT-13 SEPTEMBRE, *qui ordonne la formation d'un grand-livre pour inscrire et consolider la dette publique non viagère* (56). — Ce décret convertit le rem-

_____

(56) Ce décret célèbre fut rendu sur le rapport de Cambon, qui eut l'idée de consolider, de centraliser et d'uniformiser les dettes d'origines si différentes, dont le vaste ensemble formait la dette publique, de telle sorte que l'Etat, seul débiteur, n'eût plus qu'une seule espèce de créanciers, auxquels il n'aurait à s'occuper que de payer les intérêts de leurs créances sur la simple représentation d'un extrait ou certificat d'inscription sur le Grand-Livre de la dette publique, ce qui entraînait, entre autres avantages, la conséquence d'une extrême facilité de la transmission du titre, transmission

boursement des offices en une inscription de rente sur le Grand-Livre de la dette publique (57), et ses articles 61 à 65 inclus sont

---

qui, auparavant, était pleine de complications, de formalités et d'ambages. Il faut toutefois ajouter que les principales raisons mises en avant par Cambon en faveur de la grande mesure dont il était le promoteur, furent des motifs politiques : comme le plus grand nombre des créanciers de l'Etat comptait alors parmi les adversaires les plus ardents de la Révolution, il voulut les intéresser malgré eux à son succès, et voici, à cet égard, dans quel langage curieux par sa franchise il sollicitait et préparait le triomphe d'une création en apparence purement financière, mais qui, au fond, avait un côté purement politique : «... Ceux qui espèrent ou favorisent la contre-révolution disent : Gardons nos titres de Louis XIII, XIV, XV, XVI, des ci-devant Etats provinciaux, du défunt clergé, des parlements, des cours des aides, et de toutes les autres corporations supprimées, parce que tous ces établissements, si chers à nos cœurs, peuvent ressusciter, et nous espérons qu'ils ressusciteront...... C'est de ces idées chimériques que s'alimente la superstition monarchique. Détruisons donc tout ce qui peut lui servir d'aliment ; que l'inscription sur le *grand-livre* soit le tombeau des anciens contrats et le titre unique et fondamental de tous les créanciers — (l'art. 6 de notre décret reproduit textuellement cette formule) ; — que la dette contractée par le despotisme ne puisse plus être distinguée de celle qui a été contractée depuis la révolution ; et je défie à monseigneur le despotisme, s'il ressuscite, de reconnaître son ancienne dette, lorsqu'elle sera confondue avec la nouvelle. — Cette opération faite, vous verrez le capitaliste qui désire un roi, parce qu'il a un roi pour débiteur, et qu'il craint de perdre sa créance, si son débiteur n'est pas rétabli, désirer la république, qui sera devenue sa débitrice, parce qu'il craindra de perdre son capital en la perdant..... Républicanisez la dette, nous le répétons, et tous les créanciers de la république seront républicains. » (Séance du 15 août 1793 ; voy. *Histoire parlem.*, t. 31, pp. 446 à 500.)

(57) Voy. les art. 1 et suiv. ; l'art. 10, qui prescrivait aux payeurs des rentes ci-devant dites de l'hôtel-de-ville, de fournir aux commissaires de la trésorerie nationale, dans un mois à compter de la date du présent décret, un état par ordre alphabétique contenant les noms de famille et prénoms de tous les propriétaires, spécialement d'intérêts d'offices ; l'art. 49, aux termes duquel le liquidateur de la trésorerie nationale, chargé, par le décret du 27 décembre 1790, de vérifier et viser divers remboursements à faire, était tenu de remettre, avant le 1er janvier 1794, des états par lui signés et certifiés, 1° de ce qui restait à liquider sur les offices supprimés en 1787, 1788 et 1789, des gardes de la porte, et dans les maisons du ci-devant roi et de sa femme ; l'art. 50, d'après lequel les créanciers portés dans ces états devaient être crédités, chacun pour ce qui le concernait, sur le grand-livre de la dette publique, du montant net de leurs rentes, ou des intérêts à cinq pour cent des capitaux non remboursés ; les articles 52 et suivants, relatifs à l'inscription des reconnaissances de liquidation au-dessus de trois mille livres en circulation ; 56 et suiv., relatifs à l'inscription des créances exigibles au-dessus de trois mille livres, soumises à la liquidation ; 69 et 70, relatifs à la réunion des diverses parties des créances exigibles ; l'art. 71, qui portait que les offices et créances liquidés ou à liquider de trois mille livres et au-dessous seraient remboursés à présentation par la trésorerie nationale, sur les reconnaissances du directeur-général de la liquidation, et que les intérêts à eux dus leur seraient payés jusqu'à quinzaine après la publication de la liquidation définitive qui serait faite par les journaux ou par affiches ; l'art. 76, suivant lequel tous les propriétaires de créances provenant de la dette constituée, spécialement des corporations de judicature et ministérielles, étaient tenus de remettre leurs titres au directeur-général de la liquidation, avant le 1er janvier 1794, sous peine, pour ceux qui résidaient en France, d'être

relatifs à la liquidation immédiate des offices comptables, de ceux des payeurs et contrôleurs des rentes, des fonds d'avance et cautionnements des compagnies de finance et de leurs employés, des cautionnements des administrateurs et employés actuels de la loterie, et cela sans avoir égard au terme de leur comptabilité.

9° DÉCRET DES 27-29 AOÛT. — Il concerne le mode de liquidation des offices de la maison du Roi (voy. *infra*, 16° et 20°).

10° DÉCRET DU 9 SEPTEMBRE. — Ce décret annule la liquidation de l'office de Président au Présidial de Villefranche.

11° DÉCRET DU 1er OCTOBRE. — Il porte qu'il n'y a pas lieu de délibérer sur un projet de décret relatif à la liquidation des offices fieffés et inféodés, et il sursoit à la liquidation d'offices et à tous remboursements d'offices liquidés.

e. — AN II = 1793 (suite).

12° DÉCRET DES 19-20 VENDÉMIAIRE AN II = 10-11 OCTOBRE 1793. — Il porte que la liquidation des offices sera continuée, en commençant par ceux de la plus petite valeur, et qu'il sera fait une révision des erreurs et injustices qui pourraient avoir été faites dans la liquidation des offices des cours supérieures.

13° DÉCRET DES 27-28 BRUMAIRE AN II = 17-18 NOVEMBRE 1793. — Ce décret autorise les ci-devant receveurs généraux et parti-

---

déchus des intérêts du premier semestre de 1794, et, pour dernier délai, avant le 1er juillet de cette même année, sous peine d'être déchus de leurs capitaux et intérêts ; les art. 96 et suiv., relatifs à la conversion des assignats en une inscription sur le grand-livre de la dette publique ; enfin l'art. 206, qui autorisait le directeur général de la liquidation à liquider, sous sa responsabilité et sans le rapport préalable du comité de liquidation, toutes les créances constituées, quel que fût leur chiffre, ainsi que les créances exigibles de trois mille livres de capital et au-dessous, et toutes les maîtrises, jurandes, et offices de perruquier, à quelque somme qu'ils se pussent monter.

culiers des finances, dont l'office a été liquidé, à transférer les inscriptions sur le Grand-Livre à eux remises en paiement, pour acquitter le montant des débets reconnus à leur charge.

14° DÉCRET DU 7 NIVÔSE AN II = 27 DÉCEMBRE 1793. — Il est relatif à la liquidation d'offices de la prévôté de l'hôtel et autres.

f. — 1794 = an II (suite).

15° DÉCRET DES 7 - 12 PLUVIÔSE AN II = 26 - 31 JANVIER 1794, *qui détermine les bases d'après lesquelles il sera procédé à l'avenir aux liquidations d'offices.* — C'est un décret général pour la liquidation des offices de toute nature, offices de judicature, d'amirauté (58), de municipalités, ministériels, comptables, des places ou charges de finance, des cautionnements, des charges de perruquiers, de chancellerie, et généralement de tous les offices ou charges dont la nation a pris le remboursement à son compte et qui ne sont pas liquidés. Il porte, en substance, que les offices qui, étant soumis à l'évaluation, n'auront pas été évalués, ne seront pas admis à la liquidation. Il excepte toutefois de cette disposition les titulaires dont la fortune, sans y comprendre le prix de l'office, n'excède pas dix mille livres. Il dispose, en outre, que le titulaire d'un office à vie qui en a joui pendant trente ans, n'a droit à aucun remboursement. Il ajoute que les propriétaires des greffes et autres offices domaniaux, fleffés et inféodés. ne seront plus admis à la liquidation, sauf la même exception que ci-dessus, et enfin que tous les titres devront être produits dans un délai déterminé, à peine de déchéance.

16° DÉCRET DES 17 GERMINAL - 3 FLORÉAL AN II = 6 - 22 AVRIL 1794. — Ce décret rapporte ceux des 9 juin 1790 et 27 août 1793. concernant les personnes attachées au service de la maison du

---

(58) Voy., relativement à ces offices, un décret des 6-10 novembre 1790.

ci-devant Roi, et il décide que les officiers de la maison du Roi qui justifieront d'un versement fait au trésor public, seront liquidés sur le montant des quittances de finances, et que ceux qui ne pourront pas faire cette justification ne seront pas admis à la liquidation (voy. *supra*, 9°, et *infra*, 20°; comp. aussi l'art. 2 du décret des 24 novembre - 10 décembre 1790, cité *supra*, 15°, p. 476).

17° DÉCRET DU 19 THERMIDOR AN II = 6 AOÛT 1794. — Il est relatif à la production des pièces, sous peine de déchéance, pour la liquidation des offices des ci-devant lieutenants des maréchaux de France, conseillers, rapporteurs et secrétaires greffiers du point d'honneur. (Comp. *supra*, I, *Assemblée Constituante*, 49°.)

18° DÉCRET DU 7 FRUCTIDOR AN II = 24 AOÛT 1794. — Il a trait à la liquidation des offices levés aux parties casuelles postérieurement à l'édit de 1771.

19° DÉCRET DU 12 FRUCTIDOR AN II = 29 AOÛT 1794. — Il enjoint aux ci-devant contrôleurs des finances, aux ci-devant apanagistes, faisant les fonctions de gardes des registres du contrôle, à leurs héritiers ou ayants cause, de remettre au bureau de la comptabilité les registres du contrôle des droits casuels et de centième denier concernant lesdits offices.

g. — AN III = 1795.

20° DÉCRET DU 11 PLUVIÔSE AN III = 30 JANVIER 1795. — Ce décret, additionnel à celui des 17 germinal-3 floréal an II (voy. *supra*, 16°), décide que les officiers de la maison du Roi qui ne seront point admis à la liquidation pourront prétendre à des pensions ou à des secours.

21° DÉCRET DU 23 PRAIRIAL AN III = 11 JUIN 1795. — Ce décret prononce la déchéance contre les créanciers de l'État qui n'ont point encore formé de réclamations, et son art. 7 décide que les ci-devant titulaires d'offices, poursuivant leur liquidation, qui n'ont point en leur possession les originaux de leurs provisions et les autres lettres nécessaires à leur liquidation, seront liquidés sur les copies ou extraits collationnés pris sur les minutes ou registres constatant lesdites provisions et autres titres. (Joindre *infra*, 23°.)

22° DÉCRET DU 27 MESSIDOR AN III = 15 JUILLET 1795. — Il est relatif au mode de liquidation des offices de la ci-devant Savoie.

23° DÉCRET DU 17 THERMIDOR AN III = 4 AOÛT 1795. — Il détermine le mode de liquidation des titulaires d'offices mentionnés dans l'art. 7 du décret précité du 23 prairial (voy. *supra*, 21°).

La mention de ce dernier décret épuise la liste des actes législatifs que nous avions à relever depuis la Constituante jusqu'au Directoire. Leur nombre considérable fait déjà pressentir par lui-même, d'une façon très-claire, que la tâche du législateur dut se trouver singulièrement abrégée sous tous les régimes politiques qui suivirent la Convention. Et de fait, du 17 thermidor an III à la loi du 28 avril 1816, nous n'avons rencontré que quatre documents, appartenant, l'un au Directoire, les trois autres au Consulat.

Le premier est une LOI DU 24 FRIMAIRE AN VI = 14 DÉCEMBRE 1797, relative à la liquidation de l'arriéré de la dette publique, dont les art. 46 et 47 ont spécialement trait au mode de liquidation des offices.

Le second, d'une importance capitale, est un ARRÊTÉ CONSULAIRE, rendu sur conflit (59), en date du 23 FRUCTIDOR AN VIII

---

(59) L'art. 2 du décret des 27 novembre-1ᵉʳ décembre 1790 avait donné au Tribunal de cassation le droit de statuer sur les conflits d'attribution. Ce droit fut ensuite dévolu au Directoire exécutif, par l'art. 27 du décret du 21 fructidor an III = 7 septembre 1795 ; puis au Conseil d'Etat, par le 1° du second alinéa de l'art. 11 du règle-

= 18 SEPTEMBRE 1800, et dont l'art. 3 et dernier ordonne l'insertion au *Bulletin des lois* (60). Il est ainsi intitulé : ARRÊTÉ *qui annule un jugement rendu en faveur du sieur Desandrouin, par le tribunal civil du département de Sambre-et-Meuse* (61), *en conflit d'attribution avec l'administration centrale.*

Il décide, en substance, qu'en droit, c'est à l'autorité administrative qu'il appartient de statuer sur une demande en restitution intentée contre l'Etat par le titulaire d'un ancien office supprimé (62), alors surtout qu'en fait, comme dans l'espèce, elle a été saisie par ce dernier lui-même, et qu'il s'agit moins d'ailleurs de prononcer sur la propriété que sur la nature des biens réclamés (63).

---

ment du 5 nivôse an VIII = 26 décembre 1799, et par tous les règlements ultérieurs sur l'organisation de ce Conseil. (Voy. l'arrêté du 13 brumaire an X = 4 novembre 1801, spécialement art. 3, et les ordonnances des 12 décembre 1821, 1er juin 1828, 2 février et 12 mars 1831.) On sait que l'art. 89 de la Constitution du 4 novembre 1848, auquel il convient de joindre l'art. 64 de la loi organique du Conseil d'Etat, du 3 mars 1849, le règlement d'administration publique du 26 octobre 1849, et la loi du 4 février 1850, déshérita le Conseil d'Etat du droit de trancher les conflits d'attributions, et qu'elle le transporta au Tribunal des conflits, mais que le 3e de l'art. 1er du décret organique sur le Conseil d'État, du 25 janvier 1852, le lui restitua, et qu'il en est définitivement sevré depuis l'apparition des articles 25 et suivants de la loi du 24 mai 1872, qui ressuscitèrent le Tribunal des conflits. (On trouvera ces différents textes, à leurs dates respectives, dans les *Lois annotées* de MM. Devilleneuve et Carette, et dans le *Recueil des Lois administratives françaises* de MM. Vuatrin et Batbie.) — Consulter, sur l'histoire des conflits d'attribution, le rapport présenté par M. de Cormenin à la Commission des conflits de 1828. (Dalloz, *Rép. alphab.*, mot CONFLIT, n° 9.)

(60) Cet arrêté est reproduit dans la 1re série des *Lois annotées* de MM. Devilleneuve et Carette, pp. 547 (col. 3) et suiv.

(61) Ce jugement est du 25 floréal an VIII = 15 mai 1800.

(62) Mais la contestation entre deux particuliers, dont l'un réclamait contre l'autre la restitution de la finance d'un ancien office, qu'il prétendait avoir été indûment reçue par ce dernier, devait être portée devant les tribunaux de l'ordre judiciaire, et non pas soumise à l'autorité administrative. (Ordonn. en Conseil d'État du 19 décembre 1838, S. V., 39, 2, 550; Dalloz, *Rép.*, mot OFFICE, n° 52.)

(63) Il résulte également de l'arrêté consulaire que nous venons d'analyser, que, quand, pour exercer un office, il avait été accordé, soit par l'État, soit par une administration publique, la jouissance d'un immeuble, le titulaire, cessant d'avoir droit à cette jouissance par suite de la suppression ultérieure de l'office, ne pouvait obtenir une indemnité qui la représentât. — Il a toutefois été décidé que la suppression d'un office municipal auquel un droit d'habitation avait été attaché, n'entraînait pas la déchéance de ce droit au préjudice de l'ancien titulaire, si la commune qui avait reçu le prix de l'office avait conservé la libre disposition des lieux où l'habitation devait être fournie, et qu'en conséquence l'ancien titulaire ne pouvait être ni expulsé, ni

Le troisième acte que nous avons annoncé, est également un ARRÊTÉ CONSULAIRE, DU 9 GERMINAL AN IX = 30 MARS 1801. Il porte qu'il n'y a plus lieu de délivrer de certificats de liquidation aux engagistes ou aliénataires de droits et offices domaniaux, lors même que les liquidations auraient été faites et approuvées avant les lois qui ont prononcé leur suppression sans indemnité (64).

Le quatrième, enfin, est un autre ARRÊTÉ CONSULAIRE, en date du 13 PRAIRIAL AN X = 2 JUIN 1802, relatif à la formation d'un conseil de liquidation générale de la dette publique (65), qui assigne pour cause à cette dette, notamment la suppression des offices de judicature et des maîtrises et jurandes, et les dépossessions des engagistes (66).

Telle fut l'œuvre législative de la Révolution, touchant le vaste et difficile problème des offices, de la suppression de leur vénalité et de leur hérédité, de leur liquidation, et enfin la base, la fixation, le mode et le taux de remboursement de leurs titulaires dépossédés; œuvre féconde, ainsi que l'on en peut juger, à laquelle chaque régime politique prit comme à tâche d'apporter. sans désemparer, son contingent, souvent considérable, d'innovations, de transformations et de changements. Tous ceux que nous avons cru nécessaire ou utile d'indiquer et que nous avons enserrés et enchâssés dans le cadre le plus étroit possible, sont dus à cent quatre documents principaux, total assez éloquent par lui-

---

contraint à payer des loyers. (Bruxelles, 1er février 1809, S. V., C. N., 3, 2, 16; Dalloz. *Rép.*, mot OFFICE, n° 50.)

(64) Les officiers domaniaux avaient été supprimés par la Constituante, mais avec indemnité (voy. le décret mentionné *supra*, I, 52°, p. 505); une loi du 17 juillet 1793 les supprima sans indemnité. Depuis cette loi, aux termes de l'arrêté analysé au texte, les engagistes ou aliénataires d'offices domaniaux n'ont pu exercer leurs créances sur l'Etat, s'ils ne s'étaient fait délivrer leur certificat de liquidation avant la loi de 1793, quoiqu'à cette époque leurs offices eussent été liquidés, et que ces liquidations eussent été approuvées par des décrets. (Voy. Dalloz, *Rép.*, mot OFFICE, n° 41.)

(65) Le Conseil général de liquidation fut supprimé sous l'Empire, par la loi de finance du 15 janvier 1810. (Voy. MM. Devilleneuve et Carette, *Lois ann.*, 1re série. p. 251, note, col. 1 *in fine*.)

(66) Voy. MM. Devill. et Car., *Lois ann.*, *ubi supra*, col. 2, *in med.*, 3°.

même pour que le seul énoncé de son chiffre suffise à nous dispenser d'un plus ample commentaire. Aussi nous bornerons-nous
à les résumer d'un mot, en rappelant que, parmi eux, soixante-neuf
appartiennent à la Constituante, huit à l'Assemblée Législative,
vingt-trois à la Convention nationale, un au Directoire, et trois au
Consulat. — Si nous sommes resté muet sur la période impériale,
ce n'est pas à dire qu'il n'ait été rendu sous l'Empire aucun acte
législatif concernant les offices. Nous en avons renvoyé la mention et l'examen à notre chapitre IV, dont la lecture démontrera
que là se trouve logiquement leur véritable place.

La réforme nous étant maintenant connue, et sachant par
quelle nombreuse série de monuments légaux on la réalisa, nous
avons à nous demander au moyen de quels procédés ces lois, envisagées désormais à un point de vue général, parvinrent à l'opérer,
c'est-à-dire de quelle façon elles réglementèrent la liquidation
des différents offices.

CHAPITRE II.

De la manière dont il fut procédé à la liquidation des diffé-
rents offices, et de la façon dont se fit le remboursement
de leurs titulaires expropriés.

Si le but poursuivi en notre matière par la Révolution fut constamment le même, celui d'effacer sans distinction et partout où
elle se rencontrait, la tache de vénalité dont les différentes charges et fonctions publiques se trouvaient à ses yeux souillées, du
moins s'en faut-il de beaucoup que le législateur de l'époque
intermédiaire ait toujours suivi la même voie pour l'atteindre,
ait eu recours à un même et uniforme procédé pour la faire disparaître sans injustice. Car il lui revient à honneur de n'avoir
jamais perdu de vue qu'en abolissant la vénalité, il s'attaquait
à une propriété privée, tolérée et admise par les lois du pays,
consacrée par une durée de plusieurs siècles, et constituant souvent, ainsi que la remarque en a été faite, la partie la plus notable du patrimoine des familles (1).

C'était assez pour qu'il ne se laissât pas emporter par le seul
désir de supprimer l'abus, ce qui eût été souder le mal au bien,
en corrigeant un grand désordre au moyen d'une grosse iniquité. C'était assez pour qu'il n'oubliât pas qu'une réforme, si
utile qu'elle soit, n'a réellement de prix et n'est vraiment bonne
qu'à la double condition de ne s'appuyer que sur des procédés
honnêtes de réalisation, propres à en assurer le succès, et surtout
de ne pas être étayée sur une spoliation qui ne serait de nature

---

(1) Voy. ci-dessus notre *Anc. dr. fr.*, chap. II, sect. 2, § 1er, texte et note 244, p. 222

qu'à la dégrader, qu'à en compromettre l'entreprise, et qu'à en éclipser le mérite. C'était assez, enfin, pour que cette propriété, toute vicieuse qu'elle lui apparût, n'en continuât pas moins de demeurer pour lui chose inviolable et sacrée, à laquelle lui-même s'était dès lors imposé l'impérieux devoir de ne toucher qu'avec respect (2). La nécessité de liquider les offices vénaux réside tout entière dans cette seule idée. Comme l'a écrit excellemment M. Laferrière (3) au sujet de la Constituante : « Et il faut le dire ici, car c'est une gloire pour l'Assemblée nationale et un symptôme éclatant de l'esprit qui l'animait, le principe de justice domine toutes ces réactions contre le passé. — Elle détruit le système administratif et judiciaire de l'ancienne monarchie, mais elle impose à l'État une indemnité envers les fonctionnaires supprimés ; elle lui impose le remboursement du prix des offices et l'obligation de payer les dettes qui grèvent les corporations anéanties, soit laïques, soit ecclésiastiques. En succédant aux biens, la Nation prend les charges. Une multitude de décrets a pour objet cette immense partie de la liquidation des dettes nationales. Offices militaires et municipaux, gouvernements de province, emplois dans les administrations de ferme et de régie, offices de magistrature et de judicature, greffes et autres offices domaniaux, brevets de retenue pour toute espèce de charges publiques, maîtrises et jurandes, dettes des corporations d'arts et métiers, des pays d'état, des églises, des fabriques, des communautés supprimées, dettes et rentes du clergé, etc., etc., sont portés sur le registre public des liquidations (4). Les anciens titulaires, les créanciers des corporations, deviennent créanciers de l'État, et les créanciers de l'État sont mis d'avance *sous la garde de l'honneur et de la loyauté de la Nation française* (5).

---

(2) Voy. les textes cités *supra*, chap. I, n° 63, p. 507.

(3) *Op. cit.*, t. 2, pp. 83 et suiv.

(4) « Prix des offices de magistrats, 450 millions ; — charges des finances, 118 ; — de la maison du roi, 52 millions ; — emplois militaires, 35 ; — Gouvernement, 3 millions. (Voir l'*Hist. parl.*, t. VII, p. 167.) »

(5) « Arrêté, 17 juin 1789. »

La Révolution s'empare des anciennes institutions, mais elle veut que la nation en acquitte le prix ; elle agit comme un vainqueur généreux qui, en pays conquis, enlève les fruits de la terre, mais les paye au peuple vaincu. »

Ce n'est pas à dire, toutefois, nous le répétons, qu'on aboutit toujours de la même sorte à cette dépossession forcée, à cette véritable expropriation pour cause d'utilité publique. Et de fait, le défaut d'homogénéité dans les procédés employés pour opérer la liquidation des différents offices, et la variété des moyens mis en œuvre pour arriver à leur remboursement, s'expliquent sans peine, en présence de la diversité de nature de ces charges multiples, dont la vénalité, après une traversée longue de près de trois siècles et jusque-là heureuse et même prospère, venait échouer sur le terrain de la réforme, et se briser contre l'écueil de principes contraires. Rappelons-nous, pour le comprendre, que, sous l'ancienne monarchie, les offices, si l'on envisage les droits qui s'y trouvaient attachés, étaient bien loin de présenter tous le même caractère. Une distinction capitale s'offre à nous à ce sujet, qui va nous permettre de concevoir très-aisément comment la base de l'indemnité, comment son calcul purent, sans injustice, et durent même, sous peine d'iniquité, n'être pas similaires dans toutes les hypothèses. Les titulaires d'offices vénaux, en effet, peuvent, au point de vue auquel nous nous plaçons actuellement, se répartir en deux catégories fort différentes. Parmi eux, il y en avait un grand nombre — et tels étaient tout particulièrement les officiers de finance et de judicature, — qui recevaient, sous le nom de gages, un traitement fixe de la Couronne, traitement représentatif des intérêts du prix d'achat du titre de l'office, de la finance versée dans les caisses du trésor pour être pourvu, et dont l'Etat vendeur devenait propriétaire (6).

---

(6) « Un office qu'il (le souverain) vend est proprement un emprunt dont il paye l'intérêt sous le nom de gages », dit très-justement Condillac (*Le Commerce et le Gouvernement*, ii, 11). Nous savons du reste, Loyseau nous l'a appris, que c'était là un *prêt à jamais rendre*. (Voy. notre *Anc. dr. fr.*, chap. i, § 1er, note 48, p. 23.)

De là cette conséquence, que si, sans doute, la suppression de la
vénalité de ces charges, portant atteinte à des droits acquis,
entraînait l'obligation stricte et étroite d'une indemnité au profit
des titulaires dépossédés, mis désormais dans l'impossibilité légale
de revendre ce qu'ils avaient acheté, et de trafiquer de cet élément de leur patrimoine, dont jusqu'alors la propriété et la libre
disposition leur avaient été reconnues sans conteste (7), à tout
le moins suffisait-il, pour les rendre complètement indemnes, de
leur rembourser la finance qu'ils avaient dû débourser pour
obtenir leurs provisions.

Mais, à côté de cette première classe d'officiers, et parallèle-
ment à elle, pour ainsi dire, il s'en rencontrait une autre, dont la
situation, il s'en faut de beaucoup, n'était pas semblable. Nous
faisons ici spécialement allusion aux titulaires que Loyseau appelait ministres de justice, et que toutes les lois de la Constituante qui s'en occupent, qualifient d'officiers ministériels. Or, à
ceux-ci la Royauté n'avait conféré, moyennant finance, qu'un titre
nu, c'est-à-dire qu'une qualité, qu'un caractère qui était indispensable pour mettre la charge en valeur et la faire fructifier au
moyen de l'exercice ; c'était, en d'autres termes, le préliminaire
nécessaire et forcé de la mise en exploitation de cette espèce
originale de fonds *sui generis* qu'on nommait *office à pratique*.
Mais, par lui-même, un pareil élément, bien qu'il constituât l'élément vital de l'office, et fût pour lui ce que l'être est au corps,
n'était pas frugifère et ne rapportait rien : il ne donnait que la
possibilité de tirer argent de la charge particulière et spéciale à

---

(7) Bien que, de tous les offices entachés de vénalité, ceux que l'opinion publique
poursuivait de sa plus véhémente réprobation, fussent sans contredit les offices de
judicature, la légitimité du principe de l'indemnité ne fut pas mise sérieusement en
doute dans les cahiers des Etats-Généraux de 1789, et ce principe apparut même, dans
le plus grand nombre, comme une suite nécessaire et forcée de l'abolition de la vénalité. Aussi les droits des propriétaires expropriés de ces offices furent-ils reconnus
par eux ; car, ainsi que l'écrit avec une grande exactitude d'expressions M. A. Desjardins (*op. cit.*, dans *La France judiciaire*, n° du 16 décembre 1880, p. 95 : « Dans les
cahiers, les idées sont quelquefois révolutionnaires, les moyens ne le sont jamais.....
La plupart de ceux qui veulent que les charges cessent d'être vénales déclarent que le
prix en doit être remboursé aux titulaires. »

laquelle il venait s'adapter, et sur laquelle on le greffait. De telle
sorte qu'ici, ce n'était plus l'Etat qui, quoique devenu encore
propriétaire de la finance à lui versée pour acquérir le titre, en
payait, sous forme de gages, les intérêts à l'acquéreur, puisque,
suivant le langage très-expressif consacré par l'usage, il n'avait
vendu qu'un titre nu ; non, ces intérêts du prix d'achat, c'était
l'officier lui-même qui s'en trouvait en quelque façon débiteur
envers sa caisse, et qui s'était personnellement chargé de les
faire produire à son office, vivifié et comme animé par son titre,
grâce à l'exercice qu'il en comptait faire. Leur importance dépendait, par conséquent, tout à la fois de son mérite personnel,
de sa capacité, de son talent, de son intelligence, de son travail,
de son zèle, de son activité, de son habileté, de son entente des
affaires, de sa probité, de ses habitudes d'ordre et d'économie,
de sa moralité, de la confiance qu'il inspirait par son honorabilité,
par sa loyauté ; en un mot, de ces mille qualités, éminemment
variables avec les individus, qui créent à qui les possèdent réunies de nombreuses relations, leur procurent une vaste *pratique*,
leur attirent et leur attachent une belle et solide *clientèle*, et leur
ouvrent ainsi la voie d'un succès aussi prompt que certain. Ce
rapide exposé nous fait arriver sans difficulté à ce résultat que,
pour peu que l'on aille au fond des choses et que l'on pénètre
la nature intrinsèque des offices que nous analysons, on dé-
couvre bien vite en eux, de même que dans nos offices ministériels actuels, auxquels ils ont servi de type originaire et qui
leur ont succédé, deux éléments intimement unis à la vérité, mais
essentiellement distincts : le *titre*, d'une part, c'est-à-dire le
droit exclusif d'exercer la fonction publique à laquelle on voulait
l'appliquer, et pour laquelle on en sollicitait l'obtention, titre qui,
primitivement vendu aux parties casuelles, était et ne pouvait
être conféré que par le Roi et se trouvait absolument hors du
commerce ; — la *pratique*, d'autre part, ou, comme nous dirions
aujourd'hui, la *clientèle*, c'est-à-dire un élément patrimonial
variable, dépendant des qualités plus ou moins grandes du titu-

laire, objet de négoce entre ses mains, fruit de son travail, œuvre personnelle du possesseur de l'office qui en était le propre artisan, et ayant par là même une influence considérable sur le titre, dont la valeur suivait exactement les mêmes fluctuations pécuniaires de hausse ou de baisse que les circonstances diverses, qui viennent d'être sommairement indiquées, étaient appelées à lui faire subir (8).

Comme vient, avec une grande justesse, de l'écrire un de nos Maîtres : « Les offices ministériels, à la différence des fonctions judiciaires, comprennent le titre qui n'est pas dans le commerce et que le chef de l'État peut seul conférer, et la clientèle, c'est-à-dire un élément variable, qui dépend du talent, du zèle et de la probité de l'officier ministériel et qui repose sur une base matérielle, à savoir les dossiers confiés aux avoués, les répertoires des huissiers et les minutes des notaires. Ces dossiers, ces répertoires et ces minutes sont pour l'officier ministériel un moyen d'entretenir et d'étendre ses relations, ils sont le fruit de son travail, leur grand nombre est la preuve de son succès et de la confiance qu'il inspire : ils font donc, en un sens, partie de son patrimoine. Ces considérations ont, je le reconnais, beaucoup moins de force quand on les applique aux charges de greffier qui ne sont pas des offices à clientèle..... » (9)

---

(8) Parmi les différences qui séparent les fonctions des officiers ministériels — mis à part toutefois les greffiers — de celles des magistrats et de la généralité des fonctions publiques, M. le conseiller Bayle-Mouillard, dans un rapport qu'il présenta devant la Chambre des requêtes à la Cour de cassation, signale, comme nous venons de le faire, « celle qui existe entre les officiers dont les émoluments et le profit dépendent de l'industrie ou de l'activité du titulaire, et forment une sorte de clientèle ou d'achalandage, susceptible d'augmenter ou de diminuer, suivant la capacité de celui qui en est investi, suivant le plus ou moins de confiance qu'il inspire ; et ceux, au contraire, où le profit est en quelque sorte fixé à l'avance par la loi et par les limites dans lesquelles la fonction s'exerce, sans que l'officier ou le fonctionnaire puisse augmenter sa clientèle ou ses profits par une activité plus grande, ou les perdre par sa négligence ou son incurie. » (Voy. D. P., 52, 1, 220.)

(9) M. Garsonnet, op. cit., p. 377. — On peut dire, en un mot, qu'un office ministériel se compose de deux éléments : d'une fonction publique et d'une propriété privée. Envisagé au premier point de vue, le titulaire est mandataire de l'autorité publique et dépositaire de certains attributs de la souveraineté ; considéré sous le second rapport on voit l'officier appliquer à cette fonction qu'il a reçue du gouvernement son travail

De l'ensemble de ces données générales, une conclusion se dégage évidente : c'est que, en supprimant la vénalité des offices à pratique, la Constituante avait contracté, à l'égard de leurs titulaires, des obligations beaucoup plus étendues qu'envers les officiers de judicature, et qu'il ne lui suffisait plus, pour ne pas blesser l'équité, de rembourser à ceux-là, comme à ces derniers, le prix moyennant lequel ils avaient acquis leur titre, — le dédommagement eût été bien insuffisant, — mais que, devant la nécessité de traiter les uns et les autres comme des propriétaires expropriés pour cause d'utilité publique, c'est-à-dire devant l'obligation de leur tenir compte de toute la valeur expropriée, il lui fallait de plus, en ce qui concerne les premiers, les indemniser du préjudice qu'elle leur causait « en leur enlevant, avec la faculté de résigner en faveur, le droit de disposer d'un bien fécondé par toute une vie de travail. » (10) Ce qui revient à dire que le remboursement devait ici porter à la fois sur les deux éléments que nous venons de prendre le soin de séparer, et comprendre en même temps le titre et la pratique (11).

---

et son temps, son intelligence et son activité, faire, en d'autres termes, fructifier son titre nu, et apparaître, dès lors, comme *producteur* en même temps que comme officier public. (Voy. Rossi, *Cours d'économie politique*, 4ᵉ éd., 19ᵉ leçon, t. 1, p. 365.)

(10) M. E. Durand, *op. cit.*, nᵒ 185 *in fine*, p. 204.

(11) Voici comment s'exprimait, à cet égard, le député Mougins à l'Assemblée Constituante, dans sa séance extraordinaire du 20 décembre 1790 (*Moniteur* du 22). On retrouvera, dans ses paroles, que nous reproduisons dans ce but, la plupart des idées sur lesquelles nous venons d'insister. « Vous avez », disait-il, « jugé le sacrifice des offices ministériels utile à l'Etat ; il était juste de le consommer. Le salut public est la loi suprême où doivent se briser tous les intérêts personnels. Mais l'Etat n'exige pas la ruine absolue d'une classe de citoyens qui, sans un remboursement effectif et réel, ne trouverait dans la nouvelle constitution que la honte et le désespoir. Vous avez consacré dans la Déclaration des Droits ce principe éternel que « les propriétés sont un droit inviolable et sacré. » Or vous toucheriez à cette propriété si l'indemnité due à ces officiers n'avait pas pour objet un remboursement légitime, et il serait imparfait s'il était borné à la seule évaluation du titre de la finance, parce que ces offices comprennent avec le titre la pratique ou la clientèle que chaque individu a fixée successivement à son titre par son travail, son zèle, ses soins. Ces deux objets réunis forment essentiellement le prix de ces offices.

« Le titre ne présente en lui-même aucun bénéfice, aucun avantage ; c'est l'exercice qui constitue la véritable profession du pourvu, qui fait naître la clientèle, qui en forme toute la consistance. Cette clientèle, qui a été le seul objet de l'acquisition de l'officier ministériel, a éprouvé, comme toutes les propriétés territoriales, des aug-

Ce n'est pas la seule différence qui devait séparer, au point de vue que nous envisageons pour le moment, les deux sortes d'offices sur lesquels nous raisonnons. Il résulte, en effet, des considérations qui précèdent, qu'il n'était plus possible d'allouer aux titulaires dont nous nous occupons, comme aux officiers de judicature, par exemple, une indemnité unique et fixée d'une façon définitive, une fois pour toutes et à l'avance, pour chaque catégorie ou espèce de charges, par ce motif, mis en lumière par les développements qui viennent d'être donnés, que les offices de la même classe variaient de valeur vénale, et que leur prix marchand dépendait avant tout de la pratique ou clientèle, élément toujours mobile et instable, qui y était attachée. En d'autres termes, si, pour tous les offices qui n'étaient pas à pratique, il eût été aisé de chiffrer par anticipation le taux de remboursement de chacun d'eux, ce taux

---

mentations progressives, et le bénéfice que les temps et les circonstances donnent toujours à tout ce qui se trouve dans le commerce social. Cela est tellement certain qu'il n'existe point de procureur dans le royaume qui n'ait envisagé son office comme le champ qu'il pouvait agrandir ou améliorer, comme un patrimoine qu'il laissait à sa famille, une propriété disponible entre ses mains. Ces offices ont été donnés à titre de dot, transmis par succession, et c'est toujours la valeur commerciale qui a été la base de ces contrats.

« ..... Il faut saisir les nuances essentielles qui existent entre les offices de magistrature et les offices ministériels ; les premiers avaient des prérogatives personnelles, au lieu que les seconds n'avaient d'autre espérance que leurs offices. Les uns ne perdent rien ; ceux-ci se voient enlever leur unique propriété : c'était sur l'assurance de leur produit qu'ils avaient formé des établissements, contracté [des obligations, soutenu leur existence sociale.

« S'il était possible de les priver d'un remboursement légitime, vous entendriez pousser à des pères de famille ce cri de douleur et de désespoir : « La constitution « nous a ruinés ! » Vous les exposeriez à verser des larmes de sang.

« Plusieurs mutations de ces mêmes offices qui ont eu lieu dans la ci-devant province de Provence prouvent que la clientèle fixe le principal prix de l'office. »

De son côté, le représentant Guillaume, qui parla immédiatement après, tint à peu près le même langage : « ..... je pense », disait-il notamment, « que les procureurs ont droit à être remboursés, non-seulement du prix des offices, mais de la valeur des accessoires. On convient que les plus fortes évaluations faites en exécution de l'édit de 1771 sont encore extrêmement faibles..... Que deviendront les officiers ministériels supprimés? que leur reste-t-il? que leur est-il dû? Telles sont les questions que je vais discuter. A la jouissance de l'office il faut ajouter celle de la pratique, qui presque toujours en décuplait la valeur.....

« L'Assemblée nationale a détruit le titre et la pratique, elle doit donc indemniser les titulaires de la valeur de l'un et de l'autre. Jamais la restitution, jamais le retrait n'ont pu être arbitraires ; jamais le débiteur n'a pu faire la loi à ses créanciers..... »

résultant d'une simple constatation matérielle, de la vérification
de la finance versée aux parties casuelles, un semblable procédé
fût devenu d'une application impossible pour toutes les charges à
pratique, en ce qui concerne du moins la clientèle, à raison de la
valeur capricieuse et changeante de chacune d'elles, et l'on comprend sans peine que, si on avait voulu l'employer, on se serait
fatalement heurté à une difficulté de fait insoluble. On en était donc
réduit ici à indiquer uniquement les bases générales suivant lesquelles il serait ultérieurement procédé à leur liquidation individuelle ; mais c'était là la seule mesure d'ensemble que l'on pût
prendre à leur égard. Par où l'on devine facilement que les opérations de liquidation devaient forcément être plus ou moins aisées, selon qu'il s'agissait d'offices à gages ou à pratique : dé-
nuées d'entraves pour les premiers, elles devaient présenter de
sérieuses complications pour les autres, et donner lieu pour
ceux-ci à une multiplicité et à une minutie de détails qu'elles ne
comportaient pas pour ceux-là.

Telles sont, nous semble-t-il du moins, les solutions qu'imposait une analyse exacte de la situation, et auxquelles conduit logiquement un simple raisonnement *a priori*. La Constituante les
a-t-elle admises et sanctionnées ? C'est ce qu'il nous reste à examiner brièvement.

Le principe du remboursement une fois admis, cette Assemblée
se trouvait en face de deux ordres de difficultés d'une extrême
gravité : difficultés d'exécution, d'une part, consistant dans le
choix à faire d'un système de liquidation ; difficultés financières,
de l'autre, consistant dans le mode de remboursement à adopter
en présence de la pénurie des ressources du trésor (12).

Et tout d'abord, la première question qui se posa, fut naturellement relative au point de savoir sur quel pied se ferait la liquida-

---

(12) Nous ne pouvons, on le conçoit, insister longuement sur ces sujets, et nous
nous bornons à renvoyer, d'une manière générale, ceux qui désireraient avoir des détails plus circonstanciés sur toute cette matière, aux documents cités *supra*, chap. 1er,
note 1.

tion. A cet égard, trois théories, fort différentes les unes des autres, étaient possibles ; en voici l'exposé très-succinct.

On aurait, en premier lieu, pu s'accorder à rendre aux titulaires la finance versée dans les caisses de l'Etat par le premier pourvu. Hâtons-nous toutefois de faire observer que ce moyen n'aurait eu pour lui qu'une apparence de justice, mais n'aurait, en réalité, donné aux officiers dépossédés qu'une satisfaction absolument illusoire; il aurait ménagé trop peu leurs intérêts pour avoir chance d'être adopté. C'est qu'en effet, si, d'un côté, l'Etat, grâce à ce procédé, qui, à ce point de vue, paraissait très-équitable, eût bien rendu, il est vrai, ce qu'il avait reçu, il ne faut pas une très-grande profondeur de vues pour apercevoir qu'en fait, il aurait imposé un sacrifice énorme aux titulaires qu'il s'agissait d'indemniser actuellement ; et l'on s'en rendra aisément compte, pour peu que l'on considère que la valeur vénale des offices avait notablement augmenté depuis la délivrance des premières lettres de provision. D'où il suit que ce système aurait été tout au plus admissible pratiquement à l'égard du premier reçu (13).

Un second système, diamétralement opposé au précédent dans son énoncé et dans ses résultats, eût été de prendre pour base le dernier contrat d'acquisition. Celui-ci n'aurait plus été inique, mais, par contre, il eût été dangereux, en ce qu'il se serait montré trop soigneux de la fortune privée, et pas assez protecteur des caisses du Trésor, sur lesquelles on est toujours trop tenté de faire main basse, quand une occasion favorable se présente, et que,

---

(13) Il ne lui aurait, en effet, causé qu'un dommage peu préjudiciable toutes les fois que, le titre de sa charge reposant sur sa tête depuis peu de temps, celle-ci n'aurait pas encore pu éprouver une grande augmentation de valeur. Voilà pourquoi l'Assemblée Constituante put, sans commettre d'iniquité, l'adopter pour les offices de judicature, dans l'art. 7 de son décret des 7-12 septembre 1790, ainsi que nous l'avons vu plus haut (p. 472, 9°), et comme nous allons avoir à le rappeler dans un instant (p. 536) ; d'autant plus qu'à cette époque, la hausse dans le prix des offices de ce genre, tout au moins (comp., en effet, pour les offices à pratique, note 15, *infra*), devait évidemment être plus lente à se produire que dans les premières années de leur création. On se souvient que cette Assemblée eut recours à ce même procédé, en ce qui concerne les barbiers-perruquiers-baigneurs-étuvistes premiers pourvus, ou qui avaient levé leurs offices aux parties casuelles. (Voy. *supra*, 1, 53°, p. 505.)

par suite, on ne saurait jamais assez mettre à l'abri de la convoitise et de la cupidité. Or, il aurait pu ouvrir la porte à une fraude très-facile, qui aurait consisté, de la part des officiers, à dissimuler les anciens actes de cession sous seings privés, et à leur en substituer de nouveaux, où ils auraient enflé le prix d'acquisition.

Enfin, une dernière théorie émit l'idée de s'attacher aux évaluations faites en exécution de l'édit de février 1771 (14). C'était incontestablement ¡celle qui conciliait le plus sagement les intérêts de la Nation avec ceux des titulaires. Aussi triompha-t-elle en principe devant la Constituante, en ce qui concerne du moins les offices autres que les offices ministériels (15). L'Assemblée ajouta seulement, ce qui n'était que juste, que toutes les sommes légitimement versées dans les caisses publiques, comme droits de mutation, frais de sceau, etc., seraient remboursées aux officiers. C'est dans cet ordre d'idées que se trouve notamment conçu le décret des 2, 6 et 7-12 septembre 1790, analysé ci-dessus (Chap. I, i, ASSEMBLÉE CONSTITUANTE, 9°, p. 472), relatif à la liquidation des offices de judicature et de municipalités, et qui posa en règle, dans son article 1er, qu'elle aurait lieu sur le prix de l'évaluation faite en exécution de l'édit précité. (Comp. le décret cité *supra*, *eod.*, 56°, p. 506 *in init.*) (16) Cependant, comme, parmi ces offices,

---

(14) Voy., sur cet édit., notre *Ancien dr. fr.*, chap. i, § 1er, pp. 32 *in fine* et suiv., et chap. ii, sect. 2, § 1er, art. 3, p. 127.

(15) Ce n'est pas à dire que, relativement à ces offices, on ne prît pas pour base un mode de liquidation fondé sur les évaluations faites en exécution de l'édit de 1771. Mais l'équité exigeait que l'on en ordonnât la rectification toutes les fois que, depuis cette époque, la valeur de la pratique avait subi une augmentation, la clientèle étant bien plus susceptible de s'accroître en peu de temps que le titre d'un office à gages (comp. *supra*, note 13), et, d'une manière plus générale, toutes les fois qu'il était avéré que les évaluations étaient trop faibles. (Voy., du reste, *infra*, ce que nous disons au sujet de la liquidation de ces offices, et comp. les textes auxquels nous aurons l'occasion de renvoyer, en nous en occupant.)

(16) Nous savons qu'en ce qui touche les possesseurs d'offices de judicature supprimés qui n'étaient point à finance, mais se trouvaient pourvus à vie et inamovibles, ce fut le décret des 29 septembre 1791-20 janvier 1792 qui régla la situation, en décidant qu'ils seraient remboursés des sommes qu'ils justifieraient avoir versées au Trésor public, à l'effet d'obtenir leurs provisions. (Voy. *supra*, chap. I, i, ASSEMBLÉE CONSTITUANTE, 69°, p. 513.)

il s'en trouvait qui, bien que soumis à l'évaluation, n'étaient pas évalués, et d'autres qui n'étaient pas soumis à l'évaluation, ce décret statua, par ses articles 2 et 3, relativement aux premiers, qu'ils seraient liquidés sur le pied de leur finance primitive et supplément, si elle était connue, et qu'à défaut de finance connue, ce serait sur le pied des offices de même nature dont la finance serait certaine (comp. le décret cité *eod.*, 41°, p. 502), et, relativement à ceux de la seconde catégorie, que leur liquidation s'opérerait sur le pied du dernier contrat authentique d'acquisition.

Enfin, par son article 7, il décida que les charges des premiers pourvus d'un office, et de ceux qui en avaient levé aux parties casuelles depuis 1771, seraient liquidées sur le pied de la finance par eux effectivement versée.

Revenant à présent, d'une manière plus spéciale, sur les offices ministériels, voyons comment la Constituante a réglé leur sort. Sur le terrain de leur liquidation et de leur remboursement, la discussion s'engagea très-vive, très-passionnée, et occupa de nombreuses séances de cette Assemblée. Dans celle du 18 décembre 1790 (17), Letellier, au nom des comités de constitution et de judicature, s'exprimait ainsi, au sujet de la suppression des procureurs et des conséquences pécuniaires qu'elle devait entraîner à la charge de la nation : « S'il est vrai que le bonheur général exige des officiers ministériels le sacrifice de leur état, la raison et la justice veulent aussi que les avantages d'un meilleur ordre de choses ne prennent pas leur source dans une foule de malheurs particuliers. Il faut qu'en dépossédant ces officiers d'une profession utile, qui représentait pour les uns leur patrimoine et l'héritage de leurs enfants, pour les autres la dot de leur femme, et pour la plupart d'entre eux formait le gage de leurs créanciers, la nation leur restitue au moins le prix le plus rapproché de l'acquisition qu'ils en ont faite sous les auspices de la loi et de la foi publique.

---

(17) Voy. le *Moniteur* du 19 décembre.

« Les deux comités réunis ont pensé que ces officiers, une fois supprimés, acquéraient, non-seulement en raison du titre de leur office, mais encore des accessoires qui en augmentaient le prix, une créance sur l'Etat, aussi respectable que toutes celles que l'Assemblée nationale a mises sous la sauvegarde de l'honneur et de la loyauté française.

« En (*sic*) point de vue général, on peut considérer les contrats d'acquisition faits par les procureurs comme susceptibles d'être divisés en trois parties, dont l'une représente le titre, l'autre la clientèle, et la troisième les recouvrements, sauf les cas particuliers où les contrats ne font mention d'autre acquisition que de titre nu, ou de titre et clientèle sans recouvrements, ou enfin de titre et recouvrements sans clientèle.....

« Cette division ainsi tracée, la partie des contrats qui représente le titre est évidemment due par la nation, en observant toutefois de la réduire à un point commun et invariable dans chaque classe de tribunaux; car tous les titres d'une même classe ont, aux yeux de la loi, une valeur égale, nonobstant les différences qu'il a plu aux titulaires de leur donner, et tout excédant de ce prix étant illégitime, ils doivent en supporter la perte. »

Ces principes posés, il s'agissait d'indiquer les moyens d'opérer la liquidation de ceux de ces objets qui seraient remboursables. Pas de difficulté relativement à la partie représentant le titre : elle serait remboursée par la nation. Pas de difficulté non plus par rapport aux recouvrements : il est clair, en effet, que les procureurs les ayant dans leurs mains, il n'y avait point de motif pour que la nation s'en chargeât; « c'est », disait Letellier, « une créance dont ils ont acheté la propriété; qu'ils la fassent valoir auprès des débiteurs qui leur sont connus. Cet objet ne peut regarder l'État; il lui est totalement étranger. » (18) Mais quant à

---

(18) Il convient de rappeler, à ce sujet, le décret des 15, 16, 17, 18 décembre 1790 et 29 janvier-20 mars 1791, dont l'article 14 disposait que tous les officiers ministériels supprimés étaient autorisés à poursuivre leurs recouvrements, en quelque lieu que les parties fussent domiciliées, par-devant le tribunal du district dans le res-

la pratique ou clientèle, elle donnait matière à la question de savoir qui, de la nation ou des procureurs, devait en supporter la charge. Ici les avis étaient partagés : quelques-uns estimaient que la nation ne devait rigoureusement rendre que ce dont elle avait profité; or, disaient-ils, si l'évaluation représente le montant de ce qu'elle a reçu pour conférer le titre, il semble qu'après avoir payé ce prix, on n'a plus rien à exiger d'elle.

Letellier pensait, toutefois, avec beaucoup plus de raison, qu'il était possible de répondre, en faveur des officiers ministériels, « que, dans les cas d'éviction, l'indemnité ne se borne pas seulement à la restitution du prix qu'on a reçu, mais qu'on doit encore y ajouter ce qu'on fait perdre à celui qu'on évince. Or », ajoutait-il, « en supprimant les procureurs, la nation leur fait perdre évidemment la clientèle qu'ils avaient acquise par un contrat licite. C'était dans leurs mains une valeur aussi certaine que le titre même de l'office, et qui contribuait à en augmenter le produit. Dès que la nation supprime l'un, elle met les procureurs dans l'impossibilité absolue de tirer parti de l'autre. Il faut donc qu'elle les indemnise de tous deux. C'est moins le surcroît des charges publiques que cette indemnité occasionnera, que les principes d'équité sur lesquels elle est fondée, qui doivent être pris en considération. Ces charges, d'ailleurs, bien examinées en politique, deviendront toujours infiniment moins fâcheuses quand elles seront partagées entre tous les citoyens de l'empire que si on les laissait peser tout entières sur un moins grand nombre d'individus qui en seraient infailliblement écrasés. L'humanité ne permet pas que l'on traite aussi rigoureusement une classe d'hommes qui, formant une portion importante de la société, ne pourrait pas être sacrifiée sans un dommage sérieux pour la chose publique. Ainsi la justice, la politique et l'humanité se réunissent pour solliciter en faveur des procureurs l'indemnité dont il s'agit. »

---

sort duquel était établi le chef-lieu de l'ancien tribunal où ces officiers exerçaient leurs fonctions. (Voy. *supra*, p. 493.)

Faisant ensuite l'application de ces principes, l'orateur proposait
de décider que, sur la somme totale de chaque contrat d'acquisition, il serait toujours fait déduction au moins d'un tiers pour
représenter le titre, et que, lorsque l'estimation à laquelle il aurait
été porté dans le contrat, ou le montant de l'évaluation rectifiée,
excéderait le tiers, on déduirait encore cet excédant, le surplus
devant former l'indemnité du titulaire, si le contrat, toutefois,
n'énonçait pas de rôles, débets ou recouvrements; car, dans le cas
contraire où il en porterait mention, on déduirait sur la somme
destinée à l'indemnité, le montant de ces recouvrements, tel qu'il
serait fixé dans l'acte, ou la moitié de l'indemnité, dans l'hypothèse où il n'y aurait pas de fixation déterminée; enfin, toutes les
fois que les recouvrements spécifiés dans les contrats équivaudraient à ce qui resterait de la somme totale de l'acquisition,
déduction faite de ce qui devait appartenir au titre, il n'y aurait
lieu à aucune espèce d'indemnité.

Plusieurs autres bases de remboursement qui avaient été
proposées se trouvaient par là même écartées, et, en particulier,
les deux suivantes. D'après une certaine opinion, le seul mode
convenable aurait été de rembourser les procureurs sur le pied
de leurs contrats. Ce système péchait par la profusion, ainsi que
le faisait très-justement observer Letellier, qui le réfutait victo-
rieusement en disant : « ..... ils oublient, ceux qui font de semblables propositions, que la nation ne peut jamais être obligée de
rembourser les titres des offices au gré des valeurs commerciales que l'imprudence ou la cupidité n'a que trop souvent
exagérées. Ont-ils fait attention d'ailleurs que, dans le prix des
contrats, les recouvrements cédés entrent souvent pour des
sommes considérables, et que la nation, quelque généreuse qu'elle
veuille se montrer, n'est point assez prodigue pour rembourser
à des officiers supprimés des sommes qu'ils ont la facilité de
répéter contre leurs propres débiteurs? »

Suivant une autre théorie, c'était le prix moyen des contrats
qu'il fallait adopter de préférence. Mais elle devait être égale-

ment rejetée, par cette raison qu'une pareille mesure aurait encore fait entrer dans le remboursement, d'abord le prix des titres sans aucune modification, et, en second lieu, les recouvrements qui se seraient ainsi trouvés acquittés deux fois, l'une par la nation, et l'autre par ses débiteurs particuliers.

Ce fut donc conformément aux bases contenues dans son rapport, telles qu'elles viennent d'être indiquées par le résumé que nous en avons fait (19), que Letellier présenta un projet de décret à la sanction de l'Assemblée Constituante. Celle-ci en renvoya la discussion à une séance extraordinaire dont elle fixa la date au 20 décembre. Et de fait, la discussion annoncée sur la liquidation des offices ministériels supprimés commença le soir même de ce jour (20). Letellier proposa, en conséquence, « au nom des comités de constitution et de judicature : 1° un mode de liquidation fondé sur les évaluations faites en exécution de l'édit de 1771, rectifiées de la manière qui serait indiquée par la suite de la discussion ; 2° une indemnité particulière aux titulaires qui justifieraient de contrats ou autres actes authentiques, portant ces offices et leurs accessoires à un prix excédant celui de l'évaluation ; le tout sauf différents prélèvements pour les droits de centième denier, pour les rôles, débets et recouvrements, etc. » On n'eut garde de contester la justice de cette proposition, qui tendait à faire octroyer aux officiers ministériels une indemnité pour la perte de leur clientèle. Il fut même quelques orateurs, et tout particulièrement les représentants Mougins et Guillaume, qui

---

(19) A la fin de son rapport, Letellier fit une double réserve en termes très-exprès. Il n'est pas sans intérêt de lui laisser signaler ici : « Nous avons cru devoir écarter de ce rapport », disait-il, « toutes les exceptions qui n'intéressent qu'un petit nombre d'officiers. Le comité de judicature recueillera avec soin les difficultés qui se présenteront dans le cours de la liquidation, et toutes celles qui ne seront pas décidées par l'application des décrets déjà rendus il les soumettra à la décision de l'Assemblée, après les avoir divisées et classées, pour en rendre la solution plus courte et plus facile. Nous n'avons pas entendu non plus comprendre dans ce rapport les officiers ministériels des tribunaux de la capitale ; leur position particulière les distingue des autres officiers du royaume ; elle exige des dispositions qui, sans différer essentiellement de celles que nous venons de soumettre à l'Assemblée, s'adaptent néanmoins avec plus de précision à leurs intérêts. »

(20) Voy. le *Moniteur* du 22 décembre 1790.

se signalèrent d'une façon spéciale comme les défenseurs zélés des intérets des officiers dépossédés. C'est ainsi que le premier (21), tout en déclarant que le mode de remboursement proposé était suffisant, présenta, de son côté, un projet de décret ainsi conçu : « L'Assemblée nationale décrète que le remboursement des offices ministériels existants près les anciens tribunaux du royaume sera réglé sur le pied de la valeur marchande desdits offices, d'après l'avis des départements. » — Quant au second, allant beaucoup plus loin, il attaqua très-vigoureusement la proposition des comités de constitution et de judicature, et il le fit dans des termes qui méritent d'être rapportés : « On vous donne pour base », disait-il à la suite d'un passage déjà cité (22), « les plus fortes évaluations faites en exécution de l'édit de 1771 ; on vous propose de payer comme indemnité la moitié du prix de la pratique ; on ajoute que les plus fortes évaluations de 1771 sont encore infiniment faibles, et on croit faire grâce aux officiers ministériels ! et on leur retient le droit du centième denier proportionnel pendant vingt ans ! Le piége est connu ; on prend pour évaluation les déclarations anciennes parce que, l'édit de 1771 ayant ordonné que les déclarations seraient prises pour base de l'imposition, on sait qu'elles ont été faites sur un taux beaucoup inférieur à la valeur des offices. Oui, sans doute, quoique ces mêmes déclarations fussent indiquées comme base de remboursement des offices, elles sont beaucoup trop faibles ; et en effet les titulaires pouvaient-ils jamais espérer un remboursement de la part d'un gouvernement inique et despote ? Devaient-ils s'attendre à la suppression de leurs offices, qui ne pouvait être l'effet que d'une régénération totale ? Est-ce sur de telles déclarations que vous devez calculer la valeur des offices ministériels ? C'est comme si, en dépouillant un cultivateur de son champ, vous ne vouliez lui rembourser que ce qu'il aurait, avant la récolte, cru devoir en retirer.

---

(21) Nous avons rapporté son discours ci-dessus, note 11.
(22) Voy. *supra*, note 11 *sub fin*.

« L'office ministériel est, entre les mains du titulaire, un champ qu'il cultive et qu'il fertilise journellement. Vous serait-il permis aujourd'hui de dépouiller tous les citoyens de leurs propriétés et de les rembourser sur le pied des déclarations patriotiques ? Encore y a-t-il une grande différence entre ce que vous feriez dans cette hypothèse et ce qu'on vous propose de faire relativement aux procureurs. Vous avez aujourd'hui les plus puissants motifs de présumer l'exactitude des déclarations que font les citoyens, tant pour la contribution patriotique que pour toutes les autres impositions, dont ils connaissent la nécessité et l'emploi, tandis que dans leurs déclarations les anciens officiers ministériels n'ont eu pour objet que de se soustraire à l'avidité oppressive d'une administration dissipatrice..... Si le gouvernement français, au lieu de vendre des offices, eût, comme celui d'Amérique, vendu des terres incultes, pourrait-il aujourd'hui en dépouiller les propriétaires en les remboursant sur le pied de la valeur primitive ? Ne devrait-il pas payer l'augmentation de valeur que ces terres auraient acquise par la culture? Par la même raison, pouvez-vous aujourd'hui vous croire dispensés de payer l'augmentation de valeur que les offices ont acquise dans le commerce, et d'indemniser le titulaire du produit de sa pratique, qui est comme un champ dont l'officier ministériel a acquis le fonds par la finance de son office, et qu'il a fertilisé par son travail ?..... Accorder une demi-indemnité, c'est n'en accorder aucune; rembourser un office sur le pied d'une valeur ancienne, inférieure à la valeur actuelle, c'est dépouiller le titulaire de sa propriété..... Je conclus que les offices soient remboursés sur la valeur actuelle, et que l'indemnité soit équivalente à la valeur actuelle de la pratique. » .

Le rapporteur Letellier, dans la séance du lendemain, 21 décembre (23), commença par repousser l'objection tirée de l'insuffisance des évaluations faites d'après l'édit de 1771 ; « si ces évaluations sont trop faibles », dit-il, « nous les rectifions toutes en faveur des propriétaires en les mettant dans la classe la plus haute dans chaque bailliage. » Et il ajouta : « La proposition faite d'évaluer les offices sur le prix moyen des dix derniers contrats favoriserait les anciens procureurs qui ont acheté lorsque les offices étaient encore à bon marché, au détriment des nouveaux pourvus, qui ont acheté beaucoup plus cher : car vous savez que les offices augmentaient journellement de valeur, etc. »

Enfin, après avoir présenté plusieurs autres observations de détail, combattues par les uns, appuyées par les autres, les 32 articles du projet de décret des comités furent adoptés, les seize premiers dans la séance du 21 décembre, les seize autres dans celle du 24 (24), dans les termes que nous avons pris soin de reproduire (voy. ci-dessus, pp. 479 et suiv.). On verra, en s'y reportant, que, si l'Assemblée reconnut bien le principe de l'indemnité, du moins elle n'en régla pas le *quantum* sur des bases aussi larges que l'avaient demandé certains représentants. Il serait inutile, partant superflu, de nous appesantir ici sur cet acte capital ; y revenir pour l'analyser à fond, serait faire double emploi avec la transcription que nous en avons opérée. Aussi nous bornerons-nous à rappeler sa disposition essentielle, qui consiste à viser, d'une manière expresse, le double remboursement des titres, d'une part, et des clientèles, de l'autre (25). Il entre, à cet égard,

---

(24) Voy. le *Moniteur* du 26.

(25) La nécessité qui s'imposait au législateur de l'époque intermédiaire de tenir compte, dans tout office à pratique, du double élément dont il se composait, lui faisait également un devoir d'agir de même à l'égard de tout titulaire d'une charge assimilable, quant à sa constitution, à un office de ce genre. Et tel fut précisément le motif pour lequel le décret des 17-19 juin 1791 accorda aux titulaires d'offices de barbiers-perruquiers, baigneurs et étuvistes, qui avaient évalué lesdits offices en exécution de l'édit de 1771, non pas seulement un remboursement sur le pied de l'évaluation, mais en outre, à titre d'indemnité, le tiers du prix des contrats authentiques d'acquisition à ceux d'entre eux qui s'en trouvaient porteurs. (Voy. *supra*, chap. I, i, ASSEMBLÉE CONSTITUANTE, 53°, p. 505.) — Il est, au surplus, fort remarquable que ces titulaires d'emplois vénaux furent traités d'une façon à peu près analogue à celle des officiers à pratique. C'est ainsi que le décret des 2-18 août 1791 leur accorda l'intérêt du montant de la liquidation de leurs charges à partir du dépôt de leurs titres (voy. *eod.*, 59°, p. 506), de même que les décrets des 29 mars-3 avril et des 10-15 avril précédents avaient accordé, sous une certaine condition, aux officiers ministériels supprimés et dénommés dans celui des 21 et 24 décembre 1790-23 février 1791, les intérêts de leur remboursement à dater du

relativement à l'indemnité due à raison de la suppression et de la perte des uns et des autres dans une richesse de détails minutieux qu'a déjà fait connaître la lecture de ses articles, auxquels nous devons, par là même, nous contenter de renvoyer ceux qui désireraient les approfondir, et les comparer aux divers systèmes proposés au cours des discussions qui en précédèrent l'admission définitive, et que nous venons de passer rapidement en revue.

Ajoutons, pour en terminer sur ce point, qu'un système analogue à celui du décret précité fut appliqué par le décret des 29 septembre - 6 octobre 1791 à la liquidation des offices des notaires et tabellions. Nous n'avons, ici encore, qu'un rappel pur et simple à faire, ce dernier document ayant été, comme le précédent, reproduit plus haut (voy. *supra, eod.*, 68°, pp. 508 *in fine* et suiv.) (26).

Les diverses bases de liquidation appropriées au remboursement des différentes espèces d'offices dont la vénalité se trouvait supprimée, une fois déterminées et adoptées, il restait à trancher et à vaincre la seconde des deux difficultés que nous avons signalées plus haut, nous voulons dire la difficulté financière, qui n'était ni la moins sérieuse, ni la moins redoutable, à raison surtout du chiffre énorme auquel montait le remboursement de chaque catégorie de charges (27), et avec laquelle l'Assemblée

---

1er juillet 1790. (Voy. *eod.*, 35° et 36°, pp. 496 et suiv. Voy. aussi, relativement aux notaires, l'art. 10 du titre v du décret des 29 sept.-6 octobre 1791, cité *supra, eod.*, 68°, p. 512 *sub fin.*) Cet octroi des intérêts du remboursement, jusqu'à ce que le capital en soit effectivement payé, n'était, d'ailleurs, qu'un acte de pure équité. Aussi la Constituante prit-elle presque toujours soin d'en prescrire le versement en termes exprès (voy., en effet, à titre d'exemple, outre les textes qui viennent d'être rappelés, celui qui est mentionné *eod.*, 6°, p. 469, et comp. *eod.*, 13° et 15° *in fine*, 30° et 67°, pp. 475, 477 *in fine*, 495 et 508), sauf quelquefois à décider que l'intérêt serait cumulé avec le capital du remboursement, ou lui serait réuni, ainsi que nous avons eu l'occasion d'en rencontrer des exemples dans l'art. 4 du décret des 9 et 21-26 juillet 1790, transcrit *supra, eod.*, p, 468, et dans le décret précité des 29 mars-3 avril 1791.

(26) Nous ne saurions trop conseiller, à ce sujet, de lire le rapport des comités de constitution et de judicature contenant l'exposé des motifs de la loi du 6 octobre. — Comp., en ce qui concerne la liquidation des offices d'agents de change, le décret des 3-6 mai 1791, analysé ci-dessus, *eod.*, 42°, p. 502, et, en ce qui touche le remboursement des procureurs au Grand Conseil, le décret des 31 août-6 septembre suivants, analysé *supra, eod.*, 62°, p. 506 *in fine*.

(27) Voy. un aperçu de ces chiffres dans la note 4, *supra*, et comp. notre *Anc. dr. fr.*, chap. i, § 1er, note 64, p. 30.

nationale se trouva pour la première fois aux prises, en notre matière, lors de la suppression des offices de jurés-priseurs par son décret des 9 et 21-26 juillet 1790, analysé à son N° d'ordre (voy. *eod.*, 5°, pp. 466 *in fine* et suiv.). Nous nous souvenons qu'elle ne put octroyer aux titulaires un remboursement immédiat, mais, qu'après avoir ordonné, par l'art. 3 du décret précité, la liquidation des finances de leurs charges, elle décida, par l'article suivant, qu'il serait délivré à ceux qui auraient droit aux finances, treize coupons d'annuités payables d'année en année, dans lesquelles l'intérêt à cinq pour cent serait cumulé avec le capital ; enfin, qu'elle prescrivit, par l'art. 5, le prélèvement, sur le produit des quatre deniers pour livre du prix des ventes qui avaient été attribués aux officiers supprimés, et qui, aux termes de l'art. 2, devaient continuer à être perçus au profit du trésor public par les officiers qui feraient la vente (notaires, greffiers, huissiers et sergents, d'après l'art. 6), pour le produit en être versé par eux dans les mains des préposés à la recette, le prélèvement, disons-nous, d'une somme annuelle de huit cent mille livres, destinée à être versée dans la caisse du trésorier de l'extraordinaire, et à être employée par lui au paiement de ces annuités. — Peu de temps après, le rapport présenté au nom du Comité au sujet du décret précité des 2, 6 et 7-12 septembre 1790, relatif à la liquidation des offices de judicature et de municipalités, se terminait en disant que la nation était dans l'impossibilité de rembourser en argent (28).

---

(28) Ceux des cahiers de 1789, et c'était, comme nous l'avons indiqué, la majeure partie, qui, tout en voulant que les charges de judicature cessassent d'être vénales, déclaraient formellement que le prix en devait être remboursé aux titulaires (voy. *supra*, note 7), ne se dissimulaient nullement que, dans l'état où se trouvaient alors les finances publiques, c'était une lourde charge à leur imposer, et, par conséquent, une condition difficile à remplir. Aussi bien s'en trouve-t-il, parmi eux, qui, devant cette disette d'argent, poussèrent la prudence jusqu'à reculer, dans un avenir meilleur, la réalisation de la réforme, quelque nécessaire qu'elle leur parût. C'est ce que fit notamment le Tiers du bailliage de Châtillon-sur-Seine (chap. 4, art. 5), qui se contenta de dire : « Il est à souhaiter que bientôt la situation des finances et les facultés de l'État permettent d'ôter aux officiers de magistrature la tache de la vénalité. » D'autres, et tels, en particulier, le Clergé de la sénéchaussée d'Angoumois (art. 13), laissèrent aux Etats-Généraux le choix des moyens. Mais, le plus souvent, on proposa de n'éteindre les offices qu'au moment de leur vacance par suite des causes indiquées dans

De là, toute une série de stratagèmes législatifs imposés par la nécessité : autant d'expédients malheureux, dont chacun contenait l'aveu implicite de la situation besoigneuse du trésor et de la détresse de ses finances, dont tous étaient destinés à tenter d'en pallier les conséquences les plus fâcheuses, et qui n'eurent en réalité d'autre résultat que de faire dégénérer le principe proclamé de l'indemnité en une satisfaction purement nominale, et en une chimérique et pénible illusion. Rappelons, à ce propos, le célèbre et funeste décret des 29 septembre-12 octobre 1790, par lequel, après de très-vifs débats (29), l'Assemblée déclara que toute la dette non constituée (c'est-à-dire exigible) de l'Etat serait payée en assignats (30), dont elle décida, dans ce but, une

les anciennes ordonnances, auxquelles un cahier ajouta la retraite. (Voy., sur la matière de la vacation des offices vénaux, notre *Anc. dr. fr.*, chap. ii, sect. 2, § 3, pp. 411 et suiv.) Ce procédé présentait le double avantage, d'une part, de rendre moins onéreuse l'indemnité, répartie sur un grand nombre d'années, et, d'autre part, de conserver leurs fonctions à ceux des titulaires qui jouissaient de l'inamovibilité. C'est ainsi que le Tiers du bailliage de Nemours, dans ses *Remontrances* (chap. I, § 1), « ne pense pas que cette réforme si nécessaire doive entraîner la destitution d'aucun des magistrats ou des juges actuels qui ont reçu leurs provisions ou qui ont été installés dans leurs offices », et que, de son côté, la Noblesse de la sénéchaussée de Ponthieu dit (art. 17) : « Il est juste et nécessaire que les membres actuels des tribunaux continueront l'exercice de leurs fonctions. » — Voy., sur tout ceci, la suite du passage de M. A. Desjardins, auquel nous renvoyons dans notre note 7, *supra*, et où nous avons puisé ces renseignements.

(29) Ce décret, précédé d'un rapport de Lebrun, lu dans la séance du 22 septembre (voy. le *Moniteur* du 23), donna lieu à une discussion aussi longue qu'approfondie sur les moyens de rembourser la dette exigible de l'Etat. (Voy. le *Moniteur* des 24, 25, 26, 27, 28, 29, 30 septembre et 1er octobre 1790, et l'*Histoire parlementaire de la Révolution*, t. 7, pp. 227 à 274.) On sait que ce fut Mirabeau qui en eut les honneurs, et qu'il prononça à ce sujet un discours fort étendu et resté célèbre, « dans lequel il développa avec force les avantages de la mesure financière que son influence contribua à faire adopter, et dont les résultats furent si déplorables. » (MM. Devill. et Car., *Lois ann.*, 1re série, p. 67, note 2.)

(30) La dette de l'Etat était de deux espèces : la dette constituée et la dette non constituée. La première était formée de capitaix aliénés par les créanciers, qui n'avaient conservé que le droit unique d'être payés d'une rente soit jusqu'au remboursement permis à l'Etat débiteur, soit seulement jusqu'au décès du créancier, suivant que la rente était constituée en perpétuel ou en viager ; elle s'élevait en arrérages à 167.737.819 livres, et en capitaux de rentes perpétuelles à 2.422.987.391 livres. (Voy., dans le *Moniteur*, le premier état, à la suite du rapport sur les finances de M. de Montesquiou, 27 août 1790.) —Quant à la dette non constituée, qui était elle-même exigible ou à terme, elle naissait des comptes avec l'Etat, de répétitions contre lui, et surtout de l'énorme liquidation des offices supprimés ; M. de Montesquiou, rapporteur du Comité des finances, l'évaluait à deux milliards trois cents millions. — L'Assemblée

nouvelle émission de huit cents millions qui, joints aux quatre cents millions antérieurement décrétés (31), devaient précisément servir à éteindre la dette dont nous parlons (32). Rappelons également, comme étant des corollaires directs de l'acte précédent, d'une part, le décret des 30 octobre - 5 novembre, relatif au mode d'acquittement des gages et autres émoluments arriérés des offices supprimés, dus par l'État, lequel, nous l'avons vu (*eod.*, p. 474 *in init.*, 11°), disposait qu'il serait délivré à chaque titulaire liquidé un brevet ou reconnaissance de liquidation, payable en assignats et acceptable pour l'acquisition des domaines nationaux (33).

---

nationale était désireuse d'acquitter la dette exigible ou non constituée ; or, elle n'avait ni numéraire, ni valeurs négociables, qu'elle pût destiner à cette opération colossale de libération ; mais, en revanche, elle avait les biens nationaux, c'est-à-dire les biens du Clergé et les domaines de la Couronne, qu'elle avait réunis sous le nom de Domaines nationaux, et concentrés dans sa main. Ces biens étaient alors estimés 2 milliards 450 millions, d'après l'évaluation sur laquelle fut fait le décret des 19 - 28 juin 1791, ordonnant la fabrication de 600 millions d'assignats. (Voy. la 5ᵉ Notice de Camus, p. 18, dans son *Code judiciaire, ou Recueil des décrets de l'Assemblée nationale et constituante sur l'ordre judiciaire*, 1792, ouvrage composé d'une série de vingt notices sur les principaux décrets de cette Assemblée.) Il résultait de là que l'État n'était pas insolvable. Aussi décida-t-elle de mettre en vente ces terres aliénables, conformément au vœu de Mirabeau, dont on se rappelle la parole célèbre : « Que la vente des biens nationaux s'effectue, qu'elle devienne active dans tout le royaume, et la France est sauvée ! » (Il proposa cette mesure le 27 août 1790, et la soutint le 27 septembre ; voy. '*Hist. parlem.*, t. 7, pp. 123-230.) Seulement, la prudence conseillait de ne pas les vendre de suite et en trop grande quantité, afin de ne pas leur faire perdre de valeur. De là, la création des assignats, destinés, par leur émission avant la vente, à être l'emploi anticipé du prix des aliénations. (Voy. M. Laferrière, *op. cit.*, t. 2, pp. 122 et suiv.)

(31) Voy. le décret des 19 - 21 décembre 1789, qui ordonnait la création d'une caisse de l'extraordinaire et l'émission de quatre cents millions d'assignats, productifs de cinq pour cent d'intérêts par an, jusqu'à ce que l'art. 4 du décret des 16 et 17-22 avril 1790 fût venu en abaisser le taux à trois pour cent (Devill. et Car.. *eod.*, p. 23), et que celui des 10 - 12 octobre suivant eût absolument supprimé cet intérêt annuel. — Notons ici, pour qui serait curieux de ce détail historique, que la Constituante créa pour 1.800 millions d'assignats ; l'Assemblée Législative pour 900 millions, et la Convention et le Directoire pour 45 milliards 581 millions 411.618 livres. (Voy. MM. Devill. et Car., *eod.*, note *in fine*.)

(32) On se souvient que, peu de temps après, un décret des 6 et 7-16 novembre 1790 déclara que, sur les huit cents millions d'assignats mis en circulation par celui dont il est question au texte, il serait prélevé une somme pour le paiement, à bureau ouvert, à compter du 1ᵉʳ janvier 1791, des offices après leur liquidation. Ce décret disposait ensuite que le produit des ventes des domaines nationaux serait affecté de préférence au remboursement en assignats, sans interruption, des propriétaires d'offices supprimés. (Voy. *supra*, p. 474, 12°.)

(33) En autorisant les créanciers de l'État pour offices supprimés à présenter leurs

et qui prenait soin d'ajouter qu'avant la liquidation, les officiers supprimés pourraient donner en paiement des domaines nationaux par eux acquis, le titre authentique de leurs offices pour moitié de sa valeur (joindre le décret cité *eod.*, p. 485, 22°), et, d'autre part, tous les décrets qui ont été mentionnés en leurs lieu et place et qui, conçus dans le même esprit, contenaient des dispositions analogues ; tel, par exemple, celui des 6 et 7-16 novembre, aux termes duquel les propriétaires d'offices non comptables supprimés étaient admis, même avant la liquidation, à faire recevoir provisoirement, pour prix de l'acquisition des domaines nationaux, la moitié de leur finance, et qui ajoutait qu'après la liquidation, la valeur entière de l'office serait reçue comptant pour l'acquisition des biens nationaux (voy. *supra, eod.*, p. 474, 12°) (34) ; tel encore le décret du 23 janvier 1791, mentionné *eod.*, p. 477 *in fine*, 15° *in fine*, qui autorisait les porteurs de brevets de retenue à les employer, après avoir été reconnus susceptibles de l'indemnité accordée, soit en paiement d'acquisition de domaines nationaux, soit en paiement de la contribution patriotique. Rappelons enfin, d'un côté, que le décret des 15, 16, 17 et 24 août-13 septembre 1793 convertit le remboursement en une inscription de rente sur le Grand-Livre de la dette publique (voy. *supra*, p. 517, 8°) (35), que l'art. 66 de ce décret autorisa les créanciers directs de la nation pour des sommes au-dessus de trois mille livres provenant de la dette exigible soumise à la liquida-

---

reconnaissances de liquidation en paiement de leurs acquisitions de biens nationaux, la Constituante permettait ainsi aux anciens titulaires qui perdaient dans leurs offices des immeubles fictifs, de recevoir en compensation des immeubles réels ou des valeurs qui les représentaient, selon la judicieuse remarque de M. Laferrière (*ubi supra*, pp. 124 *in fine* et suiv.).

(34) Nous savons que, en ce qui concerne les officiers comptables supprimés par le décret du 24 novembre 1790, un décret de la Convention, des 30 mai-8 juin 1793, leur accorda la faculté d'employer en paiement de domaines nationaux la finance liquidée de leurs offices. (Voy. *supra*, p. 517, 5°.)

(35) Il a été jugé à ce sujet que, dans le cas où une société avait été formée pour l'exploitation d'un office, la personne réputée sociétaire à l'égard du titulaire avait dû supporter la part de perte résultant de la liquidation de l'office, en participant au transfert de rente accordé audit titulaire. (Sect. req. rej., 4 vent. an IV, Dalloz. *Rép.*, mot OFFICE, n° 49.)

tion, à diviser l'inscription sur le Grand-Livre qui serait faite à leur crédit, pourvu toutefois qu'aucune fraction ne fût inférieure à cinquante livres de rente (comp. les art. 3, 22 et 167), et à rembourser, au moyen d'un transfert, leurs créanciers personnels ayant hypothèque spéciale ou privilégiée sur l'objet liquidé (36), et, d'un autre côté, qu'après un décret du 1ᵉʳ octobre 1793, qui déclarait surseoir à la liquidation d'offices et à tous remboursements d'offices liquidés (voy. *supra*, p. 519, 11°), et un autre des 19-20 vendémiaire an II = 10-11 octobre suivant (*eod.*, 12°), qui portait que la liquidation des offices serait continuée, en commençant par ceux de la plus petite valeur, un troisième décret des 7-12 pluviôse an II = 26-31 janvier 1794, décret général pour la liquidation des offices ou charges de toute nature dont la nation s'était imposé le remboursement et qui n'étaient pas liquidés, décidait que les offices qui, étant soumis à l'évaluation, n'auraient pas été évalués, ne seraient pas admis à la liquidation, sauf toutefois exception pour les titulaires dont la fortune, sans y comprendre le prix de l'office, n'excédait pas dix mille livres ; que le titulaire d'un office à vie, qui en avait joui pendant trente ans, n'aurait droit à aucun remboursement ; que les propriétaires des greffes et autres offices domaniaux, fieffés et inféodés, ne seraient plus admis à la liquidation, sauf la même exception que ci-dessus, et que tous les titres devraient être produits dans un délai déterminé, à peine de déchéance (voy. p. 520, 15°).

Après avoir assisté, comme nous venons de le faire dans les deux chapitres précédents, d'une part, à l'abolition de la vénalité

---

(36) Cet article donna lieu à de nombreuses contestations et à des décisions judiciaires extrêmement importantes, dont quelques-unes seront signalées *infra*, dans le n° 2 de notre chapitre III. — Nous avons vu (p. 519 *in fine*, 13°) qu'un décret postérieur des 27-28 brumaire an II = 17-18 novembre 1793 contenait, relativement aux anciens receveurs généraux et particuliers des finances, dont l'office avait été liquidé, une disposition analogue à celle dont il est question au texte, en ce sens qu'il les autorisait à transférer les inscriptions sur le Grand-Livre à eux remises en paiement, pour acquitter le montant des débets reconnus à leur charge.

des charges et fonctions publiques, et d'autre, part, à leur liquidation, il faut rechercher à présent, avant de nous demander
comment certains offices redevinrent vénaux, quelles furent les
principales difficultés auxquelles donna naissance la suppression
générale qui venait d'être opérée, et indiquer les conséquences
les plus notables que la pratique eut à en faire découler par rapport soit aux acquéreurs qui se trouvaient alors en exercice, soit
aux créanciers des anciens titulaires ; l'étude de la jurisprudence
forme, en effet, le complément indispensable de celle de la loi, les
décisions judiciaires servant à éclairer, en les expliquant, et
comme à vivifier, en les développant, les dispositions légales, par
l'application que l'espèce particulière de la cause soumise aux
lumières d'interprétation du juge l'appelle à en faire, et par les
déductions logiques qu'elle lui impose d'en tirer.

CHAPITRE III.

Des suites de l'abolition de la vénalité des charges et fonctions publiques, par rapport 1° aux acquéreurs alors en exercice, 2° aux créanciers des anciens titulaires, envisagées au point de vue de la jurisprudence, depuis le 4 août 1789 jusqu'à la loi du 28 avril 1816 (1).

L'application des lois citées dans le Chapitre I sur la suppression, la liquidation et le remboursement des offices n'a pas été, on le conçoit, sans donner lieu à de nombreuses difficultés de divers genres. Les plus sérieuses, sans contredit, en laissant à l'écart les quelques questions qui se sont élevées sur le point de savoir si tel ou tel emploi constituait ou non un office (2). ont été suscitées par les acquéreurs des charges, dont le législateur prohibait pour l'avenir le commerce, et par les créanciers des anciens titulaires, dont le gage était, sinon anéanti. du moins transformé jusqu'à la métamorphose. C'est sur les problèmes multiples soulevés par ces deux classes d'intéressés,

---

(1) Voy., sur ce sujet, MM. L.-M. Devilleneuve et P. Gilbert, *Jurisprudence du XIX° siècle, ou Table générale alphabétique et chronologique du Recueil général des lois et des arrêts* de Sirey, t. 3, mot OFFICES, n°° 3 à 22, et Dalloz, *Rép.,* mot OFFICE, n°° 35 à 39 inclus, 42 à 48 inclus, et 51.

(2) En présence de l'abolition de la vénalité, on comprend aisément tout l'intérêt que présentait la solution des questions auxquelles nous faisons allusion. Pour ne signaler qu'une espèce, nous nous bornerons à dire qu'il a été jugé que, dans le pays de Liége, l'office de compteur des houillères, consistant dans le droit de faire chaque quinzaine le calcul des dépenses, la répartition entre les associés dans l'exploitation. et de percevoir le centième denier sur les déboursés nécessités par cette exploitation. était. en certains cas, un droit de propriété qui, dès lors, n'avait pu être atteint par les lois de la Révolution sur les offices, sur les servitudes réelles et personnelles, et sur la liberté de l'exploitation des mines. (Req. rej., 5 mai 1807, Dalloz, *Rép.,* *loc. cit.* à la note précédente, n° 34.)

que nous allons successivement concentrer notre attention (3).

1°. — *Des suites de l'abolition de la vénalité des offices,*
par rapport à leurs acquéreurs alors en exercice.

La question essentielle qui se posa ici, fut celle de savoir quelle était exactement, par suite de la suppression des offices, la position des acquéreurs à l'égard des anciens titulaires qui avaient consenti à leur profit la cession de leur charge. Et, par exemple, pouvaient-ils, lorsqu'ils n'avaient pas encore à cette époque payé le prix de leur acquisition, se refuser à l'acquitter ? La question, quelque peu douteuse qu'elle puisse paraître, a cependant été soulevée. En droit, il n'est pas permis d'hésiter, et il faut s'empresser de répondre négativement, par cette double raison : d'un côté, qu'il est de principe que *res perit domino* (4), et, de l'autre, que le prix des charges était remboursé par la Nation, le remboursement de sa charge au titulaire à titre d'*indemnité* d'expropriation impliquant bien, en effet, que c'est sur lui que doit tomber la perte de la suppression (5). Aussi bien a-t-il été décidé en ce sens :

---

(3) La variété et, pour ainsi parler, le décousu de certaines questions subsidiaires engendrées par la destruction de la vénalité, nous ont empêché d'en présenter une théorie d'ensemble. Dès lors, nous nous sommes trouvé dans l'obligation de ne pas en traiter ici à part, d'une façon cumulative et en bloc. Mais comme, d'un autre côté, leur degré d'importance nous faisait un devoir de ne pas les passer sous silence, nous avons pris le parti d'en reléguer l'indication dans des notes mises au-dessous de chacune des lois qui ont fait naître ces difficultés. Nous les avons, par là même, mentionnées, ainsi que la solution qui leur fut donnée, à leur rang d'ordre respectif, au cours de notre chapitre I. (Voy. aussi chapitre II, note 35, p. 549.)

(4) L. 7 pr., fr. Paul., *De peric. et commod. rei vendit.*, D., XVIII, 6.

(5) C'est sur le fondement de ce principe que fut rendu, par la 3ᵉ section du Tribunal d'appel de Bruxelles, à la date du 27 messidor an XI, un jugement en vertu duquel, en Belgique, les effets de la suppression d'un office devaient être supportés par le titulaire et non par celui qui avait fourni la finance, connue en ce pays sous le titre d'*engagère*. Il faut, en effet, savoir qu'en Belgique la finance des offices était de deux sortes : l'une, appelée le *médianat*, et l'autre l'*engagère*. La première était versée par le nouveau titulaire dans la caisse du Prince ; elle se payait sans retour, mais avait pour résultat de laisser à l'officier le choix de son successeur. Quant à l'engagère, sa nature était bien différente : c'était une espèce de finance, établie particulièrement pour les échevinages, qui consistait en une somme dont la quotité et le taux avaient été déterminés pour chaque office, lors de sa création. Le premier titulaire n'avait obtenu ses provisions que sur le vu de sa quittance. L'Etat payait un intérêt pour l'engagère, mais, d'un autre côté, il restait libre de choisir un titulaire autre que

α Que l'acquéreur d'un office n'était pas dispensé d'en payer le prix, par cela seul que l'office était ultérieurement tombé sous le coup d'une loi de suppression (6), sauf, toutefois, au vendeur et à ses ayants cause à ne pouvoir en exiger le paiement avant que la liquidation en ait été faite par le Gouvernement (7);

β Que la suppression d'un office, résigné moyennant une rente viagère, n'avait pas éteint la rente qui constituait le prix de la cession, alors surtout que la suppression avait été compensée par une indemnité pécuniaire (8);

γ *A fortiori*, puisqu'il y avait ici, comme on va le voir, clause de non garantie, que le titulaire d'un office qui s'en était rendu acquéreur moyennant une rente expressément stipulée payable même dans le cas où le droit cédé (dans l'espèce, la survivance de la place de bailli des bailliages de Caster et de Juchen, transférée avec la ratification électorale) ne produirait jamais son effet, n'était pas dispensé du service de cette rente par la suppression ultérieure de l'office (9).

Il a cependant été jugé que la cession de la jouissance d'un office moyennant une redevance annuelle, peut, suivant les circonstances, n'être pas considérée comme emportant vente proprement dite; d'où cette conséquence capitale qu'en pareille hypothèse, l'office venant à être supprimé par la suite, l'obligation de continuer le service de la rente disparaissait (10). Pareillement, l'obli-

l'officier en exercice: seulement, en cas de renouvellement, l'installation du successeur n'avait lieu qu'après justification par lui faite du remboursement de la finance payée par son prédécesseur. Comme, d'une part, les nouveaux titulaires n'avaient pas toujours les moyens de rembourser l'engagère, et que, d'autre part, celle-ci offrait un placement de fonds avantageux, il arrivait souvent que le prix de cette finance était fourni par un tiers qui en restait propriétaire. Et tel est précisément le cas qui se présentait dans l'espèce tranchée par le jugement que nous venons d'indiquer. (Voy. S. V., C. N., 1, 2, 150, et note 2, où nous avons puisé ces renseignements.)

(6) Comp. notre *Anc. dr. fr.*, chap. II, sect. 2, § 1er, art. 3, pp. 158 et suiv. Voy. aussi M. Dard, *Traité des offices*, p. 233.

(7) Turin, 11 février 1811, S. V., C. A., 12, 2, 86; C. N., 3, 2, 411. Cet arrêt ajoutait que la décision indiquée au texte était applicable même à l'égard des offices vendus en Piémont, avant la réunion de ce pays à la France.

(8) Liége, 6 août 1806, S. V., C. N., 2, 2, 163.

(9) Trèves, 26 prairial an XI, S. V., C. N., 1, 2, 144.

(10) Trèves, 17 janvier 1806, S. V., C. N., 2, 2, 107.

gation imposée à un acquéreur et par lui contractée de payer une somme annuelle tant qu'il conserverait la charge dont il était revêtu, — dans l'espèce, la place de major de la citadelle de Strasbourg, — devait prendre fin à la suppression de cette charge, encore que le titulaire ait obtenu une pension de retraite à titre d'indemnité (11); dans tous les cas, l'obligation aurait dû être réduite proportionnellement à la différence existant entre la pension et le traitement qui se trouvait attaché à la charge supprimée (12).

C'est toujours par application des mêmes principes qui ont servi de base aux décisions précédentes, qu'il a été jugé, en conformité de ces décisions, que la vente d'un office était valable, et que les obligations qui en résultaient devaient être exécutées par le cessionnaire, alors même que, par suite et en vertu d'une législation postérieure, il aurait été soumis à une seconde nomination et à des conditions d'exercice plus rigoureuses, notamment à la nécessité de fournir un cautionnement (13).

_____

(11) Voy. jugem. par défaut, sect. civ. cass., 2 germinal an x, et, sur opposition contre ce jugement, sect. civ. cass., 26 pluv. an xi, S. V., C. N., 1, 1, 616 et 757.

(12) Voy. le second des deux jugements de cassation cités à la note précédente.

(13) Bruxelles, 24 janv. 1807, S. V., C. N., 2, 2, 192. Les faits de la cause qui ont motivé cet important arrêt, sur lequel nous aurons à revenir dans le chapitre suivant (voy. chap. iv, note 31, *infra*, p. 590), méritent d'être ici relevés. En voici donc l'indication, d'après le Recueil de Sirey. En l'an 6, un sieur Joly, ancien huissier près le Conseil souverain de Mons, déclara, par un traité, se démettre de son office, en faveur d'un sieur Duterne, moyennant une rente viagère de 94 francs 50 centimes. Duterne fut, en effet, admis au nombre des huissiers près le tribunal de Jemmapes, et il acquitta la rente pendant quelque temps. Survint la loi du 27 ventôse an viii, qui, nous nous le rappelons, donna au premier Consul, par son article 96, le pouvoir de nommer les huissiers. (Voy. *supra*, chap. i, note 32, p. 493.) Ce fut en exécution de ce même article, que le Gouvernement prit, le 22 thermidor suivant = 10 août 1800, un arrêté, également mentionné (*eod.*), dont l'art. 1er porte que les tribunaux indiqueront le nombre d'huissiers dont ils croiront la création nécessaire, et dont l'art. 3 ajoute qu'aussitôt la nomination des nouveaux huissiers faite et portée sur les registres des tribunaux, les anciens huissiers, autres que ceux compris dans l'arrêté de nomination du premier Consul, n'auront plus aucun caractère public et cesseront leurs fonctions, soit qu'ils fussent immédiatement attachés aux Tribunaux supprimés par la loi du 27 ventôse an viii, soit qu'ils exerçassent dans leur ressort, en vertu de pouvoirs antérieurs. (Voy. MM. Devill. et Car., *Lois ann.*, 1re série, p. 546.) Duterne fut conservé dans l'exercice de sa charge, mais il cessa alors de payer la rente viagère. Actionné à ce sujet par les héritiers de Joly, il prétendit qu'à défaut de cause, il n'y avait pas eu d'obligation; que le titre était vicieux dans son origine, et que surtout il était intervenu un changement par le fait du prince, depuis la loi du 27 ventôse an viii; qu'en

L'espèce suivante rentre encore exactement dans le même ordre d'idées. Nous nous souvenons que le décret des 15, 16, 17, 18 décembre 1790 et 29 janvier - 20 mars 1791, concernant la suppression des offices ministériels et l'établissement des avoués, décret qui a fait disparaître en particulier la vénalité des offices d'huissiers, a permis, par son article 13, aux huissiers alors existants, de continuer l'exercice de leurs fonctions (voy. *supra*, chap. I, pp. 491 et suiv.). Or, on se demanda si ceux de ces huissiers qui, à cette époque, n'avaient pas encore payé le prix de leurs charges, par eux acquises lorsqu'elles étaient vénales, avaient pu se refuser à en acquitter le montant. Les uns soutenaient l'affirmative, en alléguant que la finance avait été supprimée, qu'ils ne pouvaient par conséquent plus transmettre, et que, d'ailleurs, ils n'exerçaient pas en vertu du traité de cession, mais bien par le bénéfice de la loi. Ces arguments ne prévalurent pas, et ils ne pouvaient ni ne devaient triompher : c'est qu'en effet, la règle *res perit domino* était d'autant plus applicable à ces officiers, qu'ils restaient pourvus de fonctions rémunérées que la loi ne leur avait continuées, ou, pour mieux dire, conférées, qu'à raison même du traité par suite duquel ils exerçaient lors de sa publication. Aussi fut-il décidé, en ce sens, que, bien que la possibilité de la suppression de la charge fût entrée dans les prévisions du traité portant transmission d'un office d'huissier antérieurement à l'abolition de sa vénalité, et qu'une réduction du prix eût été consentie pour le cas où cette éventualité viendrait à se réaliser, néanmoins le titulaire avait été justement condamné à payer le prix fixé dans ce traité (14).

---

admettant la légitimité de la convention dans sa naissance, elle n'avait pas survécu à la nouvelle loi, qui exigeait non-seulement un nouveau titre, mais encore un cautionnement, et qu'ainsi la condition des parties n'était plus la même. — Les faits étant tels, un jugement du tribunal de Mons ordonna l'exécution du contrat, et la Cour de Bruxelles mit à néant l'appel dirigé contre ce jugement par l'arrêt cité au début de cette note, dont il serait prématuré de rapporter ici les termes. La logique et la clarté exigent le rejet de leur transcription au chapitre suivant. (Voy. *infra, loc. sup. dict.*)

(14) Sect. req. rej., 20 novembre 1821, Dalloz, *Rép.*, mot OFFICE, n° 38, texte et

Si telles étaient les solutions admises dans le cas où l'office depuis supprimé avait antérieurement fait l'objet d'une cession pure et simple à titre onéreux, il n'en était pas de même dans l'hypothèse spéciale de la suppression d'un office donné à bail. Ce bail, en effet, était considéré comme ayant pris immédiatement fin, en tant que constituant désormais une obligation sans cause, ou entachée d'une cause illicite (15). Et c'est ainsi qu'un arrêt de la Cour de cassation décida que le bail d'un office de notaire, consenti avant la loi des 29 septembre-6 octobre 1791 qui a, par l'art. 1er de la section 1re de son titre Ier, prononcé la suppression de la vénalité et de l'hérédité des offices royaux des notaires (voy. *supra*, chap. i, 68°, p. 510), avait été annulé comme étant devenu sans cause par la promulgation de cette loi, et que peu importait que, postérieurement, le preneur ait été maintenu dans les fonctions de notaire par une nomination du Gouvernement (16).

Nous bornerons là notre course à travers les décisions de la jurisprudence, celles que nous avons recueillies et que nous venons de signaler nous paraissant suffire à donner une idée des

---

note 2, p. 112. Voici les termes de cet arrêt : « LA COUR ; — Attendu que lors du partage de 1790, l'office d'huissier près le bailliage d'Issoudun, estimé alors 6,000 livres tournois, fut attribué au sieur François Jouenne, avec convention que si dans l'espace de quatre ans il venait à être supprimé et remboursé, la dame Floquet tiendrait compte à son frère de la moitié du déficit qui se rencontrerait dans le remboursement de la finance : — Attendu que cet office n'a été supprimé que sous le rapport de la vénalité, c'est-à-dire quant au droit de le transmettre à prix d'argent; que du reste François Jouenne a conservé le titre d'huissier dans le district d'Issoudun ; — Qu'il a continué d'en exercer les fonctions et d'en percevoir les émoluments jusqu'en l'an 4 ; que s'il avait continué de l'exercer il aurait pu jouir de la faculté accordée par la loi du 28 avril 1816; — Attendu que la Cour royale a pu ne pas voir dans la loi la suppression absolue de la charge et des fonctions d'huissier dans la personne du sieur Jouenne, telle que les parties l'avaient prévue dans l'acte du 8 septembre 1790; que, dans cet état des choses, elle a pu, par suite de l'interprétation dudit acte, sans commettre aucune contravention aux lois, renvoyer la dame Floquet de la demande formée contre elle par le sieur Jouenne en payement de la moitié du déficit éprouvé dans le remboursement de l'office en question ; — Rejette le pourvoi contre l'arrêt de la Cour de Bourges, du 26 avril 1820. »

(15) Voy. Dalloz, *Rép.*, mots OBLIGATION, n° 566, et OFFICE, n° 39.

(16) Sect. req. rej., 7 sept. 1814, S. V., C. A., 16, 1, 318; C. N. 4, 1, 609.

problèmes qu'engendra, au regard de leurs acquéreurs, la suppression de la vénalité et de l'hérédité des offices.

Cette suppression créa aux créanciers des anciens titulaires
une situation beaucoup plus épineuse : c'est elle que nous devons
maintenant envisager.

2°. — *Des suites de l'abolition de la vénalité des offices,*
par rapport aux créanciers des anciens titulaires.

A vrai dire, la source des difficultés les plus nombreuses et les
plus graves fut ici dans le fameux décret de la Convention des 15.
16, 17 et 24 août-13 septembre 1793, qui ordonnait la formation d'un
Grand-Livre pour inscrire et consolider la dette publique non viagère (voy. *supra*, chap. i, p. 517 *in fine*, 8°). Ce fut spécialement
son article 66 analysé ci-dessus (chap. ii, p. 549 *sub fin.*), qui sus-
cita les plus délicates. Rappelons, tout d'abord, avant d'indiquer
quelle interprétation lui fut donnée, qu'aux termes de cette disposition, le titulaire d'un office supprimé pouvait, après la liquidation
qui en avait été faite, rembourser les créanciers ayant hypothèque
spéciale ou privilégiée sur cet office, au moyen du transfert de
l'inscription sur le Grand-Livre, inscription représentative du montant de l'indemnité. « Les créanciers directs de la nation, pour des
sommes au-dessus de 3,000 livres provenant de la dette exigible
soumise à la liquidation », portait-elle, « sont autorisés à diviser
l'inscription sur le grand-livre qui sera faite à leur crédit, pourvu
toutefois qu'aucune fraction ne soit inférieure à 50 livres de rente ;
et ils pourront rembourser, au moyen d'un transfert, leurs créanciers personnels ayant hypothèque spéciale ou privilégiée sur
l'objet liquidé. » Rien de plus précis, de plus absolu, de plus
général que ce texte; il est formel et ne contient aucune distinction. De là toute une série de conséquences pratiques, dont l'importance égalait la gravité.

Il était, en premier lieu, hors de conteste, que le créancier pour
vente d'office était *absolument* contraint de recevoir ce transfert,
en ce sens qu'il ne pouvait opposer :

α Que le contrat de cession contenait l'indication du paiement du prix (17) ;

β Que des paiements avaient été faits antérieurement à la loi en numéraire, et que des termes avaient été accordés pour le paiement par le titulaire primitif (18).

Il fut, en second lieu, décidé avec raison, toujours par application de notre article, que la caution de l'acquéreur avait la faculté d'exercer le droit de transfert, quoique le débiteur n'en eût pas fait usage (19) ;

En troisième lieu, que l'art. 66 de la loi du 24 août 1793 avait dérogé aux clauses des contrats antérieurs, qui obligeaient à rembourser en monnaie métallique, avec renonciation à toute loi contraire, qui pourrait avoir lieu par la suite (20) ;

Enfin, en quatrième et dernier lieu, que la liquidation d'un office

---

(17) Jugé en ce sens, sous la présidence de Maleville, et sur les conclusions conformes de Merlin, alors procureur général, que l'acquéreur d'un office supprimé depuis son acquisition pouvait, en vertu de la loi du 24 août 1793, rembourser son vendeur au moyen de l'inscription délivrée pour le montant de la liquidation, bien que, dans l'acte de vente, il y eût eu indication de paiement du prix de l'office : sect. civ. cass., 17 fructidor an XII, Merlin, *Recueil alphabétique des Quest. de dr. qui se présentent le plus fréquemment dans les tribunaux*, mot TRANSFERT, § 1; S. V., C. A., 4, 2, 740 ; C. N., 1, 1, 1031 et la note 1, où l'on observe très-justement que cette décision repose sur le principe que l'indication de paiement à laquelle n'est pas intervenu ou n'a pas adhéré le créancier en faveur de qui elle a eu lieu, n'opère pas novation, et n'empêche pas le débiteur qui la stipule de rester le créancier direct de celui qu'il charge de payer en son nom, tant que ce paiement n'a pas été effectué. (Voy., à ce sujet, Pothier, *Traité des obligations*, n° 57; éd. Bugnet, t. 2, pp. 34 et 35.) — Voy. aussi Dalloz, *Rép.*, mots OBLIGATION, n° 2496, et OFFICE, n° 42, 1°.

(18) Req. rej., 13 août 1806 ; Dalloz, *Rép.*, mot OFFICE, n° 42, 2°. — Il convient d'apporter ici à la première partie de la proposition énoncée au texte, une limitation toute naturelle, en la restreignant au cas précis qui y est prévu. Que si, en effet, le titulaire d'un office supprimé, devenu ainsi créancier direct de l'Etat, avait, postérieurement à sa liquidation, continué à payer son propre créancier en numéraire, au lieu de payer ce créancier personnel ayant hypothèque sur l'office liquidé au moyen du transfert d'une inscription sur le Grand-Livre, comme il en aurait eu le droit, il aurait alors pu être incontestablement réputé avoir renoncé à ce droit. C'est ce que décida très-exactement un arrêt de rejet de la section civile de la Cour de cassation, en date du 15 messidor an XII, S. V., C. N., 1, 1, 995.

(19) Voy. l'arrêt du 17 fructidor an XII, cité note 17, *supra*.

(20) Sect. civ. cass., 20 floréal an XI. Ce jugement, rendu conformément aux conclusions de Merlin, est par lui rapporté avec son plaidoyer dans ses *Quest. de dr.*, au mot INSCRIPTION SUR LE GRAND LIVRE, § III. — Voy. aussi req. rej., 4 juin 1807, Dalloz, *Rép.*, mot OFFICE, n° 42 *in fine* ; cet arrêt décide également que la loi du 24 août 1793 a dérogé aux anciennes conventions des parties.

supprimé devant être faite au nom du mari titulaire, lors même que cet office avait été acquis solidairement par le mari et la femme (21), il en résultait que le titulaire d'un office ainsi liquidé avait pu rembourser, par le transfert d'une inscription sur le Grand-Livre, les créanciers privilégiés sur l'office, sans le concours des héritiers de la femme, copropriétaire de cette charge (22).

Il est aisé de concevoir tous les efforts que devaient faire les créanciers, pour se refuser à recevoir en paiement de leur créance des valeurs dépréciées : et l'on a pu écrire avec vérité : « Entre les titulaires des offices et leurs créanciers, c'était à qui ne recevrait pas ou ne garderait pas les titres de rente sans valeur, avec lesquels l'Etat remboursait les finances des offices supprimés. » (23) Aussi n'avons-nous pas encore épuisé la liste des contestations qui naquirent si multiples du terrible et redoutable article 66 de la loi de 1793, liste qu'on peut appeler le véritable martyrologe des créanciers. Dans l'espoir d'arriver à en éviter et à en arrêter la ruineuse application, ils ne redoutaient pas de se retrancher derrière des moyens quelconques, d'avoir recours à toutes sortes d'arguments, quelle que fût leur fragilité, et, dans cette chasse presque affolée aux expédients d'occasion, de faire, d'un procédé de pure chicane, la matière d'un procès aventureux, au gain plus qu'hypothétique duquel présidait seule, pour eux, le plus souvent, une aveugle illusion. On en vit, par exemple, qui allèrent jusqu'à soutenir qu'ils ne devaient pas être tenus à accepter des transferts, lorsque les formalités nécessaires à leur validité n'avaient pas été

---

(21) Le Tribunal de cassation, dont nous citons le jugement à la note suivante, se fonda, pour donner cette première décision, sur l'art. 5 de la loi du 2 février 1791, mentionnée *supra*, chap. i, p. 494, 25°, article aux termes duquel : « Les liquidations d'offices seront faites au nom et au profit des derniers titulaires, sauf aux prétendant droit à la propriété des finances des offices, à conserver leurs droits par la voie d'opposition entre les mains des conservateurs des finances et des gardes-rôles réunis. »

(22) Sect. civ. cass., 4 ventôse (ou vendémiaire) an x, S. V., C. N., 1, 1, 598, et Dalloz, *Rép.*, mot OFFICE, n° 44.

(23) Voy., dans S. V., C. N., la note 4 *in fine* mise sous le jugement cité à la note précédente.

remplies par leur débiteur. Est-il besoin de dire qu'ils échouèrent ?
Il ne leur fallut cependant rien moins qu'une décision de la Cour
suprême pour leur démontrer l'inanité de leur prétention, et la
section des requêtes la leur dévoila clairement en statuant, avec
beaucoup de raison, « que les formalités voulues par les articles
162 et 165 de la loi d'août 1793, portant création du grand-livre
de la dette publique, ne sont établies que pour régler la manière
dont les transferts et mutations d'inscription de créances sur
l'Etat doivent être justifiés au liquidateur général de la trésorerie,
pour le mettre en état de délivrer le certificat d'après lequel le
payeur principal doit opérer ; d'où il suit », ajoute-t-elle avec autant de logique que d'exactitude, « que dès l'instant que la nouvelle inscription est faite au profit de celui en faveur duquel la
mutation a lieu, celui-ci devient sans intérêt relativement aux formalités préalables, lesquelles n'intéressent que le liquidateur sous
le rapport de sa comptabilité personnelle. » (24)

En vain d'autres ont-ils soutenu, de leur côté, que le droit des
titulaires de se libérer par un transfert était limité au temps pendant lequel les créanciers pouvaient employer les inscriptions sur
le Grand-Livre et les mandats territoriaux en paiement de domaines nationaux, c'est-à-dire pendant un an. Il a été jugé, contrairement à cette nouvelle prétention, que la loi du 24 août 1793
n'avait pas entendu poser cette limite au temps pendant lequel
l'ancien titulaire pouvait se libérer, et que cette faculté lui appartenait à toute époque (25).

Est-ce donc à dire que l'art. 66 de cette loi avait un champ d'application sans borne, qu'aucune restriction ne lui était apportée ?
Non, assurément ; et nous allons avoir à constater que, si les juges
eurent parfois à mettre un frein à l'ardeur trop inventive des
créanciers, usant de toutes les ressources de la subtilité et en

---

(24) Req. rej., 12 brumaire an ix, S. V., C. N., 1, 1, 383. Voy., sur cette décision,
Merlin, *ubi supra*, § ii, où l'on trouvera, avant la reproduction de notre jugement, les
conclusions conformes par lui données sur cette affaire, et Dalloz, *Rép.*, mot OFFICE.
n° 45.

(25) Req. rej., 4 juin 1807, Dalloz, *Rép.*, mot OFFICE, n° 46.

faisant jouer tous les ressorts pour limiter, autant que possible, les suites désastreuses, à leur égard, de cette disposition de la loi de 1793, ils se virent, d'autres fois, dans l'obligation de ramener, par leurs sentences, les débiteurs aux sentiments de justice dont ils s'écartaient souvent, en voulant donner aux effets de cette loi, avec une charité trop prodigue pour n'être pas trop intéressée, une extension qu'ils ne comportaient, ni en raison ni en équité. Voici, à ce sujet, quelques-unes des décisions par lesquelles les tribunaux déjouèrent leurs calculs.

L'enfant donataire d'un office, et, comme tel, soumis au rapport de cet office envers ses cohéritiers, ayant soutenu, d'une part, que ce rapport pouvait être opéré par le transfert de l'inscription représentative de l'indemnité accordée à raison de la suppression de l'office, et, d'autre part, qu'il pouvait se libérer de *toute* la dette, moyennant ce transport de l'indemnité, alors même que cette dette en excédait le montant, la Cour suprême statua, en premier lieu, que l'enfant donataire d'un office en devait le rapport à ses cohéritiers, et que, si l'office était supprimé moyennant indemnité, le rapport devait être de la valeur de l'office au temps de la donation, et non du simple montant de l'indemnité (26); en second lieu, que la disposition de l'article 66 de la loi du 24 août 1793, appli-

---

(26) C'est l'application pure et simple des art. 851 et 868 du Code civil, qui posent en principe, le premier, que « le rapport est dû de ce qui a été employé pour l'établissement d'un des cohéritiers » ; le second, que « le rapport du mobilier ne se fait qu'en moins prenant », et qu' « il se fait sur le pied de la valeur du mobilier lors de la donation..... » — Dans notre ancien droit, où les offices vénaux étaient cependant rangés parmi les immeubles (voy. notre *Anc. dr. fr.*, chap. ii, sect. 2, § 1ᵉʳ, art. 3, note 29, p. 129), on décidait déjà, nous l'avons vu, que le rapport devait, comme celui des meubles, en être fait d'après la valeur de l'office au jour de la donation, et que, le donataire étant débiteur du rapport, non pas de l'office en nature, mais bien de son prix à cette époque, il en résultait, d'un côté, que la charge était à ses risques, et non aux risques de la succession, et que, quand même elle aurait péri par suite d'une suppression, l'enfant n'en aurait pas moins été obligé à rapporter ce qu'elle valait lorsqu'elle lui avait été donnée ; et, d'un autre côté, que le donataire n'aurait pu éviter le rapport de ce prix, en offrant le rapport de l'office en nature. (Voy. notre *Anc. dr. fr.*, chap. ii, sect. 2, § 1ᵉʳ, art. 6, 2ᵉ, pp. 222 et suiv.) — Aujourd'hui que les offices sont incontestablement des meubles, et doivent être réputés tels, ainsi que nous l'indiquerons au t. 3, au début de notre *Droit actuel*, la question ne saurait présenter aucune difficulté, et se résout d'elle-même, et à plus forte raison, dans le sens où elle était autrefois tranchée. (Voy. Duranton, *Cours de droit français, suivant le Code civil*, t. 7, nᵒˢ 414 et 415.)

cable seulement aux créanciers ayant hypothèque ou privilége sur les offices supprimés, ne recevait aucune application aux rapports que les titulaires de ces offices pouvaient être dans le cas de faire de leur prix dans les successions auxquelles ils étaient appelés, et que d'ailleurs cet article n'autorisait le mode de libération par la voie de transfert de l'inscription provenant de la liquidation de l'office, que jusqu'à concurrence du montant de ladite inscription transférée, sans libérer, pour cela, le débiteur du surplus de la dette, si elle excédait ce montant (27).

Pareillement, il a été décidé en outre :

α Qu'on ne pourrait offrir en paiement du reliquat d'une créance pour cession d'office, des inscriptions qui proviendraient de la liquidation non pas de l'office, lequel avait été supprimé en 1788 et remboursé l'année suivante, mais du cautionnement d'un emploi nouvellement créé (28) ;

β Qu'on ne pouvait se libérer par voie de transfert qu'à l'égard de son créancier direct et personnel (29).

Pour avoir épuisé l'indication des décisions judiciaires les plus notables, touchant les droits des créanciers sous l'empire de la loi de 1793, il ne nous reste plus à en signaler que deux, relatives, la première aux créanciers hypothécaires, la seconde aux créanciers chirographaires (30).

---

(27) Sect. civ. cass., 5 juillet 1814, S. V., C. A., 15, 1, 12; O. N., 4, 1, 590 et la note; voy., dans le même sens, un arrêt postérieur, de cassation également, rendu par la section civile de la Cour, dans la même affaire, le 21 nov. 1815, S. V., C. N., 5, 1, 115; joindre enfin, pour la suite de cette affaire, et sur le pourvoi formé contre un arrêt de la Cour de Besançon, devant laquelle les parties avaient été renvoyées par la seconde des deux décisions précitées, sect. req. rej. 15 janv. 1818, S. V., C. N., 5, 1, 403, arrêt qui, du reste, n'offre pas pour nous d'intérêt actuel.

(28) Sect. civ. cass., 29 (alias 28) ventôse an XII, S. V., C. N., 1, 1, 947, Dalloz, Rép., mot OFFICE, n° 48, 1°. — Il s'agissait, dans l'espèce, de la charge de garde du trésor royal, achetée, en 1777, moyennant 1.600.000 fr. Les offices des gardes du trésor furent supprimés en 1788, et on créa, pour les remplacer, des administrateurs du trésor, et celui au sujet duquel s'éleva la contestation dont nous parlons fut liquidé à 12.000.000 fr. par arrêt du Conseil du 21 janvier 1789, et remboursé le 12 fév. suivant.

(29) Req. rej., 12 janvier 1825, Dalloz, Rép., mot OFFICE, n° 48, 2°; voy. aussi mot TRÉSOR PUBLIC, n° 1155, 1°.

(30) Voy. Dalloz, Rép., mots OFFICE, n° 51, et PRIVIL. ET HYPOTHÉQ., n°° 768 et suiv.

En ce qui concerne, tout dabord, les créanciers ayant hypothèque sur d'anciens offices, il faut savoir qu'ils pouvaient conserver
leurs créances hypothécaires, et, avec elles, leurs droits de préférence, par des oppositions formées à la trésorerie nationale sur
les inscriptions au Grand-Livre, représentant en rentes la valeur
des offices liquidés (31). Il a été jugé, à ce point de vue, que, les
articles 1er et 3 de l'édit de février 1683 et l'art. 1er de la déclaration
du 17 juin 1703 n'éteignant l'hypothèque spéciale et privilégiée du
créancier sur l'office, faute d'opposition au sceau des provisions.
qu'à l'égard des autres créanciers opposants, et non à l'égard du
possesseur de l'office débiteur du prix, et même le droit privilégié, après le paiement des opposants, étant conservé au créancier par l'art. 4 de l'édit de 1683 (32), il a, disons-nous, été jugé
que le défaut d'opposition de la part des créanciers au sceau des
provisions obtenues par le dernier titulaire, n'éteignait pas les hypothèques de ces créanciers sur l'office à l'égard du possesseur
débiteur du prix, et qu'ainsi, encore que des créanciers qui avaient
hypothèque ou privilège sur un office liquidé aux termes de la loi
du 24 août 1793, n'aient pas formé opposition au sceau des provisions, leur hypothèque continuant de subsister, ils étaient remboursables par le transfert de l'inscription sur le Grand-Livre, provenant de la liquidation (33).

Quant aux créanciers qui n'avaient pas hypothèque sur l'office.
il a été décidé qu'ils ne pouvaient pas demander la vente de l'inscription pour participer au prix avec le créancier hypothécaire (34).

---

(31) Voy. le premier des deux arrêts cités note 34, *infra*.

(32) Sur l'effet du sceau des provisions, sur les oppositions au sceau des provisions
d'offices vénaux et sur leurs effets, sur la distribution du prix de ces offices adjugés
par décret, voy. notre *Anc. dr. fr.*, chap. II, sect. 2, § 2, art. 2, SECONDE PÉRIODE, II
et III, pp. 378 et suiv., et pp. 397 et suiv.

(33) Sect. civ. cass., 28 ventôse an VIII, S. V., C. A., 2, 2, 532, C. N., 1, 1, 308 ;
Dalloz, *Rép.*, mots OFFICE, n° 51, et TRÉSOR PUBLIC, n° 1156 et suiv.

(34) Paris, 25 nov. 1814, S. V., C. A., 16, 2, 168; C. N., 4, 2, 418; Dalloz, *Rép.*,
mots OFFICE, n° 51 *in fine*, et PRIVIL. ET HYPOTH., n° 770. Voy. cependant Paris, 12 ventôse an XII, S. V., C. N., 1, 2, 180.

Au point où nous sommes maintenant parvenu, nous nous trouvons en possession à peu près complète de la théorie des offices au cours de ce qui fut pour eux le droit intermédiaire. Une dernière étape, toute de transition, nous reste à franchir, et, pénétrant ensuite dans la législation qui les régit aujourd'hui, nous entrerons de plain-pied dans le droit actuel. Nous devons, en effet, rechercher jusqu'à quel point les lois prohibitives de la vénalité atteignirent le but qu'elles s'étaient proposé, et à l'aide de l'imposante autorité et de la constance de quelle coutume séculaire, sous la pression et sous l'influence de quelle pratique invétérée, par suite ou au moyen de quelle connivence législative, sous l'impulsion et la puissance de quels faits inéluctables (les faits étant toujours difficiles à déconcerter, et possédant une sorte d'entêtement vital et une obstination d'une invincible ténacité), à l'appui de quelle tolérance gouvernementale et judiciaire, d'accord en cela avec la force même des choses et les données d'une expérience lointaine, le commerce de certaines charges publiques, après s'être infiltré de nouveau dans les mœurs, et s'y être implanté, finit par se faufiler dans la loi à la faveur des malheurs publics, qui la forcèrent à la reconnaître et à en proclamer la légitimité.

CHAPITRE IV.

'De la façon dont se rétablit, en fait, sous le Consulat et sous l'Empire, la vénalité des offices ministériels.

Avec une rigueur de logique peut-être exagérée, — les faits ne tardèrent pas à se charger de le démontrer, — la Constituante avait, enveloppant dans une même réprobation la vénalité et l'hérédité de toutes les charges et fonctions publiques, proscrit le commerce de tous les offices sans exception, même de ceux qui étaient à clientèle. La sagesse des mesures qu'elle employa pour assurer le maintien de la réforme fondamentale qu'elle avait opérée dans leur condition, telles que le remboursement de tous les officiers, le vote d'une indemnité en faveur des titulaires d'offices ministériels (1), était de nature à lui faire espérer que l'avenir se montrerait jaloux de consacrer son œuvre. Malheureusement, elle oublia cette grande vérité que, dans la pratique, avec laquelle il faut toujours savoir compter, et dont tout législateur doit, par là même, avoir souci, les conséquences sont souvent ennemies des principes d'où on les tire. Frapper sans pitié ni merci la propriété des offices en tant que telle, constituait, à coup sûr, une très-heureuse, une excellente réforme ; mais en pourchasser à outrance la vénalité et l'hérédité jusque dans leurs derniers retranchements, partout où elles se rencontraient, et là même où, loin de présenter une vicieuse anomalie, elles apparaissaient au contraire le plus

---

(1) Il convient de rappeler ici et de ne pas perdre de vue que le droit à indemnité des officiers ministériels, bien que reconnu en principe, ne reçut, en définitive, qu'une satisfaction nominale, et que, par suite du discrédit dans lequel tombèrent les assignats, cette indemnité devint en réalité illusoire. (Voy. *supra*, chap. II.)

naturelles et le plus indélébiles, pouvait bien procéder d'un calcul
aveugle, qui trouve, d'ailleurs, son explication, sinon son excuse,
dans cette sorte d'ardeur inconsciente dont sont toujours atteints
et comme persécutés les premiers réformateurs. Il ne suffit pas
d'asseoir sur une base unique une théorie absolue, destinée à
régir toutes les situations. C'est seulement à la répartition saine et
tempérée des règles les mieux appropriées à chacune d'elles, c'est
à la prudence apportée dans leur distribution, c'est à la souplesse
et comme à l'élasticité de leur application, que se trouvent, on peut
l'affirmer, attachées la pérennité de toute bonne institution, et la
garantie d'un succès vraiment durable. Or, était-il certain qu'il
fallût bannir toute idée de vénalité et d'hérédité des offices ministériels par suite de cette considération que la nécessité s'imposait
d'en étouffer le germe dans toutes les autres charges publiques,
et de ce que, chez ces dernières, elles apparaissaient comme un
privilège odieux, en devait-on forcément conclure à l'abolition,
chez ceux-là, nous ne dirons pas d'une *prérogative*, mais d'un
état de choses *voisin*, simplement analogue, et nullement
identique? Ou, pour parler avec plus d'exactitude encore et
plus de précision, n'était-ce pas aller trop loin, que d'immoler
la vénalité et l'hérédité à la fois et sans distinction dans les deux
éléments intrinsèques dont se composent essentiellement les
offices ministériels? En présence de cette dualité remarquable et
typique, ne convenait-il pas de choisir avec soin et discernement,
et, tout en obéissant au principe nouveau par le sacrifice partiel de
la vénalité et de l'hérédité en ce qui concerne le titre, ne devait-
on pas les respecter tout au moins quant à la pratique par le sacrifice correspondant et également partiel du principe lui-même? Il
y avait déjà longtemps que la réponse avait été formulée par nos
anciens jurisconsultes qui, certes, ne peuvent pas être taxés de partialité dans la question, leur indépendance d'esprit étant le plus
sûr garant de la sincérité de leur pensée, et leur hostilité marquée
contre la vénalité suffisant, au surplus, à les mettre à l'abri du plus
léger soupçon. Tous, ils avaient toujours très-nettement séparé

le titre de la clientèle, en ce sens qu'ils reconnaissaient, à côté de l'office proprement dit, émanant de la puissance publique, la pratique, qui était l'œuvre du titulaire et qui avait sa nature propre en dehors de l'office (2). Aussi bien n'en voyons-nous aucun attaquer le commerce qui s'en faisait. C'est précisément pour avoir négligé d'opérer cette scission dans ses décrets, que le résultat cherché et le but poursuivi par l'Assemblée nationale ne furent atteints qu'en partie ; et du reste, pouvait-il en être autrement ? Non, pour peu que l'on réfléchisse que la vénalité est absolument inhérente aux offices ministériels, par cela seul que tout office de ce genre — nous ne saurions trop insister sur cette distinction, fondée sur la nature des choses, et qui est la clef de voûte de toute cette matière — comprend deux éléments : le titre, dont la disposition et l'investiture appartiennent au chef de l'État qui,

---

(2) Voy. notre *Anc. dr. fr.*, chap. II, sect. 2, § 1er, art. 3, note 29, p. 129. — Nous avons vu que les germes de la distinction dont nous parlons au texte entre l'office et la pratique se retrouvent, dès la seconde moitié du XIVe siècle, dans des lettres patentes du 10 octobre 1370. (Voy. notre *Anc. dr. fr.*, chap. I, § 1er, note 39, p. 20.) — Il est si vrai que, de tout temps, il a été reconnu, comme nous le disons au texte, que, dans les offices, il existait, à côté du titre, une véritable propriété pour le titulaire dans la pratique de sa charge, que c'était seulement à l'acquisition ou à la vente du titre qu'était attachée la finance : la Couronne, en effet, n'avait originairement vendu que le titre. Quant à la pratique, résultat du travail de l'officier, sa propriété privée, elle faisait l'objet d'une transmission à part, à laquelle le Pouvoir restait étranger, et qui n'était point soumise aux fixations établies pour les offices. C'est ce qui résulte du passage suivant, que nous extrayons des *Observations sur la variation du prix des offices*, rédigées en 1744 par les notaires de Paris, et remises à M. le chancelier d'Aguesseau : « Le prix des offices de notaires (c'est-à-dire la finance) », y lisons-nous, « a augmenté comme les autres. suivant les temps, le taux et l'abondance des espèces et les avantages des établissemens.

« A l'égard de leurs pratiques, la fixation du prix n'en a jamais été gênée par une estimation presque toujours arbitraire, comme on vient de le démontrer, et plusieurs autres raisons ont pu concourir à leur laisser la libre disposition de leurs pratiques...

« Mais l'on dira : Sur quoi est donc fondé le prix des pratiques de notaires? — C'est sur la conséquence et le nombre des minutes qui composent une pratique, sur le travail vivant qu'un successeur a droit d'attendre par suite des affaires qui ont formé la pratique qu'il acquiert, et par les soins du vendeur pour conserver dans la même étude la confiance que ses talens et sa probité lui ont justement méritée, confiance qu'il transmet à son successeur lorsqu'il est digne de le remplacer. Ainsi la pratique, fruit naturel du travail du vendeur, a un prix qui est souvent le seul fonds de sa fortune pour établir sa famille, après avoir exercé sa charge pendant trente à quarante années. » (Voy. M. Rolland de Villargues, *Répertoire de la jurisprudence du Notariat*, 2e éd., Paris, 1840-1845, t. 6, mot OFFICE, n° 30, texte et note 1, où le passage que nous venons de citer se trouve reproduit.)

seul, peut le conférer; la clientèle, qui est la *propriété* de l'officier, et dont les éléments, s'ils varient avec les différentes classes de titulaires, se retrouvent du moins dans toutes.

La clientèle, venons-nous de dire, est la *propriété* de l'officier. C'est qu'en effet, les dossiers confiés, les pièces remises, les pouvoirs donnés aux avocats à la Cour de cassation et aux avoués; les minutes des notaires; les minutes du greffe, dont les greffiers peuvent seuls délivrer des expéditions; les répertoires des huissiers; les procès-verbaux des ventes de meubles auxquelles les commissaires-priseurs ont procédé; les registres, enfin, sur lesquels les agents de change et les courtiers constatent, avec les opérations qu'ils font, le nom et la demeure de leurs clients, sont, entre les mains de chacun de ces officiers, autant de moyens d'entretenir, d'alimenter et d'étendre ses relations. Fruit du travail personnel de chaque titulaire, prix de son labeur individuel, ces divers éléments nous apparaissent dès lors comme un bien créé par lui, faisant, par conséquent, partie de son patrimoine en leur qualité d'appropriation privée. Et maintenant, quelle conclusion tirer de là, sinon que la clientèle elle-même, dont ils sont les causes, la source, l'origine, et dont, par suite, elle est la résultante et le produit, forme, comme eux, une portion, une tranche du patrimoine, dont le possesseur a, par là même, la propriété et la disposition? Revenant à présent par la marche, la progression et l'enchaînement logiques du sujet, sur une idée précédemment émise, si nous n'avons pas oublié que l'officier ministériel reçoit un titre qui, considéré en lui-même, est improductif, que la valeur acquise par l'office est due, en majeure partie, à l'ensemble et à la réunion chez le titulaire de ces qualités multiples et maîtresses dont nous avons parlé plus haut (voy., sur tout ceci, *supra*, chap. II, pp. 529 et suiv.), ne serons-nous pas amené à reconnaître que rien ne sera plus légitime que le fait par l'officier de chercher, lorsqu'il voudra cesser ses fonctions, à tirer parti, dans les conditions les plus avantageuses qu'il pourra trouver, de la plus-value qu'il a créée, à trafiquer, en d'autres termes,

de sa clientèle? Un pareil résultat peut-il être prohibé, empêché par un législateur? Sans s'arrêter à la difficulté que présenterait déjà cette entreprise, il ne faut pas hésiter un instant à en proclamer l'iniquité, pour le cas où l'on songerait jamais à la tenter;
car, dépouiller les titulaires du droit de disposer des éléments de
leur clientèle, de leurs dossiers, de leurs répertoires, de leurs
minutes, de tous ces accessoires de leur office, en un mot, qui sont
souvent le produit d'une longue vie de travail et dont le grand
nombre est le signe infaillible et la marque certaine d'une confiance inspirée par une carrière toute d'honorabilité; leur défendre
de les livrer à un successeur, en stipulant de lui un prix, représentation d'une légitime indemnité, pour l'accroissement de valeur par eux donnée à leurs charges, ce serait porter l'atteinte la
plus flagrante, la plus injuste et la plus immorale, à la propriété
de toutes la plus respectable, puisqu'elle a été enfantée par toute
une existence de labeur, de zèle, d'activité, de dévouement et
d'intelligence. Disons mieux : ce serait confisquer une partie de la
personnalité humaine, dans une de ses plus légitimes manifestations. Au demeurant, pour rappeler une comparaison qui a cours
en notre sujet depuis la Révolution, le titre, dans l'office minisié-
riel, c'est comme un champ stérile à l'origine, que son possesseur
cultive, fertilise et féconde chaque jour (3). Eh bien, le propriétaire
de ce fonds ainsi bonifié, ainsi amendé, n'est-il pas en droit absolu
de compter sur une rémunération de ses peines et de ses soins,
sur un bénéfice égal à l'augmentation de valeur, à la plus-value
qu'il a procurée? Songe-t-on à blâmer le commerçant de propor-
tionner le prix de cession de son fonds — et la transmission d'un
office ministériel n'a pas, à ce point de vue, un autre caractère — à
la prospérité de son achalandage, au développement qu'il a su imprimer à ses relations commerciales (4)? Nullement. Et pourquoi?

_____

(3) Voy. les discours des représentants Mougins et Guillaume, par nous rapportés
dans notre chap. II, *supra*, le premier, note 11, p. 532; le second, pp. 542 et suiv.

(4) Voy. M. E. Durand, *op. cit.*, n° 191, pp. 209 et suiv., et comp. le passage du rapport de M. Bayle-Mouillard, cité *supra*, chap. II. note 8, p. 581, ainsi que M. Perriquet, *op. cit.*, n° 184, pp. 152 et suiv.

C'est que le principe du droit de propriété au profit de celui qui a créé une valeur quelconque par son travail privé, par son industrie personnelle, est par bonheur profondément ancré dans l'esprit des hommes; à ce point même que, s'il vient à s'éclipser un moment dans une tourmente révolutionnaire, c'est, comme on l'a fort bien dit, « c'est pour reparaître bientôt et pour reprendre naturellement son empire légitime. » (5)

La puissance de ces considérations n'avait pas échappé à l'Assemblée Constituante, et, au milieu des généreuses illusions qui l'entraînèrent si souvent, elle n'alla cependant pas jusqu'à se flatter que les officiers ministériels pousseraient le désintéressement et l'abnégation au point d'abandonner sans compensation une plus-value dont ils étaient les seuls artisans. Aussi est-il tout à la fois curieux et remarquable de voir le décret des 29 septembre-6 octobre 1791 consacrer avec un soin scrupuleux, et dans des termes qui méritent d'être intégralement rapportés, au profit des notaires et des héritiers des anciens titulaires décédés, le droit de traiter de la possession de leurs minutes et de faire avec leurs successeurs des conventions au sujet de leurs recouvrements. « Les notaires qui auront cessé d'exercer, ou qui auront été placés dans une autre résidence que celle où leurs minutes doivent être déposées, ainsi que les héritiers des anciens titulaires décédés », porte l'art. 5 du titre III de ce décret, « pourront, dans un mois à compter du jour de la notification qui leur sera faite par le commissaire du roi, remettre leurs minutes à celui des notaires publics qu'ils jugeront à propos de choisir parmi ceux établis dans le chef-lieu de résidence où les minutes devront être apportées, et faire sur les recouvrements telles conventions que bon leur semblera. » La loi ordonne même, dans une hypothèse spéciale, la mise aux enchères de ces minutes. L'article 6 du même titre, en effet, après avoir prescrit, dans son premier alinéa, qu'à défaut de remise dans le cours du délai fixé par l'art. précédent, les pos-

(5) Dalloz, Rép., mot OFFICE, n° 19 in fine.

sesseurs de ces minutes seraient tenus de les déposer incontinent, avec les répertoires, entre les mains du plus ancien notaire public de cette résidence, lequel s'en chargerait provisoirement sur son récépissé, après récolement et vérification, ajoutait, dans son second alinéa, qu'ils remettraient, en même temps, un état des recouvrements à faire sur lesdites minutes, et qu'ils seraient obligés de déclarer par écrit s'ils voulaient que lesdits recouvrements fussent faits pour leur compte, ou s'ils préféraient en céder la perception. Puis cette disposition était immédiatement suivie des articles 7 et 8 ainsi conçus :

« Art. 7. — Au premier cas, les minutes et répertoires, ainsi que l'état des recouvrements, seront remis, après nouvelle vérification, à celui des notaires publics de la résidence qui offrira de se charger du tout et d'effectuer les recouvrements; et à défaut, ou en cas de concurrence, la remise en sera faite par la voie du sort. »

« Art. 8. — Lorsque, au contraire, les anciens possesseurs auront déclaré vouloir céder les recouvrements, la possession des minutes sera adjugée, eu égard auxdits recouvrements, sur enchères entre les notaires publics de la résidence, par-devant le maire ou premier officier municipal.

« Et néanmoins, si le prix de la dernière enchère est au-dessous des trois quarts du total des recouvrements, les possesseurs auront la faculté d'empêcher l'adjudication, en demandant que la perception des recouvrements soit faite pour leur compte; et, dans ce cas, on suivra les règles prescrites par l'article 7 du présent titre. »

Cette faculté de disposer des minutes et des recouvrements est accordée aussi à des notaires qui conservent à vie des études destinées à s'éteindre avec eux. Prévoyant, en effet, l'hypothèse de démission ou de décès des notaires publics au remplacement desquels il n'y aurait pas lieu de pourvoir, voici comment l'article 13 de notre titre réglait cette situation particulière : « Lors de la démission ou du décès des notaires publics au remplacement desquels il n'y aura pas lieu de pourvoir, les démettants ou les héritiers des décédés auront la faculté de remettre leurs minutes à l'un des notaires publics de la résidence, et de s'arranger pour les recouvrements, dans le délai d'un mois à compter de la démission ou du décès ; et après ce délai, le commissaire du roi auprès du tribunal poursuivra la remise des minutes entre les mains du plus ancien des notaires publics, pour être procédé à leur dépôt, ainsi qu'il a été dit par les articles 6, 7 et suivants. » (6) — Signalons enfin les articles 14 et 15 de ce même titre, relatifs au cas inverse de celui prévu par l'art. 13 :

« Art. 14. — A l'avenir, dans tous les cas où il y aura lieu au remplacement d'un notaire public par démission ou décès, les minutes passeront à son successeur, et la remise lui en sera faite, sauf à tenir compte des recouvrements. »

« Art. 15. — L'évaluation des recouvrements sera faite de gré à gré, s'il est possible, sinon par deux notaires choisis de part et d'autre parmi ceux de la résidence du notaire démettant ou décédé, et, à leur défaut, parmi ceux de la résidence la plus voisine ; lesquels appréciateurs, en cas de diversité d'avis, prendront un autre notaire de la résidence pour les départager. »

Il y a plus : ce n'est pas seulement aux notaires frappés par la loi nouvelle que s'appliquent toutes ces dispositions si minutieusement protectrices de la propriété des minutes et des recouvrements ; c'est à l'avenir tout entier. Elles sont, en effet, couronnées par l'art. 16 du titre IV, dans lequel le législateur impose, pour l'avenir, au notaire nommé au concours, l'obligation, avant

---

(6) Ainsi que le remarque avec beaucoup d'exactitude sur cet article M. Ch. Bataillard (*Du droit de propriété et de transmission des offices ministériels*, pp. 94 et suiv.) : « Pour que les mains du Directoire de département soient pures, et que son impartialité ne puisse être suspectée, pour que la transmission des minutes ne dépende pas d'un caprice administratif, l'Assemblée constituante ne trouve rien de mieux que de s'en rapporter au choix du démissionnaire ou de ses héritiers. La transmission de la clientèle suit naturellement celle des minutes et surtout des recouvremens, qui créent à l'instant des rapports entre le nouveau notaire et les cliens de l'ancien. En paraissant n'autoriser que la cession des recouvremens et le choix d'un dépositaire des minutes, le législateur favorise donc, et très-sciemment à coup sûr, un traité de vente de la *charge*, *moins le titre*, qui doit être supprimé. »

d'obtenir sa *commission* du Roi, de justifier du rêmboursement par lui fait à son prédécesseur du montant de ses recouvrements, ou d'arrangements pris avec lui à ce sujet. Le notaire nommé au concours, y est-il dit, recevra « un extrait du procès-verbal de sa nomination, et avec cet extrait il se pourvoira auprès du roi, à l'effet d'obtenir une commission, qui ne pourra lui être refusée, pourvu qu'il justifie préalablement du remboursement par lui fait à son prédécesseur ou héritiers, du montant de son fonds de responsabilité et de ses recouvrements, ou d'arrangements pris à ce sujet. » (7) N'est-ce pas là, dès l'origine du nouvel ordre de choses, la reconnàissance formelle, dans tout office de notaire, des deux éléments distincts sur lesquels nous n'avons pas cessé d'appeler l'attention : d'une part, le *titre*, qui s'était vendu précédemment moyennant finance au profit des parties casuelles, que le Roi *doit* désormais conférer gratuitement à ceux qui ont accompli les conditions voulues par la loi, qui ne constitue plus qu'une *commission*, et dont les minutes ne doivent plus à l'avenir être séparées (voy. l'art. 14 précité du titre III); et, d'autre part, les *recouvrements* et la *clientèle*, qui se sont toujours achetés sans que le trésor royal ait jamais pu les vendre, qui ont toujours été payés en sus de la finance, et qui font, d'un titre mort et nu, une fonction active et fructueuse ?

Notre but, en transcrivant les différents articles dont la mention précède, n'a pas été, certes, de conclure de leur contenu au rétablissement de la vénalité d'une certaine catégorie d'offices ministériels ; des prescriptions des uns à la restauration de l'autre, il y a sans doute fort loin, et ce qui le prouverait, au besoin, d'une manière surabondante, c'est que, sous le système du décret de 1791, toute place devenue vacante par décès ou démission pouvait être réclamée de droit, aux termes du 1er alinéa de l'art. 13 de son titre IV, par les sujets inscrits sur le tableau des admis, suivant la priorité de leur rang et la date d'inscription. Mais,

---

(7) Voy. MM. Devilleneuve et Carette, *Lois ann.*, 1re série, pp. 174 et suiv.

étant bien constaté que ce serait commettre une étrange méprise que de faire découler des dispositions qui viennent de nous occuper la résurrection complète de la vénalité, nous pouvons, à tout le moins, trouver en elle le germe incontestable d'un acheminement vers le retour de son règne, et nous n'avons eu d'autre dessein que de montrer, par la reproduction textuelle de ses propres décisions, le législateur faisant lui-même, moins d'un mois après en avoir proclamé la suppression dans le préambule de la Constitution des 3-14 septembre 1791 (voy. *supra,* chap. i, p. 507 *in init.,* 63° *in init.*) l'aveu de son impuissance à l'abattre et à la déraciner dans toutes ses parties. Que devait-il, en effet, fatalement résulter du décret des 29 septembre-6 octobre suivants? C'est que le notaire disposé à se démettre et connaissant à l'avance le candidat qui serait en droit de réclamer sa place devenue vacante (il n'avait, pour cela, qu'à consulter le tableau des admis, dont l'art. 11 du titre iv ordonnait l'affichage), pouvait désormais, très-légalement, discuter avec lui les conditions de sa retraite, puisque la loi lui fournissait les moyens de cette discussion.

Nous devons ajouter ici que les comités de constitution et de judicature donnaient à la loi de 1791 une portée bien autrement étendue que son texte ne l'indiquait et qu'elle ne reçut pas du reste complètement dans l'application. Dépassant de beaucoup la limite des mesures propres à assurer la sauvegarde des recouvrements, et octroyant infiniment plus que la faculté de faire librement, à leur sujet, telles conventions, tels arrangements que les intéressés jugeraient à propos de prendre, ils allaient jusqu'à proposer, non sans raison, de réserver aux notaires volontairement démission-naires la faculté de choisir leurs successeurs, pourvu que leurs choix fussent restreints aux personnes inscrites sur la liste des admissibles, sans aucun égard d'ailleurs au plus ou moins d'an-cienneté de leur inscription, le droit d'ancienneté des admissibles étant simplement maintenu par eux aux seuls cas de décès, de dé-mission forcée et de démission même volontaire, mais pure et simple, c'est-à-dire sans désignation de successeur. Mais nous avons vu que cette proposition, tendant à accorder formellement aux notaires le droit de présenter des successeurs, ne fut pas admise par le décret (8).

---

(8) La proposition dont nous venons de parler se trouve dans le rapport des Comités de constitution et de judicature, fait à l'Assemblée nationale, dans la séance du 15 septembre 1791, en lui présentant le projet de décret, rapport qui n'a été inséré que par extraits au *Moniteur* du 17 septembre. Voici dans quels termes s'exprima le rapporteur : « Dans la règle générale, les sujets déclarés admissibles auront droit aux places, suivant leur ordre d'ancienneté d'inscription sur cette liste. Cependant vos comités ont jugé qu'une modification était nécessaire : ils ont cru devoir réserver à tous les sujets inscrits la possibilité d'être choisis, sans aucun égard au plus ou moins d'ancienneté de leur inscription, par les notaires dont les places deviendront vacantes par démission volontaire, en maintenant au surplus le droit d'ancienneté des admissibles dans tous les autres cas, tels que les vacances par décès, par démission forcée ou même volontaire, mais sans désignation de successeur. Le motif de cette exception se trouve, Messieurs, dans l'expérience même de ce qui s'est pratiqué jusqu'à présent. La bonne composition de la classe des notaires était due à la faculté qu'ils avaient de choisir leurs successeurs ; par là ils s'attachaient des élèves, et l'espoir que ceux-ci conservaient de leur succéder excitait en eux une juste émulation, dont le germe est trop utile à conserver pour le faire disparaître entièrement de la nouvelle institution. C'est assez, pour la rigueur de la loi, que l'élève ait rempli, en quelque lieu et en quelque nombre d'études que ce soit, le terme d'instruction prescrit pour l'éligibilité, mais ce n'est pas assez pour la confiance ; et celui-là en sera toujours présumé bien plus digne qui, soit pendant la durée entière, soit du moins pendant une très-grande partie du temps de son noviciat, au lieu d'errer de ville en ville et d'étude en étude, sera demeuré constamment attaché au même instituteur. Il faut rendre possible la récompense de cette assiduité, et il paraît de la plus simple justice qu'un tel sujet, ayant d'ailleurs passé au concours, puisse, dans le cas de démission libre du notaire dont il a mérité la confiance par une si longue épreuve, être désigné par lui pour son successeur ; et non-seulement cette disposition est juste, mais elle est encore utile sous beaucoup de rapports ; car, indépendamment du moyen d'émulation qui s'y trouve à l'égard des élèves, on ne peut se dissimuler combien il importe aux familles, qui souvent ont une moindre connaissance de leurs propres affaires que l'officier auquel elles en ont confié la direction, combien il leur importe de retrouver dans son successeur un homme déjà instruit de tout ce qui les regarde et initié dans tous leurs intérêts par l'habitude qu'il a eue depuis longtemps de les surveiller en sous-ordre. » (Voy. *Procès-verbal de l'Assemblée nationale*, imprimé par son ordre : Paris, in-8°, 16° livraison, t. 71, contenant du 13 au 19 septembre 1791, n° 767, pp. 23 et suiv.) M. Bataillard, après avoir reproduit ce passage (*op. cit.*, pp. 96 et suiv.), le fait suivre (p. 98) de réflexions très-justes : « En ne proclamant pas hautement », écrit-il, « le droit de propriété des offices ministériels, l'assemblée subissait à regret les aveugles exigences du peuple, dont les passions n'eussent point distingué la vénalité des fonctions publiques au profit du prince du droit de transmission des charges à clientèles. » Si la proposition de conserver aux offices de notaires *le sceau de la vénalité* avait pu vous être faite », poursuivait le rapporteur, « sans doute, on l'aurait principalement appuyée sur ce que la valeur de ces offices présentait au public une garantie des faits de l'officier. » (« *Ibid.* Ce fut pour remplacer la garantie détruite que l'on créa les fonds de responsabilité. »)

« C'était ainsi que, dans ses dernières séances, l'Assemblée constituante rendait hommage à l'ordre de choses que la loi nouvelle allait altérer profondément. »

Sans nous attarder à pénétrer dans le détail des projets de lois sur le notariat qui furent discutés en l'an IV, en l'an VI, en l'an VII, et dans les commissions législatives créées après le 18 brumaire an VIII, quel que soit l'intérêt qu'ils présentent (9), nous nous bornerons à mentionner, sans plus insister, qu'on inséra dans un projet d'organisation du notariat, soumis à cette dernière époque à ces conseils législatifs, un article qui permettait les dispositions *in favorem*, bien que ce projet conservât le mode du concours (10).

Si nous franchissons d'un bond les douze années qui séparent le décret de 1791 de la loi de l'an XI, et que nous en examinions les dispositions, cette connivence législative dont nous parlions à la fin du chapitre précédent, facilitant à la vénalité, prétendument

---

(9) Voy. le *Moniteur* des 9 messidor an IV, 30 germinal an VI, 13 prairial, 1er et 2 messidor, 17 thermidor et 26 fructidor an VII, et Merlin, *Rép.*, mot NOTAIRE, § II, n° I.

(10) Voy. le *Dictionnaire du Notariat*, mot OFFICE, n° 36. Voy. aussi *infra*, p. 579, note 14, les paroles de l'orateur du Gouvernement, M. Réal, dans son exposé des motifs de la loi du 25 ventôse an XI au Corps législatif. L'article auquel nous faisons allusion au texte était ainsi justifié par Jacqueminot, rapporteur du Conseil des Cinq-Cents, dans la séance du 23 frimaire an VIII : « Beaucoup de notaires ont demandé que lorsque des circonstances particulières les obligeraient à abandonner volontairement leur état, il leur fût permis d'exercer une sorte d'influence sur le choix de leur successeur, non en le prenant arbitrairement partout, mais en se démettant en faveur d'un candidat agréé par le jury chargé des examens. Par là les lois du concours et la prééminence des talents sont respectées, mais par là aussi s'allumera une ardente émulation entre ceux qui fréquenteront la même étude ; ils chercheront, par un zèle plus marqué et par un travail plus assidu, à multiplier pour eux les chances d'un état honorable, et à rapprocher ainsi le but vers lequel tend tout homme sage et raisonnable, une existence certaine et indépendante. Le notaire, de son côté, aura plus de motifs pour communiquer son expérience et ses lumières à celui de ses élèves qui méritera de sa part une bienveillance spéciale ; c'est d'ailleurs une espèce de responsabilité dont il se chargera aux yeux de ses clients, il s'engagera à se continuer lui-même dans un successeur digne de lui. L'intérêt public se réunit donc ici à la morale et à l'intérêt particulier pour solliciter cette utile innovation. » — Un article semblable se retrouvait dans l'un des projets qui ont précédé la loi du 25 ventôse an XI, quoiqu'il consacrât pareillement le mode du concours. « Tout notaire », y était-il dit, « pourra, en se démettant volontairement, désigner pour son successeur, soit son fils, pourvu que celui-ci soit au nombre des candidats inscrits sur la liste formée en exécution de l'art. 39 ; soit tout autre candidat admis sur ladite liste. Le candidat ainsi désigné sera dispensé du concours, mais tenu de subir l'examen et d'obtenir l'admission du jury..... » (Voy. M. Rolland de Villargues, *Rép. de la jurisp. du Notariat*, mot OFFICE, n°s 27 et 28.)

déchue et proscrite à jamais, sa rentrée dans le monde des offices à clientèle, éclate bien plus apparente et bien plus manifeste et s'accentue bien davantage encore. La loi du 25 ventôse augmenta, en effet, l'importance de ce dont les notaires pouvaient déjà trafiquer. Elle contient, à cet égard, cinq dispositions dont l'intérêt capital n'a échappé à personne et que nous devons reproduire à ce titre. Ce sont les articles suivants :

« Art. 54. — Les minutes et répertoires d'un notaire remplacé ou dont la place aura été supprimée, pourront être remis par lui ou par ses héritiers à l'un des notaires résidant dans la même commune, ou à l'un des notaires résidant dans le même canton, si le remplacé était le seul notaire établi dans la commune. »

« Art. 55. — Si la remise des minutes et répertoires du notaire remplacé n'a pas été effectuée, conformément à l'article précédent, dans le mois, à compter du jour de la prestation de serment du successeur, la remise en sera faite à celui-ci. »

« Art. 56. — Lorsque la place de notaire sera supprimée, le titulaire ou ses héritiers seront tenus de remettre les minutes et répertoires, dans le délai de deux mois du jour de la suppression, à l'un des notaires de la commune ou à l'un des notaires du canton, conformément à l'art. 54. »

« Art. 57. — Le commissaire du gouvernement près le tribunal de première instance est chargé de veiller à ce que les remises ordonnées par les articles précédents soient effectuées ; et dans le cas de suppression de la place, si le titulaire ou ses héritiers n'ont pas fait choix, dans les délais prescrits, du notaire à qui les minutes et répertoires devront être remis, le commissaire indiquera celui qui en demeurera dépositaire.

« Le titulaire ou ses héritiers en retard de satisfaire aux dispositions des articles 55 et 56, seront condamnés à cent francs d'amende par chaque mois de retard, à compter du jour de la sommation qui leur aura été faite d'effectuer la remise. »

« Art. 59. — Le titulaire ou ses héritiers, et le notaire qui recevra les minutes, aux termes des articles 54, 55 et 56, traiteront de gré à gré des recouvrements, à raison des actes dont les honoraires sont encore dus, et du bénéfice des expéditions.

« S'ils ne peuvent s'accorder, l'appréciation en sera faite par deux notaires dont les parties conviendront, ou qui seront nommés d'office parmi les notaires de la même résidence, ou, à leur défaut, parmi ceux de la résidence la plus voisine. » (11)

En présence de semblables dispositions, on est autorisé à affirmer que, si le droit de transmission ne fut pas expressément écrit dans la loi de l'an XI (12), — parce que l'on craignait sans doute encore « d'offenser les scrupules révolutionnaires » (13), — la vérité est qu'en évitant le mot, le législateur accorda la chose (14); car, s'il ne donnait aucune influence *directe* aux notaires sur le

---

(11) Voy. MM. Devilleneuve et Carette, *Lois ann.*, 1ʳᵉ série, p. 626.

(12) « Lors de la discussion de cette loi », disait M. le Ministre des finances à la Chambre des députés, le 30 juin 1857, « la question fut longuement agitée; mais le Gouvernement trouva qu'elle était de nature à ne point recevoir une solution immédiate. » (Voy. M. Bataillard, *loc. cit.* à la note suivante.)

(13) M. Bataillard, *op. cit.*, p. 100 *in fine*.

(14) La preuve s'en trouve dans les paroles de l'orateur du Gouvernement, M. Réal, qui, exposant les motifs de la loi au Corps législatif dans la séance du 14 ventôse an XI, s'exprima ainsi : « Nous avons insinué que la loi proposée se conciliait avec des aperçus moraux, avec des idées bien appréciées de la propriété, que contrariait et que même anéantissait tout système de concours. C'est aussi une propriété sans doute que cette confiance méritée, que cette clientèle acquise par une vie entière consacrée à un travail opiniâtre et pénible ; mais si, dans la place qu'il occupe, le fonctionnaire ne peut jamais espérer de pouvoir, en aucune manière, disposer de cette propriété, s'il ne peut avoir une influence, même indirecte, sur la disposition qui en sera fai e, si, comme dans le système du concours, il est convaincu que toutes les peines qu'il se donne ne profiteront qu'à lui seul; que jamais son fils, ou l'homme dont il aura soigné l'instruction, qui aura secondé ses travaux, agrandi ses succès, ne pourront retirer les moindres profits de ses veilles, il se regardera comme un simple usufruitier, et il exploitera son emploi comme l'usufruitier exploite la terre dont un autre a la propriété. Le concours enlevait ainsi aux notaires un des plus grands motifs de travail et d'émulation, une des plus douces consolations de la vie et peut-être le lien le plus fort qui puisse attacher l'homme à la probité, à sa réputation. Aussi, dans le projet soumis aux commissions législatives créées après le 18 brumaire, on avait inséré un article qui permettait les dispositions en faveur. Le projet que nous présentons ne prononce rien à ce sujet, *parce qu'il ne défend rien*, parce que toute la théorie de cette partie de la loi se concilie parfaitement avec tout ce que pourront exiger les convenances et les circonstances... Les dispositions que contient la section IV, toutes relatives à la garde, transmission, tables des minutes et recouvremens, ne sont presque que la répétition des dispositions qui se trouvent, sur les mêmes objets, répandues dans les lois rendues avant et pendant la révolution..... » (Voy. le *Moniteur* des 15 et 16 ventôse an XI.)

choix de leurs successeurs, il n'en confirmait pas moins à leur profit le droit de disposition de leur clientèle, de leurs recouvrements et de la possession de leurs minutes et répertoires. Dès lors, un notaire démissionnaire pouvant ainsi, de par la loi, traiter valablement de toute cette partie vitale de son office, que restait-il autre chose entre les mains du Pouvoir que la disposition de sa partie inerte, nous voulons dire de son titre? Lui seul demeurait désormais hors du commerce, et, dépouillé de ses accessoires, improductif et nu, quel candidat non troublé par la fureur de devenir officier l'aurait jamais voulu briguer avant de s'être assuré le dépôt des actes, la clientèle et les recouvrements? Puissante considération de fait qui explique aisément l'apparition des traités dans la pratique, et qui permet d'en considérer l'emploi comme une véritable nécessité. De là, cet aveu fait par le Ministre des finances d'alors, à la séance de la Chambre des députés du 30 juin 1837, que « la transmission des charges a toujours été en usage pour les notaires, alors même qu'elle n'était pas consacrée par la loi. »

Un autre motif rendait d'ailleurs l'usage des traités indispensable. C'est que, pour solliciter une nomination, il fallait obtenir une démission qui rendît la place disponible ; sinon, on eût risqué de ne jamais devenir officier ; car on ne pouvait attendre les rares vacances que les décès eussent seuls amenées et produites, puisqu'il n'est pas douteux que chaque notaire, en vertu de l'inamovibilité que lui conférait l'article 2 de la loi de ventôse, eût mieux aimé mourir de vieillesse dans son étude, que d'abandonner par une cession gratuite une profession dont la valeur, forgée par son travail personnel, était le résultat de ses propres œuvres.

« Toutes ces raisons militaient également et avec la même force », a écrit fort justement M. Bataillard, « en faveur des autres officiers ministériels, avoués, agens de change, huissiers, etc. Chacun d'eux se considérait comme propriétaire de sa pratique, de sa clientèle, de ses recouvremens, et l'était en effet aussi légitimement qu'un négociant l'est de son achalandage et de ses marchandises. Cette propriété est même plus sacrée, plus indestructible qu'une autre, car elle est intimement attachée à la personne de l'officier, à son mérite, aux qualités qui le distinguent. On peut confisquer à un homme sa maison, on ne peut le dépouiller de la confiance qu'il inspire, de l'intelligence, de la moralité qui dictent ses conseils. Destituez un notaire, un avoué, de ses fonctions, s'il a conquis une considération méritée, ses cliens lui demanderont comme un dernier témoignage d'intérêt l'indication d'un confrère digne de leur choix. Quelle puissance au monde l'empêcherait de faire ainsi la fortune d'un honnête homme, d'en obtenir une compensation, et même, si bon lui semble, de mettre sa personne, son temps, ses avis, au service d'un collègue honorable chez lequel l'estime publique le suivra, le dédommagera des rigueurs du pouvoir? » Et le même auteur ajoute un peu plus loin : « La loi du 27 ventôse an VIII sur l'organisation judiciaire avait ordonné qu'il serait établi près le tribunal de cassation et près les tribunaux d'appel et de première instance un nombre fixe d'avoués et d'huissiers, qui serait réglé par le gouvernement. Les uns et les autres devaient être nommés par le premier consul, *sur la présentation du tribunal* dans lequel ils exerçaient leur ministère (15). Quant au droit de transmission de leurs charges, la loi de l'an VIII gardait un silence complet. On peut donc dire d'elle ce que M. Réal disait un peu plus tard de la loi du notariat (16) : « Qu'elle ne prononçait rien, qu'*elle ne défendait rien*, qu'elle se concilierait avec ce que les circonstances et les convenances exigeraient. » (17)

Voilà ce que fit le législateur, non plus contre, mais pour la vénalité, ou, pour mieux dire, en faveur de son retour dans les offices ministériels ; il reconnaissait ainsi qu'elle s'y imposait avec une indéniable autorité, comme une nécessité inhérente à leur nature même, et, cédant à la puissance d'une pratique invétérée où elle avait poussé des racines trop vivaces et trop solides pour avoir

---

(15) Voy. *supra*, chap. I, notes 31 et 32, pp. 487 et suiv., et 492 et suiv.
(16) Voy. *supra*, note 14, les paroles que nous avons rapportées de cet orateur.
(17) Voy. M. Bataillard, *op. cit.*, pp. 103 et 104, et p. 105.

à redouter sa destruction totale, il songea moins à la détrôner et à la déloger d'une position inexpugnable, qu'à en consacrer les manifestations les plus naturelles et, partant, les plus impérieuses. Les faits, du reste, qui, comme ceux que nous analysons en ce moment, tiennent à la force des choses, échappent, par la constante influence de leur impitoyable ténacité, à l'action et au pouvoir des lois : ils ne se régissent pas plus qu'ils ne se réforment, et c'est folie de vouloir décréter l'impossible.

Est-il, à présent, bien utile d'ajouter que la loi ayant ouvert toute grande la porte aux conventions privées entre notaires, relativement à leur clientèle et à leurs recouvrements, la pratique, toujours impatiente des liens qui l'enchaînent, et toujours prompte à les distendre, quand elle ne les brise pas, élargit bien vite le cadre légal, et généralisa l'application des dispositions trop étroites qu'il contenait ? On devine sans peine que la clientèle et les recouvrements des charges d'avoués et d'huissiers se vendirent bientôt comme ceux des notaires. Ce n'était que logique, les charges des uns, comme celles des autres, constituant des offices à clientèle, et ces différentes classes d'officiers se trouvant, par conséquent, à ce point de vue, dans une condition identique. En d'autres termes, la situation de tous les officiers ministériels devait, à cet égard, être mise sur la même ligne ; et, puisque tous, — les greffiers exceptés, — avaient une clientèle, et possédaient, dans leurs dossiers, dans leurs répertoires, dans leurs procès-verbaux, dans leurs registres, les moyens de la conserver et de l'augmenter, puisqu'il y avait, de ce chef, parité absolue entre eux, il était inévitable et fatal que ce qui était vrai des notaires, le fût également de tous les autres titulaires, et que, bien que le droit de ces derniers n'eût jamais été établi d'une manière aussi formelle, la pratique, qui répugne toujours aux distinctions arbitraires, et ne cesse de s'y montrer hostile, admît la même doctrine et suivît la même marche relativement aux uns et aux autres. Mais, l'usage des résignations en faveur ayant disparu avec l'ancienne monarchie, si, en droit, la clientèle et ses éléments, si les accessoires de l'office sont reconnus la propriété de l'officier ministériel, comment, en fait, lui sera-t-il possible d'en tirer parti ? Puisque, désormais, c'est le chef de l'Etat qui nomme sans présentation, l'ancien titulaire, est-on tenté de dire au premier abord, est forcément condamné à rester étranger au choix de son successeur. Tout au plus pourra-t-il, durant sa vie, tout au plus, après sa mort, sa veuve ou ses enfants pourront-ils traiter, avec le nouvel officier, de la clientèle et des accessoires de l'office : car si un traité de ce genre ne présente pas d'impossibilité absolue de réalisation, il donnera trop rarement satisfaction aux prétentions légitimes des intéressés, pour devenir jamais très-usuel. C'est qu'en effet, comme l'écrit avec beaucoup d'exactitude M. Durand (18), « le titre et les éléments de la clientèle ne s'isolent pas ; il faut (l'intérêt public l'exige) qu'ils soient réunis dans les mêmes mains. Les minutes, les répertoires, les dossiers, etc., ne peuvent aller qu'à un seul, à celui qui est investi du titre. Le propriétaire des accessoires subira donc forcément la loi de son successeur, qui, s'il veut user des avantages de sa position, ne lui accordera qu'une indemnité dérisoire (19).

« La vénalité était trop profondément entrée dans les mœurs, les intérêts lésés par les décrets de l'Assemblée Constituante étaient trop nombreux et trop vivaces, pour que ce résultat fût accepté. Il était inutile de songer à revenir au système des présentations en faveur. Toute démission conditionnelle eût été repoussée (20). Les officiers ministériels eurent recours aux moyens indirects. »

Voici en quoi ils consistèrent, et comment ils parvinrent à *respecter la loi en la tournant*. Le titulaire, et ce que nous allons dire à son égard, devra s'entendre également de ses héritiers, le titulaire qui voulut cesser l'exercice de ses fonctions et se demettre, se mit lui-même en quête d'un successeur. Une fois

---

(18) *Op. cit.*, nᵒˢ 194 et 195, pp. 213 et suiv.
(19) Comp. la fin du premier passage de M. Dard, cité *infra*, note 35, p. 594.
(20) Voy. *infra*, p. 592, texte et note 34.

découvert, il intervenait entre eux un traité secret et soigneusement dissimulé, dans lequel étaient constatées et relatées les conditions mises à l'abandon du titre, des minutes, des répertoires,
des dossiers, des recouvrements. C'était, comme on le voit, un
traité de cession de la clientèle et des principaux accessoires de
l'office, dans lequel on prenait soin de faire entrer le prix de la
charge elle-même. Le successeur ainsi choisi, et porteur d'une
démission pure et simple, présentait sa demande à la chambre de
discipline, dont l'avis favorable était une condition essentielle de
sa nomination, et sollicitait d'elle la délivrance du certificat de
moralité et de capacité exigé par le gouvernement. Il était fort
rare que sa demande essuyât un refus, et cela, par cette excellente
raison, que les chambres de discipline avaient un intérêt incontestable à se montrer éminemment favorables à l'emploi d'un procédé, dont, à un instant donné, chacun de leurs membres devait à
son tour recueillir les avantages et les profits. Aussi bien , ce
qu'elles exigeaient avant tout de tout nouvel aspirant, c'était qu'il
eût traité avec l'officier démissionnaire, ou, en cas de décès, avec
sa veuve et ses héritiers. Par suite, elles s'étaient fait une règle
invariable d'écarter et de repousser tous autres candidats que le
bénéficiaire du traité, qui, informés de la vacance de l'office, lui
présentaient leur requête, et elles n'accordaient le certificat dont il
vient d'être quesion, qu'à celui-là seul qui avait acheté la démission de l'officier, ou offert un prix à ses ayants cause. Au besoin, les
membres des chambres fixaient eux-mêmes les bases du traité. De
la sorte, muni du certificat qu'il avait obtenu dans ces conditions,
et qui attestait que l'impétrant réunissait toutes les conditions exigées par la loi, le candidat sollicitait de la chancellerie une nomination que nul ne pouvait élever la prétention de lui disputer, et
que contenait à son profit un décret immédiatement rendu (21).

---

(21) Le recours au procédé que nous venons d'indiquer n'était possible, il est vrai.
ni de la part des greffiers, qui, pas plus alors qu'aujourd'hui, n'étaient titulaires d'offices à clientèle, et qui, pas plus qu'aujourd'hui non plus, ne formaient de compagnie.
et n'avaient de chambre de discipline ; ni de la part des agents de change et des cour-

Tel fut donc l'expédient grâce auquel la pratique, aidée par la loi, trouva le moyen de rétablir en fait la vénalité des offices ministériels (22).

Reste à savoir, maintenant, si le Gouvernement, d'une part, si la Jurisprudence, de l'autre, favorisèrent ou non ces résultats.

En ce qui concerne, tout d'abord, le Gouvernement, donnant en cela, de son côté, le plus pernicieux des encouragements quand il n'est pas le plus salutaire, celui de l'exemple, il ne laissa pas que de reconnaître très-formellement, d'un côté, dans la clientèle les éléments d'une véritable propriété, et, d'un autre côté, un certain droit quant au titre lui-même. La démonstration de cette double affirmation n'est pas difficile, et la preuve frappante de son bien fondé découle de la législation exceptionnelle qui a régi, durant quelques années, les avoués de la capitale, et qui se trouve contenue dans trois actes de la plus haute importance.

Le premier est un décret du 19 mars 1808 qui, fondé sur ce que le nombre des avoués près le tribunal de première instance du département de la Seine était hors de toute proportion avec le chiffre des affaires alors existantes, et sur ce qu'il en résultait des abus et des désordres préjudiciables également et au public et à ceux des avoués qui exerçaient leur profession avec honneur, réduit, par son article 1er, ce nombre à cent cinquante, et enjoint, par son article 2, aux avoués conservés, de déposer dans le délai de trois mois au plus tard, à la caisse d'amortissement, le montant des cautionnements fournis par les avoués supprimés,

---

tiers, dont le mode de nomination n'aurait pas pu s'accorder avec l'emploi d'une pareille mesure. (Voy., en effet, l'art. 5 de l'arrêté consulaire du 29 germinal an IX, cité *supra*, chap. i, 38e, p. 501.) Mais, ici encore, ces divers officiers tournaient la difficulté, et, à l'aide de moyens indirects, arrivaient toujours au même résultat. En fait, nul ne pouvait solliciter du Gouvernement sa nomination à l'une des charges qu'ils remplissaient, sans s'être assuré, au préalable, de la cession des minutes ou registres du titulaire actuel, et celui-ci ne consentait jamais à s'en séparer que moyennant un prix assez élevé pour représenter la valeur entière de son office.

(22) Voy., sur ce qui précède, MM. Dalloz, *Rép.*, mot OFFICE, no 20 ; E. Durand, *op. cit.*, no 196, pp. 214 et suiv., et E. Garsonnet, *op. cit.*, § XCVII, pp. 377 *in fine* et suiv. Voy. aussi le premier passage de M. Dard, cité *infra*, note 35, p. 594.

lesquels, ajoute le texte, « seront remboursés en remplissant les formalités prescrites par les règlements. »

Le 25 mars, un second décret désigna nominativement les cent cinquante avoués maintenus (art. 1er), et ordonna que les autres, au nombre de cent douze, cesseraient leurs fonctions. Et le texte portait en termes exprès (art. 3 et 4) : « Les avoués supprimés par notre présent décret seront indemnisés de la perte de leur pratique par ceux qui sont maintenus, sans préjudice aux recouvrements qu'ils pourront avoir à exercer à l'époque où ils cesseront leurs fonctions, lesquels leur sont réservés. — Cette indemnité sera fixée en masse et supportée, à portions égales, par les cent cinquante avoués maintenus ; elle sera pareillement répartie, à portions égales, entre tous les avoués supprimés, etc... » (23) Puis l'art. 7 ajoutait : « Pour faciliter aux cent cinquante avoués maintenus le paiement de l'indemnité dont ils sont tenus envers les avoués supprimés, nous leur faisons remise de l'augmentation de cautionnement ordonnée par l'article 2 de notre décret du 19 de ce mois. »

Là ne s'arrêta pas la sollicitude du chef de l'Etat, qui, ne croyant pas avoir encore assez fait en accordant aux avoués supprimés une indemnité pour la perte de leur pratique, et en aidant les avoués conservés à en opérer le paiement, rendit le même jour, 25 mars, un troisième décret, relatif, non plus à la *clientèle*, mais au *titre*. décret aux termes duquel les avoués supprimés furent partagés en trois classes, comprenant : la première, les avoués contre lesquels aucune plainte n'était parvenue au Gouvernement ; la seconde, ceux de ces officiers qui n'avaient donné lieu, de la part du public, qu'à quelques plaintes légères ; la troisième, enfin, ceux d'entre eux qui avaient été l'objet de plaintes graves, et qui étaient déclarés écartés de toutes fonctions judiciaires. Voici maintenant comment il disposait :

« Art. 1er. — Les places d'avoués à Paris et celles de greffiers

---

(23) Une commission était ensuite nommée pour procéder à la fixation et à la répartition de cette indemnité.

près nos cours, tribunaux et justices de paix, qui viendront à vaquer d'ici au 1ᵉʳ janvier 1815, seront accordées à ceux des avoués
ci-après dénommés qui perdront leur état en conséquence de
notre décret de ce jour et contre lesquels aucune plainte ne nous
est parvenue. »

« Art. 2. — Notre grand juge (24) ministre de la justice nous
fera un rapport sur chacun des trente-sept avoués qui ont été portés
sur les listes mises sous nos yeux, comme n'ayant donné lieu, de
la part du public, qu'à quelques plaintes légères, afin que ceux
dont la probité et les lumières seront reconnues, obtiennent de
nous un emploi qui les dédommage de la perte de leur état. »

« Art. 3. — Toutes les fois que notre grand juge nous proposera
de nommer à des places d'avoué à Paris, il nous fera connaître
ou que les avoués auxquels il est dans notre intention d'accorder
des emplois en exécution des articles 1 et 2 du présent décret sont
placés, ou que les emplois alors vacans ne sont point à leur con-
venance. » (25)

Ce décret appelle deux remarques essentielles :

La première, c'est que, toujours et partout, on retrouve cette
distinction capitale entre les deux éléments dont se compose tout
office ministériel (ceux des greffiers mis à part), le titre et la clientèle.

La seconde, c'est que, dans le cas où un officier ministériel venait à être dépouillé à la fois de l'un et de l'autre, le Gouvernement impérial considérait qu'il était dans l'obligation de lui
accorder une double indemnité, l'une pour la perte de sa clientèle,
l'autre pour celle de son titre. Ainsi, cent douze avoués de Paris
se trouvent tout à coup privés à la fois et de leur clientèle et de
leur titre ; qu'arrive-t-il aussitôt ? C'est qu'au décret de réduction
du 19 mars en succèdent immédiatement deux autres, par lesquels

---

(24) Voy., sur ce titre, *supra*, chap. i, note 41, p. 498 *in init.*

(25) Voy. les trois décrets dont il vient d'être question dans le *Moniteur* des 26 mars
et 1ᵉʳ avril 1808. Les *Lois annotées* de MM. Devilleneuve et Carette ne reproduisent
que celui du 19 mars (voy. 1ʳᵉ série, p. 777 et la note 3).

ils reçoivent deux indemnités distinctes : l'une, semblable à celle du propriétaire exproprié pour cause d'utilité publique, pour la clientèle, indemnité qui, celle-ci, est actuelle, pécuniaire, proportionnelle à l'importance de chaque pratique (26), et est payée argent comptant, non pas par l'Etat, mais par les avoués maintenus, à la charge desquels elle est mise, parce qu'ils vont nécessairement profiter de la clientèle de leurs anciens confrères, et qui leur est, par conséquent, très-régulièrement imposée, à raison du principe *ubi emolumentum, ibi et onus;* l'autre, pour l'emploi ou le titre. à la charge de l'Etat qui le supprime, indemnité qui n'est plus que future et pour ainsi dire successive, et qui consiste dans l'expectative assurée pendant sept années aux officiers dépossédés d'occuper des places auxquelles leurs connaissances les rendaient propres, ou même de reprendre leurs fonctions à mesure que des places viendraient à vaquer (27).

Voilà quelle fut la marche suivie par le Gouvernement impérial, touchant la pratique ou clientèle, et l'emploi, l'état, ou le titre.

---

(26) Elle s'éleva à la somme de 2.240.000 francs. (Voy. M. Bataillard, *op. cit.*, p. 107.)

(27) « Plusieurs conservèrent leur clientèle », lisons-nous dans l'ouvrage déjà cité de M. Bataillard (pp. 107 *sub fin.* et 108), « en se hâtant d'acheter la démission d'anciens confrères, à qui leur âge, leur santé ou d'autres circonstances rendaient ces résignations préférables au risque de perdre par décès leur office, sans dédommagement pour eux ni leurs héritiers. Ces acheteurs furent présentés au premier consul et nommés par lui sans difficulté. (« Cette circonstance », met cet auteur en note, p. 108, « est à ma connaissance personnelle ; elle a fait naître des questions de droit qui ont été soumises à mon examen. ») D'autres, désespérant de recueillir les avantages de la survivance, acceptèrent dans les cours et tribunaux des places de greffiers, dont les états de vacance étaient envoyés par le grand juge à la Chambre des avoués. D'autres enfin, qui n'avaient été pourvus d'aucune manière, paralysaient entre les mains de toute la compagnie la faculté de traiter, qui était en pleine vigueur dans le reste de la France. Ils étaient encore vingt-cinq lorsqu'ils offrirent, le 25 juillet 1811, de se départir de leur droit de survivance et de consentir la concurrence en faveur des maîtres clercs d'avoués près le tribunal de première instance de Paris. La Chambre des avoués, dans une séance extraordinaire du 23 novembre 1811, « considérant que ce nouvel ordre de choses présentait un avantage sensible pour tous les membres de la corporation, puisqu'il *rendait à chacun d'eux la libre disposition de* son état », arrêta que la proposition signée des vingt-cinq anciens confrères serait déposée dans ses archives et leur accorda un supplément d'indemnité de 150,000 francs, qui, supporté à raison de 1,000 francs par avoué en exercice, produisit 6,000 fr. pour chacun des survivanciers non pourvus au mois de juillet 1811. »

Ce qui établit à présent d'une façon péremptoire que les conventions relatives aux cessions de pratiques, conventions soigneusement dissimulées et faites pour être inconnues de tous, n'étaient ignorées de personne, — pas même du Gouvernement, et particulièrement des dépositaires des intérêts du fisc, sans doute parce qu'elles étaient secrètes, — c'est que, deux mois après les événements que nous venons de rappeler, une décision célèbre du ministre des finances, en date de 31 mai 1808, vint déterminer le droit dû à la régie de l'enregistrement pour la cession d'une pratique d'avoué, et la déclara passible du droit proportionnel de un pour cent, en tant que meuble incorporel d'une nature analogue à celle d'une cession de créances. « La simple pratique d'un avoué », y est-il dit textuellement, « ne pouvant être rangée dans la classe des meubles, la cession qui en est faite ne présente qu'un abandon de créances, qui n'opère que le droit de un pour cent. » (28) — N'est-ce pas vraiment ici, mieux que jamais, l'occasion de répéter les paroles souvent citées que dit un jour Bonaparte au comte Mollien, son habile et incorruptible ministre du Trésor public : « Allons, je vois qu'il faut tolérer ce qu'on ne peut empêcher »?

Ainsi donc, les arrangements concernant la clientèle sont, non pas seulement autorisés par la loi, mais encore favorisés et prescrits par elle ; les faits imposent l'obligation de reconnaître en elle les éléments d'une véritable propriété ; sous leur pression, le Pouvoir légitime leurs transmissions à titre onéreux, en les frappant d'un impôt. En présence de ces encouragements législatifs, de cette autorité de la pratique, de cette tolérance gouvernementale, qui nous ont conduit, comme par des degrés insensibles, au seuil de notre droit actuel, quels vont être les verdicts des juges ? Quels arrêts la jurisprudence, cette souveraine et suprême médiatrice entre la loi et les faits, va-t-elle prononcer ?

Elle aussi, elle est tout entière dominée par la puissance des

---

(28) Voy. le *Journal du Notariat*, n° 7490 ; le *Dictionnaire du Notariat*, mot OFFICE, n° 120 ; Bioche, *Dictionnaire de procédure*, même mot, n° 51, et Championnière et Rigaud, *Traité des droits d'enregistrement*, TABLE, même mot, n° 8.

situations, et elle sè partage entre leur consécration èt le respect
dû à la loi. C'est là, croyons nous, le résumé le plus exact et le
plus succinct qu'on en puisse donner. Cela signifie — et toutes
ses décisions viennent se condenser dans ces deux propositions fort
simples — que, d'un côté, elle reconnaît la propriété de la clientèle
et valide, par suite, les conventions privées qui y sont relatives, et
que, d'un autre côté, elle déclare que le *titre* est hors du commerce, et, par suite, annule impitoyablement toute convention
privée qui, de près ou de loin, directement ou indirectement, ten-
drait à en faire un objet de négoce et à en trafiquer. Cette synthèse va être mise en pleine lumière par l'analyse rapide des arrêts
les plus notables rendus au cours de la période intermédiaire (29).

D'une part, avons-nous dit, sont valables les conventions relatives à la clientèle. Il fut décidé en ce sens:

α Que la pratique d'un office à clientèle pouvait être mise en
société, et partagée lors de sa liquidation (30);

β Qu'un huissier, attaché aux tribunaux de l'ancienne organisation judiciaire, a pu valablement stipuler à son profit une rente
viagère, comme prix de cession de sa pratique (31).

---

(29) Constatons, dès à présent, que l'esprit de la plupart des décisions que nous
allons signaler s'est perpétué à travers les événements et les années. Nous en apperce-
vrons, dans tout le cours de la quatrième et dernière partie de ce travail, l'influence et
comme le reflet dans la jurisprudence actuelle.

(30) Paris, 11 fructidor an XIII, S. V., C. A., 5, 2, 320; C. N., 2, 2, 87.

(31) Bruxelles, 24 janv. 1807, S. V., C. A., 7, 2, 253; C. N., 2, 2, 192, et note 2, et
p. 203. — Nous avons indiqué plus haut (chap. III, note 13, p. 55) les faits de la
cause qui ont motivé cet arrêt, dont nous avons rejeté ici les termes. Voici comment
il est conçu : « LA COUR ; — Attendu que le déport (c'est-à-dire la démission qui avait
rendu libre la place d'huissier) qui fait le sujet du contrat n'était défendu par aucune
loi ; — Que ce déport a fait la condition du contrat de rente viagère en faveur de
Joly ; — Que, par ce déport, l'appelant a non-seulement été mis dans la possibilité
d'être nommé huissier au tribunal civil du département de Jemmapes, mais a encore
profité de la pratique de Joly, ce qui était le but principal du contrat ; — Que l'existence de la condition a donné existence à la dette ou rente viagère ; — Que l'existence
de cette rente n'était pas subordonnée à la puissance ; — Que la condition sous laquelle
la rente viagère devait cesser, n'a pas existé ; — Met l'appellation au néant, etc. » —
Il est extrêmement curieux d'observer que cet arrêt est fondé sur ce que le déport du
titulaire de l'office, qui faisait l'objet du contrat, n'était défendu par aucune loi. Cependant, ainsi que le remarq e avec raison l'arrêtiste dans la note à laquelle nous
renvoyons, le traité litigieux avait été fait sous l'empire des lois abolitives de la véna-

Mais, avons-nous ajouté, si la jurisprudence admettait généralement que les accessoires de l'office ministériel, tels que les minutes et répertoires, les recouvrements à faire par le titulaire remplacé, les dossiers, pièces, pouvoirs, procès-verbaux, registres, affaires commencées, affaires terminées payées ou non payées dépendant de l'office, le droit au bail ou à la jouissance des lieux dans lesquels il était exploité, sa clientèle, etc., pouvaient être l'objet d'une transmission valable, il en était tout autrement du titre, la pratique seule étant vénale et non le titre. Il a été jugé, dans le sens de cette formule :

α Que le titre d'un office ne pouvait pas être mis en société, ni, par conséquent, être compris dans les opérations du partage, lors de sa liquidation (32) ;

β Qu'un acte portant expressément *vente du titre d'huissier* était nul et sans effet, bien qu'il fût allégué que les parties n'avaient eu l'intention que de traiter de la clientèle, et que même une telle nullité, étant d'ordre public, pouvait être prononcée d'office (33) ;

----

lité des offices, et l'on ne peut guère supposer qu'à l'époque de l'an VI, à laquelle il était intervenu, ces lois n'eussent pas encore été promulguées dans les pays réunis à la France. Aussi pensons-nous que l'arrêt dont nous parlons se ressent incontestablement de l'influence alors considérable des faits, qui, ici comme ailleurs, jouèrent un rôle prépondérant. Du reste, nous avons montré (pp. 580 et suiv.) que les dispositions des lois postérieures, et spécialement de la loi de l'an XI sur le notariat, en autorisant les conventions particulières sur la clientèle, eurent un contre-coup inévitable sur tous les offices à pratique, dont les titulaires se trouvaient, à ce point de vue, dans une situation identique à celle des notaires. Il n'est donc pas surprenant de voir la jurisprudence, surtout après les déclarations contenues dans l'exposé des motifs de M. Réal, consacrer des conventions que des lois postérieures vinrent légitimer, et que l'orateur du Gouvernement lui-même déclarait, en termes exprès, n'avoir été prohibées par aucune loi. (Voy. *supra*, p. 579, note 14.)

(32) Voy. l'arrêt de la Cour de Paris du 11 fructidor an XIII, cité à la note 30, *supra*. Il s'agissait précisément de savoir, dans l'espèce de cet arrêt, si la clientèle seule était vénale, ou bien si le titre avait aussi ce même caractère.

(33) Paris, 12 octobre 1815, S. V., C. A., 16, 2, 39 ; C. N., 5, 2, 63. Voici, telles que nous les trouvons indiquées dans le Recueil de Sirey, les circonstances de la cause qui ont donné lieu à cet arrêt célèbre. Le 19 octobre 1814, un sieur Canonne avait fait, avec la veuve d'un sieur Huguenin, une convention sous seings privés ainsi conçue : « Moi Canonne, en conséquence du consentement à moi donné par la dame veuve Huguenin, du titre d'huissier près le tribunal de première instance du département de la Seine, dont son mari est décédé pourvu, m'engage et m'oblige, par le présent, à payer

γ Qu'une convention faite pour la transmission d'un office de notaire était sans effet civil, l'art. 1131 du Code civil disposant que « L'obligation sans cause, ou sur une fausse cause, ou sur une cause illicite, ne peut avoir aucun effet .» (34)

---

pour le prix du titre d'huissier, à ladite dame veuve Huguenin, la somme de 1.800 francs, payable en trois paiemens égaux, etc...... » Au-dessous de cet engagement, la veuve Huguenin avait écrit : « Je confirme le consentement par moi précédemment donné audit sieur Canonne, du titre d'huissier audit tribunal, et dont était pourvu feu mon mari. » L'acte ajoutait enfin : « Il est bien entendu et convenu entre nous que le présent ne recevra son exécution qu'après la prestation de serment et réception aux fonctions d'huissier dudit sieur Canonne, en remplacement dudit feu Huguenin, etc. » Canonne obtint sa nomination. Le 31 mars 1815, il fut assigné, à la requête de la veuve Huguenin, devant le tribunal civil de la Seine, à fin de condamnation en paiement de la somme de 600 francs pour le premier terme de la somme de 1.800 francs, avec intérêts du jour où il avait prêté serment en qualité d'huissier. Canonne, qui, d'ailleurs, reconnaissait la dette, prétendait qu'elle intéressait les héritiers Huguenin, plus que la dame Huguenin elle-même, et qu'en conséquence, avant de s'exécuter et pour régulariser son paiement, il exigeait que ladite veuve justifiât des qualités en vertu desquelles elle pouvait avoir droit de poursuivre le recouvrement des sommes par lui dues et d'en toucher le montant. Le 29 juillet 1815, le tribunal rendit un jugement par lequel il condamna purement et simplement Canonne à payer à la veuve Huguenin la somme de 600 francs. Appel de la part de Canonne, qui continue de reconnaître sa dette et la validité de son obligation, et se contente de reproduire l'exception déjà opposée par lui en première instance. Mais les *expressions* du traité éveillent la susceptibilité du ministère public, qui demande d'office l'annulation de l'acte du 19 octobre 1814, comme contenant la vente d'un titre purement personnel et incessible, d'un titre qu'il n'appartenait qu'au prince seul de conférer. En vain objecta-t-on, pour la veuve Huguenin, que cet acte ne devait être considéré que comme portant cession de la clientèle ; qu'il arrivait tous les jours que les héritiers d'un titulaire s'entendissent sur le choix du successeur qu'ils désiraient voir nommer à sa place: que le sieur Canonne ne devait donc pas se dispenser de remplir l'obligation par lui contractée pour un objet licite envers la veuve Huguenin ; et cela, avec d'autant plus de raison, que la considération du traité qu'il avait fait avait pu contribuer à sa nomination. Les circonstances étaient loin de favoriser ce système de défense, puisque le sieur Huguenin étant mort depuis un an, sa clientèle n'était rien. Le traité contenait donc bien en réalité la vente d'un titre. De là, l'arrêt suivant de la Cour royale de Paris : « LA COUR: — Attendu qu'un titre d'huissier, étant dans la seule et libre disposition du prince, n'est pas susceptible d'être vendu ; — A mis et met l'appellation et ce dont est appel au néant; — Emendant, décharge Canonne des condamnations contre lui prononcées ; — Au principal, faisant droit sur les conclusions du procureur général du Roi, — Déclare le traité du 19 octobre 1814, dûment enregistré, nul et de nul effet ; déboute en conséquence la veuve Huguenin de sa demande, etc..... »

(34) Bordeaux, 27 janvier 1816, S. V., C. A., 16, 2, 59; C. N., 5, 2, 97. M. Bataillard (*op. cit.*, p. 114) rapporte ainsi les faits de cette cause : « En 1811, un sieur Bourdier, notaire, avait donné sa démission *en faveur* de Grelon, son parent, *arpenteur-géomètre*. Trois billets, de chacun 1.000 francs, avaient été souscrits par Grelon et déposés entre les mains d'un tiers. Refus du ministre de nommer le successeur désigné. Bourdier remit à Grelon, le 13 avril, une nouvelle démission; elle était pure et simple, mais les billets restèrent en dépôt. Grelon sollicita de nouveau sa nomination; ce fut

Telle était la situation, lorsque les Chambres votèrent l'art. 91 de la loi du 28 avril 1816, conférant aux personnes qu'il désigne la faculté de « présenter à l'agrément de Sa Majesté des successeurs », article qui, comme nous l'indiquerons d'ici peu, ne fut qu'une compensation accordée à ces personnes des charges nou-

---

sans succès ; un autre candidat fut pourvu de l'office. Poursuivi en paiement de ses trois billets par un tiers porteur qui en avait connu la cause, Grelon en demanda la nullité par le motif que cette *cause* était *illicite*. Le tribunal de Barbezieux rejeta la prétention de Grelon et le condamna à payer les 3.000 francs. La Cour de Bordeaux infirma ce jugement..... », par les motifs suivants, contenus dans le quatrième et dernier considérant de son arrêt, le seul qui ait pour nous de l'intérêt, et dont il n'est pas sans importance de reproduire ici les termes : « LA COUR ;..... Considérant que, le 29 janvier 1811, Bourdier donna une démission de l'office de notaire, en exprimant le désir que Grelon en fût pourvu, dans une forme qui ressemble aux actes appelés procuration *ad resignandum*, et usités du temps de la vénalité des offices ; que le même jour furent souscrits les trois billets dont il s'agit, qui étaient évidemment le prix de cette démission, et qui ne furent déposés en mains tierces que pour être retirés par Grelon, si la démission ne produisait aucun effet ; — Que cette démission est restée inutile ; qu'elle est rapportée, et que les choses étaient encore entières lorsque, le 13 avril 1811, Bourdier donna une démission pure et simple ; que si la somme de 3.000 francs avait été le prix de cette démission, sans autre convention, ce prix eût été dès lors exigible ; qu'il n'y avait pas de raison pour en laisser le dépôt entre les mains d'un tiers ; que néanmoins la négociation ne fut pas terminée entre les parties, puisque le même jour Grelon donna une déclaration à Bourdier ; que cette déclaration a paru devant le tribunal de première instance ; que, quoiqu'elle ne soit pas rapportée, son existence ne peut être douteuse ; qu'il en résulte nécessairement qu'il y avait une condition qui ne peut être autre que celle de rapporter la démission pour être dispensé de payer la somme de 3.000 francs promise par Grelon ; que ce résultat est confirmé par le regrès donné ensuite par Bourdier, le 6 juin 1811, suivi d'une nouvelle déclaration donnée le même jour par Grelon ; — Qu'au lieu de pouvoir conclure de ces faits, que les parties n'avaient pour objet que de rendre la place de notaire vacante, et de pouvoir supposer qu'on ne ferait aucun usage de la démission, il en résulte au contraire que les parties avaient réellement traité sur une cession de l'état de notaire, cession ou vente prohibée par la loi, et qui, déguisée par des moyens indirects, ne peut néanmoins être tolérée ; — Que Grelon devant faire usage de la démission qui lui était remise, comme il l'a fait réellement, et de la seule manière qui devait être prévue, s'assujettissait à une condition impossible, lorsqu'il promettait de rapporter cette démission dans le cas où il ne serait pas agréé ; — Faisant droit sur l'appel interjeté par Grelon, a mis ledit appel et ce dont est appel au néant ; émendant, déclare nuls les trois billets au porteur souscrits par Grelon, le 29 septembre 1811 ; — En conséquence, relaxe ledit Grelon des demandes contre lui formées par Gaillardon, etc..... »

Il résulte avec évidence de la doctrine de cet arrêt que, si on pouvait bien vendre valablement sa démission pour rendre la place vacante, c'était à la condition absolue que cette démission ne fût pas *in favorem*, c'est-à-dire que la vente n'eût pas pour objet l'état ou le titre. En d'autres termes, la nullité ne frappait que les conventions relatives au titre, et non celles qui se restreignaient à la pratique ou clientèle, ou même à la démission pure et simple du titre. L'arrêt dont nous venons de transcrire une partie établit, à cet égard, la distinction la plus nette entre la vente de la démis-

velles que le législateur leur imposait pour combler le déficit du Trésor, épuisé par les malheurs publics.

Comme on le voit, sous le Consulat et sous l'Empire, il y avait dans les esprits une tendance générale à la vénalité : à défaut du nom, la chose existait en fait. Et c'est ce que constatent les auteurs mêmes qui se sont montrés le plus réfractaires à l'idée de son rétablissement dans la loi (35).

Aussi bien, M. Rolland de Villargues appréciait-il très-sainement la situation, lorsque, proposant, en 1815, de restaurer dans une

---

sion pure et simple, qu'il admet, et la vente de la démission en faveur ou conditionnelle, qu'il déclare nulle et de nul effet.

N. B. — Les deux arrêts de Paris et de Bordeaux qui se trouvent rapportés dans les deux notes 33 et 34 qui précèdent immédiatement, appellent une observation commune : c'est que, sur la foi de ces deux décisions mal comprises, on a émis quelquefois l'idée que l'art. 91 de la loi du 28 avril 1816 avait seul et brusquement établi la transmission et l'hérédité des offices ministériels, ou que, du moins, si elles existaient auparavant, c'était de fait, illégalement, en dépit de la loi et de la jurisprudence. Cette opinion procède d'une confusion complète, et ceux qui l'ont émise par inadvertance n'ont pas pris garde à la distinction très-tranchée que ces arrêts avaient faite entre le titre, qu'ils mettaient nettement hors du commerce, et les autres éléments de propriété des officiers ministériels. Voilà pourquoi nous avons jugé utile d'en relater les espèces en détail, et d'en reproduire l'énoncé textuel.

(35) Pour nous en tenir à un nom, nous citerons celui de M. le chevalier Dard, ancien officier ministériel qui, certes, ne peut être soupçonné d'une partialité favorable au droit de transmission, lui qui, en 1836, publia une monographie de 200 pages (broch. in-8°), intitulée : *Du droit des officiers ministériels de présenter leurs successeurs à l'agrément de Sa Majesté*, monographie dans laquelle il s'efforce de prouver que les officiers ministériels ne sont point propriétaires de leurs charges, et que le gouvernement doit se ressaisir de la libre collation des offices énoncés dans l'art. 91 de la loi de 1816. Or, voici ce que nous lisons à la page 34 de cet écrit : « Pendant le Consulat et sous l'Empire les titulaires des commissions d'officiers ministériels..... renouvelèrent l'usage de traiter de leurs commissions en même temps que de leurs pratiques et clientèles. Le porteur de la démission achetée s'adressait au tribunal auprès duquel le titulaire démissionnaire exerçait ses fonctions, et en obtenait sa présentation au ministre de la justice, en remplacement du démissionnaire. Ordinairement le sujet ainsi présenté était agréé par le ministre et commissionné par le chef du gouvernement..... C'était surtout la clientèle de l'officier qui donnait de la valeur à la démission dont on traitait; et lorsqu'il n'y avait pas de clientèle, mais ce qu'on appelait seulement un titre nu, la démission s'achetait à très-bas prix. »

Deux ans plus tard, en 1838, le même auteur écrivait également au début de l'introduction de son *Traité des Offices désignés dans l'article 91 de la loi du 28 avril 1816* (p. v) : « L'hérédité des offices a été abolie en France il y a environ un demi-siècle. Depuis cette époque, les dispositions des décrets de la première Assemblée nationale qui en avaient prononcé l'abolition n'ont pas été rapportées. Cependant cette hérédité, et par suite la propriété ou la patrimonialité des offices étaient tellement entrées dans nos mœurs depuis plus de deux siècles, que, à peine les fonctions de certains offices

certaine mesure la vénalité et l'hérédité dans les fonctions des notaires, des avoués, des greffiers et des huissiers, il écrivait ces mots : « Il n'est question que de consacrer dans la forme légale, un usage reconnu bon, utile, conforme aux mœurs, et qui a été toléré et publiquement avoué par les différents gouvernements qui se sont succédé..... » (36) Usage si conforme aux mœurs, en effet, qu'il serait impossible de l'en bannir dans l'état actuel des choses ; car, et c'est, sous forme de conclusion générale, le précieux enseignement pour l'avenir qui nous semble se dégager naturellement des développements qui ont formé la matière de ce chapitre, la vénalité est inhérente, ainsi que nous l'avons dit, aux offices ministériels, tels du moins qu'ils existent aujourd'hui ; et elle y apparaît, à certains égards, comme une nécessité si indispensable, comme un besoin si impérieux de leur nature, qu'il ne faudrait rien moins, pour en étouffer le germe, que changer complètement les bases de leur constitution (37).

---

supprimés, tels que ceux de procureurs, d'huissiers, d'agens de change, de courtiers, eurent été rétablies par le gouvernement consulaire, les titulaires des commissions délivrées par ce gouvernement les vendirent comme se vendaient les anciens offices, en présentant leurs successeurs en même temps qu'ils remettaient leur démission aux chambres syndicales, etc. »

(36) L'ouvrage auquel il est fait ici allusion porte pour titre : *De la nécessité d'ériger en titre d'office les fonctions de notaire, avoué, greffier et huissier.*

(37) Cette proposition finale n'implique en aucune manière, on voudra bien le remarquer, une réponse affirmative à la très-grave question de savoir si la vénalité des offices ministériels doit être conservée. Elle a simplement pour but de constater que, telles que ces charges existent actuellement, telles qu'elles sont constituées, il est fatal qu'elles soient vénales, et que la vénalité est de l'essence même des éléments dont elles se composent. Mais cette constatation laisse absolument intacte la solution du difficile problème du maintien ou de la suppression de cette vénalité. Ce qu'il y a de certain, et ce dont nous nous bornons à prendre note dès ce moment, c'est que son abolition exigerait une métamorphose et une transformation complètes des caractères et de la nature des fonctions dont nous parlons.

FIN DU DROIT INTERMÉDIAIRE ET DU SECOND VOLUME.

TABLE DES MATIÈRES

CONTENUES DANS LE TOME SECOND.

ANCIEN DROIT FRANÇAIS.

De la vénalité des offices dans notre ancien droit.

TRANSITION

DROIT INTERMÉDIAIRE.

De la législation des offices au cours de la période dite de *non-vénalité*, qui s'écoula du 4 août 1789 au 28 avril 1816.

CHAPITRE I.

Tableau synthétique et analytique de la législation relative aux offices, depuis le 4 août 1789 jusqu'à la loi de finances du 28 avril 1816. — Suppression législative de la vénalité et de l'hérédité des charges et fonctions publiques.

CHAPITRE II.

CHAPITRE III.

Des suites de l'abolition de la vénalité des charges et fonctions publiques, par rapport 1° aux acquéreurs alors en exercice, 2° aux créanciers des anciens titu-

FIN DE LA TABLE DES MATIÈRES DU TOME SECOND.

NOTA. — *A la suite de cette table se trouvent les* ADDENDA *et les* ERRATA *de ce volume.*

ADDENDA A L'ANCIEN DROIT FRANÇAIS.

Page 2, note 3. — Par suite d'une erreur de copie, nous avons omis de signaler dans cette note, parmi les documents que nous avons consultés pour notre travail sur l'ancien droit français, indépendamment des *Etablissements de Saint Louis* (1), de la vie de ce roi par Le Nain de Tillemont (voy. la note 1), et de son *Histoire* par Joinville (2), ainsi que du *Livre de Jostice et de Plet*, publié par M. Rapetti (Paris, Firmin Didot, 1850, in-4°) (3),

---

(1) La *Société de l'Histoire de France*, dont nous avons mis à contribution un grand nombre de publications, et notamment les *Mémoires* de Philippe de Commynes (3 vol.), les *Coutumes de Beauvoisis*, de Beaumanoir (2 vol.); la *Vie de Saint Louis*, de Le Nain de Tillemont (6 vol.); l'*Histoire* de ce Roi, par Joinville (voy. la note suivante); le *Journal historique et anecdotique du règne de Louis XV*, de l'avocat Barbier (4 vol. ; on trouve au t. 3, pp. 276-277, quelques détails intéressants sur le prix des offices du Parlement en 1751); l'*Histoire de Charles VII et de Louis XI*, par Th. Basin (4 vol.), et le *Journal et Mémoires du marquis d'Argenson* (9 vol.), la *Société de l'Histoire de France* publie actuellement une nouvelle et très-remarquable édition de ce livre à la fois instructif et curieux; elle est due à la science profonde de M. P. Viollet, qui en a déjà fait paraître les deux premiers volumes (Paris, 1881); nous nous sommes également servi, au cours de notre étude, des deux éditions que Du Cange et l'abbé de Saint-Martin en avaient précédemment données sous les titres suivants : *Les Établissemens de saint Louis, roi de France, selon l'usage de Paris et d'Orléans, et de cour de baronie, avec les notes et observations* de Ch. du Cange (ces *Établissemens* sont imprimés dans la troisième partie de l'*Histoire de Saint Louis*, par Joinville, publiée par Du Cange, Paris, 1658, in-f°); *Les Établissemens de Saint Louis, roi de France, suivant le texte original, et rendus dans le langage actuel, avec des notes*, etc., par M. l'Abbé de Saint-Martin, Conseiller au Châtelet, Paris, 1786, in-8°.

(2) Ed. de l'imprimerie royale, Paris, 1761, in-f° ; on trouve également dans cette édition *Les Annales* du règne de Saint Louis, par Guillaume de Nangis, et *Sa vie et ses miracles*, par le Confesseur de la Reine Marguerite. M. Natalis de Wailly a publié, en 1868, une nouvelle et excellente édition de cet ouvrage pour la *Société de l'Histoire de France*.

(3) Cet ouvrage fait partie de la deuxième série (BELLES-LETTRES) de l'importante collection des *Documents inédits sur l'Histoire de France*, publiés chez Firmin Didot par ordre du Gouvernement. Nous avons eu également recours, à de fréquentes reprises, aux documents qui forment la première série (HISTOIRE POLITIQUE) de cette belle collection ; parmi les ouvrages que nous avons consultés, nous signalerons, d'une manière spéciale, les *Archives de la ville de Reims*, par M. Varin, 10 vol. in-4° (en particulier, les *Archives législatives*); la *Chronique des religieux de Saint-Denis*, contenant le règne de Charles VI, de 1380 à 1442, texte latin et trad. fr. par M. L. Bella

les ouvrages d'un grand nombre de nos anciens auteurs, que nous avons cependant mis à contribution. Nous citerons ici, en particulier : les œuvres d'Albericus Rosata, Rosatus, de Rosate, Rosciate ou Roxiati (né dans le territoire de Bergame, au xiv° siècle), *Dictionarium* à lui attribué (4) ; de Jean Desmares, *Décisions* (5) ; de Bouteillier ou Boutillier, *Somme rurale ;* de Benedictis (*Ben Totius DE*), surnommé Capra, *Volumen conclusionum regularium et communium opinionum, et de permutatione beneficiorum ;* de Jean Du Luc, *Placitorum summæ apud Gallos Curiæ* Lib. xii (Paris, 1559, in-4°) ; de Francis Littleton ou Lyttleton, *Anciennes Loix des François, conservées dans les coutumes angloises,* avec des observations historiques et critiques par Houard (Rouen, 1779, 2 vol. in-4° ; on trouve, au t. 1er, pp. 2 et suiv., de précieux renseignements sur les bénéfices) ; du *Dictionnaire analytique, historique, étymologique, critique et interprétatif de la Coutume de Normandie* de Hoüard (4 vol. in-4°, *passim*) ; d'un anonyme, auteur d'un petit livre fort curieux intitulé *Le guidon des praticiens,* édité à Paris, en 1541, par Estienne dolet (*sic*) ; de Pierre de Rebuffi ou Rebuffe, *Opera, passim* (Lugduni, 1586 et seqq., 5 vol. in-f°) ; de Tiraqueau, *De utroque retractu* (Lugduni, 1584, in-f°) ; de Charles Dumoulin (Paris, 1681, 5 vol. in-f°) ; du chancelier de Lhospital, dont les œuvres ont été réunies pour la première fois en 1824 par M. Dufey (de l'Yonne) et par lui publiées à Paris en 5 vol. in-8° ; de François Hotman, *Franco-Gallia,* dans ses *Opera* (Genève, 1599-1601, 3 vol. in-f°) ; de Jean Papon, *Recueil d'arrêts notables des cours souveraines de France ;* de Bodin, *Six Livres de la République* (Paris, 1578, in-f°) ; de Jean Bacquet (Lyon, 1744, 2 vol. in-f°) ; de Jean Imbert, *La practique judiciaire,* éd. in-4° de Villefranche, 1615, revue par Pierre Guenois et B. Automne (voy. *passim,* et spécialement liv. I, chap. xvi, n°s 9 et 10, pp. 93 et suiv., et chap. lx, n°s 4 et 5, pp. 396 et suiv.) ; de Boerius ; de Ragueau, *Glossaire du droit françois* (2 vol. in-4°, 1704 ; éd. donnée par De Laurière) ; de René Chopin ou Choppin ; d'Etienne Pasquier ;

---

guet, 6 vol. in-4° ; la *Correspondance administrative sous le règne de Louis XIV,* recueillie par M. G.-B. Depping, 4 vol. in-4° ; la *Correspondance et papiers d'État du cardinal de Richelieu,* par M. Avenel, 8 vol. in-4° ; le *Journal de Le Fèvre d'Ormesson,* publié par M. Chéruel, 2 vol. in-4° ; l'*Histoire du Tiers État en France,* par Augustin Thierry, 4 vol. in-4° ; les *Olim,* publiés par M. Beugnot, 4 vol. in-4° ; les *Règlements sur les arts et métiers de Paris au* xiii° *siècle,* par Etienne Boileau, publiés par M. Depping, 1 vol. in-4° ; enfin les *Relations des ambassadeurs vénitiens sur les affaires de France au* xvi° *siècle,* publiées par M. Tommaseo, 2 vol. in-4°.

(4) Voy., sur ce jurisconsulte, Taisand, *Les vies des plus célèbres jurisconsultes de toutes les nations, tant anciens que modernes,* nouvelle édition augmentée d'un tiers, par (Claude-Joseph de Ferrière), Paris, 1737, 1 vol. in-4°, pp. 493 et suiv. ; De Savigny, *Histoire du droit Romain au moyen âge,* traduit par M. Ch. Guenoux, Paris, 1839, t. IV, chap. lii, pp. 220-221 ; Hœfer, *Nouv. biog. univ.,* au nom Albéric de Rosate.

(5) Ces décisions se trouvent à la fin de la *Coutume de Paris,* commentée par Julien Brodeau, Paris, 1658 ou 1669, 2 vol. in-f°.

d'Antoine Loisel, *Divers opuscules* (*passim*), recueillis par son petit-fils Claude Joly (Paris, 1652 et 1656, 1 vol. in-4°) (6), et *Institutes coutumières* (éd. Dupin et Laboulaye, Paris, 1846, 2 vol. in-8°); de De Thou, *Histoire;* de Pietro (en religion fra Paolo) Sarpi, *Tractatus de Beneficiis* (trad. franç., Amst., 1685, in-12; joindre Grosley, *Théorie des Bénéfices*, Troyes, 1767, 2 vol. in-12 : c'est une nouvelle édition des *Traités* de fra Paolo et de Richard Simon *sur les Bénéfices*); de Charondas le Caron (Paris, 1637, 2 vol. in-f°); de Julien Peleus (Troyes et Paris, 1630 et 1631, in-f°); de Laurent Bouchel, *Somme benéficiale* (Paris, 1628; nouv. éd., sous le titre de *Bibliothèque canonique*, retouchée et augmentée de plus d'un tiers par Cl. Blondeau, Paris, 1689, 2 vol. in-f°), et *Bibliothèque* ou *Trésor du droit français* (Paris, 1671, 3 vol. iu f°); de Josias Bérault, dont les Commentaires de la Coutume de Normandie ont été réunis, avec ceux de Godefroi et d'Aviron en 2 vol. in-f° (1626; réimprimés en 1684 et en 1776); de Cardin Lebret (*Œuvres*, Paris, 1689, in-f°); de D'Espeisses (Lyon, 1750, 3 vol. in-f°, réimp. à Toulouse en 1778, 3 vol. in-4°); de Simon d'Olive, sieur Du Mesnil (Tolose, 1638, in f°); de Germain Constans, *Traité de la Cour des Monnoyes et de l'estendue de sa juridiction* (Paris, 1658, in-f°); de Henrys (Paris, 1772, 4 vol. in-f°); de Delamare, *Traité de la police* (Paris, 1722, 4 vol. in-f°); de Mézeray, *Histoire de France;* d'Auzanet (Paris, 1708, in-f°); de Duplessis (Paris, 1754, 2 vol. in-f°, avec les notes de Berroyer et de De Laurière; spécialement TRAITÉ SEPTIÈME, *Des droits incorporels*, tit. IV, *des Offices*, t. I, f°° 171 à 183); de Thomassin, *Ancienne et nouvelle discipline de l'Église touchant les bénéfices et les bénéficiers* (Paris, 1678, 1679, 3 vol. in-f°, et, en latin, Paris, 1688, 3 vol. in-f°; c'est cette édition latine qui servit de modèle à la dernière édition française, publiée par le P. Bougerel, en 1725, 3 vol. in-f°, et qui fut reproduite par Mansi, à Venise, en 1728, 4 vol. in-f°); de Thaumas de la Thaumassière, *Assises et bons usages du Royaume de Jerusalem, tirés d'un ms. de la Bibliothèque Vaticane par Messire Jean d'Ibelin, ensemble les Coutumes de Beauvoisis par Messire Philippes de Beaumanoir, et autres anciennes coutumes* (Bourges, 1690, in-f°); *Anciennes et nouvelles coutumes locales de Berri et celles de Lorris commentées* (ibid., 1679, in-f°) et *Nouveaux Commentaires sur les Coutumes generales des pays et duché de Berri* (ibid., 1701); de Claude de Ferrière, spécialement *Nouveau Commentaire sur la coutume de la prévôté et vicomté de Paris* (Paris, 1679, 2 vol. in-12, souvent réimprimé); *Traité des droits de patronage, de présentation aux bénéfices, de préséance et droits honorifiques* (Paris, 1686, in-4°); *Corps et compilation de tous les commentateurs, anciens et modernes, sur la Coutume de Paris* (Paris, 1688, 3 vol. in-f°), et *Nouvelle Institution coutumière*, etc. (Paris 1702, 3 vol.

---

(6) Dans ce volume, qui est d'une grande· rareté, ont été réunis *quelques ouvrages* de Baptiste Du Mesnil, de Pierre Pithou, *et de plusieurs autres celebres Personnages de leur temps.*

in-12); de Dangeau, *Journal, passim ;* de l'abbé Claude Fleury, *Histoire du Droit français* (1674, in-12), et *Institution au droit ecclésiastique* (1687, in-12) ; de Chasles, *Dictionnaire universel, chronologique et historique de justice, police et finances* (Paris, 1725, 3 vol. in-f°); de Claude Pocquet de Livonnière, *Règles* (ou *Traité*) *du Droit français* (Paris, 1730 et 1768, in-12 ; cet ouvrage est en partie de cet auteur célèbre, et en partie de son fils aîné Claude-Gabriel, dont nous avons également consulté le *Traité des personnes, choses et bénéfices ecclésiastiques*, in-f°) ; de Bretonnier, *Recueil par ordre alphabétique des principales questions de droit* (éd. in-4· de 1782); d'Eusèbe-Jacob De Laurière ; de Boutaric ; de Gabriel Davot, *Traités sur diverses matières de Droit français, à l'usage du duché de Bourgogne et des autres pays qui ressortissent au Parlement de Dijon,* avec les notes de Bannelier (Dijon, 1751 et ann. suiv., 7 vol. in-8°; 2· éd., revue et augmentée par François Petitot, Dijon, 1788-1789, 4 vol. in-4°), et *Coutumes du duché de Bourgogne, servant de suite aux Traités du Droit français* (Dijon, 1776, in-12); de Bouhier ; de Claude-Joseph de Ferrière, *Dictionnaire de Droit et de pratique* (nouv. éd., augmentée par Boucher d'Argis, Paris, 1771, 2 vol. in-4°; c'est l'ouvrage que Claude de Ferrière, père de Claude-Joseph, avait donné sous le titre d'*Introduction à la pratique,* etc., Paris, 1684, in-12); de De Héricourt. *Les Loix ecclésiastiques de France dans leur ordre naturel* (Paris, 1771, in-f°); de Saint-Simon, *Mémoires, passim ;* de Furgole ; de Louis Boullenois ou Boulenois; de Sallé, *Esprit des ordonnances de Louis XIV* (Paris, 1758, 2 vol. in-4°), et *Esprit des ordonnances de Louis XV* (ibid., 1759, in-4°); de Guy du Rousseau de la Combe, *Recueil de Jurisprudence civile,* mot OFFICE, éd. de Paris 1769; de Gorneau, *Examen historique des offices, droits, fonctions et privilèges des Conseillers du Roi, rapporteurs et référendaires près des Cours souveraines et Conseils supérieurs* (Paris, 1777, in-4°); de Bretonnier et Boucher d'Argis, *Recueil par ordre alphabétique des principales questions de droit* (Paris, 1783, in-4°). Mentionnons encore le *Dictionnaire universel François et Latin, vulgairement appelé Dictionnaire de Trévoux, passim* (nouv. éd., Paris, Compagnie des libraires associés, 1771, 8 vol. in-f°) ; l'*Encyclopédie, ou Dictionnaire raisonné des sciences, des arts et des métiers,* de Diderot et de D'Alembert, *passim,* et spécialement mot OFFICE (*Jurisprud.*) ; voy. aussi les mots : ANNUEL, CHAMBRES DES COMPTES (à l'article *comptable*), COMMISSAIRE, HÉRÉDITÉ, HONORAIRE, OPPOSITION AU SCEAU, PARTIES CASUELLES, PAULETTE, PRÊT, SURVIVANCE, VÉTÉRANCE, etc.; le *Répertoire de Jurisprudence* (27 vol. in-4°), et l'*Encyclopédie méthodique* (Dict. de jurispr., 6 vol. in-4°) de Ch.-J. Panckoucke, et le *Dictionnaire historique des institutions, mœurs et coutumes de la France,* de M. A. Chéruel (5· éd., Paris, Hachette, 1880, 2 vol. in-12).

En ce qui touche les actes des Etats-Généraux, sur l'histoire générale desquels nous renverrons spécialement aux ouvrages de l'abbé Robin,

Histoire de la Constitution de l'empire françois, ou Histoire des États généraux (Londres, 1789, 2 vol. in-8°), et de MM. Boullée, *Histoire complète des Etats généraux et autres Assemblées représentatives de la France, depuis* 1302 *jusqu'en* 1826 (1845, 2 vol. in-8°); Rathery, *Histoire des Etats généraux de France* (1845, 1 vol. in-8°), et Picot, *Histoire des Etats généraux* (1355 à 1614, 4 vol. in-8°, Paris, 1872), on pourra se reporter au *Recueil général des Etats tenus en France* (Paris, 1651, 1 vol. in-4°).

Relativement enfin au texte des diverses coutumes auxquelles nous aurons à renvoyer, on consultera avec fruit Pierre Guénois ou Guénoys, *La Conférence des Coutumes tant générales que locales et particulières du Royaume de France* (Paris, 1596, ou, avec un nouveau titre, Paris, 1620, 2 vol. in-f°, parfois reliés en un), et Bourdot De Richebourg, *Nouveau Coutumier général* (Paris, 1724, 4 vol. in-f°, ouvrage souvent relié en 8 tomes, chaque volume se trouvant, pour la commodité, scindé en deux parties). — Voir, au surplus, pour de plus amples détails bibliographiques touchant les auteurs de l'ancien droit, utiles à consulter sur notre sujet, *passim*, le tome 2 de la *Profession d'avocat* de Dupin aîné, Paris, 1832.

Page 3, note 3, suite, ligne 5. — Lisez : On pourra consulter également : De Lacretelle, *Histoire de France pendant les guerres de religion* (Paris, 1814-1816, 4 vol. in-8°); Velly, *Histoire de France;* Mably, *Observations sur l'histoire de France* (Paris, 1823, 3 vol., éd. revue par Guizot); MM. Meyer, *Esprit, origine et progrès des institutions judiciaires des principaux pays de l'Europe* (1818 et 1823, 5 vol. in-8°; un volume de supplément a paru en 1823 sous le titre de *Résultats;* c'est un ouvrage excellent), et Monteil, *Histoire des Français des divers états* (3° éd., 1848, 5 vol. gr. in-8°).

Page 3, note 3, suite, lignes 8 *in fine* et 9.— Après les mots : et principalement M. Laferrière, lisez : *Histoire du droit civil de Rome et du droit Français* (6 vol. in-8°, *passim*, Paris, 1846-1858), etc.....

Page 3, note 4. — Indépendamment du *Recueil* d'Isambert, nous avons recouru, relativement au texte des ordonnances citées dans la suite de cette étude, aux ouvrages suivants : Pierre de Rebuffi, *Les Édits et Ordonnances des Rois de France depuis l'an* 1226 *jusqu'à présent, disposés par ordre de matières* (Lyon 1573, ou, en latin, 1580, in-f°); Loys Charondas le Caron, *Le Code Henry* (Paris, 1601, in-f°); Th. Cormier, *Le Code du très-chrestien et très-victorieux Roy de France et de Navarre Henry* IV (Rouen, 1614, in-4°); Barnabé Brisson, *Recueil des Ordonnances d'Henri* III *et de ses prédécesseurs;* Antoine Fontanon, *Les Édits et Ordonnances des Roys de France, depuis saint Loys jusques à présent* (éd. revue et augmentée par Gabriel Michel de La Rochemaillet, Paris, 1611, 3 vol. in-f°) (7); Pierre Guesnois, Guénois, ou Guénoys, *La grande Conférence*

(7) Etienne Pasquier (*Lettres*, liv. IX) écrivait au président Brisson, au sujet de ce recueil, que Fontenon avait le premier, après Rebuffe, mais avec plus de succès, tra-

des Ordonnances et Édits royaux distribués en XII *livres, à l'imitation et selon l'ordre et disposition du Code de l'Empereur Justinian* (Paris, 1578; Lyon, 1660, et Paris, 1678, 3 vol. in-f° : ces deux dernières éditions contiennent les notes et observations de Charondas Le Caron, de N. Frérot, de G. Michel, de Matthieu de La Faye, de L. Bouchel, de J. Joly et de J. Thomas); Pierre Néron et Etienne Girard, *Recueil d'Édits et d'Ordonnances royaux* (Paris, 1720, 2 vol. in-f°); *Code de Louis* XV, *Recueil des principaux édits,* etc., *concernant la justice, police et finances, depuis* 1722 *jusqu'au mois d'octobre* 1740 (Paris, 1758-1760, 12 vol. in-12); *Recueil d'édits, lettres-patentes, déclarations du roi, arrêts de son Conseil et du Parlement, qui ont paru pendant les années* 1760-1789 (43 vol. et 1 vol. tables in-4°); André-Jean Boucher d'Argis, *Recueil d'ordonnances des Rois de France* (18 vol. in-32), et enfin *Ordonnances des Rois de France de la troisième race, recueillies par ordre chronologique* par De Laurière, Secousse, Pastoret, Pardessus, etc. (Paris, Imprimerie royale, 1723-1847, 23 vol. in-f° y compris les tables.)

Page 6, note 4. — Ajouter, après la citation de Dumoulin : Dès le XIV° siècle, ce fut un principe que les officiers royaux — ceux du moins qui n'étaient pas fermiers à temps limité — étaient réputés inamovibles. « Li offices du roy », lisons-nous dans Jean Desmares (*Décisions*, n° 87), « sont à vie si li officiers ne meffont; et se aucun empetre l'office d'aucun, l'empetration ne vaut rien, se il n'en a esté premiérement privé par le roy. »

Page 31, note 64, suite. — Ajouter à cette note : — Ce fut surtout après la mort de Colbert (6 septembre 1683) que les ministres, dans le but de multiplier les ressources de la fiscalité, inventèrent des charges inutiles et abusèrent de ce dangereux subterfuge. C'est ainsi qu'on créa des offices de crieurs héréditaires d'enterrements (janvier 1690), de vendeurs d'huitres (août 1691), de contrôleurs visiteurs de suifs (1693), de contrôleurs des perruques, et autres du même genre.

Page 37, note 85. — Au nombre des adversaires de la vénalité, signalons encore, outre Bodin dans ses *Six Livres de la République*, François Hotman, qui, dans le chapitre XXI de son ouvrage intitulé *Franco-Gallia*, ravala la vénalité des charges par une comparaison d'une grande bassesse, en assimilant le trafic des offices que l'on achetait en gros et que l'on revendait

---

vaillé à mettre en ordre les ordonnances des rois de France. Les actes qui y sont contenus, et qui y sont placés non suivant l'ordre chronologique, mais suivant l'ordre des matières, ont été, depuis, insérés dans la collection ordonnée par Louis XIV, et publiée après sa mort par De Laurière et ses continuateurs, sous le titre *d'Ordonnances des Rois de France de la troisième race*, collection que nous mentionnons ci-dessous.

en détail, au commerce des bouchers qui achètent un bœuf, le dépècent et en vendent les morceaux : « *Sicuti lanii bovem opimum pretio emptum post in macello per partes venditant.* »

Page 39, note 88, suite, ligne 3. — Sur le point de savoir si les offices de notaire et de procureur étaient compatibles, voy. *La practique judiciaire de Jean Imbert, liv. I, chap. xxxv, n° 6, pp. 251 et suiv. de l'édition précitée de 1615.

Page 39, texte, lignes 4 à 6. — On appelait *office semestre* celui dont les fonctions ne s'exerçaient que pendant six mois de l'année ; — l'*office alternatif* était celui dont le titulaire exerçait les fonctions pendant un an, alternativement avec le titulaire de l'ancien office, qui exerçait pendant l'autre année, l'office ancien étant celui qui avait été créé le premier pour exercer quelque fonction ; l'office alternatif se distinguait de l'*office annal*, en ce que la fonction de ce dernier ne durait qu'un an, comme étaient, en quelques endroits, les fonctions de maire, d'échevin, de syndic, de consul, etc. ; — quant à l'*office triennal*, c'était celui dont les fonctions ne s'exerçaient que de trois années l'une ; un grand nombre de ces offices furent créés à diverses époques pour ce qui avait trait et rapport aux finances ; mais la plupart furent réunis ou supprimés ; — enfin l'*office quatriennal* était celui dont le titulaire n'exerçait que de quatre années l'une ; la majeure partie des offices quatriennaux furent ou réunis aux offices anciens et alternatifs, ou supprimés.

Page 40, note 93. — Ajouter à cette note : — Consulter, sur les progrès du Tiers-État dès le commencement du xvie siècle, Claude de Seyssel, *Traité de la Monarchie*, Ire partie, chap. xvii, et IIe partie, chap. xx. Joindre les *Relations des ambassadeurs vénitiens*, t. I, p. 487, dans la collection des *Documents inédits de l'histoire de France*.

Page 41, note 95. — L'inamovibilité de la Magistrature est également consacrée au Brésil par un texte constitutionnel. (Voy. l'*Annuaire de législ. étr.*, 1881, p. 733, 2e alin. *in init.*)

Page 42, note 95, suite. — Ajouter aux auteurs cités aux lignes 14 et suiv. : M. Dupin, *Discours en faveur de l'inamovibilité des juges*, 1re éd., 1816 ; réimprimé dans les *Lois sur l'organisation judiciaire*, recueil extrait de la collection in-4e et du *Bulletin des Lois*, en exécution de l'avis du Conseil d'État du 7 janvier 1813, sur la commission spéciale du Garde des sceaux, 1819, 2 vol. in-8e ; autres discours sur le même sujet et dans le même sens, en 1830 et 1831, et sous la République, en 1848, 1849 et 1850, dans les Appendices des tomes ix et xi des *Réquisitoires du Procureur général à la Cour de cassation, de 1830 à 1852, avec les arrêts de la Cour,* (Paris, Videcoq et Plon, 14 vol. in-8e) ; M. J. Bonneton, *Considérations histori-*

ques sur l'inamovibilité de la magistrature en France, 1879; M. Méran, De l'organisation du pouvoir judiciaire et du principe de l'inamovibilité, 1879, 1 vol. in-8°; M. Salomon de La Chapelle, Histoire judiciaire de Lyon et des départements de Rhône-et-Loire et du Rhône, depuis 1790 (voy. la Préface), Paris, A. Picard, 1882; comp. encore MM. Engelhard, La Réforme de la magistrature, 1880; A. Johanet, De quelques réformes projetées dans l'organisation judiciaire, 1880; F. Thébault, La Réforme de la magistrature et de l'organisation judiciaire, 1880, et J. de Séranon, La situation de la Magistrature française, Paris, Marchal, Billard et Cⁱᵉ, 1882.

Page 57, note 15. — Après la citation de De Thou, ajouter : Mézeray, Histoire de France, règne de Henri IV, année 1604, t. V, p. 1236. — On consultera encore avec fruit, sur le rôle joué par Henri IV en matière d'offices, le discours de M. l'avocat général Desjardins (Henri IV et ses Parlements) à l'audience solennelle de rentrée de la Cour de Cassation du 3 novembre 1877 (voy. nᵒˢ IV et V; Gaz. Trib. du 4 nov. 1877, pp. 1064, col. 3, et 1065, col. 1.)

Page 130, note 29, suite, 2ᵉ alin., lignes 12 et 13. — Ajouter, après le renvoi fait au Commentaire de de Buridan : et Maichin, Commentaires sur la Coûtume de Saint-Jean d'Angely, 2ᵉ éd., Saintes, Théodore Delpech, 1708, 1 vol. in-4°, p. 232 sub fin. Cet auteur est absolument conforme à la conclusion par nous formulée un peu plus bas, à la fin de cette note, p. 133, second alinéa.

Page 131, note 29, suite, lignes 28 et 29. — Sur le premier motif par nous donné pour expliquer la qualité d'immeubles reconnue aux offices vénaux, voy. Maichin, op. cit., pp. 232 in fine et suiv.

Page 142, note 47. — Sur l'emploi du signe ff. pour citer le Digeste, et sur les diverses tentatives d'explication qu'on en a faites, on pourra consulter, dans la Thémis, les pp. 40 et 89 et suiv. du t. 5, Bruxelles, P. J. De Mat, 1824.

Page 143, note 49. — Voy. encore sur le regrès, Ferrière, Dict. de dr. et de pratiq., mot OFFICE, et Guy du Rousseau de la Combe, Recueil de Jurisp. civ., même mot.

Page 144, note 52. — Les canonistes définissaient le regrès : reversio ad beneficium cessum seu dimissum. (Voy. Flumin, De resign., liv. VI, n° 6.)

Page 160, note 96 à la fin. — Allant encore plus loin que Raviot, Maichin (op. cit., p. 233 in fine) écrivait : « ..... les Offices sont censez immeubles en cas de lesion d'outre moitié de juste prix, de sorte qu'on peut obtenir lettres Royaux pour être relevé de la vente fondée sur le prix excessif, suivant la Loy Rem Majoris pretii C. De rescindenda venditione (Const. 2, C. Just., IV, 44), ce qui ne s'observe pas en vente de Meubles, pour raison de quoi il n'y a aucune restitution si ce n'est entre Mineurs, parce que reguliérement mobilium vilis est et abjecta possessio. »

ERRATA

DU TOME SECOND.

Nota. — Nous réitérons ici les réserves faites dans la note 1, p. 759, au tome premier, pour les *errata* qui le concernent.

Page 2, note 3, ligne 7; le titre exact de l'ouvrage de Joly est le suivant: *Trois livres des offices de France*, etc., par Et. Girard, avec les additions de Jacques Joly, Paris, 1638 ou 1648, 2 vol. in-f°.

Page 3, note 3, suite, ligne 5; après les mots *Droit actuel*, ajoutez :(voy. *Parenthèse bibliographique*, n° 27 et suiv.).

Page 5. Immédiatement après le sommaire, au lieu de : 1er.-I, lisez : § 1er.-I.

Page 6, note 4, au lieu de : Stylus, lisez : Stilus, et ajoutez à la fin de la citation, t. 2, f° 535, col. 2, de l'éd. in-f° en 5 vol. de Paris, 1681.

Page 24, note 54, ligne 8 *in init.*, au lieu de : de la note 87, *infra*, lisez : de la note 88, *infra*.

Page 24, note 54, dernière ligne, au lieu de : comp. note 96, *infra*, lisez : comp. note 97, *infra*.

Page 30, note 64, ligne 12, *in init.*, au lieu de : note 87, lisez : note 88.

Page 68, ligne 1, 4e mot, au lieu de : lien, lisez : bien.

Page 129, note 29, ligne 20, au lieu de : Brodeau, *Notes sur les arrtês de Louet, eod.*, lisez : Brodeau, *Notes sur les arrêts de Louet, eod.*

Page 184, ligne 6, au lieu de : d'autant, lisez : dautant.

Page 189, note 174, ligne 1, au lieu de : Si, dans le but de sauver l'office quand etc..... lisez : Si, dans le but de sauver l'office, lorsque.

Page 202, ligne 6 ou seconde du titre, au lieu de : entre vifs, lisez : entre-vifs.

Page 205, note 203; au début de la seconde ligne de cette note, suppléez : et 271.

Page 266, note 55, ligne 2, au lieu de : note 78, *infra*, pp. 276 et suiv., lisez : note 78, *infra*, p. 277.

Page 409, note 375, ligne 14 *in init.;* après le mot : suivante, fermez la parenthèse).

Page 412, ligne 16, 1er mot, au lieu de : éteint, lisez : l'éteint.

Page 413, note, ligne 38 *in fine*, au lieu de : 1882, lisez : 1822.

Page 459, ligne 14 à la fin, au lieu de : atteiendre, lisez : atteindre.

Bar-le-Duc. — Typ. L. PHILIPONA et C°. — 910.

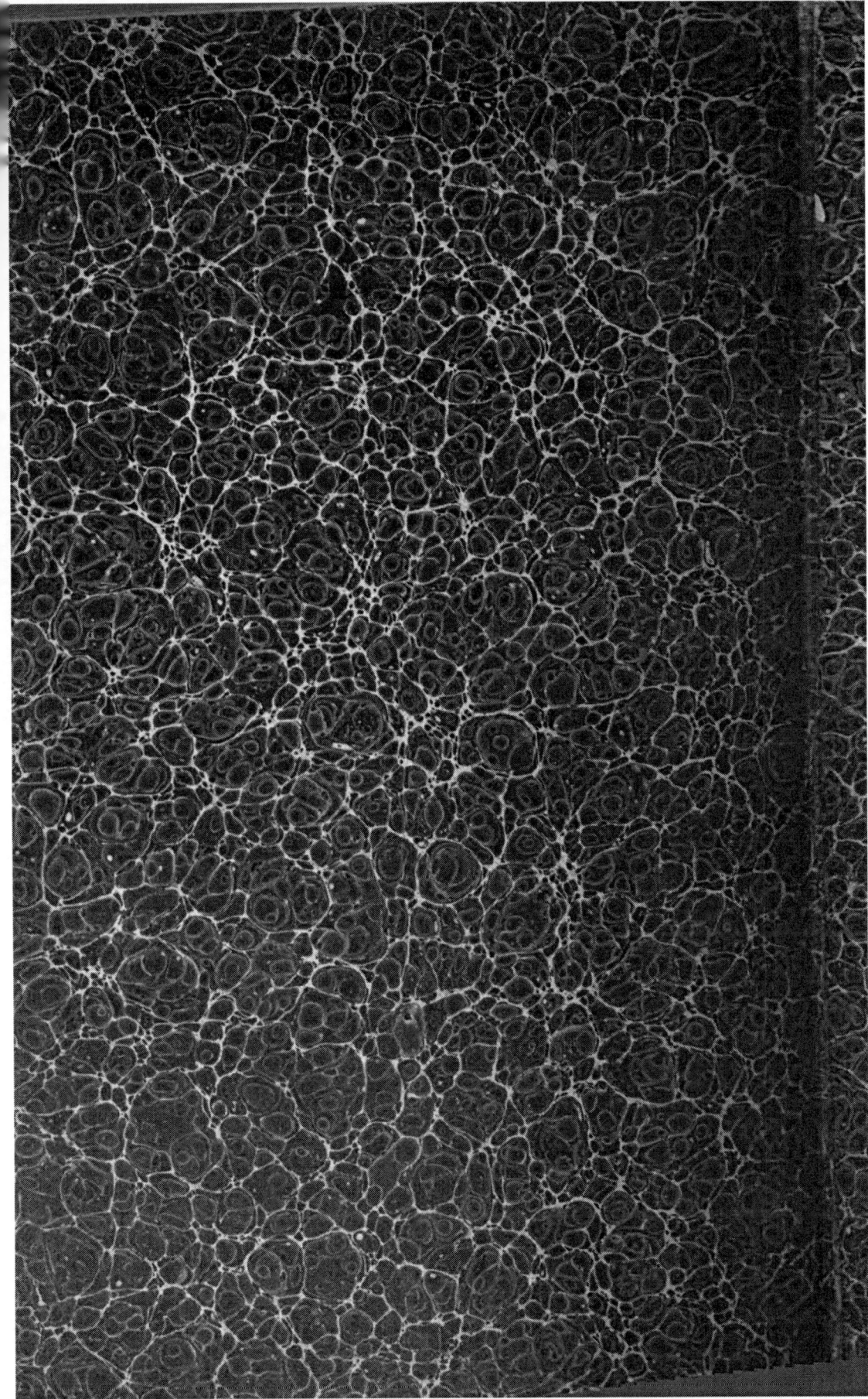

Lightning Source UK Ltd.
Milton Keynes UK
UKOW012048130612

194372UK00007B/114/P